扫码观看

配套视频课程

关注公众号

人大社法律出版

中国民法典释评

ZHONGGUO MINFADIAN SHIPING

合同编·典型合同

上卷

王轶　高圣平　石佳友　朱虎　熊丙万　王叶刚　著

中国人民大学出版社
·北京·

本书系国家社科基金重大课题“健全以公平为原则的产权保护制度研究”（项目号：20ZDA049）的阶段性成果。

作者简介

王轶，法学博士，教授，博士生导师，中国人民大学民商事法律科学研究中心研究员。现任中国人民大学党委常委、副校长，法学院党委书记、院长。“长江学者”特聘教授、入选国家百千万人才工程、被授予“有突出贡献中青年专家”称号、享受国务院政府特殊津贴。兼任教育部高等学校法学类专业教学指导委员会委员，中国法学会常务理事，中国法学会民法学研究会副会长兼秘书长，中国法学会民法典编纂项目领导小组成员、秘书长等。

主要研究领域：民法原理与民法学方法、民法总则、物权法、合同法、人格权法、侵权责任法等。先后参与《中华人民共和国合同法》《中华人民共和国物权法》《中华人民共和国侵权责任法》《中华人民共和国民法典》等专家建议稿的起草工作。先后入选全国十大杰出青年法学家、首都十大杰出青年法学家、教育部新世纪优秀人才支持计划等。曾获高等教育国家级教学成果奖一等奖、吴玉章优秀教学奖、北京青年五四奖章等奖项。

高圣平，中国人民大学民商事法律科学研究中心研究员，教育部“长江学者”特聘教授，“马工程”项目首席专家，享受国务院政府特殊津贴，中国人民大学法学院副院长、教授、博士生导师。中国法学会案例法学研究会副会长、中国农业农村法治研究会副会长。中国法学会民法典编纂小组成员，最高人民法院执行特邀咨询专家，全国人大财经委融资租赁法立法小组成员，自然资源部不动产登记法立法专家组成员，农村农业部农村集体经济组织法立法专家组成员，中国银行业协会法律专家组成员。参与《民法典》《关于审理担保纠纷案件适用法律若干问题的解释》等法律、司法解释的起草与论证工作。

石佳友　巴黎第一大学和中国人民大学法学博士，中国人民大学杰出青年学者A岗特聘教授、博士生导师、教育部人文社会科学重点研究基地“中国人民大学民商事法律科学研究中心”执行主任，国家社科基金重大项目首席专家，中国法学会民法典合同编、人格权编课题组成员。研究方向为民商法、比较法、欧洲法等；以中外文在《法学研究》《国际比较法杂志》等国内外刊物上发表论文50余篇；出版专著有：《民法典与社会转型》《民法法典化的方法论问题研究》《从法国法的经验看中国民法典的制定》《上市公司审计监管国际合作法律问题研究》等。

朱虎，中国人民大学民商事法律科学研究中心研究员，中国人民大学法学院教授、博士生导师，全国人大常委会法制工作委员会民法典编纂工作专班成员。

熊丙万，法学博士（中国人民大学），LL. M.（哈佛大学），经济学博士后（中国人民大学）；中国人民大学法学院副教授，中国人民大学民商事法律科学研究中心研究员、未来法治研究院研究员；中国法学会金砖国家商法与合同法协调工作组成员，中国网络与信息法学研究会理事。先后在《中国法学》、Modern China（SSCI，forthcoming）和 Asian J. WTO & Int'l Health L & Pol'y（SSCI）等期刊上发表数十篇专题学术研究论文，合作英译《民法典》（Brill，forthcoming）。

王叶刚，中央财经大学副教授，主要研究方向为人格权法、侵权责任法、合同法，在《环球法律评论》《现代法学》《法学评论》等期刊上发表多篇论文，主持、参与国家级和省部级课题多项。

撰写分工：王　轶：第九章　买卖合同；
高圣平：第十章　供用电、水、气、热力合同，第十一章　赠与合同，第十二章　借款合同，第十三章　保证合同，第十五章　融资租赁合同；
石佳友：第十八章　建设工程合同、第十九章　运输合同、第二十一章　保管合同、第二十二章　仓储合同、第二十五章　行纪合同、第二十六章　中介合同；
朱　虎：第十六章　保理合同、第十七章　承揽合同、第二十三章　委托合同、第二十四章　物业服务合同、第二十七章　合伙合同；
熊丙万：第十四章　租赁合同、第二十章　技术合同；
王叶刚：第二十八章　无因管理、第二十九章　不当得利

代总序

民法典的时代意义

民法典是新中国成立以来第一部以“法典”命名的法律，也是第一部直接以“民”命名的法典。以“法典”命名，表明凡是纳入民法典的规则，都具有基础性、典范性的特点；以“民”命名，说明民法典把人民愿望置于首位，充分反映人民的利益诉求。民法典的立法宗旨和目的就是充分反映人民群众的意愿，保障私权，维护广大人民群众的利益。

习近平总书记指出，“民法典在中国特色社会主义法律体系中具有重要地位，是一部固根本、稳预期、利长远的基础性法律”。如何理解习近平总书记所说的“基础性法律”？我认为可以从两个方面理解：一是在整个社会主义法律体系中，民法典是一部基础性法律。所谓“典”，就是典范、典籍的意思，在整个社会主义法律体系中，民法典是宪法之下的基础性法律。法律分为公法与私法两部分，它们分别确认公权与私权。现代法治的核心是规范公权、保障私权。一般认为，保障私权是由民法典等民事法律实现的，而规范公权是由公法承担的，但实际上，民法典通过确认和保护私权，也起到了规范公权的作用，其他法律、行政法规以及单行法等，都应当与民法典保持一致。同时，行政执法、司法也都要以民法典为基本遵循。二是在民事领域，民法典是基础性法律，换言之，民法典是私法的基本法。民事关系纷繁复杂，它不仅依靠民法典调整，还需要大量的民事单行法，而在所有调整民事主体财产和人身关系的法律中，民法典居于基础性地位，民法典也被称为私法基本法。

（一）推进民事立法的体系化

我国民法典的颁布有力地促进了民事立法的体系化。一方面，迄今为止，我国已经颁布了多部民商事法律，在民法典之外，还存在大量的单行法，如公司法、保险法、破产法等。民法典的颁布，使各个民商事单行法在民法典的统帅下，构成一个完整的、系统化的整体。民法典和民事单行法之间的关系，就像树根、主干与枝叶之间的关系，民法典是树根和主干，而民事单行法是枝叶，民事单行法必须以民法典为基础和根据。民法典的颁布有效沟通了民法典和单行法，这有利于消除民法典与单行法之间的冲突和矛盾。另一方面，就内部体系而言，民法典按照“总—分”结构，形成由总则、物权、合同等构成的完整体系，各分编也在一定的价值和原则指引下形成了由概念、规则、制度构成的具有内在一致性的整体，实现了形式的一致性、内容的完备性以及逻辑自足性。民法典共分七编，即总则编、物权编、合同编、人格权编、婚姻家庭编、继承编、侵权责任编，它们都以对民事权利的确认和保护而形成一个体系化的整体。总则是对民事权利的一般规则作出的规定，各分编则是分别对物权、合同债权、人格权、婚姻家庭中的权利、继承权以及对各项权利的侵权责任制度所组成的规则体系。

民法典有助于制度的科学化，为良法善治奠定基础。在我国，由于长期没有民法典，许多调整民事关系的重要规则不能通过民事法律的方式表现出来，从而留下了法律调整的空白。这些法律空白一般是通过国务院各部委的规章及地方政府颁布的地方性规章予以填补的，而一些规章难免出现不当限制公民私权，或者变相扩张行政权的问题。民法典颁布后，其作为上位法，可以有效指导行政法规等制度，避免民法规范与行政法规、地方法规等的矛盾冲突，防止政出多门，保障交易主体的稳定预期，维持市场经济的正常运行。

（二）有效提升国家治理体系和治理能力的现代化

国家治理体系和治理能力现代化的主要特征是实现法治，即全面依法治国。如前述，现代法治的核心在于规范公权、保障私权。一方面，民法典构建了完备的民事权利体系，确立了完善的民事权利保护规则，鼓励个人积极维护自身权利，这不仅保障了私权，也有利于规范公权。民法典的各项规则也明确了各级政府依法行政的边界，就是说，国家机关要把民法典作为行政决策、行政管理、行政监督的重要标尺，不得违背法律法规随意作出减损自然人、法人和非法人组织合法权益或增加其义务的决定，这必将有力推动政府治理能力。另一方面，作为市民社会的一般私法以及百科全书，民法典通过合理的架构为民事活动提供各种基本准则，为交易活动确立基本的规则依据，为各种民事纠纷的预防和解决提供基本的遵循。民法典进一步强化私法自治，充分鼓励交易，维护交易安全。合同编从合同的订立到履行都强调了增进合同自由和私法自治这一宗旨，将有力调动市场主体从事交易的积极性。此外，民法典还有效地处理了个人与个人、个人与社会、个人与国家的关系，在对个人的保护中，同时强调对公共利益的维护，以实现个人和社会之间关系的平衡，这必将推动社会共建共治共享，促进社会和谐有序。

（三）完善社会主义市场经济法律体系

社会主义市场经济本质上是法治经济。各项民法制度根植于市场经济的土壤，其也反作用于市场经济，是市场经济有序发展的重要制度保障。我国《民法典》总则编所规定的诚实信用、公平原则等，确立了市场主体活动的基本原则，为诚信经济的建立提供了法律保障；总则编中的民事主体就涵盖了市场主体，民事法律行为制度、代理制度为市场主体从事交易活动提供了极大的便利；民法典的物权制度、合同制度是市场经济最基本的规则，是支撑市场经济最重要的两根法律支柱；民法典的担保制度也为融通资金、繁荣经济、保障债权提供了有力的制度保障。编纂民法典不仅完善了市场经济基本的法律制度，而且有利于营造良好的营商环境，并充分调动民事主体的积极性和创造性，维护市场交易秩序和交易安全。①

（四）为实现人民群众美好幸福生活提供保障

民法典的要义是为民立法，以民为本。"人民的福祉是最高的法律"。编纂民法典，就是顺应保障人民群众合法权益的需求，形成更加完备、更加切实的民事权利体系，完善权利保护和救济规则，形成较为有效的权利保护机制，使人民群众有更多、更直接、更实在的获得感、幸福感和安全感。我国《民法典》充分保障人民群众美好幸福生活，主要表现在以下几方面。

一是通过人格权编充分保障个人人格尊严。进入新时代，我国已经成为世界第二大经济体，人民物质生活条件得到了极大改善，不久即将全面建成小康社会。在基本温饱得到解决之后，人民群众就会有更高水平的精神生活追求，并希望过上更有尊严、更体面的生活。正因如此，"保护人格权、维护人格尊严，是我国法治建设的重要任务"②，例如，针对发送垃圾短信、垃圾邮件侵扰个人私人生活安宁的行为，《民法典》人格权编专门在隐私权部分规定了此种侵害隐私

① 王晨. 关于《中华人民共和国民法典（草案）》的说明：二〇二〇年五月二十二日在第十三届全国人民代表大会第三次会议上. 人民日报，2020-05-23（6）.

② 民法典分编草案首次提请审议：分编草案共六编总计千余条. 人民日报，2018-08-28（6）.

权的行为类型，并第一次规定了私人生活安宁权，明确将个人私人生活安宁规定在隐私权之中，禁止非法进入、拍摄、窥视他人的住宅、宾馆房间等私密空间，禁止非法拍摄、窥视、窃听、公开他人的私密活动，禁止非法拍摄、窥视他人身体的私密部位（第1033条）。这有利于保障社会生活的安定有序。

二是民法典通过各项制度安排充分保障人民群众的物质生活需求。例如，《民法典》之物权编新增的居住权制度，对于解决“住有所居”问题、保障个人的居住利益具有重要意义。再如，《民法典》合同编之典型合同完善了租赁合同的规则，完善了优先购买权规则，新增优先承租权规则（第734条）。这对于稳定租赁关系、规范租赁市场秩序、保障承租人的居住利益具有重要意义。又如，合同编之典型合同部分还完善了运输合同的规则，这对于保障个人出行安全、维护运输秩序具有重要意义。

三是民法典通过各项民事责任制度充分保障人民的合法权益。民法典通过各项规则，守护老百姓“舌尖上的安全”“车轮上的安全”“头顶上的安全”等财产和人身安全。例如，《民法典》侵权责任编在产品责任部分规定了惩罚性赔偿规则（第1207条），这必将有力遏制生产、销售不合格食品的行为，有利于保证人们“舌尖上”的安全；侵权责任编还重点完善了高楼抛物致人损害的责任（第1254条），这有利于充分保障人们“头顶上的安全”。

（五）有利于实现依法行政、公正司法

民法典具有基础性和典范性的特点，是公民权利保护的宣言书，是民事主体的行为准则、依法行政的基本依循，也是法院裁判民事案件的基本遵循。民法典对于依法行政、公正司法的作用还表现在：一是资讯集中，方便找法。实践中之所以出现“同案不同判、同法不同解”现象，重要的原因就在于，法官选择法条和裁判依据存在差别。而法典化的一个重要优势在于“资讯集中”。正所谓“法典在手，找法不愁”，执法者、法官只要有一部民法典在手，并通过领悟其规则和精神，就可以找到民事裁判的主要依据。二是统一裁判依据。民法典是基础性法律，是行政执法者、法官适用法律的基本遵循，因此，处理民事纠纷，首先要从民法典中找法。在我国，长期以来，有些新法颁布以后，因为没有废止旧法，且没有指明新法修改了哪些旧有的规定，所以就产生了新法与旧法同时适用的现象，造成了规则的不统一。《民法典》的颁布将从根本上改变这一现象。《民法典》的颁行可以保障法官裁判依据的统一性，而正是因为法律适用具有一致性，法官的自由裁量权将在规范的约束下进行，这就可以保障法官平等地、统一地对不同案件作出判决，保障“类似情况类似处理”，从而实现判决结果的可预测性，实现法的安定性。三是提升执法和司法人员的能力。民法典是法律工作者今后研究、处理涉及民事纠纷的基本依据，也是执法、司法的基本平台，民事纠纷的解决都应当在该平台中研讨。在民事领域考验我们的执法能力，很大程度上就是衡量我们准确把握、理解和运用民法典的能力。《民法典》颁布后，如果执法和司法人员都能够真正学懂、弄通民法典的规则，就可以基本把握处理和裁判民事纠纷的基本规则，并能够按照体系化的思维方式处理民事纠纷。

缩略语

《民法通则意见》——《最高人民法院关于贯彻执行〈中华人民共和国民法通则〉若干问题的意见（试行）》

《合同法解释（一）》——《最高人民法院关于适用〈中华人民共和国合同法〉若干问题的解释（一）》

《合同法解释（二）》——《最高人民法院关于适用〈中华人民共和国合同法〉若干问题的解释（二）》

《买卖合同司法解释》——《最高人民法院关于审理买卖合同纠纷案件适用法律问题的解释》

《民间借贷司法解释》——《最高人民法院关于审理民间借贷案件适用法律若干问题的规定》

《担保法解释》——《最高人民法院关于适用〈中华人民共和国担保法〉若干问题的解释》

《房屋租赁司法解释》——《最高人民法院关于审理城镇房屋租赁合同纠纷案件具体应用法律若干问题的解释》

《融资租赁解释》——《最高人民法院关于审理融资租赁合同纠纷案件适用法律问题的解释》

《独立保函规定》——《最高人民法院关于审理独立保函纠纷案件若干问题的规定》

《建设工程司法解释一》——《最高人民法院关于审理建设工程施工合同纠纷案件适用法律问题的解释（一）》

《建设工程司法解释二》——《最高人民法院关于审理建设工程施工合同纠纷案件适用法律问题的解释（二）》

《技术合同司法解释》——《最高人民法院关于审理技术合同纠纷案件适用法律若干问题的解释》

《物业服务纠纷解释》——《最高人民法院关于审理物业服务纠纷案件具体

应用法律若干问题的解释》

《建筑物区分所有权纠纷解释》——《最高人民法院关于审理建筑物区分所有权纠纷案件具体应用法律若干问题的解释》

《诉讼时效规定》——《最高人民法院关于审理民事案件适用诉讼时效制度若干问题的规定》

《民事诉讼法解释》——《最高人民法院关于适用〈中华人民共和国民事诉讼法〉的解释》

目 录

第九章

买卖合同

买卖是市场交易的典型形式，买卖合同章位居民法典合同编第二分编第一章，共53个条文，条文数居于各类典型合同之首，该章对买卖合同标的物的交付与所有权的转移、标的物毁损灭失的风险负担、异议期间、分期付款买卖、样品买卖、试用买卖等问题作了规定，确立了有偿合同法律适用的一般规则，也确立了货物贸易的一般规则，还确立了转移财产所有权交易的一般规则。

第五百九十五条

买卖合同是出卖人转移标的物的所有权于买受人，买受人支付价款的合同。

本条主旨

本条是关于买卖合同概念的规定。

相关条文

《合同法》第130条　买卖合同是出卖人转移标的物的所有权于买受人，买受人支付价款的合同。

理解与适用

买卖合同，是出卖人转移标的物的所有权于买受人，买受人支付价款的合同。依约定应交付标的物并转移标的物所有权的一方称为出卖人，应支付价款的一方称为买受人。

一、买卖合同的法律特征

第一，买卖合同是一方当事人转移标的物的所有权、另一方当事人支付价款的合同。买卖合同的出卖人负有交付标的物并转移其所有权于买受人的义务，买受人负有向出卖人支付价款的义务，两项义务互为对价，同属买卖合同当事人所负担的主合同义务。这两项主合同义务使买卖合同区别于其他转移财产所有权的合同，如赠与合同、互易合同等，以及转移财产使用权的合同，如租赁合同等。

第二，买卖合同是典型的双务合同。买卖合同的双方当事人在享有合同权利的同时，都负担相应的合同义务，因此，买卖合同是典型的双务合同。

第三，买卖合同是典型的有偿合同。买卖合同中，出卖人所负担的交付标的物或者交付提取标的物的单证并转移其所有权于买受人的义务，与买受人所负担的支付价款的义务，互为对价，因此，买卖合同是典型的有偿合同。作为商品交换发展到一定阶段的产物，买卖合同是商品交换的基本法律形式。作为典型的有偿合同，民法典就买卖合同的有偿性所确立的原则，在其他类型的有偿合同未作特别规定或未有特别的交易惯例时，适用于其他的有偿合同（《民法典》第646条）。

第四，买卖合同是诺成合同。除法律另有规定或当事人另有约定外，买卖合同自双方当事人意思表示一致之时起成立，并不以一方当事人标的物的交付或一定行为的进行作为合同的成立要件，因此，买卖合同为诺成合同。

第五，买卖合同是不要式合同。法律、行政法规并未要求当事人之间的买卖合同采用书面形式，因此，买卖合同为不要式合同。

二、买卖合同的当事人

买卖合同的当事人包括买受人和出卖人。对于买受人，依据民法典的规定，须具备相应的民事行为能力，除此以外，并无特别要求。但实际上，依据民法的基本原则、其他法律的规定以及特定买卖合同的性质，某些具有特别身份的人不得成为特定买卖合同中的买受人。如监护人负有保护被监护人、维护被监护人合法利益的责任。如果监护人购买被监护人的财产，就很难确保被监护人的利益。因此，监护人不得成为被监护人财产的买受人。再如受托人一般不得自行购买委托人委托其出售的财产；拍卖公司及其职员不得购买接受委托拍卖的财产；公务人员、其配偶及其近亲属不得购买由该公务人员依职权出售、变卖的财产；公司的董事、经理不得同本公司订立合同或者进行交易，成为特定买卖合同的买受人。此外，军队、武装警察部队、司法机关和行政执法机关也不得成为商事经营活动中所订立的买卖合同的买受人。

对于出卖人，除须具备相应的民事行为能力之外，还应当是买卖合同标的物的所有权人或其他有处分权人，否则依据《民法典》第597条第1款的规定，因出卖人未取得处分权致使标的物所有权不能转移的，买受人可以解除合同并请求出卖人承担违约责任。所谓所有权人，依据《民法典》第240条的规定，是指对自己的不动产或者动产依法享有占有、使用、收益和处分权利的人；所谓有处分权人，是指经过所有权人授权或基于法律的规定，可以对他人的财产为出卖行为的人。有处分权人在我国现行立法上主要包括：

1. 抵押权人和质权人。抵押权人和质权人作为担保物权人，在债务人不履行到期债务或者发生当事人约定的实现权利的情形，有权依照抵押合同或者质权合同的约定将抵押人的财产变卖或拍卖，并从变卖、拍卖的价款中优先受偿。

2. 留置权人。留置权属担保物权的一种，留置权人在法律规定的条件满足时，有权留置其依照合同约定所占有的债务人的动产，并可依法将该财产变卖、拍卖，然后从变卖、拍卖的价款中优先受偿。

3. 法定优先权人。依据《民法典》第807条的规定，建设工程合同的承包人可以依照法律的规定，享有法定优先权。在发包人未按照约定支付价款，且经催告在合理期限内仍不支付时，得申请人民法院将建设工程依法拍卖，然后从拍卖的价款中优先受偿。

4. 行纪人。行纪人是接受委托人的委托，以自己的名义为委托人进行贸易活动的人。行纪人在所有权人的授权之下，可以遵从所有权人的指示进行财产的处分行为。

5. 经营权人。国有企业对国家授予的财产所享有的经营权，也包括占有、使用、收益和处分权能，故虽非所有权人，仍有权以出卖的方式处分财产。

6. 人民法院。人民法院对逾期拒不履行法律文书确定义务的被执行人的财产，有权进行查封、扣押，并交有关单位拍卖或者变卖，以人民法院的名义强制被执行人履行义务，实现债权人的债权。

买卖合同的标的物，依据《民法典》第595条的规定，应认定为实物。财产权利的转让则规定在诸如技术转让合同，建设用地使用权出让、转让合同等其他的合同类型中。买卖合同的标的物可以是现实存在的物，也可以是将来产生的物；可以是特定物，也可以是不特定物。

第五百九十六条

买卖合同的内容一般包括标的物的名称、数量、质量、价款、履行期限、履

行地点和方式、包装方式、检验标准和方法、结算方式、合同使用的文字及其效力等条款。

本条主旨

本条是关于买卖合同内容的规定。

相关条文

《合同法》第131条 买卖合同的内容除依照本法第十二条的规定以外，还可以包括包装方式、检验标准和方法、结算方式、合同使用的文字及其效力等条款。

《最高人民法院关于适用〈中华人民共和国合同法〉若干问题的解释（二）》第1条 当事人对合同是否成立存在争议，人民法院能够确定当事人名称或者姓名、标的和数量的，一般应当认定合同成立。但法律另有规定或者当事人另有约定的除外。

对合同欠缺的前款规定以外的其他内容，当事人达不成协议的，人民法院依照合同法第六十一条、第六十二条、第一百二十五条等有关规定予以确定。

理解与适用

买卖合同的内容主要由当事人约定，除了标的、数量和质量、价款、履行期限、履行地点、履行方式、违约责任、解决争议的方法等条款以外，当事人还可就包装方式、检验标准和方法、结算方式以及合同使用的文字及其效力等内容进行约定。

（一）标的

标的是买卖合同双方当事人权利义务指向的对象。买卖合同不规定标的，就会失去目的，失去意义，因此，标的是买卖合同的必要条款。标的条款必须清楚地写明标的物的名称。

（二）数量

标的物的数量是确定买卖合同标的物的具体条件之一。标的物的数量要确切，应选择双方共同接受的计量单位，一般应采用通用的计量单位，也可以采用行业或者交易习惯认可的计量单位。要确定双方认可的计量方法，同时应允许规定合理的磅差或尾差。

标的物的数量属于买卖合同成立应当具备的必要条款。

（三）质量

标的物的质量是确定买卖合同标的物的具体条件。标的物的质量一般包括两个方面的要求：一是标的物的品种和规格，通常指标的物的型号、批号、尺码、级别等；二是标的物的内在品质，通常指标的物应达到其应有的功效，并且不含有隐蔽瑕疵、缺陷等。标的物的质量需订得详细具体。但在一般情形下，欠缺质量条款，并不影响买卖合同的成立。当事人没有约定质量条款或者约定不明确，可以依照《民法典》第 510 条以及第 511 条第（1）项补充确定。

（四）履行期限、地点和方式

履行期限直接关系到买卖合同义务完成的时间，涉及当事人的期限利益，也是确定违约与否的因素之一。履行期限可以规定为即时履行，也可以规定为定时履行，还可以规定为在一定期限内履行。如果是分期履行，还应写明每期的准确时间。

履行地点是确定验收地点的依据，是确定运输费用由谁负担、风险由谁承受的依据；有时是确定标的物所有权是否转移、何时转移的依据；还是确定诉讼管辖的依据之一；对于涉外买卖合同纠纷，它是确定法律适用的一项依据。因而它十分重要，应在合同中写明。

履行方式，如是一次交付还是分批交付，是交付实物还是交付提取标的物的单证，是铁路运输还是空运、水运等，同样事关当事人的物质利益，因此，应在合同中写明。

履行期限、履行地点和履行方式未在买卖合同中作出明确约定，一般并不影响买卖合同的成立。当事人未约定履行期限、履行地点和履行方式条款或者约定不明确的，可以依照《民法典》第 510 条、第 511 条第（3）、（4）、（5）项以及第 603 条第 2 款、第 627 条、第 628 条补充确定。

（五）价款

价款是买受人取得标的物所有权所应支付的代价，买卖合同应当对价款的数额作出明确的约定，同时对价款的币种作出约定，对不同币种之间的汇率作出约定。

价款通常指标的物本身的价款，但因商业上的大宗买卖一般是异地交货，便产生了运费、保险费、装卸费、报关费等一系列额外费用。这些费用由谁支付，需在买卖合同的价款条款中写明。

该项条款未在合同中作出明确约定，一般不影响买卖合同的成立。当事人在合同中没有约定价款条款或者约定不明确的，依照《民法典》第 626 条补充确定。

（六）违约责任

违约责任是促使当事人履行债务，使非违约方免受或少受损失的法律措施，对当事人的利益关系影响重大，合同对此应予明确规定。例如对违约所致损害的计算方法、赔偿范围等予以明确规定，对于将来及时地解决违约问题意义重大。当然，违约责任是法律责任，即使买卖合同中没有违约责任条款，只要未依法或依约免除，违约方就应承担责任。

对该项条款未作出约定的，不影响买卖合同的成立。买卖合同的当事人违约的，依照民法典合同编第二分编第九章关于买卖合同当事人违约责任承担的特别规定以及民法典合同编第一分编第八章关于违约责任的一般规定处理。

（七）包装方式

标的物的包装包括两层含义：一是盛标的物的容器，通常称为包装用品或者包装物；二是包装标的物的操作过程。因此，包装方式既可以指包装物的材料，又可以指包装的操作方式。包装对标的物起保护和装饰作用。在某些情况下，包装还能反映标的物的质量。因此，在买卖合同中应明确约定包装的方式，包括包装材料、装潢，包装物的交付，包装费用承担等内容。产品包装应当按照国家标准或专业（部）标准执行；没有上述标准的，可按承运、托运双方商定并在合同中写明的标准进行包装。有特殊要求或采用包装代用品的，应征得运输部门的同意，并在合同中明确规定。产品包装时必须附有装箱清单。除国家规定由买受人提供的以外，包装物由出卖人提供，运输包装上的标记由出卖人印刷。可以多次使用的包装物，应按有关主管部门制定的包装物回收办法执行；没有规定的，由买卖双方商定包装物回收协议，作为买卖合同的附件。

除国家另有规定外，包装费用由出卖人负担，不得向买受人另外收取。如果买受人有特殊要求的，双方应在合同中约定，其包装费超过原定标准的，超过部分由买受人负担；其包装费低于原定标准的，相应降低产品价格。

对该项条款未作约定的，不影响买卖合同的成立。当事人未约定包装方式条款或者约定不明确的，依据《民法典》第 510 条仍不能确定的，依据《民法典》第 619 条确定。

（八）检验标准、检验期限和方法

合同应对检验标准、检验期限、凭封单检验还是凭现状检验以及对标的物质量和数量提出异议和答复的期限作出明确规定。

对该项条款未作约定或者约定不明确的，不影响买卖合同的成立，可以依照《民法典》第 510 条、第 620 条、第 621 条、第 622 条、第 623 条、第 624 条补充确定。

（九）结算方式

结算方式是指出卖人向买受人交付标的物后，买受人向出卖人支付标的物价款、运杂费和其他费用的方式。买卖合同的结算方式应遵守中国人民银行结算办法的规定，除法律或者行政法规另有规定的以外，必须用人民币计算和支付。同时，除国家允许使用现金履行义务的以外，必须通过银行转账或者票据结算，当事人对结算方式应当明确约定。用托收承付方式的，合同中应明确是验单付款还是验货付款。为便于结算，合同中应注明双方当事人的开户银行、账户名称、账号和结算单位。

对该项条款未作约定的，不影响买卖合同的成立。当事人未约定结算方式条款或者约定不明确的，依照《民法典》第 510 条补充确定。

（十）合同使用的文字及其效力

合同使用的文字及其效力，是涉外买卖合同及跨民族买卖合同的重要条款。在此类合同中双方当事人应就合同所使用的文字作出明确约定，当事人应当使用约定的文字订立合同。

对该项条款未作约定的，不影响买卖合同的成立。当事人未约定合同使用的文字及其效力条款或者约定不明确的，依照《民法典》第 510 条补充确定。

依据《最高人民法院关于适用〈中华人民共和国合同法〉若干问题的解释（二）》第 1 条的规定，除当事人名称或者姓名、标的和数量条款外，其他条款未作约定或者约定不明确的，除非当事人另有约定或者另有交易习惯，否则不影响买卖合同的成立。可见，《民法典》第 596 条列举其他条款的规定，属于倡导性规范。

第五百九十七条

因出卖人未取得处分权致使标的物所有权不能转移的，买受人可以解除合同并请求出卖人承担违约责任。

法律、行政法规禁止或者限制转让的标的物，依照其规定。

本条主旨

本条是关于出卖人欠缺标的物处分权以及买卖合同标的物为禁止或者限制流通物的规定。

相关条文

《合同法》第 132 条　出卖的标的物，应当属于出卖人所有或者出卖人有权处分。

法律、行政法规禁止或者限制转让的标的物，依照其规定。

《最高人民法院关于审理买卖合同纠纷案件适用法律问题的解释》第 3 条　当事人一方以出卖人在缔约时对标的物没有所有权或者处分权为由主张合同无效的，人民法院不予支持。

出卖人因未取得所有权或者处分权致使标的物所有权不能转移，买受人要求出卖人承担违约责任或者要求解除合同并主张损害赔偿的，人民法院应予支持。

理解与适用

一、出卖他人之物的买卖合同

出卖人在未取得标的物处分权的情形下订立的买卖合同属于出卖他人之物的买卖合同。在不认可负担行为和处分行为区分的背景下，出卖他人之物的买卖合同是无权处分合同的典型形态。《中华人民共和国合同法》第 51 条规定："无处分权的人处分他人财产，经权利人追认或者无处分权的人订立合同后取得处分权的，该合同有效。"该条将无权处分合同认定为效力待定的合同，这一规定的妥当性，备受学说和司法的质疑与挑战。《最高人民法院关于审理买卖合同纠纷案件适用法律问题的解释》第 3 条规定："当事人一方以出卖人在缔约时对标的物没有所有权或者处分权为由主张合同无效的，人民法院不予支持。""出卖人因未取得所有权或者处分权致使标的物所有权不能转移，买受人要求出卖人承担违约责任或者要求解除合同并主张损害赔偿的，人民法院应予支持。"该条将出卖他人之物的买卖合同认定为生效合同。随之也出现了主张认可负担行为与处分行为区分的呼声。对负担行为与处分行为的区分问题，民法学界争讼已久。立法机关态度坚定，在多次立法研讨会上，明确予以否定。[①] 裁判者则态度不一，否定者有之，肯定者也不乏其人。其实，即使不认可负担行为与处分行为的区分，无权处分合同也可认定为生效的合同行为。在债权形式主义的物权变动模式、债权意思主义的物权变动模式以及混合主义的物权变动模式之下，作为基于合同行为发生物权变动法律效果的充分条件，当事人享有处分权都是不可或缺的一环。立法

① 有观点以《民法典》第 215 条为据，认为我国民法典已经认可负担行为与处分行为的区分。笔者认为这一观点尚有讨论空间，该条仅是区分了设立、变更、转让、消灭不动产物权合同效力的发生条件与物权变动法律效果的发生条件，认为办理物权登记手续就是在履行生效合同的主合同义务，不能将物权登记手续的办理当作合同的法定特别生效条件，这本就是债权形式主义物权变动模式的题中应有之义。如果用历史解释的方法确定该条的含义，没有立法资料显示该条意在认可负担行为与处分行为的区分。

者设计调整无权处分合同的法律规则，若不考虑满足善意取得构成要件的例外情形，其核心目的应在于避免受让人从无权处分人处获得相应权利。此时立法者有两种可能的选择：一是让处分权的欠缺直接影响合同行为效力的发生，从而实现欲追求的目的；二是不让处分权的欠缺影响合同行为的效力，而是让处分权的欠缺影响无权处分人履行义务的能力，从而也可实现欲追求的目的。二者相较，后者价值判断结论妥当性更高，且手段与目的更为相称，更合比例原则的要求。

有一种观点认为，在债权形式主义的物权变动模式之下，若让无权处分合同生效，则以出卖他人动产的买卖合同为例，一旦出卖人将他人之物交付于买受人，买受人即可取得标的物的所有权，标的物的有处分权人即无法保护自己的利益，善意取得制度也会变得无用武之地。这一看法尚有讨论空间，因为合同尽管已经生效，但出卖人负担的主合同义务是交付标的物或者交付提取标的物的单证，并且转移标的物的所有权于买受人。在出卖人并非标的物所有权人或者有处分权人的前提下，出卖人可能能够将标的物或者提取标的物的单证交付于买受人，但在没有满足善意取得构成要件的情况下，出卖人并不能够转移标的物的所有权于买受人，因而不存在损害标的物有处分权人利益的问题。①

我国民法以债权形式主义的物权变动模式为原则，买受人取得标的物的所有权属于出卖人履行合同义务的法律效果，而非买卖合同生效的法律效果。买受人不能取得标的物的所有权，属于出卖人未能履行自己的合同义务。出卖人未取得处分权致使标的物所有权不能转移的，买受人可以解除合同并请求出卖人承担违约责任。如果出卖人就同一标的物订立数个买卖合同的，数个买卖合同都可以成为生效的合同。数个买受人中，只有一个买受人得取得标的物的所有权。未取得标的物所有权的买受人，得对出卖人主张违约责任（某些场合为侵权责任②）的承担。

二、买卖禁止流通物

如果买卖合同的标的物是禁止流通物，该买卖合同得因违反法律、行政法规的效力性强制性规定而被认定为无效合同（《民法典》第 153 条第 1 款第 1 句）。就禁止流通物的法律规定，主要包括：(1) 治安管理处罚法作出的不得出售淫秽

---

① 王轶：《物权变动论》，北京，中国人民大学出版社 2001 年版，第 214 页。

② 例如甲有一清代花瓶，与乙订立买卖合同在先，与丙订立买卖合同在后。在与乙订立买卖合同时，双方约定花瓶的所有权自合同成立之时起即归乙所有，但暂不移转花瓶的占有于乙。丙在与甲订立买卖合同时，不知道也不应当知道该花瓶已非属甲所有。双方的买卖合同成立之时，甲即将标的物交付于丙。此时，丙得基于动产的善意取得制度，取得花瓶的所有权，乙就丧失了业已取得的所有权。乙得向甲主张侵权责任的承担。

书刊的规定；（2）文物保护法对文物转让作出的禁止规定；（3）禁毒法禁止毒品交易的规定；（4）人民银行法禁止伪造、变造人民币交易的规定；（5）人体器官移植条例禁止人体器官买卖的规定；（6）医疗废物管理条例禁止医疗废物买卖的规定；（7）古生物化石保护条例禁止古生物化石买卖的规定等。①

三、买卖限制流通物

如果买卖合同的标的物是限制流通物，该买卖合同属于办理批准等手续才能生效的合同，换言之，取得行政许可属于买卖合同的法定特别生效条件。

依据《中华人民共和国行政许可法》第2条的规定，行政许可，是指行政机关根据公民、法人或者其他组织的申请，经依法审查，准予从事特定活动的行为。我国现行法律或者行政法规多以“准予”“经批准”“经依法批准”“实行许可证管理”“审查批准”等词语表述行政许可。行政许可与民事法律行为，尤其是合同行为的效力判断联系密切。从民法学的视角观察，行政机关基于行政许可准予公民、法人或者其他组织从事的特定活动，以民事法律事实的类型区分和体系建构为背景，有的属于准予实施事实行为；有的属于准予实施民事法律行为；有的则需要区分情形，有时属于准予实施事实行为，有时属于准予实施民事法律行为。

从民法学的视角出发，对行政许可作以上的类型区分，对于妥当判断民事法律行为的效力意义重大。原因在于，服务于对民事法律行为效力作出妥当判断的目的，裁判者着重需要回答以下两个问题：第一，当事人实施民事法律行为，意在约定排除法律或者行政法规某一规定的适用时，该民事法律行为效力如何？第二，当事人实施的民事法律行为，违反法律或者行政法规某一规定时，该民事法律行为效力如何？这是两个虽有关联，但却相互独立的问题。前者要回答的是法律或者行政法规的规定被当事人约定排除其适用时，该约定的效力判断问题；后者要回答的是法律或者行政法规的规定被当事人实施的民事法律行为违反时，该民事法律行为的效力判断问题。确立行政许可的规定，属于准予实施事实行为的，设定了实施事实行为的前置条件，意在协调事实行为引起的利益关系，此类规定可以成为当事人借助民事法律行为意图约定排除其适用的对象，但却不会成为当事人实施的民事法律行为违反的对象。确立行政许可的规定，属于准予实施民事法律行为的，设定了实施民事法律行为的前置条件，意在协调民事法律行为引起的利益关系，既可以成为当事人借助民事法律行为意图约定排除其适用的对

① 参见黄薇主编：《中华人民共和国民法典合同编解读（上册）》，北京，中国法制出版社2020年版，第496页。

象，也可以成为当事人实施的民事法律行为违反的对象。服务于妥当判断民事法律行为效力的目的，法律或者行政法规中可以成为当事人借助民事法律行为意图约定排除其适用的对象，但不会成为民事法律行为违反对象的法律规定，不存在依据《民法典》第 153 条第 1 款作是否为强制性规定类型区分的问题，在这种意义上，可称之为简单规范。法律或者行政法规中既可以成为当事人借助民事法律行为意图约定排除其适用的对象，又可以成为民事法律行为违反对象的法律规定，存在依据《民法典》第 153 条第 1 款作是否为强制性规定类型区分的问题，在这种意义上，可称之为复杂规范。

值得注意的是，即使是法律或者行政法规中的简单规范，也有其不简单之处：服务于妥当判断排除简单规范法律适用的约定效力如何的需要，根据简单规范能否被当事人借助民事法律行为约定排除其适用，可以将简单规范作进一步的类型区分：一是任意性规范。有的简单规范协调民事主体之间的利益关系，能够被当事人约定排除其适用，这就是学说上所谓的“任意性规范”，排除其适用的民事法律行为有效。二是强制性规范。有的简单规范协调民事主体的利益与公共利益之间的关系，不能被当事人约定排除其适用，这就是学说上与“任意性规范”对立存在的“强制性规范”，排除其适用的民事法律行为因损害公共利益，得援引《民法典》第 153 条第 2 款认定该行为无效。三是混合性规范。在能够被约定排除其适用的“任意性规范”和不能被约定排除其适用的“强制性规范”之间，还存在有时能够被当事人约定排除其适用，有时不能被当事人约定排除其适用的“混合性规范”。法律、行政法规中存在两种类型的混合性规范，一种混合性规范协调民事主体的利益与公共利益之间的关系，如果当事人意图排除其适用的约定与法律的规定相比，更加有利于公共利益的确认、保障和维护，则该约定有效；如果当事人意图排除其适用的约定与法律的规定相比，不利于公共利益的确认、保障和维护，则该约定无效。另一种混合性规范有时协调民事主体之间的利益关系，属于前述任意性规范；有时协调民事主体的利益与公共利益之间的关系，属于前述强制性规范。为任意性规范时，排除其适用的民事法律行为有效；为强制性规范时，排除其适用的民事法律行为无效。[①] 考虑到可以设定行政许可的事项，都关涉公共利益的确认、保障和维护[②]，因此法律或者行政法规确立的

① 参见王轶：《民法典物权编规范配置的新思考》，载《法学杂志》2019 年第 7 期。

② 《行政许可法》第 11 条确认，设定行政许可，应当遵循经济和社会发展规律，有利于发挥公民、法人或者其他组织的积极性、主动性，维护公共利益和社会秩序，促进经济、社会和生态环境协调发展。学者研究表明，行政许可关涉公共利益，属于大多数国家和地区的通例。参见朱芒：《日本的行政许可》，载《中外法学》1999 年第 4 期。陈端洪教授就此认为，“行政许可的正当性和限度在于公共利益，创设和实施行政许可必须谋求个人自由与公共利益的平衡。”参见陈端洪：《行政许可与个人自由》，载《法学研究》2004 年第 5 期。

行政许可属于准予实施事实行为的规定，都属于简单规范中的强制性规范。当事人借助民事法律行为意图约定排除其适用的，得援引《民法典》第 153 条第 2 款"违背公序良俗的民事法律行为无效"，认定该民事法律行为无效。

法律或者行政法规确立的行政许可，属于准予实施民事法律行为的，此类规定与简单规范的相似之处在于，它们也可以成为当事人借助民事法律行为意图约定排除其适用的对象，因而在任意性规范、强制性规范、混合性规范的三分法之下，也属于强制性规范；但与此同时，此类规定又有与简单规范不一样的地方，那就是它们还能够成为当事人实施的民事法律行为违反的对象，因而属于复杂规范，还需要依据《民法典》第 153 条第 1 款作是否为强制性规定的类型区分。

依据《民法典》第 153 条第 1 款作是否为强制性规定的类型区分时，需要根据复杂规范所协调的利益关系类型的差异，作进一步的类型区分：首先，是仅协调民事法律行为当事人之间利益关系的倡导性规范。其次，是协调民事法律行为当事人与特定第三人利益关系的授权第三人规范。再次，是协调民事法律行为当事人的利益与公共利益之间关系的强制性规范。[①] 如前所述，可以设定行政许可的事项，都关涉公共利益的确认、保障和维护，因此法律或者行政法规确立的行政许可属于准予实施民事法律行为的情形，都属于强制性规范。

由此可见，服务于对民事法律行为的效力作出妥当判断的目的，法律或者行政法规中存在着二元的法律规范体系：其一，围绕着回答当事人实施民事法律行为意图约定排除法律或者行政法规某一规定的法律适用时，该民事法律行为的效力如何，存在着任意性规范、强制性规范、混合性规范之分；其二，围绕着回答当事人实施的民事法律行为违反法律或者行政法规某一规定时，该民事法律行为的效力如何，存在着倡导性规范、授权第三人规范、强制性规范之别。

这个二元的法律规范体系，既相互关联，又各自独立。第一个法律规范体系中的任意性规范、强制性规范、混合性规范，能够成为当事人借助民事法律行为意图约定排除其适用的对象，但并非都能够成为当事人实施的民事法律行为违反的对象。对于其中不会成为民事法律行为违反对象的法律规定，即简单规范，就不需要依据《民法典》第 153 条第 1 款作是否为强制性规定的类型区分。第二个法律规范体系中的倡导性规范、授权第三人规范、强制性规范，作为复杂规范，既能够成为当事人借助民事法律行为意图约定排除适用的对象，又能够成为当事人实施的民事法律行为违反的对象，因此需要依据《民法典》第 153 条第 1 款作是否为强制性规定的类型区分。

---

① 参见王轶：《民法典物权编规范配置的新思考》，载《法学杂志》2019 年第 7 期。

不难看出，第一个法律规范体系中的“强制性规范”与第二个法律规范体系中的“强制性规范”尽管都关涉民事主体的利益与公共利益之间关系的调整，都承担着确认、保障和维护公共利益的使命，都不得被当事人借助民事法律行为约定排除其适用，但第一个法律规范体系中的“强制性规范”并非都能够成为民事法律行为违反的对象，如作为简单规范的“强制性规范”。如果不是民事法律行为违反的对象，这些强制性规范就一定不是《民法典》第153条第1款所言的“强制性规定”，法律或者行政法规确立的行政许可属于准予实施事实行为的情形即属此类。第二个法律规范体系中的“强制性规范”，既能够成为当事人借助民事法律行为意图约定排除其适用的对象，又能够成为当事人实施的民事法律行为违反的对象，属于《民法典》第153条第1款所言的“强制性规定”，法律或者行政法规确立的行政许可属于准予实施民事法律行为的情形即属此类。一言以蔽之，第一个法律规范体系中的“强制性规范”如果属于简单规范，就不是第二个法律规范体系中的“强制性规范”；但第二个法律规范体系中的“强制性规范”，同时也是第一个法律规范体系中的“强制性规范”。

法律或者行政法规确立的行政许可属于准予实施民事法律行为的情形，属于倡导性规范、授权第三人规范、强制性规范三分法中的强制性规范。此类行政许可，服务于妥当判断民事法律行为效力的目的，还需要再作进一步的类型区分：一是法律或者行政法规确立的行政许可属于准予实施某项民事法律行为；二是法律或者行政法规确立的行政许可属于准予实施某类民事法律行为；三是法律或者行政法规确立的行政许可属于既准予实施某项民事法律行为，又准予实施某类民事法律行为。这一区分对于妥当判断民事法律行为的效力同样意义重大。

对于行政许可属于准予实施某项民事法律行为的情形，行政许可属于该项民事法律行为的法定特别生效条件。买卖合同的标的物属于法律、行政法规限制转让的标的物，就意味着买卖合同需要取得行政许可，办理批准手续属于买卖合同的法定特别生效条件。未办理批准等手续影响合同生效的，不影响合同中履行报批等义务条款以及相关条款的效力。合同当事人有义务去办理批准等手续，促成买卖合同的完全生效。当事人不履行报批等义务，致使买卖合同未能完全生效的，应承担违反该义务的责任（《民法典》第502条第2款）。

第五百九十八条

出卖人应当履行向买受人交付标的物或者交付提取标的物的单证，并转移标的物所有权的义务。

本条主旨

本条是关于出卖人主合同义务的规定。

相关条文

《合同法》第 135 条　出卖人应当履行向买受人交付标的物或者交付提取标的物的单证，并转移标的物所有权的义务。

《最高人民法院关于审理买卖合同纠纷案件适用法律问题的解释》第 5 条　标的物为无需以有形载体交付的电子信息产品，当事人对交付方式约定不明确，且依照合同法第六十一条的规定仍不能确定的，买受人收到约定的电子信息产品或者权利凭证即为交付。

第 6 条　根据合同法第一百六十二条的规定，买受人拒绝接收多交部分标的物的，可以代为保管多交部分标的物。买受人主张出卖人负担代为保管期间的合理费用的，人民法院应予支持。

买受人主张出卖人承担代为保管期间非因买受人故意或者重大过失造成的损失的，人民法院应予支持。

理解与适用

出卖人负担并且履行主合同义务是买卖合同效力的体现，买卖合同的效力是指生效买卖合同所具有的法律效力。广义的买卖合同的效力既包括买卖合同的对外效力，又包括买卖合同的对内效力。买卖合同对外效力的核心是合同债权的不可侵性，主要通过民法典侵权责任编的规定予以调整（《民法典》第 1165 条、第 1166 条、第 1167 条）。买卖合同的对内效力以买卖合同的内容为基础，主要表现为出卖人和买受人双方所享有的权利和所负担的义务。狭义的买卖合同的效力仅指买卖合同的对内效力。由于买卖合同是典型的双务有偿合同，一方当事人所负担的合同义务是对方当事人所享有的合同权利，所以买卖合同的对内效力可以通过双方当事人所负担的合同义务来体现。向买受人交付标的物或者交付提取标的物的单证，并转移标的物所有权，是出卖人的主合同义务，它由两个方面的内容组成：其一为向买受人交付标的物或者交付提取标的物的单证；其二为转移标的物的所有权于买受人。

买卖合同中，出卖人应将买卖合同的标的物交付给买受人。交付标的物可分为交付和替代交付。交付包括现实交付和拟制交付。所谓拟制交付，是指交付提取标的物的单证，以代替标的物的现实交付的交付方式。比如交付仓单、提单以及可转让的多式联运单据等。替代交付包括简易交付、占有改定以及指示交付。现实交付，是指出卖人将标的物置于买受人的实际控制之下，即移转标的物的直接占有。所谓简易交付，是指买卖合同订立前，买受人已实际占有标的物的，标的物的交付系于合同生效的交付方式。所谓占有改定，是指由双方当事人签订协议，使买受人取得标的物的间接占有，以代替标的物直接占有的移转的交付方式。所谓指示交付，是指让与所有物返还请求权以代替现实交付。依据《民法典》第512条的规定，通过互联网等信息网络订立的买卖合同，采用快递物流方式交付的，收货人的签收时间为交付时间。买卖合同的标的物为采用在线传输方式交付的，标的物进入买受人指定的特定系统且能够检索识别的时间为交付时间。出卖人交付标的物，在标的物有从物时，若当事人无另外的约定，应当随同交付从物（《民法典》第320条）。出卖人交付标的物的义务可亲自履行，也可由第三人履行。在第三人代为交付时，对交付中出现的违约情形，第三人不负违约责任，仍由出卖人承担违约责任（《民法典》第523条）。

买受人有依照合同约定或者交易惯例受领标的物的义务。若出卖人不按合同约定的条件交付标的物，如多交付、提前交付、交付的标的物有瑕疵等，买受人有权拒绝接受。在特定情况下，买受人对于出卖人所交付的标的物，虽可作出拒绝接受的意思表示，但有暂时保管并应急处置标的物的义务。该项义务属买受人所应负担的附随义务。这一点各国立法皆有规定。买受人拒绝接受时的保管义务是有条件的：第一，必须是异地交付，货物到达交付地点时，买受人发现标的物的品质瑕疵而作出拒绝接受的意思表示；第二，出卖人在标的物接受交付的地点没有代理人，即标的物在法律上已处于无人管理的状态；第三，一般物品由买受人暂时保管，但出卖人于接到买受人的拒绝接受通知时应立即以自己的费用将标的物提回或作其他处置，并支付买受人的保管费用；第四，对于不易保管的易变质物品如水果、蔬菜等，买受人可以紧急变卖，但变卖所得在扣除变卖费用后须退回出卖人。买受人在拒绝接受交付时为出卖人保管及紧急变卖标的物的行为必须是基于善良的动机，不得扩大出卖人的损失。出卖人也不能因买受人上述情况下的保管或紧急变卖行为而免除责任。①

取得标的物的所有权是买受人的主要交易目的，因此，将标的物的所有权转移给买受人，是出卖人的一项主要义务。转移标的物的所有权，是在交付标的物基础上，实现标的物所有权的转移，使买受人获得标的物所有权。依照《民法典》第224条的规定，动产物权的设立和转让，自交付时发生效力，但是法律另

① 参见郭明瑞、王轶：《合同法新论·分则》，北京，中国政法大学出版社1997年版，第33页。

有规定的除外。这表明，标的物所有权的转移方法，可以有所不同。就动产而言，除法律有特别规定的以外，所有权依交付而移转。这表明，我国现行民事立法就动产所有权的转移确立了债权形式主义的物权变动模式。债权形式主义的物权变动模式允许当事人约定出卖人先行交付动产标的物，在买受人未履行支付价款或者其他义务时，动产标的物的所有权仍归出卖人所有，以担保买受人合同义务的履行，这就是所谓的所有权保留制度。依据《民法典》第225条的规定，就船舶、航空器和机动车等特殊类型的动产，所有权也自交付之时起转移，但未依法办理登记手续的，所有权的移转不具有对抗善意第三人的效力。依据《民法典》第209条第1款以及第214条的规定，不动产所有权的转移须依法办理所有权的转移登记。未办理登记的，尽管买卖合同已经生效，但标的物的所有权不发生转移（《民法典》第215条）。这表明，我国民法典就不动产所有权的转移，仍然采债权形式主义的物权变动模式。

第五百九十九条

出卖人应当按照约定或者交易习惯向买受人交付提取标的物单证以外的有关单证和资料。

本条主旨

本条是关于出卖人从合同义务的规定。

相关条文

《合同法》第136条　出卖人应当按照约定或者交易习惯向买受人交付提取标的物单证以外的有关单证和资料。

《最高人民法院关于审理买卖合同纠纷案件适用法律问题的解释》第7条　合同法第一百三十六条规定的“提取标的物单证以外的有关单证和资料”，主要应当包括保险单、保修单、普通发票、增值税专用发票、产品合格证、质量保证书、质量鉴定书、品质检验证书、产品进出口检疫书、原产地证明书、使用说明书、装箱单等。

第25条　出卖人没有履行或者不当履行从给付义务，致使买受人不能实现合同目的，买受人主张解除合同的，人民法院应当根据合同法第九十四条第（四）项的规定，予以支持。

理解与适用

出卖人应当按照约定或者交易习惯向买受人交付提取标的物单证以外的有关单证和资料，该项义务系属出卖人在买卖合同中所负担的从合同义务，该项义务辅助主合同义务，实现买受人的交易目的。交易实践中，与买卖合同标的物相关的其他单证和资料主要包括：保险单、保修单、普通发票、增值税专用发票、产品合格证、质量保证书、质量鉴定书、品质检验证书、产品进出口检疫书、原产地证明书、使用说明书、装箱单等。

在国际贸易中，出卖人交付有关单证和资料的义务因合同具体条件的差异而有所不同，例如普通货物买卖无须进出口许可证；在 FOB 或 CFR 条件下，由买方自己办理保险，出卖人自然无须提供保险单或者保险凭证；在 DDP 条件下，出卖人就必须提供证明已经完成进口完税手续的单证。

除负担前述主合同义务和从合同义务外，出卖人还应遵循诚实信用原则，根据合同的性质、目的和交易习惯负担通知、协助、保密等附随义务（《民法典》第 509 条第 2 款）以及相应的不真正义务等法定义务（如《民法典》第 591 条），在履行合同过程中，应当避免浪费资源、污染环境和破坏生态（《民法典》第 509 条第 3 款）。依照法律、行政法规的规定或者按照当事人的约定，标的物在有效使用年限届满后应予回收的，出卖人负有自行或者委托第三人对标的物予以回收的义务（《民法典》第 625 条），这也属于出卖人负担的附随义务。

第六百条

出卖具有知识产权的标的物的，除法律另有规定或者当事人另有约定外，该标的物的知识产权不属于买受人。

本条主旨

本条是关于知识产权保留的规定。

相关条文

《合同法》第 137 条　出卖具有知识产权的计算机软件等标的物的，除法律另有规定或者当事人另有约定的以外，该标的物的知识产权不属于买受人。

理解与适用

出卖具有知识产权的计算机软件等标的物的，除法律另有规定或当事人另有约定的以外，该标的物的知识产权并不随同标的物的所有权一并移转于买受人，其原因在于：首先，知识产权是一种独立的无形权利。知识产权虽然必须通过一定的物质载体才能表现出来，但知识产权的客体并非它的物质载体。知识产权与标的物的所有权是可以分离的，两者是并行于标的物上的独立权利。在买卖合同中，出卖人转让的仅仅是标的物的所有权，而不包括知识产权，因为知识产权有独立的财产价值。其次，假设在出卖人转移标的物所有权的同时，标的物上的知识产权亦同时转让，势必造成如下矛盾：很多情况下，出卖人并非知识产权人，而仅为标的物的所有人，出卖人如何能把自己都不享有的权利转移于买受人呢?另外如标的物为种类物，转让标的物的所有权时，知识产权亦转移，势必造成每个买受人都享有标的物的知识产权，这样，同一客体的知识产权就有无数个主体，这显然是不可能的。

第六百零一条

出卖人应当按照约定的时间交付标的物。约定交付期限的，出卖人可以在该交付期限内的任何时间交付。

本条主旨

本条是关于出卖人交付标的物时间的规定。

相关条文

《合同法》第 138 条　出卖人应当按照约定的期限交付标的物。约定交付期间的，出卖人可以在该交付期间内的任何时间交付。

理解与适用

出卖人按照约定的期限交付标的物，是出卖人的一项义务，期限包括具体的日期和期间。约定有具体的交付日期的，应当按照约定的具体日期交付；没有约定具体日期而约定了交付期限的，出卖人可以在该交付期限内的任何时间交付。由于按照约定期限交付是出卖人的义务，不履行或者不正确履行这一义务，没有法定或者约定的免责事由的，须承担违约责任。不按照合同约定的期限履行义务包括两种情况：一是出卖人提前交付标的物，买受人接货后，仍可按合同约定的交货时间付款；合同约定自提的，买受人可以拒绝提货。二是出卖人逾期交付标的物，应在发货前与买受人协商，买受人仍需要的，出卖人应当照数补交，并负逾期交货责任；买受人不再需要的，有权依法解除合同。

第六百零二条

当事人没有约定标的物的交付期限或者约定不明确的，适用本法第五百一十条、第五百一十一条第四项的规定。

本条主旨

本条是关于没有约定或者约定不明确时，如何确定标的物交付期限的规定。

相关条文

《合同法》第139条　当事人没有约定标的物的交付期限或者约定不明确的，适用本法第六十一条、第六十二条第四项的规定。

理解与适用

当事人未约定标的物的交付期限或者约定不明确的，可以协议补充；不能达成补充协议的，按照合同有关条款或交易习惯确定；仍不能确定的，可以随时交付，但应当给买受人必要的准备时间。

第六百零三条

出卖人应当按照约定的地点交付标的物。

当事人没有约定交付地点或者约定不明确，依据本法第五百一十条的规定仍不能确定的，适用下列规定：

（一）标的物需要运输的，出卖人应当将标的物交付给第一承运人以运交给买受人；

（二）标的物不需要运输，出卖人和买受人订立合同时知道标的物在某一地点的，出卖人应当在该地点交付标的物；不知道标的物在某一地点的，应当在出卖人订立合同时的营业地交付标的物。

本条主旨

本条是关于交付标的物地点的规定。

相关条文

《合同法》第141条　出卖人应当按照约定的地点交付标的物。

当事人没有约定交付地点或者约定不明确，依照本法第六十一条的规定仍不能确定的，适用下列规定：

（一）标的物需要运输的，出卖人应当将标的物交付给第一承运人以运交给买受人；

（二）标的物不需要运输，出卖人和买受人订立合同时知道标的物在某一地点的，出卖人应当在该地点交付标的物；不知道标的物在某一地点的，应当在出卖人订立合同时的营业地交付标的物。

《最高人民法院关于审理买卖合同纠纷案件适用法律问题的解释》第11条　合同法第一百四十一条第二款第（一）项规定的“标的物需要运输的”，是指标的物由出卖人负责办理托运，承运人系独立于买卖合同当事人之外的运输业者的情形。标的物毁损、灭失的风险负担，按照合同法第一百四十五条的规定处理。

理解与适用

出卖人应当按照约定的地点交付标的物。当事人未约定标的物的交付地点或者约定不明确的，可以协议补充；不能达成补充协议的，按照合同有关条款或交易习惯确定；仍不能确定的，适用本条规定：

如果买卖合同标的物需要运输，出卖人的交付义务就是将标的物交付给第一承运人。即使是一批货物需要经过两个以上的承运人才能运交给买方，出卖人也只需把货物交给第一承运人。这时即认为出卖人已经履行了交付义务。因此，出卖人履行交付标的物义务的地点就是将标的物交付给第一承运人的地点。值得注意的是，无论第一承运人是与出卖人还是与买受人订立货运合同，该承运人必须是独立于买卖双方的运输业经营者，而不应当是出卖人或者买受人自己。《最高人民法院关于审理买卖合同纠纷案件适用法律问题的解释》第11条对此作出了明确规定。在有的国际货物买卖中，合同虽然也涉及了货物的运输问题，但当事人采用了某种贸易术语，而该术语本身就涵盖了交货的地点，此时就不属于本条规定的情况。

如果买卖合同标的物不需要运输的，出卖人和买受人订立合同时知道标的物在某一地点的，出卖人应当在该地点交付标的物。双方当事人知道标的物在某一地点，在以下情况中较为常见：买卖合同的标的物是特定物，标的物是从某批特定存货中提取的货物。不知道标的物在某一地点的，出卖人的义务是在其订立合同时的营业地把标的物交付给买受人。出卖人应当采取一切必要的行动，让买受人能够取得标的物，如做好交付前的准备工作，将标的物适当包装，刷上必要的标志，并向买受人发出通知让其提货等。《联合国国际货物销售合同公约》第 10 条就营业地的认定规定："（a）如果一方当事人有一个以上的营业地，则应该将那个与合同、合同的履行具有最密切联系的营业地视为其营业地；在确定最密切联系营业地时，应考虑到双方当事人在订立合同前任何时候或订立合同时所知道或所考虑的情况。（b）如果一方当事人没有营业地，则以其惯常居住地为准。"该规定可以作为认定"营业地"的参考。

第六百零四条

标的物毁损、灭失的风险，在标的物交付之前由出卖人承担，交付之后由买受人承担，但是法律另有规定或者当事人另有约定的除外。

本条主旨

本条是关于标的物毁损、灭失风险负担的规定。

相关条文

《合同法》第 142 条　标的物毁损、灭失的风险，在标的物交付之前由出卖人承担，交付之后由买受人承担，但法律另有规定或者当事人另有约定的除外。

《最高人民法院关于审理买卖合同纠纷案件适用法律问题的解释》第 14 条　当事人对风险负担没有约定，标的物为种类物，出卖人未以装运单据、加盖标记、通知买受人等可识别的方式清楚地将标的物特定于买卖合同，买受人主张不负担标的物毁损、灭失的风险的，人民法院应予支持。

理解与适用

风险是一个内涵丰富的概念，常被人们在不同的意义上使用。在合同法上，广义的风险是指各种非正常的损失，它既包括可归责于合同一方或双方当事人的事由所导致的损失，又包括不可归责于合同双方当事人的事由所导致的损失；狭义的风险仅指因不可归责于合同双方当事人的事由所带来的非正常损失。

合同风险制度是合同法的中心问题之一。买卖合同中的风险分配问题，在买卖法中具有特别重要的意义，以至于有的学者认为，买卖法的目的就在于把基于合同关系所产生的各种损失的风险在当事人之间适当分配。各个国家和地区对不同类型的风险，设计或承认了不同的分配策略。比如对于可归责于买卖合同一方或双方当事人的事由所导致的风险，一般经由违约责任制度来进行风险的分配，而对于不可归责于双方当事人的事由所导致的风险，又根据风险对于债务人债务的影响程度，将此类风险进一步区分为导致债务履行困难的风险和导致债务无法履行的风险，其中前一类风险，无论是交付标的物的债务还是支付价金的债务，都有发生的可能，而后一类风险，则只有非支付价金的债务方可发生。对于前一类风险，归属于大陆法系或在此问题上受大陆法系法律传统影响的国家和地区，一般运用情势变更原则，进行风险的分配；归属于英美法系或在此问题上受英美法系影响的国家和地区，则动用“合同落空”制度进行风险的分配。对于后一类风险，归属于大陆法系或在此问题上受大陆法系法律传统影响的国家和地区，一般运用风险负担规则来进行风险的分配；归属于英美法系或在此问题上受英美法系影响的国家和地区，仍然动用“合同落空”制度来进行风险的分配。

一、标的物的风险

买卖合同中标的物的风险是指买卖合同的标的物由于不可归责于买卖合同双方当事人的事由毁损、灭失所造成的损失，风险负担是指该损失应由谁来承担。

就买卖合同中的风险负担，首先需要解决的一个问题，就是买卖合同中的风险负担问题，是仅限于债务履行不能的风险的负担问题，还是也包括买卖合同标的物毁损、灭失的风险负担问题。换言之，买卖合同中的风险，是否仅限于所谓的价金风险，即仅仅解决当出卖人交付标的物的债务履行不能时，买受人是否应当支付价金这一问题？归属于大陆法系或在此问题上受大陆法系法律传统影响的国家和地区，学者大多对此持肯定见解。如法国合同法理论认为，当债务的不履行系因不可抗力造成时，债务人的义务既被免除，那么，一方当事人义务的免除是否导致另一方当事人的义务也被免除？如买卖合同订立后，出卖物意外毁损，买受人是否仍应支付价款？此即是所谓风险负担问题。德国合同法上，风险问题中的主要问题，是货物发生损坏或灭失时买方是否有支付价金的义务，这个问题被称为价格风险。日本学者也认为，合同风险制度就是在当事人之间分担意外风险的法律制度。其关键在于解决一方在遭受风险损失时，是否有权向对方要求对待给付的问题。英美法系的合同法理论对此则持否定见解。英美学者对于买卖合同中风险负担问题的理解较此要广泛得多。对于英美合同法学者而言，因不可归责于双方当事人的原因导致债务无法履行的风险，既包括货物灭失的风险，也包括支付价金的风险，还包括履行利益、期待利益丧失的风险。

那么，标的物毁损、灭失的风险负担，是否有必要作为买卖合同中的风险负担问题来单独讨论？换言之，在买卖合同中，买卖合同标的物毁损、灭失的风险负担问题是否具有独立的问题意义？依照受大陆法系法律传统影响的学者的观点，标的物毁损、灭失的风险负担，只须依照“物的风险由所有人承担”的原则处理，即可迎刃而解，并不因以买卖合同的订立和生效为背景，就有所变化，因而并无单独讨论的价值。这一认识，在一般意义上并无不妥，因为由所有人负担标的物毁损、灭失的风险，几已成为民法上的公理，但同样不容忽视的是：

第一，买卖法作为交易法，买卖合同作为直接或间接引起物权变动的最为重要的一种法律行为，其交易本质所引起的所有权归属的变化，与不同国家和地区物权变动的模式选择，有着不可分割的联系。而不同的物权变动模式，又内含着不同的所有权归属的认定规则，买卖合同所引起的所有权的变动，必然会使以买卖合同的订立和生效为背景的，标的物毁损、灭失的风险负担一般原则的适用，由于需要考虑所有权变动所引致的标的物风险负担的转换，从而呈现出更为复杂的态样。不以不同国家和地区的物权变动模式为思考的基础，不以买卖合同的订立和生效为研究背景，就难以正确把握买卖合同标的物毁损、灭失的风险负担问题。因而关于标的物风险负担的一般规则，并没有也根本无法解决买卖合同中标的物毁损、灭失的风险负担的转移及其最终确定的问题。

第二，尽管学者一再强调，物权关系与债之风险本属两回事，一方不能履行，对方应否为对待给付，应由债之关系决定，所有人因标的物毁损、灭失而丧失物权，不得因此而决定对待给付请求权的有无。但同样不容否认的是，买卖合同标的物毁损、灭失风险的分配，直接影响着因标的物毁损、灭失致使债务无法履行的风险的分配。这是因为包括买卖合同在内的双务合同中，当事人双方的给付义务具有牵连性，标的物毁损、灭失风险的分配，必然会对双方当事人的对待给付义务带来影响。换言之，买卖合同标的物毁损、灭失风险的分配，必然会对因此而带来的债务不能履行的风险的分配产生影响，一般的规则是：标的物毁损、灭失的风险分配给买卖合同双方当事人的哪一方，该方当事人就要承担因标的物毁损、灭失而致债务履行不能的风险。我国民法典关于买卖合同风险负担的规定，在合同编买卖合同章只规定了买卖合同标的物的风险负担问题，而未涉及价金风险的负担问题。

第三，买卖合同标的物毁损、灭失的风险由所有人负担，并非金科玉律。《瑞士债法》以及《美国统一商法典》都经由立法设计，使标的物的风险负担与标的物所有权的归属相脱离。此外，一些新型的交易方式也已经对该项原则提出了挑战，保留所有权的分期付款买卖即是一个典型的例子。此种交易方式下，所有人对标的物拥有所有权的唯一目的，就是担保债务人价金的支付，而债务人一般在交易之初，就占有标的物，并可对标的物进行使用、收益，享有所有权的期待权。在此背景下，仍由所有人负担标的物毁损、灭失的风险，有失公平。因而各个国家和地区的民法一般都认可，尽管买受人尚未取得标的物的所有权，但在标的物交付之后，由其负担标的物毁损、灭失的风险。

第四，买卖合同标的物毁损、灭失的风险，既包括了导致债务履行不能的风险，又包括了导致债务仅能部分履行或迟延履行的风险，这就使得对债务履行不能的风险的讨论，难以涵括所有类型的对于标的物毁损、灭失的风险的讨论。

因此对买卖合同风险分配问题的探讨，理应将买卖合同标的物毁损、灭失的风险分配问题纳入视野，而不仅仅是考察因标的物毁损、灭失致债务无法履行的风险的分配问题。

买卖合同标的物因不可归责于双方当事人的事由而毁损、灭失，所造成的标的物的损失由谁来负担，即是买卖合同中标的物毁损、灭失的风险负担问题。对此问题，各个国家和地区的立法，认识上并不完全一致，就动产标的物而言，大致有两种立法例，一种将标的物毁损、灭失的风险负担与标的物所有权归属相关联，从而使标的物毁损、灭失的风险负担的转移与标的物所有权的转移相统一；另一种将标的物毁损、灭失的风险负担与标的物所有权的归属相脱离，从而使标的物毁损、灭失的风险负担的转移与标的物所有权的转移相分离。但无论是哪一种立法例，关于风险负担的规定都是任意性规定，允许当事人经由特约予以变更，而且都可从物权变动模式的角度去发掘其立法设计的本意，去评判其立法设计的优劣。

我们先研讨第一种立法例，即将标的物毁损、灭失的风险负担与标的物所有权归属相关联的立法例。从世界范围来看，采此种立法例者无疑居于主流地位，归属于大陆法系或在此问题上受大陆法系法律传统影响的《法国民法典》、《德国民法典》、我国台湾地区“民法”等以及英美法系的代表国家英国等都采此立法例。由此我们也不难看出罗马法对于现代民法的巨大影响和内在感召力。各个国家和地区物权变动模式的差异，使得将标的物毁损、灭失的风险负担与标的物所有权归属相关联的立法例，就标的物风险负担的转移在法律的具体规定上又存有差异。《法国民法典》就物权变动采债权意思主义，依据该法典第1583条的规定，买卖合同的标的物在买卖合同成立时即发生所有权的转移。与此相适应，并依据该法典第 1624 条的规定："交付前买卖标的物灭失或毁损的责任应由出卖人或买受人负担的问题，依契约或合意之债的一般规定章的规定"，使得该法典第 1138 条第 2 款的规定即成为确定标的物毁损、灭失风险转移的一般规则。根据该款规定，对于特定动产的买卖，只要双方意思表示一致，标的物所有权即行转移，而标的物毁损、灭失的风险也一并转移，从而使标的物毁损、灭失的风险与标的物所有权的移转相关联，并最终在标的物毁损、灭失的风险分配上，采所有人主义。考虑到法典关于标的物毁损、灭失的风险负担的规定，系属任意性规定，因而当事人可以经由特约予以变更，使标的物所有权的移转与标的物毁损、灭失的风险负担相分离。《意大利民法典》以及《日本民法典》就物权变动也采债权意思主义模式，在标的物毁损、灭失风险负担的移转和确认规则上，与《法国民法典》类似。

《德国民法典》就物权变动采物权形式主义模式，将交付行为作为动产标的物所有权移转的成立要件，因而就标的物毁损、灭失风险负担与所有权归属相关联，其立法表述自然与《法国民法典》不同，《德国民法典》第 446 条第 1 项第 1 款规定："自交付买卖标的物之时起，意外灭失或意外毁损的危险责任移转于买受人。"从而使标的物毁损、灭失的风险负担的移转与标的物所有权移转的规则一致，并最终在标的物毁损、灭失的风险分配上，采所有人主义。我国台湾地区"民法"就物权变动亦采物权形式主义模式，就标的物毁损、灭失风险负担的移转规则，与《德国民法典》相似。

英美法系的代表国家英国，在《1893 年货物买卖法》中，将买卖合同标的物所有权的转移，原则上系于合同双方当事人的意图，而非出卖人的交付行为，因而关于标的物毁损、灭失的风险负担的移转规则为："除另有约定者外，卖方应负责承担货物的风险直至财产权移转给买方时为止。但财产权一经移转给买方，则不论货物是否已交付，其风险均由买方承担。"该项规则清楚地表明了立法者将标的物所有权的移转与标的物毁损、灭失的风险负担的移转相统一的立法意图。

买卖合同标的物毁损、灭失的风险负担采所有人主义，其合理性体现在：

第一，所有权是最完整的物权，只有所有人才对该物享有占有、使用、收益和处分的权能，才是该物的最终受益人。按照权利义务对等的原则，既然有权享受利益，就应当承担相应的责任。

第二，转让标的物所有权是买卖合同的主要特征和法律后果，而从根本上说，风险或利益都是基于所有权而产生的，是所有权的法律后果，是从属于所有权的东西。当标的物所有权因买卖合同发生转移时，风险自然也应随之转移。

第三，风险转移的直接法律后果最终体现在买方是否仍应按合同规定支付价金的问题上。在买卖合同关系中，买方承担价金支付义务的根据是卖方转移标的物所有权。只有当卖方按合同规定将标的物所有权转移给买方后，风险责任才由买方承担方为合理。

有学者对于将标的物毁损、灭失的风险负担与标的物所有权归属相统一的立法例提出批评，认为该项规则是一项陈旧的规则，指出风险转移是一个很现实的问题，而所有权的转移则是一个抽象的、不可捉摸的、甚至是一个难以证明的问题。因此，以所有权的移转来决定风险移转的做法是不可取的。主张将标的物所有权的归属与标的物风险负担分离，转而采标的物风险随交货转移的理论。此种批评仅对于就物权变动采债权意思主义的《法国民法典》《意大利民法典》《日本民法典》以及将标的物所有权的移转系于买卖合同双方当事人意图的英国《1893年货物买卖法》是有效的，由于在前述立法例中，标的物所有权的移转并无特定的外部表征，从而使得标的物毁损、灭失的风险负担，在实践中难以认定，引致诸多纠纷。但对于就物权变动采物权形式主义的《德国民法典》、我国台湾地区“民法”以及就物权变动采债权形式主义的我国民法，该批评无疑是不适当的，因为此两种物权变动模式之下，所有权的移转，标的物毁损、灭失风险的移转皆与标的物的交付相统一，使得风险转移的时点清晰可辨，有效防止了无谓的纠纷。

将动产标的物毁损、灭失的风险负担与标的物所有权的归属相脱离，从而使标的物毁损、灭失的风险负担的转移与标的物所有权的移转相分离的立法例，有代表性的是《瑞士债法》和《美国统一商法典》。瑞士民法就动产物权变动采债权形式主义模式，标的物所有权的移转系于交付行为的完成，但依据《瑞士债法》的规定，除当事人另有约定外，已特定化货物的风险于合同成立时即移转给买方，从而将标的物所有权的移转与标的物毁损、灭失风险负担的移转相分离。美国就买卖合同标的物的风险负担，曾经一度采所有人主义，即规定货物的风险，在当事人未有特约时，随货物所有权的转移而移转。20世纪初美国制定的《统一买卖法》承袭了英国《1893年货物买卖法》的规定。但在起草《美国统一商法典》时，起草人认为所有人主义太难掌握，太不明确，易导致纠纷，不利于货物风险负担问题的解决。《美国统一商法典》在货物的风险转移上完全不用所有权的概念，从而使得风险转移的规则变得清楚明确，几乎不可能产生误解。当然，美国立法上所出现的这一变化与其货物所有权移转的立法模式有关，包括与《美国统一商法典》在内的立法都采取把合同项下的货物的确定作为所有权移转的标志这一原则有关。在美国，只要合同项下的货物确定了，特定化了，即使货物仍在出卖方手中，货物所有权也移转给买方。这种货物所有权移转的立法模式，颇类似于大陆法系的《法国民法典》的债权意思主义，货物所有权的变动并无明显的外部表征，此时如果将货物毁损、灭失的风险负担随同货物的所有权一并移转，就难免在当事人之间产生纠纷。因为货物的特定化往往取决于卖方，确定合同项下的货物的时间常常难以准确把握，对买方来说就更加困难。正是基于以上考虑，《美国统一商法典》的起草人把货物的风险负担与所有权予以分离，力求把损失风险主要看作是一个合同问题，而不依赖于哪一方对货物拥有所有权或财产权。该法典第 2—509 条的规定，包括了合同双方均未违约时，标的物损失风险的基本确定规则，这些规则都是围绕着货物交付的两种可能情况制定的。这两种情况包括：

第一，当合同要求或授权卖方承运人发运货物时，如果合同未规定卖方在特定目的地交付货物，卖方将货物适当地交付给承运人后，风险即转移给买方，即使卖方保留了权利；但是如果合同规定卖方在特定目的地交付货物，且在货物到达目的地后仍由承运人占有期间作出适当的提示交付，则只要卖方作出此种适当的提示交付，使买方能够取得交付，损失风险即于此时转移给买方。

第二，当货物由货物保管人掌握且不需移动即可交付时，损失风险在下列情况下转移至买方：买方收到代表货物的流通所有权凭证；或货物保管人确认买方拥有占有货物的权利；或买方按第 2—503 条第 4 款第 b 项所规定的方式收到不可流通所有权凭证或其他交货指示书。

除了前述两种情形，如果卖方是商人，则风险在买方收到货物后转移至买方；否则，风险在提示交付时转移至买方。该条同时还确认，当事人的约定具有优先的效力。该法典就有关试用的条款和违约时风险承担的条款的特别规定，同样具有优先效力。英国也开始接受《美国统一商法典》所新确定的此项原则。

尽管由于各国内法对货物所有权转移的规定以及各国商人对国际贸易惯例的有关理解分歧很大，《联合国国际货物销售合同公约》未能对货物所有权的转移作出具体规定，但仍然对货物的风险负担制定了明确的规则，从该公约第 4 章关于风险转移的规定来看，明显是将货物毁损、灭失的风险负担的转移与货物的交付相关联。

我国民法典就物权变动，以债权形式主义模式为原则，将交付行为作为动产标的物所有权转移的成立要件，因而就买卖合同标的物毁损、灭失的风险负担与标的物所有权归属的关联，在文字表述上与《德国民法典》和我国台湾地区“民法”相似。

我国《民法典》第 604 条规定："标的物毁损、灭失的风险，在标的物交付之前由出卖人承担，交付之后由买受人承担，但是法律另有规定或者当事人另有约定的除外。"从而使该条规定所确立的风险负担的一般规则与《民法典》第 224 条关于动产标的物所有权移转的一般规则"动产物权的设立和转让，自交付时发生效力"相一致。可见，我国的民事立法将动产标的物毁损、灭失的风险负担的移转，在当事人没有特别约定的情况下，规定为既与标的物的交付相一致，又与标的物所有权的移转相一致。这样规定契合当今的立法潮流，应予坚持。其中《民法典》第 604 条所谓法律另有规定或当事人另有约定主要包括两种情况：一是在交付前标的物风险即由买受人负担；二是交付后的一段时间内，标的物的风险仍由出卖人负担。如果当事人双方约定动产标的物的所有权非自交付时起转移，如买卖合同的双方当事人采所有权保留制度作为合同履行的担保，风险负担仍应采交付主义。

买卖合同的标的物为不动产时，其风险负担的移转规则，与动产有所不同。就大陆法系而言，在物权变动采债权意思主义模式的国家和地区，由于不动产所有权的移转无须办理相应的登记手续，不动产毁损、灭失的风险负担的转移在一般情形下与不动产所有权的移转相一致；在物权变动采债权形式主义或物权形式主义的国家和地区，由于单纯的不动产占有的移转并不能发生不动产所有权的移转，登记才是不动产所有权移转的成立要件，这就使标的物毁损、灭失的风险负担的转移与标的物所有权的移转不尽一致，其中，作为买卖合同标的物的不动产毁损、灭失的风险负担，仍在不动产交付时移转。① 《最高人民法院关于审理商品房买卖合同纠纷案件适用法律若干问题的解释》第 11 条第 2 款规定："房屋毁损、灭失的风险，在交付使用前由出卖人承担，交付使用后由买受人承担……但法律另有规定或者当事人另有约定的除外。"

二、价金风险

价金风险的负担问题，实际上也可以在债务陷于履行不能的债务人履行利益风险分配的题目下进行讨论。对于此种风险的分配，从各个国家和地区的立法来看，有两种应对策略。

第一种应对策略，在处理方法上借鉴了买卖合同标的物毁损、灭失风险负担的规制技巧，由法律直接对价金风险的分配作出决定。《法国民法典》《德国民法典》《意大利民法典》《日本民法典》《联合国国际货物销售合同公约》等即采此

---

① 参见崔建远：《关于制定合同法的若干建议》，载《法学前沿》（第 2 辑），北京，法律出版社 1998 年版。

方法。但上述大陆法系诸国立法例，由于物权变动模式的差异，对于价金风险，在分配原则上又有所不同。可大致区分为：

1. 债权人主义。即债权人在债务人的债务因不可归责于双方当事人的事由陷于履行不能时，债权人仍应为对待给付，价金风险由债权人负担。该分配原则意味着：买卖的标的物因不可归责于双方当事人的原因毁损、灭失致债务履行不能时，出卖方免负交付标的物的义务，买受方却仍需支付全部价款。债权人主义发源于罗马法，德国普通法、《法国民法典》、《意大利民法典》、《日本民法典》沿袭了这一认识。例如《法国民法典》第1303条规定：“非因债务人的过失而物遭毁损，或不能再作交易之用，或遗失时，如债务人就此物对于他人有损害赔偿请求权或诉权者，应将其权利让与其债权人。”从该条规定我们不难看出，债权人的对待给付义务并未被免除，否则，他就根本无从取得债务人对于他人的损害赔偿请求权或诉权。《意大利民法典》第1259条的规定效仿《法国民法典》第1303条，其内容为：“当特定物的给付全部或者部分不能时，债权人得取代债务人的位置获得因前述情况引起的履行不能时的权利，并得向债务人要求其赔偿额的给付。”《日本民法典》就此问题的规定更为直接明了，该法典第534条第1项规定：“以特定物的物权的设定或移转为双务契约的标的场合，其物因不应归责于债务人的事由而毁损、灭失时，其灭失或毁损归债权人负担。”此时，债务人有受对待给付的权利。

就价金风险负担的债权人主义，有学者提出了批评，认为：第一，与双务契约的性质相反，双务契约的两债权有牵连性，当事人一方既免其债务，他方亦无须履行；第二，不公平，在买卖契约中唯买受人独就标的物负担危险，出卖人就价金可不负担危险，因为金钱债务无发生给付不能的余地，买受人不得因给付不能而免除价金支付的义务；第三，就他人之物为买卖或为二重买卖时，会发生不当的后果。例如就他人之物为买卖，其物灭失、毁损时，出卖人不受任何损害，还可对买受人请求价金的支付。又如在同一物出卖于数人时，成立数个契约，其物毁损、灭失时，出卖人对于各买受人得请求全部的价金。

上述对于价金风险负担债权人主义的批评，颇值商榷。其未当之处，在于未能结合基于法律行为物权变动模式的立法选择来考察风险负担债权人主义的利弊得失。下面我们就前引批评逐一予以评论。

第一，就价金风险负担采债权人主义的立法例，其物权变动模式无一例外为债权意思主义。此种物权变动模式，以特定物的交易为规范基础，在合同成立之时，作为买卖合同标的物的特定物的所有权即发生移转，出卖人即使没有完成交付标的物的行为，也因标的物所有权的移转，完成了其主要合同义务的履行，如

《法国民法典》第 1583 条规定："当事人就标的物及其价金相互同意时，即使标的物尚未交付，价金尚未支付，买卖即告成立，而标的物的所有权亦于此时在法律上由出卖人移转于买受人。"《意大利民法典》第 1376 条规定："在以特定物所有权的转移、物权的设立或转让或是其他权利的转让为标的的契约中，所有权或其他权利根据双方当事人合法意思表示的效力而发生转让和取得。"当标的物因不可归责于双方当事人的事由毁损、灭失，致债务无法履行时，并非债务人的所有债务都无法履行，而仅仅是其交付标的物的债务无法履行而已。与之相反，买受人所承担的价金支付义务，由于价金属种类物，无法在合同成立时即行发生所有权的移转，这就意味着在出卖人业已履行完毕其主要合同义务时，买受人的主要合同义务尚未履行，此时根据双务合同当事人之间债权债务的牵连性，债权人仍应负担支付价金的义务。因而，所谓风险负担的债权人主义与双务契约的性质相反云云，不能成立。

第二，债权意思主义的物权变动模式之下，合同成立之时，买卖合同标的物的所有权即发生移转，买受人即成为所有权人，此时尽管买受人尚未占有标的物，但就标的物所生的一切利益，如孳息等就归债权人所有。这种背景下，由买受人这个标的物的受益人承担标的物毁损、灭失所导致的债务履行不能的风险，完全符合风险与利益相一致的原则，所谓风险负担的债权人主义不公平，恐难成立。

第三，债权意思主义的物权变动模式之下，出卖他人之物的合同的效力，与物权形式主义模式之下，并不相同。在物权形式主义物权变动模式之下，出卖他人之物的债权合同只要符合合同的一般生效要件，即可生效。但在债权意思主义的物权变动模式之下，出卖他人之物的合同，即使符合了合同的一般生效要件，也不能发生相应的法律效力。如《法国民法典》第 1599 条前段规定："就他人之物所成立的买卖，无效"。《意大利民法典》第 1478 条规定："如果缔结契约之时，出卖人不享有买卖物的所有权，则出卖人承担使买受人取得物的所有权的义务。""买受人自出卖人获得所有权时起即成为所有权人。"结合该法典第 1476 条第 2 项的规定："如果物的取得不立即发生契约的效力，则出卖人承担使买主取得物的所有权或其他权利的义务"。不难看出，出卖他人之物的合同并不能发生合同的效力，只有在出卖人取得标的物所有权时，该合同方发生效力。之所以如此，就是因为债权意思主义的物权变动模式之下，合同成立之时，就是标的物所有权移转之时，如果标的物所有权在合同成立之时，尚未归属于出卖人，那么，成立的合同就不能发生权利移转的合同效力。与之相反，采物权形式主义物权变动模式，由于所有权的移转系物权行为的效力，系于登记或交付行为，债权合同成立、生效并不当然引致所有权的移转，因而即使是出卖他人之物，也不会影响买卖合同的效力。

由此不难看出，前引的第三种批评意见是戴着物权形式主义物权变动模式的有色眼镜，来展开对债权意思主义物权变动模式之下，风险负担债权人主义的批判的，这种批判自然难以成立。因为既然债权意思主义物权变动模式之下，在他人之物毁损、灭失时，出卖他人之物的合同尚未生效，出卖人又怎么能向买受人请求价金的支付?！再就二重买卖或一物数卖而言，债权意思主义的物权变动模式之下，自第一次买卖成立之时起，出卖人已不再是标的物的所有人，其随后的买卖，无论进行几次，都属出卖他人之物的范畴，基于此后的交易所订立的买卖合同，属不能生效的合同，除非具备了类似于《法国民法典》第 1141 条或第 2279 条规定的条件，随后的买卖合同根本就不发生所谓出卖人对于买受人的价金支付请求权问题，而且一旦发生了第 1141 条或第 2279 条的适用，对于在先的买卖合同，因买受人丧失了标的物的所有权，因而也不发生对出卖人的价金支付请求权。综上，在二重买卖或一物数卖的情况下，根本不发生所谓的出卖人在标的物毁损、灭失时，得对数买受人主张价金支付请求权的问题。

2. 债务人主义。即由债务人承担债务履行不能的价金风险，债权人的对待给付义务被免除。这就意味着，买卖合同的标的物因不可归责于双方当事人的事由毁损、灭失，致债务陷于履行不能时，出卖方的合同义务消灭，买受方支付价款的义务也消灭。德国固有法、《奥地利普通民法典》、《德国民法典》、《瑞士民法典》以及我国台湾地区“民法”均采此主义。《德国民法典》第 323 条第 1 项规定：“双务契约的一方当事人，因不可归责于双方当事人的事由，致自己不能履行应履行的给付者，丧失自己对待给付的请求权；如仅一部分不能者，应按第 472 条、第 473 条的规定，按其比例减少对待给付。”《瑞士民法典》第 119 条第 2 项规定：“在双务契约的情况下，因此免于债务的债务人……丧失未行使的对待债权。”我国台湾地区“民法”第 26 条规定：“因不可归责于双方当事人之事由，致一方之给付全部不能者，他方免为对待给付之义务，如仅一部不能者，应按其比例减少对待给付。”这些即是明证。债务履行不能价金风险负担债务人主义的妥当性，也可以从基于物权变动模式的考察得到验证。在债权形式主义和物权形式主义的物权变动模式之下，出卖人的主要义务——移转标的物所有权的义务，是伴随着登记和交付行为完成的，在交付和登记行为完成之前，出卖人的主要合同义务处于未完成状态，买受人也未取得标的物的所有权。此时，若规定标的物因不可归责于双方当事人的事由毁损、灭失致债务无法履行时，由买受人承担债务无法履行的价金风险，在出卖人被免除了给付义务之后，仍应向出卖人为对待给付义务，自然有失公平。采价金风险负担的债务人主义，方可维持当事人之间的利益衡平。

《联合国国际货物销售合同公约》就债务履行不能的价金风险负担也采第一种规范策略，但由于该公约就货物所有权的移转模式未设专门规定，因而该公约第6条的规定，即“货物在风险移转到买方承担后遗失或损害，买方支付价款的义务并不因此解除，除非这种遗失或损害是由于卖方的行为或不行为所造成”，不能简单地归为债权人主义或债务人主义，而是将债务履行不能的风险负担与买卖合同标的物毁损、灭失的风险负担相关联，遵循一致的处理原则。

第二种应对策略与第一种策略有所不同，它不是直接将价金风险负担与债权人的对待给付义务联系起来，而是经由合同法相关制度的运用，实现相同的规范目的。从实际的法律效果看，与第一种应对策略并无实质差别。英美法系诸国的合同立法以及我国的合同立法即采此种应对策略。如英国《1979年货物买卖法》第7条规定：“在货物买卖交易中，如果特定化货物在被卖出后而移转到买受人手中之前，因当事人过错之外的原因灭失的，合同失效”。英国法上之所以形成对于债务履行不能价金风险负担的此种分配原则，是与其在买卖合同标的物毁损、灭失风险负担问题上借鉴《美国统一商法典》的规范方法，将标的物毁损、灭失风险负担的移转与所有权的移转相脱离，而与标的物的交付相一致是密切相关的。《美国统一商法典》第2—613条规定：“如果合同所要求的货物在订立合同时已是特定的，且如果货物在风险转移给买方之前非由于任何一方的过错而遭受损失，或合同采用‘货到成交’条件（第2—324条），那么：a、如果货物全部损失，或货物质量降低至不符合合同，买方可以要求检验货物，并可以选择视合同为无效或接受剩余货物。如果接受剩余货物，当事人应根据货物质量和数量受损情况调整价格，但买方没有对抗卖方的进一步权利。”由于合同的失效具有消灭合同权利义务关系的效力，因而从实际的法律效果来看，英美两国的立法就债务履行不能的价金风险负担所作的规定，类似于大陆法系的债务人主义。

我国的合同立法一向是通过合同解除制度的运用，来对债务履行不能的价金风险进行分配。如《中华人民共和国经济合同法》第26条第1款第2项规定，“由于不可抗力致使经济合同的全部义务不能履行”，允许变更或解除合同。《中华人民共和国合同法》坚持了这一规定，该法第94条第1项认可，因不可抗力致使不能实现合同目的，当事人可以解除合同。《民法典》第563条第1款第1项也采相同做法。在债务履行不能价金风险负担的处理原则上，实际上这也与大陆法系的债务人主义相仿。因为买卖合同的解除，具有消灭合同双方当事人权利义务的效力，债权人在债务人陷于履行不能时，自然也就无须再承担支付价金的对待给付义务。我国民法典的规定，尽管在具体内容上，与英美法不尽相同，如我国民法典的规定仅对于因不可抗力所导致的债务履行不能作出规定，而没有如同英国法或美国法，将规范范围扩张及于“因当事人过错以外的原因”或“非由于任何一方的过错”致债务履行不能，这与我国未采用“不可归责于”这一术语有关；但我国民法典的规范策略与英美两国的合同法是一致的。此种规范策略，与第一种规范策略相较，立法技巧虽有不同，实际效果则并无二致。第一种规范策略，直接对债务履行不能的价金风险进行分配，第二种规范策略则经由合同失效或合同解除制度的运用，同样达到了分配债务履行不能的价金风险的目的，二者有异曲同工之妙；第一种应对策略中的债务人主义经由对债务人债务和债权人的对待给付义务的分别规定，消灭了当事人之间的合同关系，第二种规范策略则经由合同失效或合同解除制度的运用，直接一体消灭了当事人之间的合同关系。但也应当看到，第一种规范策略之下，价金风险负担的债务人主义，在将消灭当事人之间的合同关系作为一般原则加以规定的同时，一般都设有专门的条款，规定当债权人不欲消灭合同，而是想取得代替债务标的的损害赔偿或请求债务人让与赔偿请求权时，合同仍不消灭，债权人仍须承担相应的对待给付义务。作为一般原则的例外。我国《民法典》第 563 条第 1 款第 1 项的规定，则无类似的规范效果，这是因为不可抗力作为合同解除的法定事由，合同的双方当事人都享有并都可行使解除合同的权利，是将合同关系是否消灭的决定权赋予了合同的双方当事人，当债权人不欲使合同关系消灭，而是想取得代替债务标的的损害赔偿或请求债务人让与赔偿请求权时，就必须以债务人不行使解除合同的权利为前提，一旦债务人行使了这一权利，债权人的该项意图即无法实现，这就不利于保护债权人的利益。为弥补这一缺陷，我国民法典也应认有例外。

第六百零五条

因买受人的原因致使标的物未按照约定的期限交付的，买受人应当自违反约定时起承担标的物毁损、灭失的风险。

本条主旨

本条是关于买受人违约时标的物毁损、灭失风险负担的规定。

相关条文

《合同法》第 143 条　因买受人的原因致使标的物不能按照约定的期限交付的，买受人应当自违反约定之日起承担标的物毁损、灭失的风险。

理解与适用

因买受人的原因致使标的物未按照约定的期限交付的，买受人应当自违反约定之日起承担标的物毁损、灭失的风险。所谓因买受人的原因，主要包括两种情形：一为买受人违约，比如买受人由于可归责于自身的原因陷于不履行或不完全履行，出卖人由于合同履行抗辩权的行使，在合同约定的履行期中止义务履行的；或者是买受人迟延受领或无正当理由拒绝受领的。二为买受人对出卖人准备交付的标的物实施侵权行为，致使出卖人无法按照约定的期限交付标的物，双方又未补充约定变更合同履行期限的。在这两种情况下，即使出卖人没有完成标的物的交付，买受人仍应自约定的交付期限起，承担标的物毁损、灭失的损失。

第六百零六条

出卖人出卖交由承运人运输的在途标的物，除当事人另有约定外，毁损、灭失的风险自合同成立时起由买受人承担。

本条主旨

本条是关于在途标的物毁损、灭失风险负担的规定。

相关条文

《合同法》第 144 条　出卖人出卖交由承运人运输的在途标的物，除当事人另有约定的以外，毁损、灭失的风险自合同成立时起由买受人承担。

《最高人民法院关于审理买卖合同纠纷案件适用法律问题的解释》第 13 条　出卖人出卖交由承运人运输的在途标的物，在合同成立时知道或者应当知道标的物已经毁损、灭失却未告知买受人，买受人主张出卖人负担标的物毁损、灭失的风险的，人民法院应予支持。

理解与适用

这就是关于所谓路货买卖中标的物风险负担的规定。路货买卖是指标的物已在运输途中，出卖人寻找买主，出卖在途的标的物。它可以是出卖人先把标的物装到开往某个目的地的运输工具上，然后再寻找适当的买主订立买卖合同；也可以是一个买卖合同的买受人在未实际收取标的物前，再把处于运输途中的标的物转卖给另一方。

在一般情况下，自合同订立之时起转移标的物的风险负担是合理的。但在实践中，以合同订立之时来划分路货买卖的风险负担有时是比较困难的。因为在订立买卖合同时，货物已经装在运输工具上处于运输的途中。在无确切证据的情况下，买卖双方都难以确定风险到底是发生在运输途中的哪一段，是在合同订立之前还是合同订立之后。所以，《最高人民法院关于审理买卖合同纠纷案件适用法律问题的解释》第 13 条确认："出卖人出卖交由承运人运输的在途标的物，在合同成立时知道或者应当知道标的物已经毁损、灭失却未告知买受人，买受人主张出卖人负担标的物毁损、灭失的风险的，人民法院应予支持。"

第六百零七条

出卖人按照约定将标的物运送至买受人指定地点并交付给承运人后，标的物毁损、灭失的风险由买受人承担。

当事人没有约定交付地点或者约定不明确，依据本法第六百零三条第二款第一项的规定标的物需要运输的，出卖人将标的物交付给第一承运人后，标的物毁损、灭失的风险由买受人承担。

本条主旨

本条是关于标的物交付给承运人标的物毁损、灭失风险负担的规定。

相关条文

《合同法》第 145 条　当事人没有约定交付地点或者约定不明确，依照本法第一百四十一条第二款第一项的规定标的物需要运输的，出卖人将标的物交付给第一承运人后，标的物毁损、灭失的风险由买受人承担。

《最高人民法院关于审理买卖合同纠纷案件适用法律问题的解释》第 11 条　合同法第一百四十一条第二款第（一）项规定的"标的物需要运输的"，是指标的物由出卖人负责办理托运，承运人系独立于买卖合同当事人之外的运输业者的情形。标的物毁损、灭失的风险负担，按照合同法第一百四十五条的规定处理。

第 12 条　出卖人根据合同约定将标的物运送至买受人指定地点并交付给承运人后，标的物毁损、灭失的风险由买受人负担，但当事人另有约定的除外。

理解与适用

买卖合同，尤其是国际货物买卖都会涉及货物的运输，而在运输过程中有可能发生各种风险导致标的物的毁损、灭失，所以确定货物运输中的风险由谁承担是一个非常重要并且十分现实的问题。规定其风险由买方承担的理由是买方所处的地位使他能在目的地及时检验货物，在发现货物受损时便于采取必要的措施，包括减轻损失，及时向有责任的承运人请求赔偿以及向保险人索赔等。一些国际贸易惯例也确定了这样的原则。《最高人民法院关于审理买卖合同纠纷案件适用法律问题的解释》第 12 条确认，“出卖人根据合同约定将标的物运送至买受人指定地点并交付给承运人后，标的物毁损、灭失的风险由买受人负担，但当事人另有约定的除外”，该条规定应予坚持。

第六百零八条

出卖人按照约定或者依据本法第六百零三条第二款第二项的规定将标的物置于交付地点，买受人违反约定没有收取的，标的物毁损、灭失的风险自违反约定时起由买受人承担。

本条主旨

本条是关于买受人违反约定未收取标的物时如何负担风险的规定。

相关条文

《合同法》第 146 条　出卖人按照约定或者依照本法第一百四十一条第二款第二项的规定将标的物置于交付地点，买受人违反约定没有收取的，标的物毁损、灭失的风险自违反约定之日起由买受人承担。

理解与适用

依据《民法典》第 603 条第 2 款第 2 项的规定，当事人未约定交付地点或者约定不明确，依照《民法典》第 510 条的规定仍不能确定的，如果标的物不需要运输，出卖人和买受人订立合同时知道标的物在某一地点，那么出卖人应当在该地点交付标的物；不知道标的物在某一地点的，应当在出卖人订立合同时的营业地交付标的物。出卖人有义务在合同约定或者法律确定的地点将标的物交付给买受人。在合同约定的交付期限届至时，如果买受人违反合同的约定没有接收标的物，那么按照本条的规定，买受人就从违反约定之日起承担标的物毁损、灭失的风险。

《民法典》第 605 条和本条规定的法律后果均是“买受人应当自违反约定时

起承担标的物毁损、灭失的风险”，但是两者却存在如下区别：一是两者适用的风险负担规则不同。前者是交付转移风险规则的例外，本条则是交付转移风险规则的具体体现。二是两者适用的前提条件不同。前者要求买受人存在违约行为或者侵权行为，而本条仅限于买受人未及时受领出卖人的交付；前者是出卖人没有也无法履行交付义务，而本条是出卖人已经将标的物置于合同约定或者法律确定的交付地点。

第六百零九条

出卖人按照约定未交付有关标的物的单证和资料的，不影响标的物毁损、灭失风险的转移。

本条主旨

本条是关于出卖人按照约定未交付有关标的物的单证和资料时如何负担风险的规定。

相关条文

《合同法》第 147 条　出卖人按照约定未交付有关标的物的单证和资料的，不影响标的物毁损、灭失风险的转移。

理解与适用

出卖人按照约定未交付有关标的物的单证和资料的，不影响标的物毁损、灭失风险的转移，这一规则表明在约定保留所有权场合，即使出卖人未向买受人交付提取标的物的单证和资料，标的物毁损、灭失的风险仍自标的物交付时起转移。①

第六百一十条

因标的物不符合质量要求，致使不能实现合同目的的，买受人可以拒绝接受标的物或者解除合同。买受人拒绝接受标的物或者解除合同的，标的物毁损、灭

---

① 有立法机关人士认为，《民法典》第 609 条的规定系效法《联合国国际货物销售合同公约》第 67 条：“卖方有权保留控制货物处置权的单据，并不影响风险的转移。”

失的风险由出卖人承担。

本条主旨

本条是关于买受人拒绝接受标的物或者解除合同时如何负担风险的规定。

相关条文

《合同法》第148条　因标的物质量不符合质量要求，致使不能实现合同目的的，买受人可以拒绝接受标的物或者解除合同。买受人拒绝接受标的物或者解除合同的，标的物毁损、灭失的风险由出卖人承担。

理解与适用

依据本条规定，因交付的标的物质量不合格，致使不能实现合同目的的，买受人拒绝接受标的物或者解除合同的，标的物毁损、灭失的风险由出卖人负担，需要满足以下三个条件。

第一，出卖人交付的标的物质量不符合要求。比如出卖人交付的产品不符合质量标准，或者不具备产品应当具备的使用性能等。

第二，因标的物质量不合格致使不能实现合同目的。如果出卖人违反物的瑕疵担保义务，已经构成违约，但违约程度轻微，并没有影响合同目的的实现，买受人不能因此拒绝接受标的物或者主张解除合同，那就不能适用本条。

第三，买受人拒绝接受标的物或者解除合同。尽管出卖人交付的标的物不符合质量要求且已经导致买受人无法实现合同目的，但买受人选择接受标的物并要求出卖人承担违约责任的，此时标的物毁损、灭失的风险应当由买受人承担。但是如果在出卖人交付的标的物质量不合格且导致买受人订立合同目的不能实现时，买受人拒绝接受标的物或者解除合同的，在此情况下所产生的标的物毁损、灭失的风险自然应当由出卖人承担。这里需要进一步说明的是，因出卖人交付的标的物质量无法实现合同目的，买受人拒绝接受，或者买受人接受后向出卖人发出解除合同的通知，这段时间标的物需要由买受人临时代为保管，出卖人仍然应当承担标的物毁损、灭失的风险。

第六百一十一条

标的物毁损、灭失的风险由买受人承担的，不影响因出卖人履行义务不符合约定，买受人请求其承担违约责任的权利。

本条主旨

本条是关于买受人负担风险不影响出卖人承担违约责任的规定。

相关条文

《合同法》第 149 条　标的物毁损、灭失的风险由买受人承担的，不影响因出卖人履行债务不符合约定，买受人要求其承担违约责任的权利。

理解与适用

标的物毁损、灭失的风险由买受人承担的，不影响因出卖人履行债务不符合约定，买受人要求其承担违约责任的权利。之所以如此，主要是考虑到违约责任的承担与风险负担同属合同法上对损失进行分配的途径，前者解决对于因可归责于一方或双方的事由所带来的损失的分配；后者用来解决对于因不可归责于双方当事人的事由所带来的损失的分配。在交易实践中，两种类型的损失有可能同时发生，此时既不能用违约责任的承担代替风险负担，也不能用风险负担代替违约责任的承担。而应当让两个制度同时发挥作用，分别进行损失的分配。

第六百一十二条

出卖人就交付的标的物，负有保证第三人对该标的物不享有任何权利的义务，但是法律另有规定的除外。

本条主旨

本条是关于出卖人负担权利瑕疵担保义务的规定。

相关条文

《合同法》第 150 条　出卖人就交付的标的物，负有保证第三人不得向买受人主张任何权利的义务，但法律另有规定的除外。

理解与适用

出卖人就交付的标的物，除非法律另有规定，负有保证第三人不得向买受人主张任何权利的义务。这一义务称为出卖人的权利瑕疵担保义务。违反权利的瑕疵担保义务，在传统民法上发生权利瑕疵担保责任的承担。我国民法典上，由于违约责任和权利瑕疵担保责任的区分丧失了依据，因此，出卖人应对买受人承担违约责任。

在我国民法上，出卖人违反权利瑕疵担保义务，得承担违约责任的情形还包括：共有人出卖全部共有财产或者出卖共有财产中的他人份额；出卖人向买受人出售第三人享有优先购买权或法定优先权的财产；出卖人出售给买受人的财产上存在第三人的居住权或者租赁权；出卖人出售给买受人的财产，第三人得根据专利权或其他知识产权主张权利或要求。

第六百一十三条

买受人订立合同时知道或者应当知道第三人对买卖的标的物享有权利的，出卖人不承担前条规定的义务。

本条主旨

本条是关于出卖人不负担权利瑕疵担保义务的规定。

相关条文

《合同法》第151条　买受人订立合同时知道或者应当知道第三人对买卖的标的物享有权利的，出卖人不承担本法第一百五十条规定的义务。

理解与适用

在买卖合同订立时，买受人知道或者应当知道第三人对买卖的标的物享有权利的，出卖人不负担该项义务。另外，买受人能够依据保护交易安全的规定，善意取得标的物所有权的，出卖人也无须承担违反权利瑕疵担保义务的违约责任。

根据本条规定，出卖人不承担权利瑕疵担保义务须具备两个条件：(1) 买受人须了解情况。(2) 买受人了解情况应为订立合同时。买受人知道或者应当知道第三人对买卖的标的物享有权利，应当在订立合同时，包括订立合同过程中和合同签字之时。如果在合同订立后，则不属于本条所规定的情况。

另外需要注意的是：(1) 如果就买受人是否知情发生争议，出卖人如果主张买受人在订立合同时明知标的物的权利缺陷，则出卖人负举证责任，而非买受人。(2) 出卖人不承担权利瑕疵担保义务，意味着买受人无权就其不能取得完整的标的物所有权请求出卖人承担违约责任。(3) 本条规定属于任意性规定，买卖合同当事人如果在合同中约定此时出卖人仍然需要承担违反权利瑕疵担保义务的违约责任的，依照其约定。

第六百一十四条

买受人有确切证据证明第三人对标的物享有权利的，可以中止支付相应的价款，但是出卖人提供适当担保的除外。

本条主旨

本条是关于出卖人违反权利瑕疵担保义务时，买受人行使合同履行抗辩权的规定。

相关条文

《合同法》第 152 条　买受人有确切证据证明第三人可能就标的物主张权利的，可以中止支付相应的价款，但出卖人提供适当担保的除外。

理解与适用

《民法典》第 525 条、526 条、527 条、528 条分别确认了同时履行抗辩权、先履行抗辩权和不安抗辩权。本条就是合同履行抗辩权在买卖合同中的具体运用。

第六百一十五条

出卖人应当按照约定的质量要求交付标的物。出卖人提供有关标的物质量说明的，交付的标的物应当符合该说明的质量要求。

本条主旨

本条是关于出卖人负担物的瑕疵担保义务的规定。

相关条文

《合同法》第 153 条　出卖人应当按照约定的质量要求交付标的物。出卖人提供有关标的物质量说明的，交付的标的物应当符合该说明的质量要求。

理解与适用

出卖人应当按照约定的质量要求交付标的物。出卖人提供有关标的物质量说明的，交付的标的物应当符合该说明的质量要求。这一义务被称为物的瑕疵担保义务。

出卖人负担物的瑕疵担保义务，是由买卖合同的有偿性决定的。在我国民法典上，物的瑕疵担保义务被表述为质量担保义务，即出卖人应当担保其交付给买受人的标的物符合合同约定的或者法律确定的质量标准。因此，确定标的物的质量标准，是判断出卖人是否全面履行该项义务的前提。买卖合同中，当事人对标的物的质量标准没有约定或约定不明确的，可以协议补充；不能达成补充协议的，按照合同有关条款或者交易习惯确定；仍不能确定的，出卖人交付的标的物，应当符合同种物的通常标准或者为了实现合同目的该物应当具有的特定标准。

出卖人交付的标的物不符合质量标准的，属于对物的瑕疵担保义务的违反，在传统民法上，发生物的瑕疵担保责任的承担。但在我国民法典上，就违约责任的归责原则，一般（尤其是商事合同）采严格责任原则，因而使得传统民法上违约责任与物的瑕疵担保责任的区别丧失了依据。因此，出卖人应当按照当事人的约定承担违约责任。对违约责任没有约定或者约定不明确，也不能达成补充协议或者按照合同有关条款以及交易习惯仍不能确定的，受损害方可以根据标的物的性质以及损失的大小，合理选择请求对方承担修理、更换、退货或者减少价款等违约责任（《民法典》第582条）。其中，作为救济手段的退货，在通常情形下就是行使解除合同的权利。因标的物的主物不符合约定而解除合同的，解除合同的效力及于从物。因标的物的从物不符合约定而被解除的，解除的效力不及于主物（《民法典》第631条）。标的物为数物，其中一物不符合约定的，买受人可以就该物解除。但是，该物与他物分离使标的物的价值显受损害的，当事人可以就数物解除合同（《民法典》第632条）。此项解除权不得与减少价款同时主张，也不得与修理、更换同时并举。质量不符合约定，造成其他损失的，受损方可以请求赔偿损失（《民法典》第583条）。

买受人要求出卖人承担违反物的瑕疵担保义务的违约责任，除非法律另有规定，以买受人及时向出卖人通知标的物质量不合格为条件（《民法典》第621条第1款）。买受人在订立买卖合同时知道或者应当知道标的物质量不合格的，不得向出卖人主张违反物的瑕疵担保义务的违约责任。

第六百一十六条

当事人对标的物的质量要求没有约定或者约定不明确，依据本法第五百一十条的规定仍不能确定的，适用本法第五百一十一条第一项的规定。

本条主旨

本条是关于标的物质量标准确定规则的规定。

相关条文

《合同法》第 154 条　当事人对标的物的质量要求没有约定或者约定不明确，依照本法第六十一条的规定仍不能确定的，适用本法第六十二条第一项的规定。

理解与适用

质量条款通常属于买卖合同的非必要条款，没有约定质量条款或者质量条款约定不明的，可以依据《民法典》第 510 条的规定补充确定，不能补充确定的，依据《民法典》第 511 条第 1 项的规定确定，即质量要求不明确的，按照强制性国家标准履行；没有强制性国家标准的，按照推荐性国家标准履行；没有推荐性国家标准的，按照行业标准履行；没有国家标准、行业标准的，按照通常标准或者符合合同目的的特定标准履行。

由于实际生活中买卖合同的情况纷繁复杂，涉及的标的物千差万别，试图在法律中作出具体明确的规定不仅很难做到，而且不利于调整具体的合同关系。对本条在实践中的适用要结合所遇到的个案进行具体的分析，以确定"通常标准"或者"特定标准"的含义。比如，标的物属于《产品质量法》规范的产品的，产品的质量应当符合该法第 26 条的规定，"（一）不存在危及人身、财产安全的不合理的危险，有保障人体健康和人身、财产安全的国家标准、行业标准的，应当符合该标准；（二）具备产品应当具备的使用性能，但是，对产品存在使用性能的瑕疵作出说明的除外；（三）符合在产品或者其包装上注明采用的产品标准，符合以产品说明、实物样品等方式表明的质量状况"；同时应当符合该法第 27 条的规定，"产品或者其包装上的标识必须真实，并符合下列要求：（一）有产品质量检验合格证明；（二）有中文标明的产品名称、生产厂厂名和厂址；（三）根据产品的特点和使用要求，需要标明产品规格、等级、所含主要成份的名称和含量的，用中文相应予以标明；需要事先让消费者知晓的，应当在外包装上标明，或者预先向消费者提供有关资料；（四）限期使用的产品，应当在显著位置清晰地标明生产日期和安全使用期或者失效日期；（五）使用不当，容易造成产品本身损坏或者可能危及人身、财产安全的产品，应当有警示标志或者中文警示说明。裸装的食品和其他根据产品的特点难以附加标识的裸装产品，可以不附加产品标识。"

第六百一十七条

出卖人交付的标的物不符合质量要求的，买受人可以依据本法第五百八十二条至第五百八十四条的规定请求承担违约责任。

本条主旨

本条是关于出卖人违反物的瑕疵担保义务时承担违约责任的规定。

相关条文

《合同法》第155条　出卖人交付的标的物不符合质量要求的，买受人可以依照本法第一百一十一条的规定要求承担违约责任。

《最高人民法院关于审理买卖合同纠纷案件适用法律问题的解释》第23条　标的物质量不符合约定，买受人依照合同法第一百一十一条的规定要求减少价款的，人民法院应予支持。当事人主张以符合约定的标的物和实际交付的标的物按交付时的市场价值计算差价的，人民法院应予支持。

价款已经支付，买受人主张返还减价后多出部分价款的，人民法院应予支持。

理解与适用

依据本条的规定，出卖人交付的标的物不符合质量要求应承担本法第582条至第584条规定的违约责任。《民法典》第582条确认，“履行不符合约定的，应当按照当事人的约定承担违约责任。对违约责任没有约定或者约定不明确，依据本法第五百一十条的规定仍不能确定的，受损害方根据标的的性质以及损失的大小，可以合理选择请求对方承担修理、重作、更换、退货、减少价款或者报酬等违约责任。”《民法典》第583条确认，“当事人一方不履行合同义务或者履行合同义务不符合约定的，在履行义务或者采取补救措施后，对方还有其他损失的，应当赔偿损失。”《民法典》第584条确认，“当事人一方不履行合同义务或者履行合同义务不符合约定，造成对方损失的，损失赔偿额应当相当于因违约所造成的损失，包括合同履行后可以获得的利益；但是，不得超过违约一方订立合同时预见到或者应当预见到的因违约可能造成的损失。”

第六百一十八条

当事人约定减轻或者免除出卖人对标的物瑕疵承担的责任，因出卖人故意或

者重大过失不告知买受人标的物瑕疵的，出卖人无权主张减轻或者免除责任。

本条主旨

本条是关于出卖人故意或者重大过失不告知买受人物的瑕疵仍应依法承担违约责任的规定。

相关条文

《最高人民法院关于审理买卖合同纠纷案件适用法律问题的解释》第 32 条 合同约定减轻或者免除出卖人对标的物的瑕疵担保责任，但出卖人故意或者因重大过失不告知买受人标的物的瑕疵，出卖人主张依约减轻或者免除瑕疵担保责任的，人民法院不予支持。

第 33 条 买受人在缔约时知道或者应当知道标的物质量存在瑕疵，主张出卖人承担瑕疵担保责任的，人民法院不予支持，但买受人在缔约时不知道该瑕疵会导致标的物的基本效用显著降低的除外。

理解与适用

商事买卖合同的当事人也可以通过免责条款的方式，预先免除出卖人违反物的瑕疵担保义务的违约责任。当事人约定减轻或者免除出卖人对标的物瑕疵承担的责任，因出卖人故意或者重大过失不告知买受人标的物瑕疵的，出卖人无权主张减轻或者免除责任。

第六百一十九条

出卖人应当按照约定的包装方式交付标的物。对包装方式没有约定或者约定不明确，依据本法第五百一十条的规定仍不能确定的，应当按照通用的方式包装；没有通用方式的，应当采取足以保护标的物且有利于节约资源、保护生态环境的包装方式。

本条主旨

本条是关于如何确定标的物包装方式的规定。

相关条文

《合同法》第 156 条 出卖人应当按照约定的包装方式交付标的物。对包装方式没有约定或者约定不明确，依照本法第六十一条的规定仍不能确定的，应当按照通用的方式包装，没有通用方式的，应当采取足以保护标的物的包装方式。

理解与适用

随着绿色发展理念的不断深入，民法典确认了绿色原则，买卖合同标的物的包装也须符合绿色原则的要求。本条在《合同法》第 156 条的基础上，将绿色原则予以具体化，要求出卖人应当按照约定的包装方式交付标的物。对包装方式没有约定或者约定不明确的，可以协议补充；不能达成补充协议的，按照合同有关条款或者交易习惯确定；仍不能确定的，应当按照通用的方式包装；没有通用方式的，应当采取足以保护标的物且有利于节约资源、保护生态环境的包装方式。

第六百二十条

买受人收到标的物时应当在约定的检验期限内检验。没有约定检验期限的，应当及时检验。

本条主旨

本条是关于买受人及时检验义务的规定。

相关条文

《合同法》第 157 条　买受人收到标的物时应当在约定的检验期间内检验。没有约定检验期间的，应当及时检验。

理解与适用

买受人收到标的物时，有及时检验义务。当事人约定检验期间的，买受人应当在约定期间内进行检验。没有约定检验期间的，买受人应当在收到标的物之后的合理期间内及时检验（《民法典》第 620 条）。

但出卖人知道或应当知道提供的标的物不符合约定的，买受人得随时通知出卖人标的物的数量或质量不符合约定（《民法典》第 621 条第 3 款）。买受人通知出卖人的，买受人向出卖人寻求违约救济的请求权开始进行诉讼时效期间的计算，形成权开始除斥期间的计算。

该项义务属买受人所负担的不真正义务。该项义务的违反不发生违约责任的承担，但由此造成的损失由买受人自己负担。

第六百二十一条

当事人约定检验期限的，买受人应当在检验期限内将标的物的数量或者质量不符合约定的情形通知出卖人。买受人怠于通知的，视为标的物的数量或者质量符合约定。

当事人没有约定检验期限的，买受人应当在发现或者应当发现标的物的数量或者质量不符合约定的合理期限内通知出卖人。买受人在合理期限内未通知或者自收到标的物之日起二年内未通知出卖人的，视为标的物的数量或者质量符合约定；但是，对标的物有质量保证期的，适用质量保证期，不适用该二年的规定。

出卖人知道或者应当知道提供的标的物不符合约定的，买受人不受前两款规定的通知时间的限制。

本条主旨

本条是关于异议期间的规定。

相关条文

《合同法》第158条　当事人约定检验期间的，买受人应当在检验期间内将标的物的数量或者质量不符合约定的情形通知出卖人。买受人怠于通知的，视为标的物的数量或者质量符合约定。

当事人没有约定检验期间的，买受人应当在发现或者应当发现标的物的数量或者质量不符合约定的合理期间内通知出卖人。买受人在合理期间内未通知或者自标的物收到之日起两年内未通知出卖人的，视为标的物的数量或者质量符合约定，但对标的物有质量保证期的，适用质量保证期，不适用该两年的规定。

出卖人知道或者应当知道提供的标的物不符合约定的，买受人不受前两款规定的通知时间的限制。

《最高人民法院关于审理买卖合同纠纷案件适用法律问题的解释》第17条　人民法院具体认定合同法第一百五十八条第二款规定的“合理期间”时，应当综合当事人之间的交易性质、交易目的、交易方式、交易习惯、标的物的种类、数量、性质、安装和使用情况、瑕疵的性质、买受人应尽的合理注意义务、检验方法和难易程度、买受人或者检验人所处的具体环境、自身技能以及其他合理因素，依据诚实信用原则进行判断。

合同法第一百五十八条第二款规定的“两年”是最长的合理期间。该期间为不变期间，不适用诉讼时效中止、中断或者延长的规定。

第19条 买受人在合理期间内提出异议，出卖人以买受人已经支付价款、确认欠款数额、使用标的物等为由，主张买受人放弃异议的，人民法院不予支持，但当事人另有约定的除外。

第20条 合同法第一百五十八条规定的检验期间、合理期间、两年期间经过后，买受人主张标的物的数量或者质量不符合约定的，人民法院不予支持。

出卖人自愿承担违约责任后，又以上述期间经过为由翻悔的，人民法院不予支持。

第21条 买受人依约保留部分价款作为质量保证金，出卖人在质量保证期间未及时解决质量问题而影响标的物的价值或者使用效果，出卖人主张支付该部分价款的，人民法院不予支持。

第22条 买受人在检验期间、质量保证期间、合理期间内提出质量异议，出卖人未按要求予以修理或者因情况紧急，买受人自行或者通过第三人修理标的物后，主张出卖人负担因此发生的合理费用的，人民法院应予支持。

理解与适用

在约定的检验期间，或者在买受人发现或者应当发现标的物数量或者质量不符合约定的合理期间内，或者自买受人接收标的物的交付之日起2年内，买受人没有通知标的物的数量和质量不符合约定的；或者在标的物的质量保证期内，买受人没有通知标的物的质量不符合约定的，通知期间过后，发生一项事实确定规则的适用，即标的物的数量和质量视为是符合约定的。在通知期间内，买受人通知出卖人的，即可取得寻求违约救济的请求权和形成权，该请求权随即开始进行诉讼时效期间的计算，该形成权随即开始除斥期间的计算。

该通知期间与保证期间类似，既非诉讼时效期间，也非除斥期间，而是民法上一种独立的期间类型，属于或有期间。[①] 或有期间，即决定当事人能否获得特定类型请求权、形成权等权利的期间。一旦当事人在或有期间内依据法律的规定或者当事人之间的约定为一定的行为，其即可获得相应类型的请求权、形成权等权利。一旦当事人在或有期间内未依据法律的规定或者当事人之间的约定为一定行为，即不能获得相应类型的请求权、形成权等权利。我国现行民事立法中比较

① 参见王轶：《民法总则之期间立法研究》，载《法学家》2016年第5期。

典型的或有期间包括保证期间和买受人的异议期间等。[①] 或有期间最终限制了当事人特定类型的请求权、形成权等权利，而且一旦当事人在或有期间内依据法律的规定或者当事人之间的约定为一定行为，从而取得了特定类型的请求权或者形成权之后，该请求权即存在适用诉讼时效期间的问题，该形成权即存在适用除斥期间的问题。换言之，或有期间与诉讼时效期间、除斥期间存在衔接与配合关系。但或有期间与诉讼时效期间、除斥期间仍属民法上限制民事权利的不同期间类型，其中或有期间是决定当事人能否获得请求权或形成权等权利的期间；诉讼时效期间是对业已存在的请求权进行限制的期间；除斥期间是对业已存在的形成权进行限制的期间，彼此存在重大区别。下面谨以诉讼时效期间与保证期间和买受人异议期间之间，以及买受人异议期间与除斥期间的区别和联系为例进行说明。

其一，诉讼时效期间与保证期间的联系和区别。

保证期间，又称保证责任期间，是债权人得主张保证人承担保证责任的期间。依据《民法典》第693条第1款的规定，就一般保证，在合同约定的保证期间或者法律规定的保证期间，债权人未对债务人提起诉讼或者申请仲裁的，保证人不再承担保证责任。依据《民法典》第693条第2款的规定，就连带责任保证，在合同约定的保证期间或者法律规定的保证期间，债权人未要求保证人承担保证责任的，保证人不再承担保证责任。从法律效果上看，保证期间最终限制的是债权人对保证人的债权请求权，与诉讼时效期间同属对于请求权的期限限制。但作为或有期间，其与诉讼时效期间有明显区别。

第一，诉讼时效期间为法定期间，保证期间则允许当事人约定。

第二，诉讼时效期间与保证期间的起算点和存续期限不同。依据《民法典》第188条的规定，普通诉讼时效期间为从知道或者应当知道权利受侵害以及义务人之日起3年。依据《民法典》第692条第2款的规定，保证期间有约定的，按照约定；没有约定的，保证期间为主债务履行期限届满之日起6个月。

第三，诉讼时效期间得发生中止、中断和延长，保证期间不存在中止、中断和延长的问题。

第四，二者的直接适用对象不同。尽管从法律效果上看，保证期间最终限制的是债权人对保证人的债权请求权；但在保证期间内，一般保证在债权人对债务

---

① 在中国国检信息技术有限公司与北京安全诚信科技有限公司承揽合同纠纷上诉案中，法院判决定作人在质量检验期间未提出异议的，视为交付的工作成果符合合同约定，定作人不得请求承揽人承担违约责任。该意见实际上肯定了在买卖合同以外，质量异议期间的适用空间，当事人只有在此期间提出异议，方能主张相应的救济权。参见北京市第一中级人民法院（2009）一中民终字第6140号民事判决书。

人提起诉讼或者申请仲裁以前、连带责任保证在债权人对保证人主张保证责任承担以前，双方当事人之间并不存在现实的债权、债务关系，保证人的保证债务可能现实发生，也可能根本不发生。仅在一般保证的债权人对债务人提起诉讼或者申请仲裁，以及连带责任保证的债权人对保证人主张保证责任承担以后，双方当事人之间才发生现实的债权、债务关系，保证人的保证债务方成为现实的债务。[①] 因此，保证期间直接限制的并非债权人对保证人的债权请求权，它是通过直接决定在债权人和保证人之间究竟是否发生现实的债权、债务关系，来间接地限制债权人对保证人的债权请求权。这与诉讼时效期间系直接限制权利人请求权的行使明显不同。

当然，一旦一般保证的债权人在保证期间内对债务人提起诉讼或者申请仲裁，以及连带责任保证的债权人在保证期间内要求保证人承担保证责任的，尚未届满的保证期间不再继续计算。

第五，期间届满的法律效果不同。从具体的法律效果来看，保证期间届满，保证人免除保证责任，债权人对保证人的债权请求权也就随之不会再实际发生。诉讼时效期间届满，权利人现实存在的请求权效力减损。

其二，诉讼时效期间与（买受人的）异议期间的联系与区别。

从法律效果上看，与诉讼时效期间仅仅是对既存请求权的限制不同，异议期间最终限制的是买受人对出卖人主张继续履行、采取补救措施、赔偿损失、支付违约金等违约责任承担的债权请求权，以及寻求违约救济的解除权。

就对请求权的限制而言，异议期间作为或有期间，其与诉讼时效期间有如下区别。

第一，诉讼时效期间为法定期间，异议期间则允许当事人作出约定。

第二，诉讼时效期间与异议期间的起算点和存续期限不同。依据《民法典》第 188 条的规定，普通诉讼时效期间为从知道或者应当知道权利受侵害以及义务人之日起 3 年。依据《民法典》第 621 条的规定，异议期间则具体区分为三种类型：一为当事人约定的检验期间；二为标的物的质量保证期间；三为买受人发现或者应当发现标的物的数量或者质量不符合约定的合理期间。该合理期间应限制在自买受人收到标的物之日起 2 年内。

第三，诉讼时效期间为可变期间，存在中止、中断和延长，异议期间不存在中止、中断和延长。

---

① 就一般保证而言，一旦债权人不能在债务人的责任财产上实现自己的债权，即可主张保证人代为履行或承担赔偿责任。

第四，二者的直接适用对象不同。尽管从法律效果上看，异议期间最终限制的对象包括买受人得向出卖人主张的基于违约责任的请求权，如继续履行、采取补救措施、赔偿损失、支付违约金的请求权等，以及寻求违约救济的解除权；但买受人在异议期间内未向出卖人表示异议的，《民法典》第 621 条第 1 款以及第 2 款皆规定，“视为标的物的数量或者质量符合约定”，这就意味着根本未发生出卖人违约的问题，买受人得向出卖人主张的基于违约责任的请求权以及寻求违约救济的解除权根本就未存在过。可见，异议期间是通过直接决定买受人究竟是否能够取得对出卖人的请求权，来间接限制买受人的请求权的。这与保证期间颇为类似，与诉讼时效期间直接限制权利人请求权的行使显有不同。

当然，一旦买受人在异议期间内对出卖人表示异议的，尚未届满的异议期间不再继续计算，买受人要求出卖人承担相应违约责任的请求权就开始诉讼时效期间的计算，买受人寻求违约救济的解除权就开始除斥期间的计算。

第五，期间届满的法律效果不同。从具体的法律效果来看，诉讼时效期间届满，发生请求权效力减损的法律效果；异议期间届满，买受人不能取得可向出卖人主张的基于违约责任的请求权以及寻求违约救济的解除权。

其三，异议期间与除斥期间的联系与区别。

异议期间最终限制的对象包括买受人寻求违约救济的合同解除权，就此而言，与除斥期间有相通之处。异议期间与除斥期间关系如下。

第一，二者的相同之处在于，皆为不变期间，不存在中止、中断和延长。

第二，二者的关联在于，一旦买受人在异议期间内对出卖人表示异议，异议期间无须继续计算，买受人取得的解除买卖合同的权利开始进行除斥期间的计算，二者之间存在协调和配合关系。

第三，二者的区别在于：首先，除斥期间或为法定期间，或为当事人约定的期间，依据《民法典》第 199 条的规定，除斥期间自权利人知道或者应当知道权利产生之日起开始计算，法律另有规定的除外。异议期间则具体区分为三种类型：一为当事人约定的检验期间；二为标的物的质量保证期间；三为买受人发现或者应当发现标的物的数量或者质量不符合约定的合理期间。该合理期间应限制在自买受人收到标的物之日起 2 年内。其次，二者的直接适用对象不同。除斥期间适用于现实存在的形成权，包括合同解除权。异议期间最终限制的对象包括买受人得向出卖人寻求违约救济的合同解除权。但买受人在异议期间内未向出卖人表示异议的，《民法典》第 621 条第 1 款以及第 2 款皆规定，“视为标的物的数量或者质量符合约定”，这就意味着买受人不能取得向出卖人主张的合同解除权。可见，异议期间是通过直接决定买受人究竟是否能够取得合同解除权，来间接限制买受人的解除权的。再次，期间届满的法律效果不同。依据《民法典》第199条的规定，除斥期间届满，当事人的解除权消灭。异议期间届满，买受人未提出异议的，买受人就没有取得解除合同的权利。

综上，或有期间是民法上与诉讼时效期间、除斥期间并身而立的独立的期间类型。

第六百二十二条

当事人约定的检验期限过短，根据标的物的性质和交易习惯，买受人在检验期限内难以完成全面检验的，该期限仅视为买受人对标的物的外观瑕疵提出异议的期限。

约定的检验期限或者质量保证期短于法律、行政法规规定期限的，应当以法律、行政法规规定的期限为准。

本条主旨

本条是关于约定的检验期间过短时如何确定检验期间的规定。

相关条文

《最高人民法院关于审理买卖合同纠纷案件适用法律问题的解释》第18条 约定的检验期间过短，依照标的物的性质和交易习惯，买受人在检验期间内难以完成全面检验的，人民法院应当认定该期间为买受人对外观瑕疵提出异议的期间，并根据本解释第十七条第一款的规定确定买受人对隐蔽瑕疵提出异议的合理期间。

约定的检验期间或者质量保证期间短于法律、行政法规规定的检验期间或者质量保证期间的，人民法院应当以法律、行政法规规定的检验期间或者质量保证期间为准。

理解与适用

《民法典》第621条规定的买受人在异议期间内的通知义务没有区分狭义的民事合同和商事合同，导致实践中，在买卖合同当事人一方为消费者时，经营者可能会以格式条款方式确定了较短的检验期限，消费者根本无法或者通常难以在该期限内对商品质量是否合格作出判断。在这种情况下，如果仍然适用前条的规定，以约定的检验期间已经过去为由，认定标的物质量符合约定，显然不利于消费者利益保护。

依据本条规定，约定的检验期限过短，视为是对外观瑕疵提出异议的期限。买卖合同标的物的瑕疵具体包括外观瑕疵和隐蔽瑕疵。外观瑕疵的检验相对容易，而隐蔽瑕疵的检验则需要借助于专业的知识和设备，通常隐蔽瑕疵的检验期限会长于外观瑕疵的检验期限。在采取民商分立立法体例的国家和地区，一般都区分商人间的买卖和非商人间的买卖，仅商人间的买卖才有关于通知义务的规定，如《德国商法典》的第377条和《日本商法典》的第526条。作为消费者的买受人并不承担这一义务。

判断当事人约定的检验期限是否过短，可以从三个方面加以考虑：一是应当根据标的物的性质和交易习惯，在综合考虑的情况下判断约定的检验期限是否过短。二是买受人是否存在怠于通知的行为。如果买受人在约定检验期限内发现隐蔽瑕疵却没有及时通知出卖人的，应当视为标的物质量符合约定。三是买受人对不能及时检验隐蔽瑕疵是否存在过失。买受人依法应当在收货后及时检验标的物，但是其没有采取适当的措施发现隐蔽瑕疵的存在的，则不能认定检验期限过短。

在实践中，对于检验期限和质量保证期，除了当事人的约定之外，还可能法律、行政法规或者部门规章等对此作出规定。在当事人约定的检验期限或者质量保证期短于法律、行政法规规定期限时，究竟以哪种期限为准，合同法并无规定，导致实践中就应当采用约定期限还是法定期限产生争议。一般而言，质量检验期限所解决的是标的物在交付时是否存在质量瑕疵的问题，而质量保证期限所要解决的是标的物按照正常质量要求可以使用多长时间的问题。例如《建设工程质量管理条例》规定，在正常使用条件下，屋面防水工程、有防水要求的卫生间、房间和外墙面的防渗漏的最低保修期限为5年。因为涉及社会公共利益，行政法规对质量检验期限采取强制性的要求，一旦违反，必将承担相应的法律后果。据此，该法定要求应当予以遵守，不能通过约定进行降低。因此，当事人约定的检验期限或者质量保证期短于法律、行政法规规定的期限时，应当以法定期限为准。从另一角度看，如果约定的检验期限或者质量保证期长于法律、行政法规规定的期限，这是出卖人自愿加重义务，且不违反法律或者行政法规的规定，故应当尊重约定的期限。另外，在当事人没有约定质量检验期限但有约定或者法定质量保证期时，可以将质量保证期作为约定检验期限来对待。而当约定的检验期限和质量保证期不一致时，应当以较长的期限来作为检验期限对待，更为合理。①

---

① 参见黄薇主编：《中华人民共和国民法典合同编解读（上册）》，北京，中国法制出版社2020年版，第565－566页。

第六百二十三条

当事人对检验期限未作约定，买受人签收的送货单、确认单等载明标的物数量、型号、规格的，推定买受人已经对数量和外观瑕疵进行检验，但是有相关证据足以推翻的除外。

本条主旨

本条是关于推定买受人已经对标的物数量和外观瑕疵进行检验的规定。

相关条文

《最高人民法院关于审理买卖合同纠纷案件适用法律问题的解释》第15条　当事人对标的物的检验期间未作约定，买受人签收的送货单、确认单等载明标的物数量、型号、规格的，人民法院应当根据合同法第一百五十七条的规定，认定买受人已对数量和外观瑕疵进行了检验，但有相反证据足以推翻的除外。

理解与适用

在实践中，因标的物数量引发的纠纷，主要包括消费者通过网购、邮购等方式进行的小额买卖，以及在中、小型建筑工程上零星采购钢材、水泥、砂石等建材这两种情况。在这两种情况下如果当事人签收的送货单、确认单等单据上载明数量的，根据日常生活经验法则，应当认定买受人在签收时对数量进行了核点。对于合同当事人用肉眼观察等通常方法即可发现的标的物外观瑕疵，如标的物的数量、型号、规格等属于当事人尽到一般合理注意即可发现的瑕疵，如果当事人签收的送货单、确认单等单据上对此没有提出异议，应当认定买受人收到的标的物没有外观瑕疵。当然，如果买受人另外提供证据推翻送货单、确认单载明的内容的，则应当以证据证实的内容为准。①

第六百二十四条

出卖人依照买受人的指示向第三人交付标的物，出卖人和买受人约定的检验标准与买受人和第三人约定的检验标准不一致的，以出卖人和买受人约定的检验标准为准。

---

① 参见黄薇主编：《中华人民共和国民法典合同编解读（上册）》，北京，中国法制出版社2020年版，第566页。

本条主旨

本条是关于向第三人交付时以出卖人和买受人约定的检验标准为准的规定。

相关条文

《最高人民法院关于审理买卖合同纠纷案件适用法律问题的解释》第 16 条　出卖人依照买受人的指示向第三人交付标的物，出卖人和买受人之间约定的检验标准与买受人和第三人之间约定的检验标准不一致的，人民法院应当根据合同法第六十四条的规定，以出卖人和买受人之间约定的检验标准为标的物的检验标准。

理解与适用

在市场交易实践过程中，履行检验义务的验货人并非限于买受人及其代理人，在出卖人直接向买卖合同当事人以外的第三人履行的场合，如果合同没有明确约定买受人是唯一的验货人，且买受人和第三人之间可能存在特殊约定，就会面临双重检验标准的问题，需要在立法上加以明确。对此，本条规定应当以出卖人和买受人之间约定的检验标准为准。

第六百二十五条

依照法律、行政法规的规定或者按照当事人的约定，标的物在有效使用年限届满后应予回收的，出卖人负有自行或者委托第三人对标的物予以回收的义务。

本条主旨

本条是关于出卖人回收标的物义务的规定。

理解与适用

本条规定是绿色原则在买卖合同中的具体体现。目前，我国法律、行政法规确认回收义务的法律规定主要有：

1.《环境保护法》第 37 条规定：“地方各级人民政府应当采取措施，组织对生活废弃物的分类处置、回收利用。”

2.《固体废物污染环境防治法》第 18 条规定：“建设项目的环境影响评价文件确定需要配套建设的固体废物污染环境防治设施，应当与主体工程同时设计、同时施工、同时投入使用。建设项目的初步设计，应当按照环境保护设计规范的要求，将固体废物污染环境防治内容纳入环境影响评价文件，落实防治固体废物污染环境和破坏生态的措施以及固体废物污染环境防治设施投资概算。建设单位应当依照有关法律法规的规定，对配套建设的固体废物污染环境防治设施进行验收，编制验收报告，并向社会公开。”

3.《循环经济促进法》第15条规定：“生产列入强制回收名录的产品或者包装物的企业，必须对废弃的产品或者包装物负责回收；对其中可以利用的，由各该生产企业负责利用；对因不具备技术经济条件而不适合利用的，由各该生产企业负责无害化处置。对前款规定的废弃产品或者包装物，生产者委托销售者或者其他组织进行回收的，或者委托废物利用或者处置企业进行利用或者处置的，受托方应当依照有关法律、行政法规的规定和合同的约定负责回收或者利用、处置。对列入强制回收名录的产品和包装物，消费者应当将废弃的产品或者包装物交给生产者或者其委托回收的销售者或者其他组织。强制回收的产品和包装物的名录及管理办法，由国务院循环经济发展综合管理部门规定。”

4.《水污染防治法》第59条规定：“船舶排放含油污水、生活污水，应当符合船舶污染物排放标准。从事海洋航运的船舶进入内河和港口的，应当遵守内河的船舶污染物排放标准。船舶的残油、废油应当回收，禁止排入水体。禁止向水体倾倒船舶垃圾。船舶装载运输油类或者有毒货物，应当采取防止溢流和渗漏的措施，防止货物落水造成水污染。进入中华人民共和国内河的国际航线船舶排放压载水的，应当采用压载水处理装置或者采取其他等效措施，对压载水进行灭活等处理。禁止排放不符合规定的船舶压载水。”

5.《大气污染防治法》第47条规定：“石油、化工以及其他生产和使用有机溶剂的企业，应当采取措施对管道、设备进行日常维护、维修，减少物料泄漏，对泄漏的物料应当及时收集处理。储油储气库、加油加气站、原油成品油码头、原油成品油运输船舶和油罐车、气罐车等，应当按照国家有关规定安装油气回收装置并保持正常使用。”第49条规定：“工业生产、垃圾填埋或者其他活动产生的可燃性气体应当回收利用，不具备回收利用条件的，应当进行污染防治处理。可燃性气体回收利用装置不能正常作业的，应当及时修复或者更新。在回收利用装置不能正常作业期间确需排放可燃性气体的，应当将排放的可燃性气体充分燃烧或者采取其他控制大气污染物排放的措施，并向当地生态环境主管部门报告，按照要求限期修复或者更新。”

6.《土壤污染防治法》第30条规定，“禁止生产、销售、使用国家明令禁止的农业投入品。农业投入品生产者、销售者和使用者应当及时回收农药、肥料等农业投入品的包装废弃物和农用薄膜，并将农药包装废弃物交由专门的机构或者组织进行无害化处理。具体办法由国务院农业农村主管部门会同国务院生态环境等主管部门制定。国家采取措施，鼓励、支持单位和个人回收农业投入品包装废弃物和农用薄膜。”

7.《废弃电器电子产品回收处理管理条例》第10条规定：“电器电子产品生产者、进口电器电子产品的收货人或者其代理人生产、进口的电器电子产品应当符合国家有关电器电子产品污染控制的规定，采用有利于资源综合利用和无害化处理的设计方案，使用无毒无害或者低毒低害以及便于回收利用的材料。电器电子产品上或者产品说明书中应当按照规定提供有关有毒有害物质含量、回收处理提示性说明等信息。”第11条规定：“国家鼓励电器电子产品生产者自行或者委托销售者、维修机构、售后服务机构、废弃电器电子产品回收经营者回收废弃电器电子产品。电器电子产品销售者、维修机构、售后服务机构应当在其营业场所显著位置标注废弃电器电子产品回收处理提示性信息。回收的废弃电器电子产品应当由有废弃电器电子产品处理资格的处理企业处理。”第12条规定：“废弃电器电子产品回收经营者应当采取多种方式为电器电子产品使用者提供方便、快捷的回收服务。废弃电器电子产品回收经营者对回收的废弃电器电子产品进行处理，应当依照本条例规定取得废弃电器电子产品处理资格；未取得处理资格的，应当将回收的废弃电器电子产品交有废弃电器电子产品处理资格的处理企业处理。回收的电器电子产品经过修复后销售的，必须符合保障人体健康和人身、财产安全等国家技术规范的强制性要求，并在显著位置标识为旧货。具体管理办法由国务院商务主管部门制定。”

第六百二十六条

买受人应当按照约定的数额和支付方式支付价款。对价款的数额和支付方式没有约定或者约定不明确的，适用本法第五百一十条、第五百一十一条第二项和第五项的规定。

本条主旨

本条是关于买受人支付价款义务的规定。

相关条文

《合同法》第159条　买受人应当按照约定的数额支付价款。对价款没有约定或者约定不明确的，适用本法第六十一条、第六十二条第二项的规定。

理解与适用

支付价款是买受人的主要义务。买受人支付价款应按照合同约定的数额、地点、时间为之。价款数额一般由单价与总价构成，总价为单价乘以标的物的数量。当事人在合同中约定的单价与总价不一致，而当事人又不能证明总价为折扣价的，原则上应按单价来计算总价。当事人对价款的确定，须遵守国家的物价法规，否则其约定无效。买受人应当按照约定的数额支付价款。对价款没有约定或约定不明确的，可以协议补充；不能达成补充协议的，按照合同有关条款或者交易习惯确定。如仍不能确定，按照订立合同时履行地的市场价格履行，依法应当执行政府定价或者政府指导价的，按照规定履行。详言之，当事人在合同中约定执行政府定价的，在合同约定的交付期限内政府价格调整时，按照交付时的价格计价。逾期交付标的物的，遇价格上涨时，按照原价格执行；价格下降时，按照新价格执行。逾期提取标的物或者逾期付款的，遇价格上涨时，按照新价格执行；价格下降时，按照原价格执行。

第六百二十七条

买受人应当按照约定的地点支付价款。对支付地点没有约定或者约定不明确，依据本法第五百一十条的规定仍不能确定的，买受人应当在出卖人的营业地支付；但是，约定支付价款以交付标的物或者交付提取标的物单证为条件的，在交付标的物或者交付提取标的物单证的所在地支付。

本条主旨

本条是关于价款支付地点的规定。

相关条文

《合同法》第160条　买受人应当按照约定的地点支付价款。对支付地点没有约定或者约定不明确，依照本法第六十一条的规定仍不能确定的，买受人应当在出卖人的营业地支付，但约定支付价款以交付标的物或者交付提取标的物单证为条件的，在交付标的物或者交付提取标的物单证的所在地支付。

理解与适用

价款的支付地点可由双方当事人约定。买受人应当按照约定的地点支付价款。对支付地点没有约定或者约定不明确的，可以协议补充；不能达成补充协议的，按照合同有关条款或者交易习惯确定；仍不能确定的，买受人应当在出卖人的营业地支付，但是，约定支付价款以交付标的物或者交付提取标的物的单证为条件的，则在交付标的物或者提取标的物单证的所在地支付。

第六百二十八条

买受人应当按照约定的时间支付价款。对支付时间没有约定或者约定不明确，依据本法第五百一十条的规定仍不能确定的，买受人应当在收到标的物或者提取标的物单证的同时支付。

本条主旨

本条是关于价款支付时间的规定。

相关条文

《合同法》第 161 条　买受人应当按照约定的时间支付价款。对支付时间没有约定或者约定不明确，依照本法第六十一条的规定仍不能确定的，买受人应当在收到标的物或者提取标的物单证的同时支付。

《最高人民法院关于审理买卖合同纠纷案件适用法律问题的解释》第 24 条　买卖合同对付款期限作出的变更，不影响当事人关于逾期付款违约金的约定，但该违约金的起算点应当随之变更。

买卖合同约定逾期付款违约金，买受人以出卖人接受价款时未主张逾期付款违约金为由拒绝支付该违约金的，人民法院不予支持。

买卖合同约定逾期付款违约金，但对账单、还款协议等未涉及逾期付款责任，出卖人根据对账单、还款协议等主张欠款时请求买受人依约支付逾期付款违约金的，人民法院应予支持，但对账单、还款协议等明确载有本金及逾期付款利息数额或者已经变更买卖合同中关于本金、利息等约定内容的除外。

买卖合同没有约定逾期付款违约金或者该违约金的计算方法，出卖人以买受人违约为由主张赔偿逾期付款损失的，人民法院可以中国人民银行同期同类人民币贷款基准利率为基础，参照逾期罚息利率标准计算。

理解与适用

价款的支付时间，可以由双方当事人约定。买受人应当按照约定的时间支付价款。对支付时间没有约定或者约定不明确的，可以协议补充；不能达成补充协议的，按照合同有关条款或者交易习惯确定。仍不能确定的，按照同时履行的原则，买受人应当在收到标的物或者提取标的物单证的同时支付。（《民法典》第628条）价款支付迟延时，买受人不但有义务继续支付价款，还有责任支付迟延利息。

买受人在出卖人违约的情况下，有拒绝支付价款、请求减少价款、请求返还价款的权利。如出卖人交付的标的物有重大瑕疵以致难以使用时，买受人有权拒绝接受交付，并有权拒绝支付价款。如出卖人交付的标的物虽有瑕疵但买受人同意接受，买受人可以请求减少价款。标的物在交付后部分或全部被第三人追索，买受人不但有权解除合同、请求损害赔偿，也有权要求返还全部或部分价款。

价款的支付方式，也可由当事人约定，但当事人关于支付方式的约定，不得违反国家关于现金管理的规定。

第六百二十九条

出卖人多交标的物的，买受人可以接收或者拒绝接收多交的部分。买受人接收多交部分的，按照约定的价格支付价款；买受人拒绝接收多交部分的，应当及时通知出卖人。

本条主旨

本条是关于出卖人多交标的物时买受人如何处置的规定。

相关条文

《合同法》第162条　出卖人多交标的物的，买受人可以接收或者拒绝接收多交的部分。买受人接收多交部分的，按照合同的价格支付价款；买受人拒绝接收多交部分的，应当及时通知出卖人。

理解与适用

出卖人应当按照约定的数量交付标的物。出卖人多交标的物的，买受人可以接收或者拒绝接收多交的部分；买受人拒绝接收多交部分的，应当及时通知出卖人。买受人接收多交部分的，按照约定的价格支付价款；出卖人少交标的物的，除不损害买受人利益的以外，买受人可以拒绝接收。买受人拒绝接收标的物的，应当及时通知出卖人。买受人怠于通知的，应当承担因此产生的损害赔偿责任。但出卖人交付的标的物数量在合理的磅差或尾差之内的，应视为交付的数量符合约定的标准。合同中约定分批交付的，出卖人应按照约定的批量分批交付。出卖人未按照约定的时间和数量交付的，应就每一次的不适当交付负违约责任。

第六百三十条

标的物在交付之前产生的孳息，归出卖人所有；交付之后产生的孳息，归买受人所有。但是，当事人另有约定的除外。

本条主旨

本条是关于孳息归属的规定。

相关条文

《合同法》第 163 条　标的物在交付之前产生的孳息，归出卖人所有，交付之后产生的孳息，归买受人所有。

理解与适用

利益承受是指标的物于买卖合同订立后所生孳息的归属。标的物于合同订立后所生孳息的归属与风险的负担是密切相连的，二者遵循同一原则。因此在利益承受上，标的物在交付前产生的孳息，归出卖人所有；标的物交付后产生的孳息，由买受人承受。合同另有约定的，依其约定。

第六百三十一条

因标的物的主物不符合约定而解除合同的，解除合同的效力及于从物。因标的物的从物不符合约定被解除的，解除的效力不及于主物。

本条主旨

本条是关于主物或者从物不符合约定时解除合同效力的规定。

相关条文

《合同法》第 164 条　因标的物的主物不符合约定而解除合同的，解除合同的效力及于从物。因标的物的从物不符合约定被解除的，解除的效力不及于主物。

理解与适用

本条一方面确认因标的物的主物不符合约定而解除合同的，解除合同的效力及于从物。也就是说，因主物不符合约定而解除的合同，涉及从物的合同，自然也就解除，当事人无须在从物问题上再为单独的解除意思表示，这就是“从随主走”规则的具体体现。另一方面确认因标的物的从物不符合约定被解除的，解除的效力不及于主物。也就是说，涉及从物的合同被解除时，并不影响到涉及主物的合同，涉及主物的合同仍然继续有效。

第六百三十二条

标的物为数物，其中一物不符合约定的，买受人可以就该物解除。但是，该物与他物分离使标的物的价值显受损害的，买受人可以就数物解除合同。

本条主旨

本条是关于标的物为数物时，一物不符合约定买受人如何解除合同的规定。

相关条文

《合同法》第 165 条　标的物为数物，其中一物不符合约定的，买受人可以就该物解除，但该物与他物分离使标的物的价值显受损害的，当事人可以就数物解除合同。

理解与适用

本条所谓“数物”是指主、从物以外的其他相互独立存在的物。“数物”一般都是独立存在的物。一般来讲。本条买受人有权解除合同包括两种情形：一种情形是买受人解除数物中涉及一物的合同，不影响其他合同。换言之，在标的物为数物的买卖合同中，出卖人交付的标的物中的一物不符合约定，不被买受人接受，而出卖人交付的其他物符合要求时，买受人可以仅仅就不符合约定的物解除合同。另一种情形是，买受人购买了数物，其中一物不符合约定，而该物又不宜与数物中的其他物分离，否则将明显减损其价值，那么买受人可以要求解除整个合同。

第六百三十三条

出卖人分批交付标的物的，出卖人对其中一批标的物不交付或者交付不符合约定，致使该批标的物不能实现合同目的的，买受人可以就该批标的物解除。

出卖人不交付其中一批标的物或者交付不符合约定，致使之后其他各批标的物的交付不能实现合同目的的，买受人可以就该批以及之后其他各批标的物解除。

买受人如果就其中一批标的物解除，该批标的物与其他各批标的物相互依存的，可以就已经交付和未交付的各批标的物解除。

本条主旨

本条是关于分批交付标的物时，一批标的物的交付不符合约定，买受人如何解除合同的规定。

相关条文

《合同法》第 166 条　出卖人分批交付标的物的，出卖人对其中一批标的物不交付或者交付不符合约定，致使该批标的物不能实现合同目的的，买受人可以就该批标的物解除。

出卖人不交付其中一批标的物或者交付不符合约定，致使今后其他各批标的物的交付不能实现合同目的的，买受人可以就该批以及今后其他各批标的物解除。

买受人如果就其中一批标的物解除，该批标的物与其他各批标的物相互依存的，可以就已经交付和未交付的各批标的物解除。

理解与适用

买卖合同得基于合同终止的一般规则而终止，但也有特殊性。例如出卖人分批交付标的物的，出卖人对其中一批标的物不交付或交付不符合约定，致使不能实现合同目的的，买受人可以就该批标的物解除。出卖人不交付其中一批标的物或交付不符合约定，致使今后其他各批标的物的交付不能实现合同目的的，买受人可以就该批以及其他各批标的物解除。出卖人已经就其中一批标的物解除，该批标的物与其他各批标的物相互依存的，买受人可以就已经交付和未交付的各批标的物解除。

第六百三十四条

分期付款的买受人未支付到期价款的数额达到全部价款的五分之一，经催告后在合理期限内仍未支付到期价款的，出卖人可以请求买受人支付全部价款或者解除合同。

出卖人解除合同的，可以向买受人请求支付该标的物的使用费。

本条主旨

本条是关于分期付款买卖合同出卖人解除权产生条件及其法律效果的规定。

相关条文

《合同法》第 167 条　分期付款的买受人未支付到期价款的金额达到全部价款的五分之一的，出卖人可以要求买受人支付全部价款或者解除合同。

出卖人解除合同的，可以向买受人要求支付该标的物的使用费。

《最高人民法院关于审理买卖合同纠纷案件适用法律问题的解释》第 38 条　合同法第一百六十七条第一款规定的"分期付款"，系指买受人将应付的总价款在一定期间内至少分三次向出卖人支付。

分期付款买卖合同的约定违反合同法第一百六十七条第一款的规定，损害买受人利益，买受人主张该约定无效的，人民法院应予支持。

第 39 条　分期付款买卖合同约定出卖人在解除合同时可以扣留已受领价金，出卖人扣留的金额超过标的物使用费以及标的物受损赔偿额，买受人请求返还超过部分的，人民法院应予支持。

当事人对标的物的使用费没有约定的，人民法院可以参照当地同类标的物的租金标准确定。

理解与适用

分期付款买卖是一种特殊的买卖形式，是买受人将其应付的总价款按照一定期限分批向出卖人支付的买卖。依据《最高人民法院关于审理买卖合同纠纷案件适用法律问题的解释》第 38 条第 1 款的规定，"合同法第一百六十七条第一款规定的‘分期付款’，系指买受人将应付的总价款在一定期间内至少分三次向出卖人支付。”分期付款买卖在我国常常用于房屋及高档消费品的买卖。由于买受人的分期支付影响了出卖人的资金周转，故分期付款的总价款可略高于一次性付款的价款。在分期付款买卖中，为保护买受人的利益，只有当买受人未支付到期价款的金额达到全部价款 1/5 时，经催告后在合理期限内仍未支付到期价款的，出卖人方可请求买受人支付全部价款或者解除合同。出卖人解除合同的，可以向买受人请求支付该标的物的使用费。(《民法典》第 634 条)

同时，因为分期付款买卖中，出卖人须先交付标的物，买受人于受领标的物后分若干次付款，出卖人有收不到价款的风险。因此在交易实践中，当事人双方就分期付款买卖常有以下特别约定。

1. 所有权保留的特约。即在分期付款买卖合同中，买受人虽先占有、使用标的物，但在双方当事人约定的特定条件（通常是价款的一部或全部清偿）成就之前，出卖人仍保留标的物的所有权，待条件成就后，再将所有权转移给买受人。这种特约，一般仅适用于动产的买卖。

2. 解除合同的损害赔偿金额的特约。即当事人双方关于解除合同时一方应向另一方支付的赔偿金额的约定。解除合同时，当事人双方应将其从对方取得的财产返还给对方，有过错的一方并应赔偿对方的损失。分期付款买卖在因买受人一方的原因而由出卖人解除合同时，标的物已经交付买受人，因此，买受人在占有标的物期间的利益也即是出卖人的一种损失。为保护出卖人的利益，在分期付款买卖中当事人经常有关于出卖人于解除合同时得扣留其已受领的价款或请求买受人支付一定金额的约定。这种约定如过苛，则对买受人不利。为了维系公平和保护买受人的利益，各个国家和地区的法律通常要对关于出卖人解除合同时，出卖人得扣留价款或请求支付价款的约定作一定限制。《最高人民法院关于审理买卖合同纠纷案件适用法律问题的解释》第 39 条第 1 款确认：“分期付款买卖合同约定出卖人在解除合同时可以扣留已受领价金，出卖人扣留的金额超过标的物使用费以及标的物受损赔偿额，买受人请求返还超过部分的，人民法院应予支持。”

第六百三十五条

凭样品买卖的当事人应当封存样品，并可以对样品质量予以说明。出卖人交付的标的物应当与样品及其说明的质量相同。

本条主旨

本条是关于样品买卖合同如何确定标的物质量标准的规定。

相关条文

《合同法》第 168 条　凭样品买卖的当事人应当封存样品，并可以对样品质量予以说明。出卖人交付的标的物应当与样品及其说明的质量相同。

《最高人民法院关于审理买卖合同纠纷案件适用法律问题的解释》第 40 条　合同约定的样品质量与文字说明不一致且发生纠纷时当事人不能达成合意，样品封存后外观和内在品质没有发生变化的，人民法院应当以样品为准；外观和内在品质发生变化，或者当事人对是否发生变化有争议而又无法查明的，人民法院应当以文字说明为准。

理解与适用

样品买卖，又称货样买卖，是指当事人双方约定一定的样品，出卖人交付的标的物应与样品具有相同品质的买卖。所谓样品，又称货样，是指当事人选定的用以决定标的物品质的货物。它通常是从一批货物中抽取出来的或由生产、使用部门加工、设计出来的，用以反映和代表整批商品品质的少量实物。

由于样品买卖是在普通买卖关系中附加了出卖人的一项“须按样品的品质标准交付标的物”的担保，因此，样品买卖除适用普通买卖的规定外，还产生下列效力：当事人应当封存样品，并且可以对样品质量予以说明。出卖人交付的标的物应当与样品及其说明的质量相同。在判断交付的标的物是否与样品及其说明的质量相同时，应当依据合同的性质以及交易习惯确定。

第六百三十六条

凭样品买卖的买受人不知道样品有隐蔽瑕疵的，即使交付的标的物与样品相同，出卖人交付的标的物的质量仍然应当符合同种物的通常标准。

本条主旨

本条是关于样品存在隐蔽瑕疵时如何确定标的物质量标准的规定。

相关条文

《合同法》第 169 条 凭样品买卖的买受人不知道样品有隐蔽瑕疵的，即使交付的标的物与样品相同，出卖人交付的标的物的质量仍然应当符合同种物的通常标准。

理解与适用

凭样品买卖的买受人不知道样品有隐蔽瑕疵的，即使交付的标的物与样品相同，出卖人交付的标的物的质量仍然应当符合同种物的通常标准。其中所谓隐蔽瑕疵，是指经过一般、通常的检查不易发现的样品的品质瑕疵。

第六百三十七条

试用买卖的当事人可以约定标的物的试用期限。对试用期限没有约定或者约定不明确，依据本法第五百一十条的规定仍不能确定的，由出卖人确定。

本条主旨

本条是关于试用买卖试用期限如何确定的规定。

相关条文

《合同法》第 170 条 试用买卖的当事人可以约定标的物的试用期间。对试用期间没有约定或者约定不明确，依照本法第六十一条的规定仍不能确定的，由出卖人确定。

理解与适用

试用买卖，是指当事人双方约定，于合同成立时，出卖人将标的物交付买受人试验或检验，并以买受人在约定期限内对标的物的认可为生效要件的买卖合同。这种买卖常见于某些新产品的销售。试用买卖作为一种特种买卖，与一般买卖合同相比，具有以下特征：第一，试用买卖约定由买受人试验或检验标的物；第二，试用买卖以买受人对标的物的认可为生效条件。试用买卖的当事人可以约定标的物的试用期间。对试用期间没有约定或约定不明确的，可以协议补充；不能达成补充协议的，按照合同有关条款或者交易习惯确定；如仍不能确定，由出卖人确定。

第六百三十八条

试用买卖的买受人在试用期内可以购买标的物，也可以拒绝购买。试用期限届满，买受人对是否购买标的物未作表示的，视为购买。

试用买卖的买受人在试用期内已经支付部分价款或者对标的物实施出卖、出租、设立担保物权等行为的，视为同意购买。

本条主旨

本条是关于试用买卖合同中如何确定买受人是否同意购买的规定。

相关条文

《合同法》第171条　试用买卖的买受人在试用期内可以购买标的物，也可以拒绝购买。试用期间届满，买受人对是否购买标的物未作表示的，视为购买。

《最高人民法院关于审理买卖合同纠纷案件适用法律问题的解释》第41条　试用买卖的买受人在试用期内已经支付一部分价款的，人民法院应当认定买受人同意购买，但合同另有约定的除外。

在试用期内，买受人对标的物实施了出卖、出租、设定担保物权等非试用行为的，人民法院应当认定买受人同意购买。

第42条　买卖合同存在下列约定内容之一的，不属于试用买卖。买受人主张属于试用买卖的，人民法院不予支持：

（一）约定标的物经过试用或者检验符合一定要求时，买受人应当购买标的物；

（二）约定第三人经试验对标的物认可时，买受人应当购买标的物；

（三）约定买受人在一定期间内可以调换标的物；

（四）约定买受人在一定期间内可以退还标的物。

理解与适用

试用人在试用期内可以购买标的物，也可以拒绝购买。试用期间届满，试用人对是否购买标的物未作表示的，视为同意购买。试用人全部或部分支付价款，或就标的物为试验、检验以外的行为（如将该物转卖、转租或设定担保物权）时，虽未明确作出认可的意思表示，也应视为认可。

第六百三十九条

试用买卖的当事人对标的物使用费没有约定或者约定不明确的，出卖人无权请求买受人支付。

本条主旨

本条是关于试用买卖合同中应否支付标的物使用费的规定。

相关条文

《最高人民法院关于审理买卖合同纠纷案件适用法律问题的解释》第 43 条　试用买卖的当事人没有约定使用费或者约定不明确，出卖人主张买受人支付使用费的，人民法院不予支持。

理解与适用

本条规定是在《最高人民法院关于审理买卖合同纠纷案件适用法律问题的解释》的基础上，参考《美国统一商法典》的规定作出的。《最高人民法院关于审理买卖合同纠纷案件适用法律问题的解释》第 43 条规定："试用买卖的当事人没有约定使用费或者约定不明确，出卖人主张买受人支付使用费的，人民法院不予支持。"《美国统一商法典》第 2—327 条规定："除非另有协议，在采用试用方式时 a. 即使货物已特定于合同项下，但在买方接受货物前，风险和所有权不转移至买方；并且 b. 如果使用货物的方式符合试验目的，此种使用不构成接受。未能及时将退货要求告知卖方，则构成接受。如果货物符合合同，对部分货物的接受构成对全部货物的接受；并且 c. 在发出适当的退货通知后，卖方承担退货的风险和费用；但买方如果为商人，他必须遵循卖方的合理指示。"

第六百四十条

标的物在试用期内毁损、灭失的风险由出卖人承担。

本条主旨

本条是关于试用期内标的物毁损、灭失风险负担的规定。

理解与适用

在试用期间内试用人作出不认可的意思表示，或未作出认可的意思表示，也没有前述情形的，为试用人不认可，该买卖合同不生效力。因此试用人负返还标的物的义务。因可归责于试用人的事由，造成标的物毁损、灭失时，试用人负赔偿责任。由于不可归责于出卖人和试用人的原因导致标的物毁损、灭失的，当事人之间如没有特别约定或特殊的交易习惯，由标的物的所有权人负担损失。

第六百四十一条

当事人可以在买卖合同中约定买受人未履行支付价款或者其他义务的，标的物的所有权属于出卖人。

出卖人对标的物保留的所有权，未经登记，不得对抗善意第三人。

本条主旨

本条是关于所有权保留的规定。

相关条文

《合同法》第134条　当事人可以在买卖合同中约定买受人未履行支付价款或者其他义务的，标的物的所有权属于出卖人。

《最高人民法院关于审理买卖合同纠纷案件适用法律问题的解释》第34条　买卖合同当事人主张合同法第一百三十四条关于标的物所有权保留的规定适用于不动产的，人民法院不予支持。

理解与适用

所有权保留，是与分期付款买卖结合紧密的一种担保制度。依据该项制度，在买卖合同中，买受人虽先占有、使用标的物，但在双方当事人约定的特定条件（通常是价金的一部或全部支付）成就之前，出卖人仍保留标的物的所有权，待条件成就后，再将所有权转移给买受人。该项制度以微观上的利益均衡为宗旨，以权利享有和利益享用相分离的权利分化理论为构思主题，以设定标的物所有权转移的前提条件为特征，精巧地实现了买受人对标的物的提前享用，有效地降低了出卖人滞后收取价金的交易风险，从而以制度设计的内在合理性为契机，一经运用，即发挥了巨大的信用供与功能。所有权保留如何进行法律的构成，颇值研究。

民法典物权编以第二章“物权的设立、变更、转让和消灭”为核心，确立了多元的物权变动模式体系，即以债权形式主义的物权变动模式为原则，以意思主义的物权变动模式和混合主义的物权变动模式为例外。所谓债权形式主义的物权变动模式，其核心内容为：欲基于合同行为发生物权变动的法律效果，最低限度需要同时满足两项条件：其一，当事人之间存在生效的合同行为；其二，当事人需要依据生效合同进行履行合同义务的行为，其核心是采用法定的公示方法。所谓意思主义的物权变动模式，其核心内容为：欲基于合同行为发生物权变动的法律效果，最低限度满足一个条件即可，即当事人之间存在生效的合同行为。法定公示方法的采用仅系物权变动的法律效果具有对抗效力的条件。所谓混合主义的物权变动模式，其核心内容是：基于合同行为在当事人之间转让船舶、航空器和机动车的所有权，欲发生所有权转移的法律效果，最低限度需要同时满足两个条件：其一，当事人之间存在生效的合同行为；其二，存在交付船舶、航空器和机动车的行为。登记手续的办理仅系所有权转移的法律效果具有对抗效力的条件。

由于民法典物权编仍以债权形式主义的物权变动模式为原则，在基于合同行为发生物权变动法律效果的问题上，不认可独立于债权合同的物权合同的存在。由此产生了所有权保留法律构成的第一个争议问题，即债权形式主义的物权变动模式之下，能否完成所有权保留的法律构成？有学者主张所有权保留的法律构成，必须以认可独立的物权合同的存在为前提。若不采认物权形式主义的物权变动模式，所有权保留就无法完成法律的构成。此外，就民法典物权编作为一般规则加以确认的债权形式主义的物权变动模式，与《物权法》一样，与《民法通则》以及《合同法》相较，还略有调整。主要体现为：就基于合同行为发生动产标的物所有权转移的法律效果而言，此前的民事立法，如《民法通则》第 72 条第 2 款以及《合同法》第 133 条确认，动产标的物的所有权自交付之时起转移，但“法律另有规定或者当事人另有约定的除外”。在“法律另有规定除外”之外，尚允许“当事人另有约定的除外”，可见该项规则属于补充性的任意性规范，留有当事人自由约定的充分空间。但《民法典》第 224 条如同《物权法》第 23 条，就动产标的物所有权的转让“自交付时发生效力”，仅允许“法律另有规定的除外”，删去了“当事人另有约定的除外”，该项规则属于强制性规范，限制了当事人自由约定的空间。由此就带来了所有权保留法律构成的第二个争议问题，即在动产标的物所有权的转让自“交付时发生效力”，仅允许“法律另有规定的除外”这一背景之下，是否还有所有权保留的容身之地？一种观点认为，正是由于《民法通则》第 72 条第 2 款以及《合同法》第 133 条允许当事人就所有权转移进行约定，该规定为所有权保留制度的存在提供了空间：当事人可以就所有权转移附条件。如果删除“当事人另有约定的除外”，似乎也就排除了所有权保留制度的存在可能性。

笔者认为，上述问题都有讨论余地。民法典物权编未采物权形式主义的物权变动模式，不认可独立于债权合同的物权合同的存在，是否就无法进行所有权保留的法律构成？笔者的看法是，不同的物权变动模式之下，所有权保留制度如何具体构成，属于物权变动模式立法选择的体系效应问题。换言之，物权变动模式的立法选择不同，只会带来所有权保留法律构成上的差异，并不会出现特定物权变动模式之下该项制度无法完成法律构成的问题。此外，表面看来，《民法典》第 224 条作为强制性规范，排除了当事人自由约定的可能。但由于该条所谓“法律另有规定”，主要是指《民法典》第 226 条、227 条以及 228 条确认的三种替代交付方式，即简易交付、指示交付以和占有改定。这就意味着，该项强制性规范是允许当事人在给定的数种行为模式中作出选择的强制性规范，并非仅允许当事人采用某一种特定行为模式的强制性规范。换言之，当事人仍享有强制之下的部分自由空间。除了《民法典》第 224 条所谓的“交付”，即现实交付和拟制交付外，尚允许当事人约定选择替代交付方式，以完成动产标的物所有权的转移。因此，尽管在一般情况下，买卖合同中动产标的物现实交付或拟制交付行为的完成，就伴随着标的物所有权的转移，但当事人完全可以基于自身的特殊需作出特别的约定。所有权保留约款即是当事人特别约定的一种类型。基于当事人之间的约定，尽管出卖人已将标的物交付给买受人，但在买受人支付完毕合同价款或履行完毕其他合同义务之前，标的物的所有权不发生转移。这样的约定，就意味着出卖人在买受人支付完毕合同价款或履行完毕其他合同义务之前，基于买卖合同向买受人进行的标的物的现实交付，并非在履行转移标的物所有权的义务，而是服务于买受人对于标的物直接占有、提前使用的需要。标的物所有权在双方当事人约定的特定条件满足时，方发生转移。在民法典物权编认可替代交付方式的背景下，由于买受人已提前取得标的物的直接占有，这时，标的物所有权的转移只需借助简易交付的方式即可完成。

以上述认识为前提，以民法典物权编确认的债权形式主义的物权变动模式为基础，所有权保留法律构成的具体方式是：在附所有权保留的动产分期付款买卖交易中，分期付款买卖合同中除与动产标的物所有权转移相关的合同条款外，其余条款一旦满足《民法典》第 502 条第 1 款以及第 143 条的规定，即自成立之时起生效。与动产标的物所有权转移相关的合同条款，乃附有《民法典》第 158 条第 2 句中的“生效条件”的条款，其在价款支付完毕等条件成就前，尚不发生效力。但服务于买受人提前享用动产标的物的需要，出卖人须在其他合同条款生效的前提下，应买受人的请求交付动产标的物于买受人。由于分期付款买卖合同中与动产标的物所有权转移相关的合同条款尚未生效，买受人尚不享有要求出卖人转移动产标的物所有权的请求权。出卖人此时进行的交付动产标的物的行为，并非在履行其在买卖合同中所负担的主合同义务，即《民法典》第598条所谓“出卖人应当履行向买受人交付标的物或者交付提取标的物的单证，并转移标的物所有权的义务”。出卖人所进行的动产标的物的交付行为，仅是服务于买受人对于标的物的提前享用而已，因而不存在适用《民法典》第224条的问题。当然也就不能得出如下结论：出卖人进行了动产标的物的交付，但却未在出卖人和买受人之间发生动产标的物所有权转移的法律效果，是属于排除《民法典》第224条确认的强制性规范的适用。一旦与动产标的物所有权转移相关的合同条款所附生效条件成就，买受人支付完毕了合同约定的价款或履行了其他合同义务，买受人即得要求出卖人履行转移标的物所有权的合同义务。

考虑到“动产物权设立和转让前，权利人已经占有该动产”的，“物权自民事法律行为生效时发生效力”。保留所有权的分期付款买卖合同中，动产标的物的所有权得依此项关于简易交付的规定，自与动产标的物所有权转移相关的合同条款生效之时，转归买受人所有。

就不动产分期付款买卖交易而言，依据《民法典》第208条、第209条第1款以及第214条的规定，也是通过法律的强制性规范来调整不动产所有权的转移问题。登记手续的办理是不动产所有权转移的必要条件，除办理登记手续外，并不存在法律许可当事人选择的其他行为模式。换言之，与动产标的物所有权的转移规则不同，和不动产所有权转移相关的强制性规范中，当事人被给定的必须要遵循的行为模式是唯一的。当事人面临的是单项选择，而非多项选择。因此，就不动产分期付款买卖而言，并不会存在所谓的所有权保留约款。出卖人为担保自身价款债权的实现，不能直接就所有权的转移附加条件，仅能就出卖人（协助）登记义务的履行附加条件。采物权形式主义物权变动模式的国家和地区，也是如此。如《德国民法典》第925条第2款确认，附条件或期限而达成的关于土地所有权转移的合意，不生效力。由于该款规定限制土地所有权转移的物权合意附条件，因此德国民法上附所有权保留的分期付款买卖，仅适用于动产交易。我国台湾地区“动产担保交易法”上附条件买卖之客体，也限于动产。

在物权形式主义的物权变动模式之下，承认独立于债权合同之外的物权合同的存在。因此，在附所有权保留的分期付款买卖合同中，所附的条件就具有两个方面的功用：一方面是作为债权合同的买卖合同附条件，从而抑制买受人享有的要求出卖人转移标的物所有权的债权请求权；另一方面是转移标的物所有权的物权合同附条件，从而抑制动产所有权转移这一物权变动法律效果的发生。其中，所谓买卖合同附条件，并非整个买卖合同附条件，而是与买受人请求出卖人转移标的物所有权相关的条款附条件。买卖合同的其他部分，仍毫无障碍地发生相应的效力。所谓物权合同附条件，则是整个物权合同都附条件。这样，附所有权保留的分期付款买卖合同所对应的基本法律关系，就可以区分为债权法律关系与物权法律关系。其中债权法律关系主要涉及买卖合同的义务履行和所有权保留之间的关系。它们之间的关系是物权形式主义物权变动模式之下一般的原因行为和结果行为的关系的具体化，即虽有因果关系，但效力却相互独立。物权法律关系集中体现在出卖人的如下权利状态上：其一，在买受人支付全部价款之前，出卖人是标的物的所有权人和间接占有人。它的所有权主要发挥担保作用，而不是发挥用益作用。其二，当买受人支付完毕全部价款时，因所有权保留所附的条件成就，所有权的转移成为现实，出卖人便失去其所有权。

有学者认为，由于物权形式主义的物权变动模式之下，债权行为系以发生债务为内容的法律行为，而物权行为则是以物权的设定与移转为内容的法律行为，因此，所有权保留买卖并不是对买卖合同本身附条件，而是对所有权移转的物权行为附条件。所附的条件是：物的所有权的移转，在买受人支付全部买价的条件下进行，从而使物权行为效力的发生受到了延缓条件的抑制。因此，在所有权保留制度中，买卖契约系完全成立，而以保留所有权为其约款，其本身并不附任何条件，附条件者，系物权行为。按以移转标的物所有权为目的之物权行为，系由合意及交付两个因素构成之。标的物虽先交付，由买受人占有，但在买受人价金义务履行完毕以前，出卖人仍保留所有权，整个物权行为效力系于将来不确定的事实。借此也可体现区隔债权行为与物权行为在现代交易中最明显的实益。

笔者以为此论尚有讨论余地。理由在于：第一，如果附所有权保留的分期付款买卖合同，仅是物权合同附条件，买卖合同本身不附条件，那就意味着买受人依据买卖合同请求出卖人转移标的物所有权的债权请求权未受抑制，仍得主张。这明显与当事人约定所有权保留条款的初衷相悖，而且也无法圆满地解释如下问题：买受人效力未受限制的债权请求权缘何在条件成就前，尚不能向出卖人主张并得以实现？第二，承认物权合同附条件，而否认债权合同附条件的见解，实际上是意味着允许当事人可以背离债权合同的约定去为履行行为，这明显与法理不合。因为物权合同本质上是属于债权合同的履行行为，在债权合同中业已包含了当事人之间利益关系的全部安排。履行行为中对于当事人之间利益关系的调整，理应以债权合同的调整为前提。如果作为债权合同履行行为的物权合同附条件，而债权合同却没有包含类似的利益安排，其实就意味着该物权合同并非该债权合同的履行行为，这自然与物权合同的功能和宗旨不合。第三，我国台湾地区的民事立法以及民法学说，在物权行为问题上大多追随德国民事立法和民法学说。中国大陆主张采认物权行为理论的学者，也大多唯德国民法学说是尚。但德国民法学界通说并不认为所有权保留的法律构成，仅需物权合同附条件，债权合同却不附条件。如德国学者鲍尔、施蒂尔纳曾就所有权保留的法律构成论述道："为了能够发挥所有权保留的债权效力和物权效力，所有权保留必须在买卖合同和物权合意中被表示出来。只有在买卖合同中，对以所有权保留形式送交标的物达成一致，出卖人才是在所有权移转附延缓条件的情况下，履行了其作为出卖人的主给付义务。缺少这种约定，买受人无须接收附条件的所有权移转，他可以要求无条件的所有权移转。""如果当事人在买卖合同中对所有权保留没有约定，但出卖人在标的物交付前或交付时，单方面表示要求所有权保留的话，只有当买受人对这种所有权保留做同意的意思表示时（这里存在一个对买卖合同的嗣后变更），买受人才获得一个附条件的所有权。如买受人不同意，则缺少有效的所有权让与合意，买受人没有成为所有权人；买受人可以诉请无条件进行所有权移转。""如果既没有在买卖合同中，也没有在所有权让与合意和交付时提到所有权保留，那么出卖人不能事后通过下列方式来确定存在所有权保留，即在账单上或这类东西上表示，货物交付是在所有权保留条件下进行的。但当事人现在再约定一个所有权保留，还是可以的。那么当事人就获得了如同在买卖合同中表示的所有权保留一样的债权法和物权法上的法律地位。"①

在保留所有权的分期付款买卖中，买受人在条件成就前，享有所有权的期待权，该项权利为物权化的债权或效力扩张的债权；出卖人基于其所保留的所有权享有取回权。出卖人对标的物保留的所有权，未经登记，不得对抗善意第三人。

设置这一规定的原因是由于整个民法典所期望实现的目标之一是消灭隐形担保。按照《合同法》第 134 条的规定，出卖人对买卖标的物虽然享有名义上的所有权，但是这个名义上的所有权并不对外公示，但却可以行使真正所有权人的权利，甚至在破产中享有取回权。这种做法使得这种没有公示的权利取得了一个最强大的效力，必然会给交易安全造成巨大的影响，尤其是在同一标的物上可能同时存在动产抵押、浮动抵押、融资租赁、所有权保留、动产质押等各种竞存的担保物权情形时。当发生以上权利冲突时，依据《合同法》第 134 条的规定，出卖人借助于未公示的所有权即可享有一个最强大最完整的权利，这样就会使得其他按照现有法律规范进行真正公示的权利的当事人反而得不到保障。上述做法有违现代担保交易的基本原理，同时也会给交易中的商人产生巨额的调查成本，对交

① ［德］鲍尔、施蒂尔纳：《德国物权法》（下册），申卫星，王洪亮译，北京，法律出版社 2006 年版，第 670 - 671 页。

易安全造成较大损害。自 2020 年 1 月 1 日起施行的《优化营商环境条例》第 47 条第 2 款规定："国家推动建立统一的动产和权利担保登记公示系统，逐步实现市场主体在一个平台上办理动产和权利担保登记。纳入统一登记公示系统的动产和权利范围另行规定。"目前，已经由中国人民银行牵头在北京市和上海市开展动产担保统一登记试点。同时，为了配合《民法典》和《优化营商环境条例》的颁布实施，中国人民银行也相应修改了《应收账款质押登记办法》，该办法第 35 条规定："权利人在登记公示系统办理其他动产和权利担保登记的，参照本办法的规定执行。本办法所称动产和权利担保包括当事人通过约定在动产和权利上设定的、为偿付债务或以其他方式履行债务提供的、具有担保性质的各类交易形式，包括但不限于融资租赁、保证金质押、存货和仓单质押等，法律法规另有规定的除外。"上述行政法规和部门规章的颁布实施为逐步建立全国统一的动产与权利担保登记系统奠定了基础。所以，基于实现优化营商环境、消灭隐形担保的总目标，本条规定出卖人对标的物享有的所有权未经登记不得对抗善意第三人，明确了必须登记了才能取得对抗第三人的效力。除了上述总目标的实现以外，由于本法已经在所有权保留买卖制度中引入了登记，所以从功能上讲，保留的所有权实质上属于"可以登记的担保权"。基于此，所有权保留同样可以适用《民法典》第 414 条的规定，即"同一财产向两个以上债权人抵押的，拍卖、变卖抵押财产所得的价款依照下列规定清偿：（一）抵押权已经登记的，按照登记的时间先后确定清偿顺序；（二）抵押权已经登记的先于未登记的受偿；（三）抵押权未登记的，按照债权比例清偿。其他可以登记的担保物权，清偿顺序参照适用前款规定"①。

第六百四十二条

当事人约定出卖人保留合同标的物的所有权，在标的物所有权转移前，买受人有下列情形之一，造成出卖人损害的，除当事人另有约定外，出卖人有权取回标的物：

（一）未按照约定支付价款，经催告后在合理期限内仍未支付；

（二）未按照约定完成特定条件；

（三）将标的物出卖、出质或者作出其他不当处分。

① 黄薇主编：《中华人民共和国民法典合同编解读（上册）》，北京，中国法制出版社 2020 年版，第 616－618 页。

出卖人可以与买受人协商取回标的物；协商不成的，可以参照适用担保物权的实现程序。

本条主旨

本条是关于保留所有权的出卖人行使取回权的规定。

相关条文

《最高人民法院关于审理买卖合同纠纷案件适用法律问题的解释》第 35 条　当事人约定所有权保留，在标的物所有权转移前，买受人有下列情形之一，对出卖人造成损害，出卖人主张取回标的物的，人民法院应予支持：

（一）未按约定支付价款的；

（二）未按约定完成特定条件的；

（三）将标的物出卖、出质或者作出其他不当处分的。

取回的标的物价值显著减少，出卖人要求买受人赔偿损失的，人民法院应予支持。

第 36 条　买受人已经支付标的物总价款的百分之七十五以上，出卖人主张取回标的物的，人民法院不予支持。

在本解释第三十五条第一款第（三）项情形下，第三人依据物权法第一百零六条的规定已经善意取得标的物所有权或者其他物权，出卖人主张取回标的物的，人民法院不予支持。

理解与适用

本条是参照《最高人民法院关于审理买卖合同纠纷案件适用法律问题的解释》作出的规定。所谓出卖人取回权，是指在所有权保留买卖合同中，当买受人出现违约的情形时，出卖人享有取回标的物的权利。依据本条第 1 款的规定，出卖人取回权的主要内涵为：在所有权保留买卖中，标的物进行实际交付以后、标的物所有权移转于买受人之前，因买受人未按照约定支付价款、未按照约定完成特定条件或者将标的物作出卖或者出质等不当处分的，出卖人有权取回标的物。据此表明，出卖人若取回标的物，除当事人另有约定外，必须符合本条规定的条件才可以行使。之所以明确出卖人的取回权，是因为在所有权保留买卖中，由于买受人占有、使用标的物，出卖人以保留的所有权来担保其价金债权的实现，这就造成了所有权人和标的物相分离，一旦买受人不依约支付价款，或者对标的物进行处分进而使得标的物的价值降低或状态改变，都将危害到出卖人的利益。在此前提下，当买受人未履行支付价金义务或未尽善良管理人应尽的注意义务时，出卖人应当享有一定的救济权利，取回标的物无疑是最好的手段。

第六百四十三条

出卖人依据前条第一款的规定取回标的物后，买受人在双方约定或者出卖人指定的合理回赎期限内，消除出卖人取回标的物的事由的，可以请求回赎标的物。

买受人在回赎期限内没有回赎标的物，出卖人可以以合理价格将标的物出卖给第三人，出卖所得价款扣除买受人未支付的价款以及必要费用后仍有剩余的，应当返还买受人；不足部分由买受人清偿。

本条主旨

本条是关于所有权保留买卖中买受人回赎标的物的规定。

相关条文

《最高人民法院关于审理买卖合同纠纷案件适用法律问题的解释》第 37 条　出卖人取回标的物后，买受人在双方约定的或者出卖人指定的回赎期间内，消除出卖人取回标的物的事由，主张回赎标的物的，人民法院应予支持。

买受人在回赎期间内没有回赎标的物的，出卖人可以另行出卖标的物。

出卖人另行出卖标的物的，出卖所得价款依次扣除取回和保管费用、再交易费用、利息、未清偿的价金后仍有剩余的，应返还原买受人；如有不足，出卖人要求原买受人清偿的，人民法院应予支持，但原买受人有证据证明出卖人另行出卖的价格明显低于市场价格的除外。

理解与适用

本条是参照《最高人民法院关于审理买卖合同纠纷案件适用法律问题的解释》作出的规定。所谓买受人回赎权，是指所有权保留买卖中出卖人对标的物行使取回权后，在一定期间内，买受人可以通过履行支付价金义务或者完成其他条件后享有的重新占有标的物的权利。一般来讲，出卖人行使取回权后，应当赋予买受人一定的回赎期限，而不能立即处分标的物。这是因为，出卖人取回标的物，只是导致买受人占有的丧失，并不是立即解除当事人之间的买卖合同，否则有违鼓励交易原则，也不利于保护买受人的合法权益。

依据本条第1款的规定，出卖人取回标的物后，在回赎期内，只要买受人消除了出卖人取回标的物的事由，就可以请求回赎标的物。其中“买受人消除了出卖人取回标的物的事由”是指前一条所规定的出卖人可以取回标的物的三种情形已通过买受人的努力得以解决，即未按照约定支付价款、未按照约定完成特定条件以及不当处分标的物的情形已不复存在，买受人自然有权向出卖人行使回赎权。回赎制度的目的是尽力维护买受人的期待利益，使买受人有机会重新获得对标的物的占有，所以买受人应根据自身的实际情况作出选择：不选择回赎，应当尽快向出卖人作出意思表示；选择回赎，同样应当在合理期限内向出卖人作出意思表示。

买受人的回赎权应当受到回赎期的限制，当然，这个回赎期可以是约定的合理期限。回赎期是买受人可以行使回赎权的期间，一般包括法定期间和意定期间。法定期间由法律明确规定，意定期间是当事人确定的期间，包括买卖双方约定的期间和出卖人指定的期间。双方约定的期间属于合同自由的体现，应当予以准许；而出卖人单方指定的期间，由于并未事先与买受人协商，若出卖人指定买受人应在不合理的较短期限内完成回赎，通常情况下，显然有悖于公平和诚信原则，不应对买受人产生效力。因此，本条规定出卖人单方指定的回赎期限必须是合理期限，即主要根据标的物性质来确定期限，应当具体情况具体分析。如果出卖人取回的标的物是易腐烂变质的物品，那么出卖人可以指定较短的合理回赎期。

第六百四十四条

招标投标买卖的当事人的权利和义务以及招标投标程序等，依照有关法律、行政法规的规定。

本条主旨

本条是关于招标投标买卖的规定。

相关条文

《合同法》第172条　招标投标买卖的当事人的权利和义务以及招标投标程序等，依照有关法律、行政法规的规定。

理解与适用

招标投标买卖合同，是指由招标人向数人或公众发出招标通知或招标公告，在诸多投标人中选择自己最满意的投标人并与之订立买卖合同的方式。

招标投标买卖一般分为以下阶段。

（1）招标阶段。招标，是指招标人采取招标通知或招标公告的形式，向不特定的数人或公众发出的投标邀请。关于招标的性质，两大法系均认为招标属于要约邀请而不是要约，所不同的是，英美法认为招标虽属于要约邀请，但并非无法律意义，招标内容发出后，在法律上对招、投标方均有约束力。我国学者一般认为，招标的法律性质为要约邀请，邀请投标人投标即发出要约。但是，如果招标人在招标公告中已明确表示将与报价最优者订立合同，这一招标行为则已具有要约的性质。

（2）投标阶段。投标，是指投标人（出标人）按照招标文件的要求，在规定的期间内向招标人提出报价的行为。拟投标人必须在招标通知或招标公告规定的期限内，到指定地点索取招标文件，按该文件的规定和要求编制好有关文件、资料，做好参加投标的各项工作。投标书制好并密封后按规定的方法、地点、期限投入标箱。投标的法律性质为要约，在投标人投标以后必须有招标人的承诺，合同才能成立。

（3）开标、验标阶段。开标，是指招标人在召开的投标人会议上，当众启封标书，公开标书内容的行为。验标，是验证标书的效力，对不具备投标资格的标书、不符合招标文件规定的标书以及超过截止日期送达的标书，招标人可宣布其无效。

（4）评标、定标阶段。招标人对有效标书进行评审，选择自己满意的投标人，决定其中标。该定标若是对投标的完全接受，就是承诺。

（5）签订合同。中标人在接到中标通知后，在指定的期间、地点同招标人签订合同书。

第六百四十五条

拍卖的当事人的权利和义务以及拍卖程序等，依照有关法律、行政法规的规定。

本条主旨

本条是关于拍卖的规定。

相关条文

《合同法》第 173 条　拍卖的当事人的权利和义务以及拍卖程序等，依照有关法律、行政法规的规定。

理解与适用

拍卖有广义、狭义之分。广义的拍卖是指竞争买卖，即众多欲订约的人通过竞争与出卖人订立合同，购买物品，它包括狭义的拍卖和投标拍卖两种情况。其中，狭义的拍卖，是指对物品的拍卖，即以公开竞价的方法，将标的物的所有权转移给最高应价者的买卖方式。从拍卖的方式上说，广义的拍卖泛指以竞争方式的缔约，包括拍卖和招标。这里仅就狭义的拍卖进行阐述。

拍卖一般须经如下程序。

（1）拍卖的表示。拍卖的表示，是指拍卖人发出的对标的物进行拍卖的意思表示，它包括拍卖公告和拍卖师在拍卖开始时所作的拍卖表示。

（2）应买的表示。应买的表示是指参加竞买的竞买人发出的购买的意思表示。在拍卖时，是由参加购买的应买人竞争，由出价最高者购买。参加竞争的应买人为竞买人，其提出的价格即为应价。竞买人一经应价，不得撤回，当其他竞买人有更高应价时，其应价即丧失约束力。在一般情况下，拍卖的表示属于要约邀请，竞买人的应价为要约，竞买人应受其约束，但在其他人有更高应价时，其应价即丧失效力。而在拍卖人说明拍卖标的无保留价时，拍卖的表示即属于要约，竞买人的应价为承诺；竞买人一经应价，买卖合同即告成立，但以无其他竞买人的更高应价为生效条件，即无其他竞买人的更高应价时条件成就，合同生效；有其他竞买人的更高应价时，条件不成就，合同失去效力。

根据《拍卖法》的规定，拍卖人及其工作人员不得以竞买人的身份参与自己组织的拍卖活动，并且不得委托他人代为竞买；委托人不得参与竞买，也不得委托他人代为竞买。拍卖人、委托人违反这一规定参与竞买的，其买卖的效力如何确定，对此有不同的观点。有的认为，拍卖人及其工作人员、委托人参与竞买的，其买卖应为无效。有的认为，拍卖人参与竞买的，经委托人的承认而生效力。根据我国《拍卖法》的规定，在发生上述情况时，市场监督管理部门应给予拍卖人或委托人以行政处罚，其买卖应为无效。

（3）卖定的表示。拍卖以拍卖人拍板或依其他惯用的方法，为卖定的表示。拍卖人作出卖定的表示，则买卖成交，竞争买卖结束。因此，拍卖人关于卖定的表示应属于承诺，但须以规定的方式公开表示。经拍卖人确认的出最高应价的竞买人即为买受人。拍卖经拍板成交后，买受人和拍卖人应当签署成交确认书。签署成交确认书并不是订立合同，而是对经拍卖成立的买卖合同的一种确认。

第六百四十六条

法律对其他有偿合同有规定的，依照其规定；没有规定的，参照适用买卖合同的有关规定。

本条主旨

本条是关于有偿合同法律适用规则的规定。

相关条文

《合同法》第 174 条　法律对其他有偿合同有规定的，依照其规定；没有规定的，参照买卖合同的有关规定。

《最高人民法院关于审理买卖合同纠纷案件适用法律问题的解释》第 45 条　法律或者行政法规对债权转让、股权转让等权利转让合同有规定的，依照其规定；没有规定的，人民法院可以根据合同法第一百二十四条和第一百七十四条的规定，参照适用买卖合同的有关规定。

权利转让或者其他有偿合同参照适用买卖合同的有关规定的，人民法院应当首先引用合同法第一百七十四条的规定，再引用买卖合同的有关规定。

理解与适用

买卖合同是典型的有偿合同，买卖合同章有关权利的瑕疵担保义务和物的瑕疵担保义务的规定，有关支付价款规则的规定等，在其他有偿合同就此类事项未设置明确具体规定时，可以参照买卖合同的有关规定。本条源自《合同法》第 174 条的规定。

第六百四十七条

当事人约定易货交易，转移标的物的所有权的，参照适用买卖合同的有关规定。

本条主旨

本条是关于互易合同的规定。

相关条文

《合同法》第 175 条　当事人约定易货交易，转移标的物的所有权的，参照买卖合同的有关规定。

理解与适用

互易合同是指当事人约定易货交易，转移标的物的所有权的合同。互易合同是早期商品交换的合同形态，货币产生后，买卖合同渐居主导地位，互易合同的重要性下降。但考虑到当今社会仍有互易合同的存在余地，因此各个国家和地区的立法一般都给互易合同留有一席之地。依据《民法典》第647条，互易合同参照适用买卖合同的有关规定。由此可见，互易合同的当事人主要应相互负担以下义务：第一，相互交付标的物并且移转标的物的所有权于对方的义务；第二，就交付的标的物相互负担瑕疵担保义务；第三，如果互易有附补足价金条款的，负担补足价金义务的一方应当按照约定履行补足价金的义务。

第十章

供用电、水、气、热力合同①

第六百四十八条

供用电合同是供电人向用电人供电，用电人支付电费的合同。

向社会公众供电的供电人，不得拒绝用电人合理的订立合同要求。

本条主旨

本条是关于供用电合同定义的规定。

相关条文

《合同法》第 176 条　供用电合同是供电人向用电人供电，用电人支付电费的合同。

《电力法》第 26 条　供电营业区内的供电营业机构，对本营业区内的用户有按照国家规定供电的义务；不得违反国家规定对其营业区内申请用电的单位和个人拒绝供电。

申请新装用电、临时用电、增加用电容量、变更用电和终止用电，应当依照规定的程序办理手续。

供电企业应当在其营业场所公告用电的程序、制度和收费标准，并提供用户须知资料。

---

① 本章的文献和案例整理得到了中国人民大学法学院硕士生向尹岑同学的协助，特此致谢。

《民法典各分编（草案）》（2018年8月）第438条 供用电合同是供电人向用电人供电，用电人支付电费的合同。

向社会公众供电的法人或者非法人组织，不得拒绝他人合理的订立合同要求。

《民法典合同编（草案）（二审稿）》（2018年12月）第438条 供用电合同是供电人向用电人供电，用电人支付电费的合同。

向社会公众供电的法人或者非法人组织，不得拒绝用电人合理的订立合同要求。

《民法典（草案）》（2019年12月）第648条 供用电合同是供电人向用电人供电，用电人支付电费的合同。

向社会公众供电的供电人，不得拒绝用电人合理的订立合同要求。

《民法典（草案）》（2020年5月22日大会审议稿）第648条 供用电合同是供电人向用电人供电，用电人支付电费的合同。

向社会公众供电的供电人，不得拒绝用电人合理的订立合同要求。

理解与适用

一、供用电合同的定义

根据本条第1款的规定，供用电合同是供电人与用电人订立的，由供电人供应电力、用电人使用电力并支付电费的合同。由此可见：

第一，供用电合同的主体是供电人和用电人，《电力法》上称为供电企业和（电力）用户。在我国，电力事业属于市政公用事业，通常采取特许经营形式。依据《行政许可法》第12条的规定，“有限自然资源开发利用、公共资源配置以及直接关系公共利益的特定行业的市场准入等，需要赋予特定权利的事项”，可以设定行政许可。如此，向社会公众供应电力的主体，应当首先取得政府行政许可，方可实施经营。供电人是指供电企业或者依法取得供电营业资格的非法人组织，其他任何单位和个人都不得作为供电人。实践中，受供电企业委托供电的营业网点、营业所不能以自己的名义签订合同，因而不是供电人。用电人的范围非常广泛，自然人、法人以及非法人组织等，有用电需求之时，均可成为供用电合同的用电人。

第二，供用电合同的标的，是一种特殊的商品——电力。《民法典》第115条规定：“物包括不动产和动产。法律规定权利作为物权客体的，依照其规定。”由此可见，民法上所称的物主要是指有体物，即不动产和动产。有体物是具有一定的物质形体，能够为人们所感知的物，其范围广泛，权利以外的一切物质实体均包括在内，它不仅包括占有一定空间的有形物（各种固体、液体和气体），还包括人力所能控制的电、热、声、光等自然力或“能”①。电力具有客观物质性并能为人们所使用，因而属于民法上物的一种，但其在物理上看不见，只有在连续使用的过程中才能表现出来。供电人将其电力供应给用电人使用，用电人支付一定数额的价款，双方当事人之间实际上是一种买卖合同关系。因此，供用电合同本质上属于一种特殊类型的买卖合同。民法典也就将其置于“买卖合同”一章之后加以规定。

第三，供用电合同是有偿合同。本条第1款强调“用电人支付电费”，由此而决定供用电合同具有双务、有偿性。供用电虽属城市公用事业，但供用电企业以营利为目的，为使电力事业得以持续，供用电企业向用电人供电即取得对待给付请求权，即向用电人主张给付相应电费的请求权。值得注意的是，电力的价格实行统一定价原则。《电力法》第35条第2款规定：“电价实行统一政策，统一定价原则，分级管理。”供电企业向用电人供应的电价，由电网经营企业提出方案，报国家有关物价行政主管部门核准。任何单位不得超越电价管理权限制定电价。供电企业应当按照国家核准的电价和用电计量装置的记录，向用电人收取电费。供电企业不得擅自变更电价；这样，就有效地避免了供电企业利用其对电力供应的垄断地位，向用电人收取过高的电价，保护处于弱者地位的用电人的合法权益。

第四，供用电合同属于持续性合同。电力的供应与使用是连续的，因此，供用电合同的履行方式处于一种持续状态。供电人在发电、供电系统正常的情况下，应当连续向用电人供电，不得中断；用电人在合同约定的时间内，享有连续用电的权利。供用电合同具有持续性合同的属性，其解除原则上不具有溯及力，已为的给付应予保持。亦即，解除前双方已履行完毕的部分，供电人应予维持原状。合同解除后，供电人对于已向用电人供应的标的物，不得要求后者折价补偿（因供用电合同的标的物具有特殊性，是消耗物，无法返还原物）。

第五，供用电合同一般按照格式条款订立。电力事业是公用事业，电力这种特殊商品本身又具有垄断性，这就使供电企业对电力的供应及电网的管理具有一定的垄断性。供电企业尚须与大量用电人签订供用电合同，为节约交易成本，预估交易风险，供电企业预先拟定格式供用电合同条款，双方当事人按照格式条款订立合同。用电人对该格式条款仅有同意或不同意的权利，而不能更改其内容。

① 王利明：《物权法研究（上卷）》（第四版），北京，中国人民大学出版社2018年版，第63页。

对供用电方式有特殊要求的用电人，可采用非格式条款订立合同。

供用电合同为诺成、双务、有偿合同。供用电合同自双方当事人达成协议时起成立并生效，而不以电力的实际供应为合同的生效要件，因而供用电合同为诺成合同。供用电双方都享有一定权利，负担一定义务，双方的权利义务具有对应性，因而供用电合同为双务合同。用电人使用电力须支付电费，供电人取得电费须供应电力，因而供用电合同为有偿合同。[①]

二、供电人的强制缔约义务

本条第 2 款规定，向社会公众供电的供电人，不得拒绝用电人合理的订立合同要求。这就规定了供电人的强制缔约义务。强制缔约是指合同的订立不以双方当事人的合意为要件，只要一方当事人提出缔结合同的请求，另一方当事人就负有法定的、与之缔结合同的义务。强制缔约是对合同自由的限制。缔约自由是合同自由的当然内容，系指当事人有权决定是否缔约，但强制缔约强调缔约当事人负有必须发出订立合同之意思表示的法定义务。[②] 应当注意的是，在强制缔约中，法律行为制度依然有较为广泛的适用范围，缔约的一方必须至少具有订立合同的意思表示，对另一方可采取“拟制”或“默示推定”的方式，因此，强制缔约仍然是法律行为制度的一部分，而不是法定的债。[③] 强制缔约仍然要经过要约和承诺程序，不过一方必须作出承诺，一方作出承诺之前，合同不成立。[④] 由此可见，在强制缔约关系中，合同在形式上仍然是当事人双方进行磋商、意思表达一致的产物，强制缔约并没有从根本上否定意思自治的基本规则。

现代社会中，电力供应关系到千家万户的切身利益，也与社会的基本运行秩序和社会稳定密切相关，属于民生必需品，具有很强的公益色彩。因而，供用电合同不仅关系到当事人的利益，而且关系到社会公共利益。[⑤]《合同法》上对供用电合同的订立没有规定强制缔约，但《电力法》第 26 条第 1 款规定：“供电营业区内的供电营业机构，对本营业区内的用户有按照国家规定供电的义务；不得违反国家规定对其营业区内申请用电的单位和个人拒绝供电。”本条第 2 款将强

---

① 参见黄薇（全国人大常委会法制工作委员会民法室主任）主编：《中华人民共和国民法典合同编解读（下册）》，北京，中国法制出版社 2020 年版，第 644 页。

② 参见王利明：《合同法研究（第一卷）》（第三版），北京，中国人民大学出版社 2018 年版，第 309－310 页。

③ 参见朱岩：《强制缔约制度研究》，载《清华法学》2011 年第 1 期。

④ 参见王利明：《合同法研究（第一卷）》（第三版），北京，中国人民大学出版社 2018 年版，第 280 页。

⑤ 参见崔建远主编：《合同法》，北京，法律出版社 2003 年版，第 395 页。

制缔约义务定为明文。

《反垄断法》规定了7种属于经营者滥用市场支配地位的行为。对供电企业而言，后五种行为是供电运营服务过程中要杜绝的：一是“没有正当理由，拒绝与交易相对人进行交易”，这就是关于强制缔约的规定；二是“没有正当理由，限定交易相对人只能与其进行交易或者只能与其指定的经营者进行交易”；三是“没有正当理由搭售商品，或者在交易时附加其他不合理的交易条件”；四是“没有正当理由，对条件相同的交易相对人在交易价格等交易条件上实行差别待遇”；五是“国务院反垄断执法机构认定的其他滥用市场支配地位的行为”。《供电监管办法》第18条也有相应的规定：“电力监管机构对供电企业公平、无歧视开放供电市场的情况实施监管。供电企业不得从事下列行为：（一）无正当理由拒绝用户用电申请；（二）对趸购转售电企业符合国家规定条件的输配电设施，拒绝或者拖延接入系统；（三）违反市场竞争规则，以不正当手段损害竞争对手的商业信誉或者排挤竞争对手；（四）对用户受电工程指定设计单位、施工单位和设备材料供应单位；（五）其他违反国家有关公平竞争规定的行为。”

《电力法》第28条规定：“供电企业应当保证供给用户的供电质量符合国家标准。对公用供电设施引起的供电质量问题，应当及时处理。用户对供电质量有特殊要求的，供电企业应当根据其必要性和电网的可能，提供相应的电力。”可见，即使用电人对电能有特殊要求且其特殊要求又有必要，但如电网没有供应可能性，供电企业就无法给用电人供电。在用电人对电能有特殊要求时，供电企业应全面把握电网的可能性和用电人用电地点周边客户的用电类别具体情况，加以权衡。

强制缔约的直接效力体现为缔约义务人必须订立合同，不能拒绝不特定相对人的缔约要求。学界有疑义的是如下两个问题：其一，合同是否自相对人提出要约就可成立，并不要求义务人必须承诺？大多数学者认为，此时，强制缔约义务人没有明确表示缔约的，或对缔约保持沉默的，通常可以采取“拟制”或者“默示推定”的方式。① 也有学者基于合同成立必须经过要约-承诺程序，明确反对这种观点。② 其二，强制缔约是否许可义务人提出抗辩？大多数学者均认为，缔约义务人拒绝缔约无正当理由的，应承担责任。相应的，缔约义务人可以提出“正当理由”抗辩。亦有学者明确指出，强制缔约义务并不是绝对的，若义务人

① 参见易军、宁红丽：《强制缔约制度研究——兼论近代民法的嬗变与革新》，载《法学家》2003年第3期；崔建远：《强制缔约及其中国化》，载《社会科学战线》2006年第5期。

② 参见王利明：《合同法研究（第一卷）》（第三版），北京，中国人民大学出版社2018年版，第288页。

有正当理由，可以拒绝他人的订约请求或拒绝与他人订立契约。何为“正当理由”，应该结合法律规范的目的与客观情势等予以综合考察。①

强制缔约义务人不订立合同，应承担何种责任？对此，学者间意见不一。焦点可概括为如下三个。

第一，强制义务人是否承担实际履行缔约的义务？肯定说认为，在相对人需要缔约，责令缔约义务人缔约又不违反现代伦理时，应当强制缔约义务人与相对人签订合同。② 折中说认为，若合同属于一时性合同，没必要强制实际履行缔约的义务；若为继续性合同，尤其缔约内容涉及的是生存和生活必需品时，为保障相对人能够获得基本的生存和生活条件，应认定实际履行。此外，依据法律规范的目的，强制实际履行对相对人的保护更优时，也可适用强制履行。③

第二，强制义务人承担损害赔偿责任的性质如何？对这一定性问题，学界的观点可以概括为三种：其一，缔约过失责任说。强制缔约义务是先合同义务，强制缔约义务人在违反义务且给相对人造成损害时，应承担缔约过失责任。违反强制缔约义务难以构成侵权责任，因为拒绝缔约并非侵权行为，没有造成相对人绝对权益的损害。④ 其二，独立责任说。强制缔约义务的设立，是为使公共服务部门履行其应尽的社会职能，以满足人民基本的生活需要，体现着对社会弱者的救济。由于我国目前侵权责任的规范及违反强制缔约义务承担方式的特殊性，不宜把违反强制缔约义务的民事责任纳入侵权责任体系，而应将其定位在与缔约过失责任、违约责任相并列的、与合同相关的责任类型。⑤ 其三，侵权责任与违约责任竞合说。强制缔约制度的目的，就是以拟制相对人同意的方式甚至以命令的强制方式来满足请求缔约人的要求，因此，义务人在导致权利人的合同目的无法实现时，必须承担违约损害赔偿责任。损害赔偿的范围包括缔约人因合同机会丧失而遭受的损害。在特殊类型的强制缔约中（如保障宪法的基本权利），确实存在违约责任与侵权责任的竞合问题。如在过错侵害他人平等就业权，且无法强制实际履行缔约义务的，受雇人可主张如精神损害赔偿等侵权责任的救济。在符合以违反善良风俗致他人损害的要件时，被强制人拒绝订立合同，也可构成侵权行为。⑥ 或认为，拒绝缔约通常应构成侵权责任，如权利主体为特定人时，义务人

① 参见冉克平：《论强制缔约制度》，载《政治与法律》2009 年第 11 期。

② 参见崔建远：《强制缔约及其中国化》，载《社会科学战线》2006 年第 5 期。

③ 参见冉克平：《论强制缔约制度》，载《政治与法律》2009 年第 11 期。

④ 参见王利明：《合同法研究（第一卷）》（第三版），北京，中国人民大学出版社 2018 年版，第 288 页。

⑤ 参见屈茂辉、蒋学跃：《我国强制缔约义务制度探析》，载《人民法院报》2001 年 11 月 2 日。

⑥ 参见朱岩：《强制缔约制度研究》，载《清华法学》2011 年第 1 期。

应承担违约责任。[1]

此外，诸多学者都指出，强制缔约义务多来源于公法设定的义务，如宪法性的基本权利、公平交易限制垄断、保护消费者目的等，违反这类公法义务时，被强制人还可能承担公法上的惩罚，如取缔营业许可、缴纳不当限制竞争的罚金等。[2]

第三，强制缔约义务人的损害赔偿责任是否以过错为条件？学界对此存有歧见。倾向于肯定说的学者认为，无论将义务人的赔偿义务界定为何种责任，都需要缔约义务人没有正当理由地拒绝缔约、相对人因拒绝缔约而遭受损失、缔约义务人对此有过错及因果关系四个构成要件。[3] 否定说则认为，不必强调缔约义务人的过错，也不必以造成损害为前提条件，责任方式主要是要求公共服务部门“实际履行”强制缔约义务。[4]

裁判实践中就供电人是否负有强制缔约义务，存在不同意见。一种观点认为，“根据《中华人民共和国电力法》第二十六条规定：申请新装用电、临时停电、增加用电容量、变更用电和终止用电，应当依照规定的程序办理手续。第二十七条规定：电力供应双方与使用双方应当根据平等自愿、协商一致的原则，按照国务院制定的电力供应与使用办法签订供用电合同，确定双方的权利和义务。在本案双方未协商一致签订供用电合同的情况下，陈永哲主张国网历城供电公司履行强制缔约义务，于法无据”[5]。另一种观点认为，“供电企业向其营业区域内的用电人供应电力，具有一定的公益性质，双方不仅仅是一般的民事合同关系。根据《中华人民共和国电力法》第二十五条第一款、第二款的规定，城区供电所中断供电后，恒兴公司无法在其他供电企业获得持续的、正常的供电。根据《电力法》第二十六条第一款的规定，供用电合同具有强制缔约的性质。缔约义务人即供电企业无正当理由拒绝缔约，导致相对人的损害，应负损害赔偿责任。城区供电所在中断供电后，经恒兴公司申请和要求，仍拒绝供电，违反了法律的强制

---

① 参见李军：《“从强制缔约”到“承诺在先”——关于公共事业服务中承诺在先原则确立的实证分析》，载《法律适用》2008年第1期。

② 参见崔建远：《强制缔约及其中国化》，载《社会科学战线》2006年第5期；参见王利明：《合同法研究（第一卷）》（第三版），北京，中国人民大学出版社2018年版，第289页。

③ 参见崔建远：《强制缔约及其中国化》，载《社会科学战线》2006年第5期。

④ 参见屈茂辉、蒋学跃：《我国强制缔约义务制度探析》，载《人民法院报》2001年11月2日。

⑤ “陈永哲与国网山东省电力公司济南市历城区供电公司供用电合同纠纷再审案”，山东省高级人民法院（2018）鲁民申2602号民事裁定书。

性规定”①。本条增加第2款有利于解决这一解释分歧。

第六百四十九条

供用电合同的内容一般包括供电的方式、质量、时间，用电容量、地址、性质，计量方式，电价、电费的结算方式，供用电设施的维护责任等条款。

本条主旨

本条是关于供用电合同内容的规定。

相关条文

《合同法》第177条　供用电合同的内容包括供电的方式、质量、时间，用电容量、地址、性质，计量方式，电价、电费的结算方式，供用电设施的维护责任等条款。

《民法典各分编（草案）》（2018年8月）第439条　供用电合同的内容包括供电的方式、质量、时间，用电容量、地址、性质，计量方式，电价、电费的结算方式，供用电设施的维护责任等条款。

《民法典合同编（草案）（二审稿）》（2018年12月）第439条　供用电合同的内容包括供电的方式、质量、时间，用电容量、地址、性质，计量方式，电价、电费的结算方式，供用电设施的维护责任等条款。

《民法典（草案）》（2019年12月）第649条　供用电合同的内容一般包括供电的方式、质量、时间，用电容量、地址、性质，计量方式，电价、电费的结算方式，供用电设施的维护责任等条款。

《民法典（草案）》（2020年5月22日大会审议稿）第649条　供用电合同的内容一般包括供电的方式、质量、时间，用电容量、地址、性质，计量方式，电价、电费的结算方式，供用电设施的维护责任等条款。

理解与适用

供用电合同的内容，从内在结构而言，是指合同的各项条款。供用电合同的条款是供用电合同合同内容的固定化和表现，是确定合同当事人权利义务的根

---

① “正安县供电局与恒兴香辣食品公司供用电合同纠纷上诉案”，贵州省高级人民法院（2015）黔高民商终字第117号民事判决书。

据。本条规定供用电合同的条款，旨在为当事人的缔约提供指导、标示作用。

一、供电的方式、质量、时间

供电方式，是供电人以何种方式向用电人供电，如供电人以低压供电，还是以高压供电，是以单相供电、双相供电还是三相供电，是采用发电厂直配供电方式，还是通过公用供电设施或者委托有供电能力的单位供电等。供电企业对用电人提供的供电方式，应从供用电的安全、经济、合理和便于管理出发，依据国家的有关规定、电网的规划、用电需求以及当地供电条件等因素，进行技术经济比较，与用电人协商确定。

供电质量，是指供电频率、电压和供电可靠性三项指标。频率（周波）质量，是以频率允许偏差来衡量；电压质量，是以电压的闪变、偏离额定值的幅度和电压正弦波畸变程度衡量；供电可靠性，是以供电企业对用电人停电的时间及次数来衡量。

用电时间，是指用电人有权使用电力的起止时间。供用电合同中具体约定用电时间，目的在于保证合理用电和安全用电，避免同一时间用电人集中用电，造成高峰时间供电设施因负荷过大而发生断电、停电事故，同时也可以防止低谷负荷过低而造成电力浪费。为保证市政生活和农业季节性用电，有时需要适当、有计划地限制一部分电网高峰时间的生产用电，以尽量减少损失和维持正常的供电秩序。① 近几年，随着我国电力事业的迅速发展，电力供应的紧张状况已趋于缓和，对用电时间的限制也逐步放宽。

二、用电容量、地址、性质

用电容量是指供电人认定的用电人受电设备的总容量，以千瓦（千伏安）表示。用电容量为受电变压器容量与不经受电变压器直接接入电网的电气设备容量之和。用电容量用来核定供电人是否具有再接受新用户的能力。属于工业用电性质的，用电容量是核定用电人是执行单一电价还是两部制电价的重要依据。用电人是否执行功率因数调整，是否执行峰谷分时电价，通常也是根据用电容量来确定的。

用电地址是指用电人使用电力的地址。供用电合同的履行地点，按照当事人约定；当事人没有约定或者约定不明确的，供电设施的产权分界处为履行地点。

用电性质是指用电的具体用途，包括用电人行业分类和用电分类。用电人行

① 参见姚德年、李长城：《供用电、水、气、热力合同》，北京，法律出版社1999年版，第33页。

业分类，根据《国民经济行业分类和代码》（GB4754—1994）的有关规定，分为七大类和城乡居民生活用电：农、林、牧、渔、水利业；工业，包括采掘业和制造业；地质普查和勘探业；建筑业；交通运输、邮电通信业；商业、公共饮食业、物资供销和仓储业；其他行业。用电分类按照电价表中的分类方法，分为居民生活用电；非居民照明用电；商业用电；普通工业；非工业动力用电；大工业用电；农业生产用电；趸售。我国执行分类电价按照用电人的用电性质及特征而实行客户类型差别电价制度。

三、计量方式和电价、电费的结算方式

计量方式，是指供电人如何计算用电人使用的电量。通常，个人消费用电和企业用电的计量方式是不同的，计量方式是计算用电人所需支付的电费的基础，应在供用电合同中加以明确约定。在现实生活中，供电人为了计量用电人在约定时间内所用电量，通常会安装用电计量装置。安装用电计量装置不仅是当事人在供用电合同中约定的主要内容，也是当事人必须遵守的法律规定。① 例如，《电力法》第 31 条规定："用户应当安装用电计量装置。用户使用的电力电量，以计量检定机构依法认可的用电计量装置的记录为准。"供电企业应在用户用电人每一个受电点内按不同电价类别，分别安装用电计量装置。用电计量装置是一种记录用户使用电力电量多少的专用度量衡器，它的记录作为向用电人计算电费的依据。用电计量方式采用高压侧计量或低压侧计量。

电价即电网销售电价，是指供电企业向用电人供应电力的价格。电价实行国家统一定价，由电网经营企业提出方案，报国家有关物价部门核准。在我国，电价通常由国家统一规定，采取统一定价的方式。《电力法》第 35 条规定："本法所称电价，是指电力生产企业的上网电价、电网间的互供电价、电网销售电价。电价实行统一政策，统一定价原则，分级管理。"据此，供电企业不得擅自变更电价。这主要是因为在我国，供电企业都具有垄断性质，如果允许其自由定价，就可能导致电价偏高，对消费者的权益造成损害。② 《电力法》第 43 条规定："任何单位不得超越电价管理权限制定电价。供电企业不得擅自变更电价。"第 44 条规定："禁止任何单位和个人在电费中加收其他费用；但是，法律、行政法规另有规定的，按照规定执行。地方集资办电在电费中加收费用的，由省、自治区、直辖市人民政府依照国务院有关规定制定办法。禁止供电企业在收取电费

①② 参见王利明：《合同法研究（第三卷）》（第二版），北京，中国人民大学出版社 2015 年版，第 191 页。

时，代收其他费用。”第 45 条规定：“电价的管理办法，由国务院依照本法的规定制定。”

电费是电力资源实现商品交换的货币形式。供电人应当按照国家核准的电价和用电计量装置的记录，向用电人计收电费；用户应当按照国家核准的电价和用电计量装置的记录，按时交纳电费。

为防止电费的拖欠，双方当事人可以在合同中约定电价、电费的结算方式。《电力法》第 33 条规定：“供电企业应当按照国家核准的电价和用电计量装置的记录，向用户计收电费。”一般来说，对于家庭用电可以按照用电量来收费。但是企业用电比较复杂，供电人可以和用电人约定特殊的结算方式。例如，当事人可以采取收取电费保证金、预付电费、按月按年结算等方式进行电费的结算。① 双方可采取下列结算方式：（1）收取电费保证金；（2）采取预付电费制；（3）有账务往来的，可商订价款互抵协议；（4）提倡采用商业承兑汇票或银行承兑汇票的结算方式；（5）由供、用、银行三方商签每月电费有期划拨协议；（6）其他有效方式。

四、供用电设施的维护责任

在供用电合同中，双方应当协商确认供用电设施的维护责任的分界点，分界点电源侧供用电设施属于供电人，由供电人负责运行维护管理，分界点负荷侧供用电设施属于用电人，由用电人负责运行维护管理。供电人、用电人分管的供用电设施，除另有约定外，未经对方同意，不得更动。按照现行规定，供用电设施的维护责任的划分规则如下：其一，公用供用电设施建成投产后，由供电单位统一维护管理。经电力管理部门批准，供电企业可以使用、改造、扩建该供电设施。其二，公用供用电设施的维护管理，由产权单位协商确定，产权单位可自行维护管理，也可以委托供电企业维护管理。如果供电企业受托对公用供用电设施进行维护管理，一定要与产权部门依法签订公用供用电设施的维护管理委托管理协议，载明维护管理的范围、具体职责、违约责任及事故责任划分。其三，用电人专用的供用电设施建成投产后，由用电人维护管理或者委托供电企业维护管理。用电人委托供电企业维护管理的，应签订公用供用电设施的维护管理委托管理协议，载明维护管理的范围、具体职责、违约责任及事故责任划分。

供用电设施的维护责任在《供电营业规则》第 46 条也有相应规定：“用户独

① 参见王利明：《合同法研究（第三卷）》（第二版），北京，中国人民大学出版社 2015 年版，第 191 页。

资、合资或集资建设的输电、变电、配电等供电设施建成后，其运行维护管理按以下规定确定：1. 属于公用性质或占用公用线路规划走廊的，由供电企业统一管理。供电企业应在交接前，与用户协商，就供电设施运行维护管理达成协议。对统一运行维护管理的公用供电设施，供电企业应保留原所有者在上述协议中确认的容量。2. 属于用户专用性质，但不在公用变电站内的供电设施，由用户运行维护管理。如用户运行维护管理确有困难，可与供电企业协商，就委托供电企业代为运行维护管理有关事项签订协议。3. 属于用户共用性质的供电设施，由拥有产权的用户共同运行维护管理。如用户共同运行维护管理确有困难，可与供电企业协商，就委托供电企业代为运行维护管理有关事项签订协议。4. 在公用变电站内由用户投资建设的供电设备，如变压器、通信设备、开关、刀闸等，由供电企业统一经营管理。建成投运前，双方应就运行维护、检修、备品备件等项事宜签订交接协议。5. 属于临时用电等其他性质的供电设施，原则上由产权所有者运行维护管理，或由双方协商确定，并签订协议。"

值得注意的是，供用电设施的维护责任，是对供用电设施日常的运行、检查、维护、维修方面的事务性、技术性管理，属于供用电设施所有权人的责任。实践中，将供用电设施的维护责任与监督检查责任混淆的情形不在少数。供电人依据行政法律、法规或授权，通过对所有人及其物（设备）的指导、监督、检查，使被管理物之状态符合国家颁布的技术标准；管理的范围并不受产权限制，可及于其管理领域（供电营业区）中的所有主体及其物；管理的方式和内容具有随机性、周期性、间接性和宏观性。供电人依据合同的约定对用电人进行监督检查，并不意味着供电人承担供用电设施的维护责任。《用电检查管理办法》第 6 条规定："用户对其设备的安全负责。用电检查人员不承担因被检查设备不安全引起的任何直接损坏或损害的赔偿责任。"这说明，即使供电人未履行或未正确履行"用电检查"义务，也无须承担因被检查设备不安全引起的直接损坏或损害的赔偿责任。①

五、其他条款

供用电合同是双方法律行为，除前四项合同条款外，当事人还可以在协商一致的情况下在合同中约定其他认为需要的事项，如争议解决方法、违约责任等条款。《民法典》对于合同内容的要求是提倡性和指导性的，而不是强制性的。如果供用电合同没有完全具备法律规定的内容，不影响合同的效力。依据《民法

① 参见姜力维：《供用电合同实务及纠纷处理》，北京，中国电力出版社 2011 年版，第 109 页。

典》第 510 条的规定，供用电合同生效后，当事人就合同的某些内容没有约定或者约定不明确的，可以协议补充；不能达成补充协议的，按照合同有关条款或者交易习惯确定。如果仍不能确定，当事人应当依据《民法典》第 511 条对没有约定或约定不明确的有关规定办理。

其他问题

实践中大量存在供电人与用电人没有书面形式的供用电合同的情形。就此，裁判实践中大多以双方当事人之间虽未签订书面供用电协议，但已形成事实上的供用电关系为由对当事人之间的供用电合同法律关系进行认定。①

第六百五十条

供用电合同的履行地点，按照当事人约定；当事人没有约定或者约定不明确的，供电设施的产权分界处为履行地点。

本条主旨

本条是关于供用电合同的履行地点的规定。

相关条文

《合同法》第 178 条　供用电合同的履行地点，按照当事人约定；当事人没有约定或者约定不明确的，供电设施的产权分界处为履行地点。

《民法典各分编（草案）》（2018 年 8 月）第 440 条　供用电合同的履行地点，按照当事人约定；当事人没有约定或者约定不明确的，供电设施的产权分界处为履行地点。

《民法典合同编（草案）（二审稿）》（2018 年 12 月）第 440 条　供用电合同的履行地点，按照当事人约定；当事人没有约定或者约定不明确的，供电设施的产权分界处为履行地点。

《民法典（草案）》（2019 年 12 月）第 650 条　供用电合同的履行地点，按照当事人约定；当事人没有约定或者约定不明确的，供电设施的产权分界处为履行地点。

---

① 参见“苏朋斌与沈阳市东陵区前进乡二台子农工商联合公司、沈阳市二台子实业公司合同纠纷上诉案”，辽宁省高级人民法院（2009）辽民二终字第 70 号民事判决书。

《民法典（草案）》（2020 年 5 月 22 日大会审议稿）第 650 条 供用电合同的履行地点，按照当事人约定；当事人没有约定或者约定不明确的，供电设施的产权分界处为履行地点。

理解与适用

合同的履行地点，是合同的主要条款之一，是指当事人双方行使其权利、履行其义务的地点。履行地点往往是确定验收地点的依据，是确定运输费用由谁负担、风险由谁承受的依据，也是确定标的物所有权是否转移的依据。本条中的“供用电合同的履行地点”，是指供电人将电力的所有权转移于用电人的转移点。根据合同自由的原则，供用电双方可以在供用电合同中约定该履行地点，供用电合同约定了履行地点的，供电人应当按照该约定履行供电义务。

实践中，供用电合同往往忽视履行地点的约定。例如，用电人的电能计量方式多为低压计量，而供电设施的产权分界点却大多在高压侧，电能通过导体又必然有损耗，这样必然产生线损。如果在合同中不约定履行地点，用电人就会误认为电能计量表处就是履行地点。为避免向用电人收取线损而引发不必要的法律纠纷，应按照本条的指引，明确履行地点。产权分界点由《供电营业规则》第 47 条作了具体规定。用电地址和产权分界点用来记载计量装置以及受电设备和供用电双方设备产权划分的位置，固然重要，但均不能取代供用电合同的履行地点。因此，在供用电合同签订时既要写明用电地址，图示标明产权分界点，又要明确供用电合同的履行地点，并提供其平面图作为附件。这既是确定供电方案的依据，又有利于产权分界点和合同履行地点不一致时的线损分担，也可在出现私自迁址、非法转供电等情况时，作为判别用电人是否属于违章用电的主要凭据。①

如果供用电双方对履行地点没有约定或者约定不明确，供电设施的产权分界处为履行地点。根据本法第 510 条的规定，当事人对合同的履行地点没有约定或者约定不明确的，可以协议补充；不能达成补充协议的，按照合同有关条款或者交易习惯确定。如果仍不能确定的，应当适用本法第 511 条第 3 项的规定，即给付货币的，在接受货币一方所在地履行；交付不动产的，在不动产所在地履行；其他标的，在履行义务一方所在地履行。但是，由于电力系统具有网络性，供电人与用电人由网络相联结，电力的生产、供应与使用同时完成，且具有连续性，这就使供用电合同的履行地点具有一定的特殊性，很难适用本法第 511 条的规定。近年来，由于用电人参与电力设施的投资建设，电力设施投资多元化已呈发

---

① 参见姜力维：《供用电合同实务及纠纷处理》，北京，中国电力出版社 2011 年版，第 110 页。

展趋势，供用电双方根据这一特殊性，在实践中形成并确定了以供电设施的产权分界处作为合同的履行地点。据此，本条后半句规定："当事人没有约定或者约定不明确的，供电设施的产权分界处为履行地点。"

供电设施的产权分界处是划分供电设施所有权归属的分界点，分界点电源侧的供电设施归供电人所有，分界点负荷侧的供电设施归用电人所有。在用电人为单位时，供电设施的产权分界处通常为该单位变电设备的第一个磁瓶或开关；在用电人为散用户时，供电设施的产权分界处通常为进户墙的第一个接收点。[①] 上述供电设施的产权分界处为供用电合同的履行地点。供电设施的产权界限在供用电的经营中具有重要意义，能够据此划清不同的经营者，电能进入产权人的产权分界点，电能即已经交付，电能的所有权在经过产权分界点的瞬间就实现了转让。当电能在供电公司产权范围内的线路运行时，其所有权属于供电公司，供电公司就是经营者。当电能在其他产权人的电力设施上运行时，因为权利已经转移，此时的经营者就是持有电能进行经营的人，即电力设施产权人。

就供用电合同约定的产权分界点与计量装置设置点不一致的问题，按照《电力供应与使用条例》《供电营业规则》的规定，用电计量装置原则上应安装在供电设施的产权分界处，如产权分界处不适宜装表的，对专线供电的高压用户，可在供电变压器出口装表计量。由此可见，产权分界点的约定及计量装置的设置点不一致之时，仍应以供用电合同约定的产权分界点作为供用电合同的履行地点。[②]

以供电设施的产权分界处作为供用电合同的履行地点，对于履行供用电合同、确定供电设施的维护管理责任，具有重要的作用。供用电双方应当根据供电设施的产权归属，承担供电设施的安装、维护、检修和管理责任。

其他问题

实践中，不宜简单地以供电设施的产权分界处作为责任划分的基础。在"国网重庆秀山县供电有限责任公司与徐新华触电人身损害责任纠纷再审案"[③] 中，最高人民法院认为，从事高压电活动的经营者，既包括利用电力设施生产高压电用以出售的发电企业，也包括利用电力设施输送高压电以获取利润的供电公司，还包括利用电力设施使用高压电进行生产经营的用电单位，无论是发电企业，还

① 参见黄薇（全国人大常委会法制工作委员会民法室主任）主编：《中华人民共和国民法典合同编解读（下册）》，北京，中国法制出版社 2020 年版，第 650－651 页。

② 参见"国网湖北省电力有限公司荆门供电公司高新区供电中心、荆门市掇刀区双喜街道办事处双仙村村民委员会触电人身损害责任纠纷再审案"，湖北省高级人民法院（2019）鄂民再 254 号民事判决书。

③ 最高人民法院（2016）民再 140 号民事判决书。

是供电公司，或者是用电单位，在其从事高压电活动进行经营的高度危险作业过程中，造成他人损害的，均应依法承担损害赔偿责任。在很多情况下，电力设施确实是为其产权人的生产经营活动服务的，但在徐新华被高压电击伤的事故发生时，涉案电力设施却没有被其产权人大塘公司利用进行生产经营活动。早在2009年6月1日大塘公司就因停产而申请供电公司停止向其供应高压电，供电公司也同意并停止向大塘公司供应高压电，此后携带高压电并击伤徐新华的电力设施已经不再为产权人大塘公司的生产经营服务，事故发生时并非大塘公司出于经营需要才导致其电力设施携带高压电，因此大塘公司在本案中不是从事高压电活动的经营者。按照合同约定大塘公司将其电力负荷管理装置自愿移交给供电公司，由供电公司负责电力负荷管理装置的运行维护，供电公司通过操作跌落开关实现向大塘公司供应高压电、停止供应高压电和恢复供应高压电的经营目的，并防止大塘公司偷电以维护其经营利益不受损失，因此，供电公司采取此种方式停止向大塘公司供应高压电也是一种具体的高压电经营行为。徐新华确系被大塘公司电力设施携带的高压电击伤，但大塘公司电力设施在其申请停止供电的情况下仍然携带高压电的原因在于，供电公司采取了不能证明已拆除跌落开关或者通过正确规范断开操作措施的具体高压电经营行为，即因为供电公司采取了不适当的停电方式致使本应不携带高压电的供电设施上仍然携带高压电，这才导致徐新华被高压电击伤。《供电营业规则》第51条“在供电设施上发生事故引起的法律责任，按供电设施产权归属于确定。产权归属于谁，谁就承担其拥有的供电设施上发生事故引起的法律责任。但产权所有者不承担受害者因违反安全或者其他规章制度，擅自进入供电设施非安全区域内而发生事故引起的法律责任，以及在委托维护的供电设施上，因代理方维护不当所发生事故的法律责任”的规定并非只能解释为在任何情况下都必须由供电设施产权人承担法律责任，还需要查明事故发生的真正原因，才能确定由谁承担责任。

第六百五十一条

供电人应当按照国家规定的供电质量标准和约定安全供电。供电人未按照国家规定的供电质量标准和约定安全供电，造成用电人损失的，应当承担赔偿责任。

本条主旨

本条是关于供电人的安全供电义务的规定。

相关条文

《合同法》第 179 条 供电人应当按照国家规定的供电质量标准和约定安全供电。供电人未按照国家规定的供电质量标准和约定安全供电，造成用电人损失的，应当承担损害赔偿责任。

《民法典各分编（草案）》（2018 年 8 月）第 441 条 供电人应当按照国家规定的供电质量标准和约定安全供电。供电人未按照国家规定的供电质量标准和约定安全供电，造成用电人损失的，应当承担损害赔偿责任。

《民法典合同编（草案）（二审稿）》（2018 年 12 月）第 441 条 供电人应当按照国家规定的供电质量标准和约定安全供电。供电人未按照国家规定的供电质量标准和约定安全供电，造成用电人损失的，应当承担损害赔偿责任。

《民法典（草案）》（2019 年 12 月）第 651 条 供电人应当按照国家规定的供电质量标准和约定安全供电。供电人未按照国家规定的供电质量标准和约定安全供电，造成用电人损失的，应当承担赔偿责任。

《民法典（草案）》（2020 年 5 月 22 日大会审议稿）第 651 条 供电人应当按照国家规定的供电质量标准和约定安全供电。供电人未按照国家规定的供电质量标准和约定安全供电，造成用电人损失的，应当承担赔偿责任。

理解与适用

一、供电人按照国家规定的供电质量标准安全供电

《供电营业规则》对供电质量标准作了规定：其一，在电力系统正常状况下，供电频率的允许偏差为：电网装机容量在 300 万千瓦及以上的，为正负 0.2 赫兹；电网装机容量在 300 万千瓦以下的，为正负 0.5 赫兹。在电力系统非正常状况下，供电频率允许偏差不应超过正负 1 赫兹。其二，在电力系统正常状况下，供电企业供到用户受电端的供电电压允许偏差为：35 千伏及以上电压供电的，电压正、负偏差的绝对值之和不超过额定值的 10%；10 千伏及以下三相供电的，为额定值的正负 7%；220 伏单相供电的，为额定值的正 7%、负 10%。在电力系统非正常状况下，用户受电端的电压最大允许偏差不应超过额定值的正负 10%。用户用电功率因数达不到规定标准时，其受电端的电压偏差不受此限制。

上述供电质量标准是衡量供电质量和安全的重要指标，供电人只有按照国家规定的供电质量标准供电，才能保证供电的安全，维护用电人的合法权益。本条

所称的“安全供电”，是指按照国家有关安全供电的规章制度和合同约定供应电力，电压要稳定，频率要达到标准，输电线路要安全畅通等。在“贵州省威宁县中水化工有限责任公司与贵州电网有限责任公司毕节威宁县供电局供用电合同纠纷上诉案”① 中，法院认为，“供电方威宁供电局未按约向用电方中水化工公司供电，输送电能质量不符合国家标准，电能质量偏差不在国家标准和当事人约定范围，在一定程度上影响中水化工公司的生产，由于本案所涉标的物电石的特殊性以及其生产对电压的依赖程度，本院认为，威宁供电局输送的电能质量与中水化工公司之间的损失存在一定因果关系，由于电能质量不符合约定标准，输送电压波动范围过大，造成中水化工公司损失的，威宁供电局应当承担赔偿责任”。

供用电双方在合同中订有电压质量责任条款的，按下列规定办理：（1）用户用电功率因数达到规定标准，而供电电压超出本规则规定的变动幅度，给用户造成损失的，供电企业应按用户每月在电压不合格的累计时间内所用的电量，乘以用户当月用电的平均电价的 20%给予赔偿。（2）用户用电功率因数未达到规定标准或其他用户原因引起的电压质量不合格的，供电企业不负赔偿责任。（3）电压变动超出允许变动幅度的时间，以用户自备并经供电企业认可的电压自动记录仪表的记录为准，如用户未装此项仪表，则以供电企业的电压记录为准。

供用电双方在合同中订有频率质量责任条款的，按下列规定办理：（1）供电频率超出允许偏差，给用户造成损失的，供电企业应按用户每月在频率不合格的累计时间内所用的电量，乘以当月用电的平均电价的 20%给予赔偿。（2）频率变动超出允许偏差的时间，以用户自备并经供电企业认可的频率自动记录仪表的记录为准，如用户未装此项仪表，则以供电企业的频率记录为准。

二、供电人按照合同约定安全供电

除按照国家规定的标准外，供电人还应当按照合同的约定供电。合同是当事人的意思表示的合意，合同依法成立后，就在当事人之间产生一定的法律拘束力，当事人应当按照合同的约定行使权利和履行义务，即合同必须遵守。《民法典》第 465 条第 1 款规定：“依法成立的合同，受法律保护。”在供用电合同中，按照约定供电，具体是指按照供用电合同约定的数量、质量、时间和方式等要求安全供电。

① 贵州省高级人民法院（2018）黔民终 802 号民事判决书。

三、供电人违反安全供电义务的违约责任

本条对供电人的违约责任作出了规定：供电人未按照国家规定的供电质量标准和约定安全供电，造成用电人损失的，应当承担损害赔偿责任。只要违反合同，就应承担责任，这一规定的精神和合同法总则违约责任一章的一般规定是一致的。《民法典》第577条规定："当事人一方不履行合同义务或者履行合同义务不符合约定的，应当承担继续履行、采取补救措施或者赔偿损失等违约责任。"违约方承担违约责任，仅以其不履行合同或者履行合同不符合约定为要件。《电力法》也有类似的规定，该法第59条规定："电力企业或者用户违反供用电合同，给对方造成损失的，应当依法承担赔偿责任。"据此，只要供电人没有按照国家规定的供电质量标准和约定安全供电，并造成用电人损失，就应当承担损害赔偿责任。这里的"赔偿责任"，是指供电人就其违约行为赔偿给用电人造成的损失，损失既包括直接损失，也包括合同履行后可以获得的利益，但不得超过供电人订立合同时预见到或者应当预见到的因违约可能造成的损失。①

第六百五十二条

供电人因供电设施计划检修、临时检修、依法限电或者用电人违法用电等原因，需要中断供电时，应当按照国家有关规定事先通知用电人；未事先通知用电人中断供电，造成用电人损失的，应当承担赔偿责任。

本条主旨

本条是关于供电人因故中断供电的通知义务的规定。

相关条文

《合同法》第180条　供电人因供电设施计划检修、临时检修、依法限电或者用电人违法用电等原因，需要中断供电时，应当按照国家有关规定事先通知用电人。未事先通知用电人中断供电，造成用电人损失的，应当承担损害赔偿责任。

《民法典各分编（草案）》（2018年8月）第442条　供电人因供电设施计划

① 参见黄薇（全国人大常委会法制工作委员会民法室主任）主编：《中华人民共和国民法典合同编解读（下册）》，北京，中国法制出版社2020年版，第653页。

检修、临时检修、依法限电或者用电人违法用电等原因，需要中断供电时，应当按照国家有关规定事先通知用电人。未事先通知用电人中断供电，造成用电人损失的，应当承担损害赔偿责任。

《民法典合同编（草案）（二审稿）》（2018 年 12 月）第 442 条　供电人因供电设施计划检修、临时检修、依法限电或者用电人违法用电等原因，需要中断供电时，应当按照国家有关规定事先通知用电人。未事先通知用电人中断供电，造成用电人损失的，应当承担损害赔偿责任。

《民法典（草案）》（2019 年 12 月）第 652 条　供电人因供电设施计划检修、临时检修、依法限电或者用电人违法用电等原因，需要中断供电时，应当按照国家有关规定事先通知用电人。未事先通知用电人中断供电，造成用电人损失的，应当承担赔偿责任。

《民法典（草案）》（2020 年 5 月 22 日大会审议稿）第 652 条　供电人因供电设施计划检修、临时检修、依法限电或者用电人违法用电等原因，需要中断供电时，应当按照国家有关规定事先通知用电人。未事先通知用电人中断供电，造成用电人损失的，应当承担赔偿责任。

理解与适用

供用电合同是一种持续供给合同，供电人在发电、供电系统正常的情况下，应当连续向用电人供电，不得中断，否则应当承担违约责任。但在某些法定情形下，供电人可以中断供电，根据本条和《电力法》第 29 条的规定，这些情形包括供电设施检修、依法限电或者用电人违法用电等。其中，“供电设施检修”，包括供电设施计划检修和临时检修；“依法限电”，是指依照有关法律、行政法规对一个地区中的一部分地区、部分用户、用电大户的部分用电设施中断供电，使其用电总量减少的一种措施行为；“用电人违法用电”，包括违章用电、窃电、超计划用电、不安全用电以及其他违反法律、行政法规用电的行为。供电人在上述情形下中断供电，应当按照国家有关规定事先通知用电人；未事先通知用电人中断供电，造成用电人损失的，应当承担赔偿责任。

就因供电设施检修、依法限电等原因而中断供电时，供电人的通知义务，《供电监督办法》第 13 条中规定：“在电力系统正常的情况下，供电企业应当连续向用户供电。需要停电或者限电的，应当符合下列规定：（一）因供电设施计划检修需要停电的，供电企业应当提前 7 日公告停电区域、停电线路、停电时间；（二）因供电设施临时检修需要停电的，供电企业应当提前 24 小时公告停电区域、停电线路、停电时间；（三）因电网发生故障或者电力供需紧张等原因需要停电、限电的，供电企业应当按照所在地人民政府批准的有序用电方案或者事故应急处置方案执行。”“引起停电或者限电的原因消除后，供电企业应当尽快恢复正常供电。供电企业对用户中止供电应当按照国家有关规定执行。”“供电企业对重要电力用户实施停电、限电、中止供电或者恢复供电，应当按照国家有关规定执行。”

就因违章用电等原因而中断供电时供电人的通知义务，《电力供应与使用条例》第40条规定：“违反本条例第三十条规定，违章用电的，供电企业可以根据违章事实和造成的后果追缴电费，并按照国务院电力管理部门的规定加收电费和国家规定的其他费用；情节严重的，可以按照国家规定的程序停止供电。”《供电营业规则》第66条规定：“在发供电系统正常情况下，供电企业应连续向用户供应电力。但是，有下列情形之一的，须经批准方可中止供电：1. 对危害供用电安全，扰乱供用电秩序，拒绝检查者；2. 拖欠电费经通知催交仍不交者；3. 受电装置经检验不合格，在指定期间未改善者；4. 用户注入电网的谐波电流超过标准，以及冲击负荷、非对称负荷等对电能质量产生干扰与妨碍，在规定限期内不采取措施者；5. 拒不在限期内拆除私增用电容量者；6. 拒不在限期内交付违约用电引起的费用者；7. 违反安全用电、计划用电有关规定，拒不改正者；8. 私自向外转供电力者。”

就因窃电等原因而中断供电时，《供电营业规则》第66条规定：“在发供电系统正常情况下，供电企业应连续向用户供应电力……有下列情形之一的，不经批准即可中止供电，但事后应报告本单位负责人：……确有窃电行为。”第102条规定：“供电企业对查获的窃电者，应予制止并可当场中止供电。窃电者应按所窃电量补交电费，并承担补交电费三倍的违约使用电费。拒绝承担窃电责任的，供电企业应报请电力管理部门依法处理。”《电力供应与使用条例》第41条规定：“违反本条例第三十一条规定，盗窃电能的，由电力管理部门责令停止违法行为，追缴电费并处应交电费5倍以下的罚款；构成犯罪的，依法追究刑事责任。”

供用双方在合同中订有电力运行事故责任条款的，按下列规定办理：（1）由于供电企业电力运行事故造成用户停电的，供电企业应按用户在停电时间内可能用电量的电度电费的五倍（单一制电价为四倍）给予赔偿。用户在停电时间内可能用电量，按照停电前用户正常用电月份或正常用电一定天数内的每小时平均用电量乘以停电小时求得。（2）由于用户的责任造成供电企业对外停电，用户应按供电企业对外停电时间少供电量，乘以上月份供电企业平均售电单价给予赔偿。因用户过错造成其他用户损害的，受害用户要求赔偿时。该用户应当依法承担赔偿责任。虽因用户过错，但由于供电企业责任而使事故扩大造成其他用户损害的，该用户不承担事故扩大部分的赔偿责任。(3) 停电责任的分析和停电时间及少供电量的计算，均按供电企业的事故记录及《电业生产事故调查规程》办理。停电时间不足 1 小时按 1 小时计算，超过 1 小时按实际时间计算。(4) 上述电度电费按国家规定的目录电价计算。

供电人在停电之前的通知义务，系供电人享有中断供电权利时应履行的义务，此义务系供电人在履行合同过程中的从合同义务。在违反该从合同义务时，供电人应根据本条的规定承担因未及时履行通知义务而给用电人造成的损失。在特定的情形之下，供电人的通知义务是否可以豁免，值得研究。在“董本正、王文雨与天津市电力公司西青供电分公司财产损害赔偿纠纷案”① 中，法院认为，供电人处理危急缺陷，中断供电属于不能预见。鉴于供电人停电系对不能预见的危急缺陷的处理，故供电人中断供电既来不及、也不可能通知用户，否则将造成更大的社会损失。

其他问题

实践中，在政府干预停电的情形之下，供电人是否承担以及如何承担违约责任，争议较大。

一、供电人配合行政执法停电

供电人配合行政执法停电的行为，性质上是具体行政行为的辅助实施行为。供电人的停电是否合法，关键在于决定停电的具体行政行为的合法性。配合行政执法停电，源于行政机关的有关协助文书，而非因供电人与用电人的合同约定。从目的来看，是以实现具体行政行为目的。供电人对政府部门配合停电的要求，没有充足的理由不得拒绝。配合行政执法停电体现的是行政机关的意志而非供电人本身的相关利益。因此，供电人配合行政执法停电是政府具体行政行为的辅助实施行为。供电人依行政执法部门的要求实施停电属于具体行政行为的组成部分，而不属于民事法律关系的范畴。

供电人配合行政执法停电作为具体行政行为的辅助实施行为，是具体行政行为的组成部分，并非独立的民事行为。因此，相应的法律责任应由实施具体行政行为的行政机关承担，而非供电人。供电人不因配合行政执法停电而与用电人直接产生法律上的权利义务关系。用电人对行政机关的停电行为有异议的，应通过

① 天津市高级人民法院（2004）津民初字第 55 号民事判决书。

行政复议或行政诉讼的方式维护自身合法权益。配合行政执法停电往往是在用电人经营失去合法依据、产生的利益并非合法权益的前提下进行，因此，供电人无须承担用电人因违法经营被停电所致的损失。如在“竹均海、马炎飞与国网浙江嵊州市供电公司供用电合同纠纷上诉案”① 中，法院认为，“嵊州市城市管理行政执法局于 2016 年 4 月 22 日认定涉案厂房为违法建筑，要求上诉人于 2016 年 4 月 27 日前自行拆除。同年 4 月 28 日，嵊州市经济开发区（浦口街道）管理委员会要求被上诉人对该厂房实施断电措施，涉案厂房于 2016 年 5 月 30 日被强制拆除。被上诉人应行政部门的要求作出的断电行为系基于拆除工作的安全考虑，一审法院认为该断电行为属于拆除工作的一部分，相应的法律责任不应由被上诉人承担，并无不当。本案的实质性纠纷由行政机关的认定、拆除等行政行为引起，上诉人如认为自己有相关损失，可通过行政复议、行政诉讼等法律途径寻求救济。现上诉人以国网浙江嵊州市供电公司为被告提起民事诉讼要求赔偿因断电行为造成的损失，依据不足。”

二、政府干预致使供电人违法停电

本条规定：“供电人因供电设施计划检修、临时检修、依法限电或者用电人违法用电等原因，需要中断供电时，应当按照国家有关规定事先通知用电人；未事先通知用电人中断供电，造成用电人损失的，应当承担赔偿责任。”《电力法》第 29 条规定：“供电企业在发电、供电系统正常的情况下，应当连续向用户供电，不得中断。因供电设施检修、依法限电或者用户违法用电等原因，需要中断供电时，供电企业应当按照国家有关规定事先通知用户。用户对供电企业中断供电有异议的，可以向电力管理部门投诉；受理投诉的电力管理部门应当依法处理。”由此可见，没有法定和约定的原因中断供电，构成违约行为，应承担违约责任。实践中，个别行政机关因征地拆迁等遇到“钉子户”时，要求甚至责令供电、供水部门采取停电、停水措施，以逼迫相关当事人自行搬走。行政机关的命令或停电要求不能替代国家法律法规关于停电条件和程序的规定以及供用电合同的约定，更不能取代供电人依据法律法规承担安全、连续供电的义务。行政机关要求供电人中断供电，必须有合法依据；否则，供电人应承担违约责任。如在“乌海电业局与乌海市西川铁业有限责任公司供用电合同纠纷上诉案”② 中，法院认为，“西川公司因 6 300KVA 电炉在市区内不符合排放标准，属于关闭企业。

① 浙江省绍兴市中级人民法院（2016）浙 06 民终 4407 号民事裁定书。

② 最高人民法院（2009）民二终字第 77 号民事判决书。

2002 年 4 月，乌海市环保局对西川公司做出了关停的行政处罚决定，乌海市政府也做出了关闭西川公司的决定。乌海市环保局为此向乌海市中级人民法院申请强制执行，要求西川公司在 2002 年 10 月 30 日前关闭。西川公司以解决了部分职工就业问题和承担了陈欠电费为由申请延缓，故乌海市政府同意其在 2003 年 3 月底搬迁，西川公司又承诺在 2003 年 7 月底进行搬迁。乌海市环保局虽向乌海市中级人民法院撤回强制执行申请，但乌海市环保局对西川公司强制关停的行政处罚决定并没有撤销。更何况西川公司因未年检被乌海市工商局吊销了企业营业执照。故西川公司 2003 年 7 月以后没有生产的根本原因不是电业局停止供电造成的，也不存在可得利益，本院对其改判电业局赔偿可得利益损失 1 125 万元的上诉请求不予支持。”

第六百五十三条

因自然灾害等原因断电，供电人应当按照国家有关规定及时抢修；未及时抢修，造成用电人损失的，应当承担赔偿责任。

本条主旨

本条是关于抢修义务的规定。

相关条文

《合同法》第 181 条　因自然灾害等原因断电，供电人应当按照国家有关规定及时抢修。未及时抢修，造成用电人损失的，应当承担损害赔偿责任。

《民法典各分编（草案）》（2018 年 8 月）第 443 条　因自然灾害等原因断电，供电人应当按照国家有关规定及时抢修。未及时抢修，造成用电人损失的，应当承担损害赔偿责任。

《民法典合同编（草案）（二审稿）》（2018 年 12 月）第 443 条　因自然灾害等原因断电，供电人应当按照国家有关规定及时抢修。未及时抢修，造成用电人损失的，应当承担损害赔偿责任。

《民法典（草案）》（2019 年 12 月）第 653 条　因自然灾害等原因断电，供电人应当按照国家有关规定及时抢修。未及时抢修，造成用电人损失的，应当承担赔偿责任。

《民法典（草案）》（2020 年 5 月 22 日大会审议稿）第 653 条　因自然灾害等原因断电，供电人应当按照国家有关规定及时抢修；未及时抢修，造成用电人损失的，应当承担赔偿责任。

理解与适用

本条中的“自然灾害”，属于不可抗力的情形之一，如地震、火山爆发、山体滑坡、泥石流、雪崩、洪水、海啸、台风等，在解释上，“等原因”应指构成不可抗力的其他情形。《民法典》第180条规定：“因不可抗力不能履行民事义务的，不承担民事责任。法律另有规定的，依照其规定。”“不可抗力是不能预见、不能避免且不能克服的客观情况。”第590条规定：“当事人一方因不可抗力不能履行合同的，根据不可抗力的影响，部分或者全部免除责任，但是法律另有规定的除外。因不可抗力不能履行合同的，应当及时通知对方，以减轻可能给对方造成的损失，并应当在合理期限内提供证明。”“当事人迟延履行后发生不可抗力的，不免除其违约责任。”

由此可见，尽管不可抗力是法定的免责事由，但在不可抗力事件发生以后，当事人仍应依诚实善意原则行事，以最大限度地减少因不可抗力所造成的损失。这是诚实信用原则的基本要求。因此，本条规定，因自然灾害等原因断电后，供电人应当按照国家有关规定及时抢修，以恢复供电，减少用电人因断电所造成的损失。如供电人未及时抢修，给用电人造成损失，供电人应就未及时抢修而给用电人造成的损失承担赔偿责任。

《供电营业规则》第66条规定，“在发供电系统正常情况下，供电企业应连续向用户供应电力……有下列情形之一的，不经批准即可中止供电，但事后应报告本单位负责人：1. 不可抗力和紧急避险……”供电人是否尽到了及时抢修的义务，应以国家的有关规定为准。关于到达现场的时限，《供电监管办法》规定，城区范围不超过60分钟，农村地区不超过120分钟，边远、交通不便地区不超过240分钟。《国家电网公司供电服务规范》第20条规定了故障抢修服务规范：提供24小时电力故障报修服务，对电力报修请求做到快速反应、有效处理；加快故障抢修速度，缩短故障处理时间。有条件的地区应配备用于临时供电的发电车。

第六百五十四条

用电人应当按照国家有关规定和当事人的约定及时支付电费。用电人逾期不支付电费的，应当按照约定支付违约金。经催告用电人在合理期限内仍不支付电费和违约金的，供电人可以按照国家规定的程序中止供电。

供电人依据前款规定中止供电的，应当事先通知用电人。

本条主旨

本条是关于用电人交付电费的义务的规定。

相关条文

《合同法》第 182 条　用电人应当按照国家有关规定和当事人的约定及时交付电费。用电人逾期不交付电费的，应当按照约定支付违约金。经催告用电人在合理期限内仍不交付电费和违约金的，供电人可以按照国家规定的程序中止供电。

《民法典各分编（草案）》（2018 年 8 月）第 444 条　用电人应当按照国家有关规定和当事人的约定及时交付电费。用电人逾期不交付电费的，应当按照约定支付违约金。经催告用电人在合理期限内仍不交付电费和违约金的，供电人可以按照国家规定的程序中止供电。

供电人依照前款规定中止供电的，应当事先通知用电人。

《民法典合同编（草案）（二审稿）》（2018 年 12 月）第 444 条　用电人应当按照国家有关规定和当事人的约定及时支付电费。用电人逾期不支付电费的，应当按照约定支付违约金。经催告用电人在合理期限内仍不支付电费和违约金的，供电人可以按照国家规定的程序中止供电。

供电人依照前款规定中止供电的，应当事先通知用电人。

《民法典（草案）》（2019 年 12 月）第 654 条　用电人应当按照国家有关规定和当事人的约定及时支付电费。用电人逾期不支付电费的，应当按照约定支付违约金。经催告用电人在合理期限内仍不支付电费和违约金的，供电人可以按照国家规定的程序中止供电。

供电人依照前款规定中止供电的，应当事先通知用电人。

《民法典（草案）》（2020 年 5 月 22 日大会审议稿）第 654 条　用电人应当按照国家有关规定和当事人的约定及时支付电费。用电人逾期不支付电费的，应当按照约定支付违约金。经催告用电人在合理期限内仍不支付电费和违约金的，供电人可以按照国家规定的程序中止供电。

供电人依据前款规定中止供电的，应当事先通知用电人。

理解与适用

《民法典》第 648 条规定："供用电合同是供电人向用电人供电，用电人支付电费的合同。”由此可见，支付电费是用电人的主要义务。供用电合同实际上是一种特殊买卖合同，即用电人向供电人购买电力以供使用，同时向供电人支付该电力的价款，电力的价款即电费，是电力资源实现其商品价值的货币形式。

用电人支付电费的依据是“国家有关规定”和“当事人的约定”。这里，“国家有关规定”，主要是国家有关电力供应与使用的法律、法规的规定。《电力法》第33条第3款规定，用户应当按照国家核准的电价和用电计量装置的记录，按时交纳电费；对供电企业查电人员和抄表收费人员依法履行职责，应当提供方便。《电力供应与使用条例》第27条第2款规定，用户应当按照国家批准的电价，并按照规定的期限、方式或者合同约定的办法，交付电费。“当事人的约定”，主要是供用电合同约定的电费结算方式、支付期限等履行交费的义务。

用电人在合同约定的期限内未支付电费，应当承担迟延支付的违约责任。如供用电双方就迟延支付电费约定了违约金，则用电人应当按照约定支付违约金。有关电力供应与使用的行政法规和规章对迟延支付电费的违约金作出了规定。《电力供应与使用条例》第39条规定，用户逾期未交付电费的，供电企业可以从逾期之日起，每日按照电费总额的千分之一至千分之三加收违约金，具体比例由供用电双方在供用电合同中约定。《供电营业规则》第98条规定，用户在供电企业规定的期限内未交清电费时，应承担电费滞纳的违约责任。电费违约金从逾期之日起计算至交纳日止。每日电费违约金按下列规定计算：居民用户每日按欠费总额的千分之一计算；其他用户：(1) 当年欠费部分，每日按欠费总额的千分之二计算；(2) 跨年度欠费部分，每日按欠费总额的千分之三计算。目前，供用电合同多采用格式条款订立，供用电双方一般按照上述规定约定迟延支付的违约金。

随着电力供应的逐步市场化和利用非格式条款订立供用电合同现象的大量增加，双方当事人可能没有预先约定违约金，在这种情况下，用电人逾期不交付电费的，应当支付电费的逾期利息，以补偿供电人因不能按期收回电费所受的损失。逾期利息从逾期之日起计算至交纳日止。

本条规定，经催告，用电人在合理期限内仍不支付电费和违约金的，供电人可以中止供电。供用电合同是一种持续供给合同，供电人按照约定向用电人持续供应电力，用电人按期支付电费，属于双务合同。用电人不支付电费和违约金，供电人自可拒绝继续供电。但中止供电前，供电人负有催告义务，并应给用电人一个合理期限以做准备。《电力供应与使用条例》第39条规定，对于逾期未交付电费的，自逾期之日起计算超过30日，经催交仍未交付电费的，供电企业可以按照国家规定的程序停止供电。就“自逾期之日起计算超过30日，经催交仍未交付电费”，有两种理解，催交行为的启动时间是在 30 日前，还是在 30 日后？通常理解是在 30 日前就开始催费，30 日后就可以停电。在解释上，只要满 30 日经催交仍未支付电费的，即可中止供电。《供电营业规则》第 66 条规定，拖欠电费经通知催交仍不交者，经批准可中止供电。第 67 条规定了中止供电的办理程序，即“除因故中止供电外，供电企业需对用户停止供电时，应按下列程序办理停电手续：1. 应将停电的用户、原因、时间报本单位负责人批准。批准权限和程序由省电网经营企业制定；2. 在停电前三至七天内，将停电通知书送达用户，对重要用户的停电，应将停电通知书报送同级电力管理部门；3. 在停电前 30 分钟，将停电时间再通知用户一次，方可在通知规定时间实施停电”。

本条第 2 款规定：“供电人依据前款规定中止供电的，应当事先通知用电人。”至于通知义务的履行，应结合案件具体情况予以判断。在“国网青海省电力公司门源县供电公司与刘伟供用电合同纠纷再审案”① 中，法院认为，“门源供电公司与刘伟形成供用电合同关系，双方互负有义务，门源供电公司提供居民用电后，刘伟应该按时缴纳电费，但刘伟自 2014 年 5 月至 2015 年 1 月未按时缴纳电费长达 8 个月，合计欠电费 1 495.55 元。门源供电公司工作人员多次以电话方式要求刘伟缴纳拖欠电费未果，并于 2015 年 1 月 21 日在刘伟居住的秀水花园小区门口公告栏张贴《通知》。该《通知》要求拖欠电费的用户及时缴纳电费，并要求对 2015 年 1 月份的电费必须在当月 24 日前缴清，逾期不交将停电。刘伟认可门源供电公司工作人员以电话方式要求其缴纳电费，但对门源供电公司在小区公告栏以书面形式履行通知义务不认可，因未提供证据反驳，应认定门源供电公司已履行通知义务。刘伟拖欠 2015 年 1 月及之前的电费，其不能在通知要求的期限内缴纳，是引起门源供电公司在催告期满后的 2015 年 1 月 25 日中止对其供电的直接原因。刘伟对门源供电公司的停电行为以自己住院没有看到通知，门源供电公司未尽到通知义务的抗辩意见与事实不符，再审不予支持。”

第六百五十五条

用电人应当按照国家有关规定和当事人的约定安全、节约和计划用电。用电人未按照国家有关规定和当事人的约定用电，造成供电人损失的，应当承担赔偿责任。

---

① 青海省高级人民法院（2016）青民再 1 号民事判决书。

本条主旨

本条是关于用电人的安全用电义务的规定。

相关条文

《合同法》第 183 条　用电人应当按照国家有关规定和当事人的约定安全用电。用电人未按照国家有关规定和当事人的约定安全用电，造成供电人损失的，应当承担损害赔偿责任。

《民法典各分编（草案）》（2018 年 8 月）第 445 条　用电人应当按照国家有关规定和当事人的约定安全、节约和计划用电。用电人未按照国家有关规定和当事人的约定安全用电，造成供电人损失的，应当承担损害赔偿责任。

《民法典合同编（草案）（二审稿）》（2018 年 12 月）第 445 条　用电人应当按照国家有关规定和当事人的约定安全、节约和计划用电。用电人未按照国家有关规定和当事人的约定安全用电，造成供电人损失的，应当承担损害赔偿责任。

《民法典（草案）》（2019 年 12 月）第 655 条　用电人应当按照国家有关规定和当事人的约定安全、节约和计划用电。用电人未按照国家有关规定和当事人的约定安全用电，造成供电人损失的，应当承担赔偿责任。

《民法典（草案）》（2020 年 5 月 22 日大会审议稿）第 655 条　用电人应当按照国家有关规定和当事人的约定安全、节约和计划用电。用电人未按照国家有关规定和当事人的约定用电，造成供电人损失的，应当承担赔偿责任。

理解与适用

一、用电人安全用电的义务

供用电合同一经成立，即对当事人产生法律效力，用电人应当按照国家有关规定和合同的约定安全、节约和计划用电。电力系统具有网络性，电力的生产、供应和使用由网络联结，相互影响，并协同完成，任一用电人能否安全、节约和计划地使用电力，直接关系到电力系统的运行安全，任何一种违章、违约用电行为，都可能造成人身和财产的重大损害。因此，不仅双方当事人有必要在供用电合同中对如何安全、节约和计划地使用电力作出约定，而且应当按照国家的有关规定安全、节约和计划用电。

用电人未按照国家有关规定和当事人的约定安全用电，主要是指用电人危害供用电安全、扰乱正常供用电秩序的行为，即违章用电行为。所谓违章用电，是指用电人在用电过程中实施的违反有关法律法规中关于安全用电的强制性规定的行为。有关法律法规对违章用电作了禁止性规定。《电力法》第 32 条规定，用户用电不得危害供电、用电安全和扰乱供电、用电秩序。根据《电力供应与使用条例的》规定，违章用电行为包括：（1）擅自改变用电类别；（2）擅自超过合同约定的容量用电；（3）擅自超过计划分配的用电指标；（4）擅自使用已经在供电企业办理暂停使用手续的电力设备，或者擅自启用已经被供电企业查封的电力设备；（5）擅自迁移、更动或者擅自操作供电企业的用电计量装置、电力负荷控制装置、供电设施以及约定由供电企业调度的用户受电设备；（6）未经供电企业许可，擅自引入、供出电源或者将自备电源擅自并网。窃电行为包括：（1）在供电企业的供电设施上，擅自接线用电；（2）绕越供电企业的用电计量装置用电；（3）伪造或者开启法定的或者授权的计量检定机构加封的用电计量装置封印用电；（4）故意损坏供电企业用电计量装置；（5）故意使供电企业的用电计量装置计量不准或者失效；（6）采用其他方法窃电。

二、用电人违反安全用电义务的违约责任

本条后段规定，用电人未按照国家有关规定和当事人的约定用电，造成供电人损失的，应当承担赔偿责任。《电力法》第 65 条规定，危害供电、用电安全或者扰乱供电、用电秩序的，由电力管理部门责令改正，给予警告；情节严重或者拒绝改正的，可以中止供电，可以并处 5 万元以下的罚款。《电力供应与使用条例》第 40 条规定，违章用电的，供电企业可以根据违章事实和造成的后果追缴电费，并按照国务院电力管理部门的规定加收电费和国家规定的其他费用；情节严重的，可以按照国家规定的程序停止供电。以上规定，多是从行政管理的角度出发，给予行政处罚。从合同关系考虑，违章用电属于违约用电行为，用电人违章用电，应当承担违约责任，包括采取补救措施、支付违约金、供电人中止供电等，造成供电人损失的，应当给予赔偿。

《供电营业规则》第 100 条规定："危害供用电安全、扰乱正常供用电秩序的行为，属于违约用电行为。供电企业对查获的违约用电行为应及时予以制止。有下列违约用电行为者，应承担其相应的违约责任：1. 在电价低的供电线路上，擅自接用电价高的用电设备或私自改变用电类别的，应按实际使用日期补交其差额电费，并承担二倍差额电费的违约使用电费。使用起讫日期难以确定的，实际使用时间按三个月计算。2. 私自超过合同约定的容量用电的，除应拆除私增容设备外，属于两部制电价的用户，应补交私增设备容量使用月数的基本电费，并承担三倍私增容量基本电费的违约使用电费；其他用户应承担私增容量每千瓦

（千伏安）50元的违约使用电费。如用户要求继续使用者，按新装增容办理手续。3. 擅自超过计划分配的用电指标的，应承担高峰超用电力每次每千瓦1元和超用电量与现行电价电费五倍的违约使用电费。4. 擅自使用已在供电企业办理暂停手续的电力设备或启用供电企业封存的电力设备的，应停用违约使用的设备。属于两部制电价的用户，应补交擅自使用或启用封存设备容量和使用月数的基本电费，并承担二倍补交基本电费的违约使用电费；其他用户应承担擅自使用或启用封存设备容量每次每千瓦（千伏安）30元的违约使用电费，启用属于私增容被封存的设备的，违约使用者还应承担本条第2项规定的违约责任。5. 私自迁移、更动和擅自操作供电企业的用电计量装置、电力负荷管理装置、供电设施以及约定由供电企业调度的用户受电设备者，属于居民用户的，应承担每次500元的违约使用电费；属于其他用户的，应承担每次5 000元的违约使用电费。6. 未经供电企业同意，擅自引入（供出）电源或将备用电源和其他电源私自并网的，除当即拆除接线外，应承担其引入（供出）或并网电源容量每千瓦（千伏安）500元的违约使用电费。”

《供电营业规则》第102条对窃电应承担的责任作出如下规定：“供电企业对查获的窃电者，应予制止并可当场中止供电。窃电者应按所窃电量补交电费，并承担补交电费三倍的违约使用电费。拒绝承担窃电责任的，供电企业应报请电力管理部门依法处理。窃电数额较大或情节严重的，供电企业应提请司法机关依法追究刑事责任。”第103条规定了窃电量的计算方法，“窃电量按下列方法确定：1. 在供电企业的供电设施上，擅自接线用电的，所窃电量按私接设备额定容量（千伏安视同千瓦）乘以实际使用时间计算确定；2. 以其他行为窃电的，所窃电量按计费电能表标定电流值（对装有限流器的，按限流器整定电流值）所指的容量（千伏安视同千瓦）乘以实际窃用的时间计算确定。窃电时间无法查明时，窃电日数至少以一百八十天计算，每日窃电时间：电力用户按12小时计算；照明用户按6小时计算。”第104条规定：“因违约用电或窃电造成供电企业供电设施损坏的，责任者必须承担供电设施的修复费用或进行赔偿。因违约用电或窃电导致他人财产、人身安全受到侵害的，受害人有权要求违约用电或窃电者停止侵害，赔偿损失。供电企业应予协助。”对于不能查明窃电时间或容量的可做如下处理：按产品单耗计算；总表窃电以分表之和与总表之差计算；按历史上正常月份用电量计算。

第六百五十六条

供用水、供用气、供用热力合同，参照适用供用电合同的有关规定。

本条主旨

本条是关于供用水、气、热力合同的法律适用的规定。

相关条文

《合同法》第 184 条　供用水、供用气、供用热力合同，参照供用电合同的有关规定。

《民法典各分编（草案）》（2018 年 8 月）第 446 条　供用水、供用气、供用热力合同，参照适用供用电合同的有关规定。

《民法典合同编（草案）（二审稿）》（2018 年 12 月）第 446 条　供用水、供用气、供用热力合同，参照适用供用电合同的有关规定。

《民法典（草案）》（2019 年 12 月）第 656 条　供用水、供用气、供用热力合同，参照适用供用电合同的有关规定。

《民法典（草案）》（2020 年 5 月 22 日大会审议稿）第 656 条　供用水、供用气、供用热力合同，参照适用供用电合同的有关规定。

理解与适用

供用水合同、供用气合同、供用热力合同，与供用电合同一样，都是常见的民事合同。合同的标的物即水、气、热力，既是国民经济中的重要能源，也是一种特殊的商品；合同内容都是供应人向使用人供应水、气或者热力，使用人支付价款；合同在性质上都属于诺成合同、双务有偿合同。因此，供用水合同、供用气合同、供用热力合同在本质上都属于特殊类型的买卖合同，与供用电合同在本质上具有相似性。

有鉴于此，本条规定，供用水、供用气、供用热力合同，参照适用供用电合同的有关规定。例如，供用水合同中供水人的责任，就可以参照本法第 651 条的规定，供水人应当按照国家规定的供水质量标准和约定供水。供水人未按照国家规定的供水质量标准和约定安全供水，造成用水人损失的，应当承担赔偿责任。同时，供用水、供用气、供用热力合同，又各有其特性，与供用电合同并不完全相同，因此，本条规定的是“参照适用供用电合同的有关规定”，而不是完全适用。

第十一章

赠与合同[①]

第六百五十七条

赠与合同是赠与人将自己的财产无偿给予受赠人，受赠人表示接受赠与的合同。

本条主旨

本条是关于赠与合同定义的规定。

相关条文

《合同法》第 185 条　赠与合同是赠与人将自己的财产无偿给予受赠人，受赠人表示接受赠与的合同。

《民法典各分编（草案）》（2018 年 8 月）第 447 条　赠与合同是赠与人将自己的财产无偿给予受赠人，受赠人表示接受赠与的合同。

《民法典合同编（草案）（二审稿）》（2018 年 12 月）第 447 条　赠与合同是赠与人将自己的财产无偿给予受赠人，受赠人表示接受赠与的合同。

《民法典（草案）》（2019 年 12 月）第 657 条　赠与合同是赠与人将自己的财产无偿给予受赠人，受赠人表示接受赠与的合同。

《民法典（草案）》（2020 年 5 月 22 日大会审议稿）第 657 条　赠与合同是赠

① 本章的文献和案例整理得到了中国人民大学法学院硕士生郑梦珍同学的协助，特此致谢。

与人将自己的财产无偿给予受赠人，受赠人表示接受赠与的合同。

理解与适用

赠与合同，是指赠与人将其财产无偿给予受赠人，受赠人表示接受赠与的合同。赠与合同的标的物即赠与财产，转让财产的一方称作赠与人，接受财产一方称为受赠人。此处所谓财产，仅指财产上的权利，不包括义务，该财产权利主要表现为所有权，但不限于所有权。凡可转让、可由权利人处分之财产上权利，都可由赠与人赠与，如所有权、定限物权（含准物权）、无体财产权、债权、有价证券、股权等，均可作为赠与财产。这些财产应属赠与人所有。“赠与人赠与的财产不以赠与人现时所有的财产为限，赠与人也可以将其将来所有的财产赠与受赠人。”[①] 因此，赠与人尚未取得应赠予给受赠人的财产权利，并不影响赠与合同的效力。赠与内容为给予财产。所谓给予财产，是指使赠与人的财产减少（包括本应增加而没有增加），而直接使受赠人的财产增加（包括本应减少却未减少）。

一、赠与合同的法律性质

第一，赠与合同为单务合同、无偿合同。在一般赠与合同中，仅由赠与人负有将自己的财产权利转移给受赠人的义务，而受赠人并不负担义务，因此，赠与合同是单务合同。无偿给予财产是赠与的要件。所谓无偿是指受赠人对所受的赠与并不付出对价，通常包括以下两种情形：第一种情形是指赠与人一方负有给付的义务，受赠人不负对待给付的义务；第二种情况是指赠与人一方负有给付的义务，受赠人亦负有给付的义务，但是受赠人的给付并非赠与人给付的对价[②]，如《民法典》第661条第1款规定的附义务的赠与。赠与合同的无偿性决定了赠与人的注意义务、给付义务、归责事由和责任范围较轻，主要体现在《民法典》第662条第2款的规定。赠与的财产有瑕疵的，赠与人不承担责任。附义务的赠与中，赠与的财产有瑕疵的，赠与人在附义务的限度内承担与出卖人相同的责任。赠与人故意不告知瑕疵或者保证无瑕疵，造成受赠人损失的，应当承担损害赔偿责任。

第二，赠与合同为经受赠人同意接受赠与而成立的合同。赠与合同作为合同的一种，尚需当事人之间的合意，因此，赠与不同于单方法律行为。赠与属于一

① 郭明瑞主编：《合同法学》，上海，复旦大学出版社2005年版，第287页。

② 参见刘春堂：《民法债编各论》（上），台北，三民书局2008年版，第194页。

种恩惠行为，不过为了尊重受赠人的意思，不得强制其接受恩惠，所以赠与必须经受赠人明示或默示的同意，合同才能成立。倘若仅有一方当事人施惠，并未经他方同意，则不成立赠与，可成立他种法律关系。① 因此，仅仅是不存在对价，尚不能直接判定为赠与。如果给予人相信自己有给予义务而进行给予行为，如雇主对其雇员免费提供住宿、餐食，则属于有偿行为，而非赠与合同；当事人甲误信对乙负担债务，而进行债务的清偿，同样不能成立赠与合同。同时，应当注意将赠与合同与遗赠区别开来。

第三，赠与合同为诺成性合同。“诺成性合同是指当事人各方当事人意思一致即可成立的合同”，“实践合同又称要物合同，是指除当事人各方意思表示一致以外尚须交付标的物或完成其他给付才能成立的合同”②。关于赠与合同为诺成性合同或者实践性合同，历来存在争议。《最高人民法院关于贯彻执行〈中华人民共和国民法通则〉若干问题的意见（试行）》第128条规定：“公民之间的赠与关系的成立，以赠与财产的交付为准。赠与房屋，如根据书面合同办理了过户手续的，应当认定赠与关系成立；未办理过户手续，但赠与人根据书面赠与合同已将产权证书交与受赠人，受赠人根据赠与合同已占有、使用该房屋的，可以认定赠与有效，但应令其补办过户手续。”由此可见，司法解释曾接受了赠与合同的实践性合同的理论主张。根据本条的规定，只要双方当事人意思表示一致，赠与合同即告成立，不以赠与人交付赠与物为合同的成立要件，从而使赠与合同具有诺成性。③

第四，赠与合同的非要式性。赠与合同可以采用口头形式，也可以采用书面等形式，表现出非要式性。赠与合同在双方当事人意思表示一致之时起即成立，不必采用书面或特殊形式，当事人可以自行决定采取何种形式订立赠与合同。

赠与合同是典型的无偿合同，其存在的意义并不在于追求利益和创造新的经济价值，相比于其他合同，较少地起到促进社会经济发展的作用。学者们普遍认为，赠与合同具有以下几个方面的社会意义：其一，赠与人以一定财产无偿地添加到受赠人的财产之中，可以增加受赠人的经济地位，改善受赠人的现实经济环境，甚至使经营者起死回生，不仅在一定程度上重新分配了财产的归属，甚至可能增加社会财富和就业人数。其二，通过赠与合同，可沟通当事人双方的感情，满足双方感情的需要，进而起到融洽社会气氛、减少社会矛盾的作用。可以说，

① 参见崔建远主编：《合同法》，北京，法律出版社2010年版，第323页。
② 郭明瑞主编：《民法》，北京，高等教育出版社2003年版，第436页。
③ 参见张新宝、龚赛红主编：《买卖合同、赠与合同》，北京，法律出版社1999年版，第209页。

赠与虽具有较少的经济作用，然而作为现代理性社会生活关系的调节，仍是必不可少的。①

二、赠与合同的分类

以赠与合同的成立、效力是否具有特殊情况为区分标准，赠与可分为一般赠与和特殊赠与。一般赠与是指不具有特殊情形的赠与，又称为单纯赠与，是指单纯以一方当事人对他方当事人无偿给予财产为内容，在合同的成立和效力方面，未附条件、期限或负担等特殊情况的赠与。所谓特殊赠与，亦称为非单纯赠与，是指在赠与合同的成立或效力方面附着条件、期限或负担等特殊情况的赠与。特殊赠与又可以分为附义务赠与、附条件赠与、附期限赠与、死因赠与和现实赠与。②

附义务赠与，有些立法例及其学说将其称为附负担赠与，是指受赠人负有一定给付义务的赠与。鉴于受赠人所负的一定给付义务与赠与人所负给付义务无对价关系，为了显示这两种给付义务的区别，传统民法及其学说将受赠人所负的给付义务叫做负担。③《民法典》没有沿用附负担赠与的称谓，采用了附义务赠与的名称。赠与合同所附的义务（负担），属于赠与合同关系中的义务（负担），而非赠与合同关系外的另一种合同关系的组成部分。换句话说，附负担的赠与（附义务赠与）不是赠与合同与负担合同两者的结合。负担（义务）的内容，必须是受赠人的一定给付，至于该给付有无财产价格、作为抑或不作为，均在所不问；就是具有财产价格，也不要求与赠与物的价值相当。负担的受益人，通常为赠与人本人，约定为特定第三人乃至一般公众，亦无不可。④

所谓附条件赠与，是指赠与物财产权的转移或赠与合同的终止取决于当事人双方约定的条件是否成就的赠与。它与附义务不同，主要表现如下：附条件限制了赠与合同的效力，附生效条件场合是限制了赠与物财产转移的履行效力，附解除条件场合是限制了赠与合同的存续期间；而附义务并不限制赠与合同的效力，仅仅是使受赠人负有负担。就此来看，两者不同。赠与合同本属法律行为，《民法典》第158条规定："民事法律行为可以附条件，但是根据其性质不得附条件

---

① 参见黄薇（全国人大常委会法制工作委员会民法室主任）主编：《中华人民共和国民法典合同编解读（下册）》，北京，中国法制出版社2020年版，第666－667页。

② 参见崔建远主编：《合同法》，北京，法律出版社2010年版，第323页。

③ 参见邱聪智：《新订债法各论》（上），姚志明校订，北京，中国人民大学出版社2006年版，第211页；刘春堂：《民法债编各论》（上），台北，三民书局2008年版，第213页。

④ 参见邱聪智：《新订债法各论》（上），姚志明校订，北京，中国人民大学出版社2006年版，第211－212页；刘春堂：《民法债编各论》（上），台北，三民书局2008年版，第213－214页。

的除外。附生效条件的民事法律行为，自条件成就时生效。附解除条件的民事法律行为，自条件成就时失效。”这一规则自可适用于赠与合同。裁判实践中即有观点认为：“孙凤池与谢守田签订《关于谢守田服（扶）养老人协议书》，约定孙凤池将一层西侧三间房屋赠与谢守田，谢守田对孙凤池履行相应的赡养义务。现谢守田依据协议履行了其赡养义务，并据此要求确认诉争宅院内一层西侧三间房屋归其所有，其此项主张于法有据。”①

附期限赠与，是指赠与物财产权的转移或赠与合同的终止取决于当事人双方约定的期限届至或届满的赠与。它与附义务赠与不同，主要表现为：附期限限制了赠与合同的效力，附生效期限赠与场合是限制了赠与所有权转移的履行效力，附终止期限赠与场合是限制了赠与合同的存续期间；而附义务并不限制赠与合同的效力，仅仅是使受赠人负有负担。就此看来，两者也不同。② 赠与合同本属法律行为，《民法典》第 160 条规定：“民事法律行为可以附期限，但是根据其性质不得附期限的除外。附生效期限的民事法律行为，自期限届至时生效。附终止期限的民事法律行为，自期限届满时失效。”这一规则自可适用于赠与合同。裁判实践中即有观点认为：“本案为附期限的赠与合同纠纷案件……2018 年 3 月 11 日尚未到来，即该赠与合同未发生法律效力。既然该赠与合同未发生法律效力，那么原告金钟哲目前请求撤销一个尚未生效的合同没有请求权基础，不予支持。”③

所谓死因赠与，是指因赠与人死亡而生效力的赠与。它实际上是以“赠与人死亡时，受赠人仍然生存”为停止条件的赠与，性质上为附停止条件赠与的一种。死因赠与和遗赠的相同点在于，二者均为无偿给予财产的无偿行为，且均须于赠与人/遗赠人死亡时（受赠人/受遗赠人尚生存着）开始发生效力。其不同点表现在：（1）死因赠与为合同，遗赠是单独行为；（2）遗赠须以遗嘱为之，属于要式行为。④

所谓现实赠与，是指赠与合同成立的同时即已履行的赠与，即赠与人以赠与物现实交付于受赠人而成立的赠与。

所谓混合赠与，是指约定使受赠人亦为以部分对待给付的赠与。半买半赠，为其著例。对于此类合同，原则上仍应适用一般赠与的规定，但对于受赠人所为

① “孙秀明诉谢守田赠与合同纠纷上诉案”，北京高级人民法院（2016）年京民申 2455 号民事判决书。

② 参见崔建远主编：《合同法》，北京，法律出版社 2010 年版，第 324 页。

③ “金钟哲诉林福顺等赠与合同纠纷案”，吉林省敦化市人民法院（2017）吉 2403 民初 1377 号民事判决书。

④ 参见刘春堂：《民法债编各论》（上），台北，三民书局 2008 年版，第 220 页。

对待给付部分，应类推适用附义务赠与的规定。对于混合赠与的性质，历来存在分歧。分离说认为，混合赠与应分为有偿与无偿两部分：无偿部分为赠与，适用赠与合同的规定；有偿部分适用有偿赠与的规定。单一说认为，混合赠与为单一的合同，应统一加以考察。①

区别一般赠与和特殊赠与具有重要的法律意义。一般赠与和特殊赠与适用法律的规则不同，具体表现在以下三个方面：(1) 在一般赠与中，受赠人不负任何给付义务，赠与的成立及其履行，无害于而是有益于受赠人，因而无须受赠人具有行为能力；与此不同，在附条件赠与、附义务赠与中，受赠人也要相应地承担一定的义务，尽管该义务弱于赠与人的给付义务，但其实际履行时仍有可能使受赠人受到损害，需要受赠人具有辨别赠与的性质及法律效果的能力，以决定是否签订赠与合同，所以需要受赠人具备一定的行为能力。当然，这种区别在赠与人一方不会体现出来，因为将其财产赠与他人属于较为重要的法律行为，应要求赠与人具备完全行为能力，至于无行为能力人或限制行为能力人为赠与的，需要其监护人同意。(2) 一般赠与合同，赠与人对赠与物的瑕疵不承担责任。在附义务赠与场合，对赠与物的瑕疵，赠与人在所附义务的限度内承担与出卖人相同的瑕疵担保责任（《民法典》第 662 条第 1 款）。(3) 一般赠与场合，赠与人在赠与物的权利转移后，一般不再享有撤销权（当然也有例外）；而特殊赠与场合则有所不同，赠与人可以通过主张受赠人未履行其义务而撤销赠与合同（《民法典》第 663 条第 1 款第 3 项）。②

其他问题

一、赠与他人财产的合同效力

根据本条的规定，赠与人赠与他人的财产应属赠与人“自己的财产”。有裁判认为：“处分共有的不动产或者动产应当经全体共有人同意，部分共有人擅自处分共有财产的一般认定无效；但第三人善意有偿取得该财产的，应当维护第三人的合法权益；夫妻一方将共有财产赠与他人属于对共有财产的处分，因未经配偶同意，处分行为无效。赠与人的配偶向人民法院主张返还的，应予支持。”③《民法典》第 597 条第 1 款规定：“因出卖人未取得处分权致使标的物所有权不能转移的，买受人可以解除合同并请求出卖人承担违约责任。”由此可见，有无处分权

---

① 参见王利明：《合同法》，北京，中国人民大学出版社 2013 年版，第 278 页。

② 参见崔建远主编：《合同法》，北京，法律出版社 2010 年版，第 325 页。

③ “陈涛与陈冬霞、勾宗铭合同纠纷再审案”，四川省高级人民法院（2017）川民再 427 号民事判决书。

对合同效力并不发生影响。此规定是否应类推适用于无偿的赠与合同，值得研究。

二、受赠人的转移赠与财产请求权与赠与人其他债权人对标的物的强制执行

在赠与合同已经生效但未转移赠与财产的权利之前，受赠人转移赠与财产的请求权是否可以排除其他债权人对标的物的执行，不无疑问。在“刘金戈等与北京农信小额贷款有限公司案外人执行异议之诉上诉案”① 中，法院认为，“刘金戈享有的是将涉案房屋所有权请求变更登记至其名下的请求权，农信小贷公司享有的是普通金钱债权请求权。首先，从请求权成立时间上看，刘金戈的请求权早于农信小贷公司的请求权，农信小贷公司的请求权发生时，涉案房产已经不属于刘瑶的责任财产，刘金戈的请求权即使排除农信小贷公司对涉案房产的执行，也并未对其债权实现产生不利影响。其次，从请求权内容上看，农信小贷公司的请求权为普通金钱债权，并未指向特定财产。刘金戈的请求权系针对涉案房屋的请求权，具有直接指向性。再次，从请求权性质上看，涉案房屋系夫妻共同财产，在刘瑶与金蓓莉婚姻关系解除之时约定房屋归刘金戈所有，在案证据亦显示刘金戈由金蓓莉抚养，金蓓莉对涉案房屋实际占有、使用，并无证据显示金蓓莉有其他房产，该房屋具有保障刘金戈生活的功能，因此，刘金戈的请求权相比农信小贷公司的请求权在伦理上具有一定的优先性。综上，本院认为，刘金戈的请求权足以排除强制执行。”

但在“韩秋颖与陈宽新、陈荔娟、韩生、香河佳龙房地产开发有限公司、刘起霞案外人执行异议之诉上诉案”② 中，法院认为，“涉案房产并未办理产权变更登记手续，韩秋颖未取得涉案房产的物权。现韩秋颖称其在 701 房屋实际居住，不能改变涉案房产产权未发生转移的事实。因韩生是涉案房屋登记的产权人，对 701 房屋享有物权，现韩秋颖未提供充分有效的证据证明其对 701 房屋享有足以排除强制执行的民事权益，故对韩秋颖要求确认 701 房屋归其所有并停止对该房产执行的诉讼请求，不予支持。”“韩秋颖虽主张根据离婚协议中存在对涉案房产的约定，以及依据韩生在廊坊市所拥有的房产情况，可以推断韩秋颖对涉案房屋享有权利，但离婚协议并不具有对外公开性，其对房产的约定并不具有对抗第三人的法律效力，故本院对韩秋颖的该项主张不予采信。”“韩秋颖在合理时间内并未积极向韩生主张要求其配合办理相关过户手续，并因此导致后续房屋被查封，应自行承担相应不利后果。韩秋颖虽上诉主张因无法与韩生取得联系，故不能办理过户，但鉴于韩秋颖

① 北京市第一中级人民法院（2019）京 01 民终 10095 号民事判决书。

② 北京市第三中级人民法院（2019）京 03 民终 1773 号民事判决书。同旨参见“刘志民与王英、刘明俊案外人执行异议之诉上诉案”，吉林省吉林市中级人民法院（2019）吉 02 民终 649 号民事判决书。

与韩生的父女身份关系，韩秋颖的主张与社会一般经验法则相悖，韩秋颖也未据此进一步提供证据予以佐证，故本院对韩秋颖的该项主张不予采信。”

三、“名为买卖、实为赠与”的效力

实践中以买卖形式实现的赠与并不在少数。就此，应探求当事人之间的真意。在“汤琴珍等诉虞楠房屋买卖合同纠纷上诉案”① 中，法院认为，“虞良法、汤琴珍与虞楠系祖孙关系，办理过户时仅签了一份网签合同，即《存量房屋买卖合同》，约定的房屋成交价明显低于涉案房屋的市场价格，且合同中的付款时间、付款方式、违约责任等其他重要内容均为空白，有违交易习惯。除虞良法与汤琴珍的女儿虞某的证人证言外，虞良法、汤琴珍均未提交其他充分有效证据证明其二人在本案诉讼前向虞楠主张过售房款。通常情况下，买卖双方签订房屋买卖合同，应对于房屋成交价款、付款时间、付款方式、交房、过户、违约责任等主要条款明确约定，但有时为了便捷与节约税费，亦存在亲属间赠与房产时选择买卖形式办理过户的情况。根据已查明的事实，本案不同于房屋买卖合同的一般样态，更符合亲属间以买卖形式过户实现赠与的情形。”

第六百五十八条

赠与人在赠与财产的权利转移之前可以撤销赠与。

经过公证的赠与合同或者依法不得撤销的具有救灾、扶贫、助残等公益、道德义务性质的赠与合同，不适用前款规定。

本条主旨

本条是关于赠与合同的任意撤销与限制的规定。

相关条文

《合同法》第 186 条　赠与人在赠与财产的权利转移之前可以撤销赠与。具有救灾、扶贫等社会公益、道德义务性质的赠与合同或者经过公证的赠与合同，不适用前款规定。

《民法典各分编（草案）》（2018 年 8 月）第 448 条　赠与人在赠与财产的权利转移之前可以撤销赠与。

---

① 北京市第三中级人民法院（2019）京 03 民终 12304 号民事判决书。

具有救灾、扶贫等社会公益、道德义务性质的赠与合同或者经过公证的赠与合同，不适用前款规定。

《民法典合同编（草案）（二审稿）》（2018 年 12 月）第 448 条　赠与人在赠与财产的权利转移之前可以撤销赠与。

具有救灾、扶贫、助残等公益、道德义务性质的赠与合同或者经过公证的赠与合同，不适用前款规定。

《民法典（草案）》（2019 年 12 月）第 658 条　赠与人在赠与财产的权利转移之前可以撤销赠与。

经过公证的赠与合同或者依法不得撤销的具有救灾、扶贫、助残等公益、道德义务性质的赠与合同，不适用前款规定。

《民法典（草案）》（2020 年 5 月 22 日大会审议稿）第 658 条　赠与人在赠与财产的权利转移之前可以撤销赠与。

经过公证的赠与合同或者依法不得撤销的具有救灾、扶贫、助残等公益、道德义务性质的赠与合同，不适用前款规定。

理解与适用

本条是在《合同法》第 186 条的基础上修改而成，该条规定："赠与人在赠与财产的权利转移之前可以撤销赠与。""具有救灾、扶贫等公益、道德义务性质的赠与合同或者经过公证的赠与合同，不适用前款规定。"其中，第 1 款未作修改；第 2 款除了调整表述顺序之外，"具有救灾、扶贫等公益、道德义务性质的赠与合同"增加了"依法不得撤销的"限制，例示规定中增加了"助残"。

一、任意撤销权及其行使

赠与合同的任意撤销，是指无须具备法定情形，得由赠与人依其意思撤销赠与合同的情形。依据《民法典》第 657 条的规定，赠与合同为诺成性的合同。赠与人如一时冲动或因其他不谨慎的原因作出无偿转移财产权利的意思表示，为避免赠与人受此意思表示的约束带来的问题，本条规定了赠与人的任意撤销权。这明显区别于《民法典》上的其他无偿合同。如民间借贷合同、委托合同、担保合同均未采取任意撤销权的模式。

赠与合同采取此种模式的正当性在于：首先，赠与合同任意撤销权的设置体现了《民法典》对赠与人采取较为宽容的态度，通过任意撤销权的设置保证赠与人意思表示的真实、审慎。其次，减轻赠与人的责任。根据《民法典》严守合同的原则，合同生效之后，当事人应该严格遵守合同规定，履行合同义务，违反合同义务应当承担合同责任。《民法典》有关赠与合同任意撤销的规定基于合同无偿性的特性减轻赠与人的责任，体现对赠与人宽容的立法原意，以平衡赠与人和受赠人之间的利益关系。

总的来说，赠与合同任意撤销权的规定主要基于赠与合同的无偿性和单务性的特性及合同正义原则的要求，即通过赠与合同的任意撤销权的设定减轻赠与人的合同义务，给予赠与人再一次机会，以确保赠与人的意思真实、审慎。

根据本条第1款的规定，赠与人在赠与财产的权利转移之前可以撤销赠与。具体来说，由于赠与合同是诺成合同，即双方当事人意思表示一致，合同便成立。赠与人向受赠人转移赠与财产的权利，是对赠与合同的履行，若赠与财产的权利已经转移，那么赠与合同履行完毕，赠与人不得行使任意撤销权。值得注意的是，撤销赠与的时间点是“赠与财产的权利转移之前”而不是“赠与财产交付之前”。“交付”仅涉及赠与人移转赠与财产的占有予受赠人，并不一定导致赠与财产的所有权的转移。① 就动产而言，赠与财产的交付即意味着赠与财产的所有权的转移，普通动产和特殊动产均为如此；但就不动产而言，赠与财产的交付并不意味着赠与财产的所有权的转移，在《民法典》奉行登记生效主义的不动产物权变动模式之下，不动产权利的转移以登记为生效要件。就权利而言，依据该类权利的变动规则办理权利转移手续，例如股权的赠与，应按照《公司法》的股权转让规则进行权利的转移。

赠与人的任意撤销权的行使需以意思表示的方式作出，自撤销的意思表示到达受赠人之时起发生效力，赠与合同即自始丧失效力。在此，赠与人的任意撤销权无须通过诉讼或者仲裁方式即可行使，而与此不同的是，在可变更、可撤销合同中，当事人撤销权的行使则必须以提起诉讼或者仲裁的方式为之。赠与人撤销赠与的意思表示到达受赠人则使本具效力的赠与合同失其法律效力，并且溯及既往，该合同自始无效；并且，赠与人或者受赠人亦无法再凭意思表示或其他方式恢复该赠与合同的效力。

二、任意撤销权行使的限制

本条第2款规定：“经过公证的赠与合同或者依法不得撤销的具有救灾、扶贫、助残等公益、道德义务性质的赠与合同，不适用前款规定。”所谓“不适用前款规定”，即不得任意撤销，是指在赠与合同订立之后，赠与人应当依据合同

① 参见黄薇（全国人大常委会法制工作委员会民法室主任）主编：《中华人民共和国民法典合同编解读（下册）》，北京，中国法制出版社2020年版，第671页。

规定履行其义务，向受赠人交付赠与财产，并移转赠与财产权利。如果其拒绝交付的，受赠人有权要求其履行。

1. 经过公证的赠与合同

经过公证机关公证的赠与合同充分表明赠与人的意思表示真实、慎重，对其设定赠与的任意撤销权与《民法典》设置任意撤销权的目的相背离，同时经过公证的赠与合同体现了国家公权力的意志，不应随意否定其效力。

2. 具有救灾、扶贫、助残等公益、道德义务性质的赠与合同

以赠与的目的是否关乎履行道德的义务为区分标准，赠与可分为具有公益和履行道德义务性质的赠与和不具有公益和履行道德义务性质的赠与。[①] 所谓具有公益性质的赠与是指为了救灾、扶贫、助残等目的或为了资助公共设施建设、环境保护等公益事业所为的赠与。根据《公益事业捐赠法》第 3 条的规定，公益事业是指非营利的下列事项：救助灾害、救济贫困、扶助残疾人等困难的社会群体和个人的活动；教育、科学、文化、卫生、体育事业；环境保护、社会公共设施建设；促进社会发展和进步的其他社会公共和福利事业。值得注意的是，不宜将《公益事业捐赠法》中规定的赠与等同于公益性赠与，这将不当限缩公益性赠与的涵摄范围。所谓具有道德义务性质的赠与包括：养子女对于在法律上无扶养义务，但在道德上有扶助义务的生父母，在其生活比较困难时约定赠与一定的财务；其他虽无扶养义务，但对于其亲属以赠与合同的方式约定为扶养给付；对于重要而无偿的劳务或救护工作，以赠与合同的方式给予酬谢等。[②] 区别具有公益和道德义务性质的赠与及不具有公益和道德义务性质的赠与，其实质为：前者的赠与对赠与人的约束力较强，不得任意撤销；而后者的赠与，在赠与财产的权利转移前，赠与人一般可以任意撤销。

3. 依法不得任意撤销的其他情形

我国《慈善法》第 41 条第 1 款规定："捐赠人应当按照捐赠协议履行捐赠义务。捐赠人违反捐赠协议逾期未交付捐赠财产，有下列情形之一的，慈善组织或者其他接受捐赠的人可以要求交付；捐赠人拒不交付的，慈善组织和其他接受捐赠的人可以依法向人民法院申请支付令或者提起诉讼：（一）捐赠人通过广播、电视、报刊、互联网等媒体公开承诺捐赠的；（二）捐赠财产用于本法第三条第一项至第三项规定的慈善活动，并签订书面捐赠协议的。"该法第 3 条规定："本法所称慈善活动，是指自然人、法人和其他组织以捐赠财产或者提供服务等方式，自愿

---

① 参见张新宝、龚赛红：《买卖合同、赠与合同》，北京，法律出版社 1999 年版，第 212 页。

② 参见王利明：《合同法》，北京，中国人民大学出版社 2013 年版，第 278 页。

开展的下列公益活动：（一）扶贫、济困；（二）扶老、救孤、恤病、助残、优抚；（三）救助自然灾害、事故灾难和公共卫生事件等突发事件造成的损害；（四）促进教育、科学、文化、卫生、体育等事业的发展；（五）防治污染和其他公害，保护和改善生态环境；（六）符合本法规定的其他公益活动。”由此可见，只要是捐赠人通过广播、电视、报刊、互联网等媒体公开承诺捐赠的，均不得任意撤销。

其他问题

实践中，夫妻双方在离婚协议中将夫妻共有财产赠与给子女的情形不在少数。离婚协议中关于财产分割的条款或者当事人因离婚就财产分割达成的协议，对男女双方具有法律约束力。其中部分条款符合赠与合同的构成要件的，构成赠与合同，此时，赠与人是否可以主张任意撤销权，不无疑问。

在“杨某1与杨某2等赠与合同纠纷上诉案”① 中，法院认为，“本案中，杨某1与王某1签订离婚协议书并经民政机关登记离婚，双方在离婚协议书中约定将夫妻共同所有的401号房屋离婚后归杨某2所有、603号房屋在偿还完银行债务之后过户至杨某2名下。综合双方离婚协议书的内容，将401号房屋及603号房屋赠与杨某2系杨某1、王某1就双方婚姻关系解除后共同财产分割、子女抚养等问题做出的综合处理的一部分，与离婚协议书中的其他内容属于一个整体，不可分割，亦具有身份关系和道德义务的性质，不同于一般的赠与。现杨某1在与王某1办理完毕离婚登记之后，又以赠与财产尚未发生转移为由要求行使任意撤销权撤销对杨某2的赠与，不符合双方签订的离婚协议书的本意，王某1对此亦不予认可，故一审法院判决驳回杨某1行使任意撤销权的主张，是正确的，应予维持。”

但在“朱某1与胡红财产纠纷再审案”② 中，法院认为，“本案中，虽然谭丽与朱某2协议离婚时约定将涉案房屋赠与朱某1所有，但没有依法办理变更登记手续，涉案房屋所有权未发生转移，朱某1并未取得该房屋的所有权。申请人提出应适用《合同法》第一百八十六条第二款，本案的赠与属于‘具有道德义务性质的赠与’不成立。”

第六百五十九条

赠与的财产依法需要办理登记或者其他手续的，应当办理有关手续。

① 北京市第一中级人民法院（2018）京01民终6703号民事判决书。同旨参见“王某、易某离婚后财产纠纷上诉案”，广东省广州市中级人民法院（2019）粤01民终7003号民事判决书。

② 江苏省宿迁市中级人民法院（2017）苏13民申132号民事裁定书。

本条主旨

本条是关于赠与人移转赠与财产的义务的规定。

相关条文

《合同法》第 187 条　赠与的财产依法需要办理登记等手续的，应当办理有关手续。

《民法典各分编（草案）》（2018 年 8 月）第 449 条　赠与的财产依法需要办理登记等手续的，应当办理有关手续。

《民法典合同编（草案）（二审稿）》（2018 年 12 月）第 449 条　赠与的财产依法需要办理登记等手续的，应当办理有关手续。

《民法典（草案）》（2019 年 12 月）第 659 条　赠与的财产依法需要办理登记或者其他手续的，应当办理有关手续。

《民法典（草案）》（2020 年 5 月 22 日大会审议稿）第 659 条　赠与的财产依法需要办理登记或者其他手续的，应当办理有关手续。

理解与适用

本条是在《合同法》第 187 条的基础上修改而成，增加了办理除登记之外的其他手续的情形。

赠与合同为诺成合同，自合同当事人意思表示一致之时起成立，如无阻却合同生效的事由，依法成立的合同，自成立之时起生效。赠与合同以使赠与财产的权利归于受赠人为直接目的，赠与人的主要义务是依照合同约定的期限、地点、方式、标准将标的物转移给受赠人。①

首先，赠与财产性质不同，赠与人移转赠与财产义务的表现也不同。因赠与合同所产生的赠与财产的移转，适用基于法律行为的物权变动的一般规则。《民法典》第 208 条规定："不动产物权的设立、变更、转让和消灭，应当依照法律规定登记。动产物权的设立和转让，应当依照法律规定交付。"由此可见，赠与财产属于不动产的，应当办理转移登记手续；赠与财产属于一般动产的，应交付赠与财产；赠与财产属于船舶、航空器和机动车等特殊动产的，除了交付赠与财产之外，尚须办理转移登记手续。赠与财产属于无形财产的，按照该类无形财产移转的一般规则办理相应手续。例如，建设用地使用权的赠与，应通过办理变更

① 参见崔建远主编：《合同法》，北京，法律出版社 2010 年版，第 325 页。

登记来完成权利移转；无纸化证券权利的赠与，应采用登记的方式进行移转。在履行赠与合同之时，如需办理特别手续或有其他特别要求的，应当办理特别手续或者满足其特别要求以转移财产权利。

其次，赠与人必须依据合同规定的标的、期限、地点、方式、标准等，履行权利移转的义务。赠与是单务、无偿的合同，在赠与人不愿交付财产的情况下，法律赋予赠与人以任意撤销权。如果其通过拒绝交付财产的行为作为行使任意撤销权的方式，受赠人不能请求赠与人履行交付义务。①

值得注意的是，赠与合同为诺成合同，“办理登记或者其他手续”并不是赠与合同成立或生效的要件。当事人之间意思表示一致，符合合同生效要件，赠与合同即生效，未办理登记或者其他手续并不影响赠与合同的效力。

其他问题

如赠与房屋已被拆除，在作为产权调换的房屋办理转移登记之前，赠与人是否可以撤销赠与，不无疑问。在“赵成生与安统赠与合同纠纷再审案”② 中，法院认为，“安统赠与赵成生的房屋，虽然已经被拆除，因还建房屋尚未办理产权登记，赵成生在产权调换协议上的签字，不能认定完成了权利转移，赵成生不能被认定为还建房屋的所有权人，安统享有《中华人民共和国合同法》第一百八十六条赠与合同撤销权。”

第六百六十条

经过公证的赠与合同或者依法不得撤销的具有救灾、扶贫、助残等公益、道德义务性质的赠与合同，赠与人不交付赠与财产的，受赠人可以请求交付。

依据前款规定应当交付的赠与财产因赠与人故意或者重大过失致使毁损、灭失的，赠与人应当承担赔偿责任。

本条主旨

本条是关于受赠人的交付请求权的规定。

① 参见王利明：《合同法研究（第三卷）》（第二版），北京，中国人民大学出版社 2015 年版，第 209 页。

② 甘肃省高级人民法院（2015）甘民申字第 751 号民事裁定书。

相关条文

《合同法》第 188 条　具有救灾、扶贫等社会公益、道德义务性质的赠与合同或者经过公证的赠与合同，赠与人不交付赠与的财产的，受赠人可以要求交付。

《合同法》第 189 条　因赠与人故意或者重大过失致使赠与的财产毁损、灭失的，赠与人应当承担损害赔偿责任。

《民法典各分编（草案）》（2018 年 8 月）第 450 条　具有救灾、扶贫等社会公益、道德义务性质的赠与合同或者经过公证的赠与合同，赠与人不交付赠与财产的，受赠人可以要求交付。

依照前款规定应当交付的赠与财产因赠与人故意或者重大过失致使毁损、灭失的，赠与人应当承担损害赔偿责任。

《民法典合同编（草案）（二审稿）》（2018 年 12 月）第 450 条　具有救灾、扶贫、助残等公益、道德义务性质的赠与合同或者经过公证的赠与合同，赠与人不交付赠与财产的，受赠人可以要求交付。

依照前款规定应当交付的赠与财产因赠与人故意或者重大过失致使毁损、灭失的，赠与人应当承担损害赔偿责任。

《民法典（草案）》（2019 年 12 月）第 660 条　经过公证的赠与合同或者依法不得撤销的具有救灾、扶贫、助残等公益、道德义务性质的赠与合同，赠与人不交付赠与财产的，受赠人可以请求交付。

依照前款规定应当交付的赠与财产因赠与人故意或者重大过失致使毁损、灭失的，赠与人应当承担赔偿责任。

《民法典（草案）》（2020 年 5 月 22 日大会审议稿）第 660 条　经过公证的赠与合同或者依法不得撤销的具有救灾、扶贫、助残等公益、道德义务性质的赠与合同，赠与人不交付赠与财产的，受赠人可以请求交付。

依据前款规定应当交付的赠与财产因赠与人故意或者重大过失致使毁损、灭失的，赠与人应当承担赔偿责任。

理解与适用

本条是在《合同法》第 188 条、第 189 条的基础上修改而成的。其中，第 1 款的修改与本法第 658 条的处理相一致，除了调整表述顺序之外，“具有救灾、扶贫等社会公益、道德义务性质的赠与合同”增加了“依法不得撤销的”限制，例示规定中增加了“助残”；第 2 款将《合同法》第 189 条的适用范围进行了限缩，仅限于“经过公证的赠与合同或者依法不得撤销的具有救灾、扶贫、助残等公益、道德义务性质的赠与合同”。

一、受赠人的交付请求权

将赠与的财产按照赠与合同约定交付受赠人并转移所有权，是赠与人的义务。但就一般的赠与而言，赠与人在赠与财产的权利转移之前可以撤销赠与。因此，对于一般赠与合同，赠与人不给付赠与财产，受赠人也不能请求赠与人给付或承担违约责任（《民法典》第 658 条第 1 款）。但经过公证的赠与合同或者依法不得撤销的具有救灾、扶贫、助残等公益、道德义务性质的赠与合同，不得任意撤销（《民法典》第 658 条第 2 款），因此，赠与人延迟履行或者不履行交付赠与财产的义务，即构成违约，受赠人可以请求赠与人交付赠与的财产。值得注意的是，本条对违约责任进行了限制，赠与人仅承担继续履行的责任，而不需要承担其他违约责任，如支付迟延利息或损害赔偿责任。[①] 受赠人只能请求赠与人交付赠与财产，而无权请求赠与人承担其他违约责任。[②]

二、因故意或者重大过失致使赠与的财产毁损、灭失的责任

赠与人在作出赠与的意思表示后，尚未交付赠与物之前，负有妥善保管赠与物的义务；交付赠与物时，应当以妥善的方式完成交付；如果赠与人违反了先合同义务，即因赠与人的故意或者重大过失致使赠与财产毁损、灭失的，赠与人并不能因此而免除交付赠与人的义务。但赠与人并不负有善良管理人的注意义务，而仅仅对其故意或重大过失负责。如果赠与人只是一般的过失或轻微的过失，而致赠与财产毁损、灭失的，其不应再负交付义务，也不应承担损害赔偿责任。如赠与物是种类物，经受赠与人同意，赠与人可以以其他种类物代替合同约定的赠与物交付给受赠人；如赠与物是特定物，赠与人因履行不能而应当赔偿受赠人因此受到的损失。因赠与财产毁损、灭失而给受赠人造成其他损失的，赠与人还应当承担相应的损害赔偿责任。赠与人对赠与财产毁损、灭失承担损害赔偿责任，要求赠与人在主观上必须具有故意或者重大的过失，如赠与财产的毁损、灭失是因为不可抗力或者受赠人自身的原因造成的，赠与人则无须承担损害赔偿责任。

赠与人违反不得因故意或者重大过失致使赠与的财产毁损、灭失的义务，应当承担损害赔偿责任。此处说的损害赔偿责任的范围，既包括受赠人应当得到的赠与

---

① 参见胡康生主编：《中华人民共和国合同法释义》，北京，法律出版社 1999 年版，第 283 页。

② 参见王利明：《合同法研究（第三卷）》（第二版），北京，中国人民大学出版社 2015 年版，第 210 页。

财产的价值，也包括受赠人为接受赠与，进行必要准备而支出的费用。[①] 此种损失实际上就是一种信赖利益的损失，例如，因为信赖赠与人将赠与一套设备而为该设备购买各种零配件，因设备遭受毁损、灭失而导致所购买的零配件失去使用价值，由此造成的损失应由赠与人承担赔偿责任。[②] 不过，如果赠与财产是种类物的话，则赠与人故意或重大过失造成毁损、灭失的，仍应负担继续履行的义务。[③]

我国《合同法》第 189 条规定："因赠与人故意或者重大过失致使赠与的财产毁损、灭失的，赠与人应当承担损害赔偿责任。"并未就该条适用情形作出限定，由此出现了在赠与人享有任意撤销权时与本条适用的冲突。部分学者认为，《合同法》第 186 条对于赠与合同任意撤销权的规定使得《合同法》第 189 条的规定几乎没有适用余地，赠与人可以利用任意撤销权来规避第 189 条的规定。合同一经撤销，受赠人合同上的请求权将不复存在。也有学者认为，《合同法》第 186 条和第 189 条分属于不同的范围，此说以任意撤销权的不行使作为赠与合同的生效条件为基础。还有学者认为，《合同法》第 189 条是对赠与人行使任意撤销权的限制，出现第 189 条规定的情形时，赠与人的任意撤销权即消灭，不得以撤销赠与为由主张免责。[④]

为防杜争议，本条第 2 款将因故意或者重大过失致使赠与的财产毁损、灭失的责任仅适用于特殊赠与的情形，排除一般赠与的适用。《合同法》第 189 条的本意应当是适用于具有公益和道德义务性质的赠与合同，但是单独一条规定在立法本意上显得不清晰，故将《合同法》第 189 条作为本条的第 2 款，并修改为："依据前款规定应当交付的赠与财产因赠与人故意或者重大过失致使毁损、灭失的，赠与人应当承担赔偿责任。"这就意味着具有救灾、扶贫、助残等公益、道德义务性质的赠与合同，在赠与财产的权利移转给受赠人之前，由于赠与人的故意或者重大过失致使赠与财产发生毁损、灭失，无法实际交付赠与财产的，赠与人应当向受赠人赔偿因其故意或者重大过失所造成的损失。[⑤]

---

① 参见魏耀荣等：《中华人民共和国合同法释论（分则）》，北京，中国法制出版社 2000 年版，第 141 页。

② Christian von Bar and Eric Clive，*Definitions and Model*，*Rules of European Private Law*，Volume I，（Munich：Sellier，European Law Publishers，2009），p. 2852.

③ 参见王利明：《合同法研究（第三卷）》（第二版），北京，中国人民大学出版社 2015 年版，第 213－214 页。

④ 参见胡元琼、江梅、何艳真、于明磊：《赠与合同若干问题研究》，载梁慧星主编：《民商法论丛》2002 年第 4 号，香港，金桥文化出版（香港）有限公司 2003 年版，第 399 页。

⑤ 参见黄薇（全国人大常委会法制工作委员会民法室主任）主编：《中华人民共和国民法典合同编解读（下册）》，北京，中国法制出版社 2020 年版，第 679 页。

第六百六十一条

赠与可以附义务。

赠与附义务的，受赠人应当按照约定履行义务。

本条主旨

本条是关于附义务赠与的规定。

相关条文

《合同法》第 190 条　赠与可以附义务。

赠与附义务的，受赠人应当按照约定履行义务。

《民法典各分编（草案）》（2018 年 8 月）第 451 条　赠与可以附义务。

赠与附义务的，受赠人应当按照约定履行义务。

《民法典合同编（草案）（二审稿）》（2018 年 12 月）第 451 条　赠与可以附义务。

赠与附义务的，受赠人应当按照约定履行义务。

《民法典（草案）》（2019 年 12 月）第 661 条　赠与可以附义务。

赠与附义务的，受赠人应当按照约定履行义务。

《民法典（草案）》（2020 年 5 月 22 日大会审议稿）第 661 条　赠与可以附义务。

赠与附义务的，受赠人应当按照约定履行义务。

理解与适用

附义务的赠与，也称附负担的赠与，是指以受赠人对赠与人或者第三人为一定给付为条件的赠与，亦即受赠人接受赠与后负担一定义务的赠与。“附负担的赠与，双方所附负担为主从关系，未将所附负担视为对价，因此附负担的赠与未改变赠与的无偿性质。附有负担之赠与，仍系无偿赠与。”① 受赠人在附义务赠与中虽负担一定义务，但赠与所附义务不构成赠与的对价，赠与人与受赠人在附义务赠与合同中所负担的义务并非对待给付，赠与人不享有对待给付合同中的同时履行抗辩权等抗辩权，赠与人不能以受赠人不履行义务为抗辩事由。因此，附义务赠与仍然属于单务无偿合同。

---

① 郭钦铭：《赠与》，台北，三民书局 2008 年版，第 100 页。

附义务的赠与中所附的义务以受赠人负有一定的给付为内容，但该给付不以作为为限，也可以是不作为。附义务赠与所附义务为作为义务的，可以约定受赠人向赠与人履行，也可以约定受赠人向第三人履行。约定由受赠人向第三人履行的，受赠人不履行合同义务，并不使得第三人享有直接要求受赠人履行义务的权利。此外，所附义务的设定可以为赠与人本人、受赠人或者不特定的第三人的利益设定。

附义务赠与合同属于赠与合同的特殊类型，赠与合同的成立要件和生效要件及一般权利义务分配对其同样适用，同时，其也具有自身的特殊性。

第一，受赠人应当按照约定履行义务。与一般赠与合同中受赠人不承担合同义务不同，在附义务的赠与中，受赠人在赠与的财产权利转移后，应当按照合同约定履行合同所负担的义务。如受赠人不履行或者不适当履行合同义务，赠与人可以请求赠与人履行义务或者撤销赠与。如受赠人不履行或者不适当履行合同义务非可归责于受赠人，则受赠人免除该义务，赠与人不可再请求受赠人履行或者撤销赠与。附义务的赠与中，其所附的义务并不是作为赠与的对价而存在的，即所附义务不能大于或等于受赠人所获得的利益，通常是低于赠与财产的价值。①赠与的财产价值不足以履行其义务的，受赠人只在赠与财产价值限度内履行其义务。如果受赠人的义务超过赠与财产的价值，超出部分受赠人可以拒绝履行。②

第二，赠与人的瑕疵担保责任。一般赠与合同通常不要求赠与人承担瑕疵担保责任，但《民法典》第 662 条明确规定了附义务赠与中的瑕疵担保责任：赠与的财产有瑕疵的，赠与人不承担责任。附义务的赠与，赠与的财产有瑕疵的，赠与人在附义务的限度内承担与出卖人相同的责任。赠与人故意不告知瑕疵或者保证无瑕疵，造成受赠人损失的，应当承担损害赔偿责任。

第三，附义务赠与的法定撤销权。《民法典》第 663 条规定，受赠人有下列情形之一的，赠与人可以撤销赠与：严重侵害赠与人或者赠与人近亲属的合法权益；对赠与人有扶养义务而不履行；不履行赠与合同约定的义务。据此，附义务赠与合同的撤销权属于形成权，赠与人得依其单方意思表示使赠与合同溯及既往地归于消灭，当事人的权利义务回复到赠与合同订立之前的状态，受赠人的所得丧失了法律上的原因，应当依据不当得利的规定返还给赠与人。

---

① 参见魏耀荣等：《中华人民共和国合同法释论（分则）》，北京，中国法制出版社 2000 年版，第 142 页。

② 参见黄薇（全国人大常委会法制工作委员会民法室主任）主编：《中华人民共和国民法典合同编解读（下册）》，北京，中国法制出版社 2020 年版，第 682 页。

其他问题

1. 附义务的赠与和附生效条件的赠与并不相同。所谓附生效条件的赠与是指当事人在合同中约定一定的条件，以该条件的成就作为赠与合同生效的条件。例如，父母与其成年儿子约定，父母赠与儿子一套住宅，条件是其必须和某女子结婚。其目的就是希望通过赠与住宅的方式，实现其子与该女结婚的目的。附义务的赠与和附生效条件的赠与的区别主要表现在：第一，附条件赠与中通常要求受赠人先履行一定的义务或者说完成一定的条件，条件成就赠与合同方可生效。而附义务的赠与中，通常都是赠与人先完成赠与，而受赠人在后履行义务。第二，在附条件的赠与中，条件不一定是以义务的形式出现的，其也可能是以一定的事件的发生为条件。而附义务赠与中所附的必须是受赠人的义务。第三，在附义务的赠与中，如果受赠人没有履行义务，赠与人有权请求受赠人继续履行负担，如果受赠人仍不履行，其有权撤销赠与合同。而在附条件赠与中，如果条件没有成就，合同根本就没有生效，自然不能强求赠与人履行义务。

2. 对于附义务的赠与中的义务，裁判实践中存在不少分歧。在“阳光一百置业（辽宁）有限公司与刘慧商品房销售合同纠纷上诉案”① 中，法院认为，“本案中，涉案房屋赠与夹层的赠与是在刘慧支付了购买涉案房屋的对价后才会取得的赠与，属于附义务的赠与，此时，阳光一百公司作为赠与人承担与出卖人相同的责任。”在“黎志东与梅州市振兴汽车贸易有限公司买卖合同纠纷上诉案”② 中，法院认为，“汽车脚垫应当认定为被上诉人为销售涉诉汽车而给予被上诉人附义务的赠与物品。按照双方对脚垫价值达成的一致意见，一审依据《中华人民共和国合同法》第一百九十一条第一款规定，认定由被上诉人承担向上诉人支付 1 500 元的赔偿责任，于法有据。”

第六百六十二条

赠与的财产有瑕疵的，赠与人不承担责任。附义务的赠与，赠与的财产有瑕疵的，赠与人在附义务的限度内承担与出卖人相同的责任。

赠与人故意不告知瑕疵或者保证无瑕疵，造成受赠人损失的，应当承担赔偿责任。

---

① 辽宁省沈阳市中级人民法院（2017）辽 01 民终 8580 号民事判决书。

② 广东省梅州市中级人民法院（2017）粤 14 民终 772 号民事判决书。

本条主旨

本条是关于赠与财产的瑕疵担保责任的规定。

相关条文

《合同法》第 191 条 赠与的财产有瑕疵的，赠与人不承担责任。附义务的赠与，赠与的财产有瑕疵的，赠与人在附义务的限度内承担与出卖人相同的责任。赠与人故意不告知瑕疵或者保证无瑕疵，造成受赠人损失的，应当承担损害赔偿责任。

《民法典各分编（草案）》（2018 年 8 月）第 452 条 赠与的财产有瑕疵的，赠与人不承担责任。附义务的赠与，赠与的财产有瑕疵的，赠与人在附义务的限度内承担与出卖人相同的责任。

赠与人故意不告知瑕疵或者保证无瑕疵，造成受赠人损失的，应当承担损害赔偿责任。

《民法典合同编（草案）（二审稿）》（2018 年 12 月）第 452 条 赠与的财产有瑕疵的，赠与人不承担责任。附义务的赠与，赠与的财产有瑕疵的，赠与人在附义务的限度内承担与出卖人相同的责任。

赠与人故意不告知瑕疵或者保证无瑕疵，造成受赠人损失的，应当承担损害赔偿责任。

《民法典（草案）》（2019 年 12 月）第 662 条 赠与的财产有瑕疵的，赠与人不承担责任。附义务的赠与，赠与的财产有瑕疵的，赠与人在附义务的限度内承担与出卖人相同的责任。

赠与人故意不告知瑕疵或者保证无瑕疵，造成受赠人损失的，应当承担赔偿责任。

《民法典（草案）》（2020 年 5 月 22 日大会审议稿）第 662 条 赠与的财产有瑕疵的，赠与人不承担责任。附义务的赠与，赠与的财产有瑕疵的，赠与人在附义务的限度内承担与出卖人相同的责任。

赠与人故意不告知瑕疵或者保证无瑕疵，造成受赠人损失的，应当承担赔偿责任。

理解与适用

一、赠与人的瑕疵担保责任

赠与合同是单务、无偿合同，与一般双务、有偿合同不同，赠与合同中赠与人对赠与财产的瑕疵担保责任的承担，具有一定的特殊性。赠与人瑕疵担保责任的承担在不同情形之下有所差异。

（一）一般赠与中赠与人不负瑕疵担保责任

赠与是单务无偿的行为，本质上是施惠行为，受赠人接受赠与财产并未支付对价，因此在一般赠与中，赠与的财产有瑕疵的，赠与人不承担责任。所谓瑕疵，是指标的物不符合法定或约定的质量标准，或者不具备标的物通常应有的功能和效用。应当注意的是，本条规定仅及于物的瑕疵担保责任，并不包括权利瑕疵担保责任。依据《民法典》第657条的规定，赠与人只能将自己的财产赠与他人，如赠与人将不属于自己的财产进行赠与的，应承担给受赠人造成损害的责任。① 此外，根据本条第2款的规定，如赠与人故意不告知瑕疵或者保证无瑕疵，造成受赠人损失的，赠与人应承担损害赔偿责任。赠与人故意不告知赠与的财产有瑕疵，具有主观上的恶意，应对自己有违诚信的行为承担赔偿责任；赠与人保证无瑕疵，使受赠人产生信赖，受赠人因此而受到的损失，赠与人应承担相应的赔偿责任。

（二）附义务的赠与中赠与人在附义务的限度内承担与出卖人相同的责任

本条第1款后句规定："附义务的赠与，赠与的财产有瑕疵的，赠与人在附义务的限度内承担与出卖人相同的责任。"由此可见，赠与人在附义务的赠与中负有瑕疵担保责任。在附义务的赠与中，受赠人也要履行相应的义务，并可能因此蒙受某种不利益，赠与人的行为也不是纯粹的施惠行为，因此，赠与人应当负有瑕疵担保责任。"赠与人在附义务的限度内承担与出卖人相同的责任"，亦即赠与人在不超过受赠人所附义务具有的价值的限度内承担瑕疵担保责任，以维护当事人双方的利益均衡。

二、赠与人故意不告知瑕疵或者保证无瑕疵的责任

本条第2款规定："赠与人故意不告知瑕疵或者保证无瑕疵，造成受赠人损失的，应当承担赔偿责任。"据此，无论是一般赠与还是附义务赠与，赠与人故意不告知瑕疵或者保证无瑕疵时，赠与人就赠与物的瑕疵给受赠人造成的损失均应承担赔偿责任。

赠与人故意不告知赠与财产的瑕疵，是指赠与人明知其赠与的财产有瑕疵而故意隐瞒；保证赠与财产无瑕疵，是指赠与人明确地担保赠与的财产没有瑕疵或某种特定的瑕疵，但事后该赠与的财产出现瑕疵。在这两种情形下，或者表明赠

① 参见张新宝、龚赛红：《买卖合同、赠与合同》，北京，法律出版社1999年版，第220页。

与人具有侵害受赠人的恶意，其有可能构成欺诈，当然必须对受赠人承担瑕疵担保责任；或者表明其违反了单方允诺，如果造成受赠人损失，也应当承担赔偿责任。

受赠人损失，有两种不同的见解：一是广义的见解，损失不仅包括赠与财产没有价值或者价值低于其应有的价值的损失（即间接损失或者期待利益的损失），也包括接受赠与（如支出的运输费用、其他受领费用）和使用该赠与财产而造成的损失（如赠与财产存在产品质量缺陷，在使用中导致受赠人或者相关人员的财产损失或者人身伤害，即直接损失或者已有财产的减少）；二是狭义的见解，即损失仅包括接受和使用该赠与财产而造成的损失（直接损失）。我们认为，鉴于受赠人在赠与合同中有所负担，在实际履行了所负担的义务，并在该义务的范围内取得了相当于买卖合同买受人的地位，则受赠人在赠与合同中所受到的损失，赠与人都应给予赔偿，亦包括受赠人因赠与财产所受到的财产损失或者人身伤害。①

第六百六十三条

受赠人有下列情形之一的，赠与人可以撤销赠与：

（一）严重侵害赠与人或者赠与人近亲属的合法权益；

（二）对赠与人有扶养义务而不履行；

（三）不履行赠与合同约定的义务。

赠与人的撤销权，自知道或者应当知道撤销事由之日起一年内行使。

本条主旨

本条是关于赠与合同的法定撤销的规定。

相关条文

《合同法》第 192 条　受赠人有下列情形之一的，赠与人可以撤销赠与：

（一）严重侵害赠与人或者赠与人的近亲属；

（二）对赠与人有扶养义务而不履行；

（三）不履行赠与合同约定的义务。

---

① 参见王利明：《合同法研究（第三卷）》（第二版），北京，中国人民大学出版社 2015 年版，第 211－212 页。

赠与人的撤销权，自知道或者应当知道撤销原因之日起一年内行使。

《民法典各分编（草案）》（2018 年 8 月）第 453 条　受赠人有下列情形之一的，赠与人可以撤销赠与：

（一）严重侵害赠与人或者赠与人近亲属的合法权益；

（二）对赠与人有扶养义务而不履行；

（三）不履行赠与合同约定的义务。

赠与人的撤销权，自知道或者应当知道撤销原因之日起一年内行使。

《民法典合同编（草案）（二审稿）》（2018 年 12 月）第 453 条　受赠人有下列情形之一的，赠与人可以撤销赠与：

（一）严重侵害赠与人或者赠与人近亲属的合法权益；

（二）对赠与人有扶养义务而不履行；

（三）不履行赠与合同约定的义务。

赠与人的撤销权，自知道或者应当知道撤销原因之日起一年内行使。

《民法典（草案）》（2019 年 12 月）第 663 条　受赠人有下列情形之一的，赠与人可以撤销赠与：

（一）严重侵害赠与人或者赠与人近亲属的合法权益；

（二）对赠与人有扶养义务而不履行；

（三）不履行赠与合同约定的义务。

赠与人的撤销权，自知道或者应当知道撤销事由之日起一年内行使。

《民法典（草案）》（2020 年 5 月 22 日大会审议稿）第 663 条　受赠人有下列情形之一的，赠与人可以撤销赠与：

（一）严重侵害赠与人或者赠与人近亲属的合法权益；

（二）对赠与人有扶养义务而不履行；

（三）不履行赠与合同约定的义务。

赠与人的撤销权，自知道或者应当知道撤销事由之日起一年内行使。

理解与适用

本条是在《合同法》第 192 条的基础上修改而成。其中，第 1 款第 1 项由“严重侵害赠与人或者赠与人的近亲属”修改为“严重侵害赠与人或者赠与人近亲属的合法权益”，从而使该项的文义更加清晰。

一、赠与合同的法定撤销及其与任意撤销的区分

赠与人的撤销权，是指在赠与合同成立之后，赠与人依据法律的规定，享有

的撤销赠与合同的权利。赠与人的撤销权主要包括任意撤销权与法定撤销权。赠与人的法定撤销权是指赠与人或者其他撤销权人在法定事由出现时所享有的撤销赠与的权利。赠与人法定撤销权与赠与人任意撤销权制度都是为了平衡赠与当事人双方的利益而存在，但两者之间存在明显的区别。

其一，适用范围有差别。赠与人任意撤销权仅适用于一般赠与，排除“具有救灾、扶贫、助残等公益、道德义务性质的赠与合同”的适用，而法定撤销权则无此限制。

其二，行使条件不同。任意撤销权在赠与财产交付之前均可行使，无须满足特定的条件，也无须赠与人指出撤销的原因；而法定撤销权的行使尚须具备一定的法定事由。依照《民法典》的规定，行使主体不同，法定事由也不同。赠与人的法定撤销事由包括：严重侵害赠与人或者赠与人近亲属的合法权益；对赠与人有扶养义务而不履行；不履行赠与合同约定的义务。赠与人的继承人或法定代理人的法定撤销事由包括：因受赠人的违法行为致使赠与死亡或者丧失民事行为能力。

其三，行使的时间不同。赠与人必须在赠与财产的权利移转之前行使任意撤销权，而赠与人行使法定撤销权，一般是在赠与财产的权利移转之后、自赠与人知道或应当知道撤销原因之日起 1 年内行使。

其四，行使后果略有不同。在赠与人行使任意撤销权时，赠与财产的权利尚未发生移转，所以任意撤销权的行使不具有溯及既往的效力。但如果在交付赠与财产之后，赠与财产的权利尚未发生移转，则有可能发生溯及既往的效力。而在法定撤销权中，因赠与财产已经交付给受赠人且权利已经发生移转，法定撤销权的行使具有溯及既往的效力。在法定撤销权行使的情况下，通常受赠人无法请求信赖利益损害赔偿。在符合法定撤销权规定的情况下，受赠人通常都对法定撤销事由的发生具有故意，因此，赠与人在行使法定撤销权之后，仍可以请求受赠人承担其他法律责任。但在一般赠与中，在赠与人行使任意撤销权之后，通常受赠人并不需要承担其他法律责任。①

二、法定撤销的事由

（一）严重侵害赠与人或者赠与人近亲属的合法权益

“赠与人的近亲属”，是指赠与人的配偶、子女、父母、兄弟姐妹、祖父母与外祖父母、孙子女与外孙子女。关于赠与人或者赠与人近亲属合法权益受侵害的

① 参见王利明：《合同法研究（第三卷）》（第二版），北京，中国人民大学出版社 2015 年版，第 223 页。

程度，本条只规定达到“严重侵害”程度即可，不要求达到触犯《刑法》和违反《治安管理处罚法》规定的程度。对于“严重侵害”，可以结合侵害行为的情节和后果等方面进行具体界定。本项未对受赠人侵害时的主观状态作出限定，依客观情形，受赠人对赠与人及其近亲属的合法权益构成严重侵害，无论受赠人的主观状态如何，都应当肯定赠与人法定撤销权的行使。也就是说，只要受赠人严重侵害了赠与人或者赠与人的近亲属，赠与人即可撤销赠与，即主要考虑受赠人侵害行为的结果，而不是受赠人故意或者过失的主观状态。①

裁判实践中，有观点认为严重侵害赠与人的婚姻家庭利益也构成本项事由。在“侯×与惠×夫妻财产约定纠纷再审案”② 中，法院认为，“侯×与贺某原属同事关系，均为已婚青年男女，开房同居时间地点多在外地城市出差期间，且根据法院调取的开房记录及侯×的自认，双方存在长期、多次同宿一室的事实，根据逻辑推理和日常生活经验，惠×主张侯×存在婚外情行为的事实更加符合生活常识。惠×提供证据的证明力已具有明显优势，足以证明其主张成立。侯×的行为无疑严重损害了夫妻之间的互相信任，严重侵害了惠×的感情，必然给其造成精神痛苦。惠×以此主张侯×的行为给其造成严重精神侵害，应予以采纳。本案中，诉争的2307号房屋系惠×婚前购买，且登记在惠×名下，原本属于惠×婚前个人财产。2013年1月14日，双方约定并将该房屋登记为双方共同共有。2013年7月4日，双方约定并将该房屋登记到侯×一人名下。该两次变更登记行为均属于惠×将自己的房产赠与侯×的行为。而两次赠与行为与身份关系无关，可以适用合同法的相关规定。鉴于侯×存在严重侵害惠×的行为，惠×根据合同法第一百九十二条之规定主张法定撤销权，具有事实与法律依据。”

（二）对赠与人有扶养义务而不履行

扶养义务具有广义和狭义之分。广义的扶养指的是一定范围内的亲属间相互供养和扶助的权利义务关系，包括长辈对晚辈的抚养，晚辈对长辈的赡养和平辈之间的相互扶养。这里的“扶养”一词应指广义的扶养，不应当仅仅理解为《民法典》第1059条规定的“夫妻有相互扶养的义务”等同辈之间的照顾义务，也包括晚辈对长辈的“赡养”以及长辈对晚辈的“抚养”等关系的照顾义务。③ 在受赠人对赠与人负有扶养义务而不履行的情况下，不仅表明受赠人已构成“忘恩

---

① 参见黄薇（全国人大常委会法制工作委员会民法室主任）主编：《中华人民共和国民法典合同编解读（下册）》，北京，中国法制出版社2020年版，第686页。

② 北京市高级人民法院（2015）高民申字第1095号民事裁定书。

③ 参见黄薇（全国人大常委会法制工作委员会民法室主任）主编：《中华人民共和国民法典合同编解读（下册）》，北京，中国法制出版社2020年版，第687页。

负义”，而且违反了其应负的法定义务。受赠人不履行扶养义务不是出于客观方面的原因，而是在有能力扶养，能够履行扶养义务的情况下主观上拒不履行。如果受赠人虽有扶养义务而无扶养能力、不能履行扶养义务的，赠与人无权撤销赠与。

（三）不履行赠与合同约定的义务

此情形主要是针对附义务的赠与合同。在附义务的赠与中，赠与人实施赠与后需要受赠人履行一定的约定义务，如受赠人不履行约定的义务，则受赠人的行为构成违约，赠与人可以撤销该赠与合同。这里的“不履行”既包括完全没有履行也包括部分没有履行。当然，如果受赠人已经履行了义务的主要部分，在具体案件中法官可以酌情考量。①

三、赠与人法定撤销权的行使期间

赠与人的法定撤销权属于形成权，仅凭赠与人单方的意思即可使赠与合同法律关系归于消灭。为督促赠与人及时行使权利，避免赠与人与受赠人之间的法律关系长期处于不确定的状态，维持和保护交易的安全，本条第 2 款限定了赠与人撤销权的权利行使期间。赠与人的撤销权，自知道或应当知道撤销原因之日其 1 年内行使。该 1 年期间为除斥期间，不存在中断、中止和延长的情形。赠与人只能在该期间内行使撤销权，否则，不发生撤销赠与合同的效果。撤销权的行使，使赠与合同溯及既往地消灭，受赠人受领赠与财产即丧失法律依据，有义务返还，赠与人有权请求返还。

赠与人行使法定撤销权，应当将其撤销赠与的意思表示通知受赠人。撤销赠与的意思表示可以是明示的，也可以是默示的，例如，赠与人没有明确说明撤销赠与，而是向受赠人索要已经交付的赠与财产，即属于默示的意思表示。赠与人没有将其撤销赠与的意思表示通知受赠人的，不发生撤销赠与的法律效力。②

相关问题

如果受赠人严重侵害赠与人或赠与人的近亲属，则赠与人有权撤销赠与，且赠与属于单务合同，受赠人从赠与行为中受益，根据权利义务相一致原则，我国法侧重于课予受赠人履行相关义务的责任，例如：不得侵害赠与人、履行扶养义

① 参见王利明：《合同法研究（第三卷）》（第二版），北京，中国人民大学出版社 2015 年版，第 225 页。

② 参见黄薇（全国人大常委会法制工作委员会民法室主任）主编：《中华人民共和国民法典合同编解读（下册）》，北京，中国法制出版社 2020 年版，第 687－688 页。

务、履行赠与合同的义务等。相反，我国法对于赠与人更多的是给予权利，例如在多种情况下其可行使撤销权。因此，赠与人行为适当与否以及是否侵犯受赠人利益等因素均不足以剥夺其依法享有的撤销权，赠与人因其行为失当对受赠人造成伤害或损失所形成的法律关系独立于赠与合同项下的赠与法律关系，受赠人可单独就此提起诉讼。①

第六百六十四条

因受赠人的违法行为致使赠与人死亡或者丧失民事行为能力的，赠与人的继承人或者法定代理人可以撤销赠与。

赠与人的继承人或者法定代理人的撤销权，自知道或者应当知道撤销事由之日起六个月内行使。

本条主旨

本条是关于赠与人的继承人或法定代理人的撤销权的规定。

相关条文

《合同法》第 193 条　因受赠人的违法行为致使赠与人死亡或者丧失民事行为能力的，赠与人的继承人或者法定代理人可以撤销赠与。

赠与人的继承人或者法定代理人的撤销权，自知道或者应当知道撤销原因之日起六个月内行使。

《民法典各分编（草案）》（2018 年 8 月）第 454 条　因受赠人的违法行为致使赠与人死亡或者丧失民事行为能力的，赠与人的继承人或者法定代理人可以撤销赠与。

赠与人的继承人或者法定代理人的撤销权，自知道或者应当知道撤销原因之日起六个月内行使。

《民法典合同编（草案）（二审稿）》（2018 年 12 月）第 454 条　因受赠人的违法行为致使赠与人死亡或者丧失民事行为能力的，赠与人的继承人或者法定代理人可以撤销赠与。

赠与人的继承人或者法定代理人的撤销权，自知道或者应当知道撤销原因之

① 参见“王惠玲与王芳泽赠与合同纠纷再审案”，福建省高级人民法院（2019）闽民申 1752 号民事裁定书。

日起六个月内行使。

《民法典（草案）》（2019 年 12 月）第 664 条　因受赠人的违法行为致使赠与人死亡或者丧失民事行为能力的，赠与人的继承人或者法定代理人可以撤销赠与。

赠与人的继承人或者法定代理人的撤销权，自知道或者应当知道撤销事由之日起六个月内行使。

《民法典（草案）》（2020 年 5 月 22 日大会审议稿）第 664 条　因受赠人的违法行为致使赠与人死亡或者丧失民事行为能力的，赠与人的继承人或者法定代理人可以撤销赠与。

赠与人的继承人或者法定代理人的撤销权，自知道或者应当知道撤销事由之日起六个月内行使。

理解与适用

本条是对赠与人的继承人或者法定代理人的法定撤销权情形及撤销权行使期间的规定。赠与的撤销权本应属于赠与人，但因受赠人的违法行为致使赠与人死亡或使其丧失民事行为能力时，赠与人的撤销权事实上已经无法行使，由赠与人的继承人或者法定代理人行使才能实现赠与人订立赠与合同的意愿和目的。同时，也只有在赠与人不能行使其撤销权时，赠与人的继承人或法定代理人才有撤销赠与的权利。赠与人的继承人，是在赠与人已经死亡的情况下，应由赠与人的继承人行使撤销权。如赠与人有多个继承人，只要有一位继承人行使了此项权利，即可生效；赠与人的法定代理人，主要是在赠与人丧失行为能力的情况下，撤销赠与的权利可以由其法定代理人行使。

在受赠人的违法行为致使赠与人死亡的情形下，因致害行为而生的赠与人的撤销权由其继承人承受，赠与合同撤销后，返还的赠与财产应按赠与人的遗产处理。在受赠人的违法行为致使赠与人丧失民事行为能力的情况下，因致害行为而生的赠与人的撤销权仍归属赠与人享有，赠与人的法定代理人为被代理人的利益行使赠与人的撤销权，以保护赠与人的利益不受损害。赠与合同撤销后，返还的赠与财产应归属赠与人享有。

赠与人的继承人或法定代理人的撤销权为形成权，应当在法定期限内行使。根据本条第 2 款的规定，赠与人的继承人或法定代理人行使撤销权的除斥期间为 6 个月，自知道或者应当知道撤销原因之日起计算，并且不可中断、中止或延长。

第六百六十五条

撤销权人撤销赠与的，可以向受赠人请求返还赠与的财产。

本条主旨

本条是关于赠与撤销的法律后果的规定。

相关条文

《合同法》第194条　撤销权人撤销赠与的，可以向受赠人要求返还赠与的财产。

《民法典各分编（草案）》（2018年8月）第455条　撤销权人撤销赠与的，可以向受赠人要求返还赠与的财产。

《民法典合同编（草案）（二审稿）》（2018年12月）第455条　撤销权人撤销赠与的，可以向受赠人要求返还赠与的财产。

《民法典（草案）》（2019年12月）第665条　撤销权人撤销赠与的，可以向受赠人请求返还赠与的财产。

《民法典（草案）》（2020年5月22日大会审议稿）第665条　撤销权人撤销赠与的，可以向受赠人请求返还赠与的财产。

理解与适用

赠与人撤销权的行使，使已生效的赠与合同归于消灭，发生溯及既往的效力，赠与财产已经交付或者权利已经转移的，应予恢复。

赠与人任意撤销权的行使，将消灭已经生效的赠与合同。但赠与人任意撤销权仅能在赠与财产未交付、财产权利未转移的条件下行使。如赠与财产已交付、财产权利已转移，赠与人无权任意撤销赠与。在解释上，在赠与财产已经交付但财产权利尚未转移（如未办理转移登记）的情形之下，赠与人仍然可以行使任意撤销权。此际，赠与人仍然可向受赠人请求返还赠与的财产。

本条主要适用于赠与人行使法定撤销权的情形。赠与人法定撤销权的行使，当事人之间依原赠与合同所为的财产权利移转自应恢复原状。这主要是因为法定撤销权的行使一般是在赠与财产已经交付且权利已经发生移转的情况下发生的。一旦赠与人行使法定撤销权，赠与人有权要求受赠人返还受赠财产，恢复原状。如赠与财产已经毁损、灭失，赠与人也有权要求受赠人赔偿赠与物的价值损失。

第六百六十六条

赠与人的经济状况显著恶化，严重影响其生产经营或者家庭生活的，可以不再履行赠与义务。

本条主旨

本条是关于穷困抗辩权的规定。

相关条文

《合同法》第 195 条　赠与人的经济状况显著恶化，严重影响其生产经营或者家庭生活的，可以不再履行赠与义务。

《民法典各分编（草案）》（2018 年 8 月）第 456 条　赠与人的经济状况显著恶化，严重影响其生产经营或者家庭生活的，可以不再履行赠与义务。

《民法典合同编（草案）（二审稿）》（2018 年 12 月）第 456 条　赠与人的经济状况显著恶化，严重影响其生产经营或者家庭生活的，可以不再履行赠与义务。

《民法典（草案）》（2019 年 12 月）第 666 条　赠与人的经济状况显著恶化，严重影响其生产经营或者家庭生活的，可以不再履行赠与义务。

《民法典（草案）》（2020 年 5 月 22 日大会审议稿）第 666 条　赠与人的经济状况显著恶化，严重影响其生产经营或者家庭生活的，可以不再履行赠与义务。

理解与适用

穷困抗辩权，是指赠与合同成立之后，赠与人因其经济状况显著恶化，严重影响其生产经营或家庭生活的，可以拒绝履行赠与义务的情形。此种抗辩权是情势变更原则在赠与合同中的具体运用，其目的在于保证赠与人不会因为赠与他人一定的财产而使自己贫困，以此来实现较大的公平，保持互济互助的善良风俗。穷困抗辩权的设置基于赠与合同具有无偿性的特性，其实质上是为了在约束赠与人利益的同时，也保障赠与人的利益，以期平衡赠与人与受赠人之间的利益关系，追求实质公平和正义。

一、穷困抗辩权的构成

根据本条的规定，赠与合同穷困抗辩权须符合如下构成要件。

1. 须赠与人的经济状况显著恶化

显著恶化，是指在赠与合同成立之后，赠与人的经济状况发生重大的不良变化。这种不良变化，不仅表现为积极财产的明显减少，也表现为消极财产的明显增加。赠与人实施赠与，一般是在自己力所能及的范围内进行的，一般不会对赠与人的生产经营或者家庭生活造成严重影响。赠与人为赠与表示之后，若突遭巨变，以至于经济状况急转直下，无力履行赠与义务，或履行后将加剧经济状况的恶化，此时仍要求赠与人继续履行赠与义务，与济危扶困的道德传统多有不合。因此，在赠与人的经济状况显著恶化时，严重影响其生产经营或家庭生活的，应当允许赠与人行使穷困抗辩权。

2. 赠与人经济状况的恶化，须已严重影响到其生产经营或家庭生活

赠与人只有在经济状况恶化到已经严重影响其生产经营或家庭生活时，才可以拒绝履行赠与义务。“严重影响”，是指因为经济状况的恶化导致生产活动无法进行，或者生活状况急剧下降。“影响生产经营”，主要是针对赠与人是企业或者个体经营者的情形，赠与人必须将财产投入正常的生产经营中才能够正常的继续经营，如果强制要求赠与人继续履行赠与义务，将对其生产经营活动产生重大影响。此时法律应当允许赠与人提出抗辩。[①] “影响家庭生活”主要指因赠与人的经济状况严重恶化，导致其家庭开支严重拮据。是否严重影响赠与人的家庭生活，首先应判断赠与人经济状况陷入困难是否会严重危害其生计，即赠与合同的履行是否会使赠与人的生活水平产生实质性降低。而赠与人的生活水平是否发生实质性降低，则与赠与人的身份息息相关。“虽不至于必致三餐不济之地步，但至少亦感相当困苦始可，至果否如此，应以赠与人之身份地位决之。”[②] 由于赠与人的身份地位各异，经济状况也千差万别，因此，无法以统一的经济标准去衡量陷入贫困状况对赠与人家庭生活的影响是否严重，此时以身份的标准来判断是否严重影响其生计更加符合实质正义的要求，在司法实践中也更具可操作性。

3. 经济状况恶化须发生在赠与财产的权利转移之前

“不再履行赠与义务”，表明穷困抗辩权的行使，必须在赠与财产的权利尚未转移之前。抗辩权于相对人请求履行时行使，因此，穷困抗辩权必须在赠与财产的权利转移之前、受赠人请求履行时行使。如赠与财产的权利已经移转至受赠人，表明赠与合同已经履行完毕，受赠人已无履行请求权，穷困抗辩权无由发生。赠与财产的权利虽未移转，但受赠人未行使请求赠与人转移赠与财产的权利时，赠与人亦无法行使穷困抗辩权。

---

① 参见易军：《债法各论》，北京，北京大学出版社 2009 年版，第 87 页。

② 郑玉波：《民商法问题研究》（四），台北，作者 1991 年自版，第 82 页。

二、任意撤销权与赠与人贫困抗辩权的冲突

赠与合同任意撤销权的规定限制了穷困抗辩权的适用范围。本条规定的“不再履行”隐含的时间点应是赠与合同没有履行的部分，如已经履行完毕，则不存在“再履行”。如此时发生赠与人经济状况的恶化，对赠与合同未履行的部分，赠与人可以通过任意撤销权撤销这部分赠与。通常情况下，在赠与人的生产经营或者家庭生活难以为继之时，任意撤销权的行使足以满足赠与人撤销赠与的愿望和要求。本条规定只有在经过公证的赠与合同或者依法不得撤销的具有救灾、扶贫、助残等公益、道德义务性质的赠与合同的情形，才起到一定的作用。特殊赠与中，赠与人不得行使任意撤销权，赋予其穷困抗辩权，有利于保护赠与人，平衡各方当事人及社会利益。

第十二章

借款合同①

第六百六十七条

借款合同是借款人向贷款人借款，到期返还借款并支付利息的合同。

本条主旨

本条是关于借款合同的定义的规定。

相关条文

《合同法》第 196 条　借款合同是借款人向贷款人借款，到期返还借款并支付利息的合同。

《民法典各分编（草案）》（2018 年 8 月）第 457 条　借款合同是借款人向贷款人借款，到期返还借款并支付利息的合同。

《民法典合同编（草案）（二审稿）》（2018 年 12 月）第 457 条　借款合同是借款人向贷款人借款，到期返还借款并支付利息的合同。

《民法典（草案）》（2019 年 12 月）第 667 条　借款合同是借款人向贷款人借款，到期返还借款并支付利息的合同。

《民法典（草案）》（2020 年 5 月 22 日大会审议稿）第 667 条　借款合同是借款人向贷款人借款，到期返还借款并支付利息的合同。

① 本章的文献和案例整理得到了中国人民大学法学院硕士生章金、曾军、昌雨莎等同学的协助，特此致谢。

理解与适用

本条是对《合同法》第196条的完整保留。借款合同不仅包括以银行等金融机构为贷款人的借款合同，也应包括其他非银行金融机构为贷款人的借款合同。借款合同的标的为货币，包括本币和外币，从而将以实物为标的的使用借贷合同排除在借款合同之外。

借款合同的主体是贷款人和借款人。本章以金融机构借款为规制重点，贷款人以金融机构为主。从我国金融体系来看，金融机构包括：《银行业监督管理法》第2条第2款规定的银行业金融机构；由中国银保监会批准设立并履行监管职责的信托公司、财务公司、金融租赁公司、汽车金融公司、消费金融公司及货币经纪公司等非银行业金融机构。金融机构是借款合同的主要贷款人主体①，金融机构自身通常具有特殊性，其设立、运营和监管等事项都要适用国家制定的特殊规则，通常是依据法定程序所设立的、具有经营存贷款业务的金融机构。②

本条对于借款合同的贷款人并未作限制③，在解释上，以自有资金出借但并非以出借款项为业的自然人、法人或者非法人组织作为贷款人，亦无不可。④ 此时，适用《民间借贷司法解释》即可。最高人民法院民间借贷司法解释调研小组“建立和完善我国民间借贷法律规制的报告”调研数据显示，向其他企业借贷在企业民间借入资金来源中占61.74%，成为中小企业借贷资金的主要来源。⑤ 放松企业间借贷有助于形成金融机构的融资活动与民间借贷的民间融资活动的“双轨制”，以金融机构融资为主，以民间融资活动为辅，全面依法保护，以保障社会、经济发展的资金需要，解决中小企业融资难问题。⑥ 《民间借贷司法解释》将国家金融监管部门之外的法人、非法人组织、自然人之间及其相互之间因借款合同引发的纠纷均纳入了其规范范畴，并规定，除存在法定无效事由或者该解释第14条规定的情形外，当事人主张合同有效的，人民法院应予支持。

---

① 参见杜万华主编：《最高人民法院民间借贷司法解释理解与适用》，北京，人民法院出版社2015年版，第48～49页。

② 参见王利明：《合同法研究（第三卷）》（第二版），北京，中国人民大学出版社2015年版，第241页。

③ 参见龙翼飞、杨建文：《企业间借贷合同的效力认定及责任承担》，载《现代法学》2008年第2期。

④ 参见黄薇（全国人大常委会法制工作委员会民法室主任）主编：《中华人民共和国民法典合同编解读（下册）》，北京，中国法制出版社2020年版，第696页。

⑤ 参见王林清：《论企业间借贷正当性的法律分析》，载《法学评论》2015年第4期。

⑥ 参见杨立新：《民间借贷关系法律调整新时期的法律适用尺度》，载《法律适用》2015年第11期。

根据双方当事人是否互负具有对价意义的债务，合同可以分为双务合同和单务合同。单务合同是指一方当事人负担给付义务的合同；双务合同指双方当事人互负具有对价意义的债务的合同，或者说双方互负居于给付与对待给付关系之义务的合同。区分双务合同与单务合同的意义，在于厘清风险负担、同时履行抗辩权以及合同解除制度的适用问题。① 从这个角度出发，若借款合同为诺成合同，则负担利息的借款合同即为双务合同，无偿的借款合同即为单务合同；若合同为实践合同（自然人之间的借款合同），则因为合同成立后仅借款人负有返还义务，因而为单务合同。② 简而言之，自然人之间的借款合同一般为单务合同，金融借款合同为双务合同。③

借款合同可以是要式合同，也可以是不要式合同。法律规定符合特定方式才能成立的合同，为要式合同；无须以特定方式订立合同即可成立的，为不要式合同。《民法典》第 668 条第 1 款规定："借款合同应当采用书面形式，但是自然人之间借款另有约定的除外。"据此，采用书面形式的借款合同为要式合同，自然人之间的借款如果未采用书面形式的，为不要式合同。

其他问题

我国实践中尚存"借用合同"这一交易类型，借用合同和借款合同是传统民法中借贷的具体类型，在我国台湾地区即被总括为"借贷"（消费借贷）④。我国立法上的有名合同仅规定了借款合同，与传统大陆法借贷合同的模式有所区别。我国法没有采取《德国民法典》的模式，主要有如下理由：第一是对于相关纠纷的产生认识尚付阙如，借款合同立法时，立法者认为消费借贷主要是在自然人之间发生的，产生争议的情形较少；第二是认为可以类推适用相似制度，区分消费借贷和使用借贷在我国司法实践中并无必要。在消费借贷中，对于货币以外的其他种类物的借贷，其规则类似于借款，其对象是种类物，在返还的时候都是替代物，通常可以参照借款合同的规定适用。因此，即便我国立法没有明确规定使用借贷和消费借贷，也不影响实践中对相关纠纷的处理。⑤ 直接参与立法的同志也认为，我国立法上并未设"消费借贷"的概念，而是以调整金融机构与自然人、

① 参见韩世远：《合同法总论》（第四版），北京，法律出版社 2018 年版，第 78 页。

② 参见王利明：《合同法研究（第三卷）》（第二版），北京，中国人民大学出版社 2015 年版，第 243 页。

③ 参见屈茂辉：《中国合同法学》，长沙，湖南大学出版社 2003 年版，第 210、212 页。

④ 王利明：《合同法研究（第三卷）》（第二版），北京，中国人民大学出版社 2015 年版，第 119 页。

⑤ 参见王利明：《合同法研究（第三卷）》（第二版），北京，中国人民大学出版社 2015 年版，第 244 页。

法人和其他非法人组织之间的关系为主，借款合同沿用了我国《经济合同法》的概念，仅指消费借贷合同的内容。①

第六百八十八条

借款合同应当采用书面形式，但是自然人之间借款另有约定的除外。

借款合同的内容一般包括借款种类、币种、用途、数额、利率、期限和还款方式等条款。

本条主旨

本条是关于借款合同的形式和内容的规定。

相关条文

《合同法》第 197 条　借款合同采用书面形式，但自然人之间借款另有约定的除外。

借款合同的内容包括借款种类、币种、用途、数额、利率、期限和还款方式等条款。

《商业银行法》第 37 条　商业银行贷款，应当与借款人订立书面合同。合同应当约定贷款种类、借款用途、金额、利率、还款期限、还款方式、违约责任和双方认为需要约定的其他事项。

《民法典各分编（草案）》（2018 年 8 月）第 458 条　借款合同采用书面形式，但是自然人之间借款另有约定的除外。

借款合同的内容包括借款种类、币种、用途、数额、利率、期限和还款方式等条款。

《民法典合同编（草案）（二审稿）》（2018 年 12 月）第 458 条　借款合同采用书面形式，但是自然人之间借款另有约定的除外。

借款合同的内容包括借款种类、币种、用途、数额、利率、期限和还款方式等条款。

《民法典（草案）》（2019 年 12 月）第 668 条　借款合同应当采用书面形式，但是自然人之间借款另有约定的除外。

---

①　参见全国人大常委会法制工作委员会（胡康生主编）：《中华人民共和国合同法释义》（第三版），北京，法律出版社 2013 年版，第 323 页。

借款合同的内容一般包括借款种类、币种、用途、数额、利率、期限和还款方式等条款。

《民法典（草案）》（2020年5月22日大会审议稿）第668条　借款合同应当采用书面形式，但是自然人之间借款另有约定的除外。

借款合同的内容一般包括借款种类、币种、用途、数额、利率、期限和还款方式等条款。

理解与适用

本条是在《合同法》第197条基础上修改而成的，仅作了文字调整。

一、借款合同的形式

本条第1款规定："借款合同应当采用书面形式，但是自然人之间借款另有约定的除外。"由此可见，除自然人之间的借款合同可以采取口头形式或者其他形式外，借款合同原则上应为要式合同。日常生活中，自然人之间较少采用书面合同形式约定借款种类、币种、用途、数额、期限和还款方式等条款，而是采取由借款人向出借人出具借条、收条等债权凭证的方式表明双方间的借贷合意。[①]本条第1款中的书面形式，是指合同书、信件、电报、电传、传真等可以有形地表现所载内容的形式。以电子数据交换、电子邮件等方式能够有形地表现所载内容，并可以随时调取查用的数据电文，视为书面形式。本条规定与《商业银行法》的规定相一致。该法第37条规定："商业银行贷款，应当与借款人订立书面合同。合同应当约定贷款种类、借款用途、金额、利率、还款期限、还款方式、违约责任和双方认为需要约定的其他事项。"

借款合同采用书面形式具有如下优势：第一，保存证据、定分止争。大多数论者提出，由于书面形式有文字等内容，能够再现达成的合同，这种形式能够在涉及纠纷时做到有据可查。[②] 第二，明确双方权利义务，可以在双方的缔约中起到划定权利义务的境界线之目的，维护金融安全和金融秩序，维护金融机构信贷

① 参见"王海潮、陈士伟民间借贷纠纷再审案"，湖北省高级人民法院（2019）鄂民再248号民事判决书；《民间借贷司法解释》第2条第1款规定："出借人向人民法院起诉时，应当提供借据、收据、欠条等债权凭证以及其他能够证明借贷法律关系存在的证据。"

② 参见崔建远：《合同法学》，北京，法律出版社2015年版，第65页；全国人大常委会法制工作委员会（胡康生主编）：《中华人民共和国合同法释义》（第三版），北京，法律出版社2013年版，第20-21页。

资金安全。[①] 第三，信息告知和警示功能，便于利害关系人检索查阅和对交易后果产生合理预期和警觉，通过合同的形式要件，实际上是给当事人一次深思熟虑的机会，以免其作出草率的决定，以降低交易成本，减少纠纷发生。[②]

自然人之间的借贷可以使用其他形式订立，但是法律鼓励自然人之间用书面形式订立合同。因此，尽管当事人之间没有签订民间借贷合同，但双方之间通过借贷及还款的资金往来事实形成了民间借贷合同关系；具备《民间借贷司法解释》第 2 条的转账汇款等凭据，也成立借贷合同关系。[③]

二、借款合同的内容

借款合同的内容又称借款合同的条款。根据本条第 2 款的规定，借款合同的内容一般包括以下条款。

（一）种类

在金融机构作为贷款人的情况下，针对不同种类的借款实行不同的信贷政策。例如，根据贷款资金来源，可以分为自营贷款、委托贷款和特定贷款。其中，自营贷款系指贷款人以合法方式筹集的资金自主发放的贷款，其风险由贷款人承担，并由贷款人收回本金和利息；委托贷款系指委托人提供资金，由商业银行（受托人）根据委托人确定的借款人、用途、金额、币种、期限、利率等代为发放、协助监督使用、协助收回的贷款；特定贷款系指经国务院批准并对贷款可能造成的损失采取相应补救措施后责成国有独资商业银行发放的贷款。按照贷款的期限，贷款可分为短期贷款、中期贷款和长期贷款。其中，短期贷款系指贷款期限在 1 年以内（含 1 年）的贷款；中期贷款系指贷款期限在 1 年以上（不含 1 年）5 年以下（含 5 年）的贷款；长期贷款，系指贷款期限在 5 年（不含 5 年）以上的贷款。按照贷款是否需要担保，还可将贷款分为信用贷款、担保贷款和票据贴现。其中，信用贷款系指以借款人的信誉发放的贷款；担保贷款系指保证贷款、抵押贷款、质押贷款；票据贴现系指贷款人以购买借款人未到期商业票据的

---

① 参见全国人大常委会法制工作委员会（胡康生主编）：《中华人民共和国合同法释义》（第三版），北京，法律出版社 2013 年版，第 324 页；王利明：《合同法研究（第三卷）》（第二版），北京，中国人民大学出版社 2015 年版，第 241 页；郭明瑞、房绍坤主编：《合同法学》，上海，复旦大学出版社 2009 年版，第 300 页。

② 参见孙学政、李宝军：《合同法定形式的效力》，载马新彦主编：《民法现代性与制度现代化》，长春，吉林大学出版社 2002 年版，第 86 页；韩世远：《合同法总论》（第四版），北京，法律出版社 2018 年版，第 109 页。

③ 参见“叶鑫与黄锡斌、厦门西华家具有限公司民间借贷纠纷上诉案”，最高人民法院（2016）民终 645 号民事判决书。

方式发放的贷款。

（二）币种

币种是指借款是人民币还是外国货币。当事人对币种没有约定的，推定为人民币。

（三）用途

用途是指借款使用的目的。根据我国现行的金融政策，向金融机构的借款应当专款专用。借款用途的不同，利率水平和监管要求也不同。根据用途的不同，借款可以分为固定资产贷款、流动资金贷款、项目融资贷款等，其中，固定资产贷款，是指贷款人向企（事）业法人或国家规定可以作为借款人的其他组织发放的，用于借款人固定资产投资的本外币贷款；流动资金贷款，是指贷款人向企（事）业法人或国家规定可以作为借款人的其他组织发放的用于借款人日常生产经营周转的本外币贷款；项目融资贷款，是指符合以下特征的贷款：贷款用途通常是用于建造一个或一组大型生产装置、基础设施、房地产项目或其他项目，包括对在建或已建项目的再融资；借款人通常是为建设、经营该项目或为该项目融资而专门组建的企事业法人，包括主要从事该项目建设、经营或融资的既有企事业法人；还款资金来源主要依赖该项目产生的销售收入、补贴收入或其他收入，一般不具备其他还款来源。

（四）数额

数额是指借款数量的多少，包括借款的总金额以及在分批支付借款时，每一次支付借款的金额。

（五）利率

利率是指借款人和贷款人约定的应付利息的数额与借款数额的比率。借款利率从结构上划分，可分为基准利率、法定利率、浮动利率、差别利率、加息、贴息等八种主要形式。① 为促进金融借款利率的市场化改革，中国人民银行于 2004 年发布《中国人民银行关于调整金融机构存、贷款利率的通知》（银发〔2004〕251 号，以下简称《调整金融机构存、贷款利率的通知》），该通知第 2 条取消了金融机构（城乡信用社除外）借款利率的上限，即“金融机构（城乡信用社除外）贷款利率不再设定上限。商业银行贷款和政策性银行按商业化管理的贷款，其利率不再实行上限管理，贷款利率下浮幅度不变”。2015 年，最高人民法院制定的《民间借贷司法解释》对民间借贷的利率进行了规制，并划定了年利率

① 参见张少鹏主编：《借款合同理的理论与实务》，厦门，厦门大学出版社 1995 年版，第 37 页；韩自强、郑玉敏主编：《合同法学》，厦门，厦门大学出版社 2012 年版，第 242 页。

24%的有效界限。[①] 2020年，最高人民法院修改了《民间借贷司法解释》，将利率限定于一年期贷款市场报价利率的4倍。[②] 虽然《民间借贷司法解释》规定该解释不适用于金融机构因发放贷款等相关金融业务引发的纠纷，但该解释的出台也引发了实践中关于金融借款利率上限的讨论。2017年，最高人民法院颁布了《关于进一步加强金融审判工作的若干意见》（法发〔2017〕22号，以下简称《金融审判工作意见》），规定将民间借贷中24%的利率上限也适用于金融借款合同纠纷[③]，这相当于在司法层面划定了金融借款的利率上限。

为深化利率市场化改革，推动降低实体利率水平，自2019年8月20日起，中国人民银行已经授权全国银行间同业拆借中心于每月20日（遇节假日顺延）9时30分公布贷款市场报价利率（LPR），中国人民银行贷款基准利率这一标准已经取消。因此，自此之后人民法院裁判贷款利息的基本标准应改为全国银行间同业拆借中心公布的贷款市场报价利率。应予注意的是，贷款利率标准尽管发生了变化，但存款基准利率并未发生相应变化，相关标准仍可适用。

（六）期限

期限是指借款人使用借款的时间。当事人一般根据借款人的生产经营周期、还款能力和贷款人的资金供给能力等，约定借款期限。根据《贷款通则》的规定，自营贷款期限最长一般不超过10年，超过10年的应当报中国人民银行备案。票据贴现期限最长不得超过6个月，贴现期限为从贴现之日起到票据到期日止。公民之间借款的期限由当事人自行约定。

（七）还款方式

还款方式是指贷款人和借款人约定偿还借款的结算方式。

以上所列举的内容仅是借款合同一般包括的条款，除了以上七项内容外，借款合同的当事人还可以对其他需要约定的内容作出约定。可以约定的其他内容可能包括：合同变更条款，即由于一定的法律事实的出现，借贷双方同意修改原合同，产生新的债权债务关系；贷款人行使监督权的方式；加速条款，即在贷款到

---

① 《民间借贷司法解释》原第26条第1款规定："借贷双方约定的利率未超过年利率24%，出借人请求借款人按照约定的利率支付利息的，人民法院应予支持。"

② 《民间借贷司法解释》第26条规定："出借人请求借款人按照合同约定利率支付利息的，人民法院应予支持，但是双方约定的利率超过合同成立时一年期贷款市场报价利率四倍的除外。""前款所称'一年期贷款市场报价利率'，是指中国人民银行授权全国银行间同业拆借中心自2019年8月20日起每月发布的一年期贷款市场报价利率。"

③ 《关于进一步加强金融审判工作的若干意见》第2条第2款规定："金融借款合同的借款人以贷款人同时主张的利息、复利、罚息、违约金和其他费用过高，显著背离实际损失为由，请求对总计超过年利率24%的部分予以调减的，应予支持，以有效降低实体经济的融资成本。"

期前，由于所约定的事项发生，贷款人有权不受原合同期限的约束，而提前解除合同并且要求借款人偿付借款的本金及占用期间的利息。①

上述条款中，当事人的姓名或名称以及借款的数量是借款合同的必备条款，缺之将导致借款合同不成立。② 至于用途、利率、期限和还款方式等条款则为非必备条款，缺之不影响借款合同的成立。不过，也有观点认为，由于国家金融机构对金融贷款实施专款专用、分口监管，贷款用途亦为必备条款：根据我国现行金融政策，为监督借款人对借款的使用，保障借款的及时收回，以维护金融机构的利益，合同中应当明确约定借款用途。③

值得注意的是，《合同法》第 198 条规定："订立借款合同，贷款人可以要求借款人提供担保。担保依照《中华人民共和国担保法》的规定。"在民法典编纂过程中，由于担保法的内容全部纳入民法典物权编和合同编之中，该条内容已在相关条文中体现，比如《民法典》第 387 条等，因此，《合同法》的该条内容没有必要再作规定，故在编纂过程中删去。④ 担保合同既可以与借款合同在同一合同文本中约定，也可以单独约定。即使在同一合同文件中同时约定，在解释上，借款合同和担保合同也是相互独立、彼此联系的两个合同。

第六百六十九条

订立借款合同，借款人应当按照贷款人的要求提供与借款有关的业务活动和财务状况的真实情况。

本条主旨

本条是关于借款人提供真实情况的义务的规定。

相关条文

《合同法》第 199 条　订立借款合同，借款人应当按照贷款人的要求提供与借款有关的业务活动和财务状况的真实情况。

《商业银行法》第 35 条　商业银行贷款，应当对借款人的借款用途、偿还能

① 参见张少鹏主编：《借款合同理的理论与实务》，厦门，厦门大学出版社 1995 年版，第 38－39 页。

② 参见王利明主编：《合同法评论》（第 2 辑），北京，人民法院出版社 2004 年版，第 255 页。

③ 参见郭明瑞、房绍坤主编：《合同法学》，上海，复旦大学出版社 2009 年版，第 298 页。

④ 参见黄薇（全国人大常委会法制工作委员会民法室主任）主编：《中华人民共和国民法典合同编解读（下册）》，北京，中国法制出版社 2020 年版，第 702 页。

力、还款方式等情况进行严格审查。

商业银行贷款，应当实行审贷分离、分级审批的制度。

《民法典各分编（草案）》（2018 年 8 月）第 459 条 订立借款合同，借款人应当按照贷款人的要求提供与借款有关的业务活动和财务状况的真实情况。

《民法典合同编（草案）（二审稿）》（2018 年 12 月）第 459 条 订立借款合同，借款人应当按照贷款人的要求提供与借款有关的业务活动和财务状况的真实情况。

《民法典（草案）》（2019 年 12 月）第 669 条 订立借款合同，借款人应当按照贷款人的要求提供与借款有关的业务活动和财务状况的真实情况。

《民法典（草案）》（2020 年 5 月 22 日大会审议稿）第 669 条 订立借款合同，借款人应当按照贷款人的要求提供与借款有关的业务活动和财务状况的真实情况。

理解与适用

本条是对《合同法》第 199 条的完整保留。

一、借款人提供真实情况义务的内容

借款人提供真实情况义务的内容与借款有关的业务活动和财务状况，包括两个方面：一是与借款有关的业务活动的基本情况。比如，借款人提供有关产品和生产经营方面的材料，以便于贷款人确定借款人生产的产品是否具有市场、生产经营是否有效益，能否做到不挪用所借资金等。二是借款人财务状况的真实情况。借款人可以按照贷款人的要求，如实提供所有的开户行、账号及存贷款余额情况，使贷款人全面充分地了解借款人实际账面资金的运作情况，以便贷款人能判断借款人偿还借款的能力。借款人还应当提供财政部门或会计师事务所核准的上年度财务报告，使贷款人了解即期的生产经营情况和财务状况，从而在总体上把握借款人的经营和资信状况，保障借款的安全。①

按照《贷款通则》的规定，借款人在申请贷款时，必须填写包括借款用途、偿还能力、还款方式等主要内容的借款申请书，并提供以下资料：（1）借款人及保证人基本状况；（2）财政部门或会计（审计）事务所核准的上年度财会报告以及申请借款前一期的财政报告；（3）原有不合理占有贷款的纠正情况；（4）抵押物、质物清单和有处分权人的同意抵押、质押的证明及保证人拟同意保证的有关证明文件。申请中长期贷款还必须提供以下材料：（1）项目可行性报告；（2）项目开工前期准

① 参见全国人大常委会法制工作委员会（胡康生主编）：《中华人民共和国合同法释义》（第三版），北京，法律出版社 2013 年版，第 327 页。

备工作完成情况的报告；(3) 在开户银行存入了规定比例资金的证明；(4) 经有权单位批准下达的项目投资计划或开工通知书；(5) 按规定项目竣工投产所需自筹流动资金落实情况及证明材料；(6) 贷款人认为需要提供的其他资料等。①

借款人的资产将构成偿还贷款的责任财产，了解借款人的资产状况，有利于贷款人正确评估借款人未来的偿还能力，有助于贷款机构对借款人的借款用途、偿还能力、还款方式等情况进行严格审查。在借款活动中，贷款人收到借款人送交的借款要约之后，应根据国家的金融管理法规、规章和信贷政策，做好贷前调查立项工作，对借款人的信用等级以及借款的合法性、安全性、盈利性等情况进行调查。在此调查过程中，借款人应当尽到必要的协助义务。②

二、借款人未提供真实情况的法律后果

就此，裁判实践中大多认为，借款人对提供信息的真实性负责，不得以信息不真实为由拒绝履行还款义务。例如，在“戴欣敏与招商银行股份有限公司马鞍山分行等金融借款合同纠纷上诉案”③ 中，法院认为，招商银行马鞍山分行对上诉人提交的贷款材料承担形式审查义务，《合同法》第 199 条规定订立借款合同，借款人应当按照贷款人的要求提供与借款有关的业务活动和财务状况的真实情况，因此戴欣敏应当对自己在贷款中向银行提供材料的真实性负责，戴欣敏主张部分签字行为不是其本人以及自存自贷的抗辩理由，因证据不足本院不予采信。戴欣敏作为完全民事行为能力人应当对自己与招商银行马鞍山分行之间签订的《个人授信及担保协议》《周转协议书》是明知的，在两份协议书上签字也是对贷款前期向银行提供相关材料的认可，更是各方真实意思表示，且案涉前两笔款项的放款和还款均正常，即便贷款过程中存在一些瑕疵，但这些瑕疵仍不足以排除戴欣敏承担还款责任，戴欣敏作为合同的相对方应当履行还款义务。

裁判中，多数观点认为，商业银行对虚假信息未履行严格审查义务的，不影响合同效力。例如，在“张俊恒等诉中国银行股份有限公司昆明市民航路支行金融借款合同纠纷再审案”中，云南省高级人民法院认为，李兴祥使用伪造张俊恒、孙应仙签字捺印的委托书是其单方违法行为，并不改变其真实的代理人身份，张俊恒、孙应仙无证据证明双方委托关系已经解除或者终止。李兴祥以张俊恒、孙应仙名义与中国银行签订借款和抵押合同是履行约定的合同义务，双方签

---

① 参见屈茂辉主编：《中国合同法学》，长沙，湖南大学出版社 2003 年版，第 210 页。

② 参见韩自强、郑玉敏主编：《合同法学》，厦门，厦门大学出版社 2012 年版，第 243 页。

③ 安徽省马鞍山市中级人民法院（2017）皖 05 民终 569 号民事判决书。

订的《个人循环贷款额度协议》《个人循环贷款最高额抵押合同》《个人抵（质）押循环贷款合同》未超出授权委托范围，李兴祥的代理行为合法有效，中国银行与张俊恒、孙应仙形成借款和抵押合同关系，双方当事人应当按合同约定履行义务。中国银行已按约履行放贷义务；合同履行期间，张俊恒未按约付息，构成违约，符合约定合同解除条件，中国银行主张解除合同，返还借款本金并支付利息和逾期利息，有事实和法律依据，本院予以支持。因张俊恒违约，中国银行提起诉讼支出律师费 30 991 元，该费用由张俊恒承担符合双方约定，且金额在合理支出范围，本院予以支持。中国银行与张俊恒、孙应仙形成抵押合同关系，约定的抵押物已经办理抵押登记手续，中国银行的抵押权设立，其主张实现抵押权，未超出约定抵押担保范围，本院予以支持。中国银行与代理人李兴祥面谈，而未与被代理人张俊恒、孙应仙面谈符合代理关系的法律规定。中国银行审查借款人的借款用途及还款能力均是执行其内部管理规定，是否存在审查不严或者违反规定的情形，均不影响本案借款抵押合同的效力。……本院二审判决认定事实清楚，适用法律正确，处理适当，本院予以维持。再审申请人张俊恒、孙应仙的申诉请求不能成立，本院不予支持。①

学说上亦有观点认为，若当事人未提供真实情况的，可以按照法律上关于欺诈的规定处理。② 因欺诈订立的合同属于可撤销的合同，如果其侵犯国家利益，则属于无效合同。在“臧术美、李聪明与中国光大银行股份有限公司上海漕河泾开发区支行金融借款合同纠纷审判监督案”中，上海市高级人民法院认为，借款合同签订后，被申请人发现了抵押物上户籍迁出情况与再审申请人原提交材料不符的，其有权变更或撤销合同。③

其他问题

关于借款人提供真实情况义务的性质，学说上一直存在争议。

第一种观点认为，借款人提供真实情况的义务属于法定义务，不是一种双方缔约磋商中照顾保护的合同义务，更不属于先合同义务。法律之所以要求借款人负有如实告知真实情况的义务，主要是基于如下考虑：其一，是为了方便国家对借款人借款用途的监管，以防止借款人将所借款项用于从事非法活动。其二，根

① 参见“张俊恒等诉中国银行股份有限公司昆明市民航路支行金融借款合同纠纷再审案”，云南省昆明市中级人民法院（2016）云 01 民再 40 号民事判决书。

② 参见崔建远：《合同法学》，北京，法律出版社 2015 年版，第 357 页。

③ 参见“臧术美、李聪明与中国光大银行股份有限公司上海漕河泾开发区支行金融借款合同纠纷审判监督案”，上海市高级人民法院（2019）沪民申 172 号民事裁定书。

据诚实信用原则，借款人向贷款人如实告知其真实业务活动和财务状况，也可以使贷款人对借款人的偿还能力进行判断，从而决定是否对其进行借贷。其三，有利于保护贷款人的利益。借款人如实告知其真实情况，有利于贷款人对其进行监督，确保借款人按期偿还本息，防止因贷款欺诈造成国有资产流失。①

第二种观点认为，借款人提供真实情况的义务属于先合同义务而非合同义务。借款人违反如实陈述义务造成贷款人损失的，应当承担缔约过失责任。在金融机构借款合同中，借款人之所以负有如实陈述的义务，是因为借款人有关的业务活动的情况和财产状况如何，直接涉及借款人的还贷能力，反映着借款人的信用，所以为保障借款能够收回，保障贷款的安全，贷款人一般要对借款人的信用进行调查、了解。同时，应贷款人的要求，借款人应如实陈述与借款有关的情况。当然，若贷款人不要求借款人提供有关情况的，借款人则无陈述的义务。②

第三种观点认为，借款人提供真实情况的义务是一种借款人在合同上与贷款人约定的"容忍义务"，即借款人负有容忍贷款人按照约定检查、监督借款使用情况。借款人应当按照约定向贷款人定期提供有关财务会计报表等资料。该项义务基于约定。③ 同样，若借款人和贷款人未就该义务进行约定，借款人亦无陈述相关情况的义务，也无须承担相应的责任。

第六百七十条

借款的利息不得预先在本金中扣除。利息预先在本金中扣除的，应当按照实际借款数额返还借款并计算利息。

本条主旨

本条是关于借款利息的预先扣除的规定。

相关条文

《合同法》第 200 条　借款的利息不得预先在本金中扣除。利息预先在本金中扣除的，应当按照实际借款数额返还借款并计算利息。

《民法典各分编（草案）》（2018 年 8 月）第 460 条　借款的利息不得预先在本

① 参见王利明：《合同法研究（第三卷）》（第二版），北京，中国人民大学出版社 2015 年版，第 251 页。

② 参见郭明瑞、房绍坤主编：《合同法学》，上海，复旦大学出版社 2009 年版，第 300 页。

③ 参见黄彤主编：《合同法》，杭州，浙江大学出版社 2013 年版，第 185 页。

金中扣除。利息预先在本金中扣除的，应当按照实际借款数额返还借款并计算利息。

《民法典合同编（草案）（二审稿）》（2018 年 12 月）第 460 条　借款的利息不得预先在本金中扣除。利息预先在本金中扣除的，应当按照实际借款数额返还借款并计算利息。

《民法典（草案）》（2019 年 12 月）第 670 条　借款的利息不得预先在本金中扣除。利息预先在本金中扣除的，应当按照实际借款数额返还借款并计算利息。

《民法典（草案）》（2020 年 5 月 22 日大会审议稿）第 670 条　借款的利息不得预先在本金中扣除。利息预先在本金中扣除的，应当按照实际借款数额返还借款并计算利息。

理解与适用

本条是对《合同法》第 200 条的完整保留。

一、借款的利息不得预先在本金中扣除

贷款人在贷款时，将按照贷款利率计算的贷款利息预先在本金中扣除，民间称为“贴水贷款”“砍头息”“抽头”。实务中，有观点认为，民间借贷双方当事人有权自由选择利息支付时间，预扣利息即先支付利息后使用借款，只要出于借款人自愿、真实之意思表示，司法不应予以否定评价。[①] 本条对这一观点予以否定。

《民法典》第 667 条规定：“借款合同是借款人向贷款人借款，到期返还借款并支付利息的合同。”由此可见，支付利息的时间点是在借款到期时。利息不应当预先扣除。《民法典》第 674 条规定：“借款人应当按照约定的期限支付利息。对支付利息的期限没有约定或者约定不明确，依据本法第五百一十条的规定仍不能确定，借款期间不满一年的，应当在返还借款时一并支付；借款期间一年以上的，应当在每届满一年时支付，剩余期间不满一年的，应当在返还借款时一并支付。”据此可以认为，对于支付利息期限没有约定或者约定不明确的，在法定的支付利息的时间点上，借款人是在为已经过去的、其已经实际使用本金的这个时间段，支付利息。通常且已经形成习惯的对价支付方式应是先使用、后支付。[②]

本条前段规定，借款的利息不得预先在本金中扣除。法律作出此种规定主要

① 参见胡毅杰：《收到借款后立即支付利息与预先扣除利息不同》，陈新军律师的新浪博客，链接：http：//blog. sina. com. cn/s/blog _ 515ede5f0102xgzv. html，最后访问时间：2020 年 2 月 10 日。

② 参见何志、黄砚丽主编：《最高人民法院民间借贷司法解释精释精解》，北京，中国法制出版社 2016 年版，第 333 页。

是为了保障交易的公平，防止贷款人利用其优势地位损害借款人的利益。[①] 借款的数额和利息是借款合同需要规定的主要内容，当事人在订立借款合同时一般要对借款数额和利息的多少及支付期限作出明确的约定。一般来说，借款利息是在借款期限届满时或者合同履行期间按照约定分批偿付给贷款人。但是，现实中有的贷款人为了确保利息的收回，在提供借款时就将利息从本金中扣除，造成借款人借到的本金实质上为扣除利息后的数额。这种做法虽然使贷款人的利息提前收回，减少了借款的风险，却损害了借款人的合法利益，使借款人实际上得到的借款少于合同约定的借款数额，影响其资金的正常使用，加重了借款人的负担，也容易引起借款合同双方当事人的纠纷。为了解决借款实践中经常出现的问题，体现合同公平的原则，防止贷款人利用优势地位确定不平等的合同内容，本条明确规定，贷款人在提供借款时不得预先将利息从本金中扣除。[②]《民间借贷司法解释》第 27 条规定："借据、收据、欠条等债权凭证载明的借款金额，一般认定为本金。预先在本金中扣除利息的，人民法院应当将实际出借的金额认定为本金。"据此，在借款人对贷款人在出借款项时即已收取利息的事实提出证据后，法院便不会以借据等证据载明的借款金额作为本金，而会以该本金减去贷款人已收取的利息后的数额作为本金。

这一规定有利于防止违法高利借贷行为。在民间借贷的现实操作中，出借人，尤其是职业放贷人往往都怀有收取超越法律规定界限的利息之目的，而为了避免在纠纷诉至法院后，超过红线部分的利息被认定为无效，出借人往往想尽办法采用各种方式掩饰高额利息，例如，有的在约定利息之外另行约定违约金；有的在借款合同条款中并不约定利息，但在暗中索要高额利息，并要求借款人就该笔利息的总金额作为本金与其另行订立一份借款合同，即一份合同出借本金，另一份合同出借利息，而出借利息的合同项下，出借人没有支付合同价款的义务，却有着坐等收取借款人还款的权利；还有的用预扣本金的方式掩盖高息，在支付本金的同时直接将利息扣除，甚至还在合同中注明用现金支付多少金额，而现金支付部分实际上就是预扣的利息；等等。这些行为都是为法律所禁止的，因为其以合法的形式掩盖了实际上超越利率红线的客观情况，必须给予否定性评价，否

① 参见王利明：《合同法研究（第三卷）》（第二版），北京，中国人民大学出版社 2015 年版，第 258 页。

② 参见全国人大常委会法制工作委员会（胡康生主编）：《中华人民共和国合同法释义》（第三版），北京，法律出版社 2013 年版，第 353 页。

则，钻营者愈加有恃无恐，司法解释规定的“二区三线”的利率上限将会形同虚设。① 尽管法律对于提前扣除利息的做法采取否定性评价，但实践中对于本金数额的争议一直是审判实践的难点，原因在于：一是我国尚未采取大额款项支付必须强制通过银行走账的方式，出借双方往往对于大额现金支付款项数额与借条等债权凭证载明数额存有争议；二是当事人提前扣除利息方式比较隐蔽，甚至游走于法律边缘；三是当事人在诉讼之前往往经过多次结算，形成新的借条、借款协议等债权凭证，将利息甚至法律不予保护的高息计入本金，表面证据记载金额与法律合法保护数额并不一致。②

二、预扣利息行为的认定

由于本条内容是指在交付借款时不得直接扣除利息，对交付借款后当事人直接支付利息的行为未加明确规定，实践中存在多种规避方式。

一是出借人实际扣除利息后现金给付借款人，借款人向出借人出具全额的借条或者借款合同。第二种情况是收到借款后当场支付全部利息，也存在虚构现金交易事实上达成当场支付利息效果。例如：2014 年 5 月 26 日，被告谢某、陈某向原告张某借款 500 万元，同月 28 日，中国农业银行银行卡业务回单载明，张某向谢某的账户转入 476 万元。同日，被告谢某、陈某向张某出具《借款收据》，载明二人收到张某的借款 500 万元。③

二是出借人实际给付借款人的款项是转账支付，出借人实际扣下的利息则双方约定是以现金方式支付，借款人向出借人出具全额的借条或者借款合同。2014 年 1 月 26 日，被告刘某向原告李某借款 50 万元，双方约定利息为月利率 3%。同一天，李某将 47 万元以银行转账方式支付给刘某。同日，刘某还写了一份收据，收据载明收到李某的现金 3 万元。④

三是出借人以转账的方式全额支付给借款人，借款人随即将利息支付给出借人，借款人向出借人出具全额的借条或者借款合同。例如分期借款中，本期直接

① 参见何志、黄砚丽主编：《最高人民法院民间借贷司法解释精释精解》，北京，中国法制出版社 2016 年版，第 334 页。

② 参见杜万华主编：《最高人民法院民间借贷司法解释理解与适用》，北京，人民法院出版社 2015 年版，第 480 页。

③ 参见“广东原创动力文化传播有限公司与义乌市奕安文化用品有限公司、四川北山商业连锁经营管理有限公司著作权侵权纠纷案”，四川省达州市中级人民法院（2015）达中民初字第 9 号民事判决书。

④ 参见“李云莺与姚美琴、刘鹏等民间借贷纠纷上诉案”，山东省青岛市中级人民法院（2016）鲁 02 民终 7578 号民事判决书。

预付下期利息。[1] 例如：张三因购买自住房屋向李四借款20万元，双方的借款合同中约定借款金额为20万元，借期1年，月利率为2%，每月15日张三以现金形式向李四支付下一个月的利息。合同订立后，李四于2015年3月15日向张三支付现金20万元，当日，张三又向李四支付3月15日至4月14日的月利息4 000元。此后每月的15日，张三都按时向李四支付下一月的利息。

四是通过咨询费、服务费等名目变相预扣。例如：2014年7月21日，潘某与夏某签订借款协议约定，潘某向夏某借款61 898元。同日，潘某与信合等三家中介公司签订合同，合同约定三家中介公司为潘某取得借款提供了服务，潘某应当向三家中介公司支付咨询费用、服务费用、审核费费用以及信访咨询费，相关费用总共为12 098元。夏某在扣除代替潘某应交纳的咨询费、审核费、服务费后，将剩余款项汇入潘某账户。2014年7月21日，潘某共收到夏某转账汇款49 800元。同日，上述三家公司分别向夏某出具了收到咨询费、审核费、服务费的收据。[2]

第六百七十一条

贷款人未按照约定的日期、数额提供借款，造成借款人损失的，应当赔偿损失。

借款人未按照约定的日期、数额收取借款的，应当按照约定的日期、数额支付利息。

本条主旨

本条是关于借款的提供与收取的规定。

相关条文

《合同法》第201条　贷款人未按照约定的日期、数额提供借款，造成借款人损失的，应当赔偿损失。

借款人未按照约定的日期、数额收取借款的，应当按照约定的日期、数额支付利息。

---

① 参见何志、黄砚丽主编：《最高人民法院民间借贷司法解释精释精解》，北京，中国法制出版社2016年版，第331页。

② 参见“夏靖与潘建明民间借贷纠纷上诉案”，浙江省湖州市中级人民法院（2016）浙05民终1197号民事判决书。

《民法典各分编（草案）》（2018年8月）第461条　贷款人未按照约定的日期、数额提供借款，造成借款人损失的，应当赔偿损失。

借款人未按照约定的日期、数额收取借款的，应当按照约定的日期、数额支付利息。

《民法典合同编（草案）（二审稿）》（2018年12月）第461条　贷款人未按照约定的日期、数额提供借款，造成借款人损失的，应当赔偿损失。

借款人未按照约定的日期、数额收取借款的，应当按照约定的日期、数额支付利息。

《民法典（草案）》（2019年12月）第671条　贷款人未按照约定的日期、数额提供借款，造成借款人损失的，应当赔偿损失。

借款人未按照约定的日期、数额收取借款的，应当按照约定的日期、数额支付利息。

《民法典（草案）》（2020年5月22日大会审议稿）第671条　贷款人未按照约定的日期、数额提供借款，造成借款人损失的，应当赔偿损失。

借款人未按照约定的日期、数额收取借款的，应当按照约定的日期、数额支付利息。

理解与适用

本条是对《合同法》第201条的完整保留。

本条是关于贷款人未按照约定提供借款及借款人未按照约定收取借款的违约责任的规定。由于自然人之间是贷款人交付借款时，借款合同才生效，所以，自然人之间借款的，不适用本条的规定。①

一、贷款人提供借款的义务

贷款人按照约定提供借款，是借款合同中贷款人的主给付义务。具体来说，该项义务包括如下几项内容：第一，贷款人须按照约定的日期向借款人提供贷款。借款合同成立以后，贷款人必须及时向借款人提供贷款，不得拖延提供借款的期限。第二，贷款人须按照约定的数额向借款人提供借款。贷款人必须足额提供贷款，不得将利息预先扣除。如当事人就币种作出特别约定的，则贷款人必须

① 参见全国人大常委会法制工作委员会（胡康生主编）：《中华人民共和国合同法释义》（第三版），北京，法律出版社2013年版，第330页；魏耀荣等：《中华人民共和国合同法释论（分则）》，北京，中国法制出版社2000年版，第178页。

如期提供约定币种的借款。第三，如果当事人对借款的具体交付方式有约定，那么贷款人也必须按照约定方式提供。例如，当事人在借款合同中约定贷款人应当将借款直接打入借款人在某个银行的账户，贷款人应当按照该约定履行提供贷款的义务。① 贷款人不能按照约定提供借款，就会打乱借款人的资金使用计划，直接影响到借款人的生产或者其他经营活动，甚至会出现因借款人资金不到位侵害第三人的合法权益，引发三角债或者其他纠纷的发生，影响整个资金的良性周转和循环。②

依据本条的规定，贷款人未按照约定的日期、数额提供借款，因此造成借款人损失的，借款人有权请求贷款人赔偿损失。这里的损失，系指借款人因此所受的全部损失，包括借款人可得利益的损失。③ 也有学者认为，此种解释过于宽泛，应当对借款人的损失进行适当限制。因为贷款人没有及时提供贷款，借款人也应当积极采取措施避免损失的发生或扩大，对于因借款人没有尽到其减轻损失的义务而造成的损失，贷款人不负赔偿责任。这里既包括没有提供足额贷款的差额损失，也包括因为没有及时得到足额的资金导致借款人受到的其他损失。例如，农民由于没有及时得到足额资金，导致其不能够按时购买种子和化肥，错过了最佳播种时间而遭受的损失。④

在我国，贷款人违约不放贷，往往是因为政策变化使其授信方向与额度受到限制，或银行新发现了借款的风险，此时银行可主张情势变更、不安抗辩权等。若不存在上述情形，银行无理由反悔并不欲放贷的，借款人也不应享有实际履行请求权。因为贷款人提供贷款的义务虽然属金钱债务，可强制履行，但借款合同对借款人的信用要求高，一定程度上具有人身性质，而且任何借款都具有信用风险，若判决实际履行，可能给银行造成远远超过承担损害赔偿金的损失。可见，贷款义务的软化和借款人救济手段的限制具有合理性。⑤

二、借款人收取借款的义务

本条第 2 款规定，借款人负有按照约定的时间和数额收取借款的义务。从保

---

① 参见王利明：《合同法研究（第四卷）》（第二版），北京，中国人民大学出版社 2018 年版，第 256 页。

② 参见全国人大常委会法制工作委员会（胡康生主编）：《中华人民共和国合同法释义》（第三版），北京，法律出版社 2013 年版，第 329 页。

③ 参见何志：《合同法分则判解研究与适用》，北京，人民法院出版社 2002 年版，第 167 页。

④ 参见王利明：《合同法研究（第四卷）》（第二版），北京，中国人民大学出版社 2018 年版，第 256 页。

⑤ 参见谢鸿飞：《合同法学的新发展》，北京，中国社会科学出版社 2014 年版，第 576 页。

障合同订立的目的实现的角度来说，如果借款人没有及时收取借款，则可能会打乱银行的金融计划。因此，在合同订立以后，没有法律规定的原因，借款人未按照约定的日期、数额收取借款的，也应当按照约定的日期、数额支付利息。

关于收取借款是否是借款人的义务，理论上尚有争议。一种观点认为，收取借款是借款人的一种权利，而非义务，借款人可以不去收取借款。只是在未收取借款时，并不能够免除合同中约定的还本付息的责任。这种责任并非违反收取义务的违约责任，而是合同中本身约定的合同责任，这两种责任的性质并不一致。另一种观点认为，收取借款是一种义务，如果合同生效后借款人不收取借款的，就会对贷款人的资金利用和资金使用的效率产生影响。[①] 本条虽然是从借款人未及时收取借款所应承担的利息责任作出的规定，但实际上该规定也确立了借款人及时收取借款的义务。

借款人未按照约定收取借款，也应承担一定的责任。借款人未按约定的日期、数额收取借款的，必然会影响贷款人资金的正常周转，损害贷款人的合法利益。贷款人所受损失就是利息的损失。此种责任就是按照约定的日期、数额支付利息。

第六百七十二条

贷款人按照约定可以检查、监督借款的使用情况。借款人应当按照约定向贷款人定期提供有关财务会计报表或者其他资料。

本条主旨

本条是关于贷款人的检查、监督权的规定。

相关条文

《合同法》第 202 条　贷款人按照约定可以检查、监督借款的使用情况。借款人应当按照约定向贷款人定期提供有关财务会计报表等资料。

《民法典各分编（草案）》（2018 年 8 月）第 462 条　贷款人按照约定可以检查、监督借款的使用情况。借款人应当按照约定向贷款人定期提供有关财务会计报表等资料。

---

① 参见魏耀荣等：《中华人民共和国合同法释论（分则）》，北京，中国法制出版社 2000 年版，第 178 页。

《民法典合同编（草案）（二审稿）》（2018年12月）第462条　贷款人按照约定可以检查、监督借款的使用情况。借款人应当按照约定向贷款人定期提供有关财务会计报表等资料。

《民法典（草案）》（2019年12月）第672条　贷款人按照约定可以检查、监督借款的使用情况。借款人应当按照约定向贷款人定期提供有关财务会计报表或者其他资料。

《民法典（草案）》（2020年5月22日大会审议稿）第672条　贷款人按照约定可以检查、监督借款的使用情况。借款人应当按照约定向贷款人定期提供有关财务会计报表或者其他资料。

理解与适用

本条是在《合同法》第202条的基础上修改而成，仅作了文字上的修改。

依据本法第669条的规定，借款人应当按照贷款人的要求提供与借款有关的业务活动和财务状况的真实情况。这一规定涉及借款人订立合同时履行的义务，其目的在于使贷款人能根据借款人的真实情况决定是否签订合同以及如何确定借款合同的内容。但是，现实中，借款人的财务状况不可能总处于订立合同时的状态，其经营状况会随着市场供求等因素不断变化，而这种变化又会直接影响到其财务状况的好坏。① 因此，本条规定，贷款人按照约定可以检查、监督借款的使用情况。借款人应当按照约定向贷款人定期提供有关财务会计报表或者其他资料。依据这一规定，借款人在使用借款的过程中，应当按照约定接受贷款人的检查和监督。贷款人发放借款后，为了保证信贷资金的合理使用和按期收回，贷款人必须定期检查贷款的使用情况，了解借款人的生产经营能力、财务收支、物资储备等情况。②

借款合同中通常约定了贷款人有权检查、监督借款人的借款使用情况，了解借款人的计划执行、经营管理、财务活动、物质库存等情况。如果发现借款人使用借款造成浪费或利用借款进行违法活动的，贷款人有权追回贷款本息。一旦合同作出了此种约定之后，借款人应当配合贷款人的检查、监督行为的展开，并应当按照约定向贷款人定期提供有关财务会计报表等资料，这些资料包括资产负债表、损益表、财产状况变动表、现金流量表、附表及会计报表附注和财务状况说

① 参见全国人大常委会法制工作委员会（胡康生主编）：《中华人民共和国合同法释义》（第三版），北京，法律出版社2013年版，第330－331页。

② 参见马俊驹、余延满：《民法原论》（第四版），北京，法律出版社2010年版，第665页。

明书等。[①] 借款人应当按照约定向贷款人定期提供有关财务会计报表等资料。当然，贷款人对借款人贷款资金的使用情况所进行的检查、监督应严格依合同的约定进行，不得干预借款人的正常经营活动。[②] 借款人违反该项约定的，属于违反合同义务的行为，借款人应当承担违约责任。此时，贷款人可以提前收回借款并要求借款人承担违约责任。如果贷款人与借款人就资料的提供没有在借款合同中作出约定的，借款人提供有关资料的义务属于借款人的附随义务，违反附随义务造成贷款人损失的，贷款人可以要求借款人赔偿损失。

第六百七十三条

借款人未按照约定的借款用途使用借款的，贷款人可以停止发放借款、提前收回借款或者解除合同。

本条主旨

本条是关于借款用途的限制的规定。

相关条文

《合同法》第 203 条　借款人未按照约定的借款用途使用借款的，贷款人可以停止发放借款、提前收回借款或者解除合同。

《商业银行法》第 35 条　商业银行贷款，应当对借款人的借款用途、偿还能力、还款方式等情况进行严格审查。

商业银行贷款，应当实行审贷分离、分级审批的制度。

《民法典各分编（草案）》（2018 年 8 月）第 463 条　借款人未按照约定的借款用途使用借款的，贷款人可以停止发放借款、提前收回借款或者解除合同。

《民法典合同编（草案）（二审稿）》（2018 年 12 月）第 463 条　借款人未按照约定的借款用途使用借款的，贷款人可以停止发放借款、提前收回借款或者解除合同。

《民法典（草案）》（2019 年 12 月）第 673 条　借款人未按照约定的借款用途使用借款的，贷款人可以停止发放借款、提前收回借款或者解除合同。

---

① 参见魏耀荣等：《中华人民共和国合同法释论（分则）》，北京，中国法制出版社 2000 年版，第 180 页。

② 参见魏耀荣等：《中华人民共和国合同法释论（分则）》，北京，中国法制出版社 2000 年版，第 179 页。

《民法典（草案）》（2020年5月22日大会审议稿）第673条 借款人未按照约定的借款用途使用借款的，贷款人可以停止发放借款、提前收回借款或者解除合同。

理解与适用

本条是对《合同法》第203条的完整保留。

本条是关于借款人未按照约定的借款用途使用借款的违约责任的规定。借款用途是借款人使用借款的目的，是贷款人斟酌决定贷款与否的关键，也是确保借款合同期满后，借款人能还本付息的客观要求。① 借款人应按照约定的借款用途使用借款。一方面，借款用途涉及贷款人信贷资金的安全，与借款人能否按期偿还借款也有着直接的关系。② 例如，如借款人未按照约定将所借款项用于购置工厂的生产设备，而是将其投入房地产建设，这无疑会增加借款人的还款风险，也会增加贷款人如期收回贷款的不确定性。另一方面，如果借款人按照合同约定的借款用途使用借款，不仅可以实现借款的目的，而且能够最大限度地发挥借款的效益，增加如期返还借款的可能性、确定性。例如，某公司因开发新能源需要借款，银行根据其申请对该项目进行可行性评估之后，认为其已经有良好的研究基础和市场前景，且属于国家政策扶植的项目，进而决定提供借款。如果借款人未将借款用于开发新能源，不仅会造成借款目的的落空，也会增加贷款人收回贷款的风险。此时，只有借款人按照约定用途使用借款才能保障贷款人的利益。在借款人收取所借款项之后，其有权按照借款用途自行使用、收益和处分借款。③

在金融借款合同中，借款用途体现着国家的宏观经济政策、国家的信贷政策和产业政策，和国家的经济政策有着直接的关系。如果不按借款用途使用借款，还会造成资金的使用不符合国家政策的情况。④《商业银行法》第35条规定，贷款人贷款应当对借款人的借款用途等情况进行严格审查。借款合同中应当对借款用途作出约定。

借款人违反贷款用途使用借款，没有按照合同约定来使用借款，贷款人可以

---

① 参见马俊驹、余延满：《民法原论》（第四版），北京，法律出版社2010年版，第665页。

② 参见魏耀荣等：《中华人民共和国合同法释论（分则）》，北京，中国法制出版社2000年版，第180页。

③ 参见王利明：《合同法研究（第四卷）》（第二版），北京，中国人民大学出版社2018年版，第262页。

④ 参见全国人大常委会法制工作委员会（胡康生主编）：《中华人民共和国合同法释义》（第三版），北京，法律出版社2013年版，第331页。

采取以下三种措施。

一是停止发放借款。这是针对分期发放贷款的情形。在大额、长期借款合同中，借款合同通常约定贷款人分期交付借款，在贷款人尚未交付全部借款之前，贷款人就有权检查、监督借款人的财务状况以及使用借款的情况，发现借款人未按照约定的用途使用借款的，贷款人可以停止发放尚未发放的借款。

二是提前收回借款，通称“加速到期”。借款人不按照约定的用途使用借款时，其清偿能力将随着时间的推移越来越低，贷款人之本息返还请求权难以实现，可以将已经贷出的借款提前收回。在民法典编纂过程中，有意见提出，本条的“提前收回借款”措施是“解除合同”的应有之义，已经包含在“解除合同”之中，建议删去“提前收回借款”。但对于没有按照约定的用途使用借款的，不是任何时候都可以采取“解除合同”的措施，只有当违约情况严重致使借款合同不能实现合同目的时才可以采取。而“提前收回借款”的措施，只要存在没有按照约定用途使用借款的情况，不管程度如何，贷款人便可以采取。另外，单独保留“提前收回借款”的措施，可以增加贷款人选择的自由度，同时有利于合同的保持。因此，本条保留了“提前收回借款”的规定。① 在“加速到期”之时，借款利息应当如何计算？是应当按照实际贷款期限计算，还是按照合同约定的期限计算？我们认为，利息仍然应当按照合同约定的期限来进行计算，这主要是因为“加速到期”是由借款人的违约行为所导致的，应当由借款人负担相应的不利后果。②

三是解除合同。借款人不按照合同约定的用途使用借款，构成违约；当违约情况严重，致使借款合同不能实现其目的时，则构成根本违约。此时，贷款人享有法定解除权，可以直接行使解除权而解除合同。在合同解除后，贷款人仍有权请求借款人承担违约责任。借款人应当承担的违约责任主要包括：（1）支付违约金。如果借款合同专门就借款人未按照约定用途使用借款而规定违约金条款的，借款人应当向贷款人支付违约金。（2）承担损害赔偿责任。如果因借款人未按照约定用途使用借款，而是将所借款项用于其他用途，因而导致借款本金及利息无法返还等情形的，其应当承担损害赔偿责任。③

---

① 参见黄薇（全国人大常委会法制工作委员会民法室主任）主编：《中华人民共和国民法典合同编解读（下册）》，北京，中国法制出版社2020年版，第713-714页。

②③ 参见王利明：《合同法研究（第四卷）》（第二版），北京，中国人民大学出版社2018年版，第266页。

第六百七十四条

借款人应当按照约定的期限支付利息。对支付利息的期限没有约定或者约定不明确，依据本法第五百一十条的规定仍不能确定，借款期间不满一年的，应当在返还借款时一并支付；借款期间一年以上的，应当在每届满一年时支付，剩余期间不满一年的，应当在返还借款时一并支付。

本条主旨

本条是关于借款利息的支付期限的规定。

相关条文

《合同法》第 205 条　借款人应当按照约定的期限支付利息。对支付利息的期限没有约定或者约定不明确，依照本法第六十一条的规定仍不能确定，借款期间不满一年的，应当在返还借款时一并支付；借款期间一年以上的，应当在每届满一年时支付，剩余期间不满一年的，应当在返还借款时一并支付。

《民法典各分编（草案）》（2018 年 8 月）第 464 条　借款人应当按照约定的期限支付利息。对支付利息的期限没有约定或者约定不明确，依照本法第三百零一条的规定仍不能确定，借款期间不满一年的，应当在返还借款时一并支付；借款期间一年以上的，应当在每届满一年时支付，剩余期间不满一年的，应当在返还借款时一并支付。

《民法典合同编（草案）（二审稿）》（2018 年 12 月）第 464 条　借款人应当按照约定的期限支付利息。对支付利息的期限没有约定或者约定不明确，依照本法第三百零一条的规定仍不能确定，借款期间不满一年的，应当在返还借款时一并支付；借款期间一年以上的，应当在每届满一年时支付，剩余期间不满一年的，应当在返还借款时一并支付。

《民法典（草案）》（2019 年 12 月）第 674 条　借款人应当按照约定的期限支付利息。对支付利息的期限没有约定或者约定不明确，依据本法第五百一十条的规定仍不能确定，借款期间不满一年的，应当在返还借款时一并支付；借款期间一年以上的，应当在每届满一年时支付，剩余期间不满一年的，应当在返还借款时一并支付。

《民法典（草案）》（2020 年 5 月 22 日大会审议稿）第 674 条　借款人应当按照约定的期限支付利息。对支付利息的期限没有约定或者约定不明确，依据本法第五百一十条的规定仍不能确定，借款期间不满一年的，应当在返还借款时一并支付；借款期间一年以上的，应当在每届满一年时支付，剩余期间不满一年的，应当在返还借款时一并支付。

理解与适用

本条在《合同法》第 205 条的基础上作了文字上的调整，未作实质修改。

本条是关于借款人支付利息的期限的规定。向贷款人支付利息是借款人的主要义务，借款人不仅应当按照约定的数额支付利息，而且还应当在约定的期限内向贷款人支付。

贷款人与借款人对利息的支付期限有约定的，按照当事人之间的约定。约定的支付期限既可以是在借款期限届满时和本金一并支付，也可以是在借款期间内分期向贷款人支付。例如，借款合同约定按年结息或按月结息。[①]

贷款人与借款人对利息的支付期限没有约定或者约定不明确的，按照以下步骤确定利息支付期限。

第一，“依据本法第五百一十条的规定”加以确定，即“合同生效后，当事人就质量、价款或者报酬、履行地点等内容没有约定或者约定不明确的，可以协议补充；不能达成补充协议的，按照合同相关条款或者交易习惯确定”。由此可见，此时当事人之间可以协议补充利息支付期限，不能达成补充协议的，按照合同相关条款或者交易习惯确定。如当事人之间此前的借款合同的履行一直是按季结息，可以以此交易习惯确定利息的支付期限。

第二，依据本法第 510 条的规定仍不能确定的，适用本条所定推定规则。借款期间不满 1 年的，应当在返还借款时一并支付；借款期间 1 年以上的，应当在每届满 1 年时支付，剩余期间不满 1 年的，应当在返还借款时一并支付。值得注意的是，本条所定缺省规则属于特别规定，排除了本法第 510 条第 4 项所定“履行期限不明确的，债务人可以随时履行，债权人也可以随时请求履行，但是应当给对方必要的准备时间”这一一般缺省规则的适用。

第六百七十五条

借款人应当按照约定的期限返还借款。对借款期限没有约定或者约定不明确，依据本法第五百一十条的规定仍不能确定的，借款人可以随时返还；贷款人

① 参见全国人大常委会法制工作委员会（胡康生主编）：《中华人民共和国合同法释义》（第三版），北京，法律出版社 2013 年版，第 303 页。

可以催告借款人在合理期限内返还。

本条主旨

本条是关于借款的返还期限的规定。

相关条文

《合同法》第 206 条 借款人应当按照约定的期限返还借款。对借款期限没有约定或者约定不明确，依照本法第六十一条的规定仍不能确定的，借款人可以随时返还；贷款人可以催告借款人在合理期限内返还。

《商业银行法》第 42 条 借款人应当按期归还贷款的本金和利息。

借款人到期不归还担保贷款的，商业银行依法享有要求保证人归还贷款本金和利息或者就该担保物优先受偿的权利。商业银行因行使抵押权、质权而取得的不动产或者股权，应当自取得之日起二年内予以处分。

借款人到期不归还信用贷款的，应当按照合同约定承担责任。

《民法典各分编（草案）》（2018 年 8 月）第 465 条 借款人应当按照约定的期限返还借款。对借款期限没有约定或者约定不明确，依照本法第三百零一条的规定仍不能确定的，借款人可以随时返还；贷款人可以催告借款人在合理期限内返还。

《民法典合同编（草案）（二审稿）》（2018 年 12 月）第 465 条 借款人应当按照约定的期限返还借款。对借款期限没有约定或者约定不明确，依照本法第三百零一条的规定仍不能确定的，借款人可以随时返还；贷款人可以催告借款人在合理期限内返还。

《民法典（草案）》（2019 年 12 月）第 675 条 借款人应当按照约定的期限返还借款。对借款期限没有约定或者约定不明确，依据本法第五百一十条的规定仍不能确定的，借款人可以随时返还；贷款人可以催告借款人在合理期限内返还。

《民法典（草案）》（2020 年 5 月 22 日大会审议稿）第 675 条 借款人应当按照约定的期限返还借款。对借款期限没有约定或者约定不明确，依据本法第五百一十条的规定仍不能确定的，借款人可以随时返还；贷款人可以催告借款人在合理期限内返还。

理解与适用

本条在《合同法》第 206 条的基础上作了文字上的调整，未作实质修改。按照合同约定的期限返还借款，是借款人的一项主要义务。

贷款人与借款人对借款期限有约定的，按照当事人之间的约定。如当事人约定分期返还的，则借款人应当每期按照约定的数额返还。借款人在订立合同时就应当准备按期还款，在合同生效后使用借款时，也应当积极筹措资金、创造各种还款条件，借款期限一到，借款人应及时还款。①

贷款人与借款人对借款期限没有约定或者约定不明确的，按照以下步骤确定借款返还期限。

第一，“依据本法第五百一十条的规定”加以确定，即“合同生效后，当事人就质量、价款或者报酬、履行地点等内容没有约定或者约定不明确的，可以协议补充；不能达成补充协议的，按照合同相关条款或者交易习惯确定”。由此可见，此时当事人之间可以协议补充借款期限，不能达成补充协议的，按照合同相关条款或者交易习惯确定。

第二，依据本法第 510 条的规定仍不能确定的，适用本条所定推定规则。借款人可以随时返还；贷款人可以催告借款人在合理期限内返还。本条对贷款人催告借款人还款的“合理期间”未作出明确的规定，主要是考虑到金融机构和一般自然人作为贷款人时，对借款的返还期限的要求是不同的，规定统一的还款期限不能适应不同的情况。因此，该合理期限由贷款人根据具体情况来确定。在发生纠纷时，司法机关亦可以根据具体的情况来判定该期限是否合理。②《贷款通则》虽然没有明确规定“合理期限”的时间，但是其第 32 条规定，贷款人在短期贷款到期 1 个星期之前、中长期贷款到期 1 个月之前，应当向借款人发送还本付息通知单；借款人应当及时筹备资金，按期还本付息，这一规定可以被类推适用于确定“合理期限”。值得注意的是，本条所定缺省规则与本法第 510 条第 4 项所定“履行期限不明确的，债务人可以随时履行，债权人也可以随时请求履行，但是应当给对方必要的准备时间”的规则相当。

第六百七十六条

借款人未按照约定的期限返还借款的，应当按照约定或者国家有关规定支付逾期利息。

---

① 参见孙晓：《合同法各论》，北京，中国法制出版社 2002 年版，第 109 页。

② 参见全国人大常委会法制工作委员会（胡康生主编）：《中华人民共和国合同法释义》（第三版），北京，法律出版社 2013 年版，第 335－336 页。

本条主旨

本条是关于逾期利息的规定。

相关条文

《合同法》第 207 条　借款人未按照约定的期限返还借款的，应当按照约定或者国家有关规定支付逾期利息。

《民法典各分编（草案）》（2018 年 8 月）第 466 条　借款人未按照约定的期限返还借款的，应当按照约定或者国家有关规定支付逾期利息。

《民法典合同编（草案）（二审稿）》（2018 年 12 月）第 466 条　借款人未按照约定的期限返还借款的，应当按照约定或者国家有关规定支付逾期利息。

《民法典（草案）》（2019 年 12 月）第 676 条　借款人未按照约定的期限返还借款的，应当按照约定或者依照国家有关规定支付逾期利息。

《民法典（草案）》（2020 年 5 月 22 日大会审议稿）第 676 条　借款人未按照约定的期限返还借款的，应当按照约定或者国家有关规定支付逾期利息。

理解与适用

本条是对《合同法》第 207 条的完整保留。

一、逾期利息及其性质

逾期利息，是指当事人约定或者国家规定的，在借款合同期限届满后，借款人未按照约定归还借款时应向贷款人支付的利息。就其本质而言，借款合同中的逾期利息，是一种借款合同的违约责任承担方式：在当事人未约定明确的逾期利息时，逾期利息是借款人因逾期还款所应承担的对贷款人利息损失的赔偿；在当事人明确约定了逾期利息时，逾期利息是当事人就借款人逾期还款的违约行为约定的违约金。① 根据本条的规定，逾期利息的产生不以当事人的约定为前提，只是计算方法不同。有约定的，按约定方法计算，没有约定的，按法定方法计算。因此，无论借款合同是否约定逾期利息，只要借款人逾期归还借款，贷款人都可以要求逾期利息。② 在金融机构作为贷款人时，其出借资金的主要来源是存款，

① 参见高圣平、申晨：《论民间借贷利率上限的确定》，载《上海财经大学学报》2014 年第 2 期。
② 参见王学棉：《民间借贷合同逾期利息请求及其判决》，载《当代法学》2015 年第 6 期。

而金融机构需要通过收回借款本息来保证资金的正常周转，如果借款人逾期未返还借款，会使贷款人无法保证存款的按期支付，造成存贷收支不平衡的局面，影响国家经济的良性循环。[①]

就借款合同中约定的逾期利息而言，其性质可以根据当事人约定的数额来判定，如数额与实际利息损失接近则为赔偿性质，如数额明显高于实际利息损失则兼具惩罚性质。我国《民法典》并不排斥惩罚性违约金的约定，所以逾期利息的约定应当不受利息损失范围的限制，其数额可以与利息损失没有对应关系。[②] 在没有约定逾期利息的情况下，逾期利息的性质为损害赔偿或继续履行[③]，属于课以迟延债务人一个"强制性的信用"，亦即拟制迟延期间存在根据法定比率计息的有偿借贷关系，从而填补债权人的资金占用损失。同时，法定迟延罚息之大小，与迟延状态持续的时间长度成正相关，亦有迫使违约方尽早结束迟延状态的督促功能。[④] 此外，在未约定逾期利率的情况下，逾期利息与利息损失是对应相等的，如当事人虽未约定逾期利率但约定了借款利率，且该利率高于银行同期同类贷款基准利率的，可视为当事人对系争借款的可得利益标准计算已有明确的预见，借款利率应当推定为计算出借人利息损失的利率；如当事人未约定逾期利率和借款利率，或者约定借款利率低于银行同期同类贷款基准利率的，从维护出借人利益、禁止违约方从违约行为中获益的合同法原则出发，应当推定银行同期同类贷款基准利率为计算出借人利息损失的利率。

二、逾期利息的计算

逾期利息是借款人没有按合同约定的期限返还借款而应支付的超期利息，借款人支付逾期利息本质上是其未按期履行合同义务所承担的违约责任。在具体的计算方式上，逾期利息的计算应以借款本金为基数，而非以借款本金与借款期间利息之和为基数，否则即不当扩大了借款人的责任。

本条中逾期利息的计算标准包括"按照约定""国家有关规定"，两者之间的适用以约定优先。其中，"按照约定"，应指当事人约定了作为迟延利息的违约金，通常是根据借款合同期内利息的计算方式作一定调整，在计算上与期内利息

---

① 参见全国人大常委会法制工作委员会（胡康生主编）：《中华人民共和国合同法释义》（第三版），北京，法律出版社 2013 年版，第 336 页。

② 参见高圣平、申晨：《论民间借贷利率上限的确定》，载《上海财经大学学报》2014 年第 2 期。

③ 参见最高人民法院：《司法解释理解与适用全集·合同卷 2》，北京，人民法院出版社 2018 年版，第 2059 页。

④ 参见姚明斌：《金钱债务迟延违约金的规范互动》，载《华东政法大学学报》2015 年第 4 期。

比率相关①；"国家有关规定"，即为法定迟延罚息，就其具体参照标准，最高人民法院的立场在过去三十年经历了一些变化。

《贷款通则》第 34 条规定："逾期贷款，系指借款合同约定到期（含展期后到期）未归还的贷款。"本条也规定，借款人应支付逾期利息的情形是"借款人未按照约定的期限返还借款的"。因此，逾期利息应自贷款逾期之日（也即贷款到期的次日）起算。依据贷款到期日的不同，逾期利息的起算有如下三种情形：第一，借款人未按照合同约定的日期归还借款的，借款人应自逾期之日起支付罚息；第二，若借款合同中包含加速到期条款，贷款人依据合同约定宣布贷款提前到期时，逾期利息的起算点应为贷款提前到期的次日；第三，若当事人在借款合同的履行过程中签订借款展期协议，而借款人在展期后仍未按期归还本息的，借款人应自展期后的逾期之日起支付逾期利息。

关于逾期还款利息计算的截止时间，主要有四种观点：（1）贷款人起诉之日止；（2）判决发生法律效力之日止；（3）判决确定的履行期届满之日止；（4）借款偿付完毕之日。在理论上，由于借款人在清偿借款之前违约的状态一直在持续之中，应当由其承担直到全部清偿之间的违约金或者赔偿损失。且依据《民事诉讼法》第 253 条与《最高人民法院关于执行程序中计算迟延履行期间的债务利息适用法律若干问题的解释》，被执行人未按判决指定的期间履行给付金钱义务的，应当加倍支付迟延履行期间的债务利息，两者分别适用，不冲突也不重复。②

关于民间借贷合同逾期利息的计算，《民间借贷司法解释》第 29 条、第 30 条确立了如下规则：（1）允许当事人就逾期利息的利率作出约定。按照私法自治原则，当事人可以在民间借贷合同中就逾期利率作出约定，因此，《民间借贷司法解释》第 29 条第 1 款规定："借贷双方对逾期利率有约定的，从其约定，但是以不超过合同成立时一年期贷款市场报价利率四倍为限。"依据这一规定，如果当事人就逾期利率已经作出了约定，则应当按照当事人约定的利率标准计算逾期利息数额。当然，该条也对当事人约定逾期利率的自由进行了一定的限制，即当

---

① 参见孙森焱：《民法债编总论》（下册），北京，法律出版社 2006 年版，第 509 页；黄立：《民法债编总论》，北京，中国政法大学出版社 2002 年版，第 509 页；欧阳胜嘉：《定型化违约金条款之法律问题》，台北，元照出版公司 2010 年版，第 74 页以下；高圣平、申晨：《民间借贷中利率上限规定的司法适用》，载《政治与法律》2013 年第 12 期；姚明斌：《金钱债务迟延违约金的规范互动》，载《华东政法大学学报》2015 年第 4 期。

② 参见最高人民法院：《司法解释理解与适用全集·合同卷 2》，北京，人民法院出版社 2018 年版，第 2063 页。

事人约定的逾期利率不得超过 LPR 的 4 倍。（2）当事人未约定逾期利率时逾期利息的计算。依据《民间借贷司法解释》第 29 条第 2 款的规定，在当事人没有约定逾期利率或者对逾期利率约定不明时，应当区分以下情形分别处理：1）如果当事人没有约定借期内的利率，则贷款人有权主张借款人自逾期还款之日起承担逾期还款违约责任。2）如果当事人约定了借期内的利率，则贷款人有权请求借款人按照借期内的利率标准支付资金占用期间利息。（3）逾期利率与违约金或其他费用的适用关系。当事人在约定逾期利率的同时，也可能同时约定了违约金责任，在此情形下，如何准确适用各种责任，值得探讨。依据《民间借贷司法解释》第 30 条的规定，如果当事人同时约定了逾期利率、违约金或者其他费用时，在借款人逾期还款的情形下，贷款人有权选择主张逾期利息、违约金或者其他费用，也可以一并主张上述各种责任，但贷款人请求的总额不得超过合同成立时 LPR 的 4 倍。

其他问题

一、逾期利息的利率限制

依据《人民币利率管理规定》第 25 条的规定，逾期贷款应按罚息利率计收罚息，直到清偿本息为止，遇罚息利率调整分段计息。《中国人民银行关于人民币贷款利率有关问题的通知》（银发〔2003〕251 号，以下简称《贷款利率通知》）第 3 条则进一步明确了逾期贷款的罚息利率，即“逾期贷款（借款人未按合同约定日期还款的借款）罚息利率由现行按日万分之二点一计收利息，改为在借款合同载明的贷款利率水平上加收 30%～50%”。《关于进一步加强金融审判工作的若干意见》中也进一步明确了“严格依法规制高利贷，有效降低实体经济的融资成本”的司法政策。关于金融借款纠纷的逾期利率，人民法院的裁判立场是尊重当事人的约定，但逾期利率不能过分高于贷款人因逾期而遭受的损失，具体的裁判规律如下。

第一，在当事人就逾期利息的利率有约定时，若该利率是在《贷款利率通知》规定的区间内，即是在借款合同约定的贷款利率水平上加收 30%～50%，则贷款人关于逾期利率的主张可以获得法院支持。

第二，在当事人对逾期利息的利率没有约定时，贷款人可在借款合同载明的贷款利率水平上加收 30%～50%的范围内主张逾期利息。

第三，若依照《贷款利率通知》第 3 条的规定，在借款合同所载明的贷款利率水平上加收 30%～50%计算逾期利息利率，导致逾期利息利率过高时，法院可依据借款人的请求对该利率进行调整，以避免借款人所支付的逾期利息过高。

二、逾期利息与违约金的并存

在当事人对逾期利息没有约定时，或者双方约定了逾期利息的支付，但未约定逾期利率，由于《民法典》规定的违约金以当事人的约定为前提，故此时逾期利息不应属于违约金，可认为属于损失赔偿。若借贷双方不仅约定了逾期利息的支付，还约定了逾期利率，此时逾期利息的数额是由双方通过约定予以确定，逾期利息的性质实为违约金。①

若借贷双方明确约定了逾期利息及其利率，同时又约定了违约金，关于贷款人是否可以同时主张逾期利息与违约金，金融借款纠纷的司法实践存在不同观点。一种观点认为，逾期利息与违约金的性质相同，两者并存对借款人而言有失公平，贷款人仅能单独主张逾期利息或违约金。② 另一种观点则认为，违约金与逾期利息并不是同一概念，法律并不禁止对同一违约行为可以进行多种处罚，对资金占用收取的权益约定，违约金是债务人及担保人对违约后还应该另行承担的责任，两者间可以并存。但为避免借款人所承担的违约责任严重背离贷款人的实际损失，依据《金融审判工作意见》第2点的规定，逾期利息与违约金的数额之和应不超过借款本金年利率24%的部分。③

在借贷双方对逾期还款的民事责任既约定了逾期利率，又约定了违约金的情形下，实际上是两种违约金并存，随之产生了双重违约金如何适用的问题。《民间借贷司法解释》的起草者认为，《合同法》并未禁止当事人在借款合同中约定违约金，也未禁止当事人约定逾期利息。在两者并存时，虽然性质上都属于违约金，但两者属于并不相同的概念，在适用条件上也各不相同，故而两者可以同时适用。为了维护公平原则，违约金与逾期利息同时适用时，应当作出最高数额的限制，即总计不得超过以借款本金为基数，以年利率24%计算得出的数额。④ 关于逾期利息与违约金并存的问题，民间借贷纠纷与金融借款合同纠纷并无差别，故而应参照适用《民间借贷司法解释》的规定，两者数额之和应受LPR 4倍的

---

① 参见杜万华主编：《最高人民法院民间借贷司法解释理解与适用》，北京，人民法院出版社2015年版，第520页。

② 参见北京市高级人民法院（2014）高民（商）终字第04844号民事判决书。

③ 参见云南省高级人民法院（2019）云民终1114号民事判决书。

④ 参见杜万华主编：《最高人民法院民间借贷司法解释理解与适用》，北京，人民法院出版社2015年版，第523页。《民间借贷司法解释》修改后，应为不超过合同成立时LPR的4倍。

年利率限制。

第六百七十七条

借款人提前返还借款的，除当事人另有约定外，应当按照实际借款的期间计算利息。

本条主旨

本条是关于借款人提前返还借款的法律后果的规定。

相关条文

《合同法》第 208 条　借款人提前偿还借款的，除当事人另有约定的以外，应当按照实际借款的期间计算利息。

《民法典各分编（草案）》（2018 年 8 月）第 467 条　借款人提前偿还借款的，除当事人另有约定的以外，应当按照实际借款的期间计算利息。

《民法典合同编（草案）（二审稿）》（2018 年 12 月）第 467 条　借款人提前偿还借款的，除当事人另有约定外，应当按照实际借款的期间计算利息。

《民法典（草案）》（2019 年 12 月）第 677 条　借款人提前偿还借款的，除当事人另有约定外，应当按照实际借款的期间计算利息。

《民法典（草案）》（2020 年 5 月 22 日大会审议稿）第 677 条　借款人提前返还借款的，除当事人另有约定外，应当按照实际借款的期间计算利息。

理解与适用

本条在《合同法》第 208 条的基础上作了文字上的调整，未作实质修改。

依据《民法典》第 675 条的规定，借款人应当按照约定的期限返还借款。当事人对借款期限没有约定或约定不明确，当事人又不能达成补充协议，根据借款合同的有关条款或交易习惯也无法确定借款期限的，借款人“可以随时返还”借款。此时，借款人返还借款也意味着借款期限同时届至，并不存在提前偿还借款问题；贷款人“可以催告借款人在合理期限内返还”，只要借款人在合理期限内返还，也不发生提前偿还借款问题。由此可见，提前偿还借款，仅出现于借款期限确定的情形，在适用借款期限推定的情形，不发生所谓提前偿还借款问题。

有学者认为，借款合同有关借款期限的约定，目的在于保护贷款人“收回本息”的权利，其法律意义在于：对于借款人说，贷款到期前，有拒绝还款的权利，贷款到期后，有还本付息的义务，否则构成逾期违约；对于贷款人来说，贷款到期前，没有收回贷款的权利，贷款到期后，才有收回本息的权利。也就是说，借款期限的约定，主要是确定贷款人得回收贷款的最早期日，以及借款人还款的最迟的期日。可见，借款人有义务在借款期限届至之前还款，否则构成违约，即是说，只有在期限后还款才构成违约，而在期限前还款，则是借款人对期限到来之日还款这一“权利”的放弃。依法理，权利的放弃是权利享有者的权利，显然不构成违约。①

反对观点则认为，法律所称之期限包括期间与期日两种情形。基于非此即彼之逻辑选择，显然，法条中所称之“期限”系指“期间”。以此而论，不存在法条中之期限不是期间之说。称此处之期限在于确定贷款人得收回贷款的最早期日及借款人还款最迟的期日，表述的正是期间的含义。当然，依上述表述推定借款人可于期间内任何一天随时还款的结论是错误的———果真如此，则《民法典》第 675 条对于未约定借款期限或约定不明确的设计方案即丧失了基本立法价值，该条规定的借款人的借款本息即“可以随时返还”②。

就提前偿还借款是否损害了债权人期限利益的问题，银行界普遍认为，提前偿还借款缩短了借款人使用资金的期间，使借款合同在剩余的时间里不再履行，属于部分解除合同的行为。提前偿还借款，一方面增加了银行的人力成本；另一方面会打乱银行资金营运计划，并导致银行预期利息收入减少。提前还贷的损失应该是人力成本的增加与银行预期利息收入减少之和。就此，银行有权主张以借款合同可得利益为限的赔偿。③

大部分学者认为，提前偿还借款并未损害债权人的期限利益。对银行而言，其最大风险是借款人拒不归还借款导致血本无归，其次是逾期还款导致影响资金的再次流转。而提前偿还借款除了有可能带来部分利息损失和重新支出部分人力成本以外，却使银行提前解除了该笔资金的贷出风险。实际上，银行的这部分损失可以通过采取合理调整贷款结构及数额等措施，消除或减少提前偿还借款对银行收益的影响，也可以将提前归还的借款再次贷出，以减少利息损失。退一步讲，即便给银行带来了损失，将贷款人拒不偿还贷款本息所带来的风险损失与提前偿还借款本息带来的利息损失和投入的人力成本相比较，银行不应收

① 参见李健男：《提前还贷的法律解释》，载《法学》2005 年第 9 期。

② 翟云岭、吕海宁：《论提前付款（还贷）的法律规制》，载《东方法学》2009 年第 5 期。

③ 参见叶林、侯太领：《贷款买房提前还贷：是守信还是违约》，见中国法院网，https：//www.chinacourt.org/article/detail/2002/07/id/7994.shtml。最后访问时间：2020 年 2 月 18 日。

取违约金。借款人提前偿还借款即使给银行带来预期收益的减少，但这种情况也纯属银行经营过程中出现的正常商业风险。[①] 一个理性的银行对借款人的提前偿还借款行为应该是能够预料到的。[②] 而且，银行也完全可以避免这种风险损失的发生。银行为消除或减少这种风险，可以与借款人进行事先协商，约定向提前还款者收取必要费用，此类特殊约定在本质上是银行将提前偿还借款造成的预期损失转嫁给借款人的商业性安排，并不违反现行法律和行政法规的强制性规定。[③]

《民法典》第530条规定："债权人可以拒绝债务人提前履行债务，但是提前履行不损害债权人利益的除外。""债务人提前履行债务给债权人增加的费用，由债务人负担。"借款人提前返还借款时，除按照实际借款的期间计算利息之外，是否应承担增加的费用？期限利益的规则是：如果期限利益专为债务人而设，那么债务人可以抛弃该利益而提前清偿，而债权人不得随意请求清偿；若期限利益为债权人所设计或为双方共享，则非经过债权人的同意，债务人不得期前清偿，否则债权人可以拒绝受领，履行行为不产生债务清偿的效力对期限利益的理解是统一的，仅指既有利益，不包括预期利益，损害期限利益表现为债权人成本和费用的增加，第530条第1款和2款的规定之间存在着内在的逻辑联系。

有学者认为，无论是违约性提前偿还借款，还是非违约性提前偿还借款，借款人均应补偿贷款人因此发生的合理费用。不能将提前偿还借款作为法定违约行为，也就是说，当贷款协议没有约定违约责任条款时，提前偿还借款应视为借款人的权利。但是，借款人提前偿还借款应承担提前通知的附随义务，通知的合理期限以提前1个月为宜；同时，借款人应补偿贷款人因此发生的合理费用。[④] 也有学者认为借款人应有条件地支付合理费用。出借人可以与借款人进行事先协商，约定向提前还款者收取必要费用。[⑤]

本条规则的适用以当事人没有相反约定为前提。如贷款人和借款人在订立借款合同时明确约定，提前偿还借款构成违约，且约定了一定数额的违约金或者计

---

① 以下学者亦持此种观点：参见仇瑾：《提前还贷的法律定性》，载《济南金融》2003年第11期。提前还贷给银行带来的费用增加和利息损失，不是法律意义上的期限利益的损失，而是正常的商业风险，银行应该采取风险防范措施合理合法地转移这种风险，而不应该简单地把风险转嫁给借款人。

② 以下学者亦持此种观点：参见周海林：《关于提前还贷违约金的分析及完善》，载《福建政法管理干部学院学报》2004年第2期。银行应该预见得到提前还贷现象，并事先设计好提前还贷情况下的资金运作模型。

③ 参见刘会玲：《提前还贷，银行应收取违约金吗?》，载《房地产与法律》2004年第12期。

④ 参见李健男：《提前还贷的法律解释》，载《法学》2005年第9期。

⑤ 参见刘会玲：《提前还贷，银行应收取违约金吗?》，载《房地产与法律》2004年第12期。

算违约金的方法，即应得到支持。① 从诚实信用的角度来看，提前偿还借款违约金有其自身的价值。首先，如对提前偿还借款不收取违约金，借款人就有可能在签合同时尽量选择较长的借款期限，而通过转贷来取得更低的利率，或者取得更优惠的金融服务；其次，如对提前偿还借款不收取违约金，借款人就有可能在借款时会预留一部分资金用于投资以获取更高的回报，在无投资途径时，则提前偿还借款。由此产生的客户道德风险，将损害贷款银行的正当利益。②

第六百七十八条

借款人可以在还款期限届满前向贷款人申请展期；贷款人同意的，可以展期。

本条主旨

本条是关于借款的展期的规定。

相关条文

《合同法》第 209 条 借款人可以在还款期限届满之前向贷款人申请展期。贷款人同意的，可以展期。

《民法典各分编（草案）》（2018 年 8 月）第 468 条 借款人可以在还款期限届满之前向贷款人申请展期。贷款人同意的，可以展期。

《民法典合同编（草案）（二审稿）》（2018 年 12 月）第 468 条 借款人可以在还款期限届满之前向贷款人申请展期。贷款人同意的，可以展期。

《民法典（草案）》（2019 年 12 月）第 678 条 借款人可以在还款期限届满之前向贷款人申请展期。贷款人同意的，可以展期。

《民法典（草案）》（2020 年 5 月 22 日大会审议稿）第 678 条 借款人可以在还款期限届满前向贷款人申请展期；贷款人同意的，可以展期。

理解与适用

本条是在《合同法》第 209 条的基础上修改而成，仅作了文字上的调整。

---

① 参见刘会玲：《提前还贷，银行应收取违约金吗?》，载《房地产与法律》2004 年第 12 期；李健男：《提前还贷的法律解释》，载《法学》2005 年第 9 期。

② 参见周海林：《关于提前还贷违约金的分析及完善》，载《福建政法管理干部学院学报》2004 年第 2 期。

借款的展期，是指借款人在合同约定的借款期限届满不能偿还借款，在征得贷款人同意的情况下，延长原借款的期限，使借款人能够继续使用借款。对于借款人未按合同约定归还的贷款，金融机构根据借款人的申请，对借款人不能依合同约定归还贷款的情况进行调查了解，重新评估借款人的偿债能力，从而决定是否同意展期。2020 年 3 月，为进一步纾解中小微企业因新冠肺炎疫情造成的困难，推动企业有序复工复产，中国银行保险监督管理委员会、中国人民银行等五部委发布了《关于对中小微企业贷款实施临时性延期还本付息的通知》，其第 1 条指出，“对于 2020 年 1 月 25 日以来到期的困难中小微企业（含小微企业主、个体工商户）贷款本金，银行业金融机构应根据企业延期还本申请，结合企业受疫情影响情况和经营状况，通过贷款展期、续贷等方式，给予企业一定期限的临时性延期还本安排”。对于借款人而言，申请贷款展期的目的是延期还本付息，可帮助其克服临时性的经营困难。

就贷款展期的性质，实践中有不同的看法，归纳起来大致有以下两种：一种观点认为贷款展期是原债权债务关系的延续，展期协议并非新的借款合同，而是对原借款合同的补充，贷款的展期并不能产生新的债权债务关系。① 另一种观点认为，贷款展期产生新的债权债务关系。贷款展期为设立新的债权债务，依附于债务之上的抵押等担保则需要重新办理相关登记手续。②

观察现行相关法律规范，《贷款通则》第 12 条规定：“不能按期归还贷款的，借款人应当在贷款到期日之前，向贷款人申请贷款展期。是否展期由贷款人决定。申请保证贷款、抵押贷款、质押贷款展期的，还应当由保证人、抵押人、出质人出具同意的书面证明。已有约定的，按照约定执行。短期贷款展期期限累计不得超过原贷款期限；中期贷款展期期限累计不得超过原贷款期限的一半；长期贷款展期期限累计不得超过 3 年。国家另有规定者除外。借款人未申请展期或申请展期未得到批准，其贷款从到期日次日起，转入逾期贷款账户。”《最高人民法院关于展期贷款超过原贷款期限的效力问题的答复》（法函〔2000〕12 号）规定：“展期贷款性质上是对原贷款合同期限的变更。”同时，《民法典》第 543 条规定：“当事人协商一致，可以变更合同。”第 678 条规定：“借款人可以在还款

① 参见最高人民法院（2014）民申字第 629 号民事裁定书。类似裁判参见“郑喜花、恒丰银行股份有限公司威海分行第三人撤销之诉上诉案”，山东省威海市中级人民法院（2018）鲁 10 民终 2152 号民事裁定书；“马兰诉张筱钫等民间借贷纠纷再审案”，山西省高级人民法院（2015）晋民申字第 887 号民事裁定书；“交通银行股份有限公司连云港分行与王丽娟、王永强等金融借款合同纠纷案”，江苏省连云港市中级人民法院（2013）连商初字第 0165 号民事判决书。

② 参见贵州省高级人民法院（2015）黔高民申字第 100 号民事裁定书。

期限届满前向贷款人申请展期；贷款人同意的，可以展期。”可见，我国现行法对贷款展期的规定更倾向于是合同关系成立后当事人通过协商的方式对合同内容进行变更，这体现的是法律对于双方意思自治权利的尊重。此外，对于已经成立的法律关系，我国法律更倾向于保护与维持，而不是彻底推翻，以维护法律关系的相对稳定状态。因此，上述第一种观点更加合理。一般认为，贷款展期并未产生新的债权债务关系，仅是原债权债务关系的延续，实际上是对借款合同还款期限的变更，在法律上属于借款合同变更的范畴。

第六百七十九条

自然人之间的借款合同，自贷款人提供借款时成立。

本条主旨

本条是关于自然人之间的借款合同的规定。

相关条文

《合同法》第 210 条　自然人之间的借款合同，自贷款人提供借款时生效。

《民法典各分编（草案）》（2018 年 8 月）第 469 条　自然人之间的借款合同，自贷款人提供借款时成立。

《民法典合同编（草案）（二审稿）》（2018 年 12 月）第 469 条　自然人之间的借款合同，自贷款人提供借款时成立。

《民法典（草案）》（2019 年 12 月）第 679 条　自然人之间的借款合同，自贷款人提供借款时生效。

《民法典（草案）》（2020 年 5 月 22 日大会审议稿）第 679 条　自然人之间的借款合同，自贷款人提供借款时成立。

理解与适用

本条是在《合同法》第 210 条的基础上修改而成，将“生效”修改为“成立”。之所以作此修改，主要考虑为：一是避免产生自然人之间借款合同是实践合同还是诺成合同的争议。由于立法的本意是将自然人之间的借款合同确定为实践合同，而《合同法》第 210 条中“生效”的表述，又容易使人产生系诺成合同的误解，故作出修改完善。二是与民法典中定金合同和无偿保管合同条文的表述保持一致，统一表述为合同自实际交付时“成立”。三是可以给司法实践提供正确指引：均为自然人的贷款人与借款人即使签订了借款合同，借款人也无权申请强制执行，更不能要求对方承担违约责任。①

本条规定，自然人之间的借款合同，自贷款人提供借款时成立。“提供借款”实际上是指金钱的交付，由此可见，这里明确了自然人之间借款合同的实践合同属性。② 这样规定的目的是充分保护贷款人的利益。自然人之间的借款合同多以无偿、互助为其特征，贷款人没有“义务”必须将贷款提供给借款人，是否提供贷款属于贷款人的“自由”。贷款提供之前，贷款人可能由于自己的财产状况发生变化，可能对于借款人的信用产生疑虑，或者基于其他原因，可以撤回允诺，以免遭受损失。③

值得注意的是，《民间借贷司法解释》第10条规定：“除自然人之间的借款合同外，当事人主张民间借贷合同自合同成立时生效的，人民法院应予支持，但当事人另有约定或者法律、行政法规另有规定的除外。”依据这一规定，非自然人之间的民间借贷合同一般自成立时生效。因此，非自然人之间的借款合同在性质上属于诺成合同，一旦当事人就借款事项达成合意，合同即生效，任何一方当事人都不得随意毁约。对非自然人之间的民间借贷合同而言，将其界定为诺成合同，则合同一旦成立，贷款人的贷款收益一般就是可以预期的，这也有利于资金的有效利用。④

《民法典》第483条规定：“承诺生效时合同成立，但是法律另有规定或者当事人另有约定的除外。”本条即为“法律另有规定”的情形。由此可见，在通常情况下，合同经要约和承诺即为成立，但有的合同虽经协商一致，但如缺乏标的物的交付也无法使合同成立。这种成立方式必须同时具备合意与交付标的物两个要件。自然人之间的借款合同是要物性合同，它不是在双方达成协议时成立，而是自贷款人提供的贷款被借款人接受时成立。⑤ 有观点认为，即便是本条，也只是把所借金钱的交付作为了合同的生效要件，而未作为成立要件。⑥ 但多数意见

---

① 参见黄薇（全国人大常委会法制工作委员会民法室主任）主编：《中华人民共和国民法典合同编解读（下册）》，北京，中国法制出版社2020年版，第728－729页。

② 参见易军、宁红丽：《合同法分则制度研究》，北京，人民法院出版社2003年版，第17页。

③ 参见最高人民法院：《司法解释理解与适用全集·合同卷2》，北京，人民法院出版社2018年版，第1815页。

④ 参见王利明：《合同法研究（第三卷）》（第二版），北京，中国人民大学出版社2015年版，第273页。

⑤ 参见最高人民法院：《司法解释理解与适用全集·合同卷2》，北京，人民法院出版社2018年版，第1815页。

⑥ 参见崔建远：《合同法学》，北京，法律出版社2015年版，第356页。

认为，“对于第二百一十条的理解，不能望文生义地理解为借款合同‘成立’了但‘不生效’，而应该解释为其‘不生效’其实就是因为其‘不成立’。所以贷款人提供借款为自然人间借款合同的‘成立要件’”①。也有学者认为此种讨论并无意义，主要理由为：若物已交付，依私法自治理念，均足使合同生效，除非存在其他影响合同效力的因素，但此显然已超出“要物”之要件属性问题；相反，物之交付前，“无论其为不成立或不生效力”，“当事人均不能主张契约上的权利”，其法效实无不同。②

自然人之间的借款合同，自贷款人提供借款时成立。这里的“提供借款时”，在解释上包括以下几种情形：其一，以现金方式提供借款的，为借款人收到借款的时间；其二，以银行转账、网上电子汇款或者通过网络贷款平台等形式支付的，为资金到达借款人账户的时间；其三，以票据交付的，为借款人依法取得票据权利的时间；其四，贷款人将特定资金账户支配权授权给借款人的，为借款人取得对该账户实际支配权的时间；其五，贷款人以与借款人约定的其他方式提供借款的，为实际履行完成的时间。③

在诺成合同中，交付标的物或完成其他给付系当事人的给付义务，违反该义务便产生违约责任，而自然人之间的借款合同作为一种实践合同，提供借款不是贷款人的给付义务，只是先合同义务，违反它不产生违约责任，可构成缔约过失责任。但需要注意，如果自然人之间的借款合同是无偿合同，宜减轻缔约人的责任，在提供借款前，可以借鉴罗马法允许当事人任意撤销的模式，不予追究撤销人的责任。④

第六百八十条

禁止高利放贷，借款的利率不得违反国家有关规定。

借款合同对支付利息没有约定的，视为没有利息。

借款合同对支付利息约定不明确，当事人不能达成补充协议的，按照当地或者当事人的交易方式、交易习惯、市场利率等因素确定利息；自然人之间借款

---

① 张谷：《借款合同：诺成契约还是要物契约？——以合同法第二百一十条为中心》，https://wenku.baidu.com/view/d23c6100b52acfc789ebc9f9.html。最后访问时间：2020年2月18日。

② 参见郑永宽：《要物合同之存在现状及其价值反思》，载《现代法学》2009年第1期。

③ 参见王利明：《合同法研究（第三卷）》（第二版），北京，中国人民大学出版社2015年版，第271-272页。

④ 参见崔建远：《合同法学》，北京，法律出版社2015年版，第20页。

的，视为没有利息。

本条主旨

本条是关于借款的利息控制的规定。

相关条文

《合同法》第204条　办理贷款业务的金融机构贷款的利率，应当按照中国人民银行规定的贷款利率的上下限确定。

《合同法》第211条　自然人之间的借款合同对支付利息没有约定或者约定不明确的，视为不支付利息。

自然人之间的借款合同约定支付利息的，借款的利率不得违反国家有关限制借款利率的规定。

《商业银行法》第38条　商业银行应当按照中国人民银行规定的贷款利率的上下限，确定贷款利率。

《民法典各分编（草案）》（2018年8月）第470条　借款合同约定支付利息的，借款的利率不得违反国家的有关规定；对支付利息没有约定或者约定不明确的，按照当地或者当事人的交易方式、交易习惯、市场利率等因素确定利息。

自然人之间的借款合同对支付利息没有约定或者约定不明确的，视为不支付利息。

《民法典合同编（草案）（二审稿）》（2018年12月）第470条　借款合同约定支付利息的，借款的利率不得违反国家的有关规定。

借款合同对支付利息没有约定的，视为没有利息。

借款合同对支付利息约定不明确的，按照当地或者当事人的交易方式、交易习惯、市场利率等因素确定利息；自然人之间借款的，视为没有利息。

《民法典（草案）》（2019年12月）第680条　禁止高利放贷，借款的利率不得违反国家有关规定。

借款合同对支付利息没有约定的，视为没有利息。

借款合同对支付利息约定不明确，当事人不能达成补充协议的，按照当地或者当事人的交易方式、交易习惯、市场利率等因素确定利息；自然人之间借款的，视为没有利息。

《民法典（草案）》（2020年5月22日大会审议稿）第680条　禁止高利放贷，借款的利率不得违反国家有关规定。

借款合同对支付利息没有约定的，视为没有利息。

借款合同对支付利息约定不明确，当事人不能达成补充协议的，按照当地或者当事人的交易方式、交易习惯、市场利率等因素确定利息；自然人之间借款的，视为没有利息。

理解与适用

本条是在《合同法》第211条的基础上修改而成。《合同法》第211条规定："自然人之间的借款合同对支付利息没有约定或者约定不明确的，视为不支付利息。自然人之间的借款合同约定支付利息的，借款的利率不得违反国家有关限制借款利率的规定。"两相比较，本条将调整对象扩及所有的借款合同，而不仅限于自然人之间的借款合同；区分了借款合同对支付利息没有约定和约定不明确两种不同情形，分别采取了不同的立法态度。

一、禁止高利放贷

本条第1款规定："禁止高利放贷，借款的利率不得违反国家有关规定。"这一规则并不仅限于民间借贷。借款利率，是指借款期限内利息数额与本金额的比例。以公式表示：利率＝利息/本金。从长期来看，利率取决于经济体的实际增长，是经济体的自然增长率的一部分，短期来看，利率由供求双方谈判力决定，供求双方的谈判力又与资金供求、政府干预、物价、风险等因素有关。[①]

在我国，金融机构贷款利率包括贷款的基准利率和法定利率，由中国人民银行统一管理，中国人民银行确定的利率经国务院批准后执行。[②] 贷款利率可分为固定利率与浮动利率，所谓固定利率，是指约定一个确定的利率不再变动，而浮动利率则可以随银行业的平均利率水平而发生相应的变化、进行相应调整。无论是固定利率还是浮动利率，都应当遵循中国人民银行的相应规定。[③] 关于贷款利率的确定，办理贷款业务的各类金融机构可在中国人民银行总行制定的利率浮动幅度范围内，以法定利率为浮动基础，并按照中国人民银行规定的贷款利率的上

---

① 参见王林清、于蒙：《管控到疏导：我国民间借贷利率规制的路径选择与司法应对》，载《法律适用》2012年第5期。

② 参见肖玉萍：《借款合同》，北京，法律出版社1999年版，第27页。

③ 参见肖玉萍：《借款合同》，北京，法律出版社1999年版，第28页。

下限自行确定各种类、各档次的贷款利率。①

我国立法和司法实践历来禁止高利贷。②《民法通则》第 90 条规定：“合法的借贷关系受法律保护。”该条的立法本意就是禁止设立高利贷。③《民间借贷司法解释》采用了分类的规范，其既没有完全禁止高利率，也没有完全放任高利率。该司法解释第 26 条第 1 款规定：“借贷双方约定的利率未超过年利率 24%，出借人请求借款人按照约定的利率支付利息的，人民法院应予支持。”据此，该条在参考金融市场平均利率的基础上，确定了 24%为判断标准的规则。根据司法解释起草者的观点，民间借贷的固定利率上限应当高于金融市场的平均利率，但又不得过度高于实体经济的利润率。④ 否则，就会导致民间借贷资金不会流向实体经济，可能加剧金融风险。⑤ 所以将民间借贷利率规制的上限规定为 24%，总体符合这一发展水平。⑥ 因此，只要当事人约定的利率未超过年利率的 24%，则贷款人可以直接申请强制执行。

在《民法典》编纂过程中，有的全国人大常委会委员、社会公众提出，为解决民间借贷领域存在的突出问题，维护正常的金融秩序，建议明确规定禁止高利放贷。宪法和法律委员会经研究，建议采纳这一意见，将这一款规定修改为：禁止高利放贷，借款的利率不得违反国家有关规定。规制借款利率是保护市场主体合法权益的需要。高利贷有导致穷者愈穷、富者愈富的“马太效应”和加速社会阶层分化的作用，对普通百姓而言，则可能威胁到其生存权。高利贷还会导致违法讨债，甚至黑社会性质组织讨债等情形，借款人的人身权益也因此受到威胁。规制借款利率有利于引导民间金融市场健康理性发展。资本作为一种重要的生产要素，要通过市场进行分配。发挥好市场的资源配置作用，有利于提高生产效率，促进经济发展。从另一方面看，市场具有自发性、盲目性、滞后性的弱点，高利率致使大量民间资金没有投入实体产业，出现资金“空转”的现象。规制借款利率有利于优化国家产业结构。如果借款利率整体高于实业利润率，就会阻碍

①② 参见王利明：《合同法研究（第三卷）》（第二版），北京，中国人民大学出版社 2015 年版，第 257 页。

③ 参见魏耀荣等：《中华人民共和国合同法释论（分则）》，北京，中国法制出版社 2000 年版，第 197 页。

④ 参见杜万华主编：《最高人民法院民间借贷司法解释理解与适用》，北京，人民法院出版社 2015 年版，第 460 页。

⑤ 参见袁春湘：《民间借贷法律规制研究》，北京，法律出版社 2015 年版，第 113 页。

⑥ 有关报告显示，全国民间借贷利率为 23.5%，而农村地区的民间借贷利率为 25.7%。参见杜万华主编：《最高人民法院民间借贷司法解释理解与适用》，北京，人民法院出版社 2015 年版，第 461 页。

民间资金流向实体经济领域。①

依据《民间借贷司法解释》第26条的规定："出借人请求借款人按照合同约定利率支付利息的，人民法院应予支持，但是双方约定的利率超过合同成立时一年期贷款市场报价利率四倍的除外。""前款所称'一年期贷款市场报价利率'，是指中国人民银行授权全国银行间同业拆借中心自2019年8月20日起每月发布的一年期贷款市场报价利率。"

就目前的实际情况而言，金融借款领域执行的是全国银行间同业拆借中心公布的贷款市场报价利率标准，民间借贷领域执行的是司法解释规定的标准。在民法典编纂过程中，有不少意见提出在本条第1款直接规定最高利率的具体标准，比如不超过年利率12%、16%等，但由于民法典作为基本法需要保持稳定性和兼容性，因而不适宜规定具体的利率标准。从借贷领域的规范角度而言，鉴于利率问题的重要性，应当由国家有关主管部门对借款的利率作出明确的规定。②

2019年7月23日，最高人民法院、最高人民检察院、公安部、司法部印发《关于办理非法放贷刑事案件若干问题的意见》的通知，将违反国家规定，未经监管部门批准，或者超越经营范围，以营利为目的，经常性地向社会不特定对象发放贷款（两年内向不特定的人放贷10次以上，并且以超过36%的年利率放贷），扰乱金融市场秩序，情节严重的行为以非法经营罪定罪处罚。这一规则对于高利放贷的刑法规制具有重要意义。

二、利息的推定规则

本条第2款和第3款分两款分别对借款合同没有约定利息和没有明确约定利息的情形设计了不同的推定规则。有无约定与约定是否明确属于事实判断问题，未约定利息须符合两个条件：第一，借贷双方对于利息是否存在的事实有争议；第二，借贷双方都没有证据证明自己的主张。在约定不明状态时，虽然有"约定"二字，但如果对于利息是否有约定难以形成优势证据，其实质仍是一种无利息约定的状态。再比如当事人之间口头约定，可以分为三种情形分别处理：其一，双方均予认可，并对利率无争议，为有约定。其二，一方承认，另一方予以

---

① 参见杜万华、谢勇：《民间借贷利率的规制》，载《人民司法》2013年第19期。

② 参见黄薇（全国人大常委会法制工作委员会民法室主任）主编：《中华人民共和国民法典合同编解读（下册）》，北京，中国法制出版社2020年版，第733页。

否认，则视双方能否提出证据证明自己的主张而定，若主张有利息约定的一方能提供证据，则应当认为双方是有利息约定的，如果对于利率约定难以查清，视为“利息约定不明”；若主张无利息一方能够提供无利息约定的证据或主张有利息的一方不能提供有力证据，则债权人要承担不利后果，视为“未约定利息”。其三，借贷双方对于有利息约定事实予以承认，但在利率高低上存在分歧，属于“利息约定不明”①。

（一）借款合同对支付利息没有约定时的推定规则

利息不是借款合同的必备条款，当事人可以约定支付利息，也可以约定不支付利息。借款合同对支付利息没有约定的，视为没有利息，借款人可以不向贷款人支付利息。

自然人之间的借款合同原则上是无偿的，除非当事人有特别约定，才应当支付利息。《民间借贷司法解释》第25条规定：“借贷双方没有约定利息，出借人主张支付利息的，人民法院不予支持。”“自然人之间借贷对利息约定不明，出借人主张支付利息的，人民法院不予支持。除自然人之间借贷的外，借贷双方对借贷利息约定不明，出借人主张利息的，人民法院应当结合民间借贷合同的内容，并根据当地或者当事人的交易方式、交易习惯、市场报价利率等因素确定利息。”当然，即便是无偿借款合同，如果借款人未按期还款，则在还款期限届满后，贷款人仍有权请求借款人支付逾期还款期间占有资金的利息。

（二）借款合同对支付利息约定不明确时的推定规则

借款合同对支付利息约定不明确，当事人不能达成补充协议的，按照当地或者当事人的交易方式、交易习惯、市场利率等因素确定利息；自然人之间借款的，视为没有利息。这一规则借助了更为丰富的确定利息的方法，本质而言，即为合同漏洞补充。② 合同漏洞，即合同欠缺条款，是指合同应对某事项加以规定却未予规定。造成合同漏洞的原因主要有两种：其一，当事人对于非必要之点（要素）未予协商；其二，当事人对非必要之点虽经协商，但未达成协议，约定留待日后商定。合同漏洞的填补方法，按《民法典》第510条、第511条规定，包括协议补充、整体解释补充、交易习惯补充与法律的任意规定补充。

---

① 最高人民法院：《司法解释理解与适用全集·合同卷2》，北京，人民法院出版社2018年版，第2014页。

② 参见最高人民法院：《司法解释理解与适用全集·合同卷2》，北京，人民法院出版社2018年版，第2011页。

其中，协议补充属于合同当事人的行为，是意思自治的表现。当事人协议补充合同漏洞，应当按照诚实信用原则的要求进行，另外，根据诚实信用原则，也应当认为当事人负有“再交涉义务”。当然，此种再交涉义务只宜认定为一种行为义务，而不宜认定为一种结果义务。由于补充欠缺的条款往往是一方得到好处，对方受到损失，因此协议不成为常态。① 整体解释与交易习惯补充则属于补充的合同解释。合同的解释包括狭义的合同解释、补充的合同解释以及修正的合同解释。狭义的合同解释是要确定当事人赋予其表示行为的含义，而补充与修正并非纯粹的“含义的确定”或“意义的发现”，而应认为进行了“含义的带入”或“意义的插入”②。正因如此，后两种解释本身与私法自治有所抵触，便不再是“自治”，而是“他治”，法官充当了“监护人”或“好事者”的角色，对于私法自治而言，构成一种威胁，应当遵循“最小介入原则”③。且在与任意性规范适用的顺序上，补充的合同解释优先于适用任意性规定。④

在本条中，具体适用“交易方式、交易习惯、市场利率等因素确定利息”。所谓“交易习惯”，依据《合同法解释（二）》第 7 条的规定，下列情形，不违反法律、行政法规强制性规定的，人民法院可以认定为合同法所称“交易习惯”：（1）在交易行为当地或者某一领域、某一行业通常采用并为交易对方订立合同时所知道或者应当知道的做法；（2）当事人双方经常使用的习惯做法。对于交易习惯，由提出主张的一方当事人承担举证责任。根据该规定，交易习惯必须适法，当事人也不能通过交易习惯等理由规避强制性规定的适用。由此，对于第一类交易习惯，有三个条件限制：一是客观条件，当地或行业通常采用的做法；二是主观条件，为交易对方知道或者应当知道，以加强对不了解当地习惯或者缺乏业内经验的相对人的保护；三是交易习惯的时间节点，应为订立合同时所知道或者应当知道的习惯做法。⑤ 对于第二类交易习惯，韩世远教授借鉴英美法“系列交易理论”，认为以该交易行为具有“规则性”以及“一致性”为要件。所谓规则性，

---

① 参见韩世远：《合同法总论》（第四版），北京，法律出版社 2018 年版，第 878 页；崔建远：《关于合同欠缺条款的处理》，载《人民法院报》1999 年 9 月 30 日，第 3 版。

② 韩世远：《合同法总论》（第四版），北京，法律出版社 2018 年版，第 866－867 页；邱聪智：《民法研究（一）》增订版，北京，中国人民大学出版社 2002 年版，第 36－38 页。

③ 王泽鉴：《债法原理》（第一册），北京，中国政法大学出版社 2001 年版，第 218－219 页。

④ 参见韩世远：《民事法律行为解释的立法问题》，载《法学》2003 年第 12 期；韩世远：《民法的解释论域立法论》，北京，法律出版社 2015 年版，第 320－321 页。

⑤ 参见最高人民法院：《司法解释理解与适用全集·合同卷 2》，北京，人民法院出版社 2018 年版，第 2012 页。

是指当事人频繁地、继续地为当事人营业种类的法律行为；所谓一致性是当事人缔结合同所采用的合同条款内容均相同。最后，交易习惯的存在及其范围，作为事实问题，应由主张者进行证明。[①]

① 参见韩世远：《合同法总论》（第四版），北京，法律出版社 2018 年版，第 881 页。

第十三章

保证合同

第一节　一般规定

第六百八十一条

保证合同是为保障债权的实现，保证人和债权人约定，当债务人不履行到期债务或者发生当事人约定的情形时，保证人履行债务或者承担责任的合同。

本条主旨

本条是关于保证合同的定义的规定。

相关条文

《担保法》第6条　本法所称保证，是指保证人和债权人约定，当债务人不履行债务时，保证人按照约定履行债务或者承担责任的行为。

《担保法解释》第13条　保证合同中约定保证人代为履行非金钱债务的，如果保证人不能实际代为履行，对债权人因此造成的损失，保证人应当承担赔偿责任。

《民法典各分编（草案）》（2018年8月）第471条　保证合同是为保障债权的实现，当债务人不履行到期债务或者发生当事人约定的情形时，保证人履行债务或者承担责任的合同。

《民法典合同编（草案）（二审稿）》（2018 年 12 月）第 471 条 保证合同是为保障债权的实现，当债务人不履行到期债务或者发生当事人约定的情形时，保证人履行债务或者承担责任的合同。

《民法典（草案）》（2019 年 12 月）第 681 条 保证合同是为保障债权的实现，保证人和债权人约定，当债务人不履行到期债务或者发生当事人约定的情形时，保证人履行债务或者承担责任的合同。

《民法典（草案）》（2020 年 5 月 22 日大会审议稿）第 681 条 保证合同是为保障债权的实现，保证人和债权人约定，当债务人不履行到期债务或者发生当事人约定的情形时，保证人履行债务或者承担责任的合同。

理解与适用

本条是在《担保法》第 6 条的基础上修改而成。与《担保法》第 6 条相比，将保证债务的履行条件由“债务人不履行债务”修改为“债务人不履行到期债务或者发生当事人约定的情形”。这一修改统一了《民法典》上担保权的实现条件，与《民法典》第 386 条规定的担保物权的实现条件相一致，其原因在于，《民法典》上“违约”的构成已不再限于债务人不履行到期债务，当事人约定的其他情形亦包括在内。

根据本条的规定，保证合同是指当事人约定，一方在他方的债务人不履行到期债务或发生当事人约定的情形时，由其履行债务或者承担责任的合同。在保证法律关系中，约定在他方的债务人不履行到期债务或发生当事人约定的情形时由其履行债务或者承担责任的一方为保证人，又称保证债务人；他方即为债权人，也称保证债权人；他方之债务人本不属于保证法律关系的当事人，但属利害关系人，为与保证（债务）人相区别，称之为主债务人。[①] 由本条所见，保证合同的含义如下。

一、保证合同是保证人与债权人之间的合同

保证合同由“保证人和债权人约定”，是保证人与债权人之间的债权债务关系，须依双方意思表示的合致而成立。虽名为保证，但仅有一方的意思表示即可成立的单方法律行为，不是《民法典》上所称的保证。如票据保证，仅须保证人单方的意思表示即可成立，具有单方法律行为性质，属于商事特别法上的特殊

① 我国《民法典》上径称保证债务人为“保证人”，主债权债务关系的债务人为“债务人”。为厘清保证所及的各类法律关系，并避免误解，本书将后者称为“主债务人”。

保证。

保证的发生通常与主债务人有关，且由主债务人商请保证人为主债务人的利益而提供担保。但保证合同仅为保证人与债权人之间的合同，保证人与主债务人之间是什么关系，保证人为何为主债务的履行提供担保，与保证合同的成立、生效无关。①

二、保证合同是旨在保障他人债权实现的合同

保证以他人债务（主债务）的履行为担保对象，是一种单独成立的特别担保，不同于主债务人本身财产的一般担保。虽名为“保证”，但非为他人而是为自己的债务履行所作的保证，或不以担保债务人履行债务为目的的保证，都不是《民法典》上的保证。由此可见，保证人一定是除债权人和主债务人之外的第三人。

保证人基于保证合同对债权人所负债务，称为保证债务，在性质上属于从债务，与主债务人对债权人所负之主债务相对而称。保证合同的成立以主债务的存在为前提，在主债务人不履行到期债务或者发生当事人约定的情形之时，保证人则履行保证债务，使债权人得以保持与主债务相同的利益。② 但保证债务的成立，并不影响或取代主债务人原应履行的主债务，因此，保证债务与主债务之间属于独立并存的关系。③

三、保证债务或保证责任表现为代为履行债务或者承担责任

这里的“履行债务”，是指在主债务人不履行债务或者发生当事人约定的情形时，保证人代为履行债务，多适用于主债务为非专属性债务的情况，专属性债务（如提供劳务的债务）不适用“代为履行”④；这里的“承担责任”，是指在主债务人不履行债务或者发生当事人约定的情形时，保证人代为承担主债务人不履行债务时应负的赔偿责任⑤，对于主债务是否属于专属性债务，不作要求。《担保法解释》第 13 条规定：“保证合同中约定保证人代为履行非金钱债务的，如果

---

① 参见邱聪智：《新订债法各论》（下），姚志明校订，北京，中国人民大学出版社 2006 年版，第 343 页。

② 参见刘春堂：《民法债编各论》（下），台北，三民书局 2012 年版，第 331－332 页。

③ 参见邱聪智：《新订债法各论》（下），姚志明校订，北京，中国人民大学出版社 2006 年版，第 344 页。

④ 黄阳寿：《两岸民事保证之比较研究》，中国政法大学 1999 年民商法学博士学位论文，第 18 页。

⑤ 《担保法解释》第 13 条规定：“保证合同中约定保证人代为履行非金钱债务的，如果保证人不能实际代为履行，对债权人因此造成的损失，保证人应当承担赔偿责任。”即传达了这一意义。

保证人不能实际代为履行，对债权人因此造成的损失，保证人应当承担赔偿责任。”

学者间有观点认为，“履行债务或者承担责任”的表述，表明“保证包含着保证债务和保证责任两个方面”①。此应系对“保证债务”和“保证责任”的误解。无论是《担保法》还是《民法典》，“保证责任”并非严格意义上的“责任”，而是保证人依保证合同所应履行的保证债务；代为履行债务、承担责任均为保证债务的形式。“按照大陆法系关于民事责任为债的一般担保的通说，保证责任的确为债的一般担保，加上民法学界已经习惯把保证债务称为保证责任”，所以“把保证责任和保证债务作为同义语来使用”②。《民法典》上也同时使用“保证债务”和“保证责任”，两者也系同义语。

虽然同为债的担保制度，但保证担保以保证人的一般财产作为主债务履行的担保，与抵押、质押等担保物权以主债务人或第三人的特定财产作为主债务的担保不同。学理上一般称保证为“人的担保”或“人保”，称担保物权为“物的担保”或“物保”③，主要是因为其据以提供担保作用的信用基础不同：前者是以人的信用为基础，保证人以其所有的责任财产就主债务之不履行负无限责任；后者是以特定物的信用为基础，物上保证人担保主债务的履行系以担保物的价值为限承担有限责任。因此，债权人接受保证人的担保，是基于对保证人资信能力的信任④；而债权人接受物上保证人的物的担保，是基于对担保物价值的肯定。

其他问题

一、被担保的主债务是否限于合同之债

适用担保的主债权范围，是指哪些主债权的实现可以通过设立担保的方式予以保障。⑤《担保法》第 2 条第 1 款将可以担保的债权范围限定为“借贷、买卖、货物运输、加工承揽等经济活动”所生的债权。这里“借贷、买卖、货物运输、加工承揽”是典型的合同行为，亦即，被担保的主债权必定是合同债权。该款中同时使用了“等”字，若严格地按照例示规定解释，被担保的必须是合同之债，

① 王恒：《保证期间的本体论批判》，载《河北法学》2011 年第 10 期。

② 崔建远主编：《合同法》，北京，法律出版社 2007 年版，第 177、182、183 页。

③ 邱聪智：《新订债法各论》（下），姚志明校订，北京，中国人民大学出版社 2006 年版，第 344 页；刘春堂：《民法债编各论》（下），台北，三民书局 2012 年版，第 333 页。

④ 参见叶金强：《担保法原理》，北京，科学出版社 2002 年版，第 33 页。

⑤ 参见王利明：《物权法研究（下卷）》（第四版），北京，中国人民大学出版社 2018 年版，第 327 页。

而身份关系之债、不当得利之债、无因管理之债则不得设立担保。[①] 但这一理解有欠周全。为了避免理解上的歧异，《担保法解释》第 1 条对此作了专门规定，即："当事人对由民事关系产生的债权，在不违反法律、法规强制性规定的情况下，以担保法规定的方式设定担保的，可以认定为有效。"这一规定使得担保债权范围更加明确。《民法典》第 387 条第 1 款规定："债权人在借贷、买卖等民事活动中，为保障实现其债权，需要担保的，可以依照本法和其他法律的规定设立担保物权。"这一规则自可类推适用于保证。在体系解释上，该款"借贷、买卖等民事活动"的范围，尚须结合后段"为保障实现其债权"进行理解。这里，妥适的解释结论是，担保适用于民事活动中所发生的所有债权，借贷、买卖仅为其中的典型。[②] 所有的担保手段均旨在担保债务的履行，亦即只要是其履行需要担保的主债务均可以设定担保，至于该债务的发生原因如何，则非所问。因此，因合同而产生的债权和因侵权行为、无因管理、不当得利或者其他法律规定而发生的债权，都可以作为担保债权。不过，对于因侵权行为、无因管理、不当得利产生的债权不能通过先行设定担保的方式来加以保障，仅在因上述行为已经产生债权后，才可以担保方式来保障实现。[③]

二、被担保的主债务是否包括将来债务

早期，主债权均系现有债权，例如，基于主债权债务合同（买卖合同），出卖人已经给付适格的标的物，但买受人尚未履行给付价款的义务。不管买受人给付价款义务的履行期限是否届满，出卖人的相对债权均为现有债权。此际，担保发生上的从属性也就体现为担保设立之时必有特定主债权的存在。一般情况下，先有主合同的存在，而后有担保合同，具体表现上可以是二者同时订立，或主合同订立在先，担保合同嗣后订立。随着经济发展，商业经营模式不断更新，债权发生形式已不再局限于现有债权。客观上已有发生基础且于将来有发生可能性的债权，例如，当事人之间已经签订买卖合同，在出卖人没有给付标的物的情形之下，出卖人请求买受人给付价款的债权即属将来可能发生的债权，此类将来特定债权是否可以作为担保的对象？再如，信贷实践中，贷款人基于风险控制的需

① 参见李国光、奚晓明、金剑峰、曹士兵：《最高人民法院〈关于适用中华人民共和国担保法若干问题的解释〉理解与适用》，长春，吉林人民出版社 2000 年版，第 48 页；孔祥俊：《担保法及其司法解释理解与适用》，北京，法律出版社 2001 年版，第 8 页。

② 参见王利明：《物权法研究（下卷）》（第四版），北京，中国人民大学出版社 2018 年版，第 328－329 页。

③ 参见邱聪智：《新订债法各论》（下），姚志明校订，北京，中国人民大学出版社 2006 年版，第 346 页；曹士兵：《中国担保制度与担保方法》（第四版），北京，中国法制出版社 2017 年版，第 22 页。

要，往往先设立有效的担保，再签订借款合同并发放贷款；当事人之间签订反担保合同担保保证人求偿权的实现，但在保证人尚未履行保证债务之时，其对主债务人的求偿权无由发生，就此将来债权是否可以设立担保？此外，在当事人之间存在持续交易的情形之下，连续发生不特定的多数债权，就此类主债权，也有了一次性设立担保的制度需求，以达到迅速、安全及低成本、高效率的目标。学说上认为，只要将来债权已可得特定[①]，或发生确定债权的原因事实在担保权设立之时即已存在且数额预定[②]，即不违背担保从属性和担保债权特定原则。

以将来债务作为保证对象时，应当注意以下几个问题。

1. 以将来债务作为保证对象的，除当事人另有特别约定或最高额保证之外，保证人对于保证合同成立之前发生的债务不承担保证责任。

2. 以将来债务作为保证对象的，并不强求其保证数额现实具体确定，但必须可得确定，如其数额或范围完全不能预先确定，在解释上应认为保证合同因不合意而不成立。[③]

3. 最高额保证的对象，不仅限于将来发生的债务，在保证成立时已存在的债务，也可为保证效力之所及。

对将来可能成立债务所为的保证，不同于对附停止条件债务所为的保证。前者是无条件的保证合同，并在成立之时本身已产生拘束力。

三、已罹于诉讼时效的主债务作为保证对象的问题

主债务已经超过诉讼时效的，依据《民法典》第701条的规定，保证人有权提出主张主债务人的时效经过抗辩权，人民法院不能强制执行保证人的财产向债权人清偿。但是，如果当事人就诉讼时效已经完成的主债务提供保证，其效力应如何认定?《民法典》对此未作规定，但在理论上一般持肯定态度。[④]《担保法解释》第35条规定："保证人对已经超过诉讼时效期间的债务承担保证责任或者提供保证的，又以超过诉讼时效为由抗辩的，人民法院不予支持。"司法解释这样

① 参见谢在全：《担保物权制度的成长与蜕变》，载《法学家》2019年第1期，第41页。

② 参见朱伯松：《论不同抵押权之效力》，载《月旦法学杂志》2005年第9期，第180-181页；林诚二：《论债务担保制度的从属性》，载陈荣隆教授六秩华诞祝寿论文集编辑委员会：《物权法之新思与新为——陈荣隆教授六秩华诞祝寿论文集》，台北，瑞兴图书股份有限公司2016年版，第54-55页。

③ 参见邱聪智：《新订债法各论》（下），姚志明校订，北京，中国人民大学出版社2006年版，第347-348页。

④ 持此观点者参见以下著述：邹海林、常敏：《债权担保的方式和应用》，北京，法律出版社1998年版，第52-53页；郭明瑞、杨立新：《担保法新论》，长春，吉林人民出版社1996年版，第44页；陈本寒主编：《担保法通论》，武汉，武汉大学出版社1998年版，第73页。

规定，是基于放弃诉讼时效抗辩的理论。根据该理论，债权诉讼时效期间届满后，主债务人因此取得对债权人的时效经过抗辩权，以对抗债权人的履行请求，主债务人遂不受法院的强制执行。但如果主债务人放弃该抗辩权的，法律不予干涉，此时已超过时效的债权因债务人放弃抗辩权而得以行使。一般而言，债务人履行债务或以书面承诺履行债务是债务人放弃抗辩权的形式，法律予以认可。《担保法解释》所规定的"保证人对已经超过诉讼时效期间的债务承担保证责任或者提供保证的"，性质即属于保证人履行保证债务或以书面承诺履行保证债务，视为保证人放弃诉讼时效期间届满产生的抗辩权。此后保证人再行提出抗辩的，人民法院将不予支持。①

四、人事保证纠纷中的争议问题

人事保证，又被称为职务保证，是指在劳动关系存续期间，若因可归责于劳动者的职务行为而使用人单位遭受损害，则由保证人对此损害承担赔偿责任的保证制度。② 人事保证制度并非我国历史上的舶来品，新中国成立之前工人被雇佣时多要求有保人，以担保其人品、技能和健康状况，如有打架斗殴、卷款潜逃等不良情事，由保人负责赔偿并领回。虽然在之后的计划经济时期，人事保证一度销声匿迹，但随着改革开放后的人才异地流动，不少用人单位要求员工提供人事保证，以分散异地劳动者因职务行为造成损失而求偿不得的风险。③ 然而，我国就人事保证制度未见有明确的规定——人事保证并不是担保法所明文规定的担保类型，也不属于合同法中的有名合同，因此，不同于已建立起较为完善的人事保证制度的日本及我国台湾地区，我国人事保证的制度的争议仍停留在初始阶段，即人事保证合同是否有效，理论界及实务界长期以来也存在是否要立法承认人事保证制度的论辩。

（一）人事保证合同的效力：规范解释视角

关于担保的适用范围，《民法典》第 387 条第 1 款规定："债权人在借贷、买卖等民事活动中，为保障实现其债权，需要担保的，可以依照本法和其他法律的规定设立担保物权。"这一规则自可类推适用于保证，已如前述。由于人事保证

① 参见李国光、奚晓明、金剑峰、曹士兵：《最高人民法院〈关于适用中华人民共和国担保法若干问题的解释〉理解与适用》，长春，吉林人民出版社 2000 年版，第 152 页。

② 参见史尚宽：《债法各论》，北京，中国政法大学出版社 2000 年版，第 947 页；林诚二：《民法债编各论》（下），北京，中国人民大学出版社 2007 年版，第 296 页；潘俊、张娇东：《人事保证合同之效力研究》，载《法律适用》2014 年第 12 期。

③ 参见朱凡：《论我国人事保证制度之构建》，载《法律适用》2004 年第 3 期。

是在劳动关系存续期间所设定的担保，在属性上不可避免地带有人身色彩，故而从文义上看，人事保证并不属于担保法所调整的对象。与此同时，为规制实践中用人单位滥用优势地位，侵害劳动者权益的行为，《劳动合同法》第9条规定："用人单位招用劳动者，不得扣押劳动者的居民身份证和其他证件，不得要求劳动者提供担保或者以其他名义向劳动者收取财物。"

否定人事保证合同效力者首先认为，人事保证是一种人格担保，体现的是雇用人的单方意思，旨在保证雇用人不因被保证人的违法违纪行为而受有损害，而非保障债权的实现，故而人事保证合同应为无效。例如在"广州市海珠区珠江贸易发展有限公司与龙健通、林胜波财产损害赔偿纠纷再审案"[①] 中，再审法院指出人事保证违反《劳动合同法》第9条的规定，同时其不属于《担保法》第2条所规定的经济活动中的担保，人事保证合同应为无效："担保法的调整对象是经济活动中的担保行为，不包括带有人身性质的担保，而人事保证是带有人身性质的担保，担保法并未规定人事担保这种担保方式。龙健通出具的《人事担保书》约定由龙健通为林胜波因职务上的行为给珠江公司造成的损害承担赔偿责任，属于人事保证的范畴，不属担保法的调整范围，不适用担保法的规定。林胜波非法占有珠江公司货款的行为属犯罪行为，按照责任自负原则，应由其本人承担侵权责任，我国法律并没有规定犯罪行为造成的损失可以成为被担保的对象。综上，珠江公司依据《人事担保书》请求龙健通承担连带清偿责任，不符合法律规定"。

《担保法解释》第1条规定："当事人对由民事关系产生的债权，在不违反法律、法规强制性规定的情况下，以担保法规定的方式设定担保的，可以认定为有效。"支持人事保证合同有效者则认为，现行法中虽然没有就人事保证合同作出规定，但合同本身不违反法律、行政法规的强制性规定，不违背公序良俗，基于对民事主体意思自治的尊重，人事保证合同的效力应当被肯定。例如在"张龙强诉张志平追偿权案"[②] 中，法院认为："我国相关法律虽然对人事保证未作明确规定，但当事人关于人事保证的约定并不违反法律强制性规定，亦不违背公序良俗，故合法有效，且关于人事保证内容与性质与担保法所规定之保证相似，故其法律适用可类推适用担保法有关保证之规定。"

裁判者认定人事保证合同有效，难以回避的解释问题是如何看待规定了用人单位"不得要求劳动者提供担保"的《劳动合同法》第9条。对此，持人事保证肯定论者则认为，《劳动合同法》第9条所禁止的是用人单位以向劳动者索取财

① 广东省高级人民法院（2014）粤高法民申字第1017号民事裁定书。

② 上海市虹口区人民法院（2011）虹民一（民）初字第5063号民事判决书。

物为目的的担保，而人事保证的对象是劳动者因职务原因给用人单位造成的损失，故而人事保证不适用《劳动合同法》第 9 条。[①]

笔者认为，《民法典》第 387 条第 1 款及《劳动合同法》第 9 条并不能构成人事保证合同效力上的规范障碍：一方面，《民法典》第 387 条第 1 款虽然仅是明确列举了“借贷、买卖”这几类民事活动，但若是债权人需要以担保方式保障其债权的其他场景，可由该条中的“等民事活动活动”予以涵盖。人事保证合同中，当事人意思表示真实、不违反法律、行政法规的强制性规定或者损害公序良俗，合同效力应当被肯定。另一方面，《劳动合同法》第 9 条中规定的用人单位“不得要求劳动者提供担保或者以其他名义向劳动者收取财物”，该内容所侧重的目的是“向劳动者收取财物”，此点亦在《劳动合同法》第 84 条第 2 款中得到印证。[②] 与此同时，国务院《对外劳务合作管理条例》第 25 条第 3 款也规定：“对外劳务合作企业不得以任何名目向劳务人员收取押金或者要求劳务人员提供财产担保。”对此，司法实践中的看法是：“国务院《对外劳务合作管理条例》第二十五条第三款规定的‘对外劳务合作企业不得以任何名目向劳务人员收取押金或者要求劳务人员提供财产担保’，是禁止劳务人员提供财产担保，并不影响本案所涉［人事保证］效力。”[③] 对外劳务（动）与对内劳务（动）本质上并无差别，在人事保证合同效力上也应一体化对待。因此，应当将《劳动合同法》第 9 条中的“担保”限缩解释为财产担保的情形，属于人保的人事保证不在该条禁止之列。

（二）人事保证合同的效力：价值衡量视角

除却现有规范外，司法实践还会基于对用人单位与劳动者、保证人之间的价值衡量否认人事保证的效力，具体可分为两类理由：一方面，人事保证所担保的标的不属于可以担保的债务。人事保证所担保的是劳动者与用人单位间的侵权之债，若肯定人事保证，则有违侵权法责任自负的原则。同时，人事保证所担保的债务属于不可预见的将来债务，而担保法所规定的担保方式要求主债权种类、数额确定，人事保证的存在有违担保责任范围应当可以预见的基本原理。另一方面，人事保证对于保证人及劳动者而言都有失公平。较之用人单位，保证人对劳动者职务行为中的过失及因此对用人单位所造成的损害欠缺控制能力，而对劳动

---

① 参见“乌鲁木齐新恺乐商贸有限公司与李斌欠款纠纷上诉案”，新疆维吾尔自治区乌鲁木齐市中级人民法院（2010）乌中民一终字第 191 号民事判决书。

② 《劳动合同法》第 84 条第 2 款规定：“用人单位违反本法规定，以担保或者其他名义向劳动者收取财物的，由劳动行政部门责令限期退还劳动者本人，并以每人五百元以上二千元以下的标准处以罚款；给劳动者造成损害的，应当承担赔偿责任。”

③ “吉林省金田人力资源有限公司与林德旭劳务合同纠纷再审案”，吉林省高级人民法院（2017）吉民再 258 号民事判决书。

者进行管理、教育、培训本属于用人单位的职责，用人单位接受人事保证属于转嫁管理风险的行为。对劳动者而言，人事保证合同是对劳动者就业所额外设置的负担，不符合劳动社会法发展的潮流，更有违就业平等原则。① 笔者对上述观点不敢苟同，并认为即使是对用人单位、保证人及劳动者之间的权利保护进行价值衡量，人事保证合同效力也不应被否定，理由如下。

其一，依据《民法典》第700条的规定，保证人承担保证责任后，除当事人另有约定外，有权在其承担保证责任的范围内向债务人追偿，享有债权人对债务人的权利，但是不得损害债权人的利益。人事保证的设立并不违背侵权法责任自负的原则。换言之，劳动者并不会因为人事保证而免除其因侵权责任而产生的赔偿义务，最终赔偿责任的归属仍是劳动者本人，人事保证人只是在劳动者不履行赔偿义务时，代为履行赔偿责任。

其二，晚近以来，担保制度的从属性已经缓和，担保债权数额的确定性不足以否认保证合同的效力。不仅是在最高额担保领域存在被担保债权不确定的情形，而且在抵押贷款领域，一方提供担保，另一方才提供贷款的交易方式比比皆是，故而对于担保权的从属性应当灵活理解。② 与此同时，根据劳动者所从事工作的性质与内容，保证人与用人单位完全可以事先对劳动者所可能造成的损害进行合理预测，从而限制其债务债权数额。

其三，用人单位利用人事保证转嫁管理风险、损害保证人利益的弊端，则可以用妥善的制度设计予以平衡。若将保证人因人事保证合同所负担的风险实体化，可看到其实质是损害赔偿额的范围问题，而非时刻控制劳动者在劳动关系中的具体行为。“人事保证契约系以将来内容不确定之损害赔偿作为保证内容的，而非以担保将来的行为是否违法为内容及目的。”③ 然如上所述，保证人可以根据劳动者的工作性质与内容对其可能造成的损害赔偿额进行事先预估，从而控制其因提供人事保证所带来的债务风险。在立法承认人事保证制度的我国台湾地区，即规定了人事保证损害赔偿责任的限制、人事保证的保证期间、保证人的任意解除权、雇佣人对保证人的通知义务等条款，以此使保证人免受不公平条款侵害。我国在承认人事保证效力的同时，也应当规定前述对用人单位的限制条款，保护保证人权利。

---

① 参见“彭水县浩博贸易有限公司与李卫华、宋海波不当得利纠纷案”，重庆市彭水苗族土家族自治县人民法院（2015）彭法民初字第00381号民事判决书。

② 参见潘俊、张娇东：《人事保证合同之效力研究》，载《法律适用》2014年第12期。

③ “广州统一企业有限公司与崔展鸣财产损害赔偿纠纷上诉案”，广东省佛山市中级人民法院（2004）佛中法民一终字第854号民事判决书。

其四，人事保证具有其积极的社会经济价值，而其是否限制劳动者的就业权应当结合具体的合同条款予以分析，以限制劳动者的就业权为由否认其效力失之武断。在劳动用工领域，用人单位与劳动者之间相互陌生，通过人事保证，用人单位可以借助保证人稳定的个人或社会表征与劳动者建立可信赖的人际关系。同时，人事保证人通常既与劳动者更为熟悉，也能与用人单位建立起信任关系，用人单位可以通过人事保证降低其与劳动者间的信息不对称，减少用人单位筛选劳动者时付出的时间、金钱成本，尽快与劳动者建立劳动关系。[①] 劳动者并不是人事保证合同的主体，人事保证合同应是用人单位与保证人间真实意思表示的结果，至于对劳动者是否存在不平等，也应当在具体的合同条款予以考察，不能整体否认人事保证合同的效力。更何况，人事保证合同并没有事先为用人单位提供不正当利益，用人单位只有在损害发生后才能实际得到补偿，相对于没有提供人事保证的劳动合同而言，用人单位并未取得实质的优势地位。[②]

总而言之，在人才流动日益增强的背景下，人事保证确有其构建劳动者与用人单位间信任关系的桥梁作用，对于特殊行业和关系重大的职务而言，人事保证也确有其存在的合理性与必然性。虽然人事保证制度中存在影响劳动者就业平等，以及用人单位借此转移管理风险的弊端，但此不利因素并非不可以通过限制人事保证的适用范围、保证期间以及使用人单位负以通知义务来抑制，故而直接否定人事保证之效力并不可取。目前而言，虽然可通过解释使人事保证在《民法典》及《劳动合同法》第 9 条之下合法化，但对于妥善的人事保证制度而言，肯定其效力只是制度完善的起点，下一步的作业是在立法上进行具体的规则构建。

第六百八十二条

保证合同是主债权债务合同的从合同。主债权债务合同无效，保证合同无效，但是法律另有规定的除外。

保证合同被确认无效后，债务人、保证人、债权人有过错的，应当根据其过错各自承担相应的民事责任。

本条主旨

本条是关于保证合同的从属性的规定。

---

① 参见段晓红：《论人事保证的制度功能及我国的立法选择——兼评〈劳动合同法〉第九条》，载《华中农业大学学报（社会科学版）》2008 年第 5 期。

② 参见潘俊、张娇东：《人事保证合同之效力研究》，载《法律适用》2014 年第 12 期。

相关条文

《担保法》第 5 条　担保合同是主合同的从合同，主合同无效，担保合同无效。担保合同另有约定的，按照约定。

担保合同被确认无效后，债务人、担保人、债权人有过错的，应当根据其过错各自承担相应的民事责任。

《担保法解释》第 7 条　主合同有效而担保合同无效，债权人无过错的，担保人与债务人对主合同债权人的经济损失，承担连带赔偿责任；债权人、担保人有过错的，担保人承担民事责任的部分，不应超过债务人不能清偿部分的二分之一。

第 8 条　主合同无效而导致担保合同无效，担保人无过错的，担保人不承担民事责任；担保人有过错的，担保人承担民事责任的部分，不应超过债务人不能清偿部分的三分之一。

第 9 条　担保人因无效担保合同向债权人承担赔偿责任后，可以向债务人追偿，或者在承担赔偿责任的范围内，要求有过错的反担保人承担赔偿责任。

担保人可以根据承担赔偿责任的事实对债务人或者反担保人另行提起诉讼。

《民法典各分编（草案）》（2018 年 8 月）第 472 条　保证合同是主债权债务合同的从合同。主债权债务合同无效，保证合同无效，但是法律另有规定的除外。

保证合同被确认无效后，债务人、保证人、债权人应当根据其过错各自承担相应的民事责任。

《民法典合同编（草案）（二审稿）》（2018 年 12 月）第 472 条　保证合同是主债权债务合同的从合同。主债权债务合同无效，保证合同无效，但是法律另有规定的除外。

保证合同被确认无效后，债务人、保证人、债权人应当根据其过错各自承担相应的民事责任。

《民法典（草案）》（2019 年 12 月）第 682 条　保证合同是主债权债务合同的从合同。主债权债务合同无效，保证合同无效，但是法律另有规定的除外。

保证合同被确认无效后，债务人、保证人、债权人有过错的，应当根据其过错各自承担相应的民事责任。

《民法典（草案）》（2020 年 5 月 22 日大会审议稿）第 682 条　保证合同是主债权债务合同的从合同。主债权债务合同无效的，保证合同无效，但是法律另有规定的除外。

保证合同被确认无效后，债务人、保证人、债权人有过错的，应当根据其过错各自承担相应的民事责任。

理解与适用

本条是在《担保法》第5条的基础上修改而成，其中第2款未作修改。与《担保法》第5条第1款相比，本条第1款的修改之处主要体现在：其一，将“担保合同”限缩于“保证合同”，从担保合同的一般规定降为保证合同的特别规定，本法第388条另就物上担保合同作出专门规定；其二，将“主合同”改为“主债权债务合同”，与本法第388条的表述相一致；其三，将但书的句号移至“主债权债务合同无效，保证合同无效”之前，避免了从属性例外范围在解释上的分歧；其四，将“担保合同另有约定的，按照约定”修改为“法律另有规定的除外”，限缩了当事人的意思，置重于保证制度的保全功能。

一、保证合同的从属性

本条第1款前句规定：“保证合同是主债权债务合同的从合同。”此即保证合同从属性的实定法基础。由此可见，保证债务则为主债务的从债务，原则上与其所担保的主债务同命运；保证合同以担保主债务之履行为目的，是具有从属性的担保。① “从属性不可依当事人双方之意思而除去，因保证如不具有从属性，则丧失保证为从契约之本质。”② 这一保证合同目的上的从属性，又进一步被解读为发生（成立）上的从属性、范围及强度上的从属性、处分（移转）上之从属性及消灭上之从属性③，更有学者主张还包括抗辩上的从属性在内。④

第一，发生（成立）上的从属性。保证合同是为担保主债务的履行而订立，只有主债务存在时，保证合同的存在才有意义。因此，保证合同的成立以主合同的存在为前提。一般情况下先有主合同的存在，而后有担保合同，在具体表现上可以是二者同时订立，或主合同在先，保证合同嗣后订立。尽管如此，当事人可

---

① 参见史尚宽：《债法各论》，北京，中国政法大学出版社2000年版，第878页。

② 杜怡静：《保证》，载黄立：《民法债编各论》，北京，中国政法大学出版社2003年版，第861页。

③ 参见史尚宽：《债法各论》，北京，中国政法大学出版社2000年版，第878页；刘春堂：《民法债编各论》（下），台北，三民书局2012年版，第345-346页；郭明瑞：《担保法》，北京，法律出版社2010年版，第27-28页；邹海林、常敏：《债权担保的理论与实务》，北京，社会科学文献出版社2005年版，第30页；刘保玉、吕文江主编：《债权担保制度研究》，北京，中国民主法制出版社2000年版，第84-85页；程啸：《保证合同研究》，北京，法律出版社2006年版，第212页。

④ 参见黄茂荣：《债法各论》（第一册增订版），台北，作者2006年自版，第746页；程啸：《保证合同研究》，北京，法律出版社2006年版，第22页。

以约定就附条件的债务或将来发生的债务提供担保[①]，最高额担保即为著例。只要将来债权已可得特定[②]，或发生确定债权的原因事实在保证合同成立之时即已存在且数额预定[③]，即不违背从属性。

第二，范围和强度上的从属性。保证合同系为担保主债务而设立，由此而决定，保证债务的范围和强度从属于主债务。保证债务系别异于主债务的另一种债务，具有相对独立性，其内容未必与主债务的完全相同，但仍不得超过主债务。因此，保证人和债权人约定的保证债务可以小于或者弱于主债务。例如，债权人与保证人有以下减轻约定的，其约定应属有效，并依该约定减轻保证人的保证责任：（1）约定仅保证主债务原本而不保证利息；（2）约定仅保证主债务的一部而不保证其全部；（3）约定仅保证债务不履行的损害赔偿而不保证主债务的履行本身；（4）约定仅就债务人的故意或者重大过失所致不履行始为保证，而不及于主债务不履行的全面。[④]

就此，本法未设明文规定。本法第 691 条规定："保证的范围包括主债权及其利息、违约金、损害赔偿金和实现债权的费用。当事人另有约定的，按照其约定。"多数学者认为，保证的范围和强度从属于主债务。保证人与债权人虽可以协商保证的范围，但双方约定的保证范围与强度不得大于或强于主债务，否则应减缩至主债务的限度内。[⑤] 但亦有观点认为，在约定保证范围超过法定保证范围时，应按法定保证范围强制执行。对于约定保证范围超过法定保证范围的部分，不影响保证合同的效力，超出部分依然成立，但不具有强制执行力，如果保证人自愿加以履行，则视为赠与；保证人在自愿履行后反悔的，也不予支持。[⑥]

依据本法第 691 条规定，债权人与保证人自可约定不同于该条前句的保证范围，但此处的"约定"，尚须结合本条第 1 款前句"保证合同是主债权债务合同

---

① 参见邱聪智：《新订债法各论》（下），姚志明校订，北京，中国人民大学出版社 2006 年版，第 517 页。

② 参见谢在全：《担保物权制度的成长与蜕变》，载《法学家》2019 年第 1 期，第 41 页。

③ 参见朱伯松：《论不同抵押权之效力》，载《月旦法学杂志》2005 年第 9 期，第 180－181 页；林诚二：《论债务担保制度的从属性》，载陈荣隆教授六秩华诞祝寿论文集编辑委员会：《物权法之新思与新为——陈荣隆教授六秩华诞祝寿论文集》，台北，瑞兴图书股份有限公司 2016 年版，第 54－55 页。

④ 参见邱聪智：《新订债法各论》（下），姚志明校订，北京，中国人民大学出版社 2006 年版，第 518 页。

⑤ 参见王利明、崔建远：《合同法总论·总则》，北京，中国政法大学出版社 1996 年版，第 515 页；邹海林、常敏：《债权担保的方式与应用》，北京，法律出版社 1998 年版，第 63 页；郭明瑞：《担保法》，北京，中国政法大学出版社 1998 年版，第 34 页；孙礼海主编：《中华人民共和国担保法释义》，北京，法律出版社 1995 年版，第 29 页。

⑥ 参见孔祥俊主编：《担保法例解与适用》，北京，人民法院出版社 1998 年版，第 157－158 页。

的从合同”进行限缩解释：当事人在保证合同中就保证范围的例外约定，应仅限于保证责任的范围或数额小于主债务，或保证责任之强度低于主债务的情形。例如，保证债务的利率不得高于主债务的利率；主债务不必支付利息的，不得约定保证债务支付利息；主债务附有条件的，不得约定保证债务为无条件；保证债务的履行期不得先于主债务的履行期；债务人仅就重大过失负责的，不得约定保证人就抽象过失或具体过失负责等。[①]《民商事审判会议纪要》明确指出，当事人约定的担保责任的范围大于主债务的，应当认定大于主债务部分的约定无效，从而使担保责任缩减至主债务的范围。

此外，本法第 695 条规定：“债权人和债务人未经保证人书面同意，协商变更主债权债务合同内容，减轻债务的，保证人仍对变更后的债务承担保证责任；加重债务的，保证人对加重的部分不承担保证责任。”“债权人与债务人变更主债权债务合同的履行期限，未经保证人书面同意的，保证期间不受影响。”因此，债权人与主债务人协议变更主合同，扩张主债务的范围时，保证债务范围不因此而扩张；缩小主债务范围时，保证债务的范围也随之缩小。这一规定也是保证债务从属性的体现。

第三，效力上的从属性。主合同不成立、无效或被撤销之时，保证合同也无由发生。因此，主合同无效，则保证合同绝对无效；保证合同无效，则不影响主合同的效力。

《担保法》第 5 条第 1 款规定：“担保合同是主合同的从合同，主合同无效，担保合同无效。担保合同另有约定的，按照约定。”这里，“但书”是单独一句，但前句有两段，分别是“担保合同是主合同的从合同”，“主合同无效，担保合同无效”，两段之间以逗号隔开，那但书“担保合同另有约定的，按照约定”，究竟是针对前段的但书，还是针对后段的但书？在《担保法》第 5 条第 1 款基础上修改的《物权法》第 172 条第 1 款[②]在一定程度上澄清了这一争议。第 172 条的表述是：“担保合同是主债权债务合同的从合同。主债权债务合同无效，担保合同无效，但法律另有规定的除外。”至此，“但书”所针对的对象即至为明显，即仅是“担保合同不因主债权债务合同的无效而归于无效”，而不及于“担保合同不是主债权债务合同的从合同”。由此可见，《担保法》第 5 条第 1 款虽然允许担保合同作为例外约定，但这一例外针对的仅是担保合同效力上的从属性，而不及于其他。准

---

① 参见程啸：《保证合同研究》，北京，法律出版社 2006 年版，第 223 页。

② 通说以为，《物权法》第 172 条第 1 款来源于《担保法》第 5 条第 1 款。参见全国人大常委会法制工作委员会民法室：《中华人民共和国物权法条文说明、立法理由及相关规定》，北京，北京大学出版社 2007 年版，第 303 页；最高人民法院物权法研究小组：《〈中华人民共和国物权法〉条文理解与适用》，北京，人民法院出版社 2007 年版，第 506 页。

此，《担保法》第5条第1款“但书”并不能作为裁判上承认见索即付保函适法性的规范基础。虽然全国人大常委会法工委民法室的释义书中列举的凭要求即付担保（即“见索即付保函”）作为第5条第1款“但书”的例证①，但尚存疑问的是，仅效力从属性上的例外约定并不足以构成见索即付保函，后者还需担保合同中约定保证人放弃主债务人的抗辩权等等要素（效力从属性上的例外约定可以解释为保证人放弃了主债务人主张主合同无效的抗辩权），这就又回到第5条第1款“但书”所针对的对象的老路上了。同样参加立法的人员的释义书中却是另外一种观点。② 由此可见，在我国尚无官方立法理由书的情况下，参加立法的工作人员的解释并不具有立法目的的解释的效力，而仅能供在解释相关法条的立法原意时参考。③

所谓“担保合同另有约定的，按照约定”，是指当事人可依其明示的意思表示排除从属性的适用，如无约定，仍得依从属性特征决定担保合同的效力。在解释上，在主合同无效、担保合同有效的情况下，担保人系就主合同无效所产生的民事责任负担保责任。④ 但是《物权法》第172条第1款中规定：“主债权债务合同无效，担保合同无效，但法律另有规定的除外。”这里排除了当事人另作约定的可能性。审判实践中就当事人约定的独立保证的效力，一直有两种不同的意见：第一种意见认为，独立担保的约定仅在国际商事交易中予以承认，不能适用于国内经济活动。“独立担保的实质是否定担保合同从属性，不再适用担保法律中为担保人提供的各种保护措施，诸如未经担保人同意而变更担保合同场合下担保人的免责，担保人因主债权债务合同无效、被撤销、诉讼时效或强制执行期限完成而产生的抗辩权，以及一般保证人独有的先诉抗辩权等，因此独立担保是一种担保责任非常严厉的担保。”⑤ “考虑到独立担保责任的异常严格性，以及该制

---

① “主合同无效，其约定的权利义务等于不存在，担保合同自然归于无效。但是有些担保合同，特别是在涉外经济贸易中的担保合同，经双方当事人约定担保合同独立于主合同的、不可撤销的担保合同，如凭要求即付担保。这已成为国际贸易中的惯例。这种独立的担保合同，在主合同无效后，仍应当对债务人承担无效后的法律责任担保。为了适应实际需要，本条规定，担保合同另有约定的，按照约定。”全国人大常委会法制工作委员会民法室（孙礼海主编）：《中华人民共和国担保法释义》，北京，法律出版社1995年版，第6页。

② 肖峋、皇甫景山认为，《担保法》第5条第1款仅允许担保合同效力从属性上的例外约定，并未承认“见索即付”的担保方式。在国际经济贸易中，根据需要和有关规定，这种方式可以继续使用。但在国内贸易方面，则不采用这种方式。因为我国正在向市场经济过渡，债权债务关系的运转缺乏秩序，如果对合同一方当事人的是否履约不进行严格的检查和监督，“见索即付”，不会有助于经济活动的安全。“在市场经济相当发达的国家，立法上尚未最终确认这种担保方式，那么，我国在立法上似乎也无需过于急迫了。”肖峋、皇甫景山：《中华人民共和国担保法讲话》，北京，中国社会出版社1995年版，第49页。

③④ 高圣平：《独立保证的典型化与类型化》，载《武汉大学学报（哲学社会科学版）》2016年第1期。

⑤ 奚晓明：《充分发挥民商事审判职能作用，为构建社会主义和谐社会提供司法保障——在全国民商事审判工作会议上的讲话（2007年5月30日）》，载最高人民法院民事审判第二庭编（奚晓明主编）：《民商事审判指导》，2007年第1辑（总第11辑），北京，人民法院出版社2007年版，第57页。

度在使用过程中容易滋生欺诈和滥用权利等弊端，尤其是为避免严重影响或动摇我国担保法律制度体系之基础，全国人大法工委和最高人民法院在《担保法解释》论证过程的态度非常明确：独立担保只能在国际商事交易中使用。”[①] 第二种意见认为，“应当承担独立担保约定的效力。独立担保已为大陆和英美两大法系的判例和学理所承认，并与从属性担保制度并列成为现代担保制度的两大支柱”[②]，《担保法》第5条第1款已经承认了独立担保，并未明确将其界定为仅适用于国际商事交易，基于契约自由原则，在国内经济活动中亦应承认其效力。[③]

《民商事审判会议纪要》第54条秉承最高人民法院一直以来的司法态度，采纳上述第一种意见，认为：“银行或者非银行金融机构之外的当事人开立的独立保函，以及当事人有关排除担保从属性的约定，应当认定无效。但是，根据‘无效法律行为的转换’原理，在否定其独立担保效力的同时，应当将其认定为从属性担保。此时，如果主合同有效，则担保合同有效，担保人与主债务人承担连带保证责任。[④] 主合同无效，则该所谓的独立担保也随之无效，担保人无过错的，不承担责任；担保人有过错的，其承担民事责任的部分，不应超过债务人不能清偿部分的三分之一。”

本条结合司法裁判经验，将《担保法》第5条第1款“担保合同另有约定的，按照约定”修改为“法律另有规定的除外”，这在一定程度上限缩了当事人的意思，置重于保证制度的保全功能。这里的“法律另有规定的除外”，是指本法中关于最高额保证合同的相对独立性的规定。[⑤] 在最高额担保法律关系中，最高额保证与连续发生的具体债权之间并无一一对应关系，其中某一主合同被认定无效或被撤销，并不影响保证合同的效力。在最高额保证决算之时，可将该主合同被认定无效或被撤销之后债务人所应承担的损害赔偿责任一并计入，由最高额保证所担保。在解释上，最高额保证所担保的综合授信协议被认定无效的，担保合同应随之无效，不适用例外规则。

---

① 王闯：《冲突与创新——以物权法与担保法及其解释的比较为中心而展开》，载最高人民法院民事审判第二庭：《民商事审判指导》（总第12辑），北京，人民法院出版社2008年版，第71页。

② 李国光、奚晓明、金剑峰、曹士兵：《最高人民法院〈关于适用中华人民共和国担保法若干问题的解释〉理解与适用》，长春，吉林人民出版社2000年版，第29-30页。

③ 参见王闯：《冲突与创新——以物权法与担保法及其解释的比较为中心而展开》，载最高人民法院民事审判第二庭：《民商事审判指导》（总第12辑），北京，人民法院出版社2008年版，第71页。

④ 这里的“连带保证责任”，应为“连带责任保证责任”。就保证方式，我国实定法上规定为“一般保证”和“连带责任保证”。“连带保证责任”在实定法上与“按份保证责任”相并而称，是就共同保证中保证人之间关系的分类。

⑤ 参见全国人大常委会法制工作委员会民法室：《〈中华人民共和国物权法〉条文说明、立法理由及相关规定》（第二版），北京，北京大学出版社2017年版，第346页。

在解释上，亦有观点认为“法律另有规定的除外”中的“法律”应采广义，包含法律、行政法规、司法解释等在内。如此，《独立保函规定》即可包含在内。[①] 但即便如此，也仅仅解决了效力从属性上的例外问题，而独立保函中还涉及保证人（开立人）放弃主债务人的抗辩等等要素。因此，独立保函在《民法典》上尚无“立足之地”，将其界定为一种实定法之外的非典型担保形式，应为妥适的解释选择。

第四，处分上的从属性。从权利依主权利的移转而移转，但从权利不得与主权利分离而单独让与。在保证之债中，主合同权利、义务的转移，原则上应导致保证合同所生权利、义务的转移，但保证债务不能与主债权相分离而单独转让或者作为其他债权的担保。[②] 债权人将全部或者部分债权转让给第三人，通知保证人后，保证人对受让人承担相应的保证责任。未经通知，该转让对保证人不发生效力。保证人与债权人约定仅对特定的债权人承担保证责任或者禁止债权转让，债权人未经保证人书面同意转让全部或者部分债权的，保证人就受让人的债权不再承担保证责任。债权人未经保证人书面同意，允许债务人转移全部或者部分债务，保证人对未经其同意转移的债务不再承担保证责任，但是债权人和保证人另有约定的除外。第三人加入债务的，保证人的保证责任不受影响。

第五，消灭上的从属性。保证债务以担保主债务为唯一目的，主债务如因清偿、提存、抵销、免除等原因而全部消灭的，保证债务随之消灭。本法就此虽未作出明文规定，但基于以下两条的体系解释，自可得出相同结论。其一，本法第 393 条第 1 项明定，主债权消灭的，担保物权消灭，这一规则自可类推适用于保证债权；其二，本法第 701 条规定：“保证人可以主张债务人对债权人的抗辩。债务人放弃抗辩的，保证人仍有权向债权人主张抗辩。”由此可见，若主债务因清偿、抵销、提存、免除、混同等原因而归于消灭时，保证人有权向债权人主张权利已消灭的抗辩，本法上关于保证合同消灭上的从属性亦相当明显。

二、无效保证的法律后果

（一）无效保证的民事责任的性质

本条第 2 款规定：“保证合同被确认无效后，债务人、保证人、债权人有过

---

① 参见黄薇（全国人大常委会法制工作委员会民法室主任）主编：《中华人民共和国民法典合同编解读（下册）》，北京，中国法制出版社 2020 年版，第 734 页。

② 参见程啸：《保证合同研究》，北京，法律出版社 2006 年版，第 213 页。

错的，应当根据其过错各自承担相应的民事责任。”这一规定摒弃了保证合同无效后保证人承担保证责任或连带责任的观点。这里，“相应的民事责任”是缔约过失责任。缔约过失责任，是指在合同订立合同中，一方违背其依据诚实信用原则所负担的义务，而致另一方的信赖利益受损失，从而应承担的民事责任。本法第500条规定：“当事人在订立合同过程中有下列情形之一，造成对方损失的，应当承担赔偿责任：（一）假借订立合同，恶意进行磋商；（二）故意隐瞒与订立合同有关的重要事实或者提供虚假情况；（三）有其他违背诚信原则的行为。”本法在第157条对合同无效、被撤销或确定不发生效力的缔约过失责任作了规定：“民事法律行为无效、被撤销或者确定不发生效力后，行为人因该行为取得的财产，应当予以返还；不能返还或者没有必要返还的，应当折价补偿。有过错的一方应当赔偿对方由此所受到的损失；各方都有过错的，应当各自承担相应的责任。法律另有规定的，依照其规定。”

保证合同亦为一种合同，其无效时自有缔约过失责任之适用。由此，当保证合同无效时，保证人无须履行保证债务，但保证人对保证合同无效有过错的，应承担缔约过失责任。此种责任是一种独立责任，不因一般保证与连带责任保证而有所区别。亦即，即使是在一般保证的情况下，保证人在向主合同债权人承担缔约过失责任时，也不存在先诉抗辩权问题。① 将无效保证合同的民事责任认定为缔约过失责任，既表明它是一种独立的民事责任形式，又揭示出其责任的理论基础，符合本条规定的立法精神。赔偿范围也就只能是债权人相信保证合同有效但实际上无效所受的损失，即限于信赖利益的赔偿。②

（二）主合同无效引起保证合同无效时的责任承担

根据本条第1款的规定，保证合同从属于主合同而存在，在主合同无效而导致保证合同无效时，保证合同无效的唯一原因是主合同无效。对于主合同无效引起保证合同无效时保证人是否应当承担民事责任，一直存在争议。有学者认为，在主合同无效的情形下，主债权人在与保证人订立保证合同之初就丧失了信赖基础。债权人没有理由“信赖”保证合同有效，并希望以此来保障其债权的实现。因这种“信赖”而产生的损失仅仅与主合同的无效有着必然的联系，而与保证合同无效没有关联，因此，对保证人而言，它不是合理的信赖利益损失。对这种损失，债权人可以根据主合同无效而生之缔约过失责任向主债务人主张赔偿，而不

① 参见李明发：《无效保证合同的民事责任研究》，载第二届“罗马法·中国法及民法法典化”国际研讨会论文集，北京，中国政法大学出版社1999年版，第349页。

② 参见崔建远：《我国担保法的解释与适用初探》，载《吉林大学社会科学学报》1996年第2期。

能根据保证合同无效而生之缔约过失责任向保证人主张赔偿。[①]

《担保法解释》第 8 条对此予以明确。该条规定："主合同无效而导致担保合同无效，担保人无过错的，担保人不承担民事责任；担保人有过错的，担保人承担民事责任的部分，不应超过债务人不能清偿部分的三分之一。"保证合同因主合同的无效而无效时，因主合同无效所造成的损失是主合同一方或双方当事人的过错造成的，保证人没有过错，因此保证人对主债权人因主合同所受之损失，不应承担赔偿责任。这里，保证人的过错主要体现在担保人明知主合同无效仍为之提供担保或保证人明知主合同无效仍促使主合同成立或为主合同的签订作中介等。[②] 保证人的过错不是指保证人在主合同无效上的过错，与一般缔约过失责任中的过错有一定的区别。一般缔约过失责任发生在合同当事人之间，保证人并非主合同的当事人，因此，主合同无效导致保证合同无效的保证人存在过错时的缔约过失责任并不是主合同无效而产生的缔约过失责任。有学者认为，该过错是主合同无效的过错向保证人的延伸，是担保人承担赔偿责任的根据，也有学者认为，这种缔约过失责任可以解释为保证合同无效时发生的缔约过失责任，保证合同的无效是因为主合同无效，保证人促使了无效的主合同的存在，因而可以认为，保证人对保证合同的无效有过错，这样，保证人承担的仍是缔约过失责任。[③]

根据《担保法解释》第 8 条的规定，主合同无效而导致担保合同无效，担保人有过错的，担保人承担民事责任的部分，不应超过债务人不能清偿部分的1/3。对于这一规定，应当注意以下问题：其一，"上限定 1/3 是因为主合同无效时，债权人、债务人原则上均有过错，即使债权人或债务人任何一方没有过错，担保人有过错，因担保合同无效是主合同无效所致，担保人的责任原则上不应当超过主合同当事人的责任。债权人的损失，债权人、债务人、担保人作为三方，按照均分计算的结果，担保人承担的责任份额定为 1/3"[④]。其二，1/3 只是保证人承担民事责任的上限，并非所有此类案件均应绝对适用 1/3。上限的本意是不超过 1/3。在 1/3 以下保证人应当具体承担多少民事责任，由保证人的过错大小来决定，而保证人的过错原则上由法官基于案件事实而判断。其三，1/3 的基数是债务人不能清偿部分，而非债权人的全部损失。《担保法解释》第 131 条规定："本

①② 参见李国光、奚晓明、金剑峰、曹士兵：《最高人民法院〈关于适用中华人民共和国担保法若干问题的解释〉理解与适用》，长春，吉林人民出版社 2000 年版，第 73 页。

③ 参见曹士兵：《中国担保制度与担保方法》（第四版），北京，中国法制出版社 2017 年版，第 99－100 页。

④ 曹士兵：《中国担保制度与担保方法》（第四版），北京，中国法制出版社 2017 年版，第 98 页。

解释所称‘不能清偿’指对债务人的存款、现金、有价证券、成品、半成品、原材料、交通工具等可以执行的动产和其他方便执行的财产执行完毕后，债务仍未能得到清偿的状态。”这里，不能清偿的债务范围应当界定为主债权及其利息等应当由债务人清偿的债务，甚至包括实现债权的费用。

（三）主合同有效但保证合同因保证人不适格而无效时的责任承担

主合同有效、保证合同无效时，保证人有过错的，应承担相应的民事责任（缔约过失责任）。基于债的相对性，保证人只对债权人依保证合同本身无效所受之损失承担缔约过失责任。但保证合同的产生、内容与主债权债务密切相关，由此而产生了债权人、主债务人、保证人三者之间各不相同却又密切关联的权利义务关系。因此，当保证合同无效产生的缔约过失责任已不仅仅局限于主债权人与保证人之间的保证合同关系，而且延伸至主债权债务关系，负担债权人因为保证合同无效而对主债权债务造成的损害赔偿责任。《担保法解释》对此予以明确，其第 7 条规定：“主合同有效而担保合同无效，债权人无过错的，担保人与债务人对主合同债权人的经济损失，承担连带赔偿责任；债权人、担保人有过错的，担保人承担民事责任的部分，不应超过债务人不能清偿部分的二分之一。”

本法第 683 条规定：“机关法人不得为保证人，但是经国务院批准为使用外国政府或者国际经济组织贷款进行转贷的除外。”“以公益为目的的非营利法人、非法人组织不得为保证人。”《担保法解释》第 3 条规定：“国家机关和以公益为目的的事业单位、社会团体违反法律规定提供担保的，担保合同无效。因此给债权人造成损失的，应当根据担保法第五条第二款的规定处理。”机关法人、以公益为目的的非营利法人、非法人组织充当保证人，保证合同即因主体不适格而无效，应无疑问。此时，保证人、债权人对保证合同的无效均有过错，保证人的过错体现在违反法律的禁止规定，债权人的过错表现为疏于审查，未尽注意义务。在保证合同的成立过程中，主债权人不仅要在形式上与保证人签订一份保证合同，而且要对保证人的主体资格进行审查，这是保证合同目的得以达成（主债权得以最终实现）的关键。主债权人疏于审查，而与机关法人、以公益为目的的非营利法人、非法人组织订立保证合同，其主观过错可堪确认。保证人与主债权人应依其各自过错承担相应的民事责任。

（四）主合同有效但保证合同因意思不真实而无效时的责任承担

《担保法》第 30 条规定：“有下列情形之一的，保证人不承担民事责任：（一）主合同当事人双方串通，骗取保证人提供保证的；（二）主合同债权人采取欺诈、胁迫等手段，使保证人在违背真实意思的情况下提供保证的。”在该条所定两种情形下，保证合同因保证人的意思表示不真实而无效，对保证合同的无效，保证人并无过错，因此，保证人对保证合同无效所致损失不承担缔约过失责任，相反，保证人有权请求主债权人承担缔约过失责任。此外，主债务人不是保证合同的当事人（即使在债权人、主债务人、保证人均参加的合同中，主债务人也不是保证合同的当事人，而是主合同的当事人），因此，主债务人的欺诈一般不是在处理保证合同纠纷时的考虑因素。实践中，主债务人单独出面采取欺诈或者胁迫的手段取得保证人的保证，往往有债权人的幕后参与，一概不考虑对保证人的保护，在利益衡量上对保证人存在不公。因此，《担保法解释》第 40 条规定："主合同债务人采取欺诈、胁迫等手段，使保证人在违背真实意思的情况下提供保证的，债权人知道或者应当知道欺诈、胁迫事实的，按照担保法第三十条的规定处理。"该条丰富了《担保法》第 30 条的内容，也在一定程度上突破了合同相对性原则。

本法删去了《担保法》第 30 条的规定。原第 1 项的内容，涉及本法第 154 条的适用，该条规定："行为人与相对人恶意串通，损害他人合法权益的民事法律行为无效。"原第 2 项的内容，涉及本法第 148 条、第 150 条的适用，其中，第 148 条规定："一方以欺诈手段，使对方在违背真实意思的情况下实施的民事法律行为，受欺诈方有权请求人民法院或者仲裁机构予以撤销。"第 150 条规定："一方或者第三人以胁迫手段，使对方在违背真实意思的情况下实施的民事法律行为，受胁迫方有权请求人民法院或者仲裁机构予以撤销。"《担保法解释》第 40 条所规定的情形，涉及本法第 149 条、第 150 条的适用，其中，第 149 条规定："第三人实施欺诈行为，使一方在违背真实意思的情况下实施的民事法律行为，对方知道或者应当知道该欺诈行为的，受欺诈方有权请求人民法院或者仲裁机构予以撤销。"由此可见，保证人意思表示的瑕疵，不再适用特别规定，而直接适用本法总则编的一般规定。至于其法律后果，本法第 157 条规定："民事法律行为无效、被撤销或者确定不发生效力后，行为人因该行为取得的财产，应当予以返还；不能返还或者没有必要返还的，应当折价补偿。有过错的一方应当赔偿对方由此所受到的损失；各方都有过错的，应当各自承担相应的责任。法律另有规定的，依照其规定。"在解释上可以认为，前述情形之下，如保证人没有过错，无须承担缔约过失责任。

其他问题

一、独立保函的性质与效力

在国际公约和国际惯例的发展演进过程中，国际商会《合同保证统一规则》

（URCG325）将合同保证（银行保函）的法律性质定性为从属保证。虽然该规则允许当事人约定排除该规则的适用，以达到选择独立保证的目的[①]，但其过分强调保证交易各方当事人之间的利益平衡，甚至将保证责任的承担与基础交易关系相联系（要求提交主债务人违约证明作为前提条件）。因该规则忽略了商事交易中债权人期待借助合同保证快速、切实地实现债权的诉求，最终该规则被实践淘汰。[②] 有鉴于此，国际商会《见索即付保函统一规则》（URDG458）第 2 条第 2 款规定："保函从性质上是独立于其可能基于之合同或投标条件的交易，即使保函中包含对合同或投标条件的援引，担保人与这类合同或投标条件亦无任何关系，也不受其约束。"这里明确了见索即付保函的独立性。这一惯例在《见索即付保函统一规则》（URDG758）得到了进一步的强化。而联合国国际贸易法委员会制定的《联合国独立担保和备用信用证公约》则试图统一调整独立保函和备用信用证，统合大陆法系和英美法系的独立担保制度。[③]

《民法典》如何规定经由国际贸易实践发展起来的独立保函制度，不无争议。在立法过程中，学者间即有观点认为，《民法典》中应当承认包括独立保函在内的独立担保制度。[④] 根据《最高人民法院关于审理独立保函纠纷案件若干问题的规定》（法释〔2016〕24 号，以下简称《独立保函规定》）的规定，独立保函是指银行或非银行金融机构作为开立人，以书面形式向受益人出具的，同意在受益人请求付款并提交符合保函要求的单据时，向其支付特定款项或在保函最高金额内付款的承诺。"独立保函的性质是付款承诺，开立人的义务在于依条件付款，而非在债务人不履行债务时代负履行责任。开立人付款义务的独立性和单据性特点，使得独立保函在效力、履行、付款金额、有效期、转让等方面均排除了对基础交易的从属性，具有依文本自足自治的特点。"[⑤] 独立保函独立于基础交易关系，是对传统从属性担保的重大突破和创新。只要债权人达到独立保函约定的条件，除现有证据证明债权人的请求明显存在滥用或欺诈之外，开立人即应承担责任，从而使得债权人快速地实现债权，提高了交易的效率，同时，开立人也无须

---

① 参见陈立虎：《独立担保国际惯例的新规则：URDG758》，载《法治研究》2014 年第 1 期。

② 参见李燕：《独立保函单据化的逻辑解释与我国立法之选择》，载《政法论坛》2013 年第 4 期。

③ 有关国际公约的详细介绍参见笪恺：《国际贸易中银行担保法律问题研究》，北京，法律出版社 2000 年版，第 235 页；郭德香：《国际银行独立担保法律问题研究》，北京，法律出版社 2013 年版，第 82 页。

④ 参见高圣平：《民法典担保物权法编纂：问题与展望》，载《清华法学》2018 年第 2 期，第 88 页；刘斌：《论民法典分则中人的担保之体系重构》，载《当代法学》2018 年第 5 期，第 33 页；徐同远：《民法典合同编草案中保证制度的完善》，载《北京航空航天大学学报（社会科学版）》2019 年第 2 期，第 10－12 页。

⑤ 张勇健、沈红雨：《〈关于审理独立保函纠纷案件若干问题的规定〉的理解和适用》，载《人民司法·应用》2017 年第 1 期，第 25 页。

像从属保证人那样负有审慎审查基础交易关系中违约情事的义务，只需就债权人提供的文件进行形式审查。开立人向债权人承担责任之后，自可向债务人求偿或向反担保人主张担保权利。这一特殊的担保模式满足了特定交易的需要，在金融实践和国际贸易中得到了越来越广泛的应用，已然成为相关领域的交易惯例。民事立法和司法实践不能漠视商事实践的发展，更不能以违反从属担保的法理为由而轻易否定这一金融创新。

《民商事审判会议纪要》第 54 条前段指出："从属性是担保的基本属性，但由银行或者非银行金融机构开立的独立保函除外。独立保函纠纷案件依据《最高人民法院关于审理独立保函纠纷案件若干问题的规定》处理。需要进一步明确的是：凡是由银行或者非银行金融机构开立的符合该司法解释第 1 条、第 3 条规定情形的保函，无论是用于国际商事交易还是用于国内商事交易，均不影响保函的效力。银行或者非银行金融机构之外的当事人开立的独立保函，以及当事人有关排除担保从属性的约定，应当认定无效。"由此可见，《民商事审判会议纪要》承认金融机构出具的独立保函的效力，以与《独立保函规定》第 23 条相一致。在性质上，独立保函不属于本法上所规定的典型担保形式——保证。"独立保函的性质是付款承诺，开立人的义务在于依条件付款，而非在债务人不履行债务时代负履行责任。开立人付款义务的独立性和单据性特点，使得独立保函在效力、履行、付款金额、有效期、转让等方面均排除了对基础交易的从属性，具有依文本自足自治的特点。因此，独立保函虽然客观上具有担保债权实现的功能，但与担保法规定的保证有本质区别，与信用证性质相同。"① 因独立保函的提示付款单据简单、付款责任严厉，司法实践中一直对国内交易中独立保函的效力问题缺乏定论。近年来为国内交易开具独立保函已经成为我国金融机构的一项重要业务，基于平等保护原则，《独立保函规定》第 23 条规定，当事人约定在国内交易中适用独立保函的，人民法院不能以独立保函不具有涉外因素为由，否定保函独立性约定的效力。②

在最高人民法院看来，独立保函在性质上不属于《民法典》上所规定的典型担保形式即保证。"独立保函虽然客观上具有担保债权实现的功能，但与担保法规定的保证有本质区别，与信用证性质相同。"③ "当事人主张独立保函适用担保

---

① 张勇健、沈红雨：《〈关于审理独立保函纠纷案件若干问题的规定〉的理解和适用》，载《人民司法·应用》2017 年第 1 期，第 25 页。

② 参见 2016 年 11 月 22 日最高人民法院民事审判第四庭张勇健庭长在最高人民法院举办的独立保函司法解释新闻发布会上的情况介绍。

③ 张勇健、沈红雨：《〈关于审理独立保函纠纷案件若干问题的规定〉的理解和适用》，载《人民司法·应用》2017 年第 1 期，第 25 页。

法关于一般保证或连带保证规定的，人民法院不予支持。”[①] 在《民法典》之下，是否可以通过对第682条第1款“主债权债务合同无效的，保证合同无效，但是法律另有规定的除外”的解释来解决独立保函的适法性问题？虽然在解释上可以将《独立保函规定》纳入“法律另有规定”的“法律”之内，但即便如此，也仅仅解决了效力从属性上的例外问题，而独立保函中还涉及保证人（开立人）放弃主债务人的抗辩等等要素。因此，独立保函在《民法典》上尚无“立足之地”，将其界定为一种实定法之外的非典型担保形式，应为妥适的解释选择。

如此，当事人的意思表示是否认定为独立保函，就显得尤为重要。根据《独立保函规定》的规定，几个核心要素如下：其一，开立人仅限于“银行或非银行金融机构”。金融机构包括政策性银行、商业银行、农村合作银行、城市信用社、农村信用社、村镇银行、贷款公司、农村资金互助社、金融资产管理公司、信托公司、企业集团财务公司、金融租赁公司、汽车金融公司、货币经纪公司等[②]，在外观表象上，金融机构持有“金融许可证”，但凡不持有“金融许可证”的机构，如担保公司、融资租赁公司等，所开立的独立保函，均应认定为无效。其二，文件中存在开立人见索即付的承诺，如保函中载明适用国际商会《见索即付保函统一规则》等独立保函交易示范规则；根据保函文本内容，开立人的付款义务独立于基础交易关系及保函申请法律关系，其仅承担相符交单的付款责任。至于独立保函是否记载了对应的基础交易，不影响独立保函的定性。[③]

司法实践中，法院一般依照《独立保函规定》的规定[④]，根据保函的文本是否符合独立保函的形式要件来判断是否属于独立保函。就保函在性质上的争议，有裁判认为，如保函载明开立人承担付款责任以申请人违约为条件、担保方式为

① 《独立保函规定》第3条第3款。

② 参见《金融许可证管理办法》第3条第2款。

③ 《独立保函规定》第1条规定：“本规定所称的独立保函，是指银行或非银行金融机构作为开立人，以书面形式向受益人出具的，同意在受益人请求付款并提交符合保函要求的单据时，向其支付特定款项或在保函最高金额内付款的承诺。”“前款所称的单据，是指独立保函载明的受益人应提交的付款请求书、违约声明、第三方签发的文件、法院判决、仲裁裁决、汇票、发票等表明发生付款到期事件的书面文件。”“独立保函可以依保函申请人的申请而开立，也可以依另一金融机构的指示而开立。开立人依指示开立独立保函的，可以要求指示人向其开立用以保障追偿权的独立保函。”

④ 《独立保函规定》第3条规定：“保函具有下列情形之一，当事人主张保函性质为独立保函的，人民法院应予支持，但保函未载明据以付款的单据和最高金额的除外：（一）保函载明见索即付；（二）保函载明适用国际商会《见索即付保函统一规则》等独立保函交易示范规则；（三）根据保函文本内容，开立人的付款义务独立于基础交易关系及保函申请法律关系，其仅承担相符交单的付款责任。当事人以独立保函记载了对应的基础交易为由，主张该保函性质为一般保证或连带保证的，人民法院不予支持。当事人主张独立保函适用担保法关于一般保证或连带保证规定的，人民法院不予支持。”

连带责任担保等，则表明该保函为保证，而非独立保函。① 也有相反观点认为，尽管存在申请人违约等表述，但仅此不影响保函的定性。② 此外，保函中同时存在见索即付以及担保责任的条款的，亦存在保函的定性之争。③ 笔者认为，即便存在连带责任担保以及申请人违约的表述，只要对于开立人的付款责任而言未增加实质性的条件，即不影响保函的定性。因此，只要证明保函文本具备《独立保函规定》第 3 条所规定的要件，即应将案涉保函定性为独立保函。

二、“借新还旧”时的保证责任

针对信贷实践中的“借新还旧”，即贷款到期后，借款人与贷款人签订新的借款合同，将新贷出的款项用于归还旧贷的情形，司法实践中较为一致的观点是认为，新的借款合同不因旨在归还“旧贷”而无效，担保人亦不得以贷款用途的“改变”损及其利益而提出抗辩。④ 此际，“旧贷”因清偿而消灭⑤，担保“旧贷”的从权利也随之消灭。《担保法解释》第 39 条规定：“主合同当事人双方协议以新贷偿还旧贷，除保证人知道或者应当知道的外，保证人不承担民事责任。”“新贷与旧贷系同一保证人的，不适用前款的规定。”这里，针对“借新还旧”情形之下，担保“新贷”偿还的保证人是否承担保证责任作了规定：其一，该保证人同时也是“旧贷”的保证人的，应承担保证责任；其二，该保证人不是“旧贷”的保证人，但其知道或者应当知道主合同系“借新还旧”的，应承担保证责任；其三，该保证人不是“旧贷”的保证人，也不知道或者不应当知道主合同系“借新还旧”的，“显系主合同双方当事人恶意串通欺骗保证人”⑥，根据《担保法》第 30 条第 1 项“主合同当事人双方串通，骗取保证人提供保证的”“保证人不承担民事责任”的规定，保证人不应承担任何责任。

《民法典》删去了《担保法》第 30 条的规定。《担保法》第 30 条第 1 项的内容，涉及《民法典》第 154 条即“行为人与相对人恶意串通，损害他人合法权益

---

① 如最高人民法院（2017）民终 647 号民事判决书。

② 如浙江省杭州市中级人民法院（2011）浙杭商外初字第 16 号民事判决书。

③ 如湖北省武汉海事法院（2014）武海法商字第 00823 号民事判决书。

④ 参见李国光、奚晓明、金剑峰、曹士兵：《最高人民法院〈关于适用中华人民共和国担保法若干问题的解释〉理解与适用》，长春，吉林人民出版社 2000 年版，第 152 页。

⑤ 裁判实践中也有观点认为，“借新还旧”在本质上是对“旧贷”的一种特殊形式的展期，即延长了旧贷款的还款期限，原债权债务关系继续存续。参见“中国长城资产管理公司北京办事处与上海中油天宝钢管有限公司、上海中油天宝巴圣钢管有限公司等金融借款合同纠纷案”，上海市高级人民法院（2016）沪民初 7 号民事判决书。这一观点属于少数说。

⑥ 李国光、奚晓明、金剑峰、曹士兵：《最高人民法院〈关于适用中华人民共和国担保法若干问题的解释〉理解与适用》，长春，吉林人民出版社 2000 年版，第 166 页。

的民事法律行为无效”的适用。《担保法》第30条第2项的内容，涉及《民法典》第148条、第150条的适用（即一方以欺诈或胁迫手段，使对方在违背真实意思的情况下实施的民事法律行为，受欺诈方或受胁迫方有权请求人民法院或者仲裁机构予以撤销）。由此可见，保证人意思表示的瑕疵，不再适用特别规定，而直接使用《民法典》总则编的一般规定。至于其法律后果，《民法典》第157条中规定：“有过错的一方应当赔偿对方由此所受到的损失；各方都有过错的，应当各自承担相应的责任。”在解释上可以认为，前述情形之下，如保证人没有过错，无须承担缔约过失责任，如此即与《担保法》第30条的效果相同，《担保法解释》第39条在《民法典》实施之后实际上仍有适用空间。

第六百八十三条

机关法人不得为保证人，但是经国务院批准为使用外国政府或者国际经济组织贷款进行转贷的除外。

以公益为目的的非营利法人、非法人组织不得为保证人。

本条主旨

本条是关于保证人的资格与限制的规定。

相关条文

《担保法》第7条　具有代为清偿债务能力的法人、其他组织或者公民，可以作保证人。

第8条　国家机关不得为保证人，但经国务院批准为使用外国政府或者国际经济组织贷款进行转贷的除外。

第9条　学校、幼儿园、医院等以公益为目的的事业单位、社会团体不得为保证人。

第10条　企业法人的分支机构、职能部门不得为保证人。

企业法人的分支机构有法人书面授权的，可以在授权范围内提供保证。

第11条　任何单位和个人不得强令银行等金融机构或者企业为他人提供保证；银行等金融机构或者企业对强令其为他人提供保证的行为，有权拒绝。

《担保法解释》第3条　国家机关和以公益为目的的事业单位、社会团体违反法律规定提供担保的，担保合同无效。因此给债权人造成损失的，应当根据担保法第五条第二款的规定处理。

第 16 条　从事经营活动的事业单位、社会团体为保证人的，如无其他导致保证合同无效的情况，其所签定的保证合同应当认定为有效。

第 17 条　企业法人的分支机构未经法人书面授权提供保证的，保证合同无效。因此给债权人造成损失的，应当根据担保法第五条第二款的规定处理。

企业法人的分支机构经法人书面授权提供保证的，如果法人的书面授权范围不明，法人的分支机构应当对保证合同约定的全部债务承担保证责任。

企业法人的分支机构经营管理的财产不足以承担保证责任的，由企业法人承担民事责任。

企业法人的分支机构提供的保证无效后应当承担赔偿责任的，由分支机构经营管理的财产承担。企业法人有过错的，按照担保法第二十九条的规定处理。

第 18 条　企业法人的职能部门提供保证的，保证合同无效。债权人知道或者应当知道保证人为企业法人的职能部门的，因此造成的损失由债权人自行承担。

债权人不知保证人为企业法人的职能部门，因此造成的损失，可以参照担保法第五条第二款的规定和第二十九条的规定处理。

《民法典各分编（草案）》（2018 年 8 月）第 473 条　下列组织不得担任保证人：

（一）机关法人，但是经国务院批准为使用外国政府或者国际经济组织贷款进行转贷的除外；

（二）以公益为目的的法人、非法人组织；

（三）法人的分支机构。

法人的分支机构取得法人书面授权的，可以在授权范围内提供保证。

《民法典合同编（草案）（二审稿）》（2018 年 12 月）第 473 条　下列组织不得为保证人：

（一）机关法人，但是经国务院批准为使用外国政府或者国际经济组织贷款进行转贷的除外；

（二）以公益为目的的法人、非法人组织；

（三）法人的分支机构。

法人的分支机构取得法人书面授权的，可以在授权范围内提供保证。

《民法典（草案）》（2019 年 12 月）第 683 条　机关法人不得为保证人，但是经国务院批准为使用外国政府或者国际经济组织贷款进行转贷的除外。

以公益为目的的非营利法人、非法人组织不得为保证人。

《民法典（草案）》（2020 年 5 月 22 日大会审议稿）第 683 条　机关法人不得

为保证人，但是经国务院批准为使用外国政府或者国际经济组织贷款进行转贷的除外。

以公益为目的的非营利法人、非法人组织不得为保证人。

理解与适用

本条是在《担保法》第 7 条至第 11 条规定的基础上修改而成，主要的变化如下。

其一，删去了《担保法》第 7 条关于保证人代偿能力的倡导性规定。该条规定："具有代为清偿债务能力的法人、其他组织或者公民，可以作保证人。"就不具有代偿能力的人所签订的保证合同的效力，《担保法解释》第 14 条规定："不具有完全代偿能力的法人、其他组织或者自然人，以保证人身份订立保证合同后，又以自己没有代偿能力要求免除保证责任的，人民法院不予支持。"但这一规定的删除，并未降低债权人的尽职调查义务。《商业银行法》第 36 条第 1 款规定："商业银行贷款，借款人应当提供担保。商业银行应当对保证人的偿还能力，抵押物、质物的权属和价值以及实现抵押权、质权的可行性进行严格审查。"

其二，根据本法总则编的规定，修改了相关主体的表述，将"国家机关"改称"机关法人"；将"学校、幼儿园、医院等以公益为目的的事业单位、社会团体"改称"以公益为目的的非营利法人、非法人组织"。《担保法》第 8 条规定："国家机关不得为保证人，但经国务院批准为使用外国政府或者国际经济组织贷款进行转贷的除外。"第 9 条规定："学校、幼儿园、医院等以公益为目的的事业单位、社会团体不得为保证人。"

其三，删去了企业法人分支机构、职能部门的保证资格的规定。《担保法》第 10 条规定："企业法人的分支机构、职能部门不得为保证人。""企业法人的分支机构有法人书面授权的，可以在授权范围内提供保证。"本法删去了这一规定。

一、机关法人的保证人资格问题

本条第 1 款规定："机关法人不得为保证人，但是经国务院批准为使用外国政府或者国际经济组织贷款进行转贷的除外。"机关法人是指依照法律和行政命令组建的，履行公共管理职能的各级国家机关，包括各级权力机关、行政机关、审判机关、检察机关、军事机关。在解释上，参公管理的社会团体法人、事业单位法人，包括各级党的机关、妇联、共青团等，也按照规定履行公共管理职能，在此范围内准用机关法人的相关规则。机关法人的主要职责是依法履行管理社会的公共职能，进行日常的公务活动，而且，机关法人的财产和经费由国家财政和地方财政划拨，用以维持国家机关的公务活动和日常的开支，保障国家机关正常履行其职责。因此，机关法人不能直接参与经济活动①，不得为他人的债务提供保证。否则，如允许机关法人充当保证人，当债务人不履行债务或发生当事人约定的情形时，机关法人就应承担保证责任，用机关法人的行政经费来清偿债务，势必影响机关法人正常公务的进行。因此，机关法人没有保证人的资格，不得为他人的债务提供保证。机关法人违反法律规定提供担保的，担保合同无效，因此给债权人造成损失的，应当依据本法第682条第2款的规定处理。

本款但书规定，机关法人可以为经国务院批准为使用外国政府或者国际经济组织贷款进行的转贷提供担保。外国政府和国际经济组织贷款主要是用于交通、能源、邮电通讯、环境保护、城市基础建设、扶贫开发等没有赢利或赢利很少或者短期内无法见到经济效益的项目，金额巨大。一般个人和单位组织不愿意也没有能力为这种贷款提供保证。在使用外国政府和国际经济组织贷款转贷和还款问题上，目前已形成了独特的还款及担保方式：中央政府将筹借到的外国政府或者国际经济组织贷款转贷给项目使用，同时要求地方政府委托其计划财政管理部门向中央政府提供还款担保，保证向中央政府偿还所用的贷款，中央政府和地方政府通过这种担保，共同维护国家偿还外债的信誉。由此可见，依法定程序经国务院批准后，机关法人可以为此类贷款的转贷活动提供担保。

二、公益非营利法人、非法人组织的保证人资格问题

本条第2款规定：“以公益为目的的非营利法人、非法人组织不得为保证人。”非营利法人，是指为公益目的或者其他非营利目的成立，不向出资人、设立人或者会员分配所取得利润的法人，包括事业单位、社会团体、基金会、社会服务机构等。非营利法人可以再分为公益法人和非公益法人。公益法人是专门以社会公益为目的的法人，如慈善机构、福利院等。非公益法人，也可以称为中间法人，是指不以营利为目的，也不以公益为目的的法人，如同学会、同乡会等。② 非法人组织，是不具有法人资格，但是能够依法以自己的名义从事民事活动的组织。在我国民法上，“鉴于合伙企业、个人独资企业等不具有法人资格的组织已为我国立法所承认，且在现实生活中发挥着重要作用，为便于其参与民事

① 虽然机关法人也进行一些民事活动，但仍以必要和可能为前提。
② 参见洪逊欣：《中国民法总则》，台北，三民书局1992年版，第131页。

活动，有必要赋予其民事主体资格”①。非法人组织也有公益和非公益之分。

公益法人、非法人组织为社会化公共利益（不特定的多数人的利益，一般是非经济利益）而设立，公益法人、非法人组织担任保证人与其设立宗旨不相符。公益法人、非法人组织的财产主要体现为固定资产，如学校教学大楼、办公大楼、学生宿舍等，医院医务大楼、各种医疗设施等，如允许其担任保证人，有可能变卖这些固定资产以及教育设施、医疗设施等来承担保证责任，这样势必影响教育工作、医疗工作等公益事业的进行。

值得注意的是，《担保法解释》第16条规定：“从事经营活动的事业单位、社会团体为保证人的，如无其他导致保证合同无效的情况，其所签定的保证合同应当认定为有效。”该规定与本条第2款的规定并不矛盾，非公益的法人、非法人组织即属《担保法解释》第16条所述情形。随着我国经济体制改革的不断深入，出现了一些企业化管理、自负盈亏的事业单位，以及其他类型的非公益的事业单位和社会团体。这些领有企业法人营业执照、营业执照或国家政策允许从事经营活动的事业单位，其经营性决定了它具有从事保证活动的民事权利能力和行为能力，可以充当保证人。值得注意的是，《社会团体登记管理条例》第4条第2款规定，社会团体不得从事营利性经营活动，《担保法解释》第16条所规定的“从事经营活动的社会团体”自无适用的可能。

其他问题

一、特别法人的保证人资格问题

本法第96条规定：“本节规定的机关法人、农村集体经济组织法人、城镇农村的合作经济组织法人、基层群众性自治组织法人，为特别法人。”而本条仅涉及机关法人，对于农村集体经济组织法人、城镇农村的合作经济组织法人、基层群众性自治组织法人是否可以充任保证人，不无疑问。

二、法人分支机构的保证人资格问题

《担保法》第10条规定：“企业法人的分支机构、职能部门不得为保证人。”“企业法人的分支机构有法人书面授权的，可以在授权范围内提供保证。”由于本法同时删去了“具有代为清偿债务能力的法人、其他组织或者公民，可以作保证人”的规

① 石宏主编：《中华人民共和国民法总则条文说明、立法理由及相关规定》，北京，北京大学出版社2017年版，第247页。

定，经过法人书面授权，法人分支机构是否可充任保证人，即生解释上的疑问。

本法第74条第2款规定："分支机构以自己的名义从事民事活动，产生的民事责任由法人承担；也可以先以该分支机构管理的财产承担，不足以承担的，由法人承担。"第102条规定："非法人组织是不具有法人资格，但是能够依法以自己的名义从事民事活动的组织。""非法人组织包括个人独资企业、合伙企业、不具有法人资格的专业服务机构等。"在体系解释上，第102条第2款并未明确列举法人的分支机构，而法人的分支机构不具有法人资格，但可以自己的名义从事民事活动，亦属第102条第1款文义所能涵盖；第102条所定分支机构的责任承担也符合第104条关于"非法人组织的财产不足以清偿债务的，其出资人或者设立人承担无限责任。法律另有规定的，依照其规定"的规定，因此，可以认为法人的分支机构属于非法人组织。《民法总则》实施之后，最高人民法院发布的《民事诉讼法解释》第52条明确将"依法设立并领取营业执照的法人的分支机构""依法成立的社会团体的分支机构、代表机构""依法设立并领取营业执照的商业银行、政策性银行和非银行金融机构的分支机构"列举为《民事诉讼法》第48条规定的"其他组织"（与《民法典》上"非法人组织"同义）之列；第53条又明确规定："法人非依法设立的分支机构，或者虽依法设立，但没有领取营业执照的分支机构，以设立该分支机构的法人为当事人。"

综上，非法人组织可以以自己的名义为他人债务提供保证，但其担保权限来自法人的授权。《担保法解释》第17条规定："企业法人的分支机构未经法人书面授权提供保证的，保证合同无效。因此给债权人造成损失的，应当根据担保法第五条第二款的规定处理。""企业法人的分支机构经法人书面授权提供保证的，如果法人的书面授权范围不明，法人的分支机构应当对保证合同约定的全部债务承担保证责任。""企业法人的分支机构经营管理的财产不足以承担保证责任的，由企业法人承担民事责任。""企业法人的分支机构提供的保证无效后应当承担赔偿责任的，由分支机构经营管理的财产承担。企业法人有过错的，按照担保法第二十九条的规定处理。"《担保法解释》第18条规定："企业法人的职能部门提供保证的，保证合同无效。债权人知道或者应当知道保证人为企业法人的职能部门的，因此造成的损失由债权人自行承担。""债权人不知保证人为企业法人的职能部门，因此造成的损失，可以参照担保法第五条第二款的规定和第二十九条的规定处理。"这些规定仍有适用价值。

三、民办学校、医院的保证人资格问题

《民办教育促进法》第19条中规定，民办学校可分为非营利性民办学校与营

利性民办学校，而其区分依据为出资人是否可以“取得办学收益”及学校的办学结余是否“全部用于办学”。依据《民办学校分类登记实施细则》第 7 条、第 9 条①以及《国家工商行政管理总局、教育部关于营利性民办学校名称登记管理有关工作的通知》（工商企注字〔2017〕156 号）第 1 条②的规定，非营利性民办学校可根据条件登记为民办非企业单位与事业单位，营利性民办学校则应登记为公司法人。就登记为事业单位的非营利性民办学校与登记为公司法人的营利性民办学校，前者的公益性与后者的非公益性并无反对意见，只是目前绝大部分民办学校被登记为民办非企业单位，在实际管理中又在人事制度、社会保险、税收等具体运营事项上与公办学校有别③，故而此类民办学校的公益属性仍然是暧昧不清的，相应地也产生了有关保证人资格的争议。

在司法实践中，就登记为民办非企业单位的民办学校的保证人资格，其裁判路径主要有两种，具体如下。

一种裁判路径是依据《民办教育促进法》第 3 条“民办教育事业属于公益性事业”及第 5 条“民办学校与公办学校具有同等的法律地位”之规定，直接认定民办学校属于公益性的事业单位，依法不具有保证人资格。④

另一种裁判路径则是以民办学校是否以公益为目的作为判断其保证人资格的核心，并以民办学校的营利性有无作为判断公益目的的基础。一种观点认为，民办非企业单位的民办学校具有一定的营利性，并非是以公益为目的，而其性质有别于《担保法》第 9 条中的事业单位与社会团体，故其具备对外提供保证的资格。⑤ 另一种观点则认为，应当结合民办学校的登记情况与实际运营情况来判断

① 《民办学校分类登记实施细则》第 7 条规定：“正式批准设立的非营利性民办学校，符合《民办非企业单位登记管理暂行条例》等民办非企业单位登记管理有关规定的到民政部门登记为民办非企业单位，符合《事业单位登记管理暂行条例》等事业单位登记管理有关规定的到事业单位登记管理机关登记为事业单位。”第 9 条规定：“正式批准设立的营利性民办学校，依据法律法规规定的管辖权限到工商行政管理部门办理登记。”

② 《国家工商行政管理总局、教育部关于营利性民办学校名称登记管理有关工作的通知》（工商企注字〔2017〕156 号）第 1 条规定：“民办学校应当按照《中华人民共和国公司法》《中华人民共和国民办教育促进法》有关规定，登记为有限责任公司或者股份有限公司，其名称应当符合公司登记管理和教育相关法律法规的规定。”

③ 参见杨翱宇：《民办学校的商事主体地位判定》，载《河北法学》2018 年第 7 期。

④ 参见“田牧凡与付海涌、何云霞等民间借贷纠纷上诉案”，山东省高级人民法院（2016）鲁民终 2096 号民事判决书；“重庆市聚英技工学校与何旭刘璐等金融借款合同纠纷上诉案”，重庆市第五中级人民法院（2016）渝 05 民终 5168 号民事判决书。

⑤ 参见“湖北文理学院理工学院与刘平民间借贷纠纷再审案”，湖北省高级人民法院（2017）鄂民申 1620 号民事裁定书；“厦门东海职业技术学院、林志专民间借贷纠纷上诉案”，福建省泉州市中级人民法院（2017）闽 05 民终 1822 号民事判决书。

其是否以公益为目的。具体而言，若涉案民办学校登记为非营利性，则其公益目的可被初步认定，而若该民办学校的实际运用情况符合“举办者不得取得办学收益，学校的办学结余全部用于办学”的条件，则其公益属性可被最终认可，其所签订的保证合同也因主体欠缺保证资格而无效。[①] 在该案中，最高人民法院认为，《担保法》第 9 条事业单位及社会团体的范围客观上无法涵盖民办非企业单位。该条规范目的是因学校、幼儿园、医院等以公益为目的的事业单位、社会团体直接为社会公众服务，如果作为保证人而最终履行保证责任，势必直接影响社会公共利益。民办非企业单位与事业单位的举办资金来源不同，但均有可能是以公益为目的，故不能以民办非企业单位并非事业单位、社会团体而当然排除《担保法》第 9 条的法律适用。

笔者认为，“事业”的公益性不等于“主体”的公益性，虽然《民办教育促进法》第 3 条规定了“民办教育事业属于公益性事业”，但该条是从整个“事业”的角度对民办教育所做的功能定位，该事业范围内的每个主体并不必然具有公益性。[②] 同时，《担保法》第 9 条所称的“学校、幼儿园、医院等以公益为目的的事业单位、社会团体”和本条的“以公益为目的的非营利法人、非法人组织”是指主体的公益性，故即使民办学校所致力的事业是公益性事业，其是否具有保证资格仍须结合该民办学校的具体情况进行分析。换言之，若该民办学校本身为公益性机构，则其不具有保证资格，所签订的保证合同无效；反之，则其具有保证资格，对外可提供保证担保。至于特定的民办学校是否具有公益性，“马鞍山中加双语学校、新时代信托股份有限公司金融借款合同纠纷上诉案”中，最高人民法院的分析值得赞同，即应综合审查民办学校的登记情况和实际运营情况，在其登记为非营利性民办学校，且实际上也符合《民办教育促进法》第 19 条“举办者不得取得办学收益，学校的办学结余全部用于办学”的非营利性要件时，应支持该民办学校有关其以公益为目的的主张。换言之，在《民法典》将法人分类为营利性法人与非营利性法人，《民办教育促进法》关于营利性与非营利性学校分类管理的教育体制下，若该民办学校在形式与实质上都符合非营利性的标准，应支持其缺乏保证资格的主张。

根据医疗机构的经营目的、服务任务，以及财政、税收、价格政策和财务会计制度的不同，医疗机构划分为非营利性医疗机构和营利性医疗机构。“非营利

---

① 参见“马鞍山中加双语学校与新时代信托股份有限公司等金融借款合同纠纷上诉案”，最高人民法院（2017）民终 297 号民事判决书。

② 参见杨翱宇：《民办学校的商事主体地位判定》，载《河北法学》2018 年第 7 期。

性医疗机构是指为社会公众利益服务而设立和运营的医疗机构，不以营利为目的，其收入用于弥补医疗服务成本，实际运营中的收支结余只能用于自身的发展，如改善医疗条件、引进技术、开展新的医疗服务项目等。营利性医疗机构是指医疗服务所得收益可用于投资者经济回报的医疗机构。政府不举办营利性医疗机构。”① 在我国的医疗分类管理体制下，民营医疗机构也划分为营利性或非营利性医疗机构。就民营医疗机构是否具有保证人资格的这一问题，司法实践的裁判路径是在遵循医疗机构分类管理的基础上，以非营利性作为民办医疗机构公益性的核心，再以此导入《担保法》第 9 条予以裁判。②

就保证人资格问题，裁判者在民营医疗机构纠纷与民办学校纠纷中所面临的困境相同，即在主体所从事的为公益性事业的前提下，如何判断由社会资本所设立的民办医疗机构是否也具有公益性。在“盱眙县中医院与夏建平、江苏鹏胜集团有限公司等民间借贷纠纷案”③ 中，江苏省高级人民法院二审认为，医疗机构虽具有向社会公众提供医疗服务的公益职能，但并不代表医疗机构本身是以公益为目的。至于涉案医疗机构是否以公益为目的，该案法院继续认为，应当结合该医疗机构的实际运营情形判断是否符合非营利性的要件。总而言之，就民办医疗机构是否是以公益为目的，裁判实践往往从形式与实质两项要件予以把握：一是形式要件，即涉案民办医疗机构应登记为非营利性机构；二是实质要件，即涉案民办医疗机构的运营不以营利为目的，收入用于弥补医疗服务成本，收支结余也只用于自身发展。

第六百八十四条

保证合同的内容一般包括被保证的主债权的种类、数额，债务人履行债务的期限，保证的方式、范围和期间等条款。

本条主旨

本条是关于保证合同的内容的规定。

---

① 《关于城镇医疗机构分类管理的实施意见》（卫医发〔2000〕233 号）。

② 参见“青海湘亚医院与金梦章、青海兴华医院建设工程施工合同纠纷案”，青海省高级人民法院（2019）青民终 55 号民事判决书。

③ 江苏省高级人民法院（2017）苏民申 3209 号民事裁定书。

相关条文

《担保法》第 15 条　保证合同应当包括以下内容：

（一）被保证的主债权种类、数额；

（二）债务人履行债务的期限；

（三）保证的方式；

（四）保证担保的范围；

（五）保证的期间；

（六）双方认为需要约定的其他事项。

保证合同不完全具备前款规定内容的，可以补正。

《民法典各分编（草案）》（2018 年 8 月）第 474 条　保证合同的内容由当事人约定，一般包括以下条款：

（一）被保证的主债权的种类、数额；

（二）债务人履行债务的期限；

（三）保证的方式；

（四）保证的范围；

（五）保证的期间；

（六）当事人认为需要约定的其他事项。

《民法典合同编（草案）（二审稿）》（2018 年 12 月）第 474 条　保证合同的内容由当事人约定，一般包括以下条款：

（一）被保证的主债权的种类、数额；

（二）债务人履行债务的期限；

（三）保证的方式；

（四）保证的范围；

（五）保证的期间；

（六）当事人认为需要约定的其他事项。

《民法典（草案）》（2019 年 12 月）第 684 条　保证合同的内容一般包括被保证的主债权的种类、数额，债务人履行债务的期限，保证的方式、范围和期间等条款。

《民法典（草案）》（2020 年 5 月 22 日大会审议稿）第 684 条　保证合同的内容一般包括被保证的主债权的种类、数额，债务人履行债务的期限，保证的方式、范围和期间等条款。

理解与适用

本条是在《担保法》第15条的基础上修改而成。与该条相比，本条的修改主要体现在：其一，将《担保法》第15条第1款中保证合同的内容从“应当包括”修改为“一般包括”，进一步明确本条倡导性规范的属性，并将条文的表述方式从分项改为不分项。其二，删去《担保法》第15条第2款“保证合同不完全具备前款规定内容的，可以补正”，但这并不表明不允许当事人就保证合同的内容进行所谓“补正”，在解释上，这里的“补正”保证合同的内容，应为对保证合同的变更，适用合同编通则分编的一般规则。

一、保证合同的内容

保证合同的内容，是确定保证合同当事人权利和义务的根据以及保证合同是否合法、有效的依据。根据本条的规定，保证合同一般包括以下内容。

（一）被保证的主债权的种类和数额

保证合同从属于主合同，保证债务从属于主债务，不得超过主债务。为了确定保证债务的种类和数额的上限，保证合同应明确主债权的种类和数额，包括债权发生的原因、债权的性质、债权的本金、利息，以及债权的计算方法。[①]

值得注意的是，《民法典》担保规则体系中所使用的“主债权”具有两种不同含义：一种是在从属性之下使用，系指与保证债权或担保物权相对而称的被担保的债权，例如，本法第388条、第682条中所称“主债权”，在内容上包括了主债权（指原本债权）及其利息、违约金、损害赔偿金、保管担保财产和实现担保物权的费用；一种是在债权债务关系内部使用，系指与利息、违约金、损害赔偿金等从债权相对而称的原本债权，例如，本法第389条、第684条中所称“主债权”。在这个意义上，借款合同法律关系中的贷款人请求借款人返还借款本金的债权即为“主债权”，因该“主债权”而派生的利息、违约金、损害赔偿金等其他请求权为从债权。[②]

（二）债务人履行债务的期限

债务人履行债务的期限事关保证人的切身利益。主债务履行期限届满，不仅意味着主债务人应完成债务的履行和主债务诉讼时效的开始计算，对于保证人来

---

① 参见邹海林、常敏：《债权担保的方式和应用》，北京，法律出版社1998年版，第55页。

② 参见尹田：《物权法》（第二版），北京，北京大学出版社2017年版，第494页。为避免混淆，本书以下以“原本债权”指称第二种意义上的“主债权”。

说，也意味着债权人可以要求连带责任保证人履行保证债务或保证期间的迫近。对于一般保证人来说，主债务履行期限届满意味着自己将有可能对主债务承担保证责任。“债务人履行债务的期限”应属主合同中的条款，且应属主合同中的任意条款。依据本法第 692 条第 3 款的规定，债权人与债务人对主债务履行期限没有约定或者约定不明确的，保证期间自债权人请求债务人履行债务的宽限期届满之日起计算。由此可见，“债务人履行债务的期限”不属于保证合同的必备条款。

（三）保证的方式

依据本法第 686 条的规定，保证方式有一般保证和连带责任保证两种。一般保证的保证人在主合同纠纷未经审判或仲裁，并就债务人财产强制执行仍不能履行债务时，才依法承担保证责任，亦即，一般保证的保证人有先诉抗辩权。连带责任保证的债务人不履行到期债务或者发生当事人约定的情形时，债权人可以请求债务人履行债务，也可以请求保证人在其保证范围内承担保证责任。依据本法第 686 条第 2 款的规定，当事人在保证合同中对保证方式没有约定或者约定不明确的，按照一般保证承担保证责任。这说明“保证的方式”属于保证合同中的任意条款。

（四）保证的范围

保证的范围是保证人承担保证责任的范围。依据本法第 691 条的规定，保证的范围包括主债权及其利息、违约金、损害赔偿金和实现债权的费用。当事人另有约定的，按照其约定。保证人对债务人的全部债务承担保证责任的，为全额保证或无限保证；保证人对债务人的部分债务承担保证责任的，为部分保证或有限保证。保证人承担部分保证的，保证人只在其约定的保证数额内承担保证责任。当事人对保证范围没有约定或者约定不明确的，保证人应当按照法定的担保范围承担担保责任。由此可见，“保证的范围”不属于保证合同的必备条款。

（五）保证的期间

保证期间是确定保证人承担保证责任的期间。一般保证的债权人未在保证期间内对债务人提起诉讼或者申请仲裁的，保证人不再承担保证责任。连带责任保证的债权人未在保证期间内请求保证人承担保证责任的，保证人不再承担保证责任。依据本法第 692 条第 2、3 款的规定，债权人与保证人可以约定保证期间，但是约定的保证期间早于主债务履行期限或者与主债务履行期限同时届满的，视为没有约定；没有约定或者约定不明确的，保证期间为主债务履行期限届满之日起 6 个月。债权人与债务人对主债务履行期限没有约定或者约定不明确的，保证期间自债权人请求债务人履行债务的宽限期届满之日起计算。由此可见，“保证的期间”也不属于保证合同的必备条款。

（六）双方认为需要约定的其他事项

保证合同中除了可以对被保证的主债务的种类、数额、债务人履行债务的期限以及保证的方式、范围、期间等内容作出约定外，保证人和债权人还可以就双方认为需要的其他事项作出约定，例如，对争议解决条款等内容作出约定。

值得注意的是，上述条款并非都是保证合同的必备条款，保证合同没有完全具备这些条款的，不影响保证合同的成立。在本条规定的保证合同的内容中只有“被保证的主债权的种类和数额”属于保证合同的必备条款，其他均不属于保证合同的必备条款。同时，在保证担保的是合同债务时，主债权的种类和数额也属于主合同的条款之一，因此，保证人只需在主合同上签字或者盖章，并表明自己的保证意思，保证合同即可成立。

二、保证合同的成立

保证合同的成立是对保证合同实行效力控制的基础，因此，认定保证合同的成立，在司法实践中具有重大意义。依双方法律行为成立的法理，保证合同的成立，一般应具备当事人、标的与意思表示的合致，此外，保证合同是要式合同，尚需以书面形式为特别成立要件。由此可见，只需保证人以书面形式对债权人表示保证意旨，保证合同即为成立，至于保证范围、保证期间等等，除当事人明确约定为合同成立要素之外，对于保证合同的成立不发生影响。①

保证合同当事人为保证人与债权人。《民法典》在“保证合同”章中仅有第683条一条涉及保证人的资格限制，即：“机关法人不得为保证人，但是经国务院批准为使用外国政府或者国际经济组织贷款进行转贷的除外。”“以公益为目的的非营利法人、非法人组织不得为保证人。”其他均适用总则编关于民事主体的一般规定。

保证人自应满足《民法典》所规定的一般民事主体资格要求，即具备民事权利能力和相应的民事行为能力，但充当保证人是否需要额外的条件？《担保法》第7条规定：“具有代为清偿债务能力的法人、其他组织或者公民，可以作保证人。”代偿能力，是指保证人依保证合同的约定代为履行债务或承担责任的能力。《担保法》规定保证人应具有代偿能力，有其合理性和必要性：一则就保证的性质而言，保证是指保证人在主债务人不履行债务时，依约定履行债务或承担责任的行为，保证人理应具有代偿能力；二则就保证的目的而言，保证之设立旨在保

① 参见邱聪智：《新订债法各论》（下），姚志明校订，北京，中国人民大学出版社2006年版，第349页。

障债权的实现，如果保证人无代偿能力，设立保证的目的即告落空，保证便形同虚设。这一规定属于训示规则，意在要求保证人本着诚实、谨慎的原则，有能力才为保证，同时也提醒债权人对保证人的代偿能力应作审查，避免接受无代偿能力人提供的保证担保。①

代偿能力对保证合同效力有何影响，在理论上和实践中均有不同看法。为防杜争议，《担保法解释》第 14 条规定："不具有完全代偿能力的法人、其他组织或者自然人，以保证人身份订立保证合同后，又以自己没有代偿能力要求免除保证责任的，人民法院不予支持。"《民法典》"保证合同"章删去了《担保法》第 7 条这一训示性规定，将这一问题留由债权人在接受第三人提供保证时去判断。《商业银行法》第 35 条第 1 款规定："商业银行贷款，应当对借款人的借款用途、偿还能力、还款方式等情况进行严格审查。"

其他问题

保证具有无偿性，这决定了保证人提供保证的意思表示必须明确具体。② 实践中一般要求保证人必须具有明确的承担保证责任或代为履行债务的意思表示，如仅表达"愿意督促借款人切实履行还款责任，按时归还贷款本息。如借款人出现逾期或拖欠贷款本息的情况，将负责解决，不让贷款人在经济上蒙受损失"的意思，其中并未明确承担保证责任或者代为还款，并未明确保证当主债务人不履行债务时由承诺人履行债务或承担责任的保证意愿。③ 如当事人一方仅是向债权人提供主债务人履行债务的能力的声明，并无担保债务人履行债务的意思表示，则双方在保证债务的成立上意思表示不一致，保证合同不成立。例如，有的仅向债权人表示"我担保债务人有足够的能力清偿债务"或者"我保证债务人到期能履行债务"等等，而未表示自己愿意承担保证债务的意思，这类意思表示仅是对债务人信用的一种说明或者证明，并非承担保证债务的意思表示，保证合同不能成立。

对于当事人双方在成立保证上的意思表示是否一致，应从客观上解释，亦即只要保证人在客观上有提供保证的意思表示，则不论其主观上是否有承担保证债

① 参见叶金强：《担保法原理》，北京，科学出版社 2002 年版，第 36 页。

② 参见"韩军与锦州市鑫泽锰业有限公司、李刚、孙明辉民间借贷纠纷再审案"，最高人民法院（2017）民再 120 号民事判决书。

③ 参见"中国银行（香港）有限公司与广州市保科力贸易公司、广州市对外贸易经济合作局保证合同纠纷再审案"，最高人民法院（2011）民申字第 1412 号民事裁定书。相同处理的还可参见"交通银行香港分行诉佛山市人民政府担保纠纷上诉案"，最高人民法院（2004）民四终字第 5 号民事判决书；"中国银行（香港）有限公司诉辽宁省人民政府、葫芦岛锌厂保证合同纠纷案"，最高人民法院（2014）民四终字第 37 号民事判决书。

务的意思，保证合同都应成立。如《担保法解释》第22条第2款规定："主合同中虽然没有保证条款，但是，保证人在主合同上以保证人的身份签字或者盖章的，保证合同成立。"由此可见，虽然主合同中没有保证条款，但第三人以保证人的身份（不以表述为"保证人"为限，还可表述为"担保人""保人""具保人"等）在主合同或主合同的"保证人"栏内签字或者盖章，如无其他相反说明，应解释为该第三人有提供保证的意思表示，保证合同成立。

债权凭证或者借款合同上仅有第三人签名或者盖章，不足以认定其保证人身份的，就不能认定其有提供保证的意思表示。所谓"仅有"，是指既未在借款凭证或借款合同中表明保证人身份，也未在其中约定保证条款并指向签字或盖章人，同时也无其他证据证明该签字或盖章人为保证人。《民间借贷司法解释》第21条规定："他人在借据、收据、欠条等债权凭证或者借款合同上签名或者盖章，但未表明其保证人身份或者承担保证责任，或者通过其他事实不能推定其为保证人，出借人请求其承担保证责任的，人民法院不予支持。"

在实践中，保证合同的订立，有时是由债权人要求主债务人觅保，并向主债务人提供保证书文本，保证人在保证人栏签字盖章后，交给主债务人，再由主债务人交给债权人而完成。那么，若主债务人仅提供尚未记载保证合同事项的空白保证书，保证人在其上签名、盖章的，保证合同的效力为何？对此，司法实践多数肯定保证合同已有效成立，其理由在于：其一，完全民事行为能力人具有对提供保证担保可能面临的法律后果之相当的认知能力，自应承担相应的风险。① 其二，保证人在空白保证书上签字盖章，应视为对保证合同内容的无限授权，系其对自身权利的放任。②

在解释上，如保证书记载完整、明确，即包括了主债务的种类和数额、债务人履行债务的期限、保证方式、保证担保范围等有关主债务与保证债务的重要事项，对于保证合同的成立及法律关系而言，主债务人属于保证人为保证意思表示的传达机关；如保证书对主债务与保证债务的重要事项留作空白，未做记载，主债务人应解为保证人的代理人，保证人就保证合同的缔结对主债务人授予代理权。主债务人填补空白事项者，使代理保证人成立保证合同，且不发生自己代理

---

① 参见"马天贺与新乡县建设投资有限责任公司、河南省龙泉集团实业有限公司等民间借贷纠纷再审案"，最高人民法院（2015）民申字第1225号民事裁定书；"宁夏贺兰县德晟小额贷款有限公司与岳怡、宁夏怡天汽车销售服务有限公司等借款合同纠纷再审案"，最高人民法院（2017）民申744号民事裁定书。

② 参见"中国建设银行乌鲁木齐河南路支行与新疆昆仑工程建设总公司等借款担保合同纠纷上诉案"，最高人民法院（1999）经终字第190号民事判决书；"施苏程与方晗民间借贷纠纷再审案"，最高人民法院（2017）民申3858号民事裁定书；"宜昌市九鼎投资担保有限公司与湖北东圣化工集团东达矿业有限公司、陈宗新追偿权纠纷再审案"，最高人民法院（2017）民申2370号民事裁定书。

或双重代理的问题。在主债务人充当保证人的代理人的情形，如主债务人超过保证人先前同意的保证担保范围而订立保证合同的，或者保证人将经其签名盖章的保证书交付给主债务人后，在主债务人交付给债权人之前，保证人意欲不再担任保证人而向主债务人要求撤回其保证的，如主债务人仍将该保证书交付予善意的债权人，应当解释为构成表见代理，如经债权人主张，其保证合同仍属有效成立。

第六百八十五条

保证合同可以是单独订立的书面合同，也可以是主债权债务合同中的保证条款。

第三人单方以书面形式向债权人作出保证，债权人接收且未提出异议的，保证合同成立。

本条主旨

本条是关于保证合同的形式的规定。

相关条文

《担保法》第 13 条　保证人与债权人应当以书面形式订立保证合同。

《担保法解释》第 22 条　第三人单方以书面形式向债权人出具担保书，债权人接受且未提出异议的，保证合同成立。

主合同中虽然没有保证条款，但是，保证人在主合同上以保证人的身份签字或者盖章的，保证合同成立。

《民法典各分编（草案）》（2018 年 8 月）第 475 条　保证合同可以是单独订立的书面合同，也可以是主合同中的保证条款。

第三人单方以书面形式向债权人出具保证书，债权人接受且未提出异议的，保证合同成立。

《民法典合同编（草案）（二审稿）》（2018 年 12 月）第 475 条　保证合同可以是单独订立的书面合同，也可以是主合同中的保证条款。

第三人单方以书面形式向债权人出具保证书，债权人接收且未提出异议的，保证合同成立。

《民法典（草案）》（2019 年 12 月）第 685 条　保证合同可以是单独订立的书面合同，也可以是主债权债务合同中的保证条款。

第三人单方以书面形式向债权人作出保证的，债权人接收且未提出异议的，保证合同成立。

《民法典（草案）》（2020年5月22日大会审议稿）第685条　保证合同可以是单独订立的书面合同，也可以是主债权债务合同中的保证条款。

第三人单方以书面形式向债权人作出保证的，债权人接收且未提出异议的，保证合同成立。

理解与适用

本条是在《担保法》第13条和《担保法解释》第22条的基础上修改而成。《担保法》第13条规定："保证人与债权人应当以书面形式订立保证合同。"《担保法解释》第22条第2款规定："主合同中虽然没有保证条款，但是，保证人在主合同上以保证人的身份签字或者盖章的，保证合同成立。"本条第1款在此基础上对书面形式作了细化。《担保法解释》第22条第1款规定："第三人单方以书面形式向债权人出具担保书，债权人接受且未提出异议的，保证合同成立。"本条第2款在此基础上作了文字上的完善。

保证债务在主债务人不履行到期债务或发生当事人约定的情形时才有给付责任，在此之前无须现实履行，因此，保证合同为诺成合同。《民法典》虽然删去了《担保法》第13条关于"保证人与债权人应当以书面形式订立保证合同"的规定，但第685条第1款规定："保证合同可以是单独订立的书面合同，也可以是主债权债务合同中的保证条款。"由此可见，《民法典》上仍然坚持保证合同的要式性。

保证合同的书面形式一般表现为以下几种。

1. 保证人与债权人订立单独的保证合同

保证人与债权人订立单独的保证合同是保证合同成立的典型形式，《民法典》第685条对此作了明确规定。此时，保证合同的成立并无特别规则，适用《民法典》总则编和合同编通则的规定即可。

2. 保证人与债权人、债务人共同订立合同

保证合同作为从合同可以与主合同合为一体，此时保证合同表现为主合同中的保证条款。如保证人、债权人、债务人在该合同中共同签字或者盖章，保证合同成立。值得注意的是，主合同中虽然没有保证条款，但是，保证人在主合同上以保证人的身份签字或者盖章。此时，"被保证的主债权的种类和数额"经由解释得以明确，保证合同成立。

3. 保证人单方以书面形式向债权人作出保证

本条第2款规定："第三人单方以书面形式向债权人作出保证的，债权人接

收且未提出异议的，保证合同成立。”本条是在《担保法解释》第 22 条第 1 款的基础上修改而成。在解释上，保证人单方以书面形式向债权人作出保证，属于保证人的单方意思表示，属于要约，债权人接收且未提出异议即属于承诺。此时，法律推定债权人默示同意，因为债权人无附加义务而增加了权利，对债权人只会有利。① 因此，保证人单方以书面形式向债权人作出保证，经债权人接收且未提出异议，即成立保证合同，而不再是单方法律行为。这里，债权人的接收可以采取口头、书面或者行为的方式。

其他问题

虽然没有签订独立的保证合同，但公司股东会决议或董事会决议等内部文件中载明股东同意提供保证，该文件提交债权人，债权人未提出异议的，是否应认定保证合同成立，在司法实践中存在不同看法。一种观点认为，股东虽未向债权人出具保证书，但是其作为公司的股东在向债权人出具的“股东会决议”“股东会承诺书”“股东会同意担保贷款展期承诺书”上均签名并加盖个人印章，且上述“股东会决议”“股东会承诺书”“股东会同意担保贷款展期承诺书”的内容中均载明“同时公司股东承诺以个人名下资产为主债务人作连带责任担保该笔贷款，承担还款责任”，足以证实其为主债务人的贷款作连带保证责任担保的真实意愿。② 另一种观点认为，因股东会决议、董事会决议等系公司内部文件，其中意思表示的效力并不能当然及于公司之外的第三人。即使股东在公司内部文件上签章，同意为公司债务提供担保，亦仅能说明股东具有向债权人就案涉债务提供担保的效果意思，该意思以公司内部文件为载体，仅在公司内部发生效力，不能认定客观上已外化。债权人不能仅以其知晓公司内部文件的内容即主张股东与其建立了保证法律关系。③

就载有为他人债务提供担保的意思的股东会决议、董事会决议或会议纪要等内部文件的效力问题，裁判实践中大多考察债权人是否接收且未提出异议。如债权人在场④、向债权人提交的，亦成立保证法律关系；未向债权人提交的，不成

---

① 参见黄薇（全国人大常委会法制工作委员会民法室主任）主编：《中华人民共和国民法典合同编解读（下册）》，北京，中国法制出版社 2020 年版，第 749 页。

② 参见“兰州农村商业银行股份有限公司文化宫支行与甘肃瑞鑫商业管理有限公司、江福明等金融借款合同纠纷上诉案”，最高人民法院（2018）民终 1183 号民事判决书。

③ 参见“重庆朝天门国际商贸城股份有限公司与重庆商投石化有限公司等企业借贷纠纷上诉案”，最高人民法院（2018）民终 816 号民事判决书。

④ 参见“南京加豪新型建筑材料有限公司与上海亨维粉体技术有限公司、蔡滨买卖合同纠纷再审案”，最高人民法院（2013）民申字第 2116 号民事裁定书。

立保证合同。[1]

第六百八十六条

保证的方式包括一般保证和连带责任保证。

当事人在保证合同中对保证方式没有约定或者约定不明确的，按照一般保证承担保证责任。

本条主旨

本条是关于保证方式的规定。

相关条文

《担保法》第16条　保证的方式有：

（一）一般保证；

（二）连带责任保证。

第19条　当事人对保证方式没有约定或者约定不明确的，按照连带责任保证承担保证责任。

《民法典各分编（草案）》（2018年8月）第476条　保证的方式包括一般保证和连带责任保证。

当事人在保证合同中对保证方式没有约定或者约定不明确的，按照连带责任保证承担保证责任，但是自然人之间的保证合同除外。

《民法典合同编（草案）（二审稿）》（2018年12月）第476条　保证的方式包括一般保证和连带责任保证。

当事人在保证合同中对保证方式没有约定或者约定不明确的，按照一般保证承担保证责任。

《民法典（草案）》（2019年12月）第686条　保证的方式包括一般保证和连带责任保证。

当事人在保证合同中对保证方式没有约定或者约定不明确的，按照一般保证承担保证责任。

---

① 参见“吴金铸与姚淑斌、张家口市秀林房地产开发有限公司债权转让合同纠纷再审案”，最高人民法院（2014）民申字第994号民事裁定书；“中国建设银行股份有限公司舟山城关支行与镇江新兴船舶制造有限公司等船舶抵押合同纠纷再审案”，最高人民法院（2017）民申3547号民事裁定书。

《民法典（草案）》（2020年5月22日大会审议稿）第686条 保证的方式包括一般保证和连带责任保证。

当事人在保证合同中对保证方式没有约定或者约定不明确的，按照一般保证承担保证责任。

理解与适用

本条是在《担保法》第16条和第19条的基础上整合而成，同时修改了保证方式的推定规则。本条将当事人对保证方式没有约定或者约定不明确的推定规则作了修改，由"连带责任保证"修改为"一般保证"。

根据本条的规定，保证方式有两种：一般保证和连带责任保证。在不同的保证方式中，保证人承担保证责任的方式不同。

一、一般保证

本法第687条规定："当事人在保证合同中约定，债务人不能履行债务时，由保证人承担保证责任的，为一般保证。""一般保证的保证人在主合同纠纷未经审判或者仲裁，并就债务人财产依法强制执行仍不能履行债务前，有权拒绝向债权人承担保证责任，但是有下列情形之一的除外：（一）债务人下落不明，且无财产可供执行；（二）人民法院已经受理债务人破产案件；（三）债权人有证据证明债务人的财产不足以履行全部债务或者丧失履行债务能力；（四）保证人书面表示放弃本款规定的权利。"由此可见，一般保证的保证人享有先诉抗辩权，仅在主债务人的财产不足以完全清偿债权时才对不能清偿的部分承担保证责任。构成一般保证责任，原则上应由保证人与债权人以书面形式明确约定保证的方式为"一般保证"①，或者约定保证人承担"补充赔偿责任"，或者约定保证人为"第二顺序债务人"或"承担第二顺序清偿责任"，或者约定保证人享有先诉抗辩权。②

二、连带责任保证

本法第688条规定："当事人在保证合同中约定保证人和债务人对债务承

① 最高人民法院（2016）民终字第780号民事判决书。

② 参见"白丽与江苏金烁置业有限公司、汪陆军等民间借贷纠纷上诉案"，江苏省高级人民法院（2014）苏民终字第00362号民事判决书。相同处理的可参见"朱文博与泰州市荣星房地产开发有限公司民间借贷纠纷上诉案"，江苏省高级人民法院（2011）苏民终字第0255号民事判决书；"王霞与袁卫国、曹立新民间借贷纠纷上诉案"，黑龙江省高级人民法院（2015）黑高商终字第118号民事判决书。

担连带责任的，为连带责任保证。”“连带责任保证的债务人不履行到期债务或者发生当事人约定的情形时，债权人可以请求债务人履行债务，也可以请求保证人在其保证范围内承担保证责任。”连带责任保证人并不享有先诉抗辩权，只要有主债务人不履行到期债务或者发生当事人约定情形的事实，债权人即可要求保证人承担保证责任。债权人请求连带责任保证人承担保证责任的，只需证明主债务人不履行到期债务或者发生当事人约定情形的事实即可，而不论债权人是否就主债务人的财产已申请强制执行，保证人均应依保证合同的约定承担保证责任。

三、保证方式没有约定或者约定不明确时的推定

本条第 2 款规定："当事人在保证合同中对保证方式没有约定或者约定不明确的，按照一般保证承担保证责任。”这一规则改变了《担保法》第 19 条关于“当事人对保证方式没有约定或者约定不明确的，按照连带责任保证承担保证责任”的规定。《担保法》第 19 条的立法目的是通过加重保证人的责任纾解交易诚信严重缺失的困境[①]，但将其作为普遍规则，对于无偿提供保证的自然人过于不公，也有违缓解自然人保证责任的潮流[②]，饱受诟病。

保证方式为任意事项，可由当事人在保证合同中予以明确约定。《担保法》的上述规定，不仅明确了保证人承担保证责任的方式，而且规定保证人承担较重的责任，有助于加强保证人的责任意识，使保证人明确对保证方式不约定或者约定不明的法律后果，从而对保证方式能作出适当的选择。法律作如此规定，是基于其对债权保障的特别关爱，但如此规定是否充分考量了保证当事人的多方权益，是否合于法理，尚值研究。

一般而言，保证债务具有补充性，在主债务人不能履行主债务时，才由保证人代为履行。只有在特殊情形下，才将保证人置于与主债务人同等的地位，使其对主债务与主债务人承担连带责任。由此可见，一般保证为一般规定，连带责任保证为特别规定，“连带责任是一种加重责任……对于这种加重责任，原则上应当由当事人约定或者基于极为特殊的考虑，否则动辄让当事人承担连带保证责任

① 参见董开军主编：《〈中华人民共和国担保法〉原理与条文释义》，北京，中国计划出版社 1995 年版，第 69 页。

② 参见张良：《民法典编纂背景下我国〈合同法〉分则之完善———以民事合同与商事合同的区分为视角》，载《法学杂志》2016 年第 9 期；谢鸿飞：《民法典担保规则的再体系化——以〈民法典各分编（草案）二审稿〉为分析对象》，载《社会科学研究》2019 年第 6 期。

也是不公平的”[①]。因此，在当事人对保证方式没有约定或约定不明确的情况下，推定保证方式为一般保证才符合逻辑。同时，《担保法》第19条关于当事人对保证方式没有约定或者约定不明确时应承担连带责任保证的规定，属法定缺省规则，是法律对当事人意思表示不明确时对其内心意思的推定。从内心意思考察，债权人的主观意愿是选择连带责任保证方式，因为这样对自己债权的实现更为有利；主债务人也意在连带责任保证，因为这样可以推延债务的清偿；保证人的主观意愿多为一般保证，因为，保证的无偿性和单务性决定了保证人处于极为不利的地位，保证人在为他人取得信用的同时，应尽量降低自己的风险，这是任何一个理性人的内心意思，选择一般保证能够减轻、延缓自己的保证责任。对保证方式没有约定或者约定不明确时的推定，不应仅着眼于债权人和主债务人，更应着眼于保证人的意思。因为债权人和主债务人希望约定连带责任保证，但又怕保证人不同意，故不约定或约定不明确，以达到保证人承担连带保证责任之目的，带有一定的欺骗性。[②] 同时，保证又是保证人的自愿行为，从保证人的意思出发，应推定其愿意承担较轻的保证责任而非较重的保证责任。正是基于此，《民法典》第686条第2款修改了《担保法》的这一规则，以一般保证作为对保证方式没有约定或者约定不明确时的推定规则。

其他问题

当事人关于保证方式的约定并非在所有情形下都是具体明确的，法院应当依合同所使用的语句、合同的有关条款、合同的目的、交易习惯以及诚实信用原则，来确定当事人的真实意思表示。“不能履行债务”，是指债务人客观上不能履行或者履行不能，而不是主观上的“不”履行或“不愿履行”，因此，债务人是客观上“不能”履行还是主观上“不”履行或“不愿履行”抑或是否具有先诉抗辩权，是区分一般保证与连带责任保证的最重要标志。[③]

审判实践主要考虑到以下因素。

第一，保证合同如约定在主债务人“到期无法偿还”或“到期不能履行债务”的情况下，保证人承担保证责任，这一表述表明了保证人承担保证责任的顺

---

① 黄薇（全国人大常委会法制工作委员会民法室主任）主编：《中华人民共和国民法典合同编解读（下册）》，北京，中国法制出版社2020年版，第751页。

② 参见李钦道：《对连带责任保证推定的质疑》，载《当前民事经济审判疑难问题研究》，北京，人民法院出版社1998年版，第392页。

③ 参见“饶明成与达州市华鑫商贸有限公司、徐永达保证合同纠纷再审案”，四川省高级人民法院（2014）川民提字第106号民事判决书。

序性，保证人仅在主债务到期且主债务人无法偿还，即客观上不能履行主债务的情况下方才承担保证责任，而非主债务到期、主债务人未履行主债务时，保证人即无条件承担保证责任。因此，保证人提供的系一般保证，而非连带责任保证。①

第二，保证合同如约定保证人于“主债务人不履行债务时”或“主债务人不履行到期债务时”承担保证责任，强调的是“主债务人不履行债务”这种事实状态，而非“不能履行债务”这种能力，保证人并无先诉抗辩权，与连带责任保证的特征相合，此时可认定为连带责任保证。保证合同如约定，若主债务人不履行到期债务，保证人则无条件承担履行债务的责任，或在接到债权人通知后一定期间内履行保证债务，表明保证人并不享有先诉抗辩权，可以认定为连带责任保证。此外，保证合同如约定主债务人不履行到期债务保证人则直接向债权人承担责任，亦可认定为连带责任保证。②

第三，保证合同如约定保证人于“主债务人不能按期履行债务时”或“主债务人不能如期履行债务时”承担保证责任的，保证方式的认定，司法实践中有三种观点：其一，主债务人不能按期履行债务，保证人即承担保证责任，符合一般保证的特征，应认定为一般保证③；其二，主债务人不能按期履行债务并不表明主债务人不能以其财产清偿债务，不能认定为一般保证，属于对保证方式约定不明，推定为连带责任保证④；其三，“主债务人不能按期履行债务”与“主债务人不能履行债务”含义不同。⑤ 如单纯使用“不能”字样，则具有客观上主债务人确无能力偿还借款的含义，此时保证人方承担保证责任可以认定为一般保证责任。但是，该“不能”字样是与“按期”结合在一起使用，则不能将其理解为确实无力偿还借款的客观能力的约定，仅是表明只要主债务人未按期偿还借款，保

① 参见“陈文明与菏泽市中荣房地产开发有限公司等民间借贷纠纷再审案”，最高人民法院（2018）民申 2968 号民事裁定书。

② 参见程啸：《保证合同研究》，北京，法律出版社 2006 年版，第 54 页。

③ 参见“洛阳市浪潮消防科技股份有限公司与高胜灵、三门峡市金山工贸有限责任公司等借款合同纠纷再审案”，最高人民法院（2015）民申字第 1424 号民事裁定书。相同处理的还可参见“张艳春与姚海建、高文华民间借贷纠纷再审案”，吉林省高级人民法院（2017）吉民再字第 126 号民事裁定书；“洛川后子头租赁站与高春琳、王守定租赁合同纠纷再审案”，陕西省高级人民法院（2017）陕民申字第 498 号民事裁定书。

④ 参见“林卓延与天津市九鼎实业发展有限公司等债权转让合同纠纷上诉案”，最高人民法院（2018）民终 1189 号民事判决书；“黄思权、吴银来诉黄金平、黄文良民间借贷纠纷再审案”，广东省高级人民法院（2016）粤民申字第 4827 号民事裁定书。

⑤ 参见“吴修勤、宋喜临与净雅食品股份有限公司、徐正强等股权转让纠纷上诉案”，最高人民法院（2016）民终字第 668 号民事判决书。

证人即应向债权人承担保证责任。因此，“主债务人不能按期履行债务时”或“主债务人不能如期履行债务时”等此类表述并不含有保证人先诉抗辩权的意思，应认定为连带保证责任。①

本书作者赞同第三种观点，区分一般保证和连带责任保证的关键在于保证人是否享有先诉抗辩权，即债权人是否必须先行对主债务人主张权利并经强制执行仍不能得到清偿时，方能请求保证人承担保证责任。“主债务人不能按期履行债务”或“主债务人不能如期履行债务”，“不能”系修饰“按期”“如期”等词，不能理解为主债务人须处于客观上不能履行债务的事实状态，仅表明主债务人未按期偿还即产生保证责任，故应认定为连带责任保证。

第六百八十七条

当事人在保证合同中约定，债务人不能履行债务时，由保证人承担保证责任的，为一般保证。

一般保证的保证人在主合同纠纷未经审判或者仲裁，并就债务人财产依法强制执行仍不能履行债务前，有权拒绝向债权人承担保证责任，但是有下列情形之一的除外：

（一）债务人下落不明，且无财产可供执行；

（二）人民法院已经受理债务人破产案件；

（三）债权人有证据证明债务人的财产不足以履行全部债务或者丧失履行债务能力；

（四）保证人书面表示放弃本款规定的权利。

本条主旨

本条是关于一般保证及先诉抗辩权的规定。

相关条文

《担保法》第 17 条　当事人在保证合同中约定，债务人不能履行债务时，由保证人承担保证责任的，为一般保证。

---

① 参见“中国信达资产管理公司贵阳办事处与贵州开磷有限责任公司借款合同纠纷上诉案”，最高人民法院（2008）民二终字第 106 号民事判决书；“鹤壁市金农投资管理有限公司与周新政等民间借贷纠纷再审案”，最高人民法院（2017）民申 2406 号民事裁定书。

一般保证的保证人在主合同纠纷未经审判或者仲裁，并就债务人财产依法强制执行仍不能履行债务前，对债权人可以拒绝承担保证责任。

有下列情形之一的，保证人不得行使前款规定的权利：

（一）债务人住所变更，致使债权人要求其履行债务发生重大困难的；

（二）人民法院受理债务人破产案件，中止执行程序的；

（三）保证人以书面形式放弃前款规定的权利的。

《担保法解释》第25条　担保法第十七条第三款第（一）项规定的债权人要求债务人履行债务发生的重大困难情形，包括债务人下落不明、移居境外，且无财产可供执行。

《民法典各分编（草案）》（2018年8月）第477条　当事人在保证合同中约定，债务人不能履行债务时，由保证人承担保证责任的，为一般保证。

一般保证的保证人在就债务人的财产依法强制执行仍不能履行债务前，有权拒绝承担保证责任。

有下列情形之一的，保证人不得行使前款规定的权利：

（一）债务人下落不明，且无财产可供执行；

（二）人民法院受理债务人破产案件，中止执行程序；

（三）债权人有证据证明债务人的财产不足以履行全部债务或者明显缺乏履行债务能力；

（四）保证人明确放弃前款规定的权利。

《民法典合同编（草案）（二审稿）》（2018年12月）第477条　当事人在保证合同中约定，债务人不能履行债务时，由保证人承担保证责任的，为一般保证。

一般保证的保证人在就债务人的财产依法强制执行仍不能履行债务前，有权拒绝承担保证责任，但是有下列情形之一的除外：

（一）债务人下落不明，且无财产可供执行；

（二）人民法院受理债务人破产案件，中止执行程序；

（三）债权人有证据证明债务人的财产不足以履行全部债务或者明显缺乏履行债务能力；

（四）保证人明确放弃本款规定的权利。

《民法典（草案）》（2019年12月）第687条　当事人在保证合同中约定，债务人不能履行债务时，由保证人承担保证责任的，为一般保证。

一般保证的保证人在就债务人的财产依法强制执行仍不能履行债务前，有权拒绝承担保证责任，但是有下列情形之一的除外：

（一）债务人下落不明，且无财产可供执行；

（二）人民法院受理债务人破产案件；

（三）债权人有证据证明债务人的财产不足以履行全部债务或者丧失履行债务能力；

（四）保证人书面放弃本款规定的权利。

《民法典（草案）》（2020 年 5 月 22 日大会审议稿）第 687 条　当事人在保证合同中约定，债务人不能履行债务时，由保证人承担保证责任的，为一般保证。

一般保证的保证人在主合同纠纷未经审判或者仲裁，并就债务人财产依法强制执行仍不能履行债务前，有权拒绝向债权人承担保证责任，但是有下列情形之一的除外：

（一）债务人下落不明，且无财产可供执行；

（二）人民法院已经受理债务人破产案件；

（三）债权人有证据证明债务人的财产不足以履行全部债务或者丧失履行债务能力；

（四）保证人书面表示放弃本款规定的权利。

理解与适用

本条是在《担保法》第 17 条和《担保法解释》第 25 条的基础上修改而成。本条主要就先诉抗辩权的限制规则作了相应完善，其中，第 1 项删去了原有的“债务人住所变更”这一前置性条件；第 2 项删除了本项中后句“中止执行程序”这一赘语；新增第 3 项。

一、一般保证人先诉抗辩权及其性质

先诉抗辩权，又称检索抗辩权，是指一般保证的保证人在主债权人向保证人请求履行保证责任时，保证人有权要求主债权人先就主债务人财产诉请强制执行；在主合同债权债务纠纷未经审判或仲裁，并就主债务人财产依法强制执行仍不能履行债务前，保证人可以对主债权人拒绝承担保证责任。

先诉抗辩权是一般保证的保证人用以对抗债权人的债务履行请求权的权利，其性质表现为以下几个方面。

第一，先诉抗辩权是保证人对抗债权人的清偿要求的防御性、阻却性权利。就保证人而言，先诉抗辩权只有在债权人行使请求权时才能行使，若债权人没有向保证人主张权利，则保证人不得主动行使先诉抗辩权，因此，先诉抗辩权旨在防御，而不在攻击；就债权人而言，先诉抗辩权行使的结果是暂时停止或者延续请求权的行使，而不是消灭请求权，由此可见，先诉抗辩权旨在阻却请求权的行使，而非消灭请求权。

第二，先诉抗辩权是保证人在债权人就债务人的财产依法强制执行仍不能履行债务前得以主张的拒绝承担保证责任的权利。其实质在于赋予保证人享有“顺序利益”或“先诉利益”，即保证人与主债务人承担责任有顺序之分，其中主债务人是第一顺序，保证人则是第二顺序。这里，值得讨论的是，在存在先诉抗辩权的情况下，债权人是否应当首先起诉主债务人，只有在主债务人不能清偿时，才可以起诉？对此有两种观点：一种观点认为，债权人只有在就主债务人起诉、强制执行仍不能完全清偿时，才可以起诉保证人，债权人单独起诉保证人的，保证人可以请求法院驳回；债权人同时起诉二者的，应当驳回其对保证人的诉讼，只有这样才能有效保护保证人的先诉利益；另一种观点认为，债权人单独起诉一般保证人时法院应当追加主债务人为共同被告，债权人单独起诉连带责任保证人时不应追加债权人为共同被告，同时起诉债务人和保证人的，法院在判决中应当言明，只有在执行主债务人财产无果的条件下，才可以执行保证人财产。

对于同时起诉主债务人和保证人的问题，《担保法解释》第 125 条规定：“一般保证的债权人向债务人和保证人一并提起诉讼的，人民法院可以将债务人和保证人列为共同被告参加诉讼。但是，应当在判决书中明确在对债务人财产依法强制执行后仍不能履行债务时，由保证人承担保证责任。”对于是否可以单独起诉一般保证人的问题，最高人民法院《民事诉讼法解释》第 66 条中规定：“保证合同约定为一般保证，债权人仅起诉保证人的，人民法院应当通知被保证人作为共同被告参加诉讼”。这一规定的理由是：从诉讼理论上说，债权人仅起诉一般保证人而不起诉债务人是债权人的权利，人民法院可以根据债权人的诉讼请求进行审判。但考虑到《担保法》规定一般保证人有先诉抗辩权，并规定保证责任有保证期间的要求，债权人仅起诉一般保证人的，人民法院只能驳回其诉讼请求。因此为避免因驳回债权人的诉讼请求而加大诉讼成本，并避免债权人对一般保证人的权利因保证期间的届满而丧失，人民法院应当有权追加主债务人为被告。这样既解决了保证期间的问题，又解决了诉讼成本的问题。笔者认为，固守传统诉讼理论，宁愿冒着债权人丧失对一般保证人的权利的危险而驳回债权人的诉讼请求，不符合司法的社会效果原则。①

第三，先诉抗辩权是一般保证的保证人所享有的权利。一般保证的保证人承

---

① 参见李国光、奚晓明、金剑峰、曹士兵：《最高人民法院〈关于适用中华人民共和国担保法若干问题的解释〉理解与适用》，长春，吉林人民出版社 2000 年版，第 423 页。

担当债务人不履行或不能全部履行债务时的代为履行债务的责任，也即一种补充责任。而连带责任的保证人与债务人共同承担履行债务的责任，债务人未履行到期债务，债权人既可以请求债务人履行，也可以请求保证人履行，没有先后顺序及主次的限制，保证人所承担的实际上是一种代替履行的责任。可见，当债务人尚有清偿债务的能力而债权人直接要求保证人承担保证责任时，一般保证的保证人有权提出抗辩，而连带责任保证的保证人无权抗辩，先诉抗辩权是一种专属于一般保证的保证人所享有的对抗债权人的权利。

第四，先诉抗辩权具有独立性与专属性。双务合同的履行抗辩权的存在基础为抗辩权人有向对方请求对待给付之债权，而先诉抗辩权中，保证人并不对债权人享有请求权，因此，从其与主债权的关系言之，保证人行使先诉抗辩权，不必对债权人享有债权。从其与主债务的关系而言，保证债务具有相对独立性和补充性，因而保证人所享有的先诉抗辩权可不受主债务人的权利的限制和影响，它可以独立存在，并专属于保证人享有。

二、保证人先诉抗辩权的行使条件

根据本条的规定，保证人行使先诉抗辩权，必须把握四个条件。

第一，只有有效保证合同中的保证人才有可能行使先诉抗辩权。若保证合同因保证人主体不合格导致合同无效，或主合同无效导致保证合同无效，则保证人因不承担保证责任而无行使先诉抗辩权之可能。

第二，只有保证人承担保证责任的方式是一般保证时，保证人才有可能行使先诉抗辩权。一般保证方式由当事人在保证合同中明确约定；当事人对保证方式没有约定或者约定不明的，按照一般保证承担保证责任。

第三，保证人抗辩债权人的法定事由必须是主合同纠纷未经审判或者仲裁，或虽经审判或者仲裁，但未就债务人财产依法强制执行。

一般保证的保证人在诉讼或仲裁前，以及在诉讼或仲裁程序和强制执行程序的任何时候都可以行使先诉抗辩权。如果在诉讼或仲裁前行使，应以主债权人未就主合同纠纷向法院起诉或未向仲裁机构申请仲裁为条件；如果在诉讼或仲裁程序进行中行使，应以法院的判决或仲裁机关的裁决未生效力为条件；如果在裁决生效后行使，应以未就债务人财产申请强行执行为条件；如果在强制执行程序中行使，应以未采取强制执行措施为条件。如果主合同纠纷已经审判或者仲裁，并就主债务人的财产依法强制执行仍不能履行主债务，则保证人再不能继续行使先诉抗辩权。

这里，先诉抗辩权的适用涉及“就债务人财产依法强制执行仍不能履行债务”的认定问题。这里的“不能履行债务”就是《担保法解释》第131条所界定的“不能清偿”的状态。[①]《担保法解释》第131条将债务人财产限定于方便执行的财产，即清偿直接、变现容易、回收便捷的财产，一般指司法解释列举的存款、现金、有价证券、成品、半成品、原材料、交通工具等动产，但又不限于动产。司法解释列举的存款、现金、有价证券、成品、半成品、原材料、交通工具等动产是方便执行的不动产，如土地、建筑物。但不动产与动产相比变现困难，变现周期长，一般不属于方便执行的财产，因此对不动产是否属于方便执行的财产的判断，由人民法院根据不动产的实际状态，从执行实践出发来进行。企业的设备也是如此。债务人的对外债权一般不属于方便执行的财产。如果债务人有方便执行的财产没有被执行，就不属于“不能清偿”的状态，就不能执行一般保证人或无效担保人的财产。如果债务人方便执行的财产已经执行完毕，即便债务人还有其他难以回收或变现的财产没有被执行，仍属于“不能清偿”的状态，可以执行一般保证人或无效担保人这样一些第二顺序债务人的财产。[②]

第四，先诉抗辩权只能是在债权人请求保证人履行保证责任时，才能由保证人行使；若债权人未向保证人作出履行债务的请求，则保证人无从行使该抗辩权。先诉抗辩权既可以通过诉讼方式行使，也可以在诉讼外行使。

三、保证人先诉抗辩权的行使效果

保证人行使先诉抗辩权将产生下列效果。

第一，先诉抗辩权在性质上属于一时抗辩权，即延期性抗辩权。先诉抗辩权的行使仅使保证人暂时拒绝履行债务，延缓保证责任的承担时间，并不能否认或消灭债权人的权利和保证人的责任。

第二，自先诉抗辩权有效行使后到就主债务人的财产强制执行而无效果前，保证人不负履行迟延责任。

第三，在前述时期，债权人不得以其对于保证人的债权而对保证人为抵销，抵销者无效。

第四，保证人行使先诉抗辩权后，债权人就主债务人的财产已申请强制执行，但未能全部满足债权时，可就剩余部分向保证人请求履行，此时即使债务人的财产已有显著改善并足以清偿剩余部分，保证人也不得再次行使先诉抗辩权。

---

① 参见李国光、奚晓明、金剑峰、曹士兵：《最高人民法院〈关于适用中华人民共和国担保法若干问题的解释〉理解与适用》，长春，吉林人民出版社2000年版，第434页。

② 参见曹士兵：《中国担保诸问题的解决与展望》，北京，中国法制出版社2001年版，第89-90页。

四、保证人先诉抗辩权的限制

保证人先诉抗辩权为保护一般保证人的利益而设，但如不对其加以限制，无疑会给债权人带来不利益，因而本条第 2 款明文规定了保证人不得行使先诉抗辩权的情形。

第一，债务人下落不明，且无财产可供执行。此际，债权人请求主债务人履行债务发生重大困难，令保证人放弃先诉抗辩权，代为清偿主债务甚为必要。如果债务人仍有财产可供执行，则即使债务人下落不明，保证人的先诉抗辩权也不消灭。[①]

第二，人民法院已经受理债务人破产案件。根据我国《企业破产法》第 19 条的规定，人民法院受理破产申请的法律后果即为，解除有关债务人财产的保全措施，中止执行程序。由此可见，人民法院受理主债务人破产案件后，债权人已无法先就主债务人的财产依法强制执行，使保证人先诉抗辩权失去了存在的基础。此时，保证人应丧失先诉抗辩权，债权人无须等待破产程序结束，即可直接向保证人请求代为履行主债权，保证人不得对债权人主张先诉抗辩权。《担保法解释》第 44 条规定："保证期间，人民法院受理债务人破产案件的，债权人既可以向人民法院申报债权，也可以向保证人主张权利。""债权人申报债权后在破产程序中未受清偿的部分，保证人仍应当承担保证责任。债权人要求保证人承担保证责任的，应当在破产程序终结后六个月内提出。"

第三，债权人有证据证明债务人的财产不足以履行全部债务或者丧失履行债务能力。这是本法新增的一项规定，起着兜底作用。即使没有出现"债务人下落不明，且无财产可供执行""人民法院已经受理债务人破产案件"等情形，如债权人有证据证明债务人的财产不足以履行全部债务或者丧失履行债务能力，此时再赋予保证人以先诉利益，保证担保的目的将无法达致。

第四，保证人书面表示放弃先诉抗辩权。保证人的先诉抗辩权属民事权利的一种，既属民事权利（私权），则可行使，也可抛弃。抛弃先诉抗辩权为保证人的单方行为，其生效于保证人作出抛弃先诉抗辩权的意思表示之时。保证人的先诉抗辩权因为抛弃而发生绝对消灭的效果。保证人在抛弃先诉抗辩权后，不得以任何理由再行主张先诉抗辩权。保证人抛弃先诉抗辩权可以预先抛弃，亦可事后抛弃。预先抛弃主要表现为一般保证合同中明确约定保证人不行使先诉抗辩权，

---

① 参见李国光、奚晓明、金剑峰、曹士兵：《最高人民法院〈关于适用中华人民共和国担保法若干问题的解释〉理解与适用》，长春，吉林人民出版社 2000 年版，第 128 页。

如“保证人放弃先诉抗辩权”“债权人履行期限届满，保证人应立即清偿”等等；事后抛弃是指在一般保证合同成立后，保证人明示或默示地放弃先诉抗辩权。默示的放弃通常表现为保证人承担保证责任的情形。

在债务人不履行债务的情况下，如果债权人要求一般保证的保证人履行保证债务，该保证人则可以先诉抗辩权进行抗辩。先诉抗辩权在性质上只是一种延期履行的抗辩权，而并非免责抗辩权。如果在对债务人起诉或者执行后，仍不能满足清偿全部债务，债权人仍有权要求保证人承担担保责任。但如果债务人有可供执行的财产，却因债权人怠于行使权利而错失机会的，让保证人承担保证责任则不公平。[①] 因此，《担保法解释》第 24 条规定：“一般保证的保证人在主债权履行期间届满后，向债权人提供了债务人可供执行财产的真实情况的，债权人放弃或者怠于行使权利致使该财产不能被执行，保证人可以请求人民法院在其提供可供执行财产的实际价值范围内免除保证责任。”但也有学者通过比较法上的考察认为，在我国法律没有明确规定保证人在行使先诉抗辩权时负有向债权人指示其能够加以追诉的主债务人的财产的义务的情况下，为保证人提供一个减轻保证责任的机会不甚合理。[②]

其他问题

一般而言，债权人请求一般保证人承担保证责任的，不仅须证明主债务人不履行债务的事实，还须证明已就主债务的财产依法强制执行后仍不能完全受偿。《民法典》第 687 条第 1 款中，主债务人“不能履行债务”是保证人承担保证责任的重要前提，但其认定引起了广泛的争论。

传统民法认为，在特定物之债中，特定物于交付前毁损灭失，构成不能履行；在劳务之债中，债务人于履行期届满前丧失劳动能力乃至丧失行为能力，构成不能履行；在种类物之债中，所有的种类物全部毁损灭失构成不能履行，仅仅是债务人的种类物毁损灭失尚不能构成不能履行；金钱债务不存在不能履行。准此以解，在种类物之债和金钱债务中，一般保证就会名存实亡，保证人基本上不实际承担保证责任。即使主债务人在实际上确实已无财产可用于履行债务，也会因种类物之债和金钱债务不存在不能履行，使保证人的保证责任仅成为名义上的债务。如此理解，显然有违《民法典》的立法原意。因此，“不能履行”应当解释为“就债务人财产依法强制执行仍不能履行债务”，包括执行结果不能清偿债

① 参见叶金强：《担保法原理》，北京，科学出版社 2002 年版，第 69 页。

② 参见程啸：《论保证合同研究》，北京，法律出版社 2006 年版，第 284 页。

务或不足清偿债务等情形。例如，拍卖主债务人的财产无人应买，或拍卖所得价款仅能清偿一部分债务或主债务人虽有财产却不知其所在等。①

《担保法解释》将“不能履行债务”等同于“不能清偿”，并将其界定为“对债务人的存款、现金、有价证券、成品、半成品、原材料、交通工具等可以执行的动产和其他方便执行的财产执行完毕后，债务仍未能得到清偿的状态”。

第一，“不能清偿”不等于主债务人破产。这里的“不能清偿”并不是主债务人所有财产全部执行完毕后的实际不能清偿，不是债务人资不抵债，而是方便执行的财产执行完毕后主债务没有得到清偿的实际状态，因此在执行主债务人财产时不必进行破产清算。

第二，“不能清偿”不是“未清偿”。“不能清偿”有主债务人清偿能力上的原因，是经过清偿过程后主债务仍未得到清偿的状态，而“未清偿”只是主债务未受偿的客观实际状态，与主债务人的清偿能力无关，也可能是主债务人有清偿能力而拒不偿还。

第三，“不能清偿”需要经过强制执行程序。判断“不能清偿”的程序前提是对主债务人的强制执行，主债务是否经过裁判则非所问。实践中，执行依据并非仅有法院生效裁判文书一种，债权人以依法被赋予强制执行效力的公证债权文书同样可以申请强制执行。是否“不能清偿”需要由执行法官作出判断。但由此造成的问题是，案件审理时的裁判依据是执行后确定的状况，而执行又以裁判为依据，二者互为条件。因此，在实践中，有人提出应当赋予审理法官判断主债务人是否已经达到“不能清偿”状态的权利。但这一方法仍不能从根本上解决问题，因为不经过强制执行，在审判中是无法认定不能清偿的，因此更为有效的方法仍有待于实践中的探索和研究。②

第四，《担保法解释》以方便执行的财产执行完毕后的债务清偿状态作为唯一判断标准，如主债务仍未得到清偿，则为“不能清偿”。所谓方便执行的财产，是指清偿直接、变现容易、回收便捷的财产。一般来说，方便执行的财产，主要是指存款、现金、有价证券、成品、半成品、原材料、交通工具等动产，但又不仅限于这些动产，还可以包括其他动产和不动产。虽然不动产与动产相比而言变现困难，但实践中的情况不可一概而论。因此，对于列举范围外的其他动产和不动产财产，需要由人民法院根据财产的实际状态来判断是否方便执行。③

---

① 参见黄薇（全国人大常委会法制工作委员会民法室主任）主编：《中华人民共和国民法典合同编解读（下册）》，北京，中国法制出版社 2020 年版，第 754 页。

② 参见邓基联主编：《适用担保法重大疑难问题研究》，深圳，海天出版社 2003 年版，第 45 页。

③ 参见曹士兵：《中国担保制度与担保方法》，北京，中国法制出版社 2007 年版，第 95 页。

第六百八十八条

当事人在保证合同中约定保证人和债务人对债务承担连带责任的，为连带责任保证。

连带责任保证的债务人不履行到期债务或者发生当事人约定的情形时，债权人可以请求债务人履行债务，也可以请求保证人在其保证范围内承担保证责任。

本条主旨

本条是关于连带责任保证的规定。

相关条文

《担保法》第18条　当事人在保证合同中约定保证人与债务人对债务承担连带责任的，为连带责任保证。

连带责任保证的债务人在主合同规定的债务履行期届满没有履行债务的，债权人可以要求债务人履行债务，也可以要求保证人在其保证范围内承担保证责任。

《民法典各分编（草案）》（2018年8月）第478条　当事人在保证合同中约定保证人和债务人对债务承担连带责任的，为连带责任保证。

连带责任保证的债务人不履行到期债务或者发生当事人约定的情形时，债权人可以要求债务人履行债务，也可以要求保证人在其保证范围内承担保证责任。

《民法典合同编（草案）（二审稿）》（2018年12月）第478条　当事人在保证合同中约定保证人和债务人对债务承担连带责任的，为连带责任保证。

连带责任保证的债务人不履行到期债务或者发生当事人约定的情形时，债权人可以要求债务人履行债务，也可以要求保证人在其保证范围内承担保证责任。

《民法典（草案）》（2019年12月）第688条　当事人在保证合同中约定保证人和债务人对债务承担连带责任的，为连带责任保证。

连带责任保证的债务人不履行到期债务或者发生当事人约定的情形时，债权人可以请求债务人履行债务，也可以请求保证人在其保证范围内承担保证责任。

《民法典（草案）》（2020年5月22日大会审议稿）第688条　当事人在保证合同中约定保证人和债务人对债务承担连带责任的，为连带责任保证。

连带责任保证的债务人不履行到期债务或者发生当事人约定的情形时，债权人可以请求债务人履行债务，也可以请求保证人在其保证范围内承担保证责任。

理解与适用

本条是在《担保法》第 18 条的基础上修改而成。由于本法第 681 条将保证债务的履行条件由“债务人不履行债务”修改为“债务人不履行到期债务或者发生当事人约定的情形”，本条第 2 款增加了这一履行条件；同时，基于主合同中不一定就债务履行期作了约定，将“债务人在主合同规定的债务履行期届满没有履行债务”修改为“债务人不履行到期债务”，与本法第 681 条相统一。

本条第 1 款规定连带责任保证的定义。连带责任保证，是指当事人在保证合同中约定保证人和债务人对债务承担连带责任。结合本法第 686 条第 2 款关于保证方式的推定规则，可以得出以下结论：保证人承担连带责任保证，以当事人之间有明确约定为前提。这一立法态度与本法第 518 条关于“连带债权或者连带债务，由法律规定或者当事人约定”的规定相合。值得注意的是，裁判中将“连带责任保证”称为“连带保证”的，不在少数，甚至在学术文献中，这一情形也多有存在。在我国担保规则体系之中，“连带责任保证”与“一般保证”相对而称，表达了保证人承担保证责任的方式的不同；“连带保证”与“按份保证”相对而称，传达的是在共同保证中，多个保证人之间与主债务的关系。两者不宜混淆。

本条第 2 款规定连带责任保证的效力。虽然连带责任保证人不是本位意义上的债务人，但其对于主债务人并不享有顺序利益。只要出现主债务人不履行到期债务或者发生当事人约定情形的事实，债权人即可要求保证人承担保证责任。债权人请求连带责任保证人承担保证责任的，只需证明主债务人不履行到期债务或者发生当事人约定情形的事实即可，而不论债权人是否就主债务人的财产已强制执行，保证人均应依保证合同的约定承担保证责任。在诉讼结构上，连带责任保证的债权人可以将债务人或者保证人作为被告提起诉讼，也可以将债务人和保证人作为共同被告提起诉讼。

实践中经常混用连带责任保证与连带保证。本条规定的连带责任保证，规定的是保证人和债务人之间的关系，两者就主债务负连带责任；而本法第 699 条规定的连带保证，规定的是共同保证中的多个保证人之间承担连带责任的情形。在共同保证的情形下，可能会出现四种不同的责任形态的排列组合：按份共同一般保证、按份共同连带责任保证、连带共同一般保证、连带共同连带责任保证。

第六百八十九条

保证人可以要求债务人提供反担保。

本条主旨

本条是关于反担保的规定。

相关条文

《担保法》第 4 条 第三人为债务人向债权人提供担保时，可以要求债务人提供反担保。

反担保适用本法担保的规定。

《担保法解释》第 2 条 反担保人可以是债务人，也可以是债务人之外的其他人。

反担保方式可以是债务人提供的抵押或者质押，也可以是其他人提供的保证、抵押或者质押。

《民法典各分编（草案）》（2018 年 8 月）第 479 条 保证人可以要求债务人提供反担保。

《民法典合同编（草案）（二审稿）》（2018 年 12 月）第 479 条 保证人可以要求债务人提供反担保。

《民法典（草案）》（2019 年 12 月）第 689 条 保证人可以要求债务人提供反担保。

《民法典（草案）》（2020 年 5 月 22 日大会审议稿）第 689 条 保证人可以要求债务人提供反担保。

理解与适用

本条是在《担保法》第 4 条的基础上修改而成，删去了《担保法》第 4 条第 2 款的规定，并对第 1 款作了相应的文字修改。

一、反担保的功能和性质

反担保，又称求偿担保，是指债务人或第三人为确保担保人承担担保责任后实现对主债务人的求偿权而设定的担保。作为一项担保措施，反担保除了具有促进资金融通和商品流通、保障债权实现，维护交易安全的作用之外，还有其独特的功能，它为解决目前觅保难问题提供了一条路径。担保的无偿性决定了担保人在未受有对待给付的情况下承担着为被担保人代为履行债务或代为赔偿的风险。这与市场经济条件下的市场主体追求利润的功利性特征不合，形成了担保人和担保权人之间经济利益上的明显的不对等，使愿意为他人作保的人越来越少。我国近几年来经济生活中觅保难问题十分突出，在一定程度上影响了商品流通和资金融通，对发展经济，繁荣市场，实现国民经济稳定、持续、快速发展十分不利。本条在《担保法》的基础上明定保证人可以要求债务人提供反担保。反担保保障了保证人追偿权的实现，无疑降低了保证人的风险。

反担保关系中，其当事人无论是主债务人（反担保人）与担保合同中的担保人（反担保权人），还是主债务人或第三人（反担保人）与担保合同中的担保人（反担保权人），相对于担保关系（原担保关系，其当事人为主合同的债权人与担保合同中的担保人）而言，不过是一般意义上的担保，反担保权仍然具有从权利、价值权、变价权的特征，也完全符合一般担保所具有之不可分性和物上代位性的性质。[①] 由此可见，反担保与担保并没有质的差异，只是在形式和用语上与担保相左。

二、反担保担保的主债权债务关系

目前担保公司求偿担保实践中的做法大多是先有求偿担保的设立（包括践行担保登记手续），然后才有借款人与商业银行之间的借款合同以及担保公司与商业银行之间的担保合同。但是，在担保登记实践中，许多登记机构要求登记申请人提供借款人与商业银行之间的借款合同、担保公司与商业银行之间的担保合同以及担保公司与借款人或第三人之间的求偿担保合同。[②] 这一操作顺序给求偿担保信贷实践造成了极大的困难，因为在求偿担保登记时借款合同和担保合同往往还没有订立或没有生效。这一做法将求偿担保等同于本担保，简单地将本担保的登记规则套用于求偿担保。因此厘清求偿担保的性质和对象，对于准确把握担保登记的内容和程序均有重要意义。

在担保公司参与的借贷交易中，当事人之间的法律关系，如图1、图2所示。

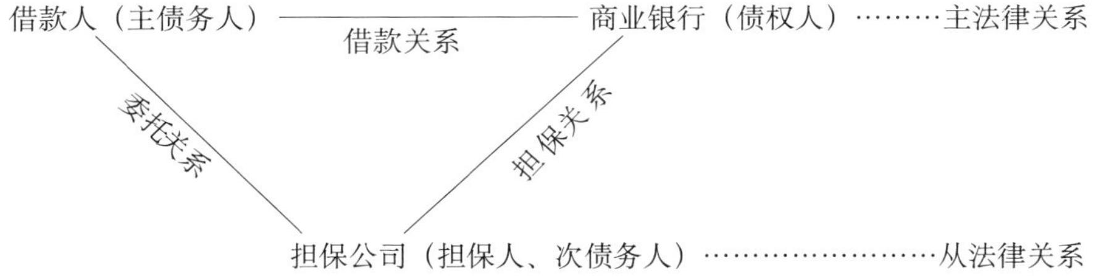

图1

① 参见陈小君、樊芃：《论反担保》，载《法商研究》1997年第1期。

② 参见张友占、张健：《如何办理反担保土地抵押登记》，载《中国国土资源报》2008年2月21日，第8版。

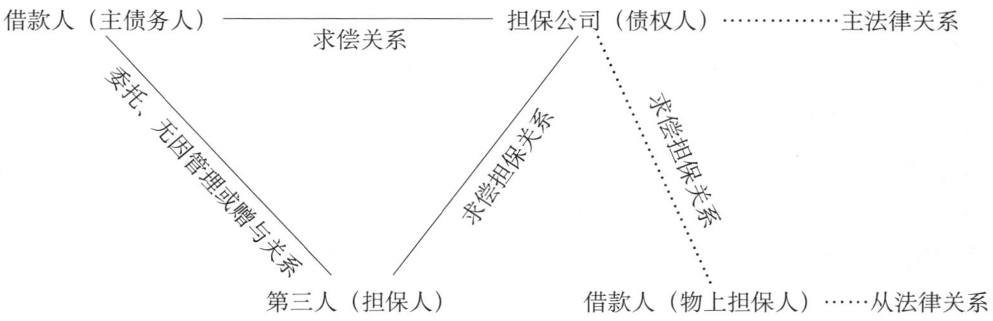

图 2

可以将交易分成两块：第一，如图 1 所示，借款人与商业银行之间存在借款合同关系，为了担保借款人偿还贷款，担保公司应借款人之委托向商业银行提供担保，担保公司与商业银行之间存在担保关系（为与求偿担保相区分，以下统称为本担保）。其中，借款合同关系是主法律关系，担保关系是从法律关系；借款人与商业银行之间的借款合同是主合同，担保公司与商业银行之间的本担保合同是从合同，并担保主合同的履行。

第二，如图 2 所示，担保公司应商业银行的请求代为偿还贷款之后，担保公司依法对借款人取得求偿权（追偿权），可向主债务人直接主张清偿利益的返还，是基于担保公司与借款人之间的基础关系——委托关系或无因管理关系。① 准此，求偿权产生的依据并不是担保公司与商业银行之间的本担保合同，而是借款人与担保公司之间的委托合同。② 为了担保求偿权的实现，借款人或者第三人向担保公司提供担保，借款人或者第三人与担保公司之间的存在担保关系（为与担保公司向商业银行提供的担保相区分，以下统称为求偿担保）。其中，基于委托合同所产生的求偿关系是主法律关系，求偿担保关系是从法律关系；担保公司与借款人之间的委托（担保）合同是主合同，借款人或者第三人与担保公司之间的求偿担保合同是从合同。

主流观点认为，求偿担保合同从属于担保人和债权人之间的本担保合同，是本担保合同的从合同。③ 本书作者对此不敢苟同。第一，担保公司求偿权的产生

---

① 在比较法上，担保人清偿利益的实现还有担保人代位权（法定权利接受），不过，在我国担保法上，通说认为并未确定担保人代位权制度。

② 担保人与主债务人之间的关系可以是委托、无因管理、赠与，详见高圣平：《担保法论》，北京，法律出版社 2009 年版，第 85 页。但担保公司与借款人两者之间明显是委托关系，应无疑问。如担保公司与借款人之间的基础关系是赠与关系，即使担保公司承担了担保责任，亦不得对借款人主张求偿权。

③ 参见刘保玉：《反担保初探》，载《法律科学》1997 年第 1 期。

并不是基于本担保合同，而是基于委托（担保）关系，已如前述。本担保合同所体现的是担保公司和商业银行之间的法律关系，而担保公司求偿权所指向的对象是借款人，所体现的是担保公司和借款人之间的法律关系。只有基于担保公司和借款人之间的委托（担保）合同，担保公司才会就借款人和商业银行之间的借款法律关系向商业银行提供担保。担保公司在向商业银行承担了担保责任之后，也只有基于其与借款人之间的委托合同，才能向借款人请求偿还其已代偿的金额，亦即主张求偿权。由此可见，求偿担保合同并不从属于担保公司和商业银行之间的本担保合同，而是从属于借款人与担保公司之间的委托（担保）合同。第二，依现行法和信贷实践，担保合同的内容大抵包括被担保债权的种类和数额；主债务人履行债务的期限；担保的范围；担保人或担保财产等①，其中并无求偿权的约定。由此进一步证成了求偿担保合同所担保的主债权并非产生于本担保合同的结论。虽然在担保公司的求偿担保实践中，借款人与担保公司之间有时没有签订委托（担保）合同，而只有担保申请书等类似文件，但基于担保公司的缔约目的以及设立性质，借款人与担保公司之间的委托关系不证自明。在借款人与担保公司之间就求偿关系作了特别约定的，应当依照其约定；没有约定的，应当适用法律的直接规定。对此，《民法典》第700条规定："保证人承担保证责任后，除当事人另有约定外，有权在其承担保证责任的范围内向债务人追偿，享有债权人对债务人的权利，但是不得损害债权人的利益。"其文义至为明确：委托合同或担保申请书中是否有求偿权的约定，都不影响求偿关系的存在。

由此可见，求偿担保与本担保虽均属担保，但其担保对象和担保当事人并不相同。在这一前提下，对担保公司求偿担保中的相关问题即可迎刃而解。

第一，在现行登记规则之下，担保登记申请应提交主合同、担保合同等材料。就求偿担保情形，担保登记申请人所应提交的是求偿担保的主合同——委托（担保）合同、求偿担保的担保合同——求偿担保合同。由此看来，前述许多登记机构要求登记申请人提交借款合同、担保合同以及求偿担保合同，即扩大解释了现行担保规则，增加了融资担保的操作难度，在一定程度上滞阻了信贷实践的发展。无论怎么解释，借款人与商业银行之间的借款合同不是求偿担保的主合同，担保公司与商业银行之间的本担保合同也不是求偿担保的主合同。即使在担保登记规定的严格管理要求之下，也不用提交借款合同和本担保合同。实际上，登记机构要求提交主合同、担保合同等交易文件意义不大。对交易风险的控制（包括对交易文件的审查）本是交易当事人的事情，登记机构没有权利也没有能

① 参见《担保法》第15条，《物权法》第185条、第210条。

力对交易文件的效力等进行审查。根据《民法典》及最高人民法院司法解释的规定，对合同效力的判断是人民法院和仲裁机构的职责，而且只有法律和行政法规才能作为合同效力的判断依据。我国目前的担保登记机构，除公证部门外，均属行政机关，如登记机构都对主合同、担保合同进行实质审查并判断其效力，等于实际上充当了人民法院和仲裁机构的角色。①

第二，目前融资性担保实践中，有的担保登记机构不接受借款人与商业银行之间不存在借款合同关系的求偿担保登记。如商业银行只是为主债务人开具保函，或担保公司只是为主债务人提供诉讼担保，因为不存在所谓的“主合同”，担保登记机构即不予登记。在我国现行担保登记规则之下，登记申请人应当向登记机关提交主合同、担保合同等文件，其主要目的在于登记机构探知被担保债务（主法律关系）和担保债务（从法律关系）的具体情形，以完备相关形式审查义务。单方允诺本身即可为表意人设定债务，而无须当事人意思表示的合致。商业银行所出具的保函或担保公司所出具的诉讼担保书本身即为产生担保债务，无须再与对方当事人之间签订合同，由此可见，保函、诉讼担保书等本身即与担保合同具有相同的法律意义。就求偿担保登记而言，其主合同本身应是主债务人与担保公司之间的委托（担保合同），从合同应是担保公司与主债务人或第三人之间的求偿担保合同，即使按照现行担保登记规则的规定，登记申请人也无须提交商业银行与主债务人之间的借款合同、担保公司与商业银行之间的担保合同。

三、反担保人的范围

依据本条的规定，保证人可以要求债务人提供反担保。这里，提供求偿担保的仅仅只是主债务人，还是包括主债务人委托的第三人在内，不无疑问。实践中，有些担保登记机构仅接受借款人作为主债务人以其自身财产为担保公司设定求偿担保的登记，对借款人之外的第三人为担保公司提供求偿担保的，不予登记。这一情况即反映了上述现行法解释上的分歧。

首先，我们可以探讨一下求偿担保关系的性质。求偿担保关系中，其当事人无论是借款人（主债务人、求偿担保人）与担保公司（求偿担保权人），还是借款人以外的第三人（求偿担保人）与担保公司（求偿担保权人），相对于本担保关系（其当事人为商业银行与担保公司）而言，不过是一般意义上的担保，求偿担保权仍然具有从权利、价值权、变价权的特征，也完全符合担保物权所具有之

---

① 参见高圣平：《登记对抗主义之下的动产抵押登记制度》，载《法学家》2007年第6期。

不可分性和物上代位性的性质。[①] 由此可见，求偿担保与本担保并没有质的差异，只是在形式和用语上与本担保相左。正是基于这个原因，《民法典》并未将担保人局限于主债务人。准此以解，将求偿担保人限定为主债务人不妥。本条仅规定主债务人为反担保的提供者，忽视了主债务人委托第三人向原担保人提供反担保的情形。从本条侧重保护原担保人的合法权益、换取原担保人立保的立法目的和基本思想衡量，法条文本涵盖的反担保提供者的范围过于狭窄，不足以贯彻其立法目的，构成法律漏洞。对该漏洞的弥补应采取目的性扩张解释方式，将第三人提供反担保的情形纳入本条的适用范围。[②]

其次，从实际操作层面上看，如果将求偿担保人仅限于主债务人（借款人）：（1）排除了求偿担保中保证的适用。依债的一般担保和特殊担保的原理，借款人本身以其全部财产为责任财产向担保公司承担责任以满足其求偿权，如允许借款人充任保证人，无异于使求偿保证沦为一般担保，与求偿担保之特殊担保判然有别。因此，求偿保证的保证人必须由借款人以外的第三人充任，而不能由借款人自己充任，如果求偿担保人限于借款人，就排除了求偿担保中保证方式的适用。（2）排除了求偿担保中由第三人提供求偿抵押、质押的可能，而只能由借款人提供抵押、质押。但是，在一般情况下，如果借款人有能力提供适当的抵押、质押，他完全可以直接向商业银行提供担保，也就不会产生由担保公司担保的情形。[③] 果若如此，求偿担保制度之存在意义大值怀疑。

综上，本书作者认为，对《民法典》第689条规定的求偿担保人应作广义解释，不仅限于主债务人，还包括第三人。亦即，为保障担保公司求偿权的实现而提供的担保，可以是借款人作为主债务人所提供的求偿抵押或求偿质押，也可以是第三人所提供的求偿保证、求偿抵押或求偿质押。《担保法》和《物权法》上所规定的定金和留置两种担保方式不适用于求偿担保［《担保法解释》第2条］。前述担保登记机构不予登记借款人之外的第三人提供的求偿担保的做法即应纠正。此外，还有学者认为，如果允许主债务人以外的第三人充任求偿担保人，会

---

① 参见陈小君、樊芃：《论反担保》，载《法商研究》1997年第1期。

② 参见黄薇（全国人大常委会法制工作委员会民法室主任）主编：《中华人民共和国民法典合同编解读（下册）》，北京，中国法制出版社2020年版，第757页。

③ 尽管这种物的担保较为可靠，但商业银行出于以下某种考虑也可能不愿接受：（1）希望在借款人不能清偿债务时能够便捷地从担保公司处获得金钱偿付；（2）避免抵押物登记或质押物运输、保管等方面的麻烦；（3）担忧担保物日后处理不便，而折价给自己又无使用价值等。在这种情况下，即需要由担保公司向商业银行提供其满意的保证担保，再由借款人向担保公司提供求偿担保，求偿担保与本担保恰当搭配、榫合联结以满足当事人的各种需要、维系交易安全并避免担保之风险。参见刘保玉：《反担保初探》，载《法律科学》1997年第1期。

造成担保——求偿担保——再求偿担保无休止地进行，徒增了担保关系的复杂程度，而且最终还由主债务人承担相应责任。这种担心不无道理，但担保制度之设本是为了强化债的效力，当担保公司理性地判断自身债权（求偿权）的实现存在风险的时候，自不应否定其利用求偿担保强化其求偿权的效力、控制其交易风险的可能。完全排除第三人作为求偿担保人，不但有悖于担保理论和立法精神，而且在实践中难以行得通。

其他问题

求偿保证在性质上与保证并无二致，自有保证期间的适用，保证期间届满，担保人未主张权利的，求偿保证人产生免责抗辩权，即不再承担求偿保证责任。但是，在求偿保证期间的起算上，司法实践中存在争议。

第一种观点认为，求偿保证的保证期间应从担保人实际承担保证责任之日起计算。“反担保是为了保障保证人承担担保责任后实现债务人追偿权而设定的担保，反担保责任的履行应以保证人已履行担保责任为前提。主合同的保证期间与反担保人的保证期间二者适用的起算规则不同，反担保人的保证期间应当从担保人实际履行了担保责任之日起计算。”① “反担保人承担反担保责任应以担保人已承担保证责任为前提，担保人承担担保责任之时，就是反担保人担保期间的起算日。”②

第二种观点认为，求偿保证的保证期间应从主债务履行期限届满之日起算。其主要理由在于，反担保适用担保的规定。根据现行法的规定，保证期间自主债务履行期届满之日起算。③

第三种观点认为，求偿保证的保证期间应自担保人要求债务人清偿代偿款义务之日起算。反担保系基于担保人为实现其追偿权而设立，当事人如在反担保合同中未约定在担保人代为清偿后债务人应当向担保人偿还债务的期限，反担保的保证期间应自担保人要求债务人履行义务的宽限期届满之日起计算。④

本书作者认为，求偿保证作为反担保的一种方式，以确保本担保人求偿权的

① “四川欣融融资性担保有限公司与什邡市龙盛投资有限责任公司、广汉市三星堆汽车客运服务有限责任公司债务追偿纠纷申请再审案”，最高人民法院（2013）民申字第1578号民事裁定书。

② “钱云富与湖北汇城置业有限公司、十堰海恒汽车专营有限公司追偿权纠纷申请再审案”，最高人民法院（2014）民申字第1298号民事裁定书。

③ 参见“高峰民与银川市中小企业信用担保中心、宁夏银起重型机器股份有限公司金融借款合同纠纷上诉案”，宁夏回族自治区高级人民法院（2011）宁民商终字第27号民事判决书。

④ 参见“江苏海通融资担保有限公司与刘玉香、许超等追偿权纠纷再审案”，江苏省淮安市中级人民法院（原江苏省淮阴市中级人民法院）（2015）淮中商再终字第00002号民事判决书。

实现为目的，而求偿权产生的依据并不是本担保人与债权人之间的本担保合同，而是主债务人与本担保人之间的委托合同。为了担保求偿权的实现，第三人向本担保人提供保证（求偿保证）。其中，基于委托合同所产生的求偿关系是主债权债务关系，求偿保证关系是从债权债务关系；本担保人与主债务人之间的委托（担保）合同是主合同，第三人与本担保人之间的求偿保证合同是从合同。依从属关系的基本法理，求偿保证所担保的主债务并非本担保所担保的主债务，上述第二种观点自不足采。当事人如就求偿保证期间另有约定的，从其约定；没有约定的，求偿保证期间为自主债务人清偿本担保人代偿债务的履行期限届满之日起6个月。如果本担保人与主债务人之间就清偿本担保人代偿债务的履行期限未作约定或约定不明，即应适用《民法典》第692条第3款的规定确定求偿保证期间的起算。依据《民法典》第692条第3款的规定，“债权人与债务人对主债务履行期限没有约定或者约定不明确的，保证期间自债权人请求债务人履行债务的宽限期届满之日起计算”。由此可见，本担保人应设定合理的宽限期使得代偿债务的履行期限得以确定，从而使得求偿保证期间的起算点得以确定。

第六百九十条

保证人与债权人可以协商订立最高额保证的合同，约定在最高债权额限度内就一定期间连续发生的债权提供保证。

最高额保证除适用本章规定外，参照适用本法第二编最高额抵押权的有关规定。

本条主旨

本条是关于最高额保证的规定。

相关条文

《担保法》第14条　保证人与债权人可以就单个主合同分别订立保证合同，也可以协议在最高债权额限度内就一定期间连续发生的借款合同或者某项商品交易合同订立一个保证合同。

《担保法解释》第23条　最高额保证合同的不特定债权确定后，保证人应当对在最高债权额限度内就一定期间连续发生的债权余额承担保证责任。

《民法典各分编（草案）》（2018年8月）第493条　保证人与债权人可以协商设立最高额保证。

最高额保证除适用本章规定以外，参照适用物权编关于最高额抵押权的规定。

《民法典合同编（草案）（二审稿）》（2018年12月）第479条之一 保证人与债权人可以协商订立最高额保证合同，约定在最高债权额限度内就一定期间连续发生的债权提供保证。

最高额保证合同除适用本章规定外，参照适用物权编最高额抵押权的有关规定。

《民法典（草案）》（2019年12月）第690条 保证人与债权人可以协商订立最高额保证合同，约定在最高债权额限度内就一定期间连续发生的债权提供保证。

最高额保证合同除适用本章规定外，参照适用物权编最高额抵押权的有关规定。

《民法典（草案）》（2020年5月22日大会审议稿）第690条 保证人与债权人可以协商订立最高额保证的合同，约定在最高债权额限度内就一定期间连续发生的债权提供保证。

最高额保证除适用本章规定外，参照适用本法第二编最高额抵押权的有关规定。

理解与适用

本条是在《担保法》第14条的基础上修改而成。第1款对《担保法》第14条作了文字上的修改，第2款明确了准用规则。

一、最高额保证及其适用范围

最高额保证，是指保证人与债权人约定，就债权人与主债务人之间在一定期间内连续发生的债权，预定最高限额，由保证人承担保证责任的合同。保证债务为从债务，须以主债务的存在为其前提。因此，主债务应于保证成立前发生，但并不以现实发生为必要，只要已有发生基础且将来可能发生即为已足[①]；将来债务的数额也无须具体确定，只要明定最高限额即可。只是最高额保证所从属者，并非一个确定的主债务，而是债权人与主债务人之间在一定期间内连续发生的债务，且该连续发生的债务还受约定的最高额的限制。

最高额保证所担保的债权是基于一定的基础关系而发生的。在一定期间内，

① 参见林诚二：《民法债编各论》（下），北京，中国人民大学出版社2007年版，第286页。

发生在债权人和债务人之间的债权可能很多，但只有依约定的主合同关系发生的债权，才能纳入保证范围。①《担保法》第 14 条规定："保证人与债权人可以就单个主合同分别订立保证合同，也可以协议在最高债权额限度内就一定期间连续发生的借款合同或者某项商品交易合同订立一个保证合同。"这里，《担保法》将最高额保证的适用范围限定为"连续发生的借款合同或者某项商品交易合同"。这一范围未免过于狭窄，无法涵盖现实生活中的情况，如连续发生的工资、住院费等就不能适用最高额保证。为充分发挥最高额保证节约交易成本的作用，《民法典》于本条明定最高额保证适用于"连续发生的债权"。所谓"连续发生的债权"，是指一定期间内，陆续不断或随时增减变动的债权。参照本法第 420 条的规定，最高额保证合同成立之前已经存在的债权，经当事人同意，可以转入最高额保证担保的债权范围。

最高额保证所担保的债权是一定期间内连续发生的债权，即债权是在最高额保证合同所担保的主合同约定的一定期间内连续发生的。该期间又称债权发生期，该期间届满之日又称决算期。

二、最高额保证的确定

本条第 2 款规定："最高额保证除适用本章规定外，参照适用本法第二编最高额抵押权的有关规定。"如此，《民法典》物权编最高额抵押权一节中，第 421 条关于最高额抵押担保的债权确定前部分债权转让的效力、第 422 条关于最高额抵押担保的债权确定前主债权的变更、第 423 条关于最高额抵押担保的债权确定事由的规定，对于最高额保证均可准用。

最高额保证是保证人对债务人在将来一定期间内连续发生的不特定债权，在其所承诺的额度范围内提供保证，保证人仅对其所承诺的未来一定期间范围内发生的债权承担保证责任。这个"一定期间"就是被保证债权的发生期间，其截止日即为最高额保证的决算期。《民法典》第 423 条称之为"债权确定期间"。

在保证合同约定的"债权确定期间"内发生的债权，才可能进入保证的范围。债权人与保证人可以在保证合同中约定"债权确定期间"，如没有约定债权确定期间或者约定不明确，债权人或者保证人自最高额保证合同生效之日起满 2 年后请求确定债权。这一准用规则改变了《担保法》上的相关交易规则。《担保法》第 27 条规定："保证人依照本法第十四条规定就连续发生的债权作保证，未约定保证期间的，保证人可以随时书面通知债权人终止保证合同，但保证人对于

① 参见叶金强：《担保法原理》，北京，科学出版社 2002 年版，第 54 页。

通知到债权人前所发生的债权，承担保证责任。”这里的“保证期间”实际上指的是“债权确定期间”。最高额保证人承担保证责任的期间并非该条所定之“保证期间”。当事人在保证合同中明确约定了最高额保证的“债权确定期间”，该期间的终点，即为最高额保证的决算期。在最高额保证的“债权确定期间”内，债权人与保证人协议终止保证合同，保证合同终止之日为最高额保证的决算期。在当事人对最高额保证“债权确定期间”没有约定或者约定不明确的情况下，保证人的书面通知到达债权人之日，即为最高额保证的决算期。[①]《民法典》删去了《担保法》第 27 条，借由本条第 2 款，第 423 条第 2 项关于“没有约定债权确定期间或者约定不明确，抵押权人或者抵押人自最高额抵押权设立之日起满二年后请求确定债权”的规定自有准用余地。

其他问题

一、最高额保证中“最高债权额限度”的认定

最高额保证中的“最高债权额限度”是指债权累计发生额，还是债权余额？最高额保证人是按债权的累计发生额承担担保责任，还是按债权余额承担担保责任？这些一直是争议比较大的问题。有学者认为，最高债权额以预定的最高债权额度内累计发生的债权总额为限，即使最后决算时发生的债权余额未超过预定最高债权额，保证人也不承担保证责任。本书作者对此不敢苟同。债权发生期内所发生的债权，如已获清偿，该债权消灭，保证人的保证责任免除。因此，最高额保证中，当事人约定的“最高债权额限度”，是指最高额保证中的债权发生期间终止时，通过决算所确定债权人实际享有的债权余额的最高限额，当债权余额未超过最高限额时，保证人按实际发生的债权余额承担保证责任；当债权余额已超过最高限额时，保证人按最高限额承担保证责任。“若将最高限额理解为在规定期间内累计发生的债权额，则等于让债务人不能在规定期间内清偿债务，在规定期间内不论债务人是否清偿债务，债权人只能与债务人发生最高限额内的债权债务。”[②]《担保法解释》第 23 条规定：“最高额保证合同的不特定债权确定后，保证人应当对在最高债权额限度内就一定期间连续发生的债权余额承担保证责任。”

最高债权额限度是仅指主债权，还是包括主债权、从债权？我们认为应包括主债权和从债权在内。因为当事人已经约定了担保债权的最高限额，可视为保证

① 参见范李瑛：《浅论最高额保证的期间》，载《中国律师》2003 年第 4 期。

② 郭明瑞：《担保法》（第二版），北京，法律出版社 2004 年版，第 68 页。

合同对担保范围另有约定，该约定应可以排除法定担保范围的适用。但如果保证人明确表示，约定的最高额为主债权的最高限额，主债权之利息、违约金、损害赔偿金及实现债权的费用等从债权未包括在内，应依当事人的约定。

二、最高额保证的保证期间

最高额保证与普通保证在保证期间问题上并无实质区别，即最高额保证合同对保证期间有约定的，从其约定；当事人没有约定保证期间的，适用法定的保证期间。《担保法解释》第 37 条规定：“最高额保证合同对保证期间没有约定或者约定不明的，如最高额保证合同约定有保证人清偿债务期限的，保证期间为清偿期限届满之日起六个月。没有约定债务清偿期限的，保证期间自最高额保证终止之日或自债权人收到保证人终止保证合同的书面通知到达之日起六个月。”对该条前句的理解自无疑义，实践中存在争议的是如何理解第 37 条后句的适用条件。

一种观点认为，最高额保证合同没有约定保证期间且没有约定债务清偿期限的，保证期间为“自最高额保证终止之日或自债权人收到保证人终止保证合同的书面通知到达之日起六个月”①。另一种观点认为，只有在最高额保证合同没有约定保证期间，主合同亦没有约定债务履行期限的情况下，第 37 条第 2 款才应适用。同时，若存在当事人对保证期间约定不明的情形，则应适用《担保法解释》第 32 条第 2 款的规定，即：“保证合同约定保证人承担保证责任直至主债务本息还清时为止等类似内容的，视为约定不明，保证期间为主债务履行期届满之日起二年。”②

本书作者认为，从文义解释的角度出发，《担保法解释》第 37 条第 2 款中“没有约定债务清偿期限的”应受第 1 款限制，即最高额保证合同中没有约定保证期间且没有约定债务清偿期限的，保证期间自最高额保证终止之日或自债权人收到保证人终止保证合同的书面通知到达之日起 6 个月。

对于债务履行期限超过决算期的主债权，保证期间如何起算一直存在争议。发生于决算日之前的主债务，其履行期既可以短于或等于决算日，又可能超过决算日，对于前者，在无特别约定的情况下，从决算日起算保证期间当无疑义；但对于后者，若保证期间从决算日开始计算，则会出现先于主债务履行期届满之日

---

① “飞洲集团有限公司与杭州华富进出口有限公司、杭州华昌制衣有限公司买卖合同纠纷上诉案”，浙江省台州市中级人民法院（2016）浙 10 民终 1101 号民事判决书。类似观点请参见“冯留洪与安徽中防投资有限公司、陶武豪民间借贷纠纷上诉案”，江苏省高级人民法院（2014）苏商终字第 00455 号民事判决书。

② “杨树青、通榆县康乐房地产开发有限公司、通榆县康乐商贸实业有限责任公司与四平市汇鑫小额贷款有限公司、张超、四平市华龙建筑有限公司借款合同纠纷上诉案”，吉林省高级人民法院（2014）吉民二终字第 50 号民事判决书。

即计算保证责任期间的情形，明显违背了保证的一般规则和基本原理。无论是一般保证还是连带保证，保证人与债权人未约定保证期间的，保证期间皆为主债务履行期届满之日起 6 个月。如果主债务履行期尚未届满，而保证人的保证期间开始起算，显然会使特定情况下保证人的保证责任落空，对债权人不公平，也不符合立法原意。因此，不能机械适用《担保法解释》第 37 条的规定。在主债务履行期超出决算日的情况下，应参照适用《担保法解释》第 32 条“保证合同约定的保证期间早于或者等于主债务履行期限的，视为没有约定，保证期间为主债务履行期届满之日起六个月”的规定，而在主债务履行期没有约定的情况下，则应适用《担保法解释》第 33 条“主合同对主债务履行期限没有约定或者约定不明的，保证期间自债权人要求债务人履行义务的宽限期届满之日起计算”的规定。①

第二节　保证责任

第六百九十一条

保证的范围包括主债权及其利息、违约金、损害赔偿金和实现债权的费用。当事人另有约定的，按照其约定。

本条主旨

本条是关于保证担保的范围的规定。

相关条文

《担保法》第 21 条　保证担保的范围包括主债权及利息、违约金、损害赔偿金和实现债权的费用。保证合同另有约定的，按照约定。

当事人对保证担保的范围没有约定或者约定不明确的，保证人应当对全部债务承担责任。

《担保法解释》第 23 条　最高额保证合同的不特定债权确定后，保证人应当对在最高债权额限度内就一定期间连续发生的债权余额承担保证责任。

《民法典各分编（草案）》（2018 年 8 月）第 480 条　保证担保的范围包括主

① 参见“徐会军与江苏沪武建设集团有限公司民间借贷纠纷上诉案”，江苏省高级人民法院（2015）苏民终字第 00455 号民事判决书。

债权及其利息、违约金、损害赔偿金和实现债权的合理费用。当事人另有约定的，按照其约定。

《民法典合同编（草案）（二审稿）》（2018 年 12 月）第 480 条 保证担保的范围包括主债权及其利息、违约金、损害赔偿金和实现债权的合理费用。当事人另有约定的，按照其约定。

《民法典（草案）》（2019 年 12 月）第 691 条 保证的范围包括主债权及其利息、违约金、损害赔偿金和实现债权的费用。当事人另有约定的，按照其约定。

《民法典（草案）》（2020 年 5 月 22 日大会审议稿）第 691 条 保证的范围包括主债权及其利息、违约金、损害赔偿金和实现债权的费用。当事人另有约定的，按照其约定。

理解与适用

本条是在《担保法》第 21 条的基础上修改而成的。本条删去了《担保法》第 21 条第 2 款“当事人对保证担保的范围没有约定或者约定不明确的，保证人应当对全部债务承担责任”；同时将《担保法》第 21 条第 1 款中的“保证担保的范围”修改为“保证的范围”，“保证合同另有约定的，按照约定”修改为“当事人另有约定的，按照其约定”。

保证的范围，又称保证责任的范围、保证担保的范围、保证债务的范围，是指保证人在主债务人不履行债务或者发生当事人约定的情形时，向债权人履行保证债务的限度。依据《民法典》第 684 条、第 691 条的规定，当事人订立保证合同时，应明确约定保证的范围，如无约定，直接依法律之规定确定保证的范围。

一、约定的保证范围

保证债务独立于主债务，因此保证责任之范围得由当事人自由约定。此时，保证责任的范围不必与主债务的范围相一致。当事人对保证责任的范围有明确约定的，保证人仅在约定的限度内负保证责任，对超出约定范围的债务，保证人不负保证责任。

担保合同是主合同的从合同，由此而决定，担保人承担担保责任的范围和强度不得大于或重于主债务。[1] 担保范围和强度，是指在主债务人不履行债务或者

① 参见王利明：《合同法研究（第四卷）》（第二版），北京，中国人民大学出版社 2018 年版，第 244 页；邱聪智：《新订债法各论》（下），姚志明校订，北京，中国人民大学出版社 2006 年版，第 363 页；刘春堂：《民法债编各论》（下）（修订版），台北，作者 2012 年自版，346 页。

发生当事人约定的实现担保权的其他情形之时，担保人向债权人承担担保责任的限度。[①] 担保制度并非使权利人全面地支配标的物的交换价值或掌控担保人之资力，而仅在其所担保的主债权范围内借由标的物的交换价值或担保人之资力获偿。[②] 就担保范围和强度上的从属性，在解释论上应予明确的有以下几点。

第一，债权人和担保人是否可以在担保合同中约定小于主债权的担保范围？就此，第 691 条规定："保证的范围包括主债权及其利息、违约金、损害赔偿金和实现债权的费用。当事人另有约定的，按照其约定。"这就意味着，《民法典》上就担保范围的规定属于任意性规定，采取了约定担保范围和法定担保范围的区分，且以约定担保范围优先。当事人可就担保范围作出约定，明确排除或者确认相关债权是否属于担保责任的范围；如当事人就此未作约定，则适用法定的担保范围。

保证债务系别异于主债务的另一种债务，具有相对独立性，其内容未必与主债务完全相同，但仍不得超过主债务。因此，保证人和债权人约定的保证债务可以小于或者弱于主债务。例如，债权人与保证人有以下减轻约定的，其约定应属有效，并依该约定减轻保证人的保证责任：（1）约定仅担保原本债务而不保证利息等从债务；（2）约定仅保证原本债务的一部而不保证其全部；（3）约定仅保证债务不履行的损害赔偿而不担保主债务的履行本身；（4）约定仅就债务人的故意或者重大过失所致不履行提供保证，而不及于主债务不履行的全面。[③]

第二，债权人和担保人是否可以在担保合同中约定大于主债权的担保范围？就此，《民法典》未设明文规定。多数学者认为，担保的范围和强度从属于主债务，债权人与担保人虽可约定担保的范围，但其约定的担保范围与强度不得大于或强于主债务，否则应减缩至主债务的限度内。[④] 但亦有观点认为，在约定担保范围超过法定担保范围时，应按法定担保范围强制执行。对于约定担保范围超过法定担保范围的部分，不影响担保合同的效力，超出部分依然成立，但不具有强制执行力，如担保人自愿加以履行，则视为赠与；担保人在自愿履行后反悔的，

---

① 参见高圣平：《担保法论》，北京，法律出版社 2009 年版，第 164 页。

② 参见林诚二：《论债务担保制度的从属性》，载陈荣隆教授六秩华诞祝寿论文集编辑委员会：《物权法之新思与新为——陈荣隆教授六秩华诞祝寿论文集》，台北，瑞兴图书股份有限公司 2016 年版，第 51 页。

③ 参见邱聪智：《新订债法各论》（下），姚志明校订，北京，中国人民大学出版社 2006 年版，第 363－364 页。

④ 参见王利明：《合同法研究（第四卷）》（第二版），北京，中国人民大学出版社 2018 年版，第 244 页；邹海林，常敏：《债权担保的理论与实务》，北京，社会科学文献出版社 2005 年版，第 63 页；全国人大常委会法制工作委员会民法室（孙礼海主编）：《中华人民共和国担保法释义》，北京，法律出版社 1995 年版，第 29 页。

也不予支持。[①]

在体系解释上，《民法典》第 691 条关于保证范围的但书规定“当事人另有约定的，按照其约定”，应结合《民法典》第 682 条第 1 款“保证合同是主债权债务合同的从合同”的从属性规定进行限缩解释：债权人与保证人之间就担保范围的意思形成自由应受限制，亦即，当事人在保证合同中就保证范围的例外约定，应仅限于保证责任的范围或数额小于主债务，或保证责任之强度低于主债务的情形。例如，保证债务的利率不得高于主债务的利率；主债务不必支付利息的，不得约定保证债务支付利息；主债务附有条件的，不得约定保证债务为无条件；保证债务的履行期限不得先于主债务的履行期限；债务人仅就重大过失负责的，不得约定保证人就抽象过失或具体过失负责；等等。[②] 当事人约定的担保责任的范围大于主债务的，均应当认定大于主债务部分的约定无效，从而使担保责任缩减至主债务的范围。

如此解释也符合《民法典》上担保人求偿权行使范围的要求。担保人承担担保责任之后，自得向主债务人求偿，该求偿权以担保人代偿金额为限，但同时受到主债务的限制。担保人承担担保责任，属于代负履行责任或代为承担债务不履行的赔偿责任，因此，担保人的代偿金额自不得超过主债务。[③] 债权人向担保人的请求数额超过主债务人应予承担的数额的，担保人自应主张本属于主债务人的抗辩，以对抗债权人的请求。担保人怠于主张该抗辩，导致其所承担的责任超过主债务的，自不得就超过部分向主债务人求偿。由此可见，如担保范围和强度超过主债务，担保人就超过部分承担了担保责任，但无从向主债务人求偿。

第三，担保范围和强度大于或强于主债务的例外情形。在债务人破产时，债权人通过破产程序未能实现的债权，保证人仍然承担清偿责任（《企业破产法》第 124 条）；债权人对保证人享有的权利不受重整计划或和解协议的影响（《企业破产法》第 92 条第 3 款、第 101 条）。《最高人民法院关于适用〈中华人民共和国企业破产法〉若干问题的规定（三）》（法释〔2019〕3 号）第 5 条第 2 款中规定：“债权人向债务人、保证人均申报全部债权的，从一方破产程序中获得清偿后，其对另一方的债权额不作调整，但债权人的受偿额不得超出其债权总额。”这些都说明在债务人企业破产、重整、和解程序中，保证债务的范围或数额例外

① 参见孔祥俊主编：《担保法例解与适用》，北京，人民法院出版社 1996 年版，第 157－158 页。

② 参见程啸：《保证合同研究》，北京，法律出版社 2006 年版，第 223 页。

③ 值得注意的是，就物上保证人的代偿金额而言，因《民法典》第 389 条所定担保范围中包括“保管担保财产和实现担保物权的费用”，必然超过主债务。此部分代偿金额为保全和实现担保物权所必需，虽超过主债务，但亦属求偿范围。

地可以大于主债务。

二、法定的保证范围

保证责任的法定范围，除主债权的原本之外，还及于主债权的利息、违约金、损害赔偿和实现债权的费用。本条规定比较符合保证法律关系从属性的法律性质，有利于保护债权人的利益。

（一）主债权（原本债权）

主债权即主合同债权人请求债务人为特定行为的权利，它是保证责任范围的基本内容。保证责任的法定范围内的其他内容为主债权所派生，从属于主债权。应当注意的是，保证人仅对于保证合同成立时主债权人的债权负保障其实现的责任。保证合同成立后，主债权数额减少的，保证担保范围也相应减少；主债权数额增加的，保证担保的范围不能随之扩大。《民法典》第387条第1款、第681条中“为保障实现其债权”“为保障债权的实现”的表述，即体现了担保在发生上的从属性。① 为与同属债权性质的保证债权相区分，这里的“债权”又被称为“主债权”。值得注意的是，《民法典》担保规则体系中所使用的“主债权”具有两种不同含义：一种是在从属性之下使用，系指与保证债权或担保物权相对而称的被担保的债权，例如，《民法典》第388条、第682条中所称“主债权”，在内容上包括主债权（指原本债权）及其利息、违约金、损害赔偿金、保管担保财产和实现担保物权的费用；一种是在债权债务关系内部使用，系指与利息、违约金、损害赔偿金等从债权相对而称的原本债权，例如，《民法典》第389条、第684条中所称“主债权”。在这个意义上，借款合同法律关系中的贷款人请求借款人返还借款本金的债权即为“主债权”，因该“主债权”而派生的利息、违约金、损害赔偿金等其他请求权为从债权。②

（二）利息

利息主要是当原本债权的标的为金钱时而发生。利息可分为约定利息和法定利息两种。

约定利息由保证合同当事人约定，而非主债务当然发生的从债权，因此，保证人只对保证合同成立时的约定利息承担保证责任，对于保证合同成立之后债权人和债务人约定的利息没有经保证人同意的，保证人不承担保证责任。当事人约

---

① 参见刘保玉：《第三人担保的共通规则梳理与立法规定的完善》，载《江西社会科学》2018年第10期，第19页。

② 参见尹田：《物权法》（第二版），北京，北京大学出版社2017年版，第494页。为避免混淆，本书以下以“原本债权”指称第二种意义上的“主债权”。

定的利息不得超过法定之最高限额，超过法律规定的利息限额而约定的利息，超过部分不受法律保护。因此，保证人对利息的保证责任仅以主债务人和债权人在法定利息限额内约定的利息为限。

法定利息是法律规定的利息，是由原本债权所必然派出，系属主债权的从债权，当然属于保证责任的范围，其中的迟延利息，按其性质与本条规定的“违约金、损害赔偿金”相同。① 但就此仍存争议。

（三）违约金

违约金是指法律规定或者合同约定的，当事人一方不履行债务时，应支付对方的金钱或其他给付。违约金实质上是一种从属于原本债权的负担，包括在保证责任范围之列。但是，只有于保证合同成立时为原本债权应付的违约金才在保证责任范围内，主债务人与债权人于保证合同成立后新约定的违约金，未经保证人同意，不应在保证责任范围内。

（四）损害赔偿金

损害赔偿金是指主债务人不履行债务时给债权人造成损害时应支付的款项。损害赔偿金因原本债权未受偿而生，因此也属于保证责任的范围。只要是可归责于主债务人的事由所造成的，不管是因为主债务人履行债务不能，还是履行迟延或者不完全履行，保证人均应对此承担保证责任。如保证人是对侵权之债提供保证，则侵权损害赔偿金属于主债权的范畴，并不属于本条所定的“损害赔偿金”②。

（五）实现债权的费用

实现债权的费用是指债务履行期限届满债务人不履行债务后，债权人为了实现其债权而付出的费用，包括诉讼费、仲裁费、通知保证人的费用以及其他的合理费用，是从属于原本债权的必要负担。实现债权的费用是债权人实现其利益所必需的，也是保证人设定保证债务时应当预见的，因此也在保证责任范围内。③

三、约定保证范围和法定保证范围的关系

法定保证范围为保证合同当事人约定保证范围时提供示范与指导，约定保证范围则是对法律规定的保证范围的明晰化和具体化。约定保证范围具有优先于法定保证范围的效力，亦即，保证人和主债权人如在保证合同中对保证责任范围作了明确约定，即使其约定与法定的保证范围不一致，亦应优先适用约定的保证范

① 参见邹海林、常敏：《债权担保的方式和应用》，北京，法律出版社1998年版，第66页。

② 黄薇（全国人大常委会法制工作委员会民法室主任）主编：《中华人民共和国民法典合同编解读（下册）》，北京，中国法制出版社2020年版，第762页。

③ 参见郭明瑞：《担保法》，北京，中国政法大学出版社1998年版，第50页。

围，而排除法定保证范围的适用。如果当事人没有约定保证责任范围，或者约定的保证范围不明确的，推定保证人对主债务的全部承担保证责任，即保证人对主债务及因主债务而发生的利息、违约金、损害赔偿金和实现债权的费用等从债务，承担保证责任。从这个意义上讲，法定保证范围又是对约定保证范围的有效补充。

其他问题

一、保证合同中单独约定的违约金条款的效力

信贷和司法实践中，债权人与保证人签订的部分保证合同，就保证债务的履行单独约定了违约金条款，如在保证合同中约定，“保证人为主债务人的债务提供连带责任保证，保证人不承担保证责任或违反合同约定的其他义务的，保证人应按主合同项下主债务本金的15%（或特定的数额）向债权人另外支付违约金”。由此引发的问题是，上述保证合同中的违约金条款是否有效？是否有违保证合同从属性特征？

对于前述保证合同违约金条款的效力，司法实践中存在三种裁判观点。第一种观点认为此类条款有效。其主要理由在于保证责任的范围属于债权人与保证人意思自治的范畴，只要不违反法律的禁止性规定，则合法有效。① 第二种观点认为此条款无效。其主要理由在于：保证合同对保证责任范围的约定，虽属意思自治范畴，但因保证合同是主合同的从合同，基于从属性原则，保证责任的范围及强度不能超过主债务；保证债务超过主债务的部分，使债权人获得了从主债务人处不能获得的利益，保证人就该部分承担责任后无法向主债务人求偿，对保证人产生不公平的结果。② 第三种观点认为该条款有效，但是可以适用违约金酌减规则。③ 其主要理由在于：就保证合同的从属性并无对应的法律条文予以明确，否定单独违约金条款的效力缺乏明确的法律规定。该约定并未违反社会公共利益，属于当事人之间利益调整的范畴，自应有效。主债务不履行的违约金和保证债务的违约金自可并行不悖，但两者针对的债务毕竟具有同一性，如两者相加明显过高，则可通过调整违约金来解决。④

① 如北京市朝阳区人民法院（2016）京0105民初65061号民事判决书。

② 参见四川省成都市中级人民法院（2014）成民终字第5894号民事判决书。关于此案的详细分析详见胡建萍、王长军：《保证人承担保证责任的范围应以主债务为限》，载《人民司法·案例》2015年第24期，第55-57页。

③ 如最高人民法院（2015）民提字第126号民事判决书。

④ 参见刘贵祥主编：《最高人民法院第一巡回法庭精选案例与裁判思路解析（一）》，北京，法律出版社2016年版，第47页。

笔者认为，该条款对保证人不发生效力，理由如下。

第一，就保证责任而言，虽然《民法典》上规定了“履行债务或者承担责任”两种形式，但在解释上，如主债务属于金钱债务，保证人的保证责任仅为代主债务人履行债务。在此前提之下，只要保证人没有代为履行主债务，主债务不履行的违约金就一直在计算和累积之中，且属于保证范围。如承认保证合同中单独约定的违约金条款的效力，保证人就将承担主债务不履行和保证债务不履行的双重违约责任。

第二，基于保护保证人的法政策，保证人的责任不宜过重。《民法典》上就保证人权利保护体系的设计在一定程度上体现了这一政策考量。就保证债权的从属性，《民法典》已定有明文，已如前述。保证范围和强度上的从属性在这一法政策之下就应作严格解释。在保证人不及时应债权人的请求代为履行主债务的情形之下，主债权债务合同的违约责任条款已经起着惩戒保证人的作用。

第三，保证人代为履行债务之后，自得向主债务人求偿。如承认保证合同中单独的违约金条款的效力，且不能就此向主债务人追偿，明显加重了保证人的责任。实定法上否定保证人求偿权的情形并不多见，主要体现在保证人本可主张的主债务人的抗辩却不主张。以主债务时效经过抗辩权为例，保证人怠于主张该抗辩权，就丧失对主债务人的求偿权，否则主债务人本来享有的时效利益旋即丧失殆尽。就超过主债务范围和强度的保证债务违约金，基于债的相对性，主债务人不负清偿责任，自可就保证人的求偿请求进行抗辩。

上述就保证合同中约定单独违约金条款效力的分析，自可适用于物上担保合同。

二、律师费用是否属于“实现债权的费用”

当事人在担保合同中约定了包括律师费在内的从债权，该费用是否属于“实现债权的费用”，并由担保人所担保？对此，裁判实践中存在不同意见。肯定意见认为，如当事人已经明确作出约定，且该律师费符合相关收费标准规定，则应支持当事人的支付律师费用请求。① 也有持反对意见的法院认为，尽管当事人约

① 参见“香港上海汇丰银行有限公司上海分行与景轩大酒店（深圳）有限公司、万轩置业有限公司金融借款合同纠纷上诉案”，最高人民法院（2010）民四终字第 12 号民事判决书［最高人民法院公报 2014 年第 6 期］；“云南铜业股份有限公司与江门市江磁电工企业有限公司买卖合同纠纷上诉案”，最高人民法院（2015）民二终字第 74 号民事判决书；“白凡凡与中国农业银行股份有限公司重庆两江分行、重庆滨海医药有限公司金融借款合同纠纷上诉案”，重庆市第一中级人民法院（2016）渝 01 民终 6028 号民事判决书；“谷芜萍与徐敏抵押合同纠纷上诉案”，山东省青岛市中级人民法院（2016）鲁 02 民终 2583 号民事判决书；“中信银行股份有限公司南京分行与董磊金融借款合同纠纷上诉案”，江苏省南京市中级人民法院（2015）宁商终字第 1366 号民事判决书。

定实现债权费用包括律师费，但实现债权的费用一般指诉讼费、申请法院强制执行费、拍卖费等，实现代偿债权而支出的律师费用属于当事人选择的有偿法律服务所支出的费用，不属于“实现债权的费用”的范围，当事人的诉讼请求不应支持。① 还有法院认为，担保合同是主债权债务合同的从合同，主合同对律师费未作约定，债权人应无权主张支付律师费。② 当事人未明确约定律师代理费属于担保债权范围时，且律师代理费并非实现担保债权的直接、必要费用，则法院不会支持。③

笔者认为，在当事人就保证范围中已经明确约定律师费的情形之下，基于意思自治，自应予以承认，但以合理和必要为限。

第六百九十二条

保证期间是确定保证人承担保证责任的期间，不发生中止、中断和延长。

债权人与保证人可以约定保证期间，但是约定的保证期间早于主债务履行期限或者与主债务履行期限同时届满的，视为没有约定；没有约定或者约定不明确的，保证期间为主债务履行期限届满之日起六个月。

债权人与债务人对主债务履行期限没有约定或者约定不明确的，保证期间自债权人请求债务人履行债务的宽限期届满之日起计算。

本条主旨

本条是关于保证期间的性质与种类的规定。

相关条文

《担保法》第 25 条第 1 款　一般保证的保证人与债权人未约定保证期间的，

---

① 参见“南宁市金通小额贷款有限公司与广西田林富民糖业有限公司、曹立秦、山海关开发区长城糖业有限公司追偿权纠纷上诉案”，广西壮族自治区百色市（地区）中级人民法院（2017）桂 10 民终 883 号民事判决书。同样处理的案例有“牛敬、广西中小企业信用担保有限公司追偿权纠纷案”，广西壮族自治区田林县人民法院（2016）桂 1029 民初 200 号民事判决书。

② 参见“安徽肥东农村合作银行与合肥康宝衣帽有限公司借款合同纠纷上诉案”，安徽省高级人民法院（2014）皖民二终字第 00655 号民事判决书；“江苏银行股份有限公司南京城东支行与南京福地房地产开发有限公司、南京阅江商贸有限公司、张从春、徐瑾金融借款合同纠纷案”，江苏省南京市中级人民法院（2013）宁商初字第 137 号民事判决书。

③ 参见“王旭君与杨远见、李红梅民间借贷纠纷案上诉案”，浙江省台州市中级人民法院（2013）浙台商终字第 578 号民事判决书。

保证期间为主债务履行期届满之日起六个月。

第 26 条第 1 款 连带责任保证的保证人与债权人未约定保证期间的，债权人有权自主债务履行期届满之日起六个月内要求保证人承担保证责任。

《担保法解释》第 31 条 保证期间不因任何事由发生中断、中止、延长的法律后果。

第 32 条 保证合同约定的保证期间早于或者等于主债务履行期限的，视为没有约定，保证期间为主债务履行期届满之日起六个月。

保证合同约定保证人承担保证责任直至主债务本息还清时为止等类似内容的，视为约定不明，保证期间为主债务履行期届满之日起二年。

第 33 条 主合同对主债务履行期限没有约定或者约定不明的，保证期间自债权人要求债务人履行义务的宽限期届满之日起计算。

《民法典各分编（草案）》（2018 年 8 月）第 481 条 保证期间是保证人承担保证责任的期间，不发生中止、中断和延长。

债权人与保证人可以约定保证期间，但是约定的保证期间早于主债务期限或者与主债务期限同时届满的，视为没有约定；没有约定或者约定不明确的，保证期间为主债务履行期限届满之日起六个月。

债权人与债务人对主债务履行期限没有约定或者约定不明确的，保证期间自债权人要求债务人履行义务的宽限期届满之日起计算。

《民法典合同编（草案）（二审稿）》（2018 年 12 月）第 481 条 保证期间是保证人承担保证责任的期间，不发生中止、中断和延长。

债权人与保证人可以约定保证期间，但是约定的保证期间早于主债务期限或者与主债务期限同时届满的，视为没有约定；没有约定或者约定不明确的，保证期间为主债务履行期限届满之日起六个月。

债权人与债务人对主债务履行期限没有约定或者约定不明确的，保证期间自债权人要求债务人履行义务的宽限期届满之日起计算。

《民法典（草案）》（2019 年 12 月）第 692 条 保证期间是保证人承担保证责任的期间，不发生中止、中断和延长。

债权人与保证人可以约定保证期间，但是约定的保证期间早于主债务履行期限或者与主债务履行期限同时届满的，视为没有约定；没有约定或者约定不明确的，保证期间为主债务履行期限届满之日起六个月。

债权人与债务人对主债务履行期限没有约定或者约定不明确的，保证期间自债权人请求债务人履行债务的宽限期届满之日起计算。

《民法典（草案）》（2020 年 5 月 22 日大会审议稿）第 692 条 保证期间是确

定保证人承担保证责任的期间，不发生中止、中断和延长。

债权人与保证人可以约定保证期间，但是约定的保证期间早于主债务履行期限或者与主债务履行期限同时届满的，视为没有约定；没有约定或者约定不明确的，保证期间为主债务履行期限届满之日起六个月。

债权人与债务人对主债务履行期限没有约定或者约定不明确的，保证期间自债权人请求债务人履行债务的宽限期届满之日起计算。

理解与适用

本条是在《担保法》第 25 条第 1 款、第 26 条第 1 款和《担保法解释》第 31—33 条的基础上统合修改而成的。其中，本条第 1 款源于《担保法解释》第 31 条，增加了“保证期间是确定保证人承担保证责任的期间”的定义性规定；本条第 2 款源于《担保法》第 25 条第 1 款、第 26 条第 1 款和《担保法解释》第 32 条，删去了《担保法解释》第 32 条第 2 款的规定，将保证期间约定不明的情形与没有约定的情形作同一处理；本条第 3 款源于《担保法解释》第 33 条，作了文字上的调整。

一、保证期间制度的规范目的

基于保证债务的从属性，保证债务与主债务同其命运，主债务未消灭者，保证债务亦存在。但如主债务因时效不断中断而持续存在，保证人即无止境地处于承担债务的不利状态或是长期处于随时可能承担债务的财产关系不确定状态。我国法上基于保护保证人立场，规定了保证期间制度[①]，明定所有保证债务均有保证期间之适用。保证期间是保证人承担保证责任的期间。保证期间经过，债权人未为特定行为的，保证债务消灭，保证人无须承担保证责任。

依据《民法典》第 692 条第 1 款的规定，“保证期间是确定保证人承担保证责任的期间”。债权人须在保证期间内主张权利：一般保证中，债权人须在保证期间内“对债务人提起诉讼或者申请仲裁”；连带责任保证中，债权人须在保证期间内“对保证人主张承担保证责任”。如果债权人未在保证期间内主张权利，则发生“保证人不再承担保证责任”的法律后果。由此可见，保证期间经过的事实，加上债权人的特定行为（不作为），才能发生保证人不承担保证责任的法律

① 早期的司法文件中有称为“保证期限”的，如《最高人民法院关于贯彻执行〈中华人民共和国民法通则〉若干问题的意见（试行）》第 108、109 条；也有称为“保证责任期限”的，如《最高人民法院关于审理经济合同纠纷案件有关保证的若干问题的规定》第 10、11 条。自《担保法》始，各规范性文件均称之为“保证期间”。

后果。保证期间是当事人约定或者法律规定的一种期间，债权人在该期间内不以法定方式行使权利即导致保证合同消灭（保证人免除保证责任）。

同时，在主债务履行期限届满后至保证期间完成前，保证人是否最终承担保证责任处于“待确定”状态，需要在保证期间内基于债权人单方的意思表示来结束这一状态，并转化为“确定发生”或“确定不发生”状态，以最终确定保证人承担或不承担保证责任。

从《民法典》第692条第2款的规定来看，“债权人与保证人可以约定保证期间……没有约定或者约定不明确的，保证期间为主债务履行期限届满之日起六个月”。由此可见，但凡保证债务，均有保证期间的适用。此所谓保证期间的法定主义。在债权人、保证人与主债务人之间所形成的三者关系中，保证人通常所承担的是单务、无偿的法律责任，并不享有对待给付请求权。因此，法律有必要设定一段特殊的不变期间加以限制，以弥补仅适用诉讼时效可能出现的问题，防止保证人无限期地承担保证责任。在保证期间届满时，债权人没有及时行使权利，则其要求保证人承担保证责任的实体权利归于消灭，保证人免除保证责任。[①]

在保证期间的法定主义之下，保证期间为保证债务的固有属性[②]，当事人如已约定保证期间，则依该约定确定保证人承担保证责任的期间，当事人如未约定保证期间，则直接将法定保证期间推定为当事人的意思；无论当事人是否约定了保证期间，任何保证债务均应适用保证期间。本书作者曾质疑保证期间的法定主义，认为，保证人为主债务提供担保，债权人接受该担保，双方对担保交易的风险自有估量，在其没有对保证债务约定期间限制的情况下，自应依保证债务的一般事理——从属性来补充当事人的意思，推定保证债务无期间限制，而不是为保证债务补充一个保证期间。这种立法与其说是对当事人意思的补充，不如说是对当事人意思的限制和约束。不过，基于《民法典》就保证期间制度所作出的政策选择，保证人承担着保证债务，但是保证人毕竟不是主合同中的主债务人，所以不能使保证人处于和主债务人完全同样的法律地位。设定保证期间，将保证人的保证责任限定在一定的期间内，可以避免保证人无止境地处于承担债务的不利状态或是长期处于随时可能承担债务的财产关系不确定状态。保证期间的设定对于债权人也具有法律意义，它既维护了债权人的利益，促使债权人及时向主债务人

---

① 参见最高人民法院民一庭：《对保证期间是否经过的案件事实，人民法院应依职权主动审查》，载最高人民法院民一庭编：《民事审判指导与参考》2015年第3辑，北京，人民法院出版社2016年版，第160页。

② 参见冯永军：《保证期间比较研究》，载《河南教育学院学报（哲学社会科学版）》2002年第2期。

行使权利（包括诉权），避免可能因主债务人财产状况继续恶化而影响到债权的实现；同时也是对债权人请求权的行使，从期间上加以必要的限制。[①]

二、保证期间与相近法律概念的区别

（一）保证期间与诉讼时效期间

诉讼时效是权利人在法定期间内不行使权利，持续达到一定期间而致使其请求权消灭的法律事实。债权人持续不向保证人行使权利在保证期间届满时即丧失其保证债权请求权，从此种意义上讲，保证期间类似于诉讼时效期间。有学者认为："保证责任免除的法律后果是保证之债解除，保证人不再履行保证义务，其依据是保证人的抗辩权中获得了免责的法定事由，债权人丧失了胜诉权，在此种意义上讲，保证期间具有时效的效能，类似于债权的诉讼时效。准确地说，保证期间所具有的时效效能同于财产权的实体权利的消灭。"[②] 但笔者认为，保证期间与诉讼时效期间明显不同。

第一，诉讼时效期间是实体权利受到侵害时，请求司法保护的期间，期间届满，权利人丧失的是胜诉权，而非实体权利，而保证期间届满，债权人所丧失者为实体权利——保证债务请求权。

第二，诉讼时效期间为法定期间，属强行性规范，当事人不得依特约以排除适用或预先抛弃，而保证期间由当事人协商约定，没有约定的情况下，以法律规定予以直接补充，但是，该法定保证期间属任意法规范，其适用的前提是，当事人对保证期间没有约定。

第三，诉讼时效期间从权利人知道或者应当知道其权利受到侵害时起计算，而保证期间的起算点可由当事人约定，无约定的，从主债务履行期限届满之日起计算。

第四，诉讼时效期间为可变期间，可因法定事由的出现而中止、中断、延长，而保证期间一般为不变期间，不因任何事由发生中断、中止、延长的法律后果。

综上，保证期间非诉讼时效期间。前述第一种观点以及第三种观点中关于一般保证的保证期间属诉讼时效期间的观点不值赞同。

（二）保证期间与除斥期间

本条第 1 款后段规定，保证期间不发生中止、中断和延长。这一规定源于

---

① 参见盛杰民、袁祝杰：《浅论保证期间与诉讼时效》，载《中外法学》1997 年第 4 期。

② 高素芝、卜庆秀：《保证期间的特征、效能及引发的法律冲突》，载《经济与法》1996 年第 7 期。

《担保法解释》第31条，即“保证期间不因任何事由发生中断、中止、延长的法律后果”。此条的立法原意是：“根据除斥期间的性质及担保法中对于保证期间的规定，对于我国担保法中所规定的保证期间应当理解为除斥期间。”①

除斥期间，是指法律预定某种权利于存续期间届满当然消灭的期间。除斥期间说因得到《担保法解释》的支持而几成通说，但与传统民法除斥期间理论相较，此点结论尚值怀疑。

第一，除斥期间的规范功能旨在维持原事实状态，其限定的是否定原事实状态之权利的存续期间；而保证期间的规范功能则是为维护新事实状态，其限定的是否定新事实状态之权利的存续期间。

第二，除斥期间均为法定期间，而保证期间原则上为约定，法定为例外。

第三，除斥期间适用于形成权②，所谓形成权是指依照权利人的单方意思表示就能使权利发生、变更、消灭的权利，而保证期间不仅适用于对形成权的规制，原则上还适用于其他一切债上请求权。③

三、保证期间的种类

（一）法定保证期间与约定保证期间

《民法典》关于保证期间，以约定为原则，以法定为例外。当事人没有约定保证期间时，依法律直接规定确定保证人承担保证责任的期间。依据《民法典》第692条第2款的规定，法定保证期间为6个月，自主债务履行期限届满之日起计算。法定保证期间的适用，以当事人没有约定保证期间为前提。没有约定保证期间，包括当事人约定的保证期间不明确，或者当事人约定的保证期间没有意义等无法确定保证期间的各种情形。

在我国法上，约定的保证期间具有优先于法定保证期间而适用的效力。《民法典》第692条第2款关于“债权人与保证人可以约定保证期间……没有约定或者约定不明确的，保证期间为主债务履行期限届满之日起六个月”的文义，至为明显。如此，当事人约定的保证期间是否有效，对于保证期间这一攸关债权人和保证人利益的制度的适用，具有不同寻常的意义。

实践中，当事人约定的保证期间不外以下几种情况：第一，当事人约定的保

① 李国光、奚晓明、金剑峰、曹士兵：《最高人民法院〈关于适用中华人民共和国担保法若干问题的解释〉理解与适用》，长春，吉林人民出版社2000年版，第141页。

② 参见［德］迪特尔·梅迪库斯：《德国民法总论》，邵建东译，北京，法律出版社2000年版，第89页。不过，也有学者主张除斥期间的适用范围应予扩大，但其扩大的范围也仅限于特殊的债权请求权。

③ 参见杨路：《保证期间问题探析》，载《法律适用》1999年第6期。

证期间早于主债务履行期限或者与主债务履行期限同时届满；第二，当事人约定的保证期间短于主债务履行期限届满后 6 个月；第三，当事人约定的保证期间长于主债务履行期限届满后 2 年；第四，当事人约定的保证期间在主债务履行期限届满后 6 个月至 2 年；第五，当事人约定保证人承担保证责任直至主债务本息还清时为止等类似内容。[①] 以上约定除对第四种情形没有争议之外，其他几种情形是否具有约束当事人的效力，不无疑问。[②]

（二）当事人约定早于主债务履行期限或者与主债务履行期限同时届满的保证期间的效力

《民法典》第 692 条第 2 款中规定，“约定的保证期间早于主债务履行期限或者与主债务履行期限同时届满的，视为没有约定”。与《担保法解释》第 32 条第 1 款“保证合同约定的保证期间早于或等于主债务履行期限，视为没有约定”的规定相比，本条的表述更为严谨。主债务履行期限既可以是一个时点，也可以是一个时段，而这里比较明确的是时点。“对一个在时间轴上的时点而言，只能有早晚和同时之分，而对一个在时间轴上的时段来说，因为是一个时间长度概念，对长度而言，没有所谓的早晚和同时之分，仅有长短之分。”[③] 只有保证期间与主债务履行期限的届满（只能是一个时点而非一个时段）之间，才有早晚或同时的比较结果。

一般而言，保证期间自主债务履行期限届满时起计算。主债务履行期限届满而主债务人不履行债务，始有保证人承担保证责任的可能。如当事人约定的保证期间早于主债务履行期限届满，亦即主债务履行期尚未届至，保证期间即已经过，此时，主债务人尚无义务履行债务，从属于主债务的保证债务自无发生的可能；如当事人约定的保证期间与主债务履行期限同时届满，当主债务人履行期限届至，主债务人履行债务的义务才发生，但保证期间已经届满，保证人无履行保证债务的可能。在这两种情况下，保证期间的约定没有意义，但保证人的保证意思可堪确认，约定的保证期间无效不影响整个保证合同的效力，虽保证期间的约定无效，但保证人仍应承担保证责任。依“无约定，依法定”的保证期间适用规则，可视为此时当事人未约定保证期间，直接适用法定保证期间，即自主债务履行期限届满之日起 6 个月。

---

① 从严格意义上讲，此种约定不属保证期间的约定（容后详述），但实践中多将此纳入保证期间进行讨论。

② 应当注意的是，本处讨论的范围局限于上述约定本身，至于由当事人因素、意志因素等原因所致保证合同无效而引起的保证期间条款无效，则不属本处讨论的范围。

③ 王恒：《保证期间的本体论批判》，载《河北法学》2011 年第 10 期。

（三）当事人约定短于主债务履行期限届满后 6 个月的保证期间的效力

当事人约定的保证期间短于主债务履行期限届满后 6 个月，俗称“短期保证”，其效力若何，历来存在两种观点。一种观点认为，保证合同约定的保证期间不能过短，如短于 6 个月的，应当按照 6 个月处理。其理由是，法定保证期间（6 个月）可以视为法律对债权人予以保护的最短时间，约定的保证期间如再短于 6 个月，给债权人行使权利增加了困难，甚至不利于保障债权的实现。① 另一种观点认为，保证合同约定短于 6 个月的保证期间的，应为有效，因为法律上关于保证期间的规定为任意性规定，当事人当然可以以自己的意思排除其适用，债权人往往是保证关系中的强者，如果保证期间过短对债权人不利，债权人完全可以在订立保证合同时不同意。②

本书作者认为，上述两种观点都过于严苛。一方面，当事人的意思应当得到遵从，另一方面，我们不能要求每个人都是“经济理性人”，都熟知相关法律。对于“短期保证”而言，既然是当事人之间的合意，则应承认其效力，但“短期保证”之“短期”不能过分地限制债权人行使保证债权，“应以不违背诚实信用、公序良俗原则为限”③。若当事人约定的保证期间过短，使债权人不能主张保证债权或者主张保证债权极度困难的，该约定因与当事人之间的保证合意相违，即应视为没有约定，而适用法定保证期间。至于何谓“主张保证债权极度困难”，无法确定一个统一的标准，应由法官参酌具体情事予以自由裁量。在裁判实践中，当事人约定的保证期间仅为主债务履行期限届满后 1 天，法院即认为，“［保证人］承诺的保证期间一天时间过短，该约定过分地限制债权人行使保证债权，违背了诚实信用原则和客观常理，致使债权人……主张保证债权非常困难，对其极度不公，故该约定因与当事人之间的保证合意相违，即应视为没有约定，而适用法定保证期间。”④

（四）当事人约定长于主债务履行期限届满后 3 年的保证期间的效力

当事人约定的保证期间长于主债务履行期限届满后的 2 年或 3 年（《民法典》对普通诉讼时效期间的规定），俗称“长期保证”。对此，存在几种不同的观点。

---

① 参见曹士兵：《中国担保诸问题的解决与展望》，北京，中国法制出版社 2001 年版，第 135 页。但作者其后改变了观点，认为约定保证期间短于 6 个月亦可有效。参见曹士兵：《中国担保制度与担保方法》（第四版），北京，中国法制出版社 2017 年版，第 162 页。

② 参见叶金强：《担保法原理》，北京，科学出版社 2002 年版，第 55 页。

③ 曹士兵：《清理保证期间的法律适用》，载奚晓明主编：《中国民商审判（总第 2 卷）》，北京，法律出版社 2003 年版，第 272 页。

④ “翁某某与钱某某、童某某、孟某某民间借贷纠纷案”，浙江省杭州市萧山区人民法院（2012）杭萧商初字第 3138 号民事判决书。

第一种观点认为，保证期间多长及是否有利于债权人，纯属当事人意思自治的问题，保证期间并非时效期间，其长度应允许当事人自由约定。[①] 最高人民法院在《关于保证合同约定的保证期间超过两年诉讼时效是否有效的答复》（〔2001〕民二他字第 27 号）中认为："保证合同约定的保证期间超过两年的主债务诉讼时效期间的，应当认定该约定有效。连带责任保证的保证人应当在保证期间内承担连带责任保证。"第二种观点认为，此种约定无效。如果允许保证合同约定的保证期间长于诉讼时效期间，将导致债权人向债务人提起诉讼或仲裁或者向保证人主张权利的有效期间长于诉讼时效，其实质效果是以约定排斥了诉讼时效的适用，这既有悖于诉讼时效规定的强制性，也游离了法律上关于保证期间及其效力规定的本旨。[②] 第三种观点认为，此种约定部分无效，自主债务履行期限届满 2 年或 3 年期间的约定为有效约定，超过部分无效。理由为："约定保证期间超过 2 年将导致主债务已过诉讼时效而保证期间尚未届满的情形，造成当事人以事先的约定排除法律规定诉讼时效的结果。"[③] 这一观点既尊重了当事人的意志，又与诉讼时效制度的精神相吻合，且避免了完全否定当事人的约定所可能造成的债权人错过主张权利的有效期间的不利后果。[④]

本书作者赞成第一种观点。

第一，我国法律对保证期间约定的长短问题并未作强制性规定，依"法无禁止即为允许"的私法自治理念，应当允许当事人对保证期间的长短作出自由约定。虽然保证期间制度之设意在保护保证人的利益，但保证人自愿放弃其利益，

---

① 参见梁慧星主编：《民商法论丛》第 14 卷，北京，法律出版社 2000 年版，第 147 页。《山东省高级人民法院关于当前审理民商事案件中适用法律若干问题的意见》（2005 年 12 月 13 日）中"关于担保方面的问题"第 2 条规定："债权人与保证人可以自行约定保证期间，当事人约定的保证期间超过两年的，应认定有效。"支持这一观点的判决有"顾三官与宋秀辉、苏州皋申油脂有限公司等民间借贷纠纷上诉案"，江苏省高级人民法院（2016）苏 05 民终 3853 号民事判决书；江苏省泰州市中级人民法院（2014）泰中民四终字第 00783 号民事判决书。丁万志：《超过主债务诉讼时效的约定保证期间合法有效》，载《人民司法·案例》2015 年第 24 期。

② 参见刘保玉、吕文江主编：《债权担保制度研究》，北京，中国民主法制出版社 2000 年版，第 141－142 页。《陕西省高级人民法院民二庭关于审理担保纠纷案件若干法律问题的意见》第 2 条第 3 款规定："当事人约定保证期间超过两年的，保证期间的确定应以主债务的诉讼时效期间为限，超过部分无效。"最高人民法院早期的案例有采此观点的，如在"重庆中渝物业发展有限公司与四川金鑫贸易有限公司重庆公司、重庆渝鑫大酒店有限责任公司借款担保合同纠纷上诉案"［最高人民法院（1999）经终字第 385 号民事判决书］中，最高人民法院认为："根据担保法规定，允许当事人自行约定担保责任期限，但最长不应当超过主债务到期后两年，主要是因为债权人向主债务人主张权利的诉讼时效为两年，故担保责任期限应受诉讼时效的约束。"

③ "天地冶金与贺宁公司、长润公司、五泰公司、华融公司、江苏能博旺仓储公司、江苏能博旺钢材公司买卖合同纠纷案"，江苏省南京市中级人民法院（2012）宁商初字第 61 号民事判决书。

④ 参见刘保玉、吕文江主编：《债权担保制度研究》，北京，中国民主法制出版社 2000 年版，第 142 页。

与保证制度确保主债务之履行的本旨并无不合，司法实践中不应强加干预。

第二，保证期间制度与诉讼时效制度相互独立，各有其特定的规则。诉讼时效制度意在维护交易秩序和安全，属以社会为本位的立法，而保证期间制度旨在衡平当事人之间的利益，着眼于个人的利益，因此，时效利益一般不得事先抛弃，但保证期间可得自由约定。同时，诉讼时效期间为可变期间，保证期间为不变期间。主债务的诉讼时效期间虽为 3 年，但其可因时效的中断、中止而变动，亦可因特殊情形之发生而延长，累计可延长至 20 年，因此，那种认为主债务存续期间仅为 3 年，并进而认为作为从债务的保证债务的保证期间不能超过 3 年的观点，理由尚不充分。例如，保证合同中约定的保证期间为 4 年，主债务的诉讼时效期间因多次中断而延至自主债务履行期限届满后 5 年。此时，保证期间并未超过主债务诉讼时效期间，并不违反保证债务的从属性。

第三，保证债务的从属性为传统民法理论所认同，并为我国《民法典》所采纳。但保证债务的独立性在交易实践中日渐广泛地被采用，乃不争的事实。从既有的司法态度来看，银行和非银行金融机构所开立的独立保函得到了司法实践的认可。此际，保证债务和主债务各有其履行期限和诉讼时效期间，两者并行不悖，保证人不得以主债务诉讼时效期间已经届满而向债权人主张抗辩。即使在从属保证之下，若当事人约定了较长的保证期间，基于保证债务从属于主债务的特征，保证人自可主张特定的抗辩权以维护其合法权益。在主债务诉讼时效已经经过，但保证期间尚未届满的情况下，依据《民法典》第 701 条的规定，保证人可以主张债务人对债权人的抗辩。在主债权诉讼时效期间经过之时，对于债权人的请求，主债务人享有时效经过抗辩权，就此，《民法典》第 192 条第 1 款规定："诉讼时效期间届满的，义务人可以提出不履行义务的抗辩。"此际，如债权人向保证人主张保证债权，保证人自得以主债务人的时效抗辩权对抗之，双方约定保证期间此时即失去作用。值得注意的是，这并非超过 3 年的保证期间本身的效力判断问题，而是保证人的抗辩权问题，与保证债务的从属性并不矛盾，与诉讼时效期间制度也不冲突。

应当注意的是，有学者主张，约定超过 3 年的保证期间属保证人自愿放弃可能产生的诉讼时效利益。依《民法典》第 197 条的规定，诉讼时效利益不得事先抛弃。《担保法解释》第 35 条虽对保证人抛弃时效利益作了规定，但该规定仅限于主债务已超过诉讼时效的情形，属事后抛弃，并不能准用于事先约定的情形。

（五）当事人约定保证人承担保证责任直至主债务本息还清时为止等类似内容的效力

信贷实践中，约定"保证责任承担至主债务消灭之时""保证人承担保证责任至借款人全部偿还贷款本息时止”等的，不在少数。对此类约定性质的认定，直接影响了类似个案的处理，在一定程度上影响了银行信贷资产的安全。

关于“保证人承担保证责任至借款人全部偿还贷款本息时止”等此类约定的性质和法律后果，我国立法和司法前后政策并不一致。《担保法》对保证期间采取了“有约定”和“没有约定”的两分法，并为没有约定保证期间的保证合同推定了一个“6个月”的法定保证期间，但并没有规定对保证期间“约定不明确”这种情形，在解释上应视为“没有约定”，而适用法定保证期间。① “保证人承担保证责任直至主债务本息还清时止”的约定，如系“保证期间约定不明确”，则应视为对保证期间没有约定，而将保证期间推定为“6个月”。

最高人民法院副院长李国光在全国经济审判工作座谈会（1998年11月23日）上，就“关于适用担保法的一些重要问题”强调指出：“关于如何处理保证期间约定不明的问题。保证期间是担保法中的一个重要问题，目前市场交易中采取保证担保的方式比较多，当事人对保证期间的约定也极不规范，在审理有关案件时当事人争执很大，审判人员也认识不一致。问题主要出现在当事人对保证期间约定不明的情况下，如约定‘保证责任直至主债务本息还清时为止’等，这种没有约定保证期间具体截止日期，究竟是应该参照担保法对‘没有约定’的规定，推定为半年，还是应该参照诉讼时效的规定，将保证期间定为两年，在审判实践中争论较大。我们考虑，这种情况毕竟不同于当事人根本没有约定，仅仅是该约定没有确定明确的期间，如果完全按照没有约定处理，也不尽合理。因此，参照诉讼时效的规定将保证期间确定为两年比较合适。但是，必须明确这个期间是保证期间，它与诉讼时效具有根本不同的性质，因此不存在诉讼时效那样的中止、中断情况。”② 正是在这种思想的指导下，《担保法解释》第32条第2款规定：“保证合同约定保证人承担保证责任直至主债务本息还清时止等类似内容的，视为约定不明，保证期间为主债务履行期届满之日起二年。”据此，“保证人承担保证责任直至主债务本息还清时止”的约定，为“保证期间约定不明”，但将保证期间推定为“2年”。

《民法典》第692条第2款规定：“债权人与保证人可以约定保证期间……没有约定或者约定不明确的，保证期间为主债务履行期限届满之日起六个月。”这

---

① 如“中国建设银行三亚市分行诉三亚万翔宾馆有限公司等借款合同纠纷案”中，法院认为：“担保人三亚市旅游公司向三亚建行出具《担保书》，担保期限为贷款本息全部还清为止。该出具担保书行为为一保证行为，但保证期间约定不明确，应适用法定保证期间。”［海南省三亚市中级人民法院（2000）三亚民初字第12号民事判决书］

② 李国光：《当前经济审判工作应当注意的几个问题》，载《最高人民法院公报》1999年第1期。

里，明显取消了债权人与保证人就保证期间约定不明确的单独类型，这就意味着《担保法解释》第32条第2款的规定自《民法典》实施之日起，不再适用。上述变化在一定程度上体现了立法者和司法者对保证人和债权人利益的衡平，但其中法理，不可不辨。

保证期间究竟是诉讼时效期间抑或除斥期间，理论上多有疑问，但其属于期间的一种，应无争议。通说认为，作为法律行为附款的期限①，应是将来确定的事实。②“主债务本息还清”“借款合同项下借款方所欠贷款方的全部贷款本息、逾期加息及其他费用完全清偿”等是否是将来确定的事实？有学者认为：“‘主债务本息还清时’的约定看起来没有明确的终结时间，但主债务的清偿通常是能够实现的，其实现之时就是保证期间的结束之日，实际上保证期间是以主债务的结束时间为终止时间，相当于约定了明确的保证期间认定方法。”③ 本书作者对此不敢苟同。本息是否还清取决于当事人的履约能力等多方面的因素，因此，“借款合同项下借款方所欠全部贷款本息、逾期加息及其他费用完全清偿”“主债务本息还清”等事实并非将来确定会发生，并不具有必然性，将之认定为期限，混淆了条件和期限的区分。

条件和期限均系当事人对其意思表示效力所附加的限制，构成意思表示的一部④，均以将来的事实为内容，其主要区别在于条件是针对客观上不确定的事实，而期限则是确定发生的事实。⑤ 关于期间与条件的区别，自罗马法以来，学者设有四大原则以为区别：（1）时期确定，到来亦确定，为期间，如“明年10月1日”；（2）时期确定，能否到来不确定，为条件，如“甲成年时”，甲的成年固然确定，但其能否到来不确定，若甲未达成年而死亡，则所约定的将来事实不能实现；（3）时期不确定，到来确定，为期间（不确定期间），如“下次下雨时”；（4）到期不确定，到来亦不确定，为条件，如“乙考上大学时”，乙能否考取难以预料，而其于何时考取大学更属不可知。依此推断，“本担保书将持续有效直至借款合同项下借款方所欠全部贷款本息、逾期加息及其他费用完全清偿时止”“保证人承担保证责任直至主债务本息还清时止”属“时期不确定，到来亦不确定”的情形，应为条件。“保证人承担保证责任直至主债务本息还清时止”

---

① 在我国，期间和期限常常混同使用。严格来说，期间是指时间的经过，是始期与终期之继续时期，期限则是时的计算，分别指始期或者终期。质言之，“期限系从一端言之，即时之计算，期间从两端言之，即时之经过”。郑玉波：《民法总则》，北京，中国政法大学出版社2003年版，第477页。

② 参见王利明：《民法总则研究》，北京，中国人民大学出版社2003年版，第597页。

③ 孔祥俊：《担保法及其司法解释的理解与适用》，北京，法律出版社2001年版，第162页。

④ 参见王泽鉴：《民法通则》，北京，中国政法大学出版社2001年版，第421页。

⑤ 参见王泽鉴：《民法通则》，北京，中国政法大学出版社2001年版，第420页。

的约定解释为保证期间，值得商榷。

《担保法解释》第32条第2款之所以作出如上规定，其理由是："在这种约定中，对于保证期间还是作出了约定的，只是没有明确约定具体的时间，毕竟不同于根本没有约定，而且在这种约定中，体现出债权人是采取最大限度的可能来保证自己债权的实现，如果完全认定为无效，从而适用六个月的规定，对债权人未免有所不公。从另一角度考虑，虽然诉讼时效经过中止、中断、延长，也可能最终持续很长时间，但这毕竟是不断地发生法律所规定的事由，累积而成。如果承认这种约定的效力，必然造成以当事人事先的约定排除法律规定诉讼时效的结果，使保证人处于一种随时可能承担责任的不利境地，显然也是不合适的。当事人约定的期间如果超出诉讼时效，则超出的部分应当认定为无效，没有超出的部分仍可认定为有效。"①

上述规定及其理由尚值商榷。

第一，"保证人承担保证责任直至主债务本息还清时止"本身不属于关于期间的约定，已如前述，自不应解释为"对于保证期间还是作出了约定的，只是没有明确约定具体的时间"。这种约定实际上重述了保证债务的从属性。

传统民法理论认为，保证债务为担保主债而设，具有从属性、附随性，即保证债务以主债务之存在为前提，因主债务之消灭而消灭，保证债务原则上与其所担保的主债务同其命运。信贷实践中，"保证人承担保证责任直至主债务本息还清时止"等此类约定体现了保证债务从属于主债务的属性，只要被担保的主债务未消灭，保证人的保证债务即存在。此种约定若无保证期间的强制适用，应是保证债务的当然之理，亦即无须约定，即应适用。由于《民法典》规定的保证期间具有强制性和法定性，无论当事人是否约定有保证期间，保证债务均有保证期间的适用。因此，如当事人在这种约定之外没有约定保证期间，则因对保证期间没有约定，而适用法定的保证期间。有学者认为，这种约定符合保证的目的，且并不违背法律的强制性规定，没有必要变更其内容。② 本书作者认为，在我国实行保证期间法定主义的制度设计之下，这种主张几无实现的可能。

将在性质上属于保证债务从属性的约定解释为"在这种约定中，体现出债权人是采取最大限度的可能来保证自己债权的实现"，完全正确，但称"如果完全认定为无效，从而适用六个月的规定，对债权人未免有所不公"，则失之偏颇。

---

① 李国光、奚晓明、金剑峰、曹士兵：《最高人民法院〈关于适用中华人民共和国担保法若干问题的解释〉的理解与适用》，长春，吉林人民出版社2000年版，第146-147页。

② 参见孔祥俊：《担保法及其司法解释的理解与适用》，北京，法律出版社2001年版，第162页。

因为在当事人未约定保证期间的情况下，保证债务在存续上的从属性本应属当然之理，主债务存在，保证债务即存在，但法律上强制性地补充当事人的意思，规定了“6个月”的法定保证期间，对保证人利益的关爱，跃然纸上。《担保法解释》第32条第2款将同一情况的两种不同情形（约定和未约定保证债务的从属性）作出不同处理，在逻辑上无法自圆其说，也与法定保证期间的立法宗旨相悖。

第二，法律上关于保证期间的适用仅有约定和法定两种，在约定保证期间与法定保证期间之间不存在约定不明的独立情形。在解释上，对保证期间约定不明，即视为没有约定，而应适用法定保证期间。因此，即使将“保证人承担保证责任直至主债务本息还清时止”解释为关于保证期间的约定，亦应认定其属“保证期间约定不明”，自应推定适用法定保证期间——“6个月”。《担保法解释》第32条第2款在对保证期间“有约定”“没有约定”之外，再规定一种“约定不明”，并为其推定一个不同于“6个月”法定保证期间——两年，实有越权之嫌，并没有依循《合同法》第78条的逻辑，建构了更为复杂的规则体系。①

第三，保证期间制度与诉讼时效制度相互独立，各有其特定的规则。诉讼时效制度意在维护交易秩序和安全，属以社会为本位的立法，而保证期间制度旨在衡平当事人之间的利益，着眼于个人的利益，因此，时效利益一般不得事先抛弃，但保证期间可得自由约定。同时，诉讼时效期间为可变期间，保证期间为不变期间。主债务的诉讼时效期间虽为3年，但其可因时效的中止、中断而变动，亦可因特殊情形之发生而延长，累计可延长至20年，因此，那种认为主债务存续期间仅为3年，并进而认为作为从债务的保证债务的保证期间不能超过3年的观点，理由尚不充分。

第四，保证期间在性质上已被确定为除斥期间②，作为诉讼时效的补充，除斥期间制度之设旨在避免在某些特定的场合，如果不对权利人行使权利的期间另加限制，则仍有可能使某些民事法律关系处于不确定的状态的情形。因此，一般而言，除斥期间要短于诉讼时效期间。同时，保证期间制度体现了对保证人利益的倾斜，即如果债权人不及时行使保证债权，则保证人免责。将“保证人承担保证责任直至主债务本息还清时止”认定为对保证期间约定不明确，并进而将保证期间推定为主债务履行期限届满之日起2年，则债权人不用急于向保证人行使保

① 参见姜朋：《保证期间的困扰——兼论法律与司法解释的关系》，载《北方法学》2017年第1期。

② 参见曹士兵：《中国担保诸问题的解决与展望》，北京，中国法制出版社2001年版，第133页。但笔者对此持保留意见。

证债权，对保证人保护不周。《担保法解释》第 32 条第 2 款的规定不仅没有准确理解我国法上保证期间制度的立法原意，也没有很好地把握保证期间制度与保证债务从属性之间的固有冲突。

综上，本书作者认为，“保证人承担保证责任直至主债务还清时止”的约定，不能认定为明确约定了保证期间，应视为对保证期间没有约定，而应适用法定保证期间。《民法典》第 692 条第 2 款删去此种单独类型，实值赞同。

四、保证期间的起算

（一）保证期间起算的一般规则

保证期间起算点不同，保证期间的长短也不同，而保证期间的长短决定着保证责任的承担或免除。因此，明确保证期间的起算时间，具有重要的意义。

保证期间为保证人承担保证责任的起讫期间，因此，保证人开始承担保证责任的时间即为保证期间的始期，亦即保证期间应从保证人开始承担保证责任起计算。《民法典》第 681 条规定：“保证合同是为保障债权的实现，保证人和债权人约定，当债务人不履行到期债务或者发生当事人约定的情形时，保证人履行债务或者承担责任的合同。”这一规定修改了《担保法》第 6 条的规定①，将保证人承担保证责任的前提条件由“债务人不履行债务”修改为“债务人不履行到期债务或者发生当事人约定的情形”，以与《民法典》担保物权的实现条件“债务人不履行到期债务或者发生当事人约定的实现担保物权的情形”相一致。这一修改实际上契合了我国法上违约构成的变迁。自《合同法》开始，我国法上的违约已不再限于债务人不履行到期债务，即使在债务到期之前，亦有可能构成违约。

基于《民法典》第 681 条的规定，保证期间应自“债务人不履行到期债务或者发生当事人约定的情形”之时起计算。《民法典》第 692 条第 2 款规定：“债权人与保证人可以约定保证期间，但是约定的保证期间早于主债务履行期限或者与主债务履行期限同时届满的，视为没有约定；没有约定或者约定不明确的，保证期间为主债务履行期限届满之日起六个月。”从文义来看，这里仅规定法定保证期间自“主债务履行期限届满之日”起计算，并不涉及约定保证期间的起算问题。在解释上，约定保证期间的长短及其计算，在不违背强行法的前提之下，自应承认其效力。如当事人在保证合同中约定了保证人承担保证责任的条件除了“债务人不履行到期债务”之外，还包括其他情形，如主债务人在履行期限届满

---

① 《担保法》第 6 条规定：“本法所称保证，是指保证人和债权人约定，当债务人不履行债务时，保证人按照约定履行债务或者承担责任的行为。”

之前明确表示或者以自己的行为表明不履行合同义务时，债权人可以请求保证人承担保证责任，保证期间即应从主债务人明确表示或者以自己的行为表明不履行合同义务时开始计算。值得注意的是，在适用法定保证期间的情形，也不排除预期违约的出现，依据《民法典》第578条关于“当事人一方明确表示或者以自己的行为表明不履行合同义务的，对方可以在履行期限届满之前请求其承担违约责任”的规定，债权人自可在履行期限届满之前请求主债务人承担违约责任。此际，债权人亦可向连带责任保证人主张保证债权，如保证合同中没有约定保证期间或者约定不明确的，保证期间应自主债务人明确表示或者以自己的行为表明不履行合同义务之日起6个月。

不论何种类型的保证期间，其始期均不同步于保证合同的生效日期。当事人依法对保证合同的主要条款协商一致，保证合同即成立，保证合同一旦依法成立即具有法律效力。因此，在一般情况下，保证合同依法成立的时间与保证合同生效的时间是一致的。但是，如果当事人在保证合同中特别约定推迟合同的生效时间，或者有关法律、法规规定保证合同必须报请有关部门批准的，保证合同生效的时间就以当事人特别约定或法律、法规特别规定的时间为准。在这种情况下，保证合同生效的时间就不同于保证合同成立的时间。由此可见，保证期间的始期不同于保证合同生效的时间，也不同于保证合同成立的时间。

依据《民法典》第201条第1款的规定，凡以年、月、日计算期间的，开始的当日不计入，自下一日开始计算，因此，保证期间的真正起算日应为主债务履行期限届满之次日。应提及的是，保证期间的终期的确定亦应依据《民法典》关于期间计算的规定，即期间的最后一日是法定休假日的，以法定休假日结束的次日为期间的最后一日。期间的最后一日的截止时间为二十四时；有业务时间的，停止业务活动的时间为截止时间。

（二）未约定主债务履行期限时保证期间的起算

《民法典》第692条第3款规定：“债权人与债务人对主债务履行期限没有约定或者约定不明确的，保证期间自债权人请求债务人履行债务的宽限期届满之日起计算。”一般而言，保证人于主债务履行期限届满之时开始承担保证责任，这一时间就是保证期间的起算时间。这里，“主债务履行期限”，从主合同当事人的约定；无约定者，从法定。依据《民法典》第511条第4项的规定，当事人就履行期限约定不明确，不能达成补充协议，也不能按照合同有关条款、合同性质、合同目的或者交易习惯确定的，“债务人可以随时履行，债权人也可以随时请求履行，但是应当给对方必要的准备时间。”该“必要的准备时间”即为“宽限期”。债权人通过要求债务人履行，并提出合理的宽限期使本来不明确的主债务履行期限得以确定，从而也使得保证期间的起算点得以确定，即自该宽限期届满之日开始计算保证期间。[①] 由此可见，此种情形之下，债权人可以随时要求主债务人履行债务，但应当给对方设定一个“宽限期”，宽限期届满之日即为主债务履行期限届满之日，亦即保证期间的起算日。[②] 债权人对主债务人履行债务的时间给予一定的宽限期，并不属于《民法典》第 695 条所规定的“债权人和债务人协商变更主债权债务合同内容”，因此不必“经保证人书面同意”。值得注意的是，如果债权人与主债务人依据《民法典》第 510 条通过补充协议对债务履行期限作出约定，该行为属于“对主合同履行期限作了变动”，应当适用《民法典》第 692 条第 2 款确定保证期间起算点，而非适用《民法典》第 692 条第 3 款。

（三）当事人约定的保证期间的始期早于主债务履行期限的效力

如当事人就保证责任的承担条件没有例外规定，保证人仅得在主债务人不履行到期债务的情形之下才承担保证责任。此种情形之下，当事人约定的保证期间的始期早于主债务履行期限，是否有效？

约定的保证期间的始期早于主债务履行期限，但其终期晚于主债务履行期限，且约定的期限为“期日”的，该约定的始期无效，但终期有效。保证期间的始期应从主债务履行期限届满之日起计算，保证期间至约定的终期日来临之日止。如甲、乙约定为 2019 年 5 月 1 日到期的借贷债务提供保证，保证期间自借款日 2018 年 5 月 1 日开始计算，至 2019 年 4 月 1 日或者 2019 年 5 月 1 日届满，则保证期间的约定没有意义；如甲、乙双方将保证期间约定至 2019 年 12 月 1 日届满，则为有效，原因在于，当事人对于主债务履行期限均已知道或者应当知道，双方对保证期间的终期已达成合意，即对债权人不积极主张权利，则保证人的保证责任消灭的具体日期已经确定，即使此时主张当事人约定的保证期间的始期与保证期间的性质不合而应认定为无效，也不影响当事人对保证期间终期的约定的效力。

约定的保证期间的始期早于主债务履行期限，但其终期晚于主债务履行期限，且约定的期限为“期间”的，该约定的“期间”有效，但其约定的始期无效，应从主债务履行期限届满之日计算期间。如前例中甲与乙约定的保证期间若非期日，而为期间，如约定保证期间为“提供借款之日起 1 年”，则乙的保证期间应从 2019 年 5 月 2 日起至 2020 年 5 月 1 日止。

---

① 参见李国光、奚晓明、金剑峰、曹士兵：《最高人民法院〈关于适用中华人民共和国担保法若干问题的解释〉理解与适用》，长春，吉林人民出版社 2000 年版，第 147－148 页。

② 具体适用可参见最高人民法院（2016）民再 6 号民事判决书；最高人民法院（2016）民申 1692 号民事裁定书等。

其他问题

一、保证合同无效时保证期间的适用问题

对于保证合同被认定无效后，保证期间是否仍然适用，学界和司法实践存在两种观点。

一种观点认为，在保证合同无效下，保证合同约定的或者法律规定的保证期间仍然具有法律意义。如果债权人在保证期间内未主张权利的，保证人原则上不再承担无效保证的赔偿责任。① 就在保证合同无效时仍然能够适用保证期间的理由，主要有以下三点：其一，在合同无效的情形下，债权人所获得的利益不应当超过保证合同有效时所获得的利益，因此保证期间应适用于无效保证合同。② 其二，为平衡当事人之间的利益，避免无效保证合同的保证人因合同效力不确定而无限期地承担责任，在保证合同被认定无效的情况下，当事人仍应按照约定或法定的保证期间主张权利。③ 其三，虽然保证合同被认定无效后，保证人的责任是以过错原则来确定的赔偿责任，其性质已不同于基于保证合同有效情形下的保证责任，但是债权人与保证人在订立保证合同时一般不能预见保证合同无效，因此保证合同中双方约定的保证期间或法定保证期间是双方对各自权利义务行使期限的唯一合理预期，按照该期间确定双方的利益关系，符合双方的缔约本意。④

另一种观点则认为，保证合同无效，保证期间也就不再具有适用空间。其主要理由在于：第一，法律未规定保证责任期间也适用于保证合同无效的情况下。保证合同既已无效，保证人承担的损失赔偿责任，在性质上不属于保证责任，而属于缔约过失责任，并不受保证期间的约束，债权人请求无效保证合同的保证人承担赔偿责任直接适用诉讼时效⑤；第二，保证合同无效，有关保证期间的约定

---

① 参见曹士兵：《中国担保诸问题的解决与展望》，北京，中国法制出版社 2001 年版，第 135－136 页；“中国银行（香港）有限公司与台山市电力发展公司、台山市人民政府、台山市鸿基石油化工有限公司、台山市财政局担保合同纠纷申请再审案”，最高人民法院（2011）民申字第 1209 号民事裁定书。

② 参见“伟龙置业有限公司与罗定市人民政府、罗定市财政局因担保合同纠纷上诉案”，最高人民法院（2011）民四终字第 40 号民事判决书。

③ 参见“南方证券股份有限公司上海分公司与上海银行曹安支行借款合同纠纷上诉案”，上海市高级人民法院（2004）沪高民二（商）终字第 5 号民事判决书。

④ 参见“上海捷耐国际货物运输代理有限公司与上海裕庆服饰有限公司等买卖合同纠纷上诉案”，上海市第一中级人民法院（2014）沪一中民四（商）终字第 S786 号民事判决书。

⑤ 如“太原市融通信用合作社与山西省通宝能源股份有限公司保证合同纠纷上诉案”，最高人民法院（1998）经终字第 330 号民事判决书；“中国信达资产管理公司郑州办事处与濮阳市石油公司等借款担保纠纷上诉案”，最高人民法院（2002）民二终字第 87 号民事判决书。

也应无效，保证人的“缔约本意”已无意义；第三，保证合同无效时，保证人无过错者无责任，有过错才有责任，因而债权人的权利是基于保证人的过错，与保证合同有效时债权人的权利不具有可比性，保证合同有效时债权人的权利是基于当事人的意思，因此不存在债权人获得的利益超过保证合同有效时的问题；第四，保证责任期间制度现已过于复杂，若再适用于保证合同无效的情况，将使之更为复杂，衍生诸如是按一般保证还是连带责任保证确定债权人应当为行为、保证责任期间的起算点等问题。① 司法实践中，亦有裁判采此观点：“借款合同及担保合同均为无效，合同约定的或法律规定的保证期间即丧失了法律适用条件，担保人应在承担民事责任诉讼时效期间即两年内承担民事责任。”② “保证期间是考量保证人应否承担保证责任的因素，而案涉保证合同无效，保证人不再承担保证责任，故保证期间在本案没有适用的余地。”③

本书作者认为，保证期间是为保证责任所规定的期间限制，该种期间适用的前提是保证合同合法有效、保证人应依据合同约定承担保证责任。故在保证合同无效时，没有保证期间的适用余地。

二、分期履行债务的保证期间的起算

对于分期履行债务的保证期间的起算，《民法典》并未作出规定，但是关于分期履行债务的诉讼时效的起算，《民法典》第 189 条规定：“当事人约定同一债务分期履行的，诉讼时效期间自最后一期履行期限届满之日起计算。”该条的立法理由在于：同一债务的特性；减少讼累、实现诉讼效率；促进交易、增加社会财富等。④ 虽然该条规定的是分期履行债务诉讼时效的起算规则，但其规则原理亦可适用于保证期间的起算。那么对于分期履行债务保证期间的起算是不是也如同诉讼时效，从最后一期履行期限届满日起算呢？司法实践中对此也有两种不同的观点。一种观点是参照适用分期履行债务的诉讼时效起算规则，保证期间从最后一期履行期限届满之日起计算⑤；另一种观点认为，应按照每笔债务的履行期

---

① 参见叶金强：《担保法原理》，北京，科学出版社 2002 年版，第 53－54 页。

② “太原市融通城市信用合作社与山西通宝能源股份有限公司保证合同纠纷上诉案”，最高人民法院（1998）经终字第 330 号民事判决书。

③ “袁仲贤与陈善成保证合同纠纷再审案”，浙江省高级人民法院（2016）浙民申 1149 号民事裁定书。

④ 参见石宏主编：《中华人民共和国民法总则条文说明、立法理由及其相关规定》，北京，北京大学出版社 2017 年版，第 450 页。

⑤ 参见“中国东方航空集团公司与中国信达资产管理公司西安办事处借款合同纠纷再审案”，陕西省高级人民法院（2009）陕民再字第 37 号民事判决书；“厦门万众企业发展有限公司与福建中旅实业股份有限公司石狮中国旅行社等债权转让合同纠纷上诉案”，福建省高级人民法院（2014）闽民终字第 29 号民事判决书。

限届满日分别起算保证期间。①

本书作者赞同第一种观点，一方面在分期履行债务的规定上，可类推适用分期履行债务的诉讼时效起算规则，另一方面，保证人的担保在没有特别约定的情况下，是为整个债务提供担保，即“当事人约定保证人对整个债务提供担保，保证期间应从最后履行期限届满之日起算。理由在于：因保证人系对同一笔债务提供的担保，故主债权人可基于该债务的整体性而待最后履行期限届满后向主债务人和保证人主张权利，故保证期间应从最后一期债务履行期届满之日起开始计算”②。

第六百九十三条

一般保证的债权人未在保证期间对债务人提起诉讼或者申请仲裁的，保证人不再承担保证责任。

连带责任保证的债权人未在保证期间请求保证人承担保证责任的，保证人不再承担保证责任。

本条主旨

本条是关于保证期间的效力的规定。

相关条文

《担保法》第 25 条第 2 款　在合同约定的保证期间和前款规定的保证期间，债权人未对债务人提起诉讼或者申请仲裁的，保证人免除保证责任；债权人已提起诉讼或者申请仲裁的，保证期间适用诉讼时效中断的规定。

第 26 条第 2 款　在合同约定的保证期间和前款规定的保证期间，债权人未要求保证人承担保证责任的，保证人免除保证责任。

《民法典各分编（草案）》（2018 年 8 月）第 482 条　一般保证的债权人未在保证期间内对债务人提起诉讼或者申请仲裁的，保证人不再承担保证责任。

连带责任保证的债权人未在保证期间内对保证人主张承担保证责任的，保证人不再承担保证责任。

---

① 参见“山东荣成农村商业银行股份有限公司龙须岛支行诉李耀钊等船舶抵押合同纠纷案”。2019 年 6 月 5 日青岛海事法院发布的 2018 年海事审判白皮书和十起典型案例之一。

② 张雪楳：《诉讼时效和保证期间疑难问题分析》，载最高人民法院民事审判第二庭编：《商事审判指导》2016 年第 2 辑（总第 41 辑），北京，人民法院出版社 2017 年版，第 90 页。

《民法典合同编（草案）（二审稿）》（2018 年 12 月）第 482 条　一般保证的债权人未在保证期间内对债务人提起诉讼或者申请仲裁的，保证人不再承担保证责任。

连带责任保证的债权人未在保证期间内对保证人主张承担保证责任的，保证人不再承担保证责任。

《民法典（草案）》（2019 年 12 月）第 693 条　一般保证的债权人未在保证期间内对债务人提起诉讼或者申请仲裁的，保证人不再承担保证责任。

连带责任保证的债权人未在保证期间对保证人主张承担保证责任的，保证人不再承担保证责任。

《民法典（草案）》（2020 年 5 月 22 日大会审议稿）第 693 条　一般保证的债权人未在保证期间对债务人提起诉讼或者申请仲裁的，保证人不再承担保证责任。

连带责任保证的债权人未在保证期间请求保证人承担保证责任的，保证人不再承担保证责任。

理解与适用

本条是在《担保法》第 25 条第 2 款、第 26 条第 2 款的基础上整合修改而成的。本条将原条文中的“保证人免除保证责任”修改为“保证人不再承担保证责任”，明确了保证期间经过的法律效果：保证债务消灭，在一定程度上防止了“保证人免除保证责任”的解释分歧。就《担保法》第 25 条第 2 款、第 26 条第 2 款中的“保证人免除保证责任”，通说认为系指保证责任（保证债务）在实体上归于消灭①，裁判实践中，亦以此说为主流意见。② 但也有观点认为，保证期间届满仅产生保证人的免责抗辩权，不产生权利消灭的法律后果。③ 裁判实践中，

① 参见全国人大常委会法制工作委员会民法室（孙礼海主编）：《中华人民共和国担保法释义》，北京，法律出版社 1995 年版，第 26 页；李国光、奚晓明、金剑峰、曹士兵：《最高人民法院〈关于适用中华人民共和国担保法若干问题的解释〉理解与适用》，长春，吉林人民出版社 2000 年版，第 143 页；张谷：《论约定保证期间》，载《中国法学》2006 年第 4 期；甄增水：《解释论视野下保证期间制度的反思与重构》，载《法商研究》2010 年第 5 期；张鹏：《我国保证债务诉讼时效问题研究》，载《中外法学》2011 年第 3 期；李昊、邓辉：《论保证合同入典及其立法完善》，载《法治研究》2017 年第 6 期。

② 在具体表述上不尽相同，有的表述为“保证责任消灭”，参见广东省江门市中级人民法院（2011）江中法民二终字第 255 号民事判决书；有的表述为“保证责任免除”，参见最高人民法院（2013）民二终字第 117 号民事判决书。

③ 参见曹士兵：《中国担保制度与担保方法》，北京，中国法制出版社 2017 年版，第 159 页。

有少数案例采取“抗辩权发生说”[①]。

一、一般保证的保证期间的效力

保证期间是确定保证人承担保证责任的期间。由此可见，一般意义上，保证期间也就是保证责任有效存续的期间，此即保证期间的积极效力的方面。保证期间的效力还有其消极的一面，即在保证期间内发生一定的事实，保证人的保证责任将因保证期间届满而消灭。依据《民法典》第693条第1款的规定，“一般保证的债权人未在保证期间内对债务人提起诉讼或者申请仲裁的，保证人不再承担保证责任”。由此可见，保证期间消极效力的发生必须具备以下要件：第一，保证期间的经过；第二，债权人在保证期间内未对主债务人提起诉讼或申请仲裁。如在保证期间内，债权人依法对主债务人提起诉讼，或就其与主债务人的纠纷申请仲裁，不发生保证债务消灭的法律后果。[②]

值得注意的是，如果在保证期间内债权人仅对一般保证人主张权利，要求其承担保证责任，而不对主债务人提起诉讼或申请仲裁，此时是否发生保证债务消灭的法律后果？由于一般保证保证人有先诉抗辩权，债权人的上述主张将因保证人依法行使了先诉抗辩权而失去效力，债权人如仍不对主债务人提起诉讼或申请仲裁，保证期间届满，发生保证债务消灭的法律后果。但保证人放弃或怠于行使其先诉抗辩权，表示同意承担保证责任，则不能因保证期间届满而不再承担保证责任。

二、连带责任保证的保证期间的效力

保证期间是确定保证人承担保证责任的期间，连带责任保证也不例外。如债权人在保证期间内依法向连带责任保证人请求承担保证责任，保证人不得无故拒绝，此即保证期间效力的积极方面。如债权人在保证期间内未要求保证人承担保证责任，则保证人不再承担保证责任，此即保证期间的消极效力。依据《民法典》第693条第2款的规定，“连带责任保证的债权人未在保证期间请求保证人承担保证责任的，保证人不再承担保证责任”。这里的“请求保证人承担保证责

① 如在“中国信达资产管理公司郑州办事处诉沁阳市铝电集团公司保证合同纠纷案”中，法院认为：“本案保证期间无论依约定还是依法定，均应为借款合同履行期届满之日起二年，至债权转让时已超过保证期间，保证人同时拥有因保证期间届满产生的免责抗辩权和因诉讼时效届满产生的抗辩权。”河南省高级人民法院（2002）豫法民二初字第25号民事判决书。

② 在保证人丧失先诉抗辩权的情况下，债权人在保证期间内仅对保证人提起诉讼或者申请仲裁，仍然发生阻却保证期间消灭的效力。

任”，应理解为在保证期间内以书面形式（口头形式者需有证据证明）请求保证人承担保证责任，并不以提起诉讼或申请仲裁为必要。

连带责任保证人无先诉抗辩权，主债务履行期限届满，债权人既可以向主债务人请求清偿，也可以向保证人请求承担保证责任，保证人与主债务人在主债务人不履行主债务时，处于同等的地位。所以，就连带责任保证而言，一旦债权人在保证期间内请求保证人承担保证责任，保证期间即因未完成而失去意义，不发生重新计算的问题。此后，债权人对保证人的保证债务履行请求权直接适用诉讼时效的有关规定。

其他问题

一、人民法院是否应主动审查保证期间是否经过

司法实践中，在保证人未提出保证期间已经经过的抗辩时，人民法院是否应主动审查保证期间？对这一问题的回答取决于对保证期间性质的把握。对此，司法实践中存在争议。

一种观点认为，对保证期间是否经过的案件事实，人民法院应依职权主动审查。其主要理由在于，保证期间经过的法律后果，是保证人免除保证责任。因此，保证期间从性质上不同于诉讼时效期间。同时，最高人民法院在制定担保法司法解释过程中的意见认为，保证期间从性质上应认为属于除斥期间，因而不适用中断、中止、延长。从除斥期间的适用上看，其应当属于法院依职权予以审查的事项，而不属于依当事人抗辩审查的事项，故不论保证人是否抗辩，人民法院对保证期间是否经过的事实应当依职权主动审查，进而确定是否免除保证人的保证责任。① 保证责任具有单务、无偿性，即使认为保证期间可以作为一种特殊的权利行使期间或者责任免除期间，成为一种独立的期间类型，而不归入现有的诉讼时效期间或者除斥期间之中，亦不影响法院依职权对保证期间是否经过予以审查的结论，因为唯如此，才与保证期间之法律规定限制保证人无限期承担保证责任，平衡债权人、保证人与主债务人三者利益关系的立法本意相契合。② 因此，对保证期间是否经过的案件事实，人民法院应当依照职权进行审查，不应仅因保

① 参见“赵文坤与李小庭民间借贷纠纷再审案”，福建省高级人民法院（2016）闽民申 1596 号民事裁定书。

② 参见最高人民法院民一庭：《对保证期间是否经过的案件事实，人民法院应依职权主动审查》，载最高人民法院民一庭编：《民事审判指导与参考》2015 年第 3 辑，北京，人民法院出版社 2016 年版，第 160 页。

证人未主动提出保证期间经过的抗辩，而对保证期间是否经过的事实不予审查，并直接认定保证人应当就已经超过保证期间的债务承担担保责任。①

另一种观点认为，对保证期间是否经过的案件事实，人民法院不应依职权主动审查。其主要理由在于，保证期间在性质上属于诉讼时效期间，依据《民法典》第193条“人民法院不得主动适用诉讼时效的规定”的规定，人民法院不得主动审查。裁判实践中，有判决并未直接指明保证期间的性质，仅指出“保证期间作为保证人对抗债权人的抗辩理由之一，是否主张为当事人对自己诉讼权利的处分。根据一审判决载明的事实，潘荣荣在本案一审诉讼过程中并未提出关于保证期间的抗辩，并在一审判决其承担连带保证责任后，并未提起上诉。而在二审庭审中，潘荣荣亦未就保证期间提出异议，故双方当事人并未就此形成争议。现潘荣荣却就此主张一审、二审判决错误并申请再审，本院认为其有违诉讼诚信，其申请再审理由不能成立”②。也有裁判认为，“在陈远转提起诉讼后，吴英琪未出庭应诉，亦未对其是否应免除保证责任提交书面答辩意见，可视为其已放弃抗辩权利”③。

对此，本书作者认为人民法院应主动审查保证期间。债权人在保证期间是否主张权利关系保证责任是否免除，关系保证人的实体权利义务，属于人民法院应查明的事实。此与诉讼时效不同，因后者影响的只是债务人的时效经过抗辩权。

二、保证期间届满后保证人在催款通知书上签字的法律后果

依据《民法典》第693条的规定，一般保证的保证期间届满，债权人未以诉讼或者仲裁的方式向主债务人请求履行债务的，保证人不再承担保证责任；连带责任保证的保证期间届满，债权人未向保证人主张保证债权，保证人不再承担保证责任。但是，实践中，保证期间届满后，保证人若在债权人向其出示的催款通知书等债权文书上签字，是否能够认定保证人应继续承担保证责任？对此，《最高人民法院关于人民法院应当如何认定保证人在保证期间届满后又在催款通知书上签字问题的批复》（法释〔2004〕4号）指出：“保证期间届满债权人未依法向

---

① 参见最高人民法院中国应用法学研究所：《人民法院案例选》2017年第3辑，北京，人民法院出版社2017年版，第56页。相同观点还可参见董涛：《法院对保证期间是否届满应主动审查——高青县农村信用合作社诉田永民等金融借款合同案》，载国家法官学院案例开发研究中心：《中国法院2014年度案例》（借款担保纠纷），北京，中国法制出版社2014年版，第118-120页。

② “潘荣荣与徐吉、南京光华城南机电有限公司民间借贷纠纷再审案”，上海市高级人民法院（2016）沪民申2781号民事裁定书。

③ “杨凉凉与陈远转、吴英琪民间借贷纠纷上诉案”，福建省高级人民法院（2013）闽民终字第84号民事判决书。

保证人主张保证责任的，保证责任消灭。保证责任消灭后，债权人书面通知保证人要求承担保证责任或者清偿债务，保证人在催款通知书上签字的，人民法院不得认定保证人继续承担保证责任。但是，该催款通知书内容符合合同法和担保法有关担保合同成立的规定，并经保证人签字认可，能够认定成立新的保证合同的，人民法院应当认定保证人按照新保证合同承担责任。”这里，有几点值得注意。

第一，主债务人和保证人在逾期贷款催款通知书上签字的法律后果不同。“最高人民法院司法解释规定超过诉讼时效期间借款人在催款通知单上签字或盖章，应视为对原债务的重新确认，也正是建立在诉讼时效期间届满后，债权人与债务人之间实体上的债权债务关系并不因此而消灭，法律对于债务人的自愿履行或确认行为予以确认。而保证期间届满，意味着债权人实体权利的丧失，债权人与保证人之间已不存在可资确认的保证合同关系，除非双方另行签订保证合同。”①

第二，保证期间届满后，保证人如无其他明示，仅在债权人发出的催收贷款通知单上签字或盖章的行为，不能成为重新承担保证责任的依据。② 债权人在超过了主债务诉讼时效之后与主债务人进行了债权债务核对，该核对行为仅构成对原债权债务的重新确认，也即新的债权债务法律关系的确立。主债务人对主债务予以重新确认，构成放弃诉讼时效抗辩权的行为，因该弃权行为使主债权强制执行效力得以恢复，故该弃权行为亦导致主债务诉讼时效期间重新起算。在此之前，原债已构成自然之债，作为从债务的担保之债因保证期间已经经过而自然免除。《民法典》第701条规定：“保证人可以主张债务人对债权人的抗辩。债务人放弃抗辩的，保证人仍有权向债权人主张抗辩。”此时，保证人系基于其独立地位行使该抗辩权，而非代主债务人行使。③ 因此，在新的债权债务法律关系中，除非有担保人明确担保的意思表示，否则并不当然产生新的担保法律关系，亦不产生针对原债务的担保法律关系的延续。④

---

① 陆永棣：《桐乡市工商支行诉桐乡市化轻建材总公司于保证期间届满后在其发出的保证贷款逾期催收函上盖章仍应承担保证责任案》，载最高人民法院中国应用法学研究所编：《人民法院案例选》（分类重排本）（商事卷），北京，人民法院出版社2017年版，第1396－1397页。相同观点参见王学堂，孙勇：《青州市益都村信用合作社诉韩明吉、青州市昭德街道苏桥居民委员会因担保期限不明而引发的借款合同案》，载最高人民法院中国应用法学研究所编：《人民法院案例选》（分类重排本）（商事卷），北京，人民法院出版社2017年版，第2023页。

② 参见《最高人民法院关于锦州市商业银行与锦州市华鼎工贸商行、锦州市经济技术开发区实华通信设备安装公司借款纠纷一案的复函》。

③ 参见吴志正：《债编各论逐条释义》，台北，元照出版公司2015年版，第405页。

④ 参见“宁夏荣恒房地产集团有限责任公司与中国信达资产管理股份有限公司宁夏回族自治区分公司保证合同纠纷上诉案”，最高人民法院（2013）民二终字第117号民事判决书。

第三，催款通知书内容符合法律上有关保证合同成立的规定，并经保证人签字认可，可以认定成立新的保证合同。首先，催款通知书须有明确的保证要约。具体必须符合：一是催款通知书要有要求保证人承担保证责任的要求；二是必须是要求保证人继续履行保证责任的要求，即对原担保债务承担保证责任；三是必须能够明确认定不是要求保证人履行其原保证责任。如催款通知书中载明："我单位为上述贷款的保证人，自愿承担新的连带责任保证责任，保证期间自本催收通知送达签收后两年"①，或保证人明确表示其对"债权转移不持任何异议"，"继续履行借款合同、担保合同或协议规定的各项义务"②。其次，保证人签字或者盖章构成承诺。保证人单纯的签字通常不能认定保证人即为构成承诺。在保证人有表明同意或者接受催款通知书中的保证责任要求时，才构成承诺。但催款通知书中已经明确写明如果保证人在催款通知书上签字或者盖章即视为接受催款通知书约定的内容的除外。③ 值得注意的是，保证人在保证期间届满后，发函督促债权人向主债务人收款或督促主债务人还款，并不表明保证人放弃保证期间已经经过的抗辩权。④

第六百九十四条

一般保证的债权人在保证期间届满前对债务人提起诉讼或者申请仲裁的，从保证人拒绝承担保证责任的权利消灭之日起，开始计算保证债务的诉讼时效。

连带责任保证的债权人在保证期间届满前请求保证人承担保证责任的，从债权人请求保证人承担保证责任之日起，开始计算保证债务的诉讼时效。

---

① "中色（宁夏）东方集团有限公司与中国信达资产管理股份有限公司陕西省分公司保证合同纠纷上诉案"，最高人民法院（2011）民二终字第27号民事判决书。

② 王宪森：《保证期间届满后债权人与保证人之间是否成立了新保证合同的认定及法律适用——中国长城资产管理公司广州办事处与广东省新会市会城建设发展总公司、新会市长江贸易总公司借款担保合同纠纷上诉案》，最高人民法院民事审判第二庭编：《民商事审判指导》2005年第1辑（总第7辑），北京，人民法院出版社2005年版，第160页；李洪堂：《债务承担及新保证合同的认定》，载《人民司法·案例》2008年第12期。

③ 参见吴兆祥：《解读〈关于人民法院应当如何认定保证人在保证期间届满后又在催款通知书上签字问题的批复〉》，载杜万华主编：《解读最高人民法院司法解释、指导性案例》（商事卷下），北京，人民法院出版社2016年版。

④ 参见"中国信达资产管理公司太原办事处与山阴县康立化工有限责任公司等借款担保纠纷上诉案"，最高人民法院（2006）民二终字第240号民事判决书。

本条主旨

本条是关于保证债务诉讼时效的起算的规定。

相关条文

《担保法》第 14 条　保证人与债权人可以就单个主合同分别订立保证合同，也可以协议在最高债权额限度内就一定期间连续发生的借款合同或者某项商品交易合同订立一个保证合同。

《担保法解释》第 34 条　一般保证的债权人在保证期间届满前对债务人提起诉讼或者申请仲裁的，从判决或者仲裁裁决生效之日起，开始计算保证合同的诉讼时效。

连带责任保证的债权人在保证期间届满前要求保证人承担保证责任的，从债权人要求保证人承担保证责任之日起，开始计算保证合同的诉讼时效。

第 35 条　保证人对已经超过诉讼时效期间的债务承担保证责任或者提供保证的，又以超过诉讼时效为由抗辩的，人民法院不予支持。

第 36 条　一般保证中，主债务诉讼时效中断，保证债务诉讼时效中断；连带责任保证中，主债务诉讼时效中断，保证债务诉讼时效不中断。

一般保证和连带责任保证中，主债务诉讼时效中止的，保证债务的诉讼时效同时中止。

第 37 条　最高额保证合同对保证期间没有约定或者约定不明的，如最高额保证合同约定有保证人清偿债务期限的，保证期间为清偿期限届满之日起六个月。没有约定债务清偿期限的，保证期间自最高额保证终止之日或自债权人收到保证人终止保证合同的书面通知到达之日起六个月。

《民法典各分编（草案）》（2018 年 8 月）第 483 条　一般保证的债权人在保证期间届满前对债务人提起诉讼或者申请仲裁的，从判决或者仲裁裁决生效之日起，开始计算保证债务的诉讼时效。

连带责任保证的债权人在保证期间届满前要求保证人承担保证责任的，从债权人要求保证人承担保证责任之日起，开始计算保证债务的诉讼时效。

《民法典合同编（草案）（二审稿）》（2018 年 12 月）第 483 条　一般保证的债权人在保证期间届满前对债务人提起诉讼或者申请仲裁的，从保证人拒绝承担保证责任的权利消灭之日起，开始计算保证债务的诉讼时效。

连带责任保证的债权人在保证期间届满前要求保证人承担保证责任的，从债权人要求保证人承担保证责任之日起，开始计算保证债务的诉讼时效。

《民法典（草案）》（2019 年 12 月）第 694 条 一般保证的债权人在保证期间届满前对债务人提起诉讼或者申请仲裁的，从保证人拒绝承担保证责任的权利消灭之日起，开始计算保证债务的诉讼时效。

连带责任保证的债权人在保证期间届满前请求保证人承担保证责任的，从债权人请求保证人承担保证责任之日起，开始计算保证债务的诉讼时效。

《民法典（草案）》（2020 年 5 月 22 日大会审议稿）第 694 条 一般保证的债权人在保证期间届满前对债务人提起诉讼或者申请仲裁的，从保证人拒绝承担保证责任的权利消灭之日起，开始计算保证债务的诉讼时效。

连带责任保证的债权人在保证期间届满前请求保证人承担保证责任的，从债权人请求保证人承担保证责任之日起，开始计算保证债务的诉讼时效。

理解与适用

本条是在《担保法解释》第 34 条的基础上修改而成的。本条将一般保证债务诉讼时效的起算点由“判决或者仲裁裁决生效之日”修改为“保证人拒绝承担保证责任的权利消灭之日”。

一、保证期间与保证债务诉讼时效的关系及其衔接

关于保证期间与保证债务诉讼时效的关系，学者间见解不一。一种观点认为，保证合同的保证期间与保证合同的诉讼时效期间，都是要求债权人行使权利（债权请求权）的期间。两者分别处于不同的阶段，相互衔接，各自发挥着不同的作用。[①] 另一种观点认为，保证合同的诉讼时效本质上与保证期间的性质并不相容。无论保证债务诉讼时效还是保证期间，其指向的对象都是债权人对保证人的请求权，而诉讼时效和保证期间对待债权人的请求权的处理方式并不相同，从而不可能发生两者并行不悖的情形，只能选择其一。既然法律为保护保证人而选择了保证期间制度，就不可能再在保证合同上存在诉讼时效制度。[②]

保证期间和诉讼时效的区别已如前述。保证期间为确定保证人承担保证责任的期间，该期间不以法定期间为限，而且属于不变期间；保证期间经过，保证人的保证责任免除，债权人对保证人的保证债务履行请求权即告消灭。保证债务诉讼时效期间，是债权人得以诉讼请求人民法院等保护其保证债权的法定期间；该期间为可变期间，有时效中断、中止和延长等的适用；期间经过而债权人不行使

① 参见奚晓明：《论保证期间与诉讼时效》，载《中国法学》2001 年第 6 期。
② 参见孔祥俊：《保证期间再探讨》，载《法学》2001 年第 7 期。

权利的，其实体民事权利并不消灭，仅使债务人取得时效经过抗辩权。因此，保证期间并非保证债务的诉讼时效期间。

从《民法典》第 694 条的规定，我们可以看出保证期间与保证债务诉讼时效的适用路径与分野。在一般保证的情形，主合同履行期限届满时主债务人未履行债务，主债务诉讼时效期间和保证期间（包含约定的和法定的）同时开始计算，在保证期间和主债务诉讼时效期间未届满之前，债权人依主合同提起诉讼或申请仲裁请求主债务人履行债务，此时保证期间因未完成而失去意义。从保证人拒绝承担保证责任的权利消灭之日起开始计算保证债务的诉讼时效。保证债务诉讼时效经过之后，虽债权人仍得提起诉讼或申请仲裁，但保证人取得时效经过抗辩权，可以时效之经过为由对抗债权人的履行请求，债权人的保证债权将不获满足。如在保证期间内，债权人不向主债务人以提起诉讼或者申请仲裁的方式主张债权，保证人不再承担保证责任，无保证债务诉讼时效之适用。

在连带责任保证的情形，主合同履行期限届满时，主债务诉讼时效期间和保证期间开始计算。在保证期间内，债权人向保证人主张保证债权（不以提起诉讼或申请仲裁为必要），此时，保证期间因未完成而失去意义，如此时保证人拒绝履行保证债务，则保证债务诉讼时效期间开始计算。保证债务诉讼时效经过之后，虽债权人仍得提起诉讼或申请仲裁，但保证人取得时效经过抗辩权，可以时效之经过为由对抗债权人的履行请求，债权人的保证债权将不获满足。如在保证期间内，债权人不请求保证人承担保证责任的，保证人不再承担保证责任，无保证债务诉讼时效之适用。

二、保证债务诉讼时效期间的起算

（一）本条与《民法典》第 188 条的关系

《民法典》第 188 条第 1 款规定："向人民法院请求保护民事权利的诉讼时效期间为三年。法律另有规定的，依照其规定。"《民法典》上就保证债务的诉讼时效期间并未作出特别规定，由此可见，保证债务的诉讼时效期间与一般诉讼时效期间一样，均为 3 年。

《民法典》第 188 条第 2 款规定："诉讼时效期间自权利人知道或者应当知道权利受到损害以及义务人之日起计算。法律另有规定的，依照其规定。但是，自权利受到损害之日起超过二十年的，人民法院不予保护，有特殊情况的，人民法院可以根据权利人的申请决定延长。"本条规定可以理解为该款中就诉讼时效期间的起算"法律另有规定的"情形。在这里，没有考虑保证债务履行期限问题。

依据《民法典》第 188 条第 2 款的规定，我国诉讼时效起算原则上采主观主义起算标准①，保证债务的诉讼时效期间也就应自债权人知道或者应当知道权利受到损害以及义务人之日起计算。在保证合同债权债务关系中，如何判断债权人的保证债权受到损害？本书作者认为，与一般债权相比，保证债权的行使有其特殊性。由于我国法上采保证期间法定主义，任何保证债权均有保证期间的适用。如债权人未在保证期间内行使权利，保证债务消灭；仅在保证期间内债权人实施特定行为，保证期间因未届满而失去意义，保证债权才有了适用诉讼时效的空间。因此，债权人的保证债权受到损害，系指在保证债权可得行使时，债权人如向保证人主张保证债权，一旦保证人拒绝承担保证责任，债权人即知道或者应当知道自己权利受到损害，此时保证债务的诉讼时效期间即开始计算。这里，“保证债权可得行使”，是指保证债权人可以实际地向保证人请求承担保证责任。在一般保证，因保证人有先诉抗辩权，债权人并不能直接向保证人要求承担保证责任。主债务人不履行主债务时，债权人首先仍应请求主债务人履行主债务，只有在主债务人确实无力履行主债务时，才能向保证人要求代为履行或承担责任，此时才是一般保证的保证债权可得行使时。而在连带责任保证，保证人与主债务人几乎处于同样的地位，债权人既可以向主债务人行使主债权，又可向保证人行使保证债权。因此，在连带责任保证情形下，主合同履行期限届满时即为“保证债权可得行使”时。

（二）一般保证债务诉讼时效期间的起算

就一般保证债务诉讼时效期间的起算，本条第 1 款规定：“一般保证的债权人在保证期间届满前对债务人提起诉讼或者申请仲裁的，从保证人拒绝承担保证责任的权利消灭之日起，开始计算保证债务的诉讼时效。”这一规则改变了《担保法解释》第 34 条第 1 款关于“一般保证的债权人在保证期间届满前对债务人提起诉讼或者申请仲裁的，从判决或者仲裁裁决生效之日起，开始计算保证合同的诉讼时效”的规定。《担保法解释》的理由是：“在一般保证中，保证人享有先诉抗辩权，在主合同未经审判或仲裁并就债务人财产依法执行仍不能履行债务前，保证人可拒绝承担保证责任。在这种情况下，这个期间可能持续很长时间。当案件经过一审、二审最终发生法律效力时，开始计算保证合同的诉讼时效。尽管对债务人的财产强制执行仍然不能满足债权时，债权人方可起诉保证人，但这些活动在两年的诉讼时效内一般是可以完成的。”② 保证债务诉讼时效自起诉之

① 参见石宏主编：《中华人民共和国民法总则条文说明、立法理由及其相关规定》，北京，北京大学出版社 2017 年版，第 447 页。

② 李国光、奚晓明、金剑峰、曹士兵：《最高人民法院〈关于适用中华人民共和国担保法若干问题的解释〉理解与适用》，长春，吉林人民出版社 2000 年版，第 150 页。

日起计算，对债权人过于不利；保证债务诉讼时效自执行终结之日起算对保证人过于不利；保证债务诉讼时效自判决生效之日起算，兼顾了双方利益。①

本书作者认为，将保证债务诉讼时效的起算点确定在对主债务人的判决或仲裁裁决生效之日，尚值商榷。该观点与保证人先诉抗辩权不合，也与《民法典》中关于诉讼时效期间的起算的基本规则相悖。《民法典》第 687 条第 2 款中规定："一般保证的保证人在主合同纠纷未经审判或者仲裁，并就债务人财产依法强制执行仍不能履行债务前，有权拒绝向债权人承担保证责任"。法律赋予一般保证的保证人以先诉抗辩权，使其在主债务诉讼或仲裁以及执行过程中暂时不受债权人追究。既然一般保证的债权人在主合同纠纷未经审判或仲裁，并就债务人财产依法强制执行仍不能履行债务前，无权要求保证人承担保证责任，不能视为债权人的权利受侵害之日。依照《民法典》第 188 条关于"诉讼时效期间自权利人知道或者应当知道权利受到损害以及义务人之日起计算"的规定，在"债务人财产依法强制执行仍不能履行债务"之前，保证人未履行保证债务的行为，不构成保证债务的履行迟延，并未对债权人的权利造成侵害，保证债务诉讼时效尚未开始起算。因此，《担保法解释》第 34 条第 1 款的规定至为可议。

同时，上引观点认为对债务人的财产强制执行的活动"在两年的诉讼时效内一般是可以完成的"，这只是论者的设想，并不能排除对债务人的强制执行程序在两年内不能完成的情况。换言之，在保证债务两年诉讼时效内，对债务人的财产强制执行程序能够终结，带有一定的不确定性。因此，在对债务人的财产强制执行程序完结之日，保证债务的诉讼时效不仅必然地被大打折扣，而且还可能已经届满。在此情形下，已不仅仅是限制债权人对保证人的诉讼权利，而是可能直接导致债权人对保证人因诉讼时效届满而效力减弱。提前起算保证债务诉讼时效可能损及债权人对保证人本应享有的期限利益。在就主债务人的财产依法强制执行仍不能履行债务之前，债权人请求保证人履行保证债务，保证人依《民法典》第 687 条第 2 款的规定，可以拒绝，此为先诉抗辩权之本意。如自对主债务人的判决或仲裁裁决生效之日开始计算保证债务诉讼时效，在对主债务人的强制执行程序终结之前，保证债务诉讼时效期间已经届满，保证人即取得时效经过抗辩权，可以对抗此后债权人的履行请求，对于债权人而言至为不利。

本条将一般保证债务的诉讼时效的起算点界定为"保证人拒绝承担保证责任的权利消灭之日"。这里，所谓"保证人拒绝承担保证责任的权利消灭"，结合《民法典》第 687 条第 2 款的规定，即指保证人先诉抗辩权的消灭。在具体判断

① 参见奚晓明：《论保证期间与诉讼时效》，载《中国法学》2001 年第 6 期。

上，可以对主债务人的财产强制执行而无效果或执行终结为标准。

（三）连带责任保证债务诉讼时效期间的起算

就连带责任保证债务诉讼时效期间的起算，本条第 2 款规定："连带责任保证的债权人在保证期间届满前请求保证人承担保证责任的，从债权人请求保证人承担保证责任之日起，开始计算保证债务的诉讼时效。"这一规则同于《担保法解释》第 34 条第 2 款关于"连带责任保证的债权人在保证期间届满前要求保证人承担保证责任的，从债权人要求保证人承担保证责任之日起，开始计算保证合同的诉讼时效"的规定。

连带责任保证债务诉讼时效的起算点是"债权人请求保证人承担保证责任之日"。在连带责任保证债务场合，不存在先诉抗辩权，主合同履行期限届满，债权人即可主张其保证债权，亦即可以请求保证人履行保证债务，如在保证期间内，债权人请求保证人承担保证责任，一旦保证人拒绝，债权人即知道或者应当知道自己的保证债权受到了侵犯，保证债务的诉讼时效期间即开始起算。

其他问题

一、保证期间与主债务诉讼时效的关系

保证期间与主债务诉讼时效的关系主要涉及的问题是约定的保证期间长于主债务诉讼时效时的处理。关于当事人约定的保证期间长于主债务诉讼时效的效力问题，已如前述。此时并不能当然地认为当事人对保证期间的约定无效或将长于主债务诉讼时效的期间视为无效。

当事人约定的保证期间长于主债务诉讼时效时，保证人可以依主债务人的时效抗辩权对抗债权人在主债务诉讼时效完成后对保证人的履行请求，以避免保证期间与诉讼时效发生冲突。如果保证人放弃了其享有的时效抗辩权而自愿履行保证债务，在保证人向主债务人行使追偿权时，主债务人同样可以时效抗辩权对抗保证人的追偿权以保护自己的利益不受损害。因此，约定的保证期间长于主债务诉讼时效不会影响到诉讼时效的强制力，当事人约定的保证期间仍然有效，保证期间与主债务诉讼时效并不发生冲突。

二、主债务诉讼时效与保证债务诉讼时效的关系

主债务和保证债务均属债务，均有诉讼时效期间之适用。主债务诉讼时效期间一般为普通诉讼时效（国际货物买卖合同、技术进出口合同以及特别法对合同诉讼时效期间有特别规定者例外，此时主债务诉讼时效期间适用特别法的规定），

保证债务诉讼时效期间为普通诉讼时效期间（3 年）。

（一）主债务诉讼时效与保证债务诉讼时效起算的关系

主债务诉讼时效和保证债务诉讼时效虽都从权利人知道或者应当知道其权利受到损害以及义务人之日起计算，但其具体起算点不同。主债务履行期限届满，主债务人不履行债务，债权人即知道或者应当知道其债权受到损害，主债务诉讼时效期间即开始计算；在保证债权可得行使时，债权人向保证人主张保证债权，但保证人拒绝履行保证债务，债权人即知道或者应当知道其保证债权受到损害，保证债务诉讼时效期间即开始计算。《民法典》规定的保证债务诉讼时效起算点为，就一般保证债务，自保证人拒绝承担保证责任的权利消灭之日；就连带责任保证债务，自债权人请求保证人承担保证责任之日。无论哪种情形，均以保证债务未因保证期间的经过而消灭为前提。

（二）主债务诉讼时效对保证债务诉讼时效的影响

保证债务从属于主债务，由此决定，主债务消灭，保证债务也消灭；主债务效力减弱，保证债务效力也减弱。主债务不因诉讼时效届满而消灭，但效力减弱，使得主债务人取得时效经过抗辩权，债权人向保证人主张保证债权之时，保证人亦可主张本属于主债务人的时效经过抗辩权。

1. 主债务诉讼时效的中断是否引起保证债务诉讼时间的中断

主债务诉讼时效的中断是否引起保证债务诉讼时间的中断？关于主债务诉讼时效的中断是否引起保证债务诉讼时效的中断，应结合主债务诉讼时效、保证债务诉讼时效、保证期间等综合予以考量。

在一般保证的情形，主债务履行期限届满，主债务人不履行债务，主债务诉讼时效期间和保证期间同时开始计算，如债权人向主债务人主张主债权，但未以诉讼或仲裁方式为之，此时主债务诉讼时效中断，但保证期间并未中断，如在保证期间届满时，债权人仍未以诉讼或仲裁方式向主债务人主张主债权，保证人不再承担保证责任，保证债务时效期间无适用之可能；如在保证期间届满前，债权人以诉讼或仲裁方式向主债务人主张主债权，主债务诉讼时效再次中断，从保证人拒绝承担保证责任的权利消灭之日起计算保证债务的诉讼时效，自不发生主债务诉讼时效期间的中断对保证债务诉讼时效期间有何影响的问题。

就此，《担保法解释》第 36 条第 1 款中规定："一般保证中，主债务诉讼时效中断，保证债务诉讼时效中断"。其理由是："在一般保证情况下，由于担保法第十七条规定，债权人必须首先向债务人提起诉讼或者申请仲裁，而不能直接单独起诉保证人，一旦债权人以上述方式主张了自己的权利，根据民法通则的规定，主合同的诉讼时效中断。此时，根据担保法第二十五条的规定，保证期间的作用已经消灭，诉讼时效制度开始起作用。如果此时保证债务的诉讼时效不中断，在经过长时间的诉讼或者仲裁后，债权人向保证人起诉之时，很可能超过了保证债务的诉讼时效，对债务人未免有所不公。因此，主债务诉讼时效中断，保证债务的诉讼时效亦应中断。”① 学界对此多持批评意见，批评的主要理由如下：其一，该规定与《担保法解释》第 34 条第 1 款相矛盾。② 根据该解释第 34 条第 1 款之规定，一般保证的债权人在保证期间届满前对债务人提起诉讼或者申请仲裁的，从判决或者仲裁裁决生效之日起，开始计算保证债务的诉讼时效。在主债务诉讼时效中断的情况下，主债务的判决或仲裁裁决并未作出，自无保证债务诉讼时效适用之可能，保证债务诉讼时效之中断更无从谈起。其二，该规定导致连带责任保证人的负担轻于一般保证人。连带责任保证中，可能出现主债务诉讼时效未届满，而保证债务诉讼时效已届满，保证人可以主张保证债务的时效抗辩权以拒绝承担保证责任。这就导致连带责任保证人的负担，反而较一般保证人的负担更轻。③

在连带责任保证的情形，债权人向主债务人主张主债权，引起主债务诉讼时效中断，并不影响债权人向保证人主张保证债权，对保证债务的诉讼时效期间自不发生影响。值得注意的是，《诉讼时效规定》第 17 条规定：“对于连带债权人中的一人发生诉讼时效中断效力的事由，应当认定对其他连带债权人也发生诉讼时效中断的效力。”“对于连带债务人中的一人发生诉讼时效中断效力的事由，应当认定对其他连带债务人也发生诉讼时效中断的效力。”但这一规定规范的对象是典型连带责任的连带债务人，这里的连带债务应为同一债务层次的连带债务，对于主债务人与连带责任保证人并不适用，理由是：首先，因为连带责任保证人为从债务人而非主债务人，其所负的债务为从债务而非主债务，与主债务并非同一层次的债务。其次，连带责任保证的连带性就其内部关系而言，较一般连带债务不同，连带责任保证人并非最终责任人。保证人承担保证责任后，对主债务人享有求偿权，并不与主债务人分担债务，最终的债务主体为主债务人。再有，主债务人与连带保证人承担的债务的性质并不相同，两者具有独立性，主债务的诉讼时效起算点与保证债务的诉讼时效起算点也不相同，中断、中止事由也各有独立性。主债权人既可以向主债务人主张权利，也可以向连带责任保证人主张权利，在主债权人只向主债务人主张权利而未向保证人主张权利的情形下，并不能

① 李国光、奚晓明、金剑峰、曹士兵：《最高人民法院〈关于适用中华人民共和国担保法若干问题的解释〉理解与适用》，长春，吉林人民出版社 2000 年版，第 154 页。

② 参见李明发：《保证责任研究》，北京，法律出版社 2006 年版，第 125 页。

③ 参见叶金强：《担保法原理》，北京，科学出版社 2002 年版，第 59 页。

推定其向连带责任保证债务人也主张权利。[①] 同时，《诉讼时效规定》第 17 条是对诉讼时效制度的一般规定，而《担保法解释》第 36 条是对连带责任保证债务诉讼时效的特别规定，在确定主债务诉讼时效与连带责任保证债务诉讼时效的关系时，应当适用《担保法解释》的规定。[②]

2. 主债务诉讼时效的中止是否引起保证债务诉讼时效的中止

《担保法解释》第 36 条第 2 款规定："一般保证和连带责任保证中，主债务诉讼时效中止的，保证债务的诉讼时效同时中止。"其理由是，诉讼时效的中止是"因非当事人所能控制的客观原因而产生，如因不可抗力或者其他障碍不能行使请求权。因此，无论对于主债务还是保证债务均应一律对待，主债务诉讼时效中止，保证债务的诉讼时效也应当同时中止"[③]。果若如此，法律无须另行作出规定，直接适用诉讼时效中止的规则即可。但实际上，中止的事由另为客观事实，但未必同时影响到主债权和保证债权的行使，例如，在主债权及保证债权的诉讼时效均只剩下不足 3 个月时，债务人所在的城市发生了地震，而保证人所在的城市未发生地震，此时，主债权诉讼时效应中止，保证债权的诉讼时效则不应中止。可见，司法解释的规定徒增烦忧。[④]

正是基于上述原因，《民法典》就主债务诉讼时效的中断、中止是否引起保证债务诉讼时间的中断、中止未作规定，在将主债务和保证债务理解为各自独立的债务的前提之下，其各自诉讼时效的中断、中止问题，直接适用《民法典》总则中诉讼时效的规定即可。

（三）保证债务诉讼时效对主债务诉讼时效的影响

《民法通则意见》第 173 条第 2 款规定，"权利人向债务保证人、债务人的代理人或财产代管人主张权利的，可以认定诉讼时效中断。"这一规定的理由在于，债权人向保证人主张权利构成向主债务人"间接请求"，因此引起主债务诉讼时

---

① 参见最高人民法院民事审判第二庭：《最高人民法院〈关于民事案件诉讼时效司法解释〉理解与适用》，北京，人民法院出版社 2008 年版，第 308－309 页；张雪楳：《诉讼时效和保证期间疑难问题分析》，载最高人民法院民事审判第二庭编：《商事审判指导》2016 年第 2 辑（总第 41 辑），北京，人民法院出版社 2017 年版，第 89 页；"中国东方资产管理公司郑州办事处与郑州建材实业总公司加气混凝土厂金融借款合同纠纷上诉案"，河南省高级人民法院（2010）豫法民二终字第 111 号民事判决书。

② 参见耿建宏、方贤利：《连带责任保证的诉讼时效不适用诉讼时效中断——中国农业银行股份有限公司新县支行诉邱永成金融借款合同案》，载国家法官学院案例开发研究中心编：《中国法院 2017 年度案例》（借款担保纠纷），北京，中国法制出版社 2017 年版，第 182 页。

③ 李国光、奚晓明、金剑峰、曹士兵：《最高人民法院〈关于适用中华人民共和国担保法若干问题的解释〉理解与适用》，长春，吉林人民出版社 2000 年版，第 155 页。

④ 参见叶金强：《担保法原理》，北京，科学出版社 2002 年版，第 59 页。

效中断。[①] 最高人民法院认为，“权利人向从债务人主张权利的，应可以推出其主张主债权。因为，从债权从属于主债权，无主债权的存在也无从债权的存在，且从债权实现后从债务人行使追偿权的行为必然使主债务人承担债务清偿责任。”[②] 但这一规则并不符合主债务与保证债务之间为主从关系的事实和原理。“保证债务因时效而消灭时，主债务不因而消灭。其他对于保证人之履行请求或其他时效之中断，对于主债务不生效力。”[③] 该规定应予修正。有学者认为，目前应当通过解释论的路径解决问题，即当适用具体的法律规则解决案件会出现极不适当的结果时，应当放弃适用该项具体规则，而改用民法的基本原则处理纠纷。[④]

在债权人只向保证人主张保证债权时，无论此主张产生结束保证期间并确定保证债务诉讼时效起算的效果，还是产生中断保证债务诉讼时效的效果，其效力都不及于主债务诉讼时效。在主债务诉讼时效期间，如果债权人未向债务人主张权利，时效届满时，债权人将丧失对主债务人的胜诉权。保证债务诉讼时效的中断，同样对主债务诉讼时效的经过不发生作用。

（四）保证债务诉讼时效与主债务诉讼时效不一致时的处理

主债务诉讼时效和保证债务诉讼时效的起算点并不一致，且各有其中断事由，因此，主债务诉讼时效期间与保证债务诉讼时效期间并不一定同时届满。如果保证债务诉讼时效期间先于主债务诉讼时效期间届满，债权人的保证债权即因诉讼时效的经过沦为自然债务，但其主债权仍在诉讼时效期间内，仍可请求法院主张其主债权。

如果保证债务诉讼时效期间后于主债务诉讼时效期间届满，债权人在主债务诉讼时效期间届满后、保证债务诉讼时效期间届满前向保证人主张权利，保证人能否以主债务诉讼时效期间届满进行抗辩？如果保证人承担了保证责任，其对主债务人是否享有追偿权？就此，有观点认为：“因为连带责任保证债务的诉讼时效与主债务分别计算，主债务超过诉讼时效，但连带责任保证债务没超过时效的，连带责任保证人不能免责。”本书作者对此不敢苟同。

第一，主债务诉讼时效期间届满，主债务人取得时效抗辩权，债权人向主债

---

① 参见梁书文主编：《民法通则贯彻意见诠释》，北京，中国法制出版社2001年版，第148页。

② 最高人民法院民事审判第二庭编著：《最高人民法院〈关于民事案件诉讼时效司法解释〉理解与适用》，北京，人民法院出版社2008年版，第310页。

③ 史尚宽：《债法各论》，北京，中国政法大学出版社2000年版，第918－919页。

④ 参见崔建远：《合同法与诉讼时效》，载黄松有主编：《民事审判指导与参考》（总第19集），北京，法律出版社2004年版，第103－104页。

务人主张主债权时，主债务人可以以之抗辩。依据《民法典》第 701 条的规定，“保证人可以主张债务人对债权人的抗辩。债务人放弃抗辩的，保证人仍有权向债权人主张抗辩。”从该规定并不能得出“连带责任保证的保证人不享有主债权时效完成的抗辩权”的结论。

第二，如果在主债务诉讼时效期间已经届满但保证债务诉讼时效期间尚未届满的情况下，债权人可以向保证人主张保证债权。根据保证关系的一般原理，保证人承担保证责任后，对债务人的追偿权就应当受到法律保护。因为债务人才是债务的最终承担者，既然保证人不能行使时效抗辩权并承担了保证责任，就应当能够对债务人行使追偿权，而债务人也不能以主债务诉讼时效完成为由进行抗辩，最终还是要承担清偿债务的责任。如此对主债务人极为不公平，等于其要受到两个诉讼时效的约束，主债务诉讼时效的完成，并不必然给主债务人带来时效利益，还要受保证债务诉讼时效的约束。如果认为此时主债务人可以以时效抗辩对抗保证人的追偿权，则对保证人也极为不公平。

因此，本书作者认为，在连带责任保证中，主债务诉讼时效完成后，保证债务诉讼时效尚未完成时，债权人向保证人主张权利，保证人可以主债务诉讼时效完成为由进行抗辩，连带责任保证的保证人与一般保证的保证人同样享有主债权时效完成的抗辩权，并可据此拒绝履行保证责任。

连带责任保证与一般保证相比，保证人不享有先诉抗辩权，对债权人来说，连带责任保证人是与主债务人处于同一顺序的债务人。但这并不影响连带保证债务与主债务之间的主从关系，即连带责任保证依然符合担保的从属性这一基本特性，主债务人对债权人的抗辩权，连带保证人也应当享有。既然保证人可以对债权人的请求进行抗辩，也就不会因保证人行使追偿权对主债务人利益造成损害。当然不排除保证人明知自己享有时效抗辩权而予以放弃，主动承担保证责任的可能，保证人承担责任后，如果向主债务人追偿，主债务人可以主债务时效完成进行抗辩，从而保护自己的利益。

第六百九十五条

债权人和债务人未经保证人书面同意，协商变更主债权债务合同内容，减轻债务的，保证人仍对变更后的债务承担保证责任；加重债务的，保证人对加重的部分不承担保证责任。

债权人和债务人变更主债权债务合同的履行期限，未经保证人书面同意的，保证期间不受影响。

本条主旨

本条是关于主合同变更对保证责任的影响的规定。

相关条文

《担保法》第 24 条　债权人与债务人协议变更主合同的，应当取得保证人书面同意，未经保证人书面同意的，保证人不再承担保证责任。保证合同另有约定的，按照约定。

《担保法解释》第 30 条　保证期间，债权人与债务人对主合同数量、价款、币种、利率等内容作了变动，未经保证人同意的，如果减轻债务人的债务的，保证人仍应当对变更后的合同承担保证责任；如果加重债务人的债务的，保证人对加重的部分不承担保证责任。

债权人与债务人对主合同履行期限作了变动，未经保证人书面同意的，保证期间为原合同约定的或者法律规定的期间。

债权人与债务人协议变动主合同内容，但并未实际履行的，保证人仍应当承担保证责任。

《民法典各分编（草案）》（2018 年 8 月）第 485 条　债权人和债务人在保证期间内未经保证人同意，协商变更主合同内容，减轻债务的，保证人仍对变更后的债务承担保证责任；加重债务的，保证人对加重的部分不承担保证责任。

债权人与债务人对主合同履行期限作了变更，未经保证人同意的，保证期间为原合同约定或者法律规定的期间。

《民法典合同编（草案）（二审稿）》（2018 年 12 月）第 485 条　债权人和债务人在保证期间内未经保证人同意，协商变更主合同内容，减轻债务的，保证人仍对变更后的债务承担保证责任；加重债务的，保证人对加重的部分不承担保证责任。

债权人与债务人对主合同履行期限作了变更，未经保证人同意的，保证期间为原合同约定或者法律规定的期间。

《民法典（草案）》（2019 年 12 月）第 695 条　债权人和债务人未经保证人书面同意，协商变更主债权债务合同内容，减轻债务的，保证人仍对变更后的债务承担保证责任；加重债务的，保证人对加重的部分不承担保证责任。

债权人与债务人对主债权债务合同履行期限作了变更，未经保证人书面同意的，保证期间不受影响。

《民法典（草案）》（2020 年 5 月 22 日大会审议稿）第 695 条　债权人和债务

人未经保证人书面同意，协商变更主债权债务合同内容，减轻债务的，保证人仍对变更后的债务承担保证责任；加重债务的，保证人对加重的部分不承担保证责任。

债权人和债务人变更主债权债务合同的履行期限，未经保证人书面同意的，保证期间不受影响。

理解与适用

一、修改情况

本条是在《担保法》第 24 条和《担保法解释》第 30 条的基础上修改而成的。与《担保法解释》第 30 条相比，本条删去了第 3 款，并就其他两款作了文字上的调整。

合同内容变更，是指有效成立的合同在尚未履行或未履行完毕之前，由于一定法律事实的出现而使合同内容发生改变。例如，增加或减少标的物的数量、推迟原定履行期限、变更交付地点或方式等。主合同内容的变更改变了主债权人和主债务人之间的权利义务的内容，从属于主合同的保证合同必将会因主合同的变更而受影响。

鉴于保证合同的单务、无偿性特点，未经保证人同意，不得依他人意愿增加保证人的负担乃理所当然。在当事人变更主合同，并增加主债的数额或强度时，如未经保证人同意，对超过原债数额或强度的部分，径直要求保证人承担保证责任，一方面会使债权人获得经保证人允诺以外的利益，另一方面当然也就使保证人蒙受其允诺外的不测损害，对保证人至为不公平。[①] 因此，《担保法》第 24 条中规定："债权人与债务人协议变更主合同的，应当取得保证人书面同意，未经保证人书面同意的，保证人不再承担保证责任。"由此可见，根据《担保法》的规定，未经保证人书面同意的主合同变更将导致保证责任的消灭。这一规定旨在保护保证人的利益，使其不因债权人与债务人非善意的合谋而致损。但是，现实生活千变万化，为了使合同履行适应客观要求，当事人协议变更合同内容的情况在所难免。如果债权人与债务人就主合同的细枝末节进行修改，保证人就可主张免除保证责任，特别是当变更主合同减少主债的数额或强度时，若仅因未经保证人同意，法律则免除其保证责任，债权人与保证人的利益得失则与前述情况相反，对债权人也有失公平。依公平理念，在上述前一种情况下，法律仅应在增加

① 参见蓝承烈：《民法专题研究》，哈尔滨，黑龙江人民出版社 1999 年版，第 232 页。

主债的数额或强度的范围内，免除保证人的保证责任；在后一种情况下，则不应免除保证人的保证责任。

《担保法》的上述规定广受批评。该规定旨在防止因主合同的变更而加重保证人的保证责任，但主合同的变更并不必然导致保证责任的加重，如果主合同的变更对保证人保证责任承担没有产生任何不利影响，何以要让保证责任消灭呢？该条没有将其规定建立在合同变更对保证责任的影响的基础上，或者说没有从合同变更对保证责任的影响这一出发点考虑问题，从而丧失了基本合理性。① 另有学者认为："《担保法》第 24 条作出了与以往有所不同的新规定，这对于切实维护保证人的利益是非常有益的。但这一新规定，有矫枉过正之嫌。因为在解决主合同的变更对保证责任的影响问题时，我们必须注意到：主合同当事人协议变更主合同，可能增加保证人的负担，也可能减轻保证人的负担；合同的一般变更与合同的更新不同，两者不能混为一谈，保证合同虽具有独立性，但其独立性只是相对的，而非绝对的。"②

《担保法解释》第 30 条规定："保证期间，债权人与债务人对主合同数量、价款、币种、利率等内容作了变动，未经保证人同意的，如果减轻债务人的债务的，保证人仍应当对变更后的合同承担保证责任；如果加重债务人的债务的，保证人对加重的部分不承担保证责任。""债权人与债务人对主合同履行期限作了变动，未经保证人书面同意的，保证期间为原合同约定的或者法律规定的期间。""债权人与债务人协议变动主合同内容，但并未实际履行的，保证人仍应当承担保证责任。"与《担保法解释》第 30 条相比，本条删去了第 3 款，并就其他两款作了文字上的调整。本条就主合同变更区分了两种情况。

二、主合同履行期限之外的变更对保证责任的影响

主合同履行期限之外的变更可能存在三种情况：第一，内容的变更仅涉及交付地点或方式等变化，对主债务并没有产生实质影响；第二，内容的变更减轻了主债务人的债务；第三，内容的变更加重了主债务人的债务。基于保证债务的从属性，主合同内容的变更，可能对保证债务产生不利影响。因此，债权人与债务人协议变更主合同，尚须取得保证人的书面同意。保证人书面同意的，即意味着保证人愿意为变更后的合同提供保证。未经保证人书面同意的，在前述第一种情形下，保证责任不受影响；在前述第二种情形下，保证人仍对变更后的债务承担

---

① 参见孔祥俊：《担保法及其司法解释理解与适用》，北京，法律出版社 2001 年版，第 136 页。

② 刘保玉，吕文江主编：《债权担保制度研究》，北京，中国民主法制出版社 2000 年版，第 139 页。

保证责任；在前述第三种情形下，保证人对加重的部分不承担责任，但仍应对其余部分承担保证责任。

值得注意的是，本款中合同内容的变更是否仅限于数量、价款、币种、利率等变更？有学者认为，合同内容的变更，有些是根本性的变更，有些是非根本性的变更，可暂且称其为变动。如果是合同标的物方面的变更属于根本性的变更，则必须征得保证人的同意，否则保证人不承担保证责任。[①] 也有学者认为应区分合同的必要条款与非必要条款。前者指确定合同当事人主要权利义务的条款，如合同标的、数量、履行期限、价款等；后者指对当事人主要权利义务不发生影响的条款，如通知方式、运输方式等。变更局限在合同必要条款上，合同非必要条款的变更无须征得保证人的同意。[②] 本书作者认为，这两种区分都不大妥当，而且在很多情况下区分两者并非易事，如哪些条款是必要条款，在不同类型的合同中有不同的答案。最好的选择应当是把握一个处理原则，即保证人的保证责任不因主合同当事人的后续行为而扩大，而不必对该后续行为的性质进行界定。

三、主合同履行期限的变更对保证责任的影响

在保证期间内，如债权人和主债务人未经保证人同意变更主债务履行期限，对保证人产生什么影响？我国学术界主要有三种不同意见。第一种意见认为，未经保证人同意，债权人和主债务人变更主债务履行期限，违背了保证人的真实表示，故保证人不再承担保证责任。第二种意见认为，保证人是否承担保证责任，应以这种变更是否加大保证人的责任为前提，如果该变更加大了保证人责任，则保证人不再承担保证责任；如果变更没有加大保证人的责任，则保证人仍在原先的保证责任期间内承担保证责任。[③] 第三种意见认为，前述两种意见皆失之偏颇，第一种意见过于绝对，第二种意见在实践中往往难以认定某种变更是否加大了保证人责任，故应吸收两种意见的合理成分，即在被保证的主债务履行期限内，主债的双方当事人未经保证人同意而变更主债务履行期限的，保证人不再承担保证责任。被保证的主债务履行期限届满后，主债当事人未经保证人同意而造成延期履行协议的，如果保证合同未约定有保证期间的，主债履行期的延长势必加大保证人责任，保证人不再承担保证责任。如果保证合同明确约定有保证责任

---

① 参见李国光、奚晓明、金剑峰、曹士兵：《最高人民法院〈关于适用中华人民共和国担保法若干问题的解释〉理解与适用》，长春，吉林人民出版社 2000 年版，第 139 页。

② 参见曹士兵：《中国担保诸问题的解决与展望》，北京，中国法制出版社 2001 年版，第 130 页。

③ 参见最高人民法院经济审判庭：《保证合同纠纷案件审判实用》，北京，人民法院出版社 1994 年版，第 32－33 页。

期限的，延期履行的协议对保证人无效，保证人仍在原保证合同约定的期限内承担保证责任。此外，还有学者认为，主债内容（包括履行期限）的变更对保证责任的影响，应首先考虑债之变更的性质。如若将变更理解为更新，那么，变更即应视为成立了新的法律关系，根据保证成立上的从属性，自应认为原保证合同因其基础不存在而解除，保证人不再承担保证责任；如若认为变更后的主债与原债仍为同一之法律关系，则依保证的从属性，保证合同应继续存在且发生相应的变化。①

依据《民法典》第 692 条的规定，保证期间从主合同履行期限届满之日起计算，因此，主债务履行期限与保证期间的关系尤为密切。如果主合同双方当事人协商延长主合同履行期限，没有经过保证人的同意，并且延长后的主合同履行期限届满日，接近或者超过保证期间的，如果从延长后的主合同履行期限届满后，开始计算保证期间，无异于同时延长了保证期间，从而加重了保证人的保证责任。因此，主合同当事人协商延长主合同履行期限，不应当对保证责任产生期间影响，保证期间的计算，仍然应当以原合同约定的或者法律规定的期间为准。

应当注意的是，本条第 2 款规定的是“债权人和债务人变更主债权债务合同的履行期限”，此种变更应当包括延长与缩短两种情形。主合同履行期限缩短或提前，是否也应依本条第 1 款的规定处理，有两种不同观点。一种观点认为：“合同义务的提前履行，意味着债务人的义务加重，保证人的责任亦有可能随着债务人义务的加重而加重，于此情况下，若仍让保证人依原合同的履行期承担保证责任，对保证人而言似乎过于苛刻。司法解释的规定似乎只考虑了延长债务履行期的情形，而未注意到缩短债务履行期作目的性的限缩，即债权人与债务人缩短合同履行期限，未经保证人书面同意的，保证人应免除责任。”② 还有一种观点认为：“如果主债履行期缩短，那么保证责任的起算点随之提前，而持续时间维持原状，亦即期日提前，期间恒定，债权人必须在提前的期日内主张保证责任。”③

本书作者认为，对本条第 2 款不应作目的性限缩解释。主合同履行期的缩短对保证人未必总是有利，如债务人置自身的履行能力和状况于不顾，盲目与债权人协议提前履行，其结果是不适当地增加保证人的风险。此际，主合同履行期的缩短对保证人则产生不利影响。“需要特别指出的是，未经保证人书面同意的主

① 参见孙鹏、肖厚国：《担保法律制度研究》，北京，法律出版社 1998 年版，第 92 页。

② 刘言浩：《担保法典型判例研究》，北京，人民法院出版社 2002 年版，第 38 页。

③ 孙鹏、肖厚国：《担保法律制度研究》，北京，法律出版社 1998 年版，第 92－93 页。

债权债务合同履行期限变更未必一定给保证人带来保证期间上的不利影响，但本款规定未像第 1 款规定作出‘有利变更则有效，不利变更则无效’的规定。”①

第六百九十六条

债权人转让全部或者部分债权，未通知保证人的，该转让对保证人不发生效力。

保证人与债权人约定禁止债权转让，债权人未经保证人书面同意转让债权的，保证人对受让人不再承担保证责任。

本条主旨

本条是关于主债权转让对保证责任的影响的规定。

相关条文

《担保法》第 22 条　保证期间，债权人依法将主债权转让给第三人的，保证人在原保证担保的范围内继续承担保证责任。保证合同另有约定的，按照约定。

《担保法解释》第 28 条　保证期间，债权人依法将主债权转让给第三人的，保证债权同时转让，保证人在原保证担保的范围内对受让人承担保证责任。但是保证人与债权人事先约定仅对特定的债权人承担保证责任或者禁止债权转让的，保证人不再承担保证责任。

《民法典各分编（草案）》（2018 年 8 月）第 486 条　债权人在保证期间内将全部或者部分债权转让给第三人，通知保证人后，保证人对受让人承担相应的保证责任。未经通知，该转让对保证人不发生效力。

保证人与债权人约定仅对特定的债权人承担保证责任或者禁止债权转让，债权人在保证期间内未经保证人同意转让全部或者部分债权的，保证人就受让人的债权不再承担保证责任。

《民法典合同编（草案）（二审稿）》（2018 年 12 月）第 486 条　债权人在保证期间内将全部或者部分债权转让给第三人，通知保证人后，保证人对受让人承担相应的保证责任。未经通知，该转让对保证人不发生效力。

保证人与债权人约定仅对特定的债权人承担保证责任或者禁止债权转让，债

---

①　黄薇（全国人大常委会法制工作委员会民法室主任）主编：《中华人民共和国民法典合同编解读（下册）》，北京，中国法制出版社 2020 年版，第 771 页。

权人在保证期间内未经保证人同意转让全部或者部分债权的，保证人就受让人的债权不再承担保证责任。

《民法典（草案）》（2019年12月）第696条 债权人将全部或者部分债权转让给第三人，通知保证人后，保证人对受让人承担相应的保证责任。未经通知，该转让对保证人不发生效力。

保证人与债权人约定仅对特定的债权人承担保证责任或者禁止债权转让，债权人未经保证人书面同意转让全部或者部分债权的，保证人就受让人的债权不再承担保证责任。

《民法典（草案）》（2020年5月22日大会审议稿）第696条 债权人转让全部或者部分债权，未通知保证人的，该转让对保证人不发生效力。

保证人与债权人约定禁止债权转让，债权人未经保证人书面同意转让债权的，保证人对受让人不再承担保证责任。

理解与适用

本条是在《担保法》第22条和《担保法解释》第28条的基础上修改而成的。本条第1款将保证人是否继续承担保证责任系于主债权转让的事实是否通知保证人；本条第2款与《担保法解释》第28条后句相当。

主债权转让仅涉及债权人的变化，对主债务人的履约能力不发生影响，一般不会增加担保人的风险和负担，因此，担保权利随同主债权一并转移，就成了一般规则。[①]《民法典》第547条第1款规定："债权人转让债权的，受让人取得与债权有关的从权利，但是该从权利专属于债权人自身的除外。"保证债权和担保物权自属从权利，应为该条文义所能涵盖。这一一般规则在适用于保证债权和担保物权之时，《民法典》上又分别规定了特殊规则（第696条、第407条）。

就保证债权而言，其实现端赖于保证人的履行行为，通知保证人也就成了此时的考量因素。主债权转让之时债权人通知保证人的，保证人对受让人承担相应的保证责任：全部转让时，受让人成为保证债权人，保证法律关系在受让人和保证人之间得以存续；部分转让时，债权人和受让人均为保证债权人。主债权转让之时未通知保证人的，该转让对保证人不发生效力。这就意味着，"保证人并不知道作为新的债权人的受让人的存在，对其当然不承担保证责任"[②]。由此可见，

① 参见杨明刚：《论免责债务承担》，载崔建远主编：《民法九人行》（第2卷），香港，金桥文化出版有限公司2004年版，第62页。

② 黄薇（全国人大常委会法制工作委员会民法室主任）主编：《中华人民共和国民法典合同编解读（下册）》，北京，中国法制出版社2020年版，第772-773页。

主债权转让对保证人发生效力（即保证人仍在原保证担保的范围内向受让人继续承担保证责任）应满足以下条件。

第一，主债权转让必须是在保证期间内作出。保证人的保证责任随保证期间的届满而免除。保证期间届满后，保证人的保证责任免除，债权人转让其主债权的，主债权上已无保证债权依附，此时的主债权转让对保证人不发生法律效力。

第二，主债权转让必须依法律规定或合同约定作出。主债权转让的效力及于保证人是主债权转让须生效。由此可见，主债权转让应为让与人与受让人之合意，且应符合法律的规定以及主合同、保证合同的约定。如《民法典》第 545 条规定，依债权性质、当事人约定、法律规定不得转让的债权不得转让，如转让上述债权，其转让债权的合意虽成立但因违背法律规定而无效，主债权转让合同无效，自不发生主债权转让的效果，保证债权更无从转让。如主合同或保证合同约定，主合同债权的让与应取得主债务人或保证人的书面同意的，未取得主债务人或保证人的书面同意，主债权转让不生效力，保证债权亦无从转让。

第三，债权人应将主债权转让通知主债务人、保证人。依据《民法典》第 546 条的规定，债权人转让债权，未通知债务人的，该转让对债务人不发生效力。主债权转让对债务人发生效力是对保证人发生效力的前提，因此，主债权转让对保证人发生效力应以债权人将主债权转让通知主债务人、保证人为条件。根据《担保法》第 22 条之规定，债权人转让主债权，无须通知保证人，但如债权人与保证人在保证合同中特别约定，债权人应将主债权转让通知保证人的，应从其约定，债权人应向保证人为通知，否则对保证人不发生效力。

第四，保证人与债权人事先没有相反约定。保证属于信用担保，保证关系的建立是基于人与人之间的信用关系。根据意思自治原则，如果当事人于保证合同中就主债权转让对保证债务的影响问题另有特别约定的，应从其约定，法律关于主债权转让的一般规定即不再适用。《民法典》第 696 条第 2 款规定："保证人与债权人约定禁止债权转让，债权人未经保证人书面同意转让债权的，保证人对受让人不再承担保证责任。"本款同时也是本法第 547 条第 1 款"债权人转让债权的，受让人取得与债权有关的从权利，但是该从权利专属于债权人自身的除外"中但书部分的具体化情形。[①] 在解释上，此类约定不得对抗（善意）第三人。此外，最高额保证所担保的主债权确定前，部分债权转让的，最高额担保不得转让，但是当事人另有约定的除外（准用《民法典》第 421 条）。

---

① 参见黄薇（全国人大常委会法制工作委员会民法室主任）主编：《中华人民共和国民法典合同编解读（下册）》，北京，中国法制出版社 2020 年版，第 773 页。

应当注意的是，保证人与债权人之间关于“禁止债权转让”的规定是否发生实际禁止债权转让的效果？本书作者认为，此处的“债权”应指主债权，而非保证债权。该债权关系的当事人应为债权人和主债务人，而非债权人与保证人。同时，债权人转让其债权是其权利，保证人无权干涉。保证人与债权人事先关于禁止债权转让的约定仅发生保证人不承担保证责任的效力，对债权人转让债权的效力不生影响。

主债权转让对保证人的效力主要表现在：其一，主债权转让对保证人生效后，受让人取得原主债权人的地位，其有权要求保证人在主债务人不履行债务的情况下承担保证责任。保证人有义务依保证合同的规定向主债权的受让人承担保证责任，并以此对抗原债权人。其二，主债权依法转让后，保证人仅在原有的范围内承担保证责任，即债权人依法向第三人转让主债权对保证人的保证担保的范围不发生影响。债权人在转让主债权时对主债权及其从属权利所作的任何扩张，对保证人的担保范围都不发生影响，保证人仍在原保证合同所确定的保证范围内承担保证责任。

第六百九十七条

债权人未经保证人书面同意，允许债务人转移全部或者部分债务，保证人对未经其同意转移的债务不再承担保证责任，但是债权人和保证人另有约定的除外。

第三人加入债务的，保证人的保证责任不受影响。

本条主旨

本条是关于主债务转移对保证责任的影响的规定。

相关条文

《担保法》第 23 条　保证期间，债权人许可债务人转让债务的，应当取得保证人书面同意，保证人对未经其同意转让的债务，不再承担保证责任。

《担保法解释》第 29 条　保证期间，债权人许可债务人转让部分债务未经保证人书面同意的，保证人对未经其同意转让部分的债务，不再承担保证责任。但是，保证人仍应当对未转让部分的债务承担保证责任。

《民法典各分编（草案）》（2018 年 8 月）第 487 条　债权人在保证期间内未经保证人同意，允许债务人转移全部或者部分债务，保证人对未经其同意转移的债务不再承担保证责任，但是保证合同另有约定的除外。

在保证期间内，第三人加入债务的，保证人的保证责任不受影响。

《民法典合同编（草案）（二审稿）》（2018 年 12 月）第 487 条 债权人在保证期间内未经保证人同意，允许债务人转移全部或者部分债务，保证人对未经其同意转移的债务不再承担保证责任，但是保证合同另有约定的除外。

在保证期间内，第三人加入债务的，保证人的保证责任不受影响。

《民法典（草案）》（2019 年 12 月）第 697 条 债权人未经保证人书面同意，允许债务人转移全部或者部分债务，保证人对未经其同意转移的债务不再承担保证责任，但是债权人和保证人另有约定的除外。

第三人加入债务的，保证人的保证责任不受影响。

《民法典（草案）》（2020 年 5 月 22 日大会审议稿）第 697 条 债权人未经保证人书面同意，允许债务人转移全部或者部分债务，保证人对未经其同意转移的债务不再承担保证责任，但是债权人和保证人另有约定的除外。

第三人加入债务的，保证人的保证责任不受影响。

理解与适用

本条是在《担保法》第 23 条和《担保法解释》第 29 条的基础上修改而成的，未作实质上的调整。

主债务转移，又称债务承担，是就原债务人的债务在不失其同一性的前提下转由第三人承担而言。其中，转由第三人对债权人负债务履行责任的，为免责的债务承担；由第三人与原债务人共同对债权人负连带责任的，为并存的债务承担。① 主债务的转移涉及履行主债务的义务人的变化，担保人基于对原债务人的履约能力为主债务的履行提供担保，承担人是否如原债务人一样具有相应的履约能力，非担保人在提供担保时所能预估。如此，主债务的转移关涉担保人利益，未经担保人同意的主债务转移虽可在当事人之间发生效力，但不得对担保人主张，担保人在转移的主债务范围内免除担保责任。②《民法典》第 697 条、第 391 条均规定，未经保证人或物上保证人书面同意，债权人允许债务人转移全部或者部分债务，保证人或物上保证人对未经其同意转移的债务不再承担担保责任。但前条但书规定“债权人和保证人另有约定的除外”，后条并无此规定。在解释上，如债权人和物上

① 参见王利明：《合同法研究（第四卷）》（第二版），北京，中国人民大学出版社 2018 年版，第 299 页。

② 参见王利明：《物权法研究（下卷）》（第四版），北京，中国人民大学出版社 2018 年版，第 371－372 页；杨明刚：《论免责债务承担》，载崔建远主编：《民法九人行》（第 2 卷），香港，金桥文化出版有限公司 2004 年版，第 62 页；程啸：《担保物权研究》（第二版），北京，中国人民大学出版社 2019 年版，第 45 页。

保证人在担保合同中另有约定的，亦不适用前述规定。值得注意的是，《民法典》第391条仅限于第三人提供物的担保的情形，债务人自己提供物的担保之时，即使主债务转移且未经债务人（担保人）同意，债务人仍应承担担保责任。

本条第1款规定的主债务转移既包括主债务人将主债务全部转移给他人，也包括将部分债务转移给他人。学说上认为，就并存的债务承担而言，原债务人并未脱离债的关系，未超出保证人或物上保证人提供担保之时的预期，且在并存的债务承担的情形，第三人与原债务人共负连带责任，增加了债权受偿的可能性，对于保证人或物上保证人并无不利。① 但《民法典》在《合同法》上的债务承担规则之外，新增债务加入规则（《民法典》第552条），在解释上可以认为《民法典》第551条仅指免责的债务承担的情形。② 经债权人同意，债务人将部分债务转移给第三人之时，就该部分债务而言，原债务人并不负连带之责，亦属免责的债务承担的亚类型——部分免责债务承担。③ 而《民法典》第552条所定债务加入规则即属并存的债务承担情形。与此相对应，《民法典》第697条、第391条所称“债务人转移全部或者部分债务”，也仅限于发生免除原债务人全部或者部分债务的情形。债权人允许债务人部分转移的，原债务人并不退出债务关系，只是其所应承担的债务额减少，新债务人与原债务人共同向债权人承担债务。部分转移债务的也必须经担保人同意，否则担保人对转移出去的部分债务不承担担保责任。④

本条第2款规定：“第三人加入债务的，保证人的保证责任不受影响。”就债务加入，《民法典》第552条规定：“第三人与债务人约定加人债务并通知债权人，或者第三人向债权人表示愿意加入债务，债权人未在合理期限内明确拒绝的，债权人可以请求第三人在其愿意承担的债务范围内和债务人承担连带责任。”第三人加入债务，债务人的整体偿债能力只会增加而不会减损，对保证人的权益不发生不利影响，只会更有利于保证人，因此不需要保证人书面同意，保证人按照原来的约定继续承担保证责任。⑤

---

① 参见王利明：《合同法研究（第四卷）》（第二版），北京，中国人民大学出版社2018年版，第300页；邹海林、常敏：《债权担保的理论与实务》，北京，社会科学文献出版社2005年版，第69页。

② 我国学说上就《合同法》第84条（《民法典》第551条与此内容相同，未作修改）是否承认了并存的债务承担一直存在争议。参见崔建远主编：《民法九人行》（第2卷），香港，金桥文化出版有限公司2004年版，第20页。

③ 参见杨明刚：《论免责债务承担》，载崔建远主编：《民法九人行》（第2卷），香港，金桥文化出版有限公司2004年版，第20页；程啸：《担保物权研究》（第二版），北京，中国人民大学出版社2019年版，第46页。

④⑤ 参见黄薇（全国人大常委会法制工作委员会民法室主任）主编：《中华人民共和国民法典合同编解读（下册）》，北京，中国法制出版社2020年版，第773页。

其他问题

《民法典》第697条只是关于约定的债务承担对保证人保证责任的影响，并未涉及法定的债务承担对保证人保证责任影响的问题，其旨在防杜当事人恶意串通，通过达成债务转移的合意来损害保证人的利益。如在保证期间，主债务根据法定原因转移的，保证人仍应承担保证责任。

《民法典》第67条规定："法人合并的，其权利和义务由合并后的法人享有和承担。""法人分立的，其权利和义务由分立后的法人享有连带债权，承担连带债务，但是债权人和债务人另有约定的除外。"这一条均为债务的法定转移的规定。在债务法定转移情形，即使债务之转移未取得保证人的同意，保证人仍得承担保证责任。

实践中，除了法人分立、合并所引起的法定转移之外，尚有企业改制等问题。对此，有学者认为，对于债务的法定转移，例如，国家在强制企业合并、分立、转让、解散、改组、破产、联营或者股份改造等过程中债务重组时，涉及债务转移问题。此时，既不存在征得债权人同意的问题，原法人的债权债务由变更后的法人承担；也不存在需要保证人同意的问题，原债务上从属的担保债务原则上不能消灭。① 还有学者对此类情形下债务转移的处理办法及其原因进行了较为具体的分析。"总的来看，债务依法转移，保证人并不因此免除保证责任，尤其是债务转移不以债权人的许可为条件的情况，比如债务人死亡。在有债权人许可才能发生的企业合并、分立、出售、改制的情况下，由于多数情况对保证人不会发生不利影响，保证人原则上不能免责。从司法政策的角度出发，肯定保证人不能免责，有利于企业改制、改组的完成，意义重大。"②

第六百九十八条

一般保证的保证人在主债务履行期限届满后，向债权人提供债务人可供执行财产的真实情况，债权人放弃或者怠于行使权利致使该财产不能被执行的，保证人在其提供可供执行财产的价值范围内不再承担保证责任。

---

① 参见李国光、奚晓明、金剑峰、曹士兵：《最高人民法院〈关于适用中华人民共和国担保法若干问题的解释〉理解与适用》，长春，吉林人民出版社2000年版，第137页。

② 曹士兵：《中国担保诸问题的解决与展望》，北京，中国法制出版社2001年版，第128-129页。

本条主旨

本条是关于一般保证中保证人的特定免责事由的规定。

相关条文

《担保法解释》第 24 条　一般保证的保证人在主债权履行期间届满后，向债权人提供了债务人可供执行财产的真实情况的，债权人放弃或者怠于行使权利致使该财产不能被执行，保证人可以请求人民法院在其提供可供执行财产的实际价值范围内免除保证责任。

《民法典各分编（草案）》（2018 年 8 月）第 488 条　一般保证的保证人在主债务履行期限届满后，向债权人提供了债务人可供执行财产的真实情况，债权人放弃或者怠于行使权利致使该财产不能被执行的，保证人在其提供可供执行财产的价值范围内免除保证责任。

《民法典合同编（草案）（二审稿）》（2018 年 12 月）第 488 条　一般保证的保证人在主债务履行期限届满后，向债权人提供债务人可供执行财产的真实情况，债权人放弃或者怠于行使权利致使该财产不能被执行的，保证人在其提供可供执行财产的价值范围内免除保证责任。

《民法典（草案）》（2019 年 12 月）第 698 条　一般保证的保证人在主债务履行期限届满后，向债权人提供债务人可供执行财产的真实情况，债权人放弃或者怠于行使权利致使该财产不能被执行的，保证人在其提供可供执行财产的价值范围内不再承担保证责任。

《民法典（草案）》（2020 年 5 月 22 日大会审议稿）第 698 条　一般保证的保证人在主债务履行期限届满后，向债权人提供债务人可供执行财产的真实情况，债权人放弃或者怠于行使权利致使该财产不能被执行的，保证人在其提供可供执行财产的价值范围内不再承担保证责任。

理解与适用

本条是在《担保法解释》第 24 条的基础上修改而成的，仅作文字上的调整。

本条仅适用于一般保证。一般保证，是指当事人在保证合同中约定，主债务人不能履行债务时，由保证人承担保证责任。一般保证的保证人在主合同纠纷未经审判或者仲裁，并就主债务人财产依法强制执行仍不能履行债务前，有权拒绝向债权人承担保证责任。此际，债权人自主债务人的获偿，直接决定了保证人承担保证责任的程度。而在连带责任保证中，债务人不履行到期债务或者发生当事人约定的情形时，债权人可以请求主债务人履行债务，也可以请求保证人在其保证范围内承担保证责任。这里，主债务人和保证人之间彼此并无顺序利益，债权人自可决定请求主债务人或是连带责任保证人承担全部或部分责任，债权人自主债务人的获偿情况，并直接决定了保证人承担保证责任的程度。因此，本条规定不适用于连带责任保证的情形。①

在一般保证情形下，债权人应先就主债务人财产依法强制执行以使其债权受偿，保证人具有先诉抗辩权，仅就债权人未能获偿的部分承担保证责任。但先诉抗辩权仅具延期履行的效力，其行使并不能使债权债务关系消灭。因此，保证人在一定条件下要考虑以适当的方法进行自救。在主合同履行期限届满之后，保证人发现主债务人存在可供执行的财产，并向债权人提供了真实情况。此际，如债权人积极主张权利，通过诉讼或者仲裁的方式控制主债务人的该项财产，不仅使债权人的债权在相应范围内得以实现，而且在相应范围内减轻了保证人的保证责任。但是，如债权人放弃或者怠于行使权利，致使相应财产流失而不能用以强制执行，势必加重保证人的保证责任。本条因此而规定，此时因债权人自己的原因导致对债务人财产执行不能，保证人可以在相应范围内免责。如此，保证人的抗辩就由仅具延期履行效力的先诉抗辩权演变成了一种新的免责抗辩权。②

第六百九十九条

同一债务有两个以上保证人的，保证人应当按照保证合同约定的保证份额，承担保证责任；没有约定保证份额的，债权人可以请求任何一个保证人在其保证范围内承担保证责任。

本条主旨

本条是关于共同保证的规定。

相关条文

《担保法》第 12 条　同一债务有两个以上保证人的，保证人应当按照保证合同约定的保证份额，承担保证责任。没有约定保证份额的，保证人承担连带责

① 参见黄薇（全国人大常委会法制工作委员会民法室主任）主编：《中华人民共和国民法典合同编解读（下册）》，北京，中国法制出版社 2020 年版，第 776－777 页。

② 参见李国光、奚晓明、金剑峰、曹士兵：《最高人民法院〈关于适用中华人民共和国担保法若干问题的解释〉理解与适用》，长春，吉林人民出版社 2000 年版，第 126 页。

任，债权人可以要求任何一个保证人承担全部保证责任，保证人都负有担保全部债权实现的义务。已经承担保证责任的保证人，有权向债务人追偿，或者要求承担连带责任的其他保证人清偿其应当承担的份额。

《担保法解释》第 19 条　两个以上保证人对同一债务同时或者分别提供保证时，各保证人与债权人没有约定保证份额的，应当认定为连带共同保证。

连带共同保证的保证人以其相互之间约定各自承担的份额对抗债权人的，人民法院不予支持。

第 20 条　连带共同保证的债务人在主合同规定的债务履行期届满没有履行债务的，债权人可以要求债务人履行债务，也可以要求任何一个保证人承担全部保证责任。

连带共同保证的保证人承担保证责任后，向债务人不能追偿的部分，由各连带保证人按其内部约定的比例分担。没有约定的，平均分担。

第 21 条　按份共同保证的保证人按照保证合同约定的保证份额承担保证责任后，在其履行保证责任的范围内对债务人行使追偿权。

《民法典各分编（草案）》（2018 年 8 月）第 489 条　同一债务有两个以上保证人的，保证人应当按照保证合同约定的保证份额，承担保证责任。没有约定保证份额的，债权人可以要求任何一个保证人在其保证范围内承担保证责任。

《民法典合同编（草案）（二审稿）》（2018 年 12 月）第 489 条　同一债务有两个以上保证人的，保证人应当按照保证合同约定的保证份额，承担保证责任。没有约定保证份额的，债权人可以要求任何一个保证人在其保证范围内承担保证责任。

《民法典（草案）》（2019 年 12 月）第 699 条　同一债务有两个以上保证人的，保证人应当按照保证合同约定的保证份额，承担保证责任；没有约定保证份额的，债权人可以请求任何一个保证人在其保证范围内承担保证责任。

《民法典（草案）》（2020 年 5 月 22 日大会审议稿）第 699 条　同一债务有两个以上保证人的，保证人应当按照保证合同约定的保证份额，承担保证责任；没有约定保证份额的，债权人可以请求任何一个保证人在其保证范围内承担保证责任。

理解与适用

本条是在《担保法》第 12 条和《担保法解释》第 19—22 条的基础上修改而成的，无实质性的修改。

一、一人保证与共同保证

根据保证人的人数的不同可以将保证合同分为一人保证与共同保证。一人保证是指只有一个保证人为债务人提供担保，并按照保证合同的约定确定其承担保证责任的方式；共同保证是指两个或两个以上的保证人为同一债务作保证的行为。两个或两个以上的保证人对同一债务人的不同债务提供保证，不能称为共同保证。

共同保证是数个保证人就同一债务人的同一债务所为的保证，因而应由每个保证人与债权人订立保证合同。但是，共同保证的保证合同既可以由数个保证人一同与债权人订立一个保证合同，也可以由各个保证人与债权人分别订立保证合同，而且各个保证合同可以是同时订立的，也可以是先后订立的。数个保证人分别与债权人订立保证合同时，相互之间虽然没有任何关系以及共同的意思联络，且不知道另有保证人，但是只要有数人对同一债务提供保证的单纯事实，即构成共同保证。数个保证人的数个保证合同的效力相互独立，共同保证人中一人的责任不因其他保证合同无效而受影响。

根据各保证人之间对所担保的债务有无价额的不同，共同保证可以再分为按份共同保证与连带共同保证。《民法典》认可了这一分类。按份共同保证是保证人与债权人约定按照份额对主债务承担保证责任的共同保证；连带共同保证是各保证人约定均对全部主债务承担连带保证责任或保证人与债权人之间没有约定所承担保证份额的共同保证。连带共同保证中的连带，是指各保证人之间有连带关系，而非指保证人与债务人之间的连带关系，为与连带责任保证中保证人与债务人之间的连带关系相区别，学理上通常将共同保证人之间的连带关系称为“保证连带”。

保证根据保证方式的不同，分为一般保证和连带责任保证，其区别在于保证人是否享有先诉抗辩权。共同保证也可包括一般共同保证和连带责任共同保证。一般共同保证的各保证人均享有先诉抗辩权，仅在债务人不能履行到期债务时才承担责任，而连带责任共同保证的保证人在债务人不履行到期债务时，即应承担保证责任。在非同时设立而构成的共同保证中，还可能出现一项保证为一般保证，另一项保证为连带责任保证的情况，如此构成的共同保证既非一般共同保证，也非连带责任共同保证。可见共同保证在保证方式上，存在一般共同保证、连带责任共同保证和混合型共同保证三种形态。①

---

① 参见叶金强：《担保法原理》，北京，科学出版社 2002 年版，第 17 页。

二、按份共同保证中保证责任的承担

本条前段规定："同一债务有两个以上保证人的，保证人应当按照保证合同约定的保证份额，承担保证责任"。共同保证人承担按份责任只限于保证人对保证份额有明确约定的情形。数个保证人如果明确了各自承担的份额，应视为各共同保证人均为就主债务的特定部分设定保证，此时应尊重各共同保证人的分别利益。在这种情况下，债权人只能请求每一个保证人就其保证份额承担保证责任，无权请求其中某个保证人就全部保证债务承担责任，某个保证人的保证责任也局限于合同约定的保证份额。

各保证人向债权人承担了保证责任后，可分别向债务人追偿。各按份保证人之间不发生求偿关系。《担保法解释》第21条规定："按份共同保证的保证人按照保证合同约定的保证份额承担保证责任后，在其履行保证责任的范围内对债务人行使追偿权。"该条解释进一步明确了各个共同保证人之间没有牵连关系，各保证人所承担的保证责任均系依据自己的承诺而产生，在履行了保证责任后，只能向债务人求偿。债务人如无财产，保证人不能从债务人得到清偿的，该保证人也不能向其他共同保证人要求清偿，损失只能自负。①

数人保证如果是由数保证人与债权人订立一个保证合同而成立，则共同保证人对债权人有无先诉抗辩权，依其合同约定；没有约定或约定不明的，共同保证人在各自的保证份额内对主债务人享有先诉抗辩权。若数个保证人分别与债权人订立保证合同，则因各保证合同订定的内容不同，可能出现有的保证人在其保证份额内负一般保证责任，而有的保证人则在保证份额内与主债务人负连带责任的情况，处于后一情况下的共同保证人，其处境自然颇为不利。

三、连带共同保证中保证责任的承担

本条后段规定，同一债务有两个以上保证人，"没有约定保证份额的，债权人可以请求任何一个保证人在其保证范围内承担保证责任"。在解释上，此际保证人之间承担连带责任，《担保法解释》第19条第1款规定："两个以上保证人对同一债务同时或者分别提供保证时，各保证人与债权人没有约定保证份额的，应当认定为连带共同保证。"债权人可以向其中任一保证人请求承担全部保证责任，每一个保证人也都有义务承担全部保证责任。这一规定将共同保证人之间的连带关系，等同于保证人与债务人之间的连带关系。其实连带共同保证人也可与

① 参见曹士兵：《中国担保诸问题的解决与展望》，北京，中国法制出版社2001年版，第73页。

债权人成立一般保证关系，此时共同保证人享有先诉抗辩权，仅在主债务人不能清偿债务时，共同保证人才共同连带承担责任。[①]

《担保法解释》第 20 条规定："连带共同保证的债务人在主合同规定的债务履行期届满没有履行债务的，债权人可以要求债务人履行债务，也可以要求任何一个保证人承担全部保证责任。""连带共同保证的保证人承担保证责任后，向债务人不能追偿的部分，由各连带保证人按其内部约定的比例分担。没有约定的，平均分担。"

1. 连带共同保证人之间的份额问题

共同保证人之间的关系相对于债权人而言是一种连带债务关系，但是共同保证人内部之间仍然存在着承担份额问题，份额的多少取决于保证合同或各个保证人之间的约定。若对此没有约定，则视为各共同保证人平等分担。因此，无论是通过保证人间的约定还是通过推定，各连带保证人最终所应承担保证的份额都是确定的。但应当注意的是，"连带共同保证的保证人以其相互之间约定各自承担的份额对抗债权人的，人民法院不予支持"（《担保法解释》第 19 条第 2 款）。

2. 连带共同保证的保证人之间的求偿问题

《担保法》第 12 条规定："已经承担保证责任的保证人，有权向债务人追偿，或者要求承担连带责任的其他保证人清偿其应当承担的份额。"《担保法解释》第 20 条第 2 款规定："连带共同保证的保证人承担保证责任后，向债务人不能追偿的部分，由各连带保证人按其内部约定的比例分担。没有约定的，平均分担。"两者之间的不同之处在于连带共同保证的保证人承担保证责任之后，《担保法》规定可以向债务人或者其他保证人选择求偿；但《担保法解释》规定先应向债务人求偿，不足部分才能向其他保证人求偿。《担保法解释》的这种限度未必妥当。

依据《担保法》第 12 条的规定，作为连带共同保证的各保证人之间内部求偿问题，在各保证人内部约定了保证份额的情况下，已经承担保证责任的保证人有权向债务人追偿（不足部分再按份额比例向其他保证人追偿）或者直接要求承担连带责任的其他保证人清偿其应承担的份额，并非如《担保法解释》第 20 条第 2 款规定的连带共同保证的保证人承担保证责任后，向债务人不能追偿的部分，由各连带保证人按其内部约定的比例分担。因为各保证人在保证时已约定各自承担的份额，已经承担了保证责任的保证人根据内部的协议与其他保证人之间可直接产生债权债务关系，故可按约定份额直接向其他保证人追偿，不一定必须先向债务人追偿；当然为了减少追偿环节，有时其向债务人追偿后，可能全部获

① 参见叶金强：《担保法原理》，北京，科学出版社 2002 年版，第 19 页。

得清偿，故也应准许其可先向债务人追偿，不足部分再按份额比例向其他保证人追偿。也就是说，针对该种情况应当赋予已经承担保证责任的保证人有向主债务人追偿还是直接向其他保证人追偿的选择权。对此问题，上述司法解释没有《担保法》规定得合理。

连带共同保证的保证人之间未约定保证份额，《担保法解释》将之推定为保证人内部没有约定保证份额的，平均分担。在这种情况下，已经承担保证责任的保证人是否必须先向债务人追偿，不能追偿部分再由各连带共同保证人按其内部约定的比例分担？本书作者认为应当同第一种情况一样，已经承担保证责任的保证人并不一定必须先向债务人追偿，应赋予其选择权。

本条就连带共同保证人之一承担了保证责任之后向主债务人求偿以及保证人之间内部求偿问题未作规定，留待下一条解决。

其他问题

连带责任保证中，债权人未在约定的保证期间内向保证人主张权利，保证责任即告免除。那么在连带共同保证中，债权人对连带共同保证人之一主张权利的，效力是否及于其他连带共同保证人？对此，《民法典》第 699 条规定：“同一债务有两个以上保证人的，保证人应当按照保证合同约定的保证份额，承担保证责任；没有约定保证份额的，债权人可以请求任何一个保证人在其保证范围内承担保证责任。”由此，“在连带共同保证中，由于保证人是作为一个整体共同对债权人承担保证责任，所以债权人向共同保证人中的任何一人主张权利，都是债权人要求保证人承担保证责任的行为，其效力自然及于所有的保证人。对那些未被选择承担责任的共同保证人来说，债权人向保证人中任何一人主张权利的行为，应当视为债权人已向其主张了权利”①。

第七百条

保证人承担保证责任后，除当事人另有约定外，有权在其承担保证责任的范围内向债务人追偿，享有债权人对债务人的权利，但是不得损害债权人的利益。

---

① “英贸公司与天元公司保证合同追偿权纠纷上诉案”，载《最高人民法院公报》2002 年第 6 期。另参见“浙江省诸暨市康业医药有限公司与福建三明医药股份有限公司等合同纠纷申请再审案”，最高人民法院（2015）民申字第 2064 号民事裁定书。

本条主旨

本条是关于保证人的求偿权与清偿承受权的规定。

相关条文

《担保法》第 31 条　保证人承担保证责任后，有权向债务人追偿。

《担保法解释》第 42 条　人民法院判决保证人承担保证责任或者赔偿责任的，应当在判决书主文中明确保证人享有担保法第三十一条规定的权利。判决书中未予明确追偿权的，保证人只能按照承担责任的事实，另行提起诉讼。

保证人对债务人行使追偿权的诉讼时效，自保证人向债权人承担责任之日起开始计算。

第 43 条　保证人自行履行保证责任时，其实际清偿额大于主债权范围的，保证人只能在主债权范围内对债务人行使追偿权。

《民法典各分编（草案）》（2018 年 8 月）第 490 条　保证人承担保证责任后，除当事人另有约定以外，有权在其承担保证责任的范围内向债务人追偿，享有债权人对债务人的权利，但是不得损害债权人的利益。

《民法典合同编（草案）（二审稿）》（2018 年 12 月）第 490 条　保证人承担保证责任后，除当事人另有约定外，有权在其承担保证责任的范围内向债务人追偿，享有债权人对债务人的权利，但是不得损害债权人的利益。

《民法典（草案）》（2019 年 12 月）第 700 条　保证人承担保证责任后，除当事人另有约定外，有权在其承担保证责任的范围内向债务人追偿，享有债权人对债务人的权利，但是不得损害债权人的利益。

《民法典（草案）》（2020 年 5 月 22 日大会审议稿）第 700 条　保证人承担保证责任后，除当事人另有约定外，有权在其承担保证责任的范围内向债务人追偿，享有债权人对债务人的权利，但是不得损害债权人的利益。

理解与适用

本条是在《担保法》第 31 条和《担保法解释》第 43 条的基础上修改而成的，增加了保证人清偿承受权的规定。

保证人是为主债务人代负履行责任或者赔偿责任，其对于主债务人通常只有权利主张而无义务之负担。① 按照本法的规定，保证人对主债务人的权利主要体

① 参见邱聪智：《新订债法各论》（下），姚志明校订，北京，中国人民大学出版社 2006 年版，第 390 页。

现在两个方面：保证人求偿权和保证人清偿承受权。保证人与主债务人之间原因关系不同，保证人对于主债务人的权利亦不同。保证人与主债务人之间系委托关系或无因管理关系时，保证人对主债务人享有求偿权、清偿承受权；保证人与主债务人之间系赠与关系时，保证人对主债务人则无上述权利。

一、保证人的求偿权

保证人的求偿权，又称保证人的追偿权，是指保证人履行保证债务后，可向主债务人请求返还的权利。我国台湾地区并无保证人求偿权的专门规定，但在解释上认为，基于委托成立保证的，保证人（受托人）得依“民法”第546条向委托人（主债务人）求偿，但受托人因过失怠于行使对债权人之各项抗辩权所代负履行之部分，因不构成必要费用而不得求偿；基于无因管理成立保证的，保证人（管理人）得依“民法”第176、177条向本人（主债务人）求偿，但管理人因过失怠于行使对债权人之各项抗辩权所代负履行之部分并非管理所需必要费用，故不得求偿。①

（一）保证人行使求偿权的条件

保证人之所以享有求偿权，是因为保证人履行保证债务实质上是为主债务人履行债务，而非履行自身债务，自得向因其清偿而得利的主债务人追偿。保证人求偿权的行使应当具备一定的条件。

1. 保证人已经向债权人履行保证债务

保证人的求偿权只有在保证人已承担保证责任后才会产生。在保证人向债权人承担保证责任之前，保证人对主债务人有将来之求偿权，并非既得权，不得对主债务人主张。保证人以清偿债务、提存、抵销等方法代主债务人清偿主债务后，保证人对主债务人的求偿权即转化为既得权，始可向主债务人行使。② 保证人的求偿，必须限于保证人的给付致使有偿地消灭主债务人对于债权人的责任。假如自己毫无给付，仅因其尽力致使主债务消灭，如说服债权人，使债权人免除主债务人的债务，则不得向主债务人追偿。③

值得注意的是，如保证人仅对部分债权承担保证责任，或者保证人仅部分履行保证债务，在其承担了保证责任后，依法仍可向主债务人追偿。此际，保证人的求偿权和债权人的剩余债权并存，两者均属债权，依债权平等原则，就主债务

① 参见吴志正：《债编各论逐条释义》，台北，元照出版公司2015年版，第408页。

② 参见邹海林，常敏：《债权担保的方式和应用》，北京，法律出版社1998年版，第87页。

③ 参见黄薇（全国人大常委会法制工作委员会民法室主任）主编：《中华人民共和国民法典合同编解读（下册）》，北京，中国法制出版社2020年版，第782页。

人的责任财产平等受偿。

2. 因保证人履行保证债务而使主债务全部或部分地消灭

保证人履行保证债务与主债务消灭之间有因果关系，求偿权才能成立，若主债务的消灭并非保证人履行保证债务的结果，则保证人不享有求偿权。如主债务人本人履行债务，或者由于不可抗力使主债务不复存在等，保证人不得主张求偿权，已经履行保证债务的保证人，可以依不当得利而请求债权人返还。无论保证人的履行行为是使全部主债务消灭还是部分主债务消灭，保证人均可取得求偿权，只是求偿权的范围依主债务受偿的范围不同而不同。

3. 保证人履行保证债务须没有过错

保证人对债权人享有主债务人所有的抗辩，保证人应当以之对抗债权人的清偿请求，若保证人怠于行使主债务人的抗辩，而为大于主债务人应承担债务范围的清偿，以及保证人支出非必要的花费使得主债务范围扩大，对扩大部分，保证人丧失求偿权，在保证人行使求偿权时主债务人有权提出抗辩。此外，保证人在承担保证责任后，有义务及时通知主债务人，若保证人怠于通知主债务人，致使主债务人无过失地又向债权人履行的，保证人丧失求偿权，保证人依不当得利请求债权人返还。《担保法解释》第 43 条规定："保证人自行履行保证责任时，其实际清偿额大于主债权范围的，保证人只能在主债权范围内对债务人行使追偿权。"

4. 保证人没有赠与的意思

本条前句"当事人另有约定"，包括保证人与主债务人之间的原因关系属于赠与的情形。保证人没有赠与的意思，是保证人求偿权的消极要件。保证人在行使求偿权时不必就此举证。①

（二）保证人求偿权行使的范围

本条前句将保证人求偿权的范围，限定于"承担保证责任的范围"，并允许"当事人另有约定"。在解释上，求偿权是对保证人因履行保证债务的一种补偿，补偿的范围包括保证人因履行保证债务所受到的一切损失，包括：其一，保证人实际承担的保证责任的范围。此范围应与主债务人的免责范围一致，若保证人承担保证责任而给付的金额大于主债务免除金额，则超出部分保证人不得追偿，而应依不当得利向债权人求偿。其二，自承担保证责任之日起，保证人为债务人免除债务而给付的金额的法定利息。其三，保证人为承担保证责任而支付的必要费

① 参见黄薇（全国人大常委会法制工作委员会民法室主任）主编：《中华人民共和国民法典合同编解读（下册）》，北京，中国法制出版社 2020 年版，第 782 页。

用，如履行保证责任的费用、诉讼费用等。其四，保证人在承担保证责任过程中因不可归责于自己的事由而受到的损失。

保证人与主债务人之间的原因关系有数种，已如前述。以上所述求偿权行使的范围仅限于委托关系而言。在保证人承担保证责任是出于赠与的意思，即保证人与债务人间存在赠与的法律关系时，保证人应无求偿权。在保证人未受委托而为保证，保证人又无赠与的意思的，其与债务人间存在无因管理关系，应依无因管理的规则来确定求偿的范围。在保证行为不违背债务人明示或可推知的意思时，保证人有权向债务人追偿所清偿的全部债务和利息及必要费用。在保证人行为违背债务人意思时，保证人仅在债务人享受利益限度内有追偿的权利。①

二、保证人的清偿承受权

（一）保证人的清偿承受权的规范目的

保证人的清偿承受权，又称保证人的代位权，是指保证人承担保证责任之后，在其承担保证责任的范围内承受债权人对于主债务人的债权，而对主债务人行使原债权人之权利的权利。保证人承担保证责任之后，对主债务人并非新取得一个名曰“代位权”的权利，而是在清偿限度内取得债权人对于主债务人的权利，其情形与具有合法利益的第三人清偿后取得债权人对债务人的权利（第 524 条）相同，但与债的保全制度中的债权人代位权仅能代位行使债务人的权利（第 535 条）存在重大差异。保证人行使的权利不是“代位权”，而是从债权人移转而来的权利，属于法定的债权移转。② 为避免混淆，本书以清偿承受权称之。

保证人清偿承受权的法理基础在于，保证人不是基础法律关系的当事人，而只是“代为履行债务或代负赔偿责任”的第三人，当保证人清偿保证债务使主债务在相应范围内消灭之时，基于法定的债权转让，保证人承受债权人的地位，行使除专属于债权人自身之外的一切权利，包括享有担保该债权的其他担保权。也就是说，保证人清偿承受权是以担保责任的从属性为基础，担保责任是第二性的债务，而主债务才是本位意义上的债务，保证人只是代替主债务人履行债务。

保证人清偿承受权和求偿权各有其保护担保人的视角和独特作用，在比较法

---

① 参见叶金强：《担保法原理》，北京，科学出版社 2002 年版，第 71 页。

② 参见陈自强：《契约责任与契约解消》，台北，元照出版公司 2016 年版，第 362－363 页。

上大多数国家（地区）亦予承认[①]，但我国《担保法》上是否存在保证人清偿承受权制度则尚存疑问。从我国《担保法》第31条的文义来看[②]，尚无法得出我国法上已经规定保证人清偿承受权的结论。[③] 在《担保法》上，保证人承担保证责任后，保证人所行使的并不是原债权人的权利，保证人对主债务人的求偿权的解释基础并不是清偿承受权[④]，而是保证人与主债务人之间的基础关系。有学者经由体系解释得出我国法律已承认保证人清偿承受权。其主要理由为：第一，《担保法》第28条第2款关于"债权人放弃物的担保的，保证人在债权人放弃权利的范围内免除保证责任"的规定，只有在承认保证人代位权的基础上才能得到解释[⑤]，否则，无论债权人是否放弃担保物权都与保证人无关，就不会出现保证人能够在"债权人放弃权利的范围内免除保证责任"这种相当于保证人实现担保物权的规定；第二，《担保法解释》第38条第1款后段关于"承担了担保责任的担保人也可以要求其他担保人清偿其应当分担的份额"的规定，也只有在承认保证人代位权的前提下才能得到合理解释，否则，不能要求其他担保人清偿其应当分担的份额。[⑥]

本文作者认为，上述相关两个条文均涉及人的担保与物的担保并存时的相互求偿关系的问题。姑且不论我国《物权法》已就相关规则作了修改，明确保证人

---

① 参见史尚宽：《债法总论》，北京，中国政法大学出版社2000年版，第809页；郑玉波：《民法债编各论》（下），台北，作者1981年自版，第857页；杜怡静：《保证》，载黄立：《民法债编各论》（下），北京，中国政法大学出版社2003年版，第872－873页；邱聪智：《新订债法各论》（下），北京，中国人民大学出版社2006年版，第390页；［日］於保不二雄：《日本民法债编总论》，庄胜荣校订，台北，五南图书出版公司1998年版，第366－367页。

② 值得注意的是，《担保法》第31条使用的是"追偿"而非"求偿"，一是因为更符合中国人的心里，有助于对主债务人造成心理上的压力（邓曾甲：《中日担保法律制度比较》，北京，法律出版社1999年版，第117页）；二是基于对最终责任承担者的确认。"追偿"这一概念可谓是针对所欲处理的事物，相对于借助该法律概念所欲达成的规范功能，趋向于所欲实现的价值而发生（参见黄茂荣：《法学方法与现代民法》，北京，法律出版社2007年版，第108页）。因此，这里的"追偿权"应系指担保人与主债务人之间的求偿权。参见张尧：《论担保人的求偿权——以担保人对主债务人的求偿权为中心》，载《岳麓法律评论》第7卷，长沙，湖南大学出版社2012年版，第162页。

③ 参见邹海林、常敏：《债权担保的理论与实务》，北京，社会科学文献出版社2005年版，第101页；陈本寒主编：《担保法通论》，武汉，武汉大学出版社1998年版，第90页；崔建远主编：《合同法》，北京，法律出版社2007年版，第180页。

④ 有学者认为，在保证人承担保证责任后，债权人的权利当然于其受偿范围内或保证人承担保证责任范围内移转给有追偿权的保证人，使保证人得以部分或者全部取代债权人的地位行使权利，以确保保证人的求偿权得以实现。参见孔祥俊主编：《担保法例解与适用》，北京，人民法院出版社2001年版，第211页。

⑤ 参见费安玲、龙云丽：《信用担保人权利救济之研究——以保证人权利制度完善为研究视角》，北京，中国政法大学出版社2013年版，第153页。

⑥ 参见程啸、王静：《论保证人追偿权与代位权之区分及其意义》，载《法学家》2007年第2期。

与物上保证人之间已不存在内部求偿关系①，即使承认保证人与物上保证人之间存在内部求偿关系②，其解释路径也并非一定要借助保证人清偿承受权理论。在人保和物保并存时，“为同一债务担保”的共同目标实际上已经使他们之间建立了联系。③ 虽然保证人与物上保证人之间并非连带债务人，亦非不真正连带债务人，但是，因为同一债务提供担保的事实而使各担保人与债权人之间构成担保之连带或竞合④，这也是债权人在主张担保权利时可以就保证人和物上保证人之间享有选择权的逻辑前提。这一“担保之连带”无须当事人作出约定，也并不意味着各担保人之间构成相互担保或者反担保。在大多数国家，通说认为，数个从属保证人在不存在特别协议且为同一债务提供担保的情况下，一般要像连带债务人那样负担内部责任，多数连带债务人之间的求偿规则也适用于多数保证人之间，因为所有保证人的处境是一样的。多数保证人之间的内部求偿规则同样适用或类推适用于物上保证人。⑤《欧洲示范民法典草案》也因此而明定了保证人与物上保证人对于债权人的担保连带关系以及相互之间的求偿关系。由此可见，保证人与物上保证人之间的求偿关系无须借助于担保人清偿承受法理。

本文作者认为，为使担保人承担担保责任后对担保主债务清偿的其他担保人的求偿权更具解释力，应规定担保人的清偿承受权。虽然保证人与物上保证人之间存在内部求偿关系的解释路径并非一定要借助担保人清偿承受法理，但担保人清偿承受权确实能解决信贷交易实践中的问题。例如，借款人向商业银行申请贷款，担保公司提供保证，同时借款人依其生产设备、原材料、半成品、产品为担保公司提供动产浮动抵押反担保，贷款人之所以不直接接受借款人提供的物上担保，是因为商业银行在浮动抵押交易中监管责任过重。但在办理动产浮动抵押登记时，登记机构不接受抵押权人是非商业银行的登记申请，担保公司遂委托商业银行与借款人签订抵押合同，并办理动产抵押登记。后借款人未如期偿还债务，担保公司代为偿还。此时，主债务因清偿而消灭，动产抵押权因主债务消灭而消灭，因该抵押权是担保主债务的清偿，而非担保担保公司求偿权的实现，担保公

---

① 参见胡康生主编：《中华人民共和国物权法释义》，北京，法律出版社2007年版，第381-382页.

② 本书作者即赞成保证人与物上保证人之间存在相互求偿关系，参见高圣平：《混合共同担保之研究》，载《法律科学》2008年第2期。

③ 参见高圣平：《担保物权司法解释起草中的重大争议问题研究》，载《中国法学》2016年第1期。

④ 参见郑冠宇：《再论担保之竞合》，载《山东科技大学学报（社会科学版）》2010年第5期。

⑤ See Study Group on a European Civil Code and Research Group on EC Private Law（Acquis Group），*Principles*，*Definitions and Model Rules of European Private Law*：*Draft Common Frame of Reference*（*DCFR*），*Full Edition*，Volume 3. Munich：Sellier，European Law Publishers GmbH，2009，pp. 2563、2558、2565.

司无法基于基础交易关系——委托而主张动产抵押权。此种情形之下，如承认担保人的清偿承受权，担保公司不仅可以代位商业银行向借款人主张主债权，而且可以代位商业银行行使担保该主债权的动产抵押权。

（二）保证人清偿承受权的成立与效力

依据本条的规定，“保证人承担保证责任后，除当事人另有约定外，有权在其承担保证责任的范围内……享有债权人对债务人的权利，但是不得损害债权人的利益”。由此可见，保证人清偿承受权的成立仅以“保证人承担保证责任”为要件。在解释上，“保证人承担保证责任”包括保证人自行清偿保证债务、经强制执行或破产清算而清偿保证债务在内。此外，依“保证人承担保证责任”之目的——在相应范围内消灭债权人与主债务人之间的债权债务关系而言，保证人以代物清偿、提存、抵销等其他方式足以消灭主债务的，亦发生保证人的清偿承受权。①

保证人承担保证责任后，即在其承担保证责任的范围内“享有债权人对债务人的权利”，即债权人对于主债务人的债权在保证人的清偿限度内移转于保证人。此种移转属于债权的法定移转，无须当事人的意思表示。保证人承担保证责任使主债务全部消灭的，债权人的债权即由保证人全部承受；保证人承担保证责任仅使主债务部分消灭的，债权人的该部分债权即由保证人承受。

由于保证人承受债权人的债权属于债权的法定移转，在法效果上应与债权的约定移转相同。依据《民法典》第 547 条第 1 款的规定，债权人转让债权的，受让人取得与债权有关的从权利，但是该从权利专属于债权人自身的除外。由此，在解释上，保证人承受取得的不仅仅只是原债权人对主债务人的债权，该债权的担保权利，如抵押权、质权、留置权或保证债权，以及该债权的其他从权利，亦一并移转于保证人。保证人承受取得的债权与原债权全然相同。保证人取得从权利也不因该从权利未办理转移登记手续或者未转移占有而受到影响。“享有债权人对债务人的权利”不宜简单地依其文义解释为，保证人仅取得债权人对主债务人的债权，否则保证人的清偿承受权即与保证人求偿权并无多大差异，《民法典》增设这一权利类型即实无必要。

保证人清偿承受权的行使“不得损害债权人的利益”。这主要是指保证人承担保证责任仅使主债务部分消灭的情形，包括保证人本就提供有限保证，未担保主债权的全部，也包括保证人虽提供无限保证，就主债权之全部提供保证，但保

---

①　参见邱聪智：《新订债法各论》（下），姚志明校订，中国人民大学出版社 2006 年版，第 397 页；刘春堂：《民法债编各论》（下）（修订版），台北，作者 2012 年自版，第 370 页。

证人仅清偿部分保证债务的情形。此际，保证人承受的部分债权与原债权人的剩余债权并存。原债权人的利益不应因保证人履行保证债务而受影响，因此，保证人清偿承受权的行使“不得损害债权人的利益”①。如保证人承担保证责任仅使主债务部分消灭时，虽也承受部分债权，但在原债权人全部债权受偿之前，尚无法主张与原债权人的剩余债权平等受偿，以免害及原债权人的利益。②

三、保证人的求偿权与清偿承受权之间的关系

依据本条的规定，保证人为履行保证债务而对债权人为清偿或其他消灭债务的行为，导致主债务人对债权人免责的，保证人同时享有求偿权与清偿承受权。在权利关系上，求偿权系保证人自己对主债务人的权利，属于新成立的权利；清偿承受权系保证人承受债权人对于主债务人的债权，保证人承受取得的实为债权人原有的权利，并非新成立的权利。求偿权与清偿承受权同时并存，且清偿承受权为法定当然移转于保证人，但是，保证人仍得选择行使求偿权，亦得于承受债权之后，行使原债权人的权利。两者为请求权竞合，其中一权利因行使而达目的时，则另一种权利于所达目的之范围内即归消灭。③

其他问题

争点讨论：无效保证中保证人承担赔偿责任后的求偿权问题

依据《民法典》第682条第2款的规定，保证合同无效后，保证人虽然无须承担保证责任，但仍应根据其过错承担赔偿责任。但保证人承担赔偿责任后，是否可以向主债务人求偿，则不无疑问。

否定论者认为，过错责任是当事人因其自身的过错而承担的责任，责任应当由其本人消化，不应再向其他人追偿，只有代为履行、债务代偿，才存在向最终义务人追偿的问题。承认过错责任可以追偿，不符合过错责任的理论。

肯定论者认为，在本质上，无论是有效担保还是无效担保，债务人均为最终义务人，应当承担最终责任，也就是说，无效担保人承担的责任是原属于债务人的责任。担保人因其允诺承担责任，责任与权利相比通常不成比例，即便在担保无效时，无效担保人的责任也很可观。如果不允许担保人向债务人追偿，不符合

---

① 刘春堂：《民法债编各论》（下）（修订版），台北，作者2012年自版，第371页。

② 参见邱聪智：《新订债法各论》（下），姚志明校订，北京，中国人民大学出版社2006年版，第397页。

③ 参见邱聪智：《新订债法各论》（下），姚志明校订，北京，中国人民大学出版社2006年版，第399页；刘春堂：《民法债编各论》（下）（修订版），台北，作者2012年自版，第373页。

民法公平原则。作为缔约过失责任的一种，担保人的过错是决定其在担保无效时继续承担责任的根据，这一根据也构成担保人承担一定的代偿责任的基础，担保人承担的无效担保责任仍具有代偿责任的性质，因此在理论上也可以自足。①

无效担保人承担的赔偿责任，性质上属于缔约过失责任，《担保法解释》肯定担保人可以向债务人追偿，肯定了过错责任可以向最终义务人求偿的做法。《担保法解释》第9条规定："担保人因无效担保合同向债权人承担赔偿责任后，可以向债务人追偿，或者在承担赔偿责任的范围内，要求有过错的反担保人承担赔偿责任。担保人可以根据承担赔偿责任的事实对债务人或者反担保人另行提起诉讼。"

1. 无效保证的保证人行使求偿权的范围

第一，保证人向债务人行使求偿权的范围。保证人追偿的范围以其已经承担的责任范围为限。保证人在保证合同无效时承担的是缔约过失责任。缔约过失责任的损害赔偿一般仅指信赖利益的损害赔偿，具体包括：(1) 缔约费用，包括邮电费用、赴缔约地察看标的物所支出的费用；(2) 准备履约所支出的费用，包括准备为运送标的物或受领对方给付所支出的费用；(3) 受害人支出上述费用的利息损失；(4) 因恢复原状、返还财产而增加的费用；(5) 丧失与第三人另订立合同的机会所产生的损失。保证人向债务人追偿的范围以缔约过失责任为限，不应超出保证合同的履行利益。

第二，保证人向反担保人行使求偿权的范围。保证人向反担保人追偿的条件是，反担保人有过错和保证人实际承担了赔偿责任。反担保合同是保证合同的从合同，保证合同无效，反担保合同也无效，保证人在保证合同无效时承担的是缔约过失责任；同理，反担保人承担的也是缔约过失责任。反担保人承担责任必须符合缔约过失责任的构成要件，缔约过失责任是一种过错责任，反担保人只有因过错才承担责任，如果担保人有过错而反担保人无过错，反担保人就享有无过错抗辩权，可以不必承担责任。至于反担保人的过错判断，应当和担保人的过错情形相同，即反担保人明知担保合同无效仍为之提供反担保或反担保人明知担保合同无效仍促使担保合同成立或为担保合同的签订作中介等。反担保人承担责任的大小，不宜以保证人承担的全部责任为限，要视案情而定。在无效担保的情况下，保证人和反担保人都有过错，从这个角度来理解，反担保人分担保证人所承担的责任比较公平。例如，保证人承担了债务人不能清偿部分的1/3，反担保人则承担保证人所承担的1/3部分的一半比较适合。同理，当保证人承担了债务人

① 参见曹士兵：《中国担保制度与担保方法》，北京，中国法制出版社2007年版，第97页。

不能清偿部分的 1/2，反担保人可以承担该部分的一半。[①]

2. 无效保证的保证人行使求偿权的程序

依前引《担保法解释》条文可见，无效保证的保证人行使追偿程序上是“另行起诉”。也就是说，在债权人起诉债务人或者保证人要求其承担赔偿责任的案件中，保证人不能提出要求债务人或者反担保人分担责任的请求。在债权人、债务人、担保人均参加诉讼的案件中，不解决担保人向债务人或反担保人要求追偿或分担责任的问题，担保人向债务人提出追偿的诉讼请求也不构成反诉。这是司法解释对行使追偿权的程序要求。实践中，一些法院在审理担保纠纷案件时一并解决担保人追偿的问题，以一个判决解决两个诉请，节约了诉讼成本，也值得肯定。[②]

第七百零一条

保证人可以主张债务人对债权人的抗辩。债务人放弃抗辩的，保证人仍有权向债权人主张抗辩。

本条主旨

本条是关于保证人对主债务人抗辩的援引的规定。

相关条文

《担保法》第 20 条　一般保证和连带责任保证的保证人享有债务人的抗辩权。债务人放弃对债务的抗辩权的，保证人仍有权抗辩。

抗辩权是指债权人行使债权时，债务人根据法定事由，对抗债权人行使请求权的权利。

《民法典各分编（草案）》（2018 年 8 月）第 491 条　保证人享有债务人对债权人的抗辩。债务人放弃抗辩的，保证人仍有权向债权人主张抗辩。

《民法典合同编（草案）（二审稿）》（2018 年 12 月）第 491 条　保证人享有债务人对债权人的抗辩。债务人放弃抗辩的，保证人仍有权向债权人主张抗辩。

《民法典（草案）》（2019 年 12 月）第 701 条　保证人可以主张债务人对债权

① 参见曹士兵：《中国担保制度与担保方法》，北京，中国法制出版社 2007 年版，第 98 页；邓基联主编：《适用担保法重大疑难问题研究》，深圳，海天出版社 2003 年版，第 138 页。

② 参见曹士兵：《中国担保制度与担保方法》，北京，中国法制出版社 2007 年版，第 98 页。

人的抗辩。债务人放弃抗辩的，保证人仍有权向债权人主张抗辩。

《民法典（草案）》（2020 年 5 月 22 日大会审议稿）第 701 条　保证人可以主张债务人对债权人的抗辩。债务人放弃抗辩的，保证人仍有权向债权人主张抗辩。

理解与适用

本条是在《担保法》第 20 条的基础上修改而成的，将其中的“抗辩权”修改为“抗辩”。

一、保证人的抗辩与抗辩权

保证合同的单务性和无偿性，决定了保证人对债权人并无任何请求权，但在债权人向保证人主张保证债务履行请求权时，保证人可以依照保证合同约定或者法律规定的事由，反驳债权人的请求，此即保证人基于保证合同所产生的抗辩，保证人以一般债务人的地位可以主张相应的抗辩以对抗债权人的请求权。此类抗辩主要针对保证债务的发生、变更、消灭等事项。如保证合同未成立的抗辩、保证债务已消灭的抗辩、保证债务未届清偿期的抗辩、保证期间已经过的抗辩、保证债务罹于时效的抗辩权，等等。

保证债务具有从属于主债务的属性，主债务人对于债权人所享有的任何抗辩，保证人均可以主张以对抗债权人的履行请求。为了保护保证人的合法权益，主债务人自己主张了抗辩，其效力自然及于保证人，若主债务人有对抗债权人的抗辩而不主张，又不赋予保证人行使主债务人抗辩的权利，势必损害保证人的利益。反之，在主债务人不主张抗辩之时，由保证人自己来主张主债务人的抗辩，则能保护保证人的合法利益。因此，本条规定，保证人可以主张债务人对债权人的抗辩。这里尚需注意的是，尽管保证人主张的是主债务人的抗辩，但保证人是以自己的名义而非以主债务人或主债务人的代理人的名义主张该项抗辩，因此，保证人的抗辩属于其依法享有的抗辩，独立于主债务人的抗辩而发生效力。

《担保法》第 20 条第 1 款规定：“一般保证和连带责任保证的保证人享有债务人的抗辩权。债务人放弃对债务的抗辩权的，保证人仍有权抗辩。”这里，将保证人可得援引的抗辩局限于抗辩权，在文义上无法涵盖诉讼上的非抗辩权的防卫手段。[①] 学说上认为，诉讼中旨在挑战原告诉讼请求正当性的诉讼抗辩，依其效力，有权利阻却（未发生的）抗辩、权利消灭抗辩和权利阻止抗辩。其中，前两者又合称权利否认抗辩或事实抗辩；权利阻止抗辩是指，被告既不否认原告请

① 参见程啸：《保证合同研究》，北京，法律出版社 2006 年版，第 238－239 页。

求权，亦未主张其消灭，仅以给付拒绝权阻遏原告请求权的实现。仅有其中权利阻止抗辩对应于私法上的抗辩权，而权利阻却（未发生的）抗辩、权利消灭抗辩均旨在否认对方请求权之存在，并非简单阻止请求权效力，故不属于实体法上的抗辩权。① 由此可见，抗辩与抗辩权具有不同的法律内涵②，也有着不同的效力，抗辩权须由权利人主张，法官不得主动适用；而权利否认抗辩则无此限制，即使当事人未予援引，法官亦得主动适用。③ 基于此，本条将《担保法》第 20 条中的“抗辩权”修改为“抗辩”。

二、保证人援引主债务人对债权人的抗辩的种类

所谓“债务人对债权人的抗辩”，是指主债务人所得对抗债权人的事由，举凡主债务人所有，而与主债务自身之发生、消灭或履行有牵连关系的一切抗辩，均包括在内，但不包括主债务发生、变更或消灭以外独立原因事由所生的抗辩。例如，抵销之抗辩即不在本条适用范围之内。④ 本条所定“债务人对债权人的抗辩”中的抗辩系采广义，既包括所谓权利否认抗辩，又包括所谓权利阻止抗辩（抗辩权）。举其要者，有以下几类。

第一，主债权未发生的抗辩。即主债权所据以发生的债权债务合同或其他法律事实，因法律规定而有不成立、未发生或无效的原因，导致债权人权利未发生者。

第二，主债权已消灭的抗辩。主债权虽曾有效发生，但因清偿、提存、抵销等法定事由而消灭的，保证债务亦随同消灭，保证人自可援用该抗辩。但主合同解除时，主债务人负有恢复原状及损害赔偿的义务，除保证合同另有约定的外，保证人就此仍负保证责任，尚无抗辩可言。

---

① 参见朱庆育：《民法总论》（第二版），北京，北京大学出版社 2016 年版，第 506 页。同旨参见史尚宽：《债法各论》，北京，中国政法大学出版社 2000 年版，第 906－907 页；张俊浩主编：《民法学原理（修订第 3 版）》（上册），北京，中国政法大学出版社 2000 年版，第 79 页；［德］卡尔·拉伦茨：《德国民法通论》（上册），王晓晔等译，北京，法律出版社 2003 年版，第 333 页；王泽鉴：《民法总论》（增订版），北京，中国政法大学出版社 2001 年版，第 95 页；尹腊梅：《保证人抗辩权的类型化及其适用》，载《法学杂志》2010 年第 4 期。

② 参见柳经纬、尹腊梅：《民法上的抗辩与抗辩权》，载《厦门大学学报（哲学社会科学版）》2007 年第 2 期。

③ 参见朱庆育：《民法总论》（第二版），北京，北京大学出版社 2016 年版，第 507 页；费安玲、龙云丽：《信用担保人权利救济之研究——以保证人权利制度完善为研究视角》，北京，中国政法大学出版社 2013 年版，第 96－97 页。

④ 参见邱聪智：《新订债法各论》（下），姚志明校订，北京，中国人民大学出版社 2006 年版，第 377 页。

第三，拒绝给付的抗辩。即狭义的抗辩（权），亦即债权人行使债权时，债务人根据法定事由，对抗债权人行使请求权的权利。无论是减却性的抗辩，还是延期性的抗辩，保证人均可援用。前者如主债务时效经过抗辩权；后者如同时履行抗辩权、不安抗辩权、先履行抗辩权、违约金酌减。①

保证人主张主债务人对于债权人的抗辩，并非代主债务人为主张，而乃基于保证人的地位而独立主张。易言之，保证人以主债务人之抗辩为自己的抗辩事由，借以拒绝自己债务清偿，故即使主债务人抛弃其抗辩，保证人仍得主张之。②

第七百零二条

债务人对债权人享有抵销权或者撤销权的，保证人可以在相应范围内拒绝承担保证责任。

本条主旨

本条是关于保证人对主债务人抵销权或者撤销权的援引的规定。

相关条文

《民法典各分编（草案）》（2018 年 8 月）第 492 条　债务人对债权人享有抵销权或者撤销权的，保证人可以在相应范围内拒绝承担保证责任。

《民法典合同编（草案）（二审稿）》（2018 年 12 月）第 492 条　债务人对债权人享有抵销权或者撤销权的，保证人可以在相应范围内拒绝承担保证责任。

《民法典（草案）》（2019 年 12 月）第 702 条　债务人对债权人享有抵销权或者撤销权的，保证人可以在相应范围内拒绝承担保证责任。

《民法典（草案）》（2020 年 5 月 22 日大会审议稿）第 702 条　债务人对债权人享有抵销权或者撤销权的，保证人可以在相应范围内拒绝承担保证责任。

理解与适用

本条系新增。我国《担保法》就保证人可得主张主债务人对债权人的权利仅

---

① 参见邱聪智：《新订债法各论》（下），姚志明校订，北京，中国人民大学出版社 2006 年版，第 377－378 页；刘春堂：《民法债编各论》（下）（修订版），台北，作者 2012 年自版，第 358－359 页。

② 参见杜怡静：《保证》，载黄立：《民法债编各论》（下），北京，中国政法大学出版社 2003 年版，第 868 页；林诚二：《债编各论新解——体系化解说》（下）（修订三版），台北，瑞兴图书股份有限公司 2015 年版，第 310 页。

限于抗辩权一种（第 20 条）。至于比较法上的保证人基于主债务人的抵销权或撤销权而产生的拒绝履行的权利，《担保法》均未规定。学者间多对《担保法》第 20 条进行了扩张性解释，将这些权利纳入其中，或将保证人的抵销权、撤销权直接作为抗辩权，进而将其纳入保证人可得行使的主债务人抗辩权范围[①]，或认为这两种权利虽不属于抗辩权，但属于“类似于抗辩权的权利”，因此，保证人也能享有这些权利。[②] 主债务人的抵销权或撤销权毕竟不是基于主债权债务合同而产生，无法为本法第 701 条的文义所涵盖，本法遂专列一条，就此作出专门规定，以防免解释分歧。

出于对保证人的保护，各国和地区立法都规定了在主债务可抵销、撤销的情形下，保证人可行使一定的权利。但该权利的性质却不尽相同，有的规定保证人可“直接行使主债务人抵销权或撤销权”，有的规定保证人“仅能行使抗辩权”两种模式。[③] 从本条的条文表述来看，本法明显采纳了第二种模式。

一、保证人主张主债务人对债权人的抵销抗辩权

依据《民法典》第 568 条、第 569 条的规定，当事人互负债务，该债务的标的物种类、品质相同的，任何一方可以将自己的债务与对方的到期债务抵销；但是，根据债务性质、按照当事人约定或者依照法律规定不得抵销的除外。当事人主张抵销的，应当通知对方。通知自到达对方时生效。抵销不得附条件或者附期限。当事人互负债务，标的物种类、品质不相同的，经协商一致，也可以抵销。同时，《民法典》第 557 条将“债务相互抵销”作为债权债务终止的事由。基于《民法典》第 682 条所定保证合同的从属性，主债务因抵销而消灭的，保证债务亦随之消灭。

在主债务人对债权人享有抵销权的情形之下，若主债务人自己行使抵销权，则主债务消灭，保证人亦得援用而据以拒绝清偿。只不过，保证人此时所援用的主债权已消灭的抗辩，而非本条之抵销抗辩。[④] 主债务人自己未主张抵销时，保证人即可依主债务人的抵销权在相应范围内拒绝承担保证责任。值得注意的是，

① 参见邹海林、常敏：《债权担保的理论与实务》，北京，社会科学文献出版社 2005 年版，第 78-79 页；高圣平：《担保法新问题与判解研究》，北京，人民法院出版社 2001 年版，第 285 页。

② 参见唐德华主编：《最新担保法条文释义》，北京，人民法院出版社 1995 年版，第 61-62 页；刘保玉、吕文江主编：《债权担保制度研究》，北京，中国民主法制出版社 2000 年版，第 152 页。

③ 参见费安玲、龙云丽：《信用担保人权利救济之研究——以保证人权利制度完善为研究视角》，北京，中国政法大学出版社 2013 年版，第 130-131 页。

④ 参见邱聪智：《新订债法各论》（下），姚志明校订，北京，中国人民大学出版社 2006 年版，第 379 页；刘春堂：《民法债编各论》（下）（修订版），台北，作者 2012 年自版，第 360 页。

保证人在此时并无直接行使主债务人对债权人的抵销权的权利。从保护当事人利益出发，抵销权是否行使，取决于债权人与主债务人之间的意思。但为保护保证人利益，在主债务人对债权人享有抵销权的情形，保证人在相应范围内应享有拒绝履行保证债务的抗辩权。

保证债务因抵销而消灭，主债务并不消灭，此时，保证人依《民法典》第700条之规定，承受债权人之债权。保证人自己对债权人享有债权的，除其自己可向债权人主张抵销外，在保证人具有先诉抗辩权的情形之下，主债务人不得以之向债权人主张抵销，债权人亦不得以之向保证人主张抵销；在保证人并无先诉抗辩权的情形之下，保证人的法律地位与连带债务人的相同，主债务人得以之向债权人主张抵销，相对地，债权人亦得对之主张抵销。①

二、保证人主张主债务人对债权人的撤销抗辩权

依据《民法典》第147—151条的规定，基于重大误解实施的民事法律行为，行为人有权请求人民法院或者仲裁机构予以撤销。一方以欺诈手段，使对方在违背真实意思的情况下实施的民事法律行为，受欺诈方有权请求人民法院或者仲裁机构予以撤销。第三人实施欺诈行为，使一方在违背真实意思的情况下实施的民事法律行为，对方知道或者应当知道该欺诈行为的，受欺诈方有权请求人民法院或者仲裁机构予以撤销。一方或者第三人以胁迫手段，使对方在违背真实意思的情况下实施的民事法律行为，受胁迫方有权请求人民法院或者仲裁机构予以撤销。一方利用对方处于危困状态、缺乏判断能力等情形，致使民事法律行为成立时显失公平的，受损害方有权请求人民法院或者仲裁机构予以撤销。

在主债务人基于法定事由对债权人享有撤销权的情形之下，若主债务人发出撤销的意思表示，则主债权债务合同即自始无效，保证合同亦随之失效。此时保证人亦得援用而据以拒绝履行保证债务。只不过，保证人此时所援用的主债权未发生的抗辩，而非本条之撤销抗辩。② 主债务人自己并未行使撤销权的，保证人即可依主债务人的撤销权在相应范围内拒绝承担保证责任。值得注意的是，保证人在此时并无直接行使主债务人对债权人的撤销权的权利。撤销权的规定，系为保护当事人之利益而设，在保证关系上，即系为保护主债务人之利益而设，保证人无权积极行使债务人的撤销权，尽管合同具有可撤销的理由，但是否行使撤销

① 参见林诚二：《债编各论新解——体系化解说》（下）（修订三版），台北，瑞兴图书股份有限公司2015年版，第306页。

② 参见林诚二：《债编各论新解——体系化解说》（下）（修订三版），台北，瑞兴图书股份有限公司2015年版，第311页。

权是债务人的意思自治范畴，债务人可以放弃撤销权。[①] 但为具体周延地保护保证人利益，在主债务人对债权人享有撤销权的情形，保证人得以主债务人撤销权的存在为由，在相应范围内享有拒绝履行保证债务的抗辩权。[②] 保证人可得主张的主债务人对债权人的撤销抗辩权，在性质上属于暂时性抗辩权，故主债务撤销权因除斥期间经过而告失权的[③]，保证人即不得再援引本条拒绝履行保证债务。[④]

① 参见费安玲，龙云丽：《信用担保人权利救济之研究——以保证人权利制度完善为研究视角》，北京，中国政法大学出版社 2013 年版，第 134－135 页。

② 参见邱聪智：《新订债法各论》（下），姚志明校订，北京，中国人民大学出版社 2006 年版，第 380 页；刘春堂：《民法债编各论》（下）（修订版），台北，作者 2012 年自版，第 360 页。

③ 《民法典》第 152 条规定："有下列情形之一的，撤销权消灭：（一）当事人自知道或者应当知道撤销事由之日起一年内、重大误解的当事人自知道或者应当知道撤销事由之日起九十日内没有行使撤销权；（二）当事人受胁迫，自胁迫行为终止之日起一年内没有行使撤销权；（三）当事人知道撤销事由后明确表示或者以自己的行为表明放弃撤销权。""当事人自民事法律行为发生之日起五年内没有行使撤销权的，撤销权消灭。"

④ 参见林诚二：《债编各论新解——体系化解说》（下）（修订三版），台北，瑞兴图书股份有限公司 2015 年版，第 311 页。

第十四章

租赁合同

第七百零三条

租赁合同是出租人将租赁物交付承租人使用、收益，承租人支付租金的合同。

本条主旨

本条是关于租赁合同的定义。

相关条文

《城市房地产管理法》第 53 条　房屋租赁，是指房屋所有权人作为出租人将其房屋出租给承租人使用，由承租人向出租人支付租金的行为。

《商品房屋租赁管理办法》第 6 条　有下列情形之一的房屋不得出租：

（一）属于违法建筑的；

（二）不符合安全、防灾等工程建设强制性标准的；

（三）违反规定改变房屋使用性质的；

（四）法律、法规规定禁止出租的其他情形。

理解与适用

一、租赁合同的概念

租赁是人与人之间进行财产让渡的一种形式，即出租人允许承租人在一定期限内按照一定的方式对租赁物进行利用，并以承租人支付一定的对价作为财产让渡的条件。租赁现象，可以说自古有之，是一种有助于充分发挥租赁物的使用价值，便于社会生产和生活的民事交易活动。租赁由“租”和“赁”构成，在古时分别指代两种不同的社会交往活动。“租，田赋也”①，与田地的利用和税负有关；而“赁”则与劳动报酬有关，主要指因给人做雇工所获得的工钱。② 而在当代，我们已经习惯性地将两个词合并使用，用于指称人与人之间的财产租让活动，并将这类活动交由财产法领域中的合同法来调整。今天，虽然有一些私人交往活动被冠以“租”字（典型的例如“租友”③），但因为被让渡的内容并非财产而是劳务，因此不被视为合同法意义上的租赁活动，不由合同法调整。

在租赁合同关系中，向对方提供租赁物的一方当事人，即为出租人；而租用其租赁物的一方当事人，则被称为承租人。出租人不一定是租赁物的所有人；用益物权人、担保物权人以及承租人，只要符合法律的规定或者与租赁物所有人之间的约定，都可以成为出租人。④ 承租人向出租人支付的租用对价即为租金。租赁物的种类繁多，动产和不动产皆有之，常见的如马路边上的共享单车和共享汽车、汽车租赁公司停车场的机动车、机械设备、办公用品、居家用具、住宅或者商用房屋、农用土地或者鱼塘，凡此种种。不过，金钱一般不能作为租赁的对象，金钱的借用活动由借款合同规则来调整。

租赁物的利用方式丰富，既可以是对租赁物的直接使用，以方便自己的生产和生活活动；也可以是从租赁物上获取经济收益，如将租用的房产用于酒店经营。租金的表现形式通常为现金，但出租人愿意接受的其他形式的租用对价也构成租金⑤；且在名称上不一定写为“租金”字样，“使用费”“补贴”“报酬”等能够表明租用对价的称谓都可以被认定为租金。⑥

---

① 《说文·禾部》。

② 如《史记·栾布列传》记载，“穷困，赁佣于齐，为酒人保”。

③ 今天的网络平台经济中出现了大量的租男友、租女友现象。参见《男友出租市场，收费高的每天500元》，载《杭州商报》2009年1月12日，第04版。涉及租友活动的司法判决，可见“沈磊与野村综研（上海）咨询有限公司劳动合同纠纷案”，上海市徐汇区人民法院（2017）沪0104民初3658号民事判决书；“上诉人马×与上诉人梁×同居关系子女抚养纠纷案”，北京市第三中级人民法院（2015）三中民终字第04121号民事判决书。

④ 参见吴志正：《债编各论逐条释义》，台北，元照出版公司2019年版，第97页。

⑤ See Kåre Lilleholt, *Lease of Goods* (*Principles of European Law*), Sellier, European Law Publishers, 2008, p. 110.

⑥ 参见吴志正：《债编各论逐条释义》，台北，元照出版公司2019年版，第99页。

二、租赁合同的特征

租赁合同是一类十分重要的经济交往现象，有助于通过在一定期限内部分让渡财产利用机会的方式来提高财产的利用效率，促进物尽其用。法律通过将租赁合同有名化，不仅有助于解决合同当事人所订立的租赁合同的不完全性，填补合同漏洞，而且还有助于鼓励和保障相关租赁活动符合公共秩序的维系要求。概括来讲，合同法意义上的租赁合同有如下特点。

1. 在合同目的上，仅以移转租赁物的占有和使用权能为目的。与买卖合同不同，租赁合同仅是对租赁财产之权能的部分让渡，而非全部让渡。出租人虽然将租赁物交付给承租人占有、使用以及收益，但通常情况下希望保留租赁物的最终处分权，即在租期届满之后能够恢复对租赁物的占有、使用和收益（融资租赁是例外情形）。这也决定了，一方面，租赁合同具有明确的期限限制。在租赁期限届满之后，承租人需要将租赁物归还给出租人。《民法典》第 705 条明确规定，租赁期限最长不得超过 20 年。另一方面，租赁物是现货，而不是将要产生的财产。因为，对于将要产生的财产，虽然可以提前就其作出买卖的约定，但因无法转移占有而不能缔结租赁合同。

另其与保管合同不同的是，承租人占有租赁物的目的是按照约定的用途发挥和利用其使用价值，而不是以保存和维系财产的既有状态为目的。[①] 保管人在占有保管物期间违背委托人的意愿擅自使用保管物甚至获取收益的，虽然可能需要参照租金支付规则向委托人返还不当得利[②]，但其本身因为缺乏相应的合同目的而并不构成租赁合同。

2. 在交易对价上，具有有偿性和双务性。在租赁合同关系中，出租人之所以愿意将自己的物品移转给他人占有和使用，主要目的是获得租金；反之亦然，承租人之所以同意向出租人支付租金，是因为可以占有和使用租赁物。也就是说，租赁合同是一种相互有偿的交易活动，一方以另一方向自己支付交易对价作为履行自身义务的条件。因此，当一方当事人未能依约履行自己的合同义务或者在未存在严重履约障碍时，另一方当事人可以依法援引双务合同中的各种履行抗

---

① 参见王利明：《合同法研究（第三卷）》（第二版），北京，中国人民大学出版社 2015 年版，第 283 页。

② 关于质权人在占有质押车辆期间违反约定使用车辆、出质人能否按照车辆租赁的价格请求使用人返还不当得利的问题，实践中存有争议。有的法院认为这过分高于对出质人造成的损失，判决参照非营业用汽车损失保险条款的折旧率（按年 6.7%计算）酌情赔偿给出质人造成的损失。参见“温州市九洲房地产开发有限公司等诉温州安代投资信息有限公司保管合同纠纷案”，浙江省温州市鹿城区人民法院（2015）温鹿西商初字第 884 号民事判决书。

辩权，暂时中止履行自己的义务，以防范相对方的履约风险。

实践中，也有不少人将自己的财产让渡给他人占有和使用，但并不收取任何对价，即我们通常所称的“借用”或者“使用借贷”。这种无偿让渡财产的占有和使用权能的交往是单务的，且以临时性、短期借用为主，与无偿让渡财产全部权能的赠与合同在性质上更为接近。对于这种实践中广泛出现的财产利用方式，虽然《民法通则意见》第126条曾对借用合同作出过规定①，但在《民法典》合同编中，使用借贷系无名合同②，在适用合同编通则的同时，可以参照适用买卖合同、赠与合同和租赁合同的相似规则。

3. 在租赁物的物理属性上，通常是耐用品（durable goods）。在租赁物的持续使用过程中，之所以能够以数额相对比较稳定的租金作为交易对价，在很大程度上是因为出租人让渡的主要是使用租赁物的机会，而不涉及租赁物本身的明显耗损。如果租赁物是消耗品，那么，对于承租人在租用期间消耗的那一部分，则可能因为消耗度的评估困难而难以通过租金的方式来计价。因此，实践中对于食品、日化用品等消耗品，通常以买卖的方式一次性完全让渡权利。在比较法上，有的法域还对租赁物的耐用品属性作了明确规定。例如，《奥地利普通民法典》第1090条规定：“某人在一定的时间内获得他人不可消耗性财产的使用，并支付一定租金的合同，称为租赁合同。”③ 当然，物品的耐用性本身是一个程度问题，大量租赁物在租赁期间会面临不同程度的自然耗损，当事人可以就自然耗损部分是否需要在租金之外支付额外对价作出约定。在没有特别约定的情形，出租人无权要求承租人就租赁期间的自然耗损支付对价。

4. 在租赁物的使用权限上，由承租人依约独享出租人让渡的权能。在租赁移转占有之后，承租人通常按照合同约定的范围和方式，单独行使对租赁物的使用权和收益权；而出租人既不参与也不能干涉承租人对租赁物的使用。实践中，有的当事人表面上签订的是关于租赁物（如酒店）的《合作协议》，并约定出租人有权参与租赁物经营过程中的财务管理。但是，根据合同的约定，无论经营盈亏，出租人都要收取固定利润，无须承担任何经营风险。由于这类合同中的保底条款不符合联营合同法律关系的关键特征（即共负盈亏、共担风险原则），而实际上更符合一方将租赁物交付给另一方占有、使用和收益，并固定收取租金的特

① 《民法通则意见》第126条规定：“借用实物的，出借人要求归还原物或者同等数量、质量的实物，应当予以支持；如果确实无法归还实物的，可以按照或者适当高于归还时市场零售价格折价给付。”

② 在《民法典》编纂过程中，曾有学者提议将使用借贷合同作为一类有名的合同加以规定，但并未被采纳。

③ 译本来自《奥地利普通民法典》，周友军、杨垠红译，北京，清华大学出版社2013年版。

点。这类名义上的合作协议实非联营合同，而是租赁合同。[①]

5. 在租赁物的使用用途上，不得违反法律的强制性规定。一些租赁物本身在法律上面临着比较严格的用途管制，无论是出租人自己还是承租人，都不得违反相关法律的用途管制。这样的租赁使用行为不仅可能面临来自行政主管部门的处罚，而且在合同效力上也会被人民法院作出否定性评价，甚至被宣告为无效。后文的释评将进一步解释这一点。

6. 在租赁物的使用期限上，具有在一定期限内的继续性特点。租赁合同是典型的继续性合同，承租人可以在租赁期间持续地占有和使用租赁物。因此，当事人有符合法律规定的正当事由或者有约定，在租赁合同履行期间解除合同的，通常只发生面向未来的解除效果。合同解除之前的部分应当视为有效的履行；在没有特别约定的情况下，承租人需要按照原来的约定向出租人支付租金；延迟支付租金的，需要支付额外利息。

7. 在租赁合同的订立形式上，租赁合同系诺成性合同。与买卖交易类似，租赁交易除了需要遵守一般性的强制性法律规范之外，法律上无须作出特别的形式性要求，当事人通常可以自主判断特定租赁关系的利害关系。租赁合同关系的成立和生效，不以租赁物的交付为必要，也无须签订书面形式的合同，只要双方当事人之间就租赁事宜达成一致的意思表示即可。

三、租赁的类型区分

现实社会交往中的租赁现象纷繁复杂。这不仅表现在租赁物的物理属性上有动产与不动产之分，而且在租赁合同的缔结方式上有线下和线上之分，此外还可以根据租赁物的用途特殊性和规范基础区分为一般租赁和特殊租赁。按照这些标准对租赁合同加以区分，有助于更准确地把握租赁合同领域内的规则区分。

（一）动产租赁与不动产租赁

如前所述，适于租赁的动产一般为非耐用品；而不动产原则上都是耐用品，都可出租。除此之外，动产租赁和不动产租赁还存在以下差异。

第一，在租赁物的用途上，由于不动产常常涉及有限公共资源的有效利用和可持续发展（如土地）、相邻不动产权利人的权益保护（房屋）和社会公共卫生与安全（如人防工程）等诸多方面的问题，因而面临来自《城市房地产管理法》等一系列公法上的管制要求。私人之间的不动产租赁合同不得违反这些要求；那

---

① 关于这一点的代表性案例，参见“琼海潭门汇鑫旅业开发有限公司与孙为群房屋租赁合同纠纷上诉案”，海南省第一中级人民法院（2017）琼96民终2151号民事判决书。

些违反法律、行政法规强制性规定的合同则可能被人民法院宣告无效，如擅自将规划用途为地下车库的物业改作生活市场使用的行为。①

第二，在承租人的保护力度上，与动产租赁不同，不动产租赁，特别是住宅用不动产的租赁关涉承租人和与其有密切关系者的基本生活和生产秩序的保障问题，因此，法律上设定了多种对承租人一方的保护措施，越来越多地体现了民法的人文关怀精神②和经济效率意识。③ 例如，《合同法》第 234 条规定："承租人在房屋租赁期间死亡的，与其生前共同居住的人可以按照原租赁合同租赁该房屋。"这一规定突破了合同的相对性，旨在不损及出租人经济利益的前提下保障与承租人生前共同居住者的生活稳定性。而《民法典》第 732 条进一步规定："承租人在房屋租赁期间死亡的，与其生前共同居住的人或者共同经营人可以按照原租赁合同租赁该房屋。"在"共同居住的人"这一特殊保护群体之外，这一新的规定将承租人的"共同经营人"也纳入特别保护的范围，旨在不损及出租人经济利益的前提下维护租赁房屋内经营事业的持续性和稳定性。

第三，在租赁物的修缮义务上，依据《民法典》第 712 条的规定，"出租人应当履行租赁物的维修义务，但是当事人另有约定的除外"。不过，在当事人有约定但约定不明的场合，法官也可以视具体案情和交易习惯作出判断，在合同的解释上有必要区分动产和不动产。特别是在那些不涉及专业维修技术的情形，出租后的动产的修缮义务也可能由承租人来负担，而不动产的修缮义务则原则上由出租人来承担。这主要是因为，动产移转占有之后，可能分布在各种难以为出租人所熟悉或者到达的物理场所。与出租人相比，承租人更容易控制和了解租赁物的性状，也便于就地维修。当然，对于机械仪器等涉及专业技术的租赁物的修缮工作，无论是出租人出于租赁物的安全使用考虑，还是承租人从自身认知能力的有限性上考虑，通常会约定由出租人承担维修义务。

（二）线下租赁与线上租赁

在网络交易平台得到广泛应用之前，无论是租赁协议的订立，还是租赁物的交付、检验和归还，当事人常常能够在面对面的场景下展开，有比较充分的沟通、判断和谈判机会。但是，随着各类电子商务平台日益普遍的应用，前述交易场景都在发生着日益深刻的变化。这一点在消费型租赁市场上表现得尤为明显。最初是合同订立的电子化，但租赁物的交付和归还尚需要面对面完成，如由出租

---

① 参见"林文兴、网电（深圳）新能源汽车服务有限公司房屋租赁合同纠纷案"，广东省深圳市中级人民法院（2019）粤 03 民终 14800 号民事判决书。

② 参见王利明：《合同法研究（第三卷）》（第二版），北京，中国人民大学出版社 2015 年版，第 287 页。

③ 参见熊丙万：《中国民法学的效率意识》，载《中国法学》2018 年第 5 期。

方的搬运人员或者快递公司的快递员将健身蹦床运送至承租人处。后来，一些租赁物的交付和归还都完全在非面对面的场景下展开，如租用停在马路旁边的共享单车、停车场内的共享汽车、酒店和商厦内的移动电源（俗称“充电宝”），从民宿短租公寓平台途家、爱彼迎、美团等租下房屋之后自助领取和归还租赁物的钥匙[①]，凡此种种。准确认识这些差异，有助于理解线下租赁合同和线上租赁合同的规则区别。代表性的差异如下。

第一，出租人的信息披露义务或者告知义务不同。可以说，在合同的订立和履行方式上，线上化程度越高，合同的格式化或者说标准化程度也就越高。相应的，提供格式合同条款的一方就需要在条款告知和条款公平两个方面承担越重的义务。因为，出租人通过越高的标准化安排来节省自身成本的同时，越可能忽视承租人的个性化要求，并因此增加承租人的负担。例如，对于新装修的线上短租房屋，即便符合法律规定的居住安全标准，出租人也有义务用显著的方式在租赁平台上披露新装修的事实。这不仅是因为作为消费者的承租人事前没有机会实地查看房屋和了解宜居状况，而且是因为，承租人通常是在入住当日进入房屋，即便发现不宜居的状况也很可能来不及寻找替代性房源或者因临时寻找替代性酒店而需要支付高额费用。

第二，租赁物的交付和归还方式不同。如前所述，在各种共享租赁中，承租人在取得和归还租赁物时没有与出租人进行面对面的交流机会。这意味着，承租人在归还租赁物时，需要按照出租人要求的合理方式对租赁物加锁或者加密，以防止租赁物被盗；否则，承租人可能需要因不当归还承担违约责任。这还意味着，与线下租赁相比，出租人能够比较便捷地对租赁物进行物理控制，在承租人违约的情形下有及时防止损失扩大的义务。例如，在线上短租房案件中，承租人租期届满后清空房屋但并没有将开门磁卡退还出租人，出租人以承租人没有归还磁卡为由要求其承担后续房租损失。对于这类案件，承租人虽未归还钥匙，但涉案房屋系密码锁，且出租人有其他备用磁卡，因此，在承租人已经明确表示退租的情况下，出租人应当采取措施防止损失的进一步扩大。[②]

第三，租赁合同关系的参与主体存在差异。线下租赁虽然也可能有中介公司提供中介服务，但线上短期租房却普遍地以电子商务平台的撮合为基础条件。在

---

① 这是一种在全球范围内都比较流行的房屋短期租赁商业模式。房东通常将装有房屋钥匙的密码盒子挂在房屋或者社区入口的某个地方，房客根据在爱彼迎上下单时获得的密码领取和归还房屋的钥匙；或者在密码锁情形告知承租人解锁密码即可。

② 参见“许殷与刘屈明房屋租赁合同纠纷案”，贵州省贵阳市花溪区人民法院（2018）黔0111民初2199号民事判决书。

法律适用上，线下中介服务一般适用《民法典》合同编第 26 章的中介合同；而线上服务平台，如果构成《电子商务法》第 9 条规定的“电子商务经营者”，则还需要适用《电子商务法》规定的电子商务平台经营者的相关法律规则，特别是《电子商务法》第 3 章规定的合同订立与履行规则。总体上讲，与线下中介服务商相比，线上提供服务的电商平台的合同义务更为严格。如对《民法典》第 731 条将要释评的那样，对于承租人与房东之间的部分争议，平台甚至有协助调查事实和处理争端的合同义务。

（三）定期租赁和不定期租赁

尽管租赁合同是继续性合同，租用活动通常需持续一段时间，但是，并非所有合同都有明确的租赁期限。据此，我们可以将租赁合同区分为定期租赁和不定期租赁。当然，定期租赁合同并不等于明确约定租赁期限的租赁合同。在当事人没有明确约定租赁期限的情形，如果能够根据合同的相关条款或者交易习惯来确定一桩租赁交易的合同目的实现的时间节点，也就可以据此确定合同的期限。[1]而不定期租赁合同，顾名思义，即无法根据合同约定条款或者交易习惯来确定合同租期的合同。

从比较法上看，虽然有的法域不承认不定期租赁，但大多数法域将租期视为合同当事人意思自治的范畴，允许当事人自主安排。[2] 我国《民法典》第 707 条规定，“无法确定租赁期限的，视为不定期租赁”。因此，我国也采取了租期自治的模式；类似的，《民法典》对合伙合同、物业服务合同中的不定期安排也是承认的。区分定期租赁和不定期租赁，在以下几个方面都有意义。

第一，租赁期限的确定方式不同。在定期租赁合同中，我们总能根据一定的合同解释方法去确定或者推定当事人之间的租期，并据此确定双方当事人的义务履行届至时点，特别是租赁物的返还时间。但如对《民法典》第 707 条的释评将要详细讨论的那样，在当事人通过非书面形式订立租赁合同的情形，如果有证据证明双方有关于租期长短的具体约定，则应当尊重当事人之间的真实意思，而不是像《合同法》第 215 条规定的那样，将 6 个月以上的非书面租赁合同简单地推定为不定期租赁。

第二，合同终止的方式不同。定期租赁合同可以因为租赁期限届满而自然终止。而不定期租赁合同则没有自然终止的期限，理论上讲可以是无限期的租赁使

---

① See Kåre Lilleholt, *Lease of Goods (Principles of European Law)*, Sellier, European Law Publishers, 2008, p. 134.

② See Christian von Bar and Eric Clive, *Principles, Definitions and Model, Rules of European Private Law*, Volume Ⅲ, Sellier, European Law Publishers, 2009, p. 1459.

用。由于合同没有约定租期，双方并不存在重大的期限利益，因此，法律通常赋予任何一方当事人随时解除租赁合同的权利。如《民法典》第 730 条规定："当事人可以随时解除合同，但是应当在合理期限之前通知对方。"

（四）一般租赁与特种租赁

从法律渊源上看，除了受到《民法典》合同编中的"租赁合同"一章的调整之外，一些种类的租赁活动还受到相应的特别法调整。这在比较法上也不鲜见。例如，融资租赁受《民法典》合同编中的"融资租赁合同"专章的调整，船舶租赁受到《海商法》的调整，航空器租赁受到《民用航空法》的调整，农村承包用地的对外出租受到《农村土地承包法》的调整。

这些类型的租赁合同之所以还受到专门法律的调整，原因有多个方面，既可能是基于交易目的和过程的复杂性，如融资租赁的出租人主要是提供融资服务、并不以保留租赁设备的最终所有权为主要交易目的；又可能是基于风险分配的特殊性，如船舶租赁在自然风险和管辖法域的法律风险上都区别于一般租赁；还可能是基于公共安全和市场竞争秩序的特殊要求，如航空租赁面临来自民航主管部门的各种管制性措施；抑或有基于自然资源的利用秩序维系要求，如农村承包用地的租赁期限和租赁对象都需要符合农村土地集体所有制的各种要求。

第七百零四条

租赁合同的内容一般包括租赁物的名称、数量、用途、租赁期限、租金及其支付期限和方式、租赁物维修等条款。

本条主旨

本条是关于租赁合同的主要内容的规定。

相关条文

《城市房地产管理法》第 54 条　房屋租赁，出租人和承租人应当签订书面租赁合同，约定租赁期限、租赁用途、租赁价格、修缮责任等条款，以及双方的其他权利和义务，并向房产管理部门登记备案。

《商品房屋租赁管理办法》第 7 条　房屋租赁当事人应当依法订立租赁合同。房屋租赁合同的内容由当事人双方约定，一般应当包括以下内容：

（一）房屋租赁当事人的姓名（名称）和住所；

（二）房屋的坐落、面积、结构、附属设施，家具和家电等室内设施状况；

（三）租金和押金数额、支付方式；

（四）租赁用途和房屋使用要求；

（五）房屋和室内设施的安全性能；

（六）租赁期限；

（七）房屋维修责任；

（八）物业服务、水、电、燃气等相关费用的缴纳；

（九）争议解决办法和违约责任；

（十）其他约定。

房屋租赁当事人应当在房屋租赁合同中约定房屋被征收或者拆迁时的处理办法。

建设（房地产）管理部门可以会同工商行政管理部门制定房屋租赁合同示范文本，供当事人选用。

《海商法》第 130 条　定期租船合同的内容，主要包括出租人和承租人的名称、船名、船籍、船级、吨位、容积、船速、燃料消耗、航区、用途、租船期间、交船和还船的时间和地点以及条件、租金及其支付，以及其他有关事项。

第 145 条　光船租赁合同的内容，主要包括出租人和承租人的名称、船名、船籍、船级、吨位、容积、航区、用途、租船期间、交船和还船的时间和地点以及条件、船舶检验、船舶的保养维修、租金及其支付、船舶保险、合同解除的时间和条件，以及其他有关事项。

理解与适用

一、租赁合同的内容

与买卖这种通常经一次交割即可完成的交易相比，租赁则是一类需要双方当事人在一段时间内持续交往与互动的经济活动。对双方当事人来说，除了需要在租赁物本身的品质和性状上达成共识之外，租赁期限长短的确定、租赁物的用途、租金的计算与支付、租赁物的修缮义务、租赁物税费的缴纳、租赁物孳息的归属、租赁物归还时的状况，等等，都是十分重要的问题。在一些租赁情形，如一些房屋租赁，甚至连租赁物的实际使用人（是否允许亲友临时或者长期居住）及其使用习惯（是否吸烟、养宠物、作息时间等）都是双方当事人重点关心的内容。而在主要由《海商法》等特别法调整的船舶租赁合同中，船名、船籍、船级、吨位、容积、船速、燃料消耗、航区、用途、船舶检验、船舶保险等事项对租赁合同当事人来说都至关重要。

不过，由于磋商时间、磋商能力和合同起草成本等方面的限制，出租人与承租人自己常常难以就租赁合同的内容作出十分详尽的磋商和约定，或者说订立的合同具有不完全性，并可能因此在合同履行过程中引发争端。这也是本条规定倡导当事人在订立租赁合同时就租赁期限、租赁用途、租赁价格、修缮责任等条款作出安排的原因。

实际上，不少租赁物的行业主管部门起草和发布了相应租赁合同的示范文本。例如，住房和城乡建设部于2010年制定的《商品房屋租赁管理办法》第7条鼓励房地产管理部门会同工商行政管理部门制定房屋租赁合同示范文本，供当事人选用。又如，北京市住房和城乡建设委员会、北京市市场监督管理局于2019年6月28日联合发布《北京市住房租赁合同示范文本》。[①] 再如，北京市工商行政管理局与北京市交通委员会运输管理局于2015年11月联合发布了《北京市汽车租赁合同示范文本》。[②] 这些租赁合同示范文本以及由各类租赁中介提供的示范文本，有助于节省当事人的缔约磋商成本，预防潜在争议的发生。

二、租赁合同成立的必要条款

从合同成立的角度来看，租赁合同只需满足一般性的合同成立条款要求即可成立。换言之，只要双方当事人的主体信息确定，且双方当事人就租赁物和租赁期限达成了一致的意思表示，租赁合同原则上就成立了。租赁期限，如前所述，既可以是定期的，也可以是不定期的，关键是双方当事人需要就此达成共识。

关于租金条款是否为租赁合同成立的必备条款，可能存有不同的认识。[③] 从鼓励交易和维护租用秩序的角度来讲，租金条款不宜作为合同成立的必备条款。特别是，对于房屋、交通工具和机械设备等存在相对成熟的租赁市场的租赁物，可以依据《民法典》第511条第2项的合同解释规则，按照市场价格或者其他标准予以填补。[④] 当然，如果有证据表明当事人有“租金不达成合意，就不租赁”的意思，则应当尊重当事人的意思。特别是，对于那些很难通过市场价格、政府指导价等外在标准来确定租金的特殊租赁物（如稀有的艺术品），当事人自己无法就租金达成补充意向的，应当推定当事人对租金有特殊要求；双方就此达成一

---

① 参见《北京市住房租赁合同示范文本》，http：//www.beijing.gov.cn/zhengce/zhengcefagui/201907/t20190708_101182.html，最后访问时间：2020年5月6日。

② 参见《北京市汽车租赁合同示范文本》，http：//scjgj.beijing.gov.cn/bsfw/bmfw/sfwbbm/shxfl/qc/201911/t20191129_720050.html，最后访问时间：2020年5月6日。

③ 参见王利明：《合同法研究（第三卷）》（第二版），北京，中国人民大学出版社2015年版，第290页。

④ See Kåre Lilleholt，*Lease of Goods*（*Principles of European Law*），Sellier，European Law Publishers，2008，p.130.

致的意思表示之前，合同不成立。

三、租赁物

作为租赁合同的交易标的，适格的租赁物首先需要满足上一条释评中提及的耐用性特点，可消耗物不适宜作为租赁的财产。同时，租赁物应当是有体财产。诸如专利权、商标权等无体财产，宜归入许可使用合同这一业已形成习惯的合同类型来调整。

除此之外，租赁物还需满足“物理特定性”、“用途明确性”与“标的合法性”这三个重要的条件。前两个条件与租赁合同的成立有关，第三个条件对租赁合同的效力有影响。下面先讨论前两个条件，然后另起一题讨论第三个条件。

第一，物理特定性。无论是动产租赁，还是不动产租赁，当事人都需要在租赁合同中明确约定拟租赁的特定物品，以对拟交付的租赁物有相互一致的认识。租赁物需要满足特定性要求，并不是说租赁物在缔约时就一定是特定的某一个物；相反，当事人缔约时也可以约定种类物，只要最终出租人交付的租赁物符合约定的种类即可。当然，即便是种类物，至交付时则实现了最终的特定化。① 例如，在惯常的自驾旅游租车业务中，游客通常提前在网络租车平台上下单，但只需选择车型（经济型、舒适型、豪华型等）、品牌以及车辆租赁价格，而无须确定具体的车牌号。只要租赁公司到时交付的车辆符合租赁合同中约定的车型、品牌等要求即可。

不过，不同种类租赁物的关键指标或者性能存在明显差异，有的多、有的少。例如，在长租公寓的房屋租赁业务中，拟租房屋的面积、楼层、朝向、附属设施和家电配置等都是十分重要的性状。当事人虽然无须在交房之前明确约定房间号，但在订立租赁合同时需要就前述关键性状作出明确约定。否则，当事人可以因为在租赁物的关键性状上的意思表示不一致而主张合同不成立。②

---

① 参见胡康生主编：《中华人民共和国合同法释义》，北京，法律出版社 1999 年版，第 316 页。

② 这同时意味着，对于非关键形状上的认识分歧（如出租人向承租人展示的独栋房屋的庭院绿地存在轻微的违章扩建，后因行政执法而缩小），当事人只能依据《民法典》第 582 条的规定主张“减少价款”等违约救济；或者要求出租人承担缔约过失责任，并以不存在缔约过失的成交价格来计算损害赔偿金。此类认识错误曾经发生在房屋买卖合同之中，如“中国供销合作对外贸易有限责任公司与林某某房屋买卖合同纠纷案”，北京市第三中级人民法院（2016）京 03 民初 18 号民事判决书（一审），北京市高级人民法院（2017）京民终 289 号民事判决书（二审）。由于 2017 年颁布的《民法总则》第 147 条关于重大误解的规定删除了此前《合同法》中的“可变更”选项，本判决选择援引了 1988 年《民法通则意见》第 73 条关于重大误解的“可变更”规则，并对合同价款予以调整（毕竟，1986 年的《民法通则》仍然有效）。但在《民法典》生效之后，《民法通则》和《民法通则意见》都将被废止。

第二，用途明确性。租赁合同交易的核心内容是对租赁物的利用性权能进行让渡，但是，人们常常能够从多个不同的维度、以多种不同的形式和强度对一宗财产予以利用。虽然说租赁物是不可消耗品，但并不是说租赁物在租用过程中不会面临损耗。相反，绝大多数耐用品会随着使用频次和强度的增加而缓慢地消耗[①]，当然也会相应地增加承租人从租赁物上取得的价值。因此，无论对出租人还是对承租人而言，明确约定租赁物的用途至关重要。租赁的房屋是用于居家还是办公，是仅供自己居住还是要经常接待访客甚至转租，租客是否吸烟或者养宠物、正常作息还是异常作息；租赁的机动车是用于载人还是载货，长途还是短途驾驶。凡此种种，都对当事人的利益预期设定或者说合同目的的实现有着重大影响。

四、租赁物的合法性

在租赁关系中，无论是动产还是不动产，都可能涉及两个方面的合法性问题：一是出租人对拟租赁物本身是否具有合法的民事权益，包括占有、使用、收益和处分等各方面的权能。如果出租人自身对拟出租的物并不具备合法的权益，则租赁合同的效力很有可能受到负面评价。例如，依照法律规定达到报废标准的机动车车辆，机动车所有人就缺乏合法的民事权益，至少不得上路驾驶。又如，依据《民法典》第 253 条之规定，“法律规定属于国家所有的文物，属于国家所有”，对于此类文物，除非从文物主管部门获得许可或者授权，一般的民事主体并不具备占有、使用等方面的合法民事权益。再如，将农民集体所有的农用地出租用于非农业建设的，该租赁合同亦可能被认定为无效。[②]

二是在出租人自身对拟租赁物享有占有、使用和收益等合法民事权益的情形，出租人是否具有向他人转租的权利。在一些情形，虽然出租人享有对特定物进行占有、使用、收益甚至有效处分的权能，但是，由于法律对特定物上的权利持有人的资质有要求，出租人不得对外出租或者仅能够向符合资质要求的承租人让渡租赁财产的部分权能。例如，有驾驶执照的机动车所有人自己可以驾驶汽车，但却无权将车辆出租给没有驾照的承租人驾驶用；特种车辆的保有人不得将其出租给持普通驾照的承租人驾驶用。对于这一类情形，在承租人取得租用相应物的资质之前，原则上应当认定相应的合同无效。不过，如果承租人事后取得相

① 例外情形，例如，新出土的非文物玉石在正常把玩中获得更光亮的色泽，从而得到价值的提升。

② 参见“尚利明、河南省建安区尚集镇西街社区居民委员会三组确认合同无效纠纷案”，河南省许昌市中级人民法院（2017）豫 10 民终 3708 号民事判决书。

应资质的，原则上可以补正租赁合同的效力瑕疵。

不过，第一方面的合法性问题值得进一步讨论。一方面，可以肯定的是，在那些出租人对拟出租物严重缺乏合法权益的情形，不仅租赁合同应当被宣告无效，而且出租人还可能因为从事此类租赁活动而面临其他不利后果。例如，对于已经达到报废标准的机动车，《民法典》第 1214 条规定："以买卖或者其他方式转让拼装或者已经达到报废标准的机动车，发生交通事故造成损害的，由转让人和受让人承担连带责任。"据此，如果出租人出租已经达到报废标准的机动车，需要与承租人一起就承租人造成的交通事故承担连带赔偿责任。而另一方面，出租人拟出租的物的违法性有一个程度问题（a matter of degree），且所违反的法律所保护的目标并不一定与租用活动本身有关。正因如此，有必要在法律上结合具体情形去判断，租赁物的违法性本身是否与物的租用活动本身有关。如果所违反的法律规范与租用活动本身并无直接关联，而只涉及税费征缴、登记注册等方面的一般行政管理秩序，则不宜据此轻易否定租赁合同的合法性。

以违章建筑为例，如果违章建筑属于危房，危及他人的人身安全甚至公共安全，则此类租赁合同应当被宣告为无效。① 但是，并不是所有违章建筑的租赁合同都应当被宣告为无效。例如，对于那些未取得建设工程规划许可证或者未按照建设工程规划许可证的规定建设的房屋，如果建设单位能够在一审法庭辩论终结前取得规划许可证或者获得批准，则违法性被消除，合同应当被认定为有效。对此，《租赁合同司法解释》第 2 条第 1 句作了明确规定："出租人就未取得建设工程规划许可证或者未按照建设工程规划许可证的规定建设的房屋，与承租人订立的租赁合同无效。但在一审法庭辩论终结前取得建设工程规划许可证或者经主管部门批准建设的，人民法院应当认定有效。"

同理，对于临时建筑，即"在城市、镇规划区内，根据形势的客观需要，经建设行政主管部门审核批准后，在核定的临时建筑工程规划许可证记载的使用期限、范围、用途内，建造的供临时使用的建筑物"②，一审法庭辩论终结前的补正规则同样适用。对此，《租赁合同司法解释》第 3 条第 1 款也作出了明确的规定，即"出租人就未经批准或者未按照批准内容建设的临时建筑，与承租人订立的租赁合同无效。但在一审法庭辩论终结前经主管部门批准建设的，人民法院应当认定有效"。此外，关于租赁期限超过临时建筑的合法使用期限的，《租赁合同

① 参见王利明：《合同法研究（第三卷）》（第二版），北京，中国人民大学出版社 2015 年版，第 292 页。

② 最高人民法院民事审判第一庭编著：《最高人民法院关于审理城镇房屋租赁合同纠纷案件司法解释的理解与适用》，北京，人民法院出版社 2009 年版，第 45 页。

司法解释》第3条第2款也作出了同样规定，即“租赁期限超过临时建筑的使用期限，超过部分无效。但在一审法庭辩论终结前经主管部门批准延长使用期限的，人民法院应当认定延长使用期限内的租赁期间有效”。

问题在于，对于那些在一审法庭辩论终结前没有实现前述证照合规的，如果无法实质性证明该建筑的租用危及人身或者财产安全，根据《租赁合同司法解释》的前述规定，则都应当被认定为无效。其主要理由是“体现严肃执法，有利于维护城镇建设规划秩序”[①]。但是，笔者认为，这一理由和做法很可能混淆了人民法院和行政主管部门之间的职权分工，而且可能会导致不少机会主义的违约和诉讼行为。相反，在违章建筑不涉及前述安全性问题时，认定合同有效更为妥当，原因有以下方面。

第一，对于这类违章建筑，在行政主管部门认定严重违法以至于需要拆除之前，建造人尚对建筑物本身具有占有利益，值得法律保护。事实上，对于一些城郊和城乡结合地带的违章建筑，特别是那些为了满足住房紧张而私自搭建的厨房、储物间、居住用房等违章建筑，不仅事实上被公众认可，而且“政府主管部门也不会主动予以拆除，只是在确定拆迁补偿标准时与合法建筑有所区别”[②]。对于此类直接的行政主管部门都没有予以执法拆除的违章建筑物，或者说没有就其合法性予以明确否定的情形下，法院在审理相关财产的民事租赁合同纠纷时，不宜主动介入这方面的审查。特别是，如果这种占有利益的让渡并不会损害受让的租赁人的使用利益，法律上也没有完全否定的必要。例如，对于那些已经被行政主管部门明确认定违法但并未要求拆除的（而是罚款和要求限期补正证照手续）违建，说明行政主管部门并没有完全否定建造人对违章建筑的合法利益，人民法院自然没有必要宣告合同无效。

第二，对于违章建筑的此类违法性问题，适合通过相应行政主管部门的行政监管措施来处理（罚款、没收违法所得等），而不是通过宣告合同无效来处理。实际上，对于此类违章建筑本身的违法性处理问题，法院可以通过发送司法建议的方式，交由行政主管部门去依法判断和处理更合适，这样也更符合司法机关与行政主管部门之间的职权分工，能够更好地体现执法的专业性和严肃性。

第三，在民事法律关系上轻易宣告合同无效，并不会实质性地抑制违章建筑建造人的违章建造动力和对外出租的动力。如对《民法典》第706条关于“关于

---

① 最高人民法院民事审判第一庭编著：《最高人民法院关于审理城镇房屋租赁合同纠纷案件司法解释的理解与适用》，北京，人民法院出版社2009年版，第40-41页。

② 最高人民法院民事审判第一庭编著：《最高人民法院关于审理城镇房屋租赁合同纠纷案件司法解释的理解与适用》，北京，人民法院出版社2009年版，第31页。

登记备案与租赁合同效力的关系”的释评所评论的那样，无论是承租人还是出租人，通常不会因为小概率的合同无效风险而主动放弃出租或者承租违章建筑。用经济学的术语来讲，违法行为（因违法而被判合同无效）的捕获率低。相反，这样做反而会催生一些承租人的事后机会主义行为，即以租赁物违法为由主张合同无效，并以此逃避合同约定的租金。这实际上可能无谓地刺激更多的民事诉讼争议产生。①

第四，对于那些被行政主管部门明确认定为违法并要求拆除的违章建筑，适合以“被认定为违法”为时间节点，向后宣告合同无效，但不适合回溯性地向前宣告合同无效。毕竟，向前的合同已经履行，且没有损害当事人和他人的利益。至于建造人是否因为法院认定合同有效而获得了不正当的利益，交由行政主管部门去判断和处理（如没收违法所得）更为妥当。至于合同被宣告无效之后的，给承租人等所造成损失的承担问题，除了要严格计算实际损失的数额之外，还需要合理认定出租人和承租人双方之间的过错大小。一般来说，除非承租人对租赁建筑物的违法性有明确的认识，应当认定出租方承担主要责任，承租人承担次要责任。②

第七百零五条

租赁期限不得超过二十年。超过二十年的，超过部分无效。

租赁期限届满，当事人可以续订租赁合同；但是，约定的租赁期限自续订之日起不得超过二十年。

本条主旨

本条是关于租赁合同的最长租赁期限的规定。

相关条文

《城市房地产管理法》第 54 条　房屋租赁，出租人和承租人应当签订书面租赁合同，约定租赁期限、租赁用途、租赁价格、修缮责任等条款，以及双方的其

① 关于这一点的讨论，可见朱虎、熊丙万、王轶与吴从周在中国人民大学法学院“民商法前沿论坛”上的相关讨论。吴从周：《台湾民事实务之当前论争课题》，载《民商法前沿论坛》第 469 期，https://www.civillaw.com.cn/zt/t/?id=34738，最后访问时间：2020 年 6 月 28 日。

② 参见最高人民法院民事审判第一庭编著：《最高人民法院关于审理城镇房屋租赁合同纠纷案件司法解释的理解与适用》，北京，人民法院出版社 2009 年版，第 48 页。

他权利和义务，并向房产管理部门登记备案。

理解与适用

一、最长租赁期限的概念和特征

租赁期限是租赁合同的核心内容。无论是定期租赁还是不定期租赁，当事人作出明确的约定至关重要。不过，租赁合同在性质上仅是对租赁财产之权能的部分让渡，而非永久让渡。也就是说，即便是不定期租赁，也不是无期限的永久性租赁；相反，不定期租赁也有终了之时。

本条规定就当事人之间可以约定的最长租赁期限作了强制性规定，即无论是定期租赁合同中约定的租期，还是不定期租赁合同可以持续租赁的租期，都不得超过 20 年。超过的 20 年的租赁期限无效，即不被法律所认可和支持。进一步说，最长租赁期限具有如下几个特点。

第一，最长租赁期限是指单次租赁合同法律关系中的期限，也就是说，在当事人缔结的某一次租赁合同关系中，最长不得超过 20 年，超过的无效。但这并不是说，当事人之间只能就同一个租赁物租赁 20 年，20 年之后必须终止租赁合同关系，返还租赁物。相反，当事人可以在一次租赁合同的租期届满 20 年之后，可以通过续期的方式重新订立一个租赁合同，约定不超过 20 年的新的租期。① 在这个意义上，只要出租人与承租人能够不断地就租期续订达成新的协议，则可以多次反复续订租期，可以无期限地租用租赁物。租期的续订，既可以通过明确的意思表示来完成，也可以通过实践行为来实现。如《民法典》第 734 条规定："租赁期限届满，承租人继续使用租赁物，出租人没有提出异议的，原租赁合同继续有效，但是租赁期限为不定期。"

第二，最长租期限制规则只对租赁合同中的租期条款有约束力，原则上不影响其他合同条款的效力。也就是说，如果当事人约定了超过 20 年租期的租赁合同或者在不定期租赁中实际租用期限超过了 20 年，任何一方当事人均可以主张租赁合同在 20 年之后无效；但是，对于 20 年以内的租赁合同法律关系，租赁合同中关于租赁物、租赁物的用途、租赁物的维修义务、租金和争端解决等条款，仍然是有效的，对双方当事人具有约束力。

第三，最长租赁期限是固定期限，不能像诉讼时效那样中止、中断或者延

---

① 参见胡康生主编：《中华人民共和国合同法释义》，北京，法律出版社 1999 年版，第 319 页。

长。[1] 例如，在租期为20年的租赁合同的租期起算之后，即便发生了因为不可抗力导致租赁合同短期内无法履行或者存在重大履行障碍的情况，只要当事人没有依据《民法典》第533条规定的情势变更制度请求人民法院或者仲裁机构变更租期，那么，20年租期的起始日期并不会因此发生变化。20年的租期截止后，租赁合同自动终止。

第四，最长租赁期限的法律效果是合同关系的自动终止，除非当事人通过续订租期的方式达成一个新的租赁合同关系。在这一点上，租赁合同区别于原则上适用于形成权的除斥期间制度。

第五，最长租赁期限超过20年的法定上限，且由第三人提供担保的（无论是人保还是物保），那么，由于超过20年的主合同部分因为违反本条的强制性规定而无效，因而作为从合同的担保合同也就失去了存在的基础。债权人不能就超过20年租期的部分请求第三人承担担保法律责任。[2]

二、最长租赁期限规则的基本原理

租赁合同是在一定期限内的租赁物权能的让渡，不能是无期限的永久性让渡。但是，这并不能当然地说明法律必须设定一个明确的最长租赁期限，以防止租赁合同变成永久性租赁物权能让渡。即便是通过法律明确规定最长租期，也不等于只有“20年”这一种最长租期的限制方案。如后面将阐述的那样，认识到这一点，虽然不可能在短期内预期立法上的变化，但对于人民法院在司法实践中如何判断各种租赁期限条款的法律效力至关重要。特别是，当立法上设定一个刚性的最长租期条款时，那些对租期要求较长的当事人（如后文讨论的商铺长期租赁合同的当事人），他们会尽力通过合同条款的安排来避免或者减轻这一刚性规则对商业交易的障碍。那么，深刻理解这一感性规则背后的规范目的，有助于更妥当地认定这些变通性合同条款的效力。为此，我们可以先回顾比较法上的多元立法模式，并分析背后的规律。

从比较法上看，的确有采用类似于我国《民法典》第705条规定的“20年最长租期”限制规则的法域。例如，《日本民法典》第604条在2017年以前曾规定[3]：“租赁的存续期间不能超过20年。以契约约定更长期间的，其期间也为20年。”我国台湾地区“民法”第449条第1款也规定：“租赁契约之期限，不得逾20

---

① 参见王利明：《合同法研究（第三卷）》（第二版），北京，中国人民大学出版社2015年版，第294页。

② 参见吴志正：《债编各论逐条释义》，台北，元照出版公司2019年版，第154页。

③ 在2017年以后，20年被调整为50年。

年。逾20年者，缩短为20年。”在这类情形，超过20年租期的，租期条款无效。

但值得注意的是，除此之外，比较法上也不乏其他立法模式。大致来说，有以下几类：(1)不设置关于最长租赁期限的明文规定，有代表性的例如《奥地利普通民法典》第1090条规定：“一方在一定期限内取得非消费物的使用，并支付一定租金的契约，统称为租赁契约。”该法典并没有关于最长期限的明确限制，而这一条通常被解释为：租赁合同必须是在一段时间内具有拘束力的合同，满足“一定期限内”的要求即可。① 类似的，匈牙利的法律也没有关于最长租赁期限的强制性规定，只是不承认永久性租赁合同的效力而已(a “perpetual” lease is inadmissible)。也就是说，这些法域的法律原则上是认可合同当事人关于租赁期限之约定的，而无论租期有多长。②(2)不设置关于最长租赁期限的明文规定，但是对于“过长”(excessively long period)的租赁期限条款，法律设置了一个相对比较灵活的控制机制。例如，根据《瑞士债法》第255条的规定，法律一方面否定那些没有租期约束的永久性租赁合同，即“租赁契约可以是短期的或者不定期的”；另一方面，对于那些约定租期过长的合同，赋予当事人主张过长部分无效或者将租期缩短至可以被法律所接受的期限的权利。超过可以接受的最长期限的部分，则视为不定期租赁，当事人可以随时解除。又如，荷兰的法律虽然既没有关于最长租期的限制性规定，也没有明文禁止永久性租赁契约，但在司法实践中，法官可以根据《荷兰民法典》第6：258条关于情势变更的规则，对过长的租期予以调整或者终止。③(3)设置了关于最长租赁期限的明文规定，但超过最长期限的部分并非无效，而是转为不定期租赁，也就是说任何一方当事人可以随时主张终止超过最长期限部分的租赁合同关系。例如，根据2002年的《爱沙尼亚债法》第318条之规定，除以出租人或者承租人的终身寿命为期限订立的租赁合同外，如果租赁期限超过30年，出租人或者承租人可以随时提出终止该合同。类似地，根据《德国民法典》第544条规定：“如果一个租赁合同约定的租期超过30年，任何一方当事人都有权在30年以后通知对方终止租赁关系。”④《意大利民法典》第1573条规定：“除法律有不同规定外⑤，租赁不得约定超过

① Peter Rummel (ed.), Kommentar zum Allgemeinen Bürgerlichen Gesetzbuch, I, 3rd ed., Wien 2000, §1090, no. 4.

②③ See Kåre Lilleholt, *Lease of Goods* (*Principles of European Law*), Sellier, European Law Publishers, 2008, p. 143.

④ 不过，该条第2句作了例外规定：“如果合同关系是以出租人或者承租人的终身寿命为期限订立的，则不允许根据通知方式终止。”

⑤ 《意大利民法典》第1607条作了与《德国民法典》第544条类似的规定，即“一栋住宅的租赁得协商存续于房客的终生并在其死后续存两年”；第1629条就林地租赁作了99年的最长租赁期限的规定。

30 年。如果约定期限超过 30 年或者是永久的，则将被减至 30 年。”（4）设置了关于最长期限的明文规定，且规定超过部分无效；但是，最长期限较长，如日本在 2017 年修改法律时，将 20 年的最长租期调整为 50 年。

前述各种立法模式表明：第一，各法域外都明确强调租赁合同的租期有限性，都不承认“永久性”的或者“过长”的租赁期限条款。这主要是与租赁合同的权能有限让渡属性相一致。否则，没有租期限制的租赁合同就不再是租赁，而是买卖或者其他交易形式。从法律上对“永久性”的或者“过长”的租赁期限条款予以限制，不仅有助于使得合同符合交易当事人的交易目的，而且，也有助于解决交易时间中因为谈判地位、谈判能力悬殊导致的明显利益失衡的情况。但是，第二，对于最长租期的限制方式，各法域采用了各不相同的做法。诸如中国大陆、中国台湾地区和日本（2017 年前）等法域采取了刚性的措施，即超过 20 年的一律无效。而另外一些法域则赋予合同交往当事人更大的自主决策空间，赋予任何一方当事人在超过法定最长期限后任意解除合同的权利。还有一些法域并不提出明确的最长租期限制，而是赋予司法机关一个灵活的判断空间。第三，大多数明确规定最长期限的法域所设定的最长期限限制为 30 年及以上；日本甚至在 2017 年将其从 20 年延长到了 50 年。最初起草日本明治民法时，起草者之所以将租赁期间的上限限定为 20 年，主要是期待当事人在设定长期利用权时可以利用地上权或永小作权制度，但显然，明治民法起草者的此种期待并不符合实际情况。同时，将上限限定为 20 年也不符合经济活动的现实需求。①

我国《民法典》第 705 条延续了《合同法》第 214 条的“20 年最长租赁期限”，当然也有多个方面的道理：一是对于土地承包经营权之上的林木种植活动，利用期限较长的，在《民法典》物权编承认了可以自由流转的“土地经营权”之后，长期租用需求可以通过设立土地经营权的方式来实现；二是《民法典》物权编规定的居住权制度给居住性房屋的长期有偿租赁留下了制度空间，有助于进一步弥补“20 年最长租赁期限”的制度供给不足。②

然而，比较前述各种模式，我们可以大致发现，与我国当前的“20 年最长租赁期限”刚性限制相比，一个相对较长的最长期限限制（如 30 年）并辅之以当事人在法定最长期限后的任意终止权很可能更符合商业交易的需要，特别是商铺租赁等涉及持续性商业经营活动和安排的租赁活动。实际上，在围绕我国民法

① 参见［日］潮见佳男：《民法（債権関係）改正法の概要》，东京，金融财政事情研究会 2017 年版，第 293 页；［日］大村敦志、道垣内弘人编：《解説·民法（債権法）改正のポイント》，东京，有斐阁 2017 年版，第 430 页。

② 依据《民法典》第 368 条，当事人可以通过约定，设立有偿的居住权。

典编纂展开的学术讨论中，也不乏这方面的理论主张和立法建议。特别是，对于那些有着长期持续经营计划的租赁当事人来说，一个相对更为稳定的租期预期，会更有助于实现其设计和实现其商业计划，也有助于实现对租赁物的投入和维护。[①] 这也是为什么我们将看到，实践中有当事人希望通过事前约定“多次续签”的方式来作出超过“20 年”租期的合同安排。

从这个意义上讲，在法律解释和适用上有必要注意两点：一是对于当事人通过事前的续订条款的设计，希望借此锁定更长期限的租用预期的，应当灵活把握和判断，不宜简单地宣告合同条款无效。二是对于《民法典》第 734 条规定的租期届满后的不定期转换制度，适宜作广义解释，即在“20 年”的最长租期届满之后，承租人继续使用租赁物，出租人没有提出异议的，原来的租赁合同继续有效。当然，此时转为不定期租赁，任何一方当事人可以依据《民法典》第 730 条的规定，经合理通知来解除合同。

三、租期续订条款的效力判定

本条第 2 款关于租期续订的规定，可以分三种情形来看：

一是在租赁期限将截止时，双方当事人经重新协商续订原来的租赁合同。对于此类情形，只要满足“约定的租赁期限自续订之日起不得超过二十年”，则就是有效的租期续订，当事人通过续订行为对原租赁合同中的租期条款予以变更。在租期延长之后，当事人需要在新的租期内按照原租赁合同的其他条款确定和履行各自的合同义务。

二是签订租赁合同时，直接在合同中订立“续订条款”，约定在租期届满之后，在特定条件满足时一方或者双方具有继续出租或者承租的义务，并根据双方的合意续签租赁合同。这类条款在性质上可以理解为预约合同条款，即就租期截止后“达成新的租期条款”作出事前安排的条款，可以依据《民法典》第 495 条关于预约合同之规定来确定双方当事人之前的“订立合同义务”和违反此义务的违约责任。不过，这类预约条款对当事人未来拟订立的合同的内容作了十分明确的约定，即以原来的租赁合同条款为基础续订新的租赁合同（当然，在没有明确约定的情形下，出租人可以主张按照租金的市场变动情况来调整租金条款）。对于此类合同安排，即便当事人约定了超过“20 年”的总租赁期限，如果这一租

---

① 有一种观点认为，“如果租期过长，出租人就不愿投入过大成本对租赁物进行维修改良，如此则不利于租赁物的有效利用”（王利明：《合同法研究（第三卷）》（第二版），北京，中国人民大学出版社 2015 年版，第 292 页）。笔者认为，这一看法并不充分，因为，对于长期租赁合同，由于承租人有更稳定的利用和收入预期，通常来说会有更强的动力去投入和维护租赁。

赁期限需要通过多次续订来实现，且首次租赁期和每一续订的期限不超过“20年”，人民法院应当认定该期限约定的效力。

例如，在一个商铺租赁交易案中，双方当事人在《商铺租赁合同》中约定：“合同约定租赁期限30年，共分3个阶段签约，每个签约期为10年”，并约定了每个阶段签约的租金调整条款等。关于这一租期条款的效力问题，有法院在判决中认为，“《商铺租赁合同》所约定的事项除签约时间为每十年一签以外，对租金支付标准及方式、合同期内的权利及义务等均有明确约定，故每十年一签的仅是合同约定的签约方式，而非合同存续的必须构成要件”。因此，这一规定并未违反《合同法》第214条关于“20年”最长租赁期限的强制性规定，是有效的合同条款。特别是，在第一个10年的租赁期限届满之后，双方当事人不仅没有主张解除合同，而且还有继续使用租赁物和收取租金的实践行为，因此应该认定通过实践行为续订了第二个10年的租期。[1] 同样的道理，在第二个10年租期届满后，双方当事人负有按照约定的条件磋商和续订第三个10年租期的合同义务。

假如本案中有第三人为这30年期的租赁合同提供担保，如果担保人没有就续签后的担保提出特别要求，那么，当事人在这30年内按照约定续订租期的，担保人对续订之后的债权负有继续担保的义务和责任。

三是签订租赁合同时，直接在合同中订立“自动续订条款”，即在第一个租期届满之后，合同租期自动续订，而无须重新谈判和缔约。这种“自动续订条款”安排，与前一种情形中的续订预约安排存在比较大的区别。由于当事人在一个租期届满之后，无须通过新的合同磋商来续订合同期限，而是“自动续订”，所以，这就等于一次性约定了所有“自动续订”的租赁期限。换句话说，法律上需要将“自动续订”的各个租期加总到一起来评价：如果加总后超过20年，应当认定超过部分无效。

在类似的情形，当事人可能约定单方（如承租方）享有决定是否自动续订的权利，或者说单方享有是否解除自动续订条款的权利。如果可以自动续订的总期限超过20年，该条款的法律效力如何呢？此类情形与近年来债券市场中的“永续债”合同安排类似，可以对比分析。在这类债券发行活动中，《募集说明书》不仅约定发行人享有决定债券的到期日的权利，甚至在一些情形享有延期支付利息的权利。而投资人既没有要求发行人付息的权利，也没有回售权。例如，《募集说明书》在明确提示投资人后，约定如下交易条款：“赎回权归发行人所有，

① 参见“关磊、贵阳瑞金置业投资管理有限公司与贵阳高新鑫鹏实业有限公司房屋租赁合同纠纷一案”，贵州省贵阳市中级人民法院（2019）黔01民终7170号民事判决书。

该债券在发行人赎回时到期；发行人享有递延付息的权利，在本期中期票据的每个付息日，发行人可自行选择将当期利息以及按照本条款已经递延的所有利息及其孳息推迟至下一个付息日支付，且不受到任何递延支付利息次数的限制。”① 如果我们在广义上将债券募集合同理解为“金钱租赁合同”的话，“永续债”就是对“资金”的无限期租赁。对此，法院认为违背了投资人的投资目的，投资人可以基于合同目的不能实现而解除合同。② 类似的道理对单方决定自动续租的条款同样有启示。如果一方当事人享有的决定自动续订权利的总期限超过了20年，则实质上可以不经对方同意就可以将单次租期延长至20年以上，违背了本条规定的双方通过合意来完成续订的规范目的，在法律上应当被认定为无效。

第七百零六条

当事人未依照法律、行政法规规定办理租赁合同登记备案手续的，不影响合同的效力。

本条主旨

本条是关于登记备案与租赁合同效力的关系的规定。

相关条文

《城市房地产管理法》第54条　房屋租赁，出租人和承租人应当签订书面租赁合同，约定租赁期限、租赁用途、租赁价格、修缮责任等条款，以及双方的其他权利和义务，并向房产管理部门登记备案。

《商品房屋租赁管理办法》第14条　房屋租赁合同订立后三十日内，房屋租赁当事人应当到租赁房屋所在地直辖市、市、县人民政府建设（房地产）主管部门办理房屋租赁登记备案。

房屋租赁当事人可以书面委托他人办理租赁登记备案。

《租赁合同司法解释》第4条　当事人以房屋租赁合同未按照法律、行政法规规定办理登记备案手续为由，请求确认合同无效的，人民法院不予支持。

---

① “景顺长城基金管理有限公司与中国城市建设控股集团有限公司公司债券交易纠纷案”，上海市高级人民法院（2017）沪0101民初13670号民事判决书。

② 参见“中国城市建设控股集团有限公司与景顺长城基金管理有限公司公司债券交易纠纷案”，上海市高级人民法院（2018）沪02民终3136号民事判决书。

理解与适用

一、租赁合同登记备案制度的发展历史

租赁合同的登记备案制度是指租赁合同的当事人应当按照法律、行政法规的规定就其租赁合同向相关的部门申请办理备案登记的制度。

租赁合同的登记备案制度在我国的房屋租赁市场中具有比较早的历史。早1983年国务院颁布的《城市私有房屋管理条例》就采取了房屋租赁合同登记备案制度。① 后来，1994年制定并经2007年、2009年、2019年三次修订的《城市房地产管理法》都要求出租人和承租人向房产管理部门登记备案。相应地，在1995年4月28日，建设部发布的《城市房屋租赁管理办法》的第13条就规定"房屋租赁实行登记备案制度"，要求签订、变更、终止租赁合同的当事人向房地产管理部门办理登记备案。该《办法》第14条要求房屋租赁当事人应当在租赁合同签订后30日内办理登记备案手续。住房与城乡建设部于2010年12月1日发布的《商品房屋租赁管理办法》② 第14条重申了这一登记备案要求。根据这些规定，房屋租赁合同的当事人需要在租赁合同签订后30日内向房屋管理部门办理登记备案。

除了房屋租赁合同需要依法登记之外，法律、行政法规有关于其他租赁物的登记备案要求的，当事人也需要按照要求办理登记。

二、违反登记备案要求的行政法和民法后果

我国法律、行政法规和部门规章不仅反复重申房屋租赁合同的登记备案要求，而且还明文规定了违反该规定的当事人的行政法律责任。例如，《商品房屋租赁管理办法》第23条规定："违反本办法第十四条第一款、第十九条规定的，由直辖市、市、县人民政府建设（房地产）主管部门责令限期改正；个人逾期不改正的，处以一千元以下罚款；单位逾期不改正的，处以一千元以上一万元以下罚款。"理论上说，违反登记备案要求的租赁当事人应当被房地产主管部门课加行政处罚等行政法律责任。但实践中，当事人去房屋管理部门办理租赁登记的比例并不高，被主管部门执法的概率也不大。

---

① 该条例第15条规定："租赁城市私有房屋，须由出租人和承租人签订租赁合同，明确双方的权利和义务，并报房屋所在地房管机关备案。"

② 该办法废止了1995年的《城市房屋租赁管理办法》。

进一步的问题在于，登记备案要求的民法意义是什么？对租赁合同的效力有何种影响？关于这一点，无论是在理论上，还是在实践中，都一度存在重大分歧。在学理上，关于未办理登记备案手续的房屋租赁合同的效力如何，既有认为该规定为效力性强制性规定，违反该规定的合同无效的看法；也有采取相反看法，认为这一规定主要关于行政管理目标实现的问题，与私人交易秩序无关，因此合同有效的看法。① 而在司法审判实践中，“以出租人未依照《城市房地产管理法》的规定办理登记备案手续为由，认定房屋租赁合同因违反法律的强制性规定而无效的判决也时有出现”②。

实际上，自 1999 年以来，围绕《合同法》第 52 条第 5 项“违反法律、行政法规的强制性规定”的合同的效力问题一直是学理和司法审判中的焦点问题。在 2009 年以前，有研究表明，依据该规定否定那些违反强制性规定的合同的效力的概率相当高。③ 此后，学理上日益认识和阐述了根据强制性规范背后的规范目的来区分违法合同效力的观点④，并最终表现为最高人民法院于 2009 年发布的《合同法解释（二）》第 14 条的规定：“合同法第五十二条第（五）项规定的‘强制性规定’，是指效力性强制性规定。”新进经验研究表明，该司法解释的出台，在很大程度上改变了此前司法系统的立场，大幅降低了法院依据《合同法》第 52 条第 5 项宣告合同无效的概率。⑤

概括来讲，无论是学理上，还是审判实践中，日益强调对强制性规范的类型区分，避免轻易因为违反强制性规定而判决合同无效。关键在于，一方面，所违反的强制性规范的规范目的是什么？另一方面，学理上容易忽略的是，在那些合同交易仅是违反一般的行政管理秩序的情形（而不是根本性的社会公共秩序和善良风俗），判决特定合同无效，是否以及在多大程度上有助于帮助实现行政管理目标？还是说，反过来，判决无效会诱发不诚信的机会主义行为？

关于这一点，对《民法典》第 704 条的释评在讨论“违章建筑租赁合同”的法律效力时观察认为，司法实务中存在希望通过否定民事合同效力的做法来实现行政管理上的目的的做法，即希望通过将违章建筑租赁合同认定为无效来挫伤潜

---

① 参见李朝晖：《论房屋租赁合同登记备案制度的立法价值目标》，载《广西社会科学》2008 年第 2 期，第 101－103 页。

② 最高人民法院民事审判第一庭编著：《最高人民法院关于审理城镇房屋租赁合同纠纷案件司法解释的理解与适用》，北京，人民法院出版社 2009 年版，第 49 页。

③ 参见叶名怡：《我国违法合同无效制度的实证研究》，载《法律科学》2015 年第 6 期。

④ 代表性的观点如王轶：《论物权法的规范配置》，载《中国法学》2007 年第 6 期；新近类似论述，王轶：《行政许可的民法意义》，载《中国社会科学》2020 年第 5 期。

⑤ 参见姚明斌：《“效力性”强制规范裁判之考察与检讨》，载《中外法学》2016 年第 5 期。

在交易当事人从事此类租赁交易的积极性。实际上，这一逻辑同样发生在“备案登记与租赁合同效力”的问题上，行政主管部门之所以反复重申租赁备案登记，主要是考虑就是希望借此实现多重行政管理目标。[①] 有代表性的例如：（1）防止因为租赁物权属不清引发的社会纠纷和问题。例如，一些出租人既没有房屋的所有权，也没有房屋的转租权，或者没有取得其他房屋共有人的同意，在房屋出租后容易在承租人与相关权利人之间发生冲突，影响社会和谐稳定。实践中甚至有承租人冒充房主将房屋出租，以骗取第三方的钱财的现象。（2）防止利用出租房屋进行违法犯罪活动，如“一些不法人员利用出租屋……窝赃、销赃、窝藏犯罪分子、赌博、卖淫嫖娼、诈骗钱财的场所，也为公安机关的侦破工作带来难度”[②]。（3）通过登记备案对流动人口和暂住人口进行身份信息收集和管理，便于承租人与邻里发生纠纷之后便捷地确定纠纷当事人（如防止承租人逃逸）。（4）便于对租赁市场进行税费征缴，通过租赁登记信息确定出租情况并有助于税务工作者征缴税费。

如对《民法典》第 704 条的释评在讨论“违章建筑租赁合同”时观察的那样，即便法院判决未办理登记备案的租赁合同无效，也不太可能对实现前述行政管理目标有帮助。简单的道理就在于，一方面，在日常的租赁合同中，承租人与出租人之间发生矛盾以至于有人主张合同无效的比例的程度的，会比较低。否则，租赁市场将严重缺乏诚信和稳定性。也就是说，无论是承租人还是出租人，通常不会因为小概率的合同无效风险而主动选择办理备案登记。用经济学的术语来讲，违法行为（因违法而被判合同无效）的捕获率低。[③] 另一方面，判令租赁合同无效，给双方当事人施加的负面法律后果通常并不严重，或者说这种“民事处罚”的力度并不大，作用不会明显。相反，据此判令租赁合同无效，可能会诱发一些机会主义行为，如出租人或者承租人为了摆脱租赁合同的约束，以租赁合同违反“登记备案制度”为由主张合同无效，严重违背诚实信用原则。

从有效实现前述行政管理目标的角度看，与否定租赁合同的效力这种做法相比，更有效的办法有二：一是通过加强社区管理的方式提高对租赁关系的捕获率。二是在《商品房屋租赁管理办法》第 23 条的基础上，加大对违反登记备案的出租人的处罚力度，从而增加违反该规定的成本。当然，在行政管理上，是否

---

① 参见最高人民法院民事审判第一庭编著：《最高人民法院关于审理城镇房屋租赁合同纠纷案件司法解释的理解与适用》，北京，人民法院出版社 2009 年版，第 56－57 页。

② 最高人民法院民事审判第一庭编著：《最高人民法院关于审理城镇房屋租赁合同纠纷案件司法解释的理解与适用》，北京，人民法院出版社 2009 年版，第 56－57 页。

③ 关于处罚力度与被捕获率的对比分析，参见 Steven Shavell，*Foundations of Economic Analysis of Law*，Harvard University Press，2004，pp. 479－481。

有提升登记备案的比例，以此来提升税费征缴和流动人口管理等目标，主要是一个行业主管部门的公共政策判断问题。从司法机关与行政机关的职权分工和专业判断能力层面看，此情形留给行业主管部门去处理更为妥当。①

最高人民法院于 2009 年 7 月 30 日颁布《关于审理城镇房屋租赁合同纠纷案件具体应用法律若干问题的解释》（《租赁合同司法解释》）并在第 4 条明确规定房屋租赁合同的登记备案手续不宜作为确认合同效力的依据。此后，这一规定对司法审判实践中的租赁合同产生了明显的影响。大量判决书据此驳回了那些因未办理备案登记而否定租赁合同效力的主张，维持了房屋租赁合同的法律约束力和严肃性。② 实际上，租房租赁的登记备案制度与我国一些地方在早期实施的“房屋租赁许可”制度有关，是计划经济的制度遗留。但早在 2003 年《行政许可法》实施以后，大多数地方政府就废除了之前曾经实施过的“房屋租赁许可制度”，并在地方法规层面明确房屋租赁合同的生效与是否办理备案登记无关。③

三、登记备案对承租人与第三人之关系的影响

虽然登记备案与否不应对租赁合同当事人之间的合同效力产生影响，但是，由于登记备案可能还具有对外公示租赁物上的租赁债权负担的作用，是否登记备案与承租人能否对抗第三人有着重要联系。特别是对于不动产和交通工具等特殊动产来说，如果用于办理登记备案的登记系统与物权变动的登记系统系同一套系统，那么，备案性质的登记便于在后的交易当事人了解租赁物上的既有权利负担，并因此有助于解决租赁物上的权利冲突。④ 这种租赁信息的积极公示和披露，对于维护这类租赁物的整个租赁市场交易安全和秩序都有重要的帮助。

这就涉及两个方面的问题。

1. 买卖不破租赁。在《民法典》颁布之前，在不少涉及《合同法》第 229 条规定的“买卖不破租赁”规则的案例中，法院将“当事人在房屋所有权变动以前是否已办理备案登记”或者“承租人在房屋所有权变动以前是否已经实际占有居住租赁房屋”等事实作为判断承租人能否对抗第三人的重要依据。也就是说，

---

① 例如，在中国土地出让金和房价“双高”的情形下，是否还有对居住性用房的出租收入进一步征税的正当性，是一个值得研究和论证的行政管理问题。

② 参见“中国农业发展银行曲靖市分行诉李润洁等房屋租赁合同纠纷案”，云南省曲靖市麒麟区人民法院（2017）云 0302 民初 317 号民事判决书。

③ 参见最高人民法院民事审判第一庭编著：《最高人民法院关于审理城镇房屋租赁合同纠纷案件司法解释的理解与适用》，北京，人民法院出版社 2009 年版，第 86 页。

④ See Kåre Lilleholt, *Lease of Goods* (*Principles of European Law*), Sellier, European Law Publishers, 2008, p. 275.

在这类案件中，法院一方面认同备案登记并非房屋租赁合同本身的生效要件，登记与否不影响租赁合同对出租人和承租人的合同效力；但另一方面也明确认为，出租人在房屋所有权变动以前既未将房屋交付给承租人占有居住，也未对租赁合同进行备案登记的，不能对抗房屋买受人等第三人，而只能追究出租人的违约责任。否则，这不符合保护承租人居住之基本需求的立法本意。[①]

进一步的问题在于，《民法典》第725条在《合同法》第229条的基础上明确增加“承租人按照租赁合同占有期限内”作为对抗买受人等第三人的要件，那么，如果承租人仅办理了租赁合同的备案登记，但并没有占有或者无法证明占有的事实；或者说，承租人办理了租赁合同的备案登记但关于“占有”的事实证据不充分，能否对抗第三人呢？[②] 关于这一问题，我们将在对第725条的释评中进一步讨论。

2. 一房数租。在出租人违背诚实信用，将同一套房屋出租给多个承租人的情形，房屋备案登记也具有一定的租赁登记公示的作用。我们将在《民法典》第708条的释评中进一步讨论这一点。

第七百零七条

租赁期限六个月以上的，应当采用书面形式。当事人未采用书面形式，无法确定租赁期限的，视为不定期租赁。

本条主旨

本条是关于租赁合同的书面形式要求及其与租赁期限之关系的规定。

相关条文

《合同法》第215条　租赁期限六个月以上的，应当采用书面形式。当事人未采用书面形式的，视为不定期租赁。

《民法典》第730条　当事人对租赁期限没有约定或者约定不明确，依据本

---

① 参见“李式良、白书源等与容兰芳房屋租赁合同纠纷一审案”，广西壮族自治区钦州市钦南区人民法院（2017）桂0702民初755号民事判决书。

② 在一个有代表性的案例中，租赁合同当事人提供了《厂房、办公楼租赁合同》、租金缴纳凭证、水电费凭证以及证人证言，用以证明双方之间存在真实的房屋租赁关系。但是，法院最终并未认可这一租赁关系可以对抗第三人。参见“鄯善县农村信用合作联社与段文武、高明才房屋租赁合同纠纷案”，新疆维吾尔自治区高级人民法院（2020）新民终94号民事判决书。

法第五百一十条的规定仍不能确定的，视为不定期租赁；当事人可以随时解除合同，但是应当在合理期限之前通知对方。

理解与适用

一、书面形式对租赁合同的意义

由于大量租赁合同的履行需要持续一段时间，且有大量合同内容在租赁期限内涉及双方当事人的利益关切，包括租赁物的确定、租赁物的用途、租赁物的维修、租赁物的耗损赔偿、租赁物的保险、租金的支付等诸多事项。因此，在租赁期限相对较长的情形，如果双方当事人能够在事前以书面形式记载和确认双方关于这些重要事项的合意，不仅有助于确定各当事人的权利义务，避免纠纷的发生；而且即便在发生纠纷之后，也有助于为争议事项的认定提供证据材料。这也是为什么实践中的租赁合同，特别是不动产租赁、交通工具租赁和大型设备租赁，租赁中介服务企业或者专司出租业务的商人常常会准备详细的、格式化的书面合同供当事人或者相对人签署。

这也是为什么本条针对租期在 6 个月以上的租赁合同，明确规定“应当采用书面形式”。但值得注意的是，从合同成立和生效的角度来看，租赁合同具有诺成性、非要式性。只要出租人和承租人双方当事人的意思表示一致，合同即告成立和生效。当事人既无须实施实际交付标的物的行为，也不一定要通过书面形式来固定双方的合意。也就是说，这里的“应当”在性质上属于倡导性条款，而不是效力性条款。① 也就是说，当事人不能以“没有采用书面形式”为理由否定租赁合同的成立和效力。

二、书面形式与租赁期限的转换

是否采用书面形式虽不影响合同的成立与效力，但对于租期的确定却有着直接的影响。当事人以口头形式或者实践行为缔结租赁合同关系的，如果发生争议的，应当如何确定租期呢？对此，1999 年的《合同法》第 215 条规定做了“一刀切”式的归类处理，即对于租期 6 个月以上的合同，当事人未采用书面形式的，做了简单的转化处理，一律视为不定期租赁。这也被称为非书面形式的法定

---

① 关于民法中的效力性条款与倡导性条款的学理区分，参见王轶：《论倡导性规范——以合同法为背景的分析》，载《清华法学》2007 年第 4 期。

转换效力。[1] 例如，在一起商铺租赁合同争议案中，不仅双方当事人均认可“双方口头约定了3年租期和每年支付租金的约定”，而且法院也在案件事实认定中明确承认这一点，但当一方当事人提出解除合同的请求时，法院只能依据《合同法》第215条的规定解除合同。[2]

这一规则将非书面形式租赁合同的租期认定做了过于简化的处理，因为，在一些情形即便没有书面协议，但是当事人之间并不否认曾有关于租期的明确口头约定，或者一方当事人有证据证明曾经存在关于租期的口头约定。对于这样的情形，一律视为不定期租赁，不仅不符合当事人之间缔约时的真实意思表示，不符合《民法典》第7条和第509条确定的诚实信用原则；而且还可能诱发一些当事人的事后机会主义行为，当事人一旦面临新的交易机会或者处境就以“未采取书面形式”为由主张合同为不定期租赁，并依据《民法典》第730条之规定随时要求解除租赁合同。这不利于租赁活动的稳定开展和当事人预期的保护。

这大抵也是为什么《民法典》第707条对《合同法》第215条做了修改，即将当事人未采取书面形式的租赁合同区分为两类来处理：第一类是“无法确定租赁期限的”，视为不定期租赁合同，任何一方当事人可以依据《民法典》第730条的规定，在履行合理期限通知义务之后，随时解除租赁合同。而第二类是虽无书面约定，但可以依据《民法典》第142条的意思表示解释规则和第509～511条的合同履行解释规则确定租赁期限的（如前述商铺租赁合同争议案），则应当被认定为定期租赁，租期以法院认定的期限为准。当事人在依此方式确定的租期内，无权解除合同。

三、书面合同的主体变更与租赁期限的转换

值得进一步讨论的是：如果出租人和承租人已经签订了书面租赁合同，并约定了明确的租赁期限，但是，承租人在租期内办理了注销登记，由设立该承租人的主体继续履行租赁合同，那么，书面合同约定的租赁期限是否继续有效呢？还是因为承租人的主体变更而转化为不定期租赁呢？

例如，在一起《加油站资产租赁合同》纠纷中，承租人在租赁期限内办理注销登记，但是另一主体（承租人的设立人）继续行使该租赁合同中约定的承租人权利，继续租用该加油站，并向出租人支付租金。经过一段时间内，在合同租期

---

[1] 参见吴志正：《债编各论逐条释义》，台北，元照出版公司2019年版，第100页。

[2] 参见彭晴雅：《超六月未形成书面的租赁合同 视为不定期租赁关系随时可解除》，见中国法院网（http：//pjxfy. chinacourt. gov. cn/article/detail/2018/11/id/3582969. shtml），2018年11月22日刊发。

届满之前，出租人认为新的主体不是涉案合同相对方，也不符合法定合同承继权利的规定（不构成公司合并、分离），因此要求其返还出租的加油站。①

关于这类情形，由于承租人办理了注销登记，主体资格消灭，的确不存在非自然主体合并或者分立之后的合同承继的问题。但是，在承租人主体资格消灭之后，新的主体继续履行原来合同的义务，出租人也接受履行。这表明出租人与新的承租人之间以实际行为形成了租赁合同关系。不过，这是一个新的合同关系，原《加油站资产租赁合同》中约定的租赁期限对双方并不具有约束力，新的承租人不能主张该合同中的租期利益。相反，双方之间形成的新的合同关系是不定期租赁合同关系，双方当事人均享有任意解除权。②

第七百零八条

出租人应当按照约定将租赁物交付承租人，并在租赁期限内保持租赁物符合约定的用途。

本条主旨

本条是关于出租人的合同义务的一般规定。

相关条文

《民法典》第 597 条　因出卖人未取得处分权致使标的物所有权不能转移的，买受人可以解除合同并请求出卖人承担违约责任。

法律、行政法规禁止或者限制转让的标的物，依照其规定。

《买卖合同司法解释》第 3 条　当事人一方以出卖人在缔约时对标的物没有所有权或者处分权为由主张合同无效的，人民法院不予支持。

出卖人因未取得所有权或者处分权致使标的物所有权不能转移，买受人要求出卖人承担违约责任或者要求解除合同并主张损害赔偿的，人民法院应予支持。

《房屋租赁司法解释》第 6 条　出租人就同一房屋订立数份租赁合同，在合同均有效的情况下，承租人均主张履行合同的，人民法院按照下列顺序确定履行合同的承租人：

（一）已经合法占有租赁房屋的；

①②　参见“中国石油天然气股份有限公司河南销售分公司与郑州少阳商贸有限公司租赁合同纠纷上诉案”，河南省郑州市中级人民法院（2018）豫 01 民终 2357 号民事判决书。

（二）已经办理登记备案手续的；

（三）合同成立在先的。

不能取得租赁房屋的承租人请求解除合同、赔偿损失的，依照合同法的有关规定处理。

《海商法》第132条 出租人交付船舶时，应当做到谨慎处理，使船舶适航。交付的船舶应当适于约定的用途。

出租人违反前款规定的，承租人有权解除合同，并有权要求赔偿因此遭受的损失。

《海商法》第133条 船舶在租期内不符合约定的适航状态或者其他状态，出租人应当采取可能采取的合理措施，使之尽快恢复。

船舶不符合约定的适航状态或者其他状态而不能正常营运连续满二十四小时的，对因此而损失的营运时间，承租人不付租金，但是上述状态是由承租人造成的除外。

《海商法》第146条 出租人应当在合同约定的港口或者地点，按照合同约定的时间，向承租人交付船舶以及船舶证书。交船时，出租人应当做到谨慎处理，使船舶适航。交付的船舶应当适于合同约定的用途。

出租人违反前款规定的，承租人有权解除合同，并有权要求赔偿因此遭受的损失。

理解与适用

一、出租人合同义务的主要类型

租赁物的状况是租赁合同的基础，对于租赁合同目的的实现至关重要。承租人对租赁物的使用以及由此产生的收益在很大程度上取决于租赁物的状况。只有当租赁物的实际状况与承租人合理预期的租赁物状况相符时，或者说处于适租状况时，租赁物才能满足出租人的用途需求，承租人的租用目的才能够比较好的实现。① 因此，在租赁合同中，出租人的合同义务主要表现为向出租人交付适租的租赁物并维持租赁物的适租状况。

具体来说，出租人的义务包括两个方面。

1. 按照约定的时间、地点和方式向承租人交付处于适租状态的租赁物。在

① See Kåre Lilleholt, *Lease of Goods* (*Principles of European Law*), Sellier, European Law Publishers, 2008, p. 166.

这一点，出租人的交付义务与买卖合同中出卖人的货物交付义务颇有相似之处，即将符合交易相对人预期品质的物品按照约定的方式交付给相对人，且应当把租赁物的使用规范和风险警示明确告知承租人。

2. 在承租人租用期间，出租人有义务维系租赁物的适租状况，使之符合约定的租赁用途。租赁物处于适租状况，满足承租人的租用需求和预期，概括来说包括三个类别：（1）对租赁物在物理属性上的状况要求，即在物理功能上确保租赁物的状况有助于承租人的占有和使用。（2）对租赁物之上的法律关系的要求，即不存在第三人提出与租用活动相冲突的权属主张，或者第三人因为出租人的原因对租用活动进行干扰，或者公权力机构采取与租用活动相冲突的限制措施。无论是第三人提出权属主张还是实施干扰活动，或是公共执法或者司法措施，都可能影响承租人的租用活动。（3）满足与租赁物直接利用相关的附属需求。例如，提供与租赁物（车辆、船舶等）使用相关的证照，协助房屋承租人办理居住证明、就近入学证明，为娱乐小艇的承租人提供及时救助，等等。

出租人违反上述义务的，需要承担与违约严重程度相适应的违约责任。在轻者，承租人可以要求减免部分租金；在重者，承租人可以请求部分或者全部解除租赁合同，并要求出租人承担违约损害赔偿责任。《民法典》除了在合同编通则中对此做了一般性规定，而且还在第 724、729 和 731 条专门就出租人违约情形下承租人的合同解除权作了具体规定。

下面就出租人的交付义务、适租保持义务中的若干重点问题予以释评。

二、出租人的交付义务

（一）交付的租赁物符合租赁用途

如何判断出租人交付的租赁物是否符合“租赁用途”？如果当事人作出了明确的书面约定，依约定判断。但在不少场合，当事人之间并没有明确的书面约定或者因仅存在口头约定但存在争议。此时，对租赁用途的判断，除了依据《民法典》第 510、511 条规定的交易习惯、国家标准、行业标准等之外，还需要综合考虑以下因素。

第一，出租人是否为专司特定租赁活动的当事人。如果出租人是专门从事特定租赁活动之人，则通常比承租人具有更好的专业知识去了解和判断租赁物的适租要求。① 例如，在海滨娱乐场所从事娱乐船艇租赁的当事人，不仅需要保证交

① See Kåre Lilleholt, *Lease of Goods* (*Principles of European Law*), Sellier, European Law Publishers, 2008, pp. 169 - 170.

付的船艇具备与通常的水上娱乐时间相适应的充足电源或者其他能源，而且还需要在船艇上提供救生衣、灭火器和急救电话等必要设备和信息。不过，这仅适用于承租人可能合理地依赖出租人的专业知识的情况。如果出租人未能充分了解其特定目的，则承租人不能依靠出租人的专业知识。

第二，出租人是否知晓承租人的特殊租赁用途。虽然租赁合同并没有载明租赁用途，但如果承租人曾明确告诉过出租人其特殊用途，则出租人需要按照用途准备和交付相应的租赁物。例如，如果承租人明确告诉汽车租赁公司的前台经理，其将开车去救援另一辆爆胎的小汽车，则租赁公司需要保证其出租的车辆在燃油动力上符合拖车的需求。①

第三，出租人在订立合同之前提供了样品或样板的，或者做了关于租赁物品质或者性能的宣传的，则租赁的货物通常需要符合该样品或样板的质量。② 例如，公寓出租样板房展示了桌椅、电器或者炊具等关键设施的，出租人需要保证实际提供给承租人的房屋内设施与此一致。又如，出租人在广告宣传中称其出租的军事模型直升机的螺旋桨能够转动的，这一功能性描述则构成承租人的合理用途预期。③

第四，所交付的租赁物需要包装和运输的，是否按照通常的运输要求提供了包装服务。特别是对于易碎品，如果按照通常的运输方式需要特别包装的，那么，出租人向自取的承租人交付租赁物时，需要将租赁物予以特别包装后交付给承租人。当然，如果出租人明确告诉承租人易碎的风险，需要特殊运输，但承租人坚持普通运输的，视为交付的租赁物合格。相应的风险由承租人自己承担。

除了可以按照上述因素来判断租赁物的适租状态之外，租赁物还需要满足一般承租人的合理功能期待，即满足通常情况下承租人对租赁物的使用用途。例如，在一起房屋租赁案件中，出租人将房屋出租给承租人用于办公。但是，承租人后来发现，该房屋空气质量不合格，并聘请专业的空气检测机构出具了《检测报告》。承租人以出租人交付的租赁物无法满足租赁用途，致使合同目的无法实现为由，要求解除租赁合同的，人民法院予以支持。④

（二）租赁物的交付

租赁物的交付问题主要涉及交付地点和交付方式这两个方面的问题。

---

①② See Kåre Lilleholt, *Lease of Goods* (*Principles of European Law*), Sellier, European Law Publishers, 2008, p. 170.

③ 参见“中山市蓝巨人光电科技有限公司诉郑州弘讯模型有限公司、杨明明租赁合同纠纷案”，四川省隆昌市人民法院（2019）川 1028 民初 1828 号民事判决书。

④ 参见“北京正鹏房地产开发有限公司销售分公司与北京博立信广告有限责任公司房屋租赁合同纠纷上诉案”，北京市第三中级人民法院（2018）京 03 民终 1929 号民事判决书。

1. 交付地点。履行地点通常由双方明确商定，或可根据商定的条款确定。关于这一点，《民法典》并没有特别的规定。不过，《民法典》第 511 条第 3 项确立的履行规则可以作为一般的租赁物交付规则来适用。根据该项规定，"（三）履行地点不明确……交付不动产的，在不动产所在地履行；其他标的，在履行义务一方所在地履行"，也就是说，动产租赁的交付地点通常在出租人所在地。不过，如果出租人有多个营业地点，但双方当事人并没有具体约定，则需要根据租赁物的利用用途来判断。例如，同一家租车公司可能在机场等交通枢纽、大型商厦或者居住社区附近都有营业地点，那么，在承租人已经告知出租人自己将乘飞机抵达某个城市的情况下，交付地点应该是机场附近的营业地点。类似的，承租人在归还租赁物时，也需要归还至领取租赁物的地方。在租车商业实践中，大量租赁公司接受异地还车，但是需要收取将车辆运输或者驾驶回领取地点的费用。

2. 交付方式。通常来说，租赁物的交付是指实际交付，即出租人将租赁物现实地移转给承租人占有。如果承租人在订立租赁合同之前已经占有租赁物（如保管、质押等），出租人当然可以通过简易交付的方式完成租赁物的交付。

但问题在于，在租赁物由第三人占有的情形，租赁物的交付可否通过指示交付来完成呢？对此，除非承租人明确接受指示交付，出租人不能以指示交付来代替实际交付。[①] 毕竟，在指示交付的场合，第三人并不负有对承租人的合同义务；一旦第三人拒绝交付或者交付不合格，将对承租人的租用利益产生直接影响。即便是承租人同意以"指示交付"替代"实际交付"，在第三人拒绝交付或者交付不合格的情形，出租人的"指示交付"并没有达到保障承租人有效占有和利用租赁物的合同目的。因此，承租人仍然可以请求出租人履行交付义务，或者追究出租人的其他违约责任[②]，除非承租人明确免除了出租人的此种义务。

进一步的问题在于，在涉及指示交付的情形，在第三人向承租人交付租赁物之后，出租人主张租赁关系仅发生在第三人与承租人之间、承租人与出租人自己并无实际租赁关系的情形，应当如何判别？对此，有必要综合三方当事人提交的证据，包括书面合同、日常通讯记录、租金支付信息等各种有助于识别三方当事人之间在"指示交付"时的真实意思的证据，作为判断租赁合同当事人的基础。[③]

---

① 参见王利明：《合同法研究（第三卷）》（第二版），北京，中国人民大学出版社 2015 年版，第 304 页。

② 参见"德润融资租赁股份有限公司、山东常林路桥工程有限公司融资租赁合同纠纷案"，山东省高级人民法院（2019）鲁民申 7139 号再审审查与审判监督民事裁定书。

③ 参见"上海璞物科技有限公司与上海骋峰信息科技有限公司合同纠纷二审案"，上海市高级人民法院（2020）沪 01 民终 2548 号民事判决书。

还值得讨论的问题是，在租赁物由第三人占有的情形，如果出租人怠于向第三人主张返还租赁物的，承租人是否有权依据《民法典》第535条和第536条的规定行使代位权？关于这一点，最高人民法院于1999年发布的《合同法解释（一）》第13条规定："合同法第七十三条规定的'债务人怠于行使其到期债权，对债权人造成损害的'，是指债务人不履行其对债权人的到期债务，又不以诉讼方式或者仲裁方式向其债务人主张其享有的具有金钱给付内容的到期债权，致使债权人的到期债权未能实现。"根据该解释，被代位行使的债权应当是"具有金钱给付内容的到期债权"，而承租人欲代替出租人行使的租赁物返还请求权则不符合"金钱给付内容"。该解释将代位权的标的限制在债务人对次债务人的"金钱债权"，大抵是为了便于债权债务标的之间的估价和结算；不同给付内容的到期债权之间的确存在估价和结算困难。但无论是在连环买卖，还是在租赁的场合，均不存在估价和结算困难，法律没有必要限制代位权的标的。实际上，在该司法解释发布之后，大量判决已经在实践中突破了这一解释，将到期的抵押权等认定为可代位的标的。① 在我国台湾地区，司法判决和学说也都明确认可承租人的代位权。②

在更广泛的意义上，由于今天的市场化定价机制日趋成熟和完善，基于市场定价难易程度对代位权的标的进行限制的做法，已经没有必要。在此意义上，如无特殊原因，就没有必要对《民法典》第535条规定的债务人怠于行使的"债权或者与该债权有关的从权利"的内容予以限制。

(三) 善意取得的租赁权的对抗效力

实践中，有的出租人在将租赁物出售或者抵押给第三人（买受人或者抵押权人）之后，与承租人签订租赁合同，将租赁物交付给承租人占有和使用。当第三人主张行使所有权或者抵押权时，就会引发"承租人可否对抗买受人或者抵押权人"的问题，甚至"承租人可否善意取得租赁权"的问题。③

在学理上，有观点比较明确地主张，承租权不适用善意受让规则。④ 有法院在判决中认为，《物权法》第106条（即《民法典》第311条）规定的善意取得制度"是物权法上善意第三人取得物权的一种特殊方式，善意取得的对象是所有

---

① 参见"张其斌、袁玉琴、四川大弘文化传播有限公司与张其安、钱直秀债权人代位权纠纷上诉案"，重庆市第二中级人民法院（2017）渝02民终437号民事判决书。

② 参见吴志正：《债编各论逐条释义》，台北，元照出版公司2019年版，第102页。

③ 严格来说，我们在物权法语境下通常所言的"无权处分"，指的是"对物权的无权处分"；但租赁权被认为是债权，也就不存在物权法语境下的无权处分问题，没有适用善意取得的空间。但这并不能直接排除"承租人可否对抗买受人或者抵押权人"的问题。

④ 参见吴志正：《债编各论逐条释义》，台北，元照出版公司2019年版，第98页。

权、抵押权等物权，而租赁权作为一种合同权利，并不适用善意取得制度”[①]。然而，严格来讲，该条仅仅从正面规定了“可以善意取得所有权”的情形，并没有回答善意第三人取得的租赁权能否对抗所有人或者抵押权人等他物权人的问题。特别是，《民法典》第225条规定：“船舶、航空器和机动车等的物权的设立、变更、转让和消灭，未经登记，不得对抗善意第三人。”《民法典》第403条规定：“以动产抵押的，抵押权自抵押合同生效时设立；未经登记，不得对抗善意第三人。”这里并没有明确规定“善意第三人”的交易类型，并未将其限制为《民法典》第311条中规定的“物权受让人”。

再加上，承租人的确存在善意的可能性。(1)在不动产情形，如果不动产所有权或者他物权（如抵押权）已经登记，已经登记物权具有公示公信的效力，承租人在签订租赁合同时，应当知道已经登记的所有权[②]或者抵押权[③]的存在，一般来说不太可能构成善意，自然也就谈不上善意取得的可能性了。《物权法》第190条规定：“订立抵押合同前抵押财产已出租的，原租赁关系不受该抵押权的影响。抵押权设立后抵押财产出租的，该租赁关系不得对抗已登记的抵押权。”《民法典》第405条对其调整规定为：“抵押权设立前，抵押财产已经出租并转移占有的，原租赁关系不受该抵押权的影响。”新的规定一方面与《民法典》第725条保持一致，为“买卖（抵押）不破租赁”这一关于在先承租人的特殊保护规则增设了“移转占有租赁物”这一条件；另一方面，删除了《物权法》第190条第二句关于“在后承租权不得对抗已登记抵押权”的规定。对于已经登记的抵押权，已经充分公示，在后的承租人很难构成善意，自然也就不能对抗抵押权人。不过，也不排除存在例外的情形。例如，出租人伪造证件，冒用所有人或者其他物权人的名义，“成功”骗取了登记机构和承租人的信任，出租给了善意的承租人。[④] (2)在动产情形，特别是在特殊动产情形，因为标的价值较大，容易引发这方面的争议。以机动车为例，无论是基于观念交付后的“售后回租”，还是实际交付以后一段时间发生的回租，都表现得尤为明显。例如，张三将自己名下的一辆机动车出售给李四，交付了机动车但并没有办理过户登记。后来，李四

---

① “（异议人）诉南京数码港投资管理有限公司等金融借款合同纠纷案”，江苏省高级人民法院（2016）苏执复180号。

② 参见“珠海市康德农餐饮管理有限公司、珠海景佳方盈投资管理合伙企业金融借款合同纠纷案”，广东省珠海市中级人民法院（2020）粤04执复40号。

③ 参见“赵县农村信用联社股份有限公司诉李进友等租赁合同纠纷案”，河北省石家庄市赵县人民法院（2016）冀0133民初1491号民事判决书。

④ 关于冒名处分的讨论，可见冉克平：《论冒名处分不动产的私法效果》，载《中国法学》2015年第1期。

又将该车辆出租给张三，租期为不定期。张三在租用期间，与王五签订了5年的出租合同，并向王五交付了车辆。王五在订立租赁合同之前，到交通运输主管部门查阅了登记。随后不久，这被李四发现。李四要求王五返还属于他所有的车辆；但王五主张其基于善意取得了对车辆的租赁权，可以对抗李四。

因此，从学理上讨论善意取得的租赁权有无对抗效力的问题，仍有必要。

在讨论该问题之前，有必要先明确租赁合同的效力问题。1999年的《合同法》第132条规定："出卖的标的物，应当属于出卖人所有或者出卖人有权处分。法律、行政法规禁止或者限制转让的标的物，依照其规定。"此后，无权处分人订立的买卖合同的效力问题，一直是学理上和司法实践中争议的焦点。直到2012年的《买卖合同司法解释》，围绕这一问题展开的争论逐渐得以平息。详言之，《买卖合同司法解释》第3条第1款明确规定"当事人一方以出卖人在缔约时对标的物没有所有权或者处分权为由主张合同无效的，人民法院不予支持"，即区分了基于无权处分的合同的效力与该合同的履行问题。无权处分的合同本身有效，但相对人可以基于无权处分人的履行不能请求其承担违约责任，即该解释第3条第2款规定："出卖人因未取得所有权或者处分权致使标的物所有权不能转移，买受人要求出卖人承担违约责任或者要求解除合同并主张损害赔偿的，人民法院应予支持。"实际上，这一区分规则在2007年的《物权法》第15条（即《民法典》第215条）已经有了体现，并在《民法典》第579条得以重申。在无权出租的情形，关于无权处分人订立的买卖合同的效力规则同样适用，即租赁合同本身有效。无论是非所有权人还是已经办理抵押的所有权人，与承租人签订的租赁合同应当被认定为有效。[①]

接下来的问题是，善意的承租人可否取得租赁权呢？这是一个比较疑难的问题，关键取决于我们评判这个问题的视角。如果我们把《民法典》第225、403条规定的"善意第三人"严格限定在"物权"语境，并坚持"法定物权类型"与"债权"的严格区分，那么，结论自然是，作为债权的善意承租权不得依据此规定主张对抗特殊动产的买受人或者一般动产的抵押人。[②] 如此简化处理当然有其优势，特别是这有助于简化关于涉及善意第三人的各项制度安排和维系传统法律

① 实践中，有法院判决认为，在承租人明知或者应知租赁物已经出卖或者抵押的情形，租赁合同无效。这是不妥当的。例如，"赵县农村信用联社股份有限公司诉李进友等租赁合同纠纷案"，河北省石家庄市赵县人民法院（2016）冀0133民初1491号民事判决书。

② 否定善意取得租赁权的观点，参见王利明：《合同法研究（第三卷）》（第二版），北京，中国人民大学出版社2015年版，第305页。支持的观点，可见王轶：《论无权处分行为的效力——以物权变动模式的立法选择为背景》，载《中外法学》2001年第3期。

学说的稳定性。甚至也有人会认为，与无权出让相比，无权出租给承租人造成的不利影响要小不少。毕竟，在租赁实践中，承租人的交易对价（租金）通常不是一次性支付的，而是按月、季度或者按年支付的。即便善意承租人不能取得对抗所有人或者抵押权人等的效力，给善意承租人造成的损失也不会太大。

然而，稍加细致观察可发现，这一理由并不成立。因为，这个道理反过来讲也成立：即便善意承租人能取得对抗所有人或者抵押权人等的效力，给所有人或者抵押权人造成的损失也不会太大。毕竟，在惯常的租金分期支付商业安排中，所有人或者抵押权实现以后的物权人可以要求承租人向其自身支付后续租金。

更进一步的问题在于，“一刀切”式地否定善意承租人的对抗效力，会造成相关制度安排内部的价值取向矛盾。因为，无论是《民法典》第 311 条规定的物权善意取得制度，还是第 225 条和第 403 条规定的“善意第三人对抗制度”，背后的主要考虑还是市场交易秩序的维护和交易成本的控制问题：保护那些已经采取合理手段对外公示的显性物权；并让那些隐藏于转让当事人之间的隐性物权劣后于“善意第三人”。只不过，在《物权法》或者物权编的语境下，我们会习惯性地或者直觉性地将“善意第三人”等同于“以取得物权为目标的善意第三人”而已。但若细致观察，不难发现：在前述李四与王五的机动车权属争议案中，或者，在更广泛的语境下，在承租人已经查阅特殊动产的登记信息并基于租赁目的占有特殊动产的情形，以及承租人在不知道也不应当知道普通动产的出租人无权出租的情形，与特殊动产的所有人或者普通动产的抵押权人相比，承租权人通过占有对其“债权信息”的公示，要比此种所有权人或者抵押权人的“物权信息”的公示更充分。或者说，在这个场景下，出现了“强势的债权公示”和“弱势的物权公示”。根据整个善意第三人保护制度的基本原理，承租人更值得保护。

实际上，最高人民法院于 2016 年发布的《物权法解释（一）》第 6 条规定也可以从这个视角得到更好的解释。该条规定：“转让人转移船舶、航空器和机动车等所有权，受让人已经支付对价并取得占有，虽未经登记，但转让人的债权人主张其为物权法第二十四条所称的‘善意第三人’的，不予支持，法律另有规定的除外。”该条强调的是“转让人的债权人”，而不是“转让人的其他受让人”。因此，如果对本条设立的规则作一个反向解释，结论是：“受让人虽已经支付对价但并未取得占有，也未登记的，转让人的债权人主张其为《物权法》第 24 条所称的‘善意第三人’的，应当支持。”

（四）“一物数租”中的承租人确定规则

除“无权出租”问题外，出租人就同一宗租赁物先后订立多份租赁合同时，也容易引发租赁权的归属确定问题。这一现象在房屋租赁市场容易出现。特别是在房屋销售和租赁市场的价格波动比较明显的城市，“一物数卖”与“一物数租”的现象就更容易出现。“一物数租”不仅发生在一般的房屋租赁合同中，而且还容易在商品房预租合同交易中出现；在前者，出租人旨在谋求更高的租金，在后者，出租人旨在谋求多份租金作为融资。[①]

严格来说，在“一物数租”的情形，各承租人处于平等的债权人地位，应当有权要求平等受偿。但与“一物数卖”案件中多位买受人面临的情况一样，客观上的租赁物标的只有一个，最终只有一位承租人的债权能够得到实际履行，其余的承租人只能请求解除合同、赔偿损失。

问题在于，如何在数个承租人之间确定履行合同义务的优先顺序？对此，学术界和司法实务界存在诸多争议，大致包括四种意见[②]：第一种意见主张承认出租人享有选择履行的权利。在多个承租债权人之间，是否履行、向谁履行，以及因此对其他承租人承担违约责任，由出租人自己决定。法律和司法解释不宜就此作出规定，否则不符合传统民法理论关于债权人之间地位平等的学说。第二种意见主张以“登记备案”、“移转占有”和“合同成立时间”作为确定多位承租人之优先顺序的判断标准。其主要理由是登记备案和移转占有是两种具有一定公信力的公示方法，应当优先于支付租金。大量来自基层一线的民事审判法官的经验表明，如果以租金支付作为优先标准，容易诱发出租人的道德风险，即与他人恶意串通事后订立租赁合同并支付租金。第三种意见主张以“移转占有”、“登记备案”和“合同成立时间”作为确定多位承租人之优先顺序的判断标准。这主要是考虑到，实践中，办理房屋租赁备案登记并不是普遍现象，过分突出备案登记的意义不大。第四种意见主张在第二种或者第三种意见的基础上，将“租金支付时间”这种履行行为作为一种优先于“合同成立时间”的判断因素。

的确，在“一物数租”的情形，有必要从法律上确定一个履行优先顺位。否则，各承租人为了获取优先履行，可能付出各种成本去争夺租赁物。例如，在有的案件中，当出租人将租赁房屋移转给某一位承租人占有之后，其他承租人给租赁房屋上锁，阻止实际占有的承租人使用租赁物，并造成各种经济损失。[③] 至于应当将何种因素作为优先履行的判断因素的问题，笔者认为，《房屋租赁司法解

① 参见最高人民法院民事审判第一庭编著：《最高人民法院关于审理城镇房屋租赁合同纠纷案件司法解释的理解与适用》，北京，人民法院出版社 2009 年版，第 77－78 页。

② 参见最高人民法院民事审判第一庭编著：《最高人民法院关于审理城镇房屋租赁合同纠纷案件司法解释的理解与适用》，北京，人民法院出版社 2009 年版，第 79－81 页。

③ 参见“邹军与陈伯承、胡佳乐房屋租赁合同纠纷案”，湖南省高级人民法院（2019）湘 09 民终 2406 号民事判决书。本案中，法院依据《房屋租赁司法解释》第 6 条的规定，认定通过加锁来阻碍优先取得占有的承租人的行为构成侵权，需要向被侵权人承担损害赔偿责任。

释》第 6 条确立的处理原则是合理的，即前述第三种意见所主张的以“移转占有”、“登记备案”和“合同成立时间”作为确定多位承租人之优先顺序的判断标准，这是因为：

第一，“租金支付时间”的确不宜作为确定优先履行的判断因素。除了前述基层法官表明的关于串通伪造租赁合同和租金支付的问题之外，还在于这种串通伪造比较容易，因为法律无法要求承租人支付全部租金。毕竟，大量租赁物的租金支付是分期支付的。也就是说，一旦将“租金支付时间”确立为判断标准，通过支付少许租金即可引发串通的问题。在这一点上，“一物数租”与“一物数卖”存在很大的差异，因为，在“一物数卖”的场合，买方需要支付的金额通常来说要比租金高得多，串通的概率也相应地小不少。这大抵也是为什么《买卖合同司法解释》第 9 条关于普通动产多重买卖的履行顺序的规定着重考虑了“价款支付时间”①。

第二，关于“移转占有”与“登记备案”何者优先的问题，在房屋租赁场合，在我国当前的登记制度体系下，的确应当采用“移转占有”优先的原则。这不仅是因为实践中办理备案登记的承租人不多，而且，更主要的原因是目前办理备案登记的系统与办理产权登记的系统并未实现统一。将备案登记作为一项比移转占有更强的权利公示方式，会进一步加重潜在租赁的风险防控负担。“移转占有”之所以可以作为首要的判断标准，是因为在出租人不占有租赁物的情形下，根据一般的生活经验，承租人在与出租人订立租赁合同时，一般会有起码的疑问和询问。也就是说，根据一般的生活经验，承租人更容易在此情形下识别“一物数租”的风险。② 当然，如果未来的租赁登记备案系统与不动产权属登记系统实现二合一，而且查询便捷，将“登记备案”作为更优先的履行顺序判断因素，是更合适的。

问题在于，在特殊动产和普通动产租赁领域，《房屋租赁司法解释》第 6 条确立的处理原则是否同样合理？需要注意的是，特殊动产的租赁不存在备案登记方面的要求，普通动产则不存在唯一编码的统一登记系统。因此，在特殊动产和

---

① 《买卖合同司法解释》第 9 条规定：“出卖人就同一普通动产订立多重买卖合同，在买卖合同均有效的情况下，买受人均要求实际履行合同的，应当按照以下情形分别处理：（一）先行受领交付的买受人请求确认所有权已经转移的，人民法院应予支持；（二）均未受领交付，先行支付价款的买受人请求出卖人履行交付标的物等合同义务的，人民法院应予支持；（三）均未受领交付，也未支付价款，依法成立在先合同的买受人请求出卖人履行交付标的物等合同义务的，人民法院应予支持。”不过，值得检讨的是，该司法解释第 10 条关于“特殊动产”的多重买卖的履行顺序并没有考虑“价款支付时间”。

② See Kåre Lilleholt, *Lease of Goods* (*Principles of European Law*), Sellier, European Law Publishers, 2008, pp. 273 - 274.

普通动产租赁领域，将“移转占有”作为优先于“合同成立时间”的履行顺序判断因素，也是合适的。

至于依据这些因素确定履行顺序之后，未能占有租赁物的承租人，依据《房屋租赁司法解释》第6条第2款的规定，可以基于《民法典》第563条第1款第4项规定的事由（“当事人一方迟延履行债务或者有其他违约行为致使不能实现合同目的”）解除租赁合同并要求出租人承担违约责任，也可以直接请求出租人承担违约责任。①

还值得注意的问题是，无论是“移转占有”，还是房屋的“登记备案”，出租人都比较容易在与承租人发生争议后与第三人恶意串通为之。对此，人民法院有必要结合出租人与承租人争议发生的时点与出租人向第三人（其他承租人）移转占有或者办理登记备案的时点，根据《民事诉讼法》或者《民事诉讼证据规则》予以确定。

三、出租人的适租保持义务

在租赁物的交付问题上，出租人的合同义务与出卖人的合同义务有不少共同之处。但在交付合格之后，买卖标的耗损或者毁损风险则原则上转嫁给买方承担，除非该风险是由于卖方的作为或不作为造成的；而租赁物交付合格之后，出租人原则上负有“并在租赁期限内保持租赁物符合约定的用途”的义务。买卖合同中的风险转嫁规则对租赁合同并不适用。② 在更广泛的意义上，出租人负有在租赁期限内保持租赁物处于“适租状态”的义务。这不仅包括保持租赁物的物理状态上的适租，即需要及时维修租赁物；而且还包括在法律意义上保持适租，即要及时排除租赁物面临的第三人的权属主张或者利用阻挠，此外，还有行政执法或者司法措施造成的利用障碍。出租人还需要满足与租赁物直接利用相关的附属需求，如提供相关证照或者协助承租人办理相关证照，等等。

（一）维修义务

对于租赁物在租用过程中出现的损坏问题，如果影响租用用途实现的，出租人负有维修义务，承租人可以请求出租人在合理期限内予以维修。但值得注意的是，一方面，双方当事人可以通过合同的约定将此种维修义务分配给承租人自己负担。另一方面，如果租赁物的损坏问题不是正常租用活动所致，而是因为承租

① 这方面的案例，可见“张某、信某房屋租赁合同纠纷二审案”，吉林市中级人民法院（2020）吉02民终1024号民事判决书。

② See Kåre Lilleholt, *Lease of Goods* (*Principles of European Law*), Sellier, European Law Publishers, 2008, p. 158.

人的过错所致，那么，相应的维修义务应当由承租人自己负担。对此，《民法典》第 712 条和第 713 条作了明确规定。关于这两个条文的释评将于后文细致讨论之。

像后续释评将进一步讨论的那样，在判断出租人是否负有对特定事项的维修义务时，我们有必要区分“对租赁物功能性损坏的维修”（如机动车发动机失灵、热水器短路）、“为保持租赁物正常使用的必要维护”（如更换机油、轮胎充气、抽油烟机清洁、热水器除垢、宠物就医）和“租赁物的非功能性自然耗损的容忍”（如刹车灵活性自然降低、加点噪音自然增加）[①]，在出租人与承租人之间合理分配租用期间的这些负担，避免过度放大出租人的维修义务，以维系和谐的租用合同关系。

（二）瑕疵担保义务

所谓瑕疵担保义务，是指出租人应当保证租赁物在租赁期限内没有物理利用上的功能性瑕疵或者权利行使上的法律性瑕疵的义务。出租人之所以负有此种义务，主要是为了实现租赁合同的主要目的。概括来说，出租人主要负有四类瑕疵担保义务。

（1）保证租赁物在物理性状能够满足租用用途，否则租用活动在事实上难以展开；

（2）保证租赁物上不存在与租用活动相冲突的权属主张，否则承租人难以在法律上有效占有和利用租赁物；

（3）保证承租人的租用活动免受他人的不当干涉，特别是因为与出租人的非权属性冲突而阻挠正常的租用活动；

（4）保证租用活动免于行政执法或者司法查封、扣押。

《民法典》第 723 条、第 724 条和第 731 条分别就“第三人提出权利主张”、“司法或行政查封或者扣押”和“租赁物危及人身健康或者安全”等类型的瑕疵作了明确的规定，但并未对第三人因为与出租人的非权属性冲突而阻挠正常的租用活动的情形［第（3）类义务］作出规定。例如，出租人的邻居因为与出租人之间的其他矛盾，阻挠承租人利用租赁房屋，那么，出租人也负有排除此种租用障碍的义务。当然，一方面，承租人本人也可以依法请求保护其合法的租用占有利益，要求该邻居停止侵害甚至赔偿损失。当然，我们可以在法律解释上，认为《民法典》第 708 条规定的“在租赁期限内保持租赁物符合约定的用途”当然包

---

① See Kåre Lilleholt, *Lease of Goods* (*Principles of European Law*), Sellier, European Law Publishers, 2008, pp. 174 - 178.

括这方面的义务。另一方面，如果该邻居的阻挠行为是因为承租人本人与其之间的矛盾引起的，则出租人并不负有这方面的瑕疵担保义务。

可以确定的是，如果承租人订立合同时不知道租赁物的物理性状或者法律状况上不符合租赁用途，或者说租赁物存在隐藏瑕疵（hidden defects），那么，出租人仍然负有交付符合租用用途的租赁物的义务以及在租用期间保持租赁物处于适租状态的义务。①

但值得讨论的是，如果承租人订立合同时明知租赁物的物理性状或者法律状况不符合租赁用途，那么，出租人是否仍然负有瑕疵担保义务呢？对此，学理上存在不同的看法。一种观点认为，在租赁期开始之前（如订立合同协议时）的租赁物状况与出租人需按期交付的租赁物的适租状况无关。在当事人没有明确约定时，即便承租人在缔约时知道或者应当知道租赁物上的物理或者法律上的瑕疵，出租人届时也需要交付适合租用用途的租赁物或者在租用期间维持租赁物的适租状态。② 另一种观点则认为，“如果承租人在订立合同时已经明知租赁物具有质量瑕疵而仍然愿意承租，通常认为承租人已经自负风险，在租赁合同生效之后，承租人无权基于租赁物的瑕疵而要求出租人承担维修义务、减少租金或者解除承租关系”，除非，这种瑕疵在程度上达到了《民法典》第 731 条规定的“危及人身健康或者安全”的强制性安全标准。③

在当事人没有就租赁物的瑕疵进行明确约定的情形下，对于承租人订立合同时明知的租赁物瑕疵的处理，有必要考虑三重因素。

（1）此种瑕疵是否危及人身或者财产安全。《民法典》第 731 条的确只规定了“危及承租人的安全或者健康”情形的问题，例如租赁房屋空气质量有害健康、租赁车辆刹车失灵或者转向灯损坏。但是，该条也只是规定了承租人“可以随时解除合同”这一种救济选项，可以理解为对承租人人身健康和安全保护的特别强调条款，而并不排除和否定其他情形下承租人的救济需求。如果承租人事前知晓的瑕疵也危及承租人的财产安全（如所租赁的仓库存在垮塌风险），那么，承租人仍然可以请求出租人修理仓库以保证所存储财产的安全。毕竟，在没有特别约定的情况下，租用仓库的重要用途就是安全地储存物资。只不过，承租人享有的救济手段并不是“可以随时解除合同”而已。

（2）瑕疵的严重程度。如果承租人事前明知的瑕疵对租用用途并不会造成实

---

①② See Kåre Lilleholt, *Lease of Goods* (*Principles of European Law*), Sellier, European Law Publishers, 2008, p. 168.

③ 参见王利明：《合同法研究（第三卷）》（第二版），北京，中国人民大学出版社 2015 年版，第 310 页。

质性的影响，如租赁汽车的音响播放设备或者倒车雷达无法正常使用，那么，这种瑕疵应当视为承租人同意接受的瑕疵，不能要求出租人负担瑕疵担保义务。反之，如果是出租房屋中部分房间的电路不通或者租赁车内一把座椅无法使用、备用胎缺失等严重影响租用用途的瑕疵，则出租人仍然负有瑕疵担保义务。在买卖合同情形，通常可以推定买受人已经将此种瑕疵造成的价值贬损计入了买卖价款之中，通过交易价款的调节机制来内化此种瑕疵。① 但在租赁合同中，在当事人没有对瑕疵的处理作出明确约定的场合，除非出租人能够证明双方已经在租金上针对这些实质性瑕疵做过特别的安排，否则，出租人仍然负有这方面的瑕疵担保义务。

（3）当事人是否约定了租赁物的特别用途。在当事人没有约定特别的租赁物用途的情形，可以根据租赁实践的交易习惯确定租赁用途，并据此判断出租人届时是否交付了符合该用途的租赁物。如果当事人在合同中明确约定了特殊的用途，且没有就承租人事前知道的瑕疵作出约定，那么，可以推定承租人有这样的预期：在正式交付租赁物之前，出租人会对租赁物予以修缮或者加工，以满足特殊的租赁用途。例如，住宅性房屋的租赁合同中明确约定了住宅商用，但承租人查看房屋时就得知邻居不同意商用。那么，出租人负有在交付房屋之前依据《民法典》第 279 条的规定征得利害关系业主的同意的义务，或者说消除权利瑕疵的义务。

（三）税费缴纳义务

在租赁物的持续使用过程中，相关税费的缴纳容易成为争议的焦点。关于水费、电费、电话费、电视收视费、燃气费、上网费和车位费等项目，不仅主要因承租人的利用而发生，还因为承租人不同而存在个性化差异。因此，在当事人没有明确约定的情况下，由承租人负担更为妥当，也符合“谁受益谁付费”的基本交易和生活逻辑。但是，对供暖费（特别是集体水暖）和物业管理费的负担，则存在争议，且可能因为延迟缴纳这两项费用而影响房屋的正常租用。实践中，不少物业管理公司因为没有收到物业管理费或者供暖费而采取断电、断暖的恶劣措施。这一问题，将随着《民法典》第 944 条的实施而得到缓解（该条第 3 款规定，“物业服务人不得采取停止供电、供水、供热、供燃气等方式催交物业费”）。但是，在当事人没有就此作出约定的情形，仍然可能因为物业服务企业或者供暖

① 《消费者权益保护法》第 23 条规定：“经营者应当保证在正常使用商品或者接受服务的情况下其提供的商品或者服务应当具有的质量、性能、用途和有效期限；但消费者在购买该商品或者接受该服务前已经知道其存在瑕疵，且存在该瑕疵不违反法律强制性规定的除外。”本条的规定主要针对的是减价货买卖，大致反映了价格条款的特殊安排。

企业的诉讼等行为影响租用活动的正常开展。

应当说，物业管理和冬季北方的暖气供应是保持房屋处于正常租用状态的基础条件。物业管理费用和集体供暖费用不仅是保持房屋适租状态的必要支出，而且是非个性化的支出，不会因为承租人的不同而有所差异。因此，将这两类费用计入“在租赁期限内保持租赁物符合约定的用途”的必要费用支出，在约定不明的情形下应当由出租人支付。[①] 在司法实践中，无论是住宅用房租赁，还是商业用房租赁，物业服务企业起诉承租人要求支付物业服务费的，人民法院一般以承租人不是物业服务合同的当事人为由否定此种诉求。[②] 出租人在没有约定的情况下要求承租人支付采暖费的，也不应得到支持。[③] 同样的道理，如果其他租赁物也涉及类似的保持租赁物用途的必要税费支出，在约定不明时由出租人承担更为合适。

（四）协助实现配套需求的义务

在房屋租赁等情形，租赁物用途的实现不仅取决于租赁物本身在物理上或者法律上是否处于适租状态，而且还取决于与租赁物直接使用相关的配套需求是否得到满足。例如，承租人办理居住证明、承租人的适龄子女办理入学证明、承租人在重大疫情期间需要办理小区出入证件，等等。这些是承租人租用目的实现的重要内容。对此，依据《民法典》第 509 条规定的“当事人应当遵循诚信原则，根据合同的性质、目的和交易习惯履行通知、协助、保密等义务”，出租人负有协助承租人出具相应证明等义务，以实现租用目的。

四、出租人违约时的承租人救济措施

出租人违反前述合同义务的，承租方可以根据违约程度的差异选择相应的救济措施。对此，本章第 713、723～724、729 和 731 条针对多种形态的违约规定了承租人的救济措施。这些规定大致可以分为如下类别。

---

① 此外，在合同编的物业服务合同中，《民法典》第 944 条第 1 款也明确规定：“业主应当按照约定向物业服务人支付物业费。”

② 参见“紫银物业公司诉张德荣、王大勇物业服务合同纠纷案”，【法宝引证码】CLI. C. 513271；“杨望鸣诉江苏乐天玛特商业有限公司等物业服务合同纠纷案”，江苏省徐州市中级人民法院（2017）苏 03 民终 3954 号民事判决书。

③ 参见“崔瑛与清力源公司房屋租赁合同纠纷案”，新疆维吾尔自治区乌鲁木齐市天山区人民法院（2015）天民三初字第 218 号一审民事判决书。在另一案例中，双方在第 1 份《房屋租赁合同》中约定租赁期内由承租人承担供暖费，但在续签的第 2 份《房屋租赁合同》并未就供暖费作出约定。法院最终判决续签合同中的供暖费由出租人承担。参见“刘军诉武相甫租赁合同纠纷案”，内蒙古自治区乌拉特前旗人民法院（2016）内 0823 民初 783 号民事判决书。

1. 请求支付维修费用。在租赁物需要维修时，承租人首先应当请求出租人履行维修义务。但如果出租人在合理期限内未能履行维修义务，则承租人可以自行维修，并请求出租人承担合理的维修费用。除面临紧急情况外，承租人不得径直维修租赁物并请求出租人承担维修费用。因为，此种维修可能不符合出租人的维修计划，并增加维修成本。

2. 请求减免租金。原则上说，只要是因为出租人一方的原因使租赁物处于不适租状态，使得承租人在一段租期内无法正常利用租赁物或者在整个租期内无法使用部分租赁物的，承租人都可以请求减少或者免除相应部分的租金。

3. 请求延长租期。对于因为出租人原因需要维修租赁物，且维修期间影响承租人使用的，承租人除了可以请求减免相应的租金之外，还可以选择延长租期，以弥补其租用利益的损失。

4. 请求解除合同。承租人除了可以依据《民法典》第563条规定一般解除事由解除合同之外，还享有依据《民法典》第724、729和731条的规定的事由解除合同。这些事由主要包括：非因承租人的原因，租赁物全部或者部分无法使用，致使租赁合同目的无法实现。承租人解除合同后，可以按照《民法典》第566条确定解除后的法律后果。

5. 请求赔偿损失。除了可以请求出租人赔偿因为无法使用租赁物而遭受的损失之外，承租人还可以请求出租人赔偿因出租人过错引发的其他人身财产损失。

五、因不可抗力致使无法提供租赁物时的处理

在租赁过程中，如果租赁物因为不可抗力毁损的，那么，依据《民法典》第180条之规定，“因不可抗力不能履行民事义务的，不承担民事责任。法律另有规定的，依照其规定。”例如，房屋因为构成不可抗力的自然原因毁损，那么，双方当事人就此后相互负有的债务，概不承担责任。

不过，在因政府拆迁等法律上的不可抗力导致房屋租赁合同解除的，尚涉及承租人的营业损失补偿和征收拆迁款的分配问题。例如，承租人租用涉案房屋后从事锁具修配服务，并依法办理营业执照，在其合法经营期间涉案房屋被拆迁，造成原告停产停业效益损失，其应当获得涉案房屋因拆迁而产生的经营损失。经法院与拆迁部门核实，被拆迁房屋的停产停业损失补偿费系按照房屋面积及根据房屋所处地段等标准计算，涉案被拆迁房屋总面积为136.11m^2，停产停业损失补偿费为73 506元，因此，涉案承租人所租用房屋相应的停产停业损失为10 800.97元（73 506元÷136.11m^2×20m^2）。由于承租人和出租人并未在合同

中约定如何分配拆迁补偿款，且涉案房屋在出租给原告之前也是经营用房，因此，法院结合合同剩余期限和双方的营业性质，酌情判令出租人补偿承租人停产停业损失 7 560.68 元（10 800.97 元×70％）。[①] 这是一种妥当的处理方法。

第七百零九条

承租人应当按照约定的方法使用租赁物。对租赁物的使用方法没有约定或者约定不明确，依据本法第五百一十条的规定仍不能确定的，应当根据租赁物的性质使用。

本条主旨

本条是关于承租人按照约定方法使用租赁物之义务的规定。

相关条文

《民法典》第 510 条　合同生效后，当事人就质量、价款或者报酬、履行地点等内容没有约定或者约定不明确的，可以协议补充；不能达成补充协议的，按照合同相关条款或者交易习惯确定。

理解与适用

《民法典》第 709 条是承租人的义务确定规范；第 710 条和第 711 条是关于义务履行或者违反后的法律后果的确定规则。

一、承租人按照约定方法使用租赁物的义务

对承租人来说，出租人提供的租赁物能否满足约定的租赁用途至关重要；反之亦然。对出租人来说，承租人是否按照约定的方法使用租赁物对其利益有重要影响。因为，使用方法决定了租赁物的耗损程度和使用寿命；出租人所收取的租金一般是与承租人对租赁物的使用方法相挂钩的。承租人对租赁物的利用方式和强度如果超过约定范围，则将损害出租人的合同利益预期。

承租人对租赁物的用途预期与出租人对租赁物的使用方法预期是一体两面的问题。出租人需要确保租赁物能够满足约定的用途，同时，承租人对租赁物的利

① 参见“赵文刚与汪建国房屋租赁合同纠纷案”，江苏省连云港市海州区人民法院（2019）苏 0706 民初 434 号民事判决书。

用也以满足该用途的实现为限，不能为了追求超越约定用途之外的使用利益而利用租赁物。例如，双方约定用于居住的房屋不能用于从事经营性活动，约定用于载客的租赁汽车不得用于载货。

关于租赁物的使用方法，除了在物理层面的依约使用之外，在广义上还包括依法使用，也就是说，对租赁物的使用必须符合法律的相关规定。当事人约定的使用方法超出法律规定的限度的，或者当事人约定的使用方法不明确的，承租人都不得违反法律使用租赁物。这些规定如下。

（1）关于使用方法的要求。例如，虽然出租人在房屋租赁合同中同意承租人在租期内对房屋予以打隔断和分租，但是，承租人设计的隔断空间过于狭小，违反有关行政法规和规章关于基本居住条件的要求，也构成违反约定方法使用租赁物。[①]

（2）关于使用主体之资质的规定。例如，无论是共享汽车，还是共享单车，在法律上都存在关于使用主体的要求：前者必须取得机动车驾驶执照，后者不得低于12岁。对于这类共享租赁，无论是合同约定还是法律规定，常常不禁止（也难以控制）承租人将租赁物交由第三人使用。但是，承租人在取得租赁物之后，如果将租赁物交由没有使用资质的人使用，则构成对约定使用方法的违反。

（3）关于使用条件的要求。例如，出租人将住宅用房出租给他人从事经营性活动的，须以利害关系业主的同意为条件，否则会损害其他业主和使用人的合法权益。

二、租赁物使用方法的确定规则

当事人对租赁物的使用方法没有约定或者约定不明确，事后也无法通过协议补充的，应当按照以下规则来确定。

一是依据《民法典》第510条“按照合同相关条款”来确定租赁物的使用方法，即结合租赁合同中的相关条款来确定当事人在这方面的意思。例如，虽然合同双方当事人没有在《房屋租赁合同》中就承租人对租赁房屋的改造利用作出约定，但双方在微信联系记录中关于“把主卧室隔断柜和坏冰箱搬走”的商议内容表明，出租人对承租人拆除主卧室隔断柜的利用方式并没有争议。[②] 再如，当事人在《停车场地租赁合同》中约定：“交还租赁场地时，双方共同验收租赁场地

---

① 参见“李贵军与刘玮房屋租赁合同纠纷案”，北京市第三中级人民法院（2020）京03民终3140号民事判决书。

② 参见“詹国标、潘孝贞房屋租赁合同纠纷案”，福建省厦门市中级人民法院（2020）闽02民终1185号民事判决书。

及附属设施，如有损坏，承租方必须按购置价赔偿（自然损耗除外）。”另外，双方在诉讼中均确认，“订立合同时就‘租用停车场用来停放自重较大的大型车辆’这一租赁用途做过明确沟通”。后来，承租人在租赁期限内因为停放重型车辆导致停车场路面硬化层严重破损。假如出租人主张承租人的使用方法违反租赁物的性质（停放普通车辆）并造成了租赁物损耗，请求解除租赁合同的，那么，问题的关键就在于确定出租人的使用方法是否妥当。[①] 的确，根据租赁物的性质，该停车场只能用于停放普通车辆。但是，如本书在对《民法典》第 711 条的释评中所评论的那样，当事人之所以在合同中作出“如有损坏，承租方必须按购置价赔偿（自然损耗除外）”的约定，是因为双方在缔约时明确意识到承租人会将停车场用于停放超越租赁物承载能力的车辆，会给停车场造成损害；并基于对此种使用方法的潜在损害风险的预测作出了损失分配方案。这也就意味着，出租人是同意承租人将该停车场用于超越租赁物性质的使用方式的。因此，承租人在租用期间并未违反双方约定的租赁物使用方法，出租人无权解除租赁合同。

二是依据《民法典》第 510 条按照“交易习惯”来确定租赁物的使用方法，也就是按照同样或者类似租赁物的习惯性使用方式来确定承租人可以如何使用租赁物。例如，出租人将住宅出租给承租人一家居住使用时，约定“可以转租”，那么，承租人将房屋转租给与其家庭成员人数大致相当的家庭使用，是符合交易习惯的。但是，如果承租人将房屋分割甚至打隔断后转租的人数远超家庭人数的人使用的，则该转租行为不符合交易习惯。[②]

三是根据租赁物的物理性质来确定承租人的使用方法。在当事人没有明确约定，也难以根据相关条款来推定当事人意思的，那么，租赁物的性质是重要的判断标准。例如，载客小汽车不得用于从事与车辆承载能力不相适应的载货活动[③]，住宅性住房不得用于营业，乳牛不得用于犁地，耕地不得用于建房，等等[④]；此外，还包括儿童蹦床不得用于成人健身，等等。

但在另一些情形中，租赁物的性质并非一目了然，需要根据租用活动本身对租赁物的耗损影响和功能性改变程度来判断。[⑤] 例如，某林场管理人将位于某林区一处石塘坑（采石后废弃的山地）出租给承租人，但并未约定租赁物的用途。

① 如后文第 711 条释评中评述的那样，本案的实际争议是“承租人是否需要就停车场硬化层损坏的非自然损害予以赔偿”。参见“北京天马通驰旅游客运有限公司与北京众合盛物业管理有限公司房屋租赁合同纠纷案”，北京市第一中级人民法院（2020）京 01 民终 4159 号民事判决书。

② 参见“爱家公司与昊泰公司房屋租赁纠纷案”，最高人民法院（2012）民申字第 1055 号民事判决书。

③ 参见魏耀荣：《中华人民共和国合同法释论（分则）》，北京，中国法制出版社 2000 年版，第 211 页。

④ 参见吴志正：《债编各论逐条释义》，台北，元照出版公司 2019 年版，第 133 页。

⑤ 更多分析，参见本书第 711 条释评。

后来，承租人将其用于牲口养殖。出租人主张，该石塘坑仅能用于从事绿化造林活动，用于从事养殖活动不符合租赁物的性质。法院判决认为，石塘坑虽然位于林地范围内，但因属采石后废弃的山地，并不排除可用于养殖；在合同未明确约定用于绿化造林的情况下，承租人用于养殖，亦符合该租赁物的性质。[①] 这一判法是有道理的。这不仅是因为石塘坑本身的物理性状已经不同于周边的林地，而且，将石塘坑用于养殖既不会损害其物理性状，也不会造成其价值贬损。

四是根据租赁物的法律性质来确定承租人的使用方法。如本章一开始就指出的那样，对租赁物的使用除了要符合其物理性质之外，还不得违背其法律性质。例如，承租人租赁的共享汽车，不得违反交通规则行使或者停靠，也不得提供给那些没有驾驶执照的人驾驶；登记为非营运性质的车辆，承租人不得将其用于从事网约车等营运活动[②]；承租人解锁的共享单车，不得违反相关法律规定提供给12岁以下的未成年人骑行。承租人违反这些法律规定的，不仅构成违约，而且还需要承担因此造成的行政违法责任（扣分、罚款、行政拘留甚至刑事犯罪）或者损害赔偿责任（如12岁以下未成年人骑车发生交通事故导致损害的）。

三、违反租赁物使用方法的法律后果

承租人按照约定的方法或者根据前述规则确定的方式使用租赁物，致使租赁物遭受耗损的，不需要就租赁物的耗损承担赔偿责任。即便这种耗损并非一般的磨损，而是使租赁物的物理性状发生了实质性改变以及价值贬损，只要当事人没有特别约定的，承租人就不需要承担赔偿责任。

反过来，如果承租人违反前述使用方法，致使租赁物受到损失的；或者，承租人按照约定方法使用租赁物致使租赁物受到损失，但与出租人约定了损失赔偿责任的，承租人都需要依法或者依约承担赔偿责任。不过，在出租人同意承租人采用可能致使租赁物损害的情形，出租人只能按照约定请求赔偿损失，但在租赁期限内不得解除合同。关于这一点，笔者将在《民法典》第710条和第711条的释评中作进一步分析。

四、依约定方法使用的义务与妥善保管义务之间的关系

在租赁合同中，出租人只是在租赁期限内部分让渡租赁物的使用权能，其通

---

① 参见“徐州市林场与许光亮、许光永租赁合同纠纷案”，江苏省徐州市中级人民法院（2019）苏03民终8906号民事判决书。

② 参见“北京亿心宜行汽车技术开发服务有限公司与罗佳、罗文明等机动车交通事故责任纠纷案”，海南省三亚市中级人民法院（2020）琼02民终77号民事判决书。

常希望在租期届满之后能够继续占有并正常利用租赁物。鉴于此种合同交易目的，承租人除了负有支付租金的义务之外，还因为对租赁物的物理占有而负有两类义务：一类义务是消极的，即前文着重阐述的避免不当使用而损害租赁物的义务。另一类义务是积极的，即《民法典》第714条规定的“妥善保管租赁物”的义务，即在确保合理使用租赁物的同时，又要履行必要的维护义务，避免租赁物面临的非使用性损害或者损失风险。这方面的风险不限于物理层面，也可能是法律层面的风险，例如对加油站等租赁物的证照的定期核验和备案等。

在很多情形下，我们能够比较容易地区分这两类义务，但在一些情形下，消极义务和积极义务之间并非泾渭分明。一个替代性的判断方案，即承租人在控制租赁物期间是否不当地导致租赁物的价值贬损。

第七百一十条

承租人按照约定的方法或者根据租赁物的性质使用租赁物，致使租赁物受到损耗的，不承担赔偿责任。

本条主旨

本条是关于承租人合理使用租赁物的法律责任的规定。

相关条文

《民法典》第709条　承租人应当按照约定的方法使用租赁物。对租赁物的使用方法没有约定或者约定不明确，依据本法第五百一十条的规定仍不能确定的，应当根据租赁物的性质使用。

理解与适用

在通常情况下，承租人按照约定的方法，特别是根据租赁物的性质使用租赁物的，租赁物面临的损耗与出租人自己使用租赁物时相差无几。此时的损耗通常是物品使用过程中的自然损耗，在当事人订立租赁合同时，这已经与租赁物的使用机会利益一起，通过租金的形式记作交易对价。因此，承租人不需要就此种耗损承担赔偿责任。①

① 参见王利明：《合同法研究（第三卷）》（第二版），北京，中国人民大学出版社2015年版，第316-317页。

此种自然损耗主要包括两类。

1. 因为积极的使用行为造成的损耗，特别是租赁物在使用过程中的折旧损耗，如租赁房屋内的门窗松动、家具用品的表面磨损，租赁车辆的轮胎磨损和里程增加，租赁牲口的老龄化以及承租的出租车的经营权期限的自然流逝，等等。不过，在判断此类损耗时，以下因素值得重点考虑。

(1) 是否属于实施租用活动的必要损耗。根据租赁物性质使用租赁物，给租赁物造成的耗损不限于自然磨损造成的耗损，还可能是与开展特定租用活动相应的实质性损坏。例如，出租人将房屋出租给承租人用于经营饭店，承租人在租用期间在墙面开凿烟洞，并在室内安装隔断。对房屋的正常装修行为，符合租赁物的使用性质，由此对房屋造成损耗的，不承担赔偿责任。[①] 但是，如果承租人为了提高生活便利度、符合自己的个性化生活偏好，将承租房屋主卧附属的衣帽间改为卫生间，则客观上改变了原有房屋区域功能的分割和房型结构布局，构成非必要性耗损。[②]

(2) 租赁物所处的地理环境差异。判断租赁物的耗损是否符合约定使用方法或者租赁物性质，还需要结合租赁物所处的地理环境。因为，同一宗租赁物在不同的自然环境中所出现的自然耗损可能存在差异。例如，红木家具在湿度不同的环境中的形态稳定性存在差异。

(3) 租赁物的归还和争议时间差异，即要根据出租人提出主张的时间来判断租赁物所受“损耗”是否系因承租人使用不当所致。例如，在潮湿的地理环境中，如果出租人在租赁期限届满比较长的一段时间后主张出租的房屋、家具、门窗等发生了不同程度的腐烂、发霉、墙面掉皮现象，那么，原则上应当推定是自然耗损，承租人不构成使用不当，也无须承担赔偿责任。[③]

2. 不可归责于承租人的外来原因造成的损耗，包括自然原因和第三人原因。例如，因为突如其来的大雪或者暴雨，使租赁房屋的房顶坍塌的，承租人不需要就此承担责任；或者是出租房屋的房顶不够结实导致房顶坍塌的。[④] 当然，这还涉及《民法典》第 714 条规定的承租人的“妥善保管义务”的问题。如果承租人

---

① 参见“郗某与任某房屋租赁合同纠纷上诉案”，甘肃省平凉市中级人民法院（2017）甘 08 民终 60 号民事判决书。

② 参见“李涛与杨嵘房屋租赁合同纠纷上诉案”，上海市第一中级人民法院（2014）沪一中民二（民）终字第 2779 号民事判决书。

③ 参见“巢湖半汤康复医院、巢湖市亚兴塑料有限公司房屋租赁合同纠纷案”，安徽省合肥市中级人民法院（2020）皖 01 民终 895 号民事判决书。

④ 参见“恒东公司与曹吉某、多文某租赁合同纠纷案”，山西省太原市中级人民法院（2017）晋 01 民终 4384 号民事判决书。

明知或者应知此种坍塌风险，未尽必要的报告甚至紧急处置义务的，需要承担赔偿责任。如果承租人在使用期间遭受来自第三人的侵害，导致租赁物损坏的，若承租人尽到妥善保管义务，则不需要向出租人承担赔偿责任。

第七百一十一条

承租人未按照约定的方法或者未根据租赁物的性质使用租赁物，致使租赁物受到损失的，出租人可以解除合同并请求赔偿损失。

本条主旨

本条是关于承租人不合理使用租赁物的法律责任的规定。

相关条文

《房屋租赁司法解释》第 7 条　承租人擅自变动房屋建筑主体和承重结构或者扩建，在出租人要求的合理期限内仍不予恢复原状，出租人请求解除合同并要求赔偿损失的，人民法院依照合同法第二百一十九条的规定处理。

《商品房屋租赁管理办法》第 10 条　承租人应当按照合同约定的租赁用途和使用要求合理使用房屋，不得擅自改动房屋承重结构和拆改室内设施，不得损害其他业主和使用人的合法权益。

承租人因使用不当等原因造成承租房屋和设施损坏的，承租人应当负责修复或者承担赔偿责任。

理解与适用

与《民法典》第 710 条处理的情形相反，本条规定了承租人不合理使用租赁物导致租赁物受到损失的处理规则，特别是规定了出租人的救济措施。承租人不合理地使用租赁物，致使租赁物遭受损失的，出租人享有“解除合同”和“请求赔偿损失”两种救济手段。重点在于，出租人行使合同解除权和损害赔偿请求权时，需要具备什么条件？特别是，如何理解作为这些救济手段之前提条件的“不合理使用”“租赁物受到损失”等。

一、不合理使用

本条规定的不合理使用行为包括三种类型。

1. 未按照约定的方法使用租赁物。在当事人明确约定了租赁物使用方法的情形中，出租人的不合理使用行为容易判断。但在一些情形，当事人在租赁合同中只约定了租赁物的用途，并没有具体约定租赁物的使用方法。而承租人的租赁用途的有效实现，可能需要对租赁物进行结构上的改变或者设施上的调整。在此情形，承租人为了满足租赁用途对租赁物进行结构上的改变或者设施上的调整的，是否构成“未按照约定的方法使用租赁物”呢?

例如，出租人将一幢房子出租给承租人，明确约定用作开设宾馆，租期 20 年。如果租赁合同明确约定“对租赁房屋的任何结构性改变均须征得出租人同意”，那么，承租人可以为了满足开设宾馆需要对该建筑内的房间进行翻新装修。但是，在征得出租人同意之前不得擅自拆除改变墙体结构或者将部分房间之间的墙壁打通使用，也不得改变建筑外墙结构安装电梯，即便这样有助于提升宾馆设计的结构合理性和运行便捷性。①

2. 未根据租赁物的性质使用租赁物。如前文关于第 709 条的释评所述，不少情形下租赁物的性质并非一目了然，需要根据租用活动本身对租赁物的耗损影响和功能性改变程度来判断。在前述房屋租赁合同中，如果租赁合同并未约定承租人将建筑物用于开设宾馆的利用方式，那么，对房屋内部结构进行装修、对房屋内部的非承重结构进行调整以符合开设宾馆需要、对漏洞外墙进行粉刷和张贴广告等，都应当属于符合租赁物的使用性质。主要是因为，一方面，这是为了满足开设宾馆的租赁用途的需要；另一方面，这些调整和改变并不会影响在租赁结束后将该房屋用于其他用途。

但是，承租人擅自变动房屋建筑主体和承重结构或者扩建的，则很可能永久性地改变该建筑物未来的利用价值，实质性影响出租人在租期届满取回租赁物之后的利用计划和安排，不符合出租人的预期利益。此外，承租人拆除或者改变室内设施的（如供水、供暖、供电和供气设施），如果无法复原，或者损害其他业主和使用人的合法权益的（如影响相邻业主的水暖电气供应），那么，该使用方式也不符合租赁物的性质。对此，《房屋租赁司法解释》第 7 条和《商品房屋租赁管理办法》第 10 条作了明确的规定。

另值得注意的是，一些改变兼具承重结构和室内设施的特点，例如将室内壁暖改为地暖的，不仅可能因为施工过程中过度刨除楼面影响楼面的承重，而且还可能因为水暖设施问题而引发漏水，损害楼下业主的利益。所以，在征得出租人和利害关系业主（通常是楼下业主）的同意之前，承租人改壁暖为地暖的，应当

---

① 参见“北京世纪鑫塔建设工程管理中心等诉席玉翠房屋租赁合同纠纷上诉案”，北京市第一中级人民法院（2018）京 01 民终 197 号民事判决书。

构成违反租赁物的性质使用租赁物。

3. 约定的使用方法不符合租赁物的性质。在一些情形下，承租人对租赁物的使用方式不符合租赁物的性质，但却符合合同约定。例如，在前文所述第709条释评中提到的停车场租赁合同案例中，双方知晓承租人将在普通停车场上停放重型车辆，并就可能造成的停车场路面硬化层严重破损的赔偿责任作出了约定。此种使用方式虽然致使租赁物受到损失，但仍然构成合理利用，符合双方当事人之间的合同目的。因此，出租人不得主张解除租赁合同，而只能按照约定请求承租人赔偿损失，作为租赁物损坏的交易对价。

二、租赁物受到损失

本条赋予出租人“可以解除合同并请求赔偿损失”的救济途径，不仅以承租人的“不合理使用行为”为要件，而且要求发生了“租赁物受到损失”的结果。对此，可以从以下几个方面来理解。

第一，租赁物受到的“损失”与第710条规定的“损耗”相对应。前者是承租人的不合理使用行为造成的，超出了出租人对租赁物损耗的合理预期，所以赋予出租人解除合同和请求赔偿的权利；后者是由承租人的合理使用行为引发的，是出租人预期范围内的合理损耗，已经包含在了租金内。

至于如何具体判断租赁物的特定性状改变是否构成合理损耗，则是一个需要结合具体的场景来判断的问题。如前所述第710条之释评关于“损耗”的考虑因素在这里同样适用。此外，“损失”和“损耗”之间有时并非泾渭分明。例如，双方当事人约定租赁车辆用于家用，但出租人将车辆频繁用于远程自驾游，使租赁期间的车辆行驶里程远超一般的家用驾驶的，此明显超出部分属于“损耗”还是“损失”呢？对此，应当结合当事人订立合同时的语境来判断。如果双方当事人明确约定了租赁期间的最长行驶里程，那么，此种“损耗”构成“损失”自不待言。但如果当事人之间没有约定最长行驶里程，则需要考虑当事人之间是否就车辆的特殊用途达成了共识。如果承租人并没有明确告知出租人其对车辆的特殊用途，那么，推定双方约定的用途系普通的家用驾驶，明显超出部分的行驶里程，应当被认定为本条规定的“损失”。

第二，租赁物受到的“损失”是承租人的不合理使用行为造成的，而非不可归因于承租人的外来原因所致。在承租人占有租赁物期间，租赁物因为自然原因或者第三人侵害等原因受到损失的，承租人原则上无须就此承担责任。

不过，在涉及第三人致损的情形，有两种例外情况，承租人需要承担责任。一是承租人自己的不当使用行为与自然原因或者第三人原因对“损失”的发生均有“贡献度”的，则需要根据出租人的选择承担违约损害赔偿责任或者侵权损害赔偿责任。[1] 例如，承租人临时挪动了支撑租赁建筑物的支架，但同时意外遭受大雪，致使房顶坍塌的。再如，承租人嫌承租房屋的防盗门出入麻烦，将其更换为普通门锁，致使室内设备夜间被盗的；或者承租人嫌承租院落的大门出入开关麻烦，长期将大门敞开，致使院内设施夜间被盗的。出租人直接请求承租人承担侵权损害赔偿责任的，承租人与第三人之间构成不真正连带，承租人可以向出租人承担侵权责任之后向第三人追偿。[2] 二是经承租人许可使用租赁物的第三人，致使租赁物损害的，也可以归因于承租人。[3]

第三，“损失”既包括物理性状上的损坏，也包括经济意义上的不合理贬值。因承租人的合理使用行为造成的折旧性价值贬损，系承租人无须赔偿的合理“损耗”。反之，因为不合理使用导致的明显经济价值贬损，超出出租人的合理预期的，则构成可以救济的“损失”。例如，承租人未经出租人同意转租房屋，次承租人在房屋内自杀[4]；或者承租人在房屋内从事非法活动，引发打斗致人死亡的。在中国社会的大众观念下，该房屋在后续的租赁市场或者买卖市场上的受欢迎度会明显降低，经济价值会遭受实质性的贬损。[5] 凶车亦然，如果是因承租人不合理使用造成“凶车”问题，致使出租车辆价值贬损的，需要承担损害赔偿责任。

租赁物在经济意义上的“损失”不限于此种市场性贬损，还包括前述第709条释评中讨论过的因为法律资质上的变动或者吊销导致的价值贬损。例如，承租人在承租加油站期间因严重违反消防要求或者市场监管规范而导致经营加油站必需的危险化学品经营许可证、成品油零售经营批准证书被吊销的，则加油站因为失去经营资助而面临重大的经济价值贬损，这同样构成本条所规定的“损失”。

第四，“损失”可以包括租赁物本身遭受的物理或者经济损失，但是否在广义上也包括因不合理使用租赁物给第三人造成的损失呢？例如，承租人违反合同

---

① 如后所释评，若发生了违约责任与侵权责任的竞合，则出租人可以从违约损害赔偿责任和侵权损害赔偿责任中择其一主张。参见杨立新主编：《中华人民共和国民法典释义与案例评注·合同编》，北京，中国法制出版社2020年版，第524页。

② 我国民法典中并无关于不真正连带责任的一般性规定。

③ 参见黄薇主编：《中华人民共和国民法典合同编解读（下册）》，北京，中国法制出版社2020年版，第809页。

④ 参见“丁某某与刘某某房屋租赁合同纠纷上诉案”，辽宁省沈阳市中级人民法院（2015）沈中民二终字第2716号民事判决书。

⑤ 关于这一点的讨论，可见吴从周：《台湾民事实务之当前论争课题》，载《民商法前沿论坛》第469期，https：//www.civillaw.com.cn/zt/t/？id＝34738（最后访问时间：2020年6月28日）；李永：《论“凶宅”贬值损害赔偿纠纷处理的法律适用》，载《法律适用》2019年第10期。

约定将主卧侧面的衣帽间改造为卫生间，出现渗水损害楼下业主权益的，出租人在先行赔偿之后可以向承租人追偿。[①] 如果严格从本条的文义来讲，出租人可以请求赔偿的“损失”应当限于“租赁物受到的损失”。出租人遭受的此种损失并不构成“致使租赁物受到损失的”情形。不过，出租人可以援引《民法典》第583条、第584条关于违约责任的一般性规定，请求承租人承担此种损失的赔偿责任。

三、出租人的合同解除权和损害赔偿请求权

1. 两种救济措施之间的关系

本条规定的出租人救济措施有两种：一是解除租赁合同，二是请求承租人赔偿损失。前一种措施属于违约救济措施；后一种措施存在违约责任和侵权责任之间的竞合问题，出租人可以选择主张违约责任，也可以选择主张侵权责任。不过，无论出租人选择何种损害赔偿事由，在符合条件的情况下，都可以与合同解除权一并行使。

另外，无论承租人是否决定解除合同，都可以请求承租人赔偿因不合理使用行为造成的租赁物损失。即便承租人不合理使用租赁物造成租赁物损失的，出租人认为继续履行租赁合同对其有利，其也可以放弃行使解除权，而仅请求承租人赔偿损失。[②] 例如，承租人在租赁期间因故去外地时，将厨房窗户置于开启状态，加之寒冷天气导致热水器水阀冻裂，发生渗水导致房屋受损。对此，出租人可以选择解除合同，也可以选择继续租赁而仅请求承租人承担损害赔偿责任。[③]

2. 合同解除权的行使条件

出租人行使合同解除权，要么符合当事人之间约定的解除条件，要么符合法律规定。出租人依据本条的规定行使法定解除权的，需要满足因为承租人的不当使用行为“致使租赁物受到损失”的要件。且此种“损失”需要达到一定的严重程度，以至于影响了出租人合同目的的实现。例如，承租人在使用洗衣机的过程中处理不当，导致房屋严重渗水，甚至渗透到了楼下业主的房顶。对此，出租人

---

① 类似案情，可参见“李涛与杨嵘房屋租赁合同纠纷上诉案”，上海市第一中级人民法院（2014）沪一中民二（民）终字第2779号民事判决书。

② 参见黄薇主编：《中华人民共和国民法典合同编解读（下册）》，北京，中国法制出版社2020年版，第810页。

③ 参见“韦方菡诉赵广辉等财产损害赔偿纠纷案”，上海市第一中级人民法院（2017）沪01民终13440号民事判决书。

主张解除合同的，人民法院应当支持。[1]

如果租赁物只是遭受了比较轻微的损失，即便承租人违反了合同的约定，出租人也不得行使合同解除权。例如，承租人将登记为“非营运”性质的车辆用于从事网约车客运服务活动，但承租人只是体验了几次客运服务活动，并未给租赁车辆造成明显的损失，则出租人原则上不得主张解除合同。此时，出租人可以要求承租人停止不合理的使用行为。

问题在于，承租人不合理地使用了租赁物，但并未造成租赁物损失的，出租人如何救济？例如，承租人将登记为“非营运”性质的车辆多次用于从事网约车客运服务活动，但既未造成明显的里程增加，也未被交通运输主管部门发现和处罚，此时，出租人可否解除合同？对此，笔者认为，出租人可以行使合同解除权，但不宜依据本条解除，而是应依据《民法典》第563条第1款第4项规定的“其他违约行为致使不能实现合同目的”来解除合同。因为，承租人的此类使用行为虽然未造成租赁物的现实损失，但是具有比较大的潜在风险，包括物理形状上的和经济上的损失，其不符合双方订立合同时出租人的基本预期。

2. 损失的计算

关于损失的计算，有两个问题值得注意。

一是租赁物的物理或者经济价值并未出现消极减损，但是承租人的不合理利用行为获取了额外利益，出租人是否可以主张将承租人因此所获利润计入“损失”，并向其请求赔偿？

例如，承租人将约定用于家用的车辆用于从事网约车业务之类的营利性使用活动，在“家用”利益之外获得的额外收入，是否构成“损失”？在此情形，的确出现了“损失”和“损耗”之间的模糊地带问题。租赁物本身的物理性状并没有发生明显的改变，但是，的确发生了超出出租人预期的“损耗”。承租人将车辆用于从事网约车客运服务活动，通常来说会增加车辆的行驶里程，超出了订立租赁合同时出租人对合理损耗的预期，因此，此种超额损耗应当理解为租赁物因不合理利用遭受的损失；再加上此种超额里程损耗的计算并不容易，故法官可以大致将此种获利推定为与“损失”等额。

二是违反租赁物的性质使用租赁物造成损失，但出租人同意此种使用方式的，如何计算需赔偿的损失？

我们回到前述第709条释评中初步评述过的“停车场租用案”。在该案实际

---

[1] 参见“杨娟与沙开福、滕秀莲房屋租赁合同纠纷案”，江苏省南京市中级人民法院（2019）苏01民终10469号民事判决书。

发生的案情中，当事人在《停车场地租赁合同》中约定："交还租赁场地时，双方共同验收租赁场地及附属设施，如有损坏，承租方必须按购置价赔偿（自然损耗除外）。"另外，双方在诉讼中均确认，"订立合同时就'租用停车场用来停放自重较大的大型车辆'这一租赁用途做过明确沟通"。争议的焦点在于，如何理解"自然损耗"。承租人主张："自然损耗"指按照约定方式使用租赁场地产生的损耗，无论损耗程度，只要是非其过错造成的，均为"自然损耗"；但出租人则认为"自然损耗"仅指路面的轻微损耗，而不包括停放重型车辆导致的停车场硬化层的破损损失。

从该案中《停车场地租赁合同》约定的条款的上下文来说，一方面，该条款约定"如有损坏，承租方必须按购置价赔偿（自然损耗除外）"，但双方并未在约定中将"损坏"限定为承租人故意或过失造成的损坏。因此，这里的"损坏"应当理解为相较于租赁物交付时的状况的实质性、明显损耗。另一方面，在租赁合同中，按照通常方法使用租赁物造成的自然损耗或者磨损，通常无须承租人赔偿，因为这种损耗系出租人收取租金的对价。双方缔约时作出这样一款特别约定，则可以推定其是当事人鉴于停车场将用于停放大型车辆的事实，双方为了分配因此造成的非自然损耗而作出的特别安排，其目的就是明确停放大型车辆造成的损耗的分配问题。①

进一步的问题是，如果当事人之间根本就没有前述约定条款，那么，出租人是否有权请求赔偿停车场硬化层破损导致的损失？对此，法官可以根据当事人约定的其他条款（特别是"租金"），判断此种损失是否已经通过租金条款合理地计作了交易对价。如果租金的水平明显仅与"普通停车"这一使用方式导致的耗损相对应，那么，出租人仍然可以根据本条主张赔偿此种损失，即因违背租赁物性质使用租赁物导致的租赁物损失。这样也更符合民法的公平原则和诚实信用原则。②

第七百一十二条

出租人应当履行租赁物的维修义务，但是当事人另有约定的除外。

本条主旨

本条是关于租赁物维修义务的分配原则的规定。

---

①② 参见"北京天马通驰旅游客运有限公司与北京众合盛物业管理有限公司房屋租赁合同纠纷案"，北京市第一中级人民法院（2020）京01民终4159号民事判决书。

相关条文

《海商法》第147条　在光船租赁期间，承租人负责船舶的保养、维修。

理解与适用

租赁合同是典型的继续性合同，合同当事人的权利义务关系贯穿于整个合同存续期间。为了满足承租人在租期内合理租用的合同目的，出租人不仅负有按照约定交付租赁物的义务，而且还附有“在租赁期限内保持租赁物符合约定的用途”的义务（《民法典》第708条）。如前所述，租赁期限内的维修义务，是出租人为了保持租赁物的适租状态而需要承担的合同义务，其贯穿于整个租赁合同履行期间。

一、出租人的维修义务和维修权利

在租赁期限内，保持租赁物处于适租状态对承租人和出租人来说都是合同履行中的重要事项。对于承租人来说，保持租赁物处于良好的状态和性能，有助于承租人充分发挥租赁物的功用，在租用期间持续实现其租用目的。根据本条和下一条的规定，承租人原则上有权利要求出租人在合理期限内履行维修租赁物义务。对于出租人来说，对租赁物及时进行必要的维修，有助于防止租赁物因为失修而遭受更为严重的毁损，以至于在租赁期限结束后收回的租赁物失去应有的经济价值。

因此，对出租人来说，对租赁物进行维修不仅是本条规定的法定义务，而且也是其法定权利。① 当出租人认为租赁物需要在合理期限内维修，以避免租赁物遭受更严重的损失时，其有权利要求对租赁物进行修理，占有租赁物的承租人有容忍修理工作的义务（lessee's obligation to tolerate repairs），或者说有义务配合出租人的修理活动（承租人可以请求出租人弥补修理期间的租用损失，形式包括租金减免或者租期顺延）②；在当事人约定由承租人负担维修义务的情形，承租人有义务及时维修租赁物，否则需要承担因未及时维修导致的租赁物损失。

---

① 参见吴志正：《债编各论逐条释义》，台北，元照出版公司2019年版，第128页；Kåre Lilleholt, *Lease of Goods* (*Principles of European Law*)，Sellier，European Law Publishers，2008，p. 158。

② See Kåre Lilleholt，*Lease of Goods* (*Principles of European Law*)，Sellier，European Law Publishers，2008，p. 244.

根据本条的规定，租赁物的维修义务原则上由出租人负担。这一做法在比较法上也是比较常见的规则。① 原因大抵如下。

第一，租赁物通常由出租人所有，由出租人自己来维修租赁物，一方面，基于出租人对租赁物的性状和性能的了解，有助于采用更经济、更有效的维修方案；另一方面，有助于出租人根据自身的长期所有利益理性地评估维修的成本投入，更好地发挥物的价值。②

第二，与承租人相比，出租人对租赁物的性状更了解，因此在订立租赁合同时，能够更好地评估租赁物在未来使用过程中需要维修的频率和成本，并基于此种信息优势将未来的维修成本计入“租金”这种交易对价中去。与出租人相比，承租人有更好的信息优势去评估按照约定方式或者租赁物性质使用租赁物给自己带来的租用收益，但对租赁物的性状和维护成本的了解却常常低于出租人。因此，此种比较法上的常见维修义务分配规则也是一种符合经济效率要求的分配规则。

当然，这只是基于对租赁交易场景的原则性假设得出的结论。在现实生活中，双方当事人之间对租赁物性状的了解程度、双方当事人实施维修活动的便利程度、双方当事人对租赁物的可维修价值的认知和计划，存在大量的例外情况。这也是不少租赁合同明确约定由承租人一方承担维修义务的原因。存在此种约定的，约定优先；此时，承租人不仅没有请求出租人维修的权利，而且自己还负有对租赁物进行合理维修的义务，以避免《民法典》第711条规定的“不合理使用致使租赁物损失”和第714条规定的“未妥善保管租赁物致使租赁物毁损、灭失”的问题发生。

二、出租人维修义务的发生条件

在没有例外约定的情形，出租人负担维修义务。不过，此种维修义务并不是没有边界的，其发生需要满足以下条件。

第一，租赁物的待修缺陷系承租人在合理使用租赁物过程中出现的，或者是在租赁物交付前就已经存在的瑕疵。通常来说，需要出租人处理的待修缺陷是在租赁物租用过程中出现的瑕疵；但如果缺陷是租赁物交付之前就存在的，出租人

---

① See Kåre Lilleholt, *Lease of Goods* (*Principles of European Law*), Sellier, European Law Publishers, 2008, p. 157.

② 参见黄薇主编：《中华人民共和国民法典合同编解读（下册）》，北京，中国法制出版社2020年版，第811页。

对租赁物负有物理意义上的瑕疵担保义务，包括通过维修消除瑕疵的义务。[①] 因承租人的合理使用行为造成的待修缺陷，出租人有及时维修的义务。就租用过程中产生的瑕疵而言，以承租人对租赁物的合理使用行为[②]为限。如果是因为承租人不合理使用行为造成租赁物损失的，依据《民法典》第 713 条第 2 款的规定，出租人不承担维修义务。不过，如果待修缺陷是因为不可归因于承租人的第三人的侵权行为所引起的，出租人仍然负有维修义务。这也是出租人瑕疵担保义务的具体体现。比较法上也有法律明确规定了这一点。[③]

第二，出租人有义务维修的缺陷是影响租用用途之实现的缺陷。一方面，在租用过程中，租赁物发生自然损耗（特别是磨损）属于正常的现象。只要此种损耗并不影响承租人正常使用租赁物，不影响租赁用途的实现，承租人就没有权利要求出租人维修。例如，租赁车辆的车身在夜间被人剐蹭，但无法找到剐蹭原因，如果剐蹭伤痕与安全驾驶毫无关系，则承租人无权要求出租人维修。另一方面，即便租赁物的缺陷是功能性的，但如果该缺陷所影响的功能与承租人的租用用途无关，那么是否维修也应当由出租人自主决定。

另值得注意的是，如果租赁物自身的耐用性不强，则存在随着使用时间的推移而自然发生灵活性下降等问题。即便是出租人自己使用该租赁物，通常也会将此种功能弱化视为物品使用过程中的正常现象，而不会甚至也没有办法采取维修措施。例如，租用电动车的续航能力降低，但尚未达到需要更换电池的程度；租用车辆的刹车的灵活度随着时间推移而降低；租用耕牛随着其年龄的增长而出现耕力衰减；等等。

第三，租赁物具有维修的可能性。租赁物维修的可能性，主要包括技术可能性和经济可能性两个方面（technically possible and economically feasible）。[④] 如果在技术上没有维修的可能，那么，承租人不能强求出租人维修，而只能请求出租人更换租赁物或者减免租金。或者虽然租赁物在技术上具有维修的可能性，但是，如果维修成本过高，也没有必要进行维修。这一点是《民法典》第 580 条第 1 款第 2 项规定的“履行费用过高”的具体体现。

---

① 参见吴志正：《债编各论逐条释义》，台北，元照出版公司 2019 年版，第 129 页。

② 关于“合理使用行为”的讨论，参见本书对《民法典》第 709～711 条的释评。

③ See Kåre Lilleholt, *Lease of Goods*（*Principles of European Law*），Sellier，European Law Publishers，2008，p. 181.

④ 参见王利明：《合同法研究（第三卷）》（第二版），北京，中国人民大学出版社 2015 年版，第 307 页；黄薇主编：《中华人民共和国民法典合同编解读（下册）》，北京，中国法制出版社 2020 年版，第 812 页。Kåre Lilleholt，*Lease of Goods*（*Principles of European Law*），Sellier，European Law Publishers，2008，p. 179.

问题在于，如何判断“维修成本过高”？能否以“维修价格超出了重置租赁物的市场价格”作为判断标准？笔者认为，在出租人可以向承租人更换新的租赁物的前提下，如果维修价格超出了重置租赁物的市场价格，那么，的确没有必要强求出租人维修租赁物。但是，在一些情形，租赁物缺乏市场替代品，但其对承租人租赁目的的实现却至关重要。如果修复租赁物给承租人的租用事业带来的预期收益明显高于重置租赁物的市场成本，那么，出租人仍然负有维修义务。因为，一方面，保持租赁物处于适租状态，促进承租人合同目的的实现是出租人的主要合同义务；另一方面，这也是一种讲效率的做法，即“维修所获效果足以弥补修缮费用”①。当然，对承租人的此种租用事业的预期收益的判断，应当以出租人在订立合同时的可预见能力为限，即《民法典》第584条所规定的可预见性规则。在此情形，出租人拒绝履行维修义务的，需要赔偿承租人租用事业的预期收益。

当然，如果维修成本过高，在技术上和经济上都不能要求实际履行的，承租人可以根据待修缺陷对其租赁用途的影响程度大小选择相应的救济措施，包括减少租金、解除合同以及承担违约责任，等等。

第四，承租人就待修缺陷的信息有效通知出租人。由于租赁物处于承租人的控制之下，出租人常常需要根据承租人的通知来判断是否以及如何维修租赁物。如果承租人并没有准确描述待修缺陷，以至于出租人认为无须维修的，则出租人的维修义务尚未发生。

三、出租人承担维修义务的例外情形

法律对出租人的维修义务的限定，不仅表现在前述限定条件，而且还存在以下几种例外情形。

1. 法定例外情形。无论是在比较法上，还是在我国法律体系中，都存在将维修义务施加给承租人的法定例外情形。法定例外情形大致包括两类。第一类是关于重大修缮义务的法定例外。例如，我国《海商法》第147条规定：“在光船租赁期间，承租人负责船舶的保养、维修。”第二类是关于轻微修缮的例外。我国没有这方面的规定，但如后所述，比较法上不乏这方面的明确规定。之所以存在这些法定例外，是因为如此分配维修义务更经济。对于光船租赁等情形，租赁物不仅处于承租人控制之下，而且常常与出租人之间的物理距离远，由承租人负

① 黄薇主编：《中华人民共和国民法典合同编解读（下册）》，北京，中国法制出版社2020年版，第812页。

担维修义务更经济、更现实。对于轻微缺陷的修缮，由于不涉及前面谈到的维修投入方面的大额成本考虑，因而由承租人负担也更经济。

2. 约定例外情形。如果当事人明确约定由承租人承担维修义务，当然应尊重当事人的合意。问题在于，此种约定可否是默示约定？对此，有观点认为，在租金相当低廉的情形，可以结合具体案情推定当事人之间存在关于修缮义务由承租人负责的约定。[①] 这种看法不无道理，但需要结合具体案情来判断。

3. 酌定例外情形。如果严格从文义上讲，无论是大修还是小补，都应当由出租人负担维修义务。但如前所述，对于小修小补，如果不存在特别的技术或者经济要求的话，一般来说由承租人负担更经济。事实上，无论是在交易习惯中，还是在各类格式条款中，此类小修小补通常是由承租人来负担的，其在交易实践中通常被称作"保养义务"，区别于针对重大瑕疵的"修理义务"。例如，对于长租车辆而言，车辆保养义务一般是由承租人承担，租赁合同中一般都会有约定，因而关于保养义务的争议比较少。在实际操作中，在车辆回收的时候，出租人会做一次车辆的全面检测，如果不符合交接标准的，会在前期收取的押金里面扣掉一部分费用做维修保养。

在我国西南地区的房屋租赁实践中，存在"大修为主、小修为客"的习俗，或者说存在这方面的习惯法。[②] 在比较法上，也有法律作出这样的明确约定。例如，《法国民法典》第 1754 条明确列举了那些应当由承租人维修的不动产缺陷；学说上一般认为该规则也可对动产类推适用。[③]《荷兰民法典》第 7：217 条就明确区分一般维修和小修，后者应当由承租人负担，除非有相反的合同约定。[④]《瑞士债法》第 259 条也有类似规定。

对于小修小补，法官在审判实践中除了可以根据习惯法来确立维修负担分配规则之外，还有以下工具可以用来缓和本条的刚性：相对灵活地解释《民法典》第 714 条规定的承租人妥善保管义务，使其能够包容与租赁物的使用活动相伴随的维护成本（costs corresponding to the current use of the goods）或者说维护义务，例如厨房中抽油烟机堵塞后的维修（区别于电机失灵），热水器内的水垢清理（区别于电路损坏），机动车的加油加气、更换机油和轮胎修补（区别于发动

① 参见吴志正：《债编各论逐条释义》，台北，元照出版公司 2019 年版，第 128 页。

② 参见黄薇主编：《中华人民共和国民法典合同编解读（下册）》，北京，中国法制出版社 2020 年版，第 813 页。

③ Alain Bénabent，Les contrats spéciaux civils et commerciaux（6th ed.，Paris 2006），no. 339.

④ See Kåre Lilleholt，*Lease of Goods*（*Principles of European Law*），Sellier，European Law Publishers，2008，p. 181.

机失灵），宠物租赁中的感冒就诊（区别于宠物手术）。

第七百一十三条

承租人在租赁物需要维修时可以请求出租人在合理期限内维修。出租人未履行维修义务的，承租人可以自行维修，维修费用由出租人负担。因维修租赁物影响承租人使用的，应当相应减少租金或者延长租期。

因承租人的过错致使租赁物需要维修的，出租人不承担前款规定的维修义务。

本条主旨

本条是关于租赁物维修义务的补充性规定。

理解与适用

本条第1款就承租人请求出租人履行维修义务的方式做了规定，第2款明确了承租人不享有此种请求权的例外事由。

一、承租人自行维修的条件

在出租人负有维修义务的情形，承租人有权请求出租人在合理期限内履行维修义务。在两种条件下，承租人可以自行维修：一是出租人接到承租人请求后拒绝履行维修义务或者未能在合理期限内履行维修义务的，承租人可以自行维修。二是在紧急情况下，租赁物需要及时维修，承租人来不及请求出租人维修或者出租人无法紧急处置的，承租人也可以自行维修。在这两种情形下，承租人自行维修，有助于保持租赁物的适租性，实现租赁合同的目的。不过，在这两种情形，承租人负有证明“出租人拒绝或者怠于在合理期限内维修”或者“发生紧急情况需要及时维修”等事实的义务，否则可能在请求出租人支付维修费用时存在诉讼障碍。①

但问题在于，承租人能否在请求出租人履行维修义务之前自行维修，即自己直接购买材料或者委托第三人对租赁物进行维修，然后请求出租人支付维修

① 关于“抢修”事实的证明困难问题，参见“广州维维中介物业管理有限公司、广州市城市更新项目建设管理办公室租赁合同纠纷上诉案”，广东省广州市中级人民法院（2020）粤01民终9653号民事判决书。

费用？

在比较法上的一些法域（如英国），承租人不能轻易决定维修商，不能擅自将租赁物交付给第三人维修，除非租赁合同如此约定。[①] 这种规则是有道理的，因为，一方面，通常来说出租人更了解租赁物的性状，能够更好地评估维修投入的额度和必要性。毕竟，租赁物在租期届满之后需要返还给出租人；维修投入的利益除了满足承租人的租用用途之外，剩余经济价值归属于出租人自身。另一方面，在涉及租赁物维修服务提供者的专业性和维修品质的问题上，出租人也有重大利益。例如，租赁设备的零部件损坏，是到专修店铺更换品牌原装配件，还是到普通维修商处更换通用配件，不仅涉及租赁物待修部位的品质问题，而且还可能对整个租赁物的耐用性产生影响（例如，机动车轮胎的型号和品质对车辆的减震系统有重要影响；轴承对设备的运行稳定性和寿命有重要影响；挡风玻璃对车内皮具的抗衰老性也有明显作用）。因此，除面临紧急情况外，承租人不得在请求出租人履行维修义务之前主动维修。

承租人自行维修的，只能就必要的维修费用请求出租人返还不当得利，并不一定能够要求出租人返还非必要的维修费用。但是，如果承租人的维修品质明显不符合出租人的维修计划和品质要求的，出租人有权拒绝支付相应的维修费用。

二、承租人自行维修后的费用负担

承租人在自行维修之后，可以请求出租人负担维修费用，也可以抵扣应当支付给出租人的租金。如前所述，法律上之所以不应当支持承租人直接自行维修，其中一个主要考虑就是维修成本是否符合出租人的租赁物修缮计划。因此，承租人可以请求返还的维修费用，应当限于与租赁物的待修缺陷相应的修缮成本支出，包括自行维修所需的材料费和劳务费，或者委托第三人维修时向第三人支付的维修费用。如果维修费用明显超出修缮待修缺陷的必要，出租人可以拒绝支付额外的费用。

三、维修期间的租用损失

无论是出租人维修，还是承租自行维修，都可能在不同程度上影响承租人对租赁物的占有和使用，包括一段时间内部分不能使用或者完全不能使用。这直接减损了承租人的租用利益的实现。因此，本条规定，承租人可以根据租赁活动对

① See Hugh Beale (ed.), *Chitty on Contracts*, *II Specific Contracts* (29th ed. London 2004), para. 33 - 72.

租赁物使用利益的影响程度，相应地主张“减少租金或者延长租期”。例如，在房屋租赁合同中，房屋卫生间的天花板的水泥砂浆发生脱落。从脱落发生之日起，至修理完成之日，历时 20 天。无论是在等待维修期间，还是在维修执行期间，虽然承租人可以继续使用房屋，但是在使用的便利性上的确会受到一定的影响。对此，法院酌情判决减少支付这期间的部分租金或者适度延长租期是合适的。①

另值得注意的是，根据本条规定，在出租人未能依法履行维修义务的场合，承租人“可以”自行维修，也可以选择不维修，并根据待修缺陷对其造成的影响请求减少或者免除租金。例如，承租人租赁房屋的用途是从事服装加工活动，由于租用房屋的部分地方从交付之日起就存在漏水现象，且一直未能彻底修复，承租人的服装加工活动对场所和设备的整洁性要求高，此种租赁物缺陷将直接影响到大型印花设备的布置和运转。因此，承租人可以基于其从事的租赁使用活动的特殊性，结合投资及生产规模、从业人数、经营成本、租赁期限和房屋漏水可能造成影响的程度等因素，请求减少整个承租期间的房租。②

但是，一方面，承租人选择不维修，部分或者完全停止租用活动的，除了请求相应地减免租金之外，一般来说不能就明知出租人不维修后的停产停业损失请求出租人赔偿。③ 因为，依据《民法典》第 591 条之规定，承租人此时有采取适当措施（如自行维修）防止损失扩大的义务。因未采取措施导致损失扩大的，属于承租人自己的责任。另一方面，如果租赁物的缺陷给承租人的人身或者财产安全造成持续性的侵害的，承租人也有义务通过自行修缮或者转移至安全地方等方式及时止损，否则不能就损失扩大的部分请求出租人赔偿。④

四、待修缺陷的发生原因与维修义务的分配

在 1999 年《合同法》第 221 条的基础上，本条增加了规定作为第 2 款，即“因承租人的过错致使租赁物需要维修的，出租人不承担前款规定的维修义务”。该规定在一定程度上对维修义务的分配采取了过错分配原则，即因承租人自身过

---

① 参见“陈伟清与梁明英、赖陈生房屋租赁合同纠纷案”，广东省湛江市赤坎区人民法院（2018）粤 0802 民初 2025 号民事判决书。

② 参见“王军与海安县沪屏丝绸有限公司房屋租赁合同纠纷案”，江苏省南通市中级人民法院（2020）苏 06 民终 756 号民事判决书。

③ 参见“杨奕轩、岳阳诚实房地产开发有限公司租赁合同纠纷案”，湖南省岳阳市中级人民法院（2020）湘 06 民终 1941 号民事判决书。

④ 参见“孙胜旗、张玉娟房屋租赁合同纠纷案”，河南省郑州市中级人民法院（2020）豫 01 民终 6046 号民事判决书。

错造成的待修缺陷，应当由承租人自己负担维修义务。

不过，在该规定之前，学理上和实务中对此存在争议。有的观点主张，承租人在待修缺陷发生上的过错，只应当影响维修费用的负担，但不应当影响维修义务的分配。也就是说，即便承租人对缺陷的发生有过错，出租人仍然有维修义务，只不过，承租人需要支付维修费用。因为维修义务和费用赔偿义务是两种不同性质的义务。① 特别是，《合同法》第221条并未明确规定这一点，出租人没有拒绝履行维修义务的法律依据。② 相反的观点则认为，出租人有权拒绝此种情形下的修缮要求。因为，一方面，由承租人负担维修义务，有助于省去承租人在出租人履行维修义务后再赔偿维修费的复杂过程；另一方面，这有助于防止来自承租人的道德风险。③ 在比较法上，在承租人因为过错导致待修缺陷的情形，排除出租人的维修义务的确是比较常见的做法。④

笔者认为，这两种方案在实质效果上的差异并不大。采用第一种方案，即出租人仍然要负担维修义务（但可以请求赔偿维修费用）。如果是小修小补，通常因为争议标的价值不大，不会发生大的争议；如果是比较严重的损毁，出租人可以选择履行维修义务之后要求赔偿费用，但也可以主张解除租赁合同并要求赔偿损失。至于道德风险，在持续性租赁合同中并不明显。承租人并不会故意或者容忍损害的反复发生，毕竟其要赔偿费用；如果拒绝向出租人支付维修费用，出租人可能会解除合同来获得救济。采用第二种方案，如果承租人主动向出租人支付维修费用或者作出相应可信赖承诺的，出租人也很可能愿意提供维修服务。因此，问题的关键在于：法律明确承租人需要最终支付因为其过错引发的维修成本。至于由哪一方承担维修义务，在对交易关系的实质性影响上并不明显。关键在于，法律要就维修义务作出明确分配，避免因为规则不明确引发的争端成本。当然，从朴素的法情感层面考虑，此时豁免出租人的维修义务，的确是有道理的。

第七百一十四条

承租人应当妥善保管租赁物，因保管不善造成租赁物毁损、灭失的，应当承

① 参见［日］我妻荣：《债法各论》，台北，五南图书出版公司1998年版，第34页。

② 参见崔建远主编：《合同法》，北京，法律出版社2003年版，第371页。

③ 参见王利明：《合同法研究（第三卷）》（第二版），北京，中国人民大学出版社2015年版，第308页；黄薇主编：《中华人民共和国民法典合同编解读（下册）》，北京，中国法制出版社2020年版，第812页。

④ See Kåre Lilleholt, *Lease of Goods* (*Principles of European Law*), Sellier, European Law Publishers, 2008, pp. 179 - 181.

担赔偿责任。

本条主旨

本条是关于承租人的妥善保管义务的规定。

理解与适用

除了交付租赁物的义务之外，出租人在整个租赁期限内都负有维修义务。类似的，除了支付租金的义务之外，承租人在整个租赁期限内负有妥善保管义务。而且，此类保管义务通常不宜通过合同约定来分配给出租人负担。毕竟，在租赁期限内，租赁物通常处于承租人的控制之下。承租人妥善保管租赁物，不仅有利于维持租赁物的适租性，而且有助于维持租赁物的经济价值，保护出租人对租赁物的财产权益。

一、需要保管的事项

法律之所以要求承租人在租赁期限内采取妥善的保管措施（reasonable measures of preservation），主要是为了维持租赁物的正常物理状态和工作性能，避免租赁物因为脱离出租人的控制而出现不合理的损耗。这与《民法典》第710条要求承租人按照约定或者根据租赁物的性质使用租赁物，以避免租赁物的不合理损耗的道理相当。

承租人对租赁物进行保管的目标，主要是防止租赁物因合理使用行为之外的其他原因造成的物理性损坏或者经济性贬值。从这一点出发，我们可以从两个方面来理解承租人需要保管的事项。

一方面，承租人应采取的措施是保持出租物的正常物理状态和工作性能所必需的措施。在没有明确约定的情况下，承租人并不负有对租赁物进行升级和更新的义务。同时，因租赁物损坏而必须进行的修理不是维护租赁物的正常标准和功能所必需的措施。①

另一方面，承租人有义务妥善保管的事项并不限于租赁物的物理状态，还包括法律状态。如果承租人因为怠于采取必要的措施，致使租赁物丧失法律上的资质并因此发生经济贬值时，承租人也需要承担赔偿责任。在前述第707条释评中评述过的加油站资产租赁合同案件中，出租人按照约定交付了加油站的房屋、加

① See Kåre Lilleholt, *Lease of Goods (Principles of European Law)*, Sellier, European Law Publishers, 2008, p. 178.

油设施、办公设备及各种证照，并将成品油经营许可证、危险化学品经营许可证等证照更换至承租人名下。承租人按照约定支付了租金，但一直未经营，亦未合理维护加油站，且申请注销了经营加油站必需的危险化学品经营许可证，未积极年检换证导致成品油零售经营批准证书已超期不能使用。在本案中，租赁物不仅是加油站的物理场所和设施，还包括法律意义上的危险化学品经营许可证、成品油零售经营批准证书。这些证照的丧失将导致加油站失去经营资质和应有的经济价值。① 特别是，在相关证照已经变更到承租人名下的情况下，承租人不仅应当知道不依法办理相应证照手续的法律风险，而且其也是去办理相应证照的最合适主体。承租人怠于办理的，需要就此造成的损失承担赔偿责任。

二、妥善保管的判断因素

本条要求承租人尽到“妥善保管”义务，也就是采取了过错责任原则。问题是，法律上应当采用何种标准来判断保管措施是否“妥善”或者说是否对租赁物的毁损、灭失存在过错？到底是从主观层面还是从客观层面来判断保管措施的“妥善性”，本条的规定用语模糊。② 在学理上，主观判断标准说、客观判断标准说甚至严格责任说皆有之。③

笔者认为，采用主观标准去判断承租人是否尽到妥善保管义务更合适，因为，对于承租人无法控制的自然原因或者第三人原因造成的租赁物损失，也要求承租人去防患，未免强人所难。即便是租赁物在出租人自己的控制之下，也很可能无法防止此种外来原因的损害。在比较法上，《意大利民法典》第 1587 条规定：“承租人应当接受交付的租赁物，并在实施契约确定的用途或者根据情况得实施推定用途时要奉行善良家父般的勤谨注意”。这也就是学理上所谓的“善良管理人标准”④。

根据这一主观判断标准，承租人需要尽到善良管理人的注意水平，也就是不低于出租人自己控制时通常会对租赁物采取的保管措施。其背后的道理在于：一方面，因为租赁物脱离了出租人的控制，出租人不可能采取保管措施；另一方面，法律向承租人课加“妥善保管义务”，就是为了借此达到与由出租人自己保

① 参见“中国石化销售有限公司河北承德石油分公司、何继玉租赁合同纠纷案”，河北省承德市中级人民法院（2019）冀 08 民再 12 号民事判决书。

② 参见易军、宁红丽：《合同法分则制度研究》，北京，人民法院出版社 2003 年版，第 16 页。

③ 关于这方面的文献和讨论，可参见王利明：《合同法研究（第三卷）》（第二版），北京，中国人民大学出版社 2015 年版，第 319 页。

④ 黄薇主编：《中华人民共和国民法典合同编解读（下册）》，北京，中国法制出版社 2020 年版，第 816 页。

管一样的效果。就如在前述加油站资产租赁合同案中，如果加油站是承租人自己所有的，按照常理，承租人应当会积极主动地办理相关经营证照的更新和报批，避免因为法律资质的失效而使加油站遭受经济的贬值。

当然，关于保管措施的“妥善性”的判断，还需要具体到租赁场景，结合租赁物的性质、租赁期限的长短、租赁物保管的专业性要求等因素来判断。① (1) 关于租赁物的性质，例如，承租人租赁机械设备用于露天作业的，如果机械设备的外壳不具备防水性能，那么，承租人有必要在下雨天加盖必要的防水材料，避免因为设备渗水导致设备的零部件损毁。特别是，对于日常的阴雨天气，承租人在主观上能够根据气象局公布的天气预报合理预见，若因为疏忽未注意或者怠于采取防水措施致使设备损坏的，应当构成“保管不妥善”。如果机械设备的损毁经检测系因长期浸泡在水中导致的，那么，承租人需要为不妥善的保管行为承担赔偿责任。② (2) 关于租赁期限，例如，法律不能要求机动车的短期承租人去关注车辆发动机内的机油是否需要更新；但对长期承租人提出此种要求是妥当的。(3) 在一些情形，基于租赁物保管技术的专业性，承租人可能缺乏相应的保管知识。此时，承租人有必要在采取保管措施之前咨询出租人的意见，以确保所采取的保管措施符合租赁物的性质。③

三、自然原因或第三人原因致损时的承租人保管义务

租赁物因为不可抗力被毁损的，出租人不能主张承租人未尽妥善保管义务。但是，承租人有积极向出租人报告，以便出租人及时采取保护性措施的义务；或者在积极情况下，可以通过采取合理的保护措施来减损自然原因的损害效果的，承租人有义务积极采取合理的措施，防止损害进一步扩大。这也是善良管理人标准的体现，因为出租人在此情景也会积极采取保护措施。

在第三人侵害租赁物的情形，至少可以区分为四种情形分别判断④：(1) 如果是与承租人并无关联之人，则前述针对自然原因的规则同样适用，承租人负有

---

① See Kåre Lilleholt, *Lease of Goods* (*Principles of European Law*), Sellier, European Law Publishers, 2008, p. 178.

② 参见“张国义与杭州泰越机械有限公司建筑设备租赁合同纠纷上诉案”，浙江省杭州市中级人民法院（2017）浙01民终7207号民事判决书。

③ See Kåre Lilleholt, *Lease of Goods* (*Principles of European Law*), Sellier, European Law Publishers, 2008, p. 178.

④ 有一种观点认为，“对第三人与次承租人之责任负责，则是无过失责任”。吴志正：《债编各论逐条释义》，台北，元照出版公司2019年版，第134页。这种看法没有考虑到实践中的复杂情形，不可取。

及时报告和采取必要止损措施的保管义务。例如，侵权行为人基于对出租人的怨恨故意毁坏租赁物的，不宜让承租人为此负责。(2) 在承租人未经出租人允许转租给第三人的情形，应当理解为在承租人的控制范围内；承租人需要对转租期间的保管不善承担赔偿责任。(3) 在承租人经出租人允许向第三人转租时，如果出租人并未指定次承租人，则承租人需要对次承租人的选任承担责任。例如，选择了缺乏租用资格的承租人（如次承租人没有驾驶证），则承租人构成保管不善。(4) 如果出租人同意向特定次承租人转租的，则承租人仍然需要为次承租人的保管不善承担赔偿责任。这主要是因为出租人与次承租人之间并无合同关系。对此，《民法典》第 716 条作了明确规定。

第七百一十五条

承租人经出租人同意，可以对租赁物进行改善或者增设他物。

承租人未经出租人同意，对租赁物进行改善或者增设他物的，出租人可以请求承租人恢复原状或者赔偿损失。

本条主旨

本条是关于租赁物之改善或者增设物的处理规则的规定。

相关条文

《民法典》第 322 条　因加工、附合、混合而产生的物的归属，有约定的，按照约定；没有约定或者约定不明确的，依照法律规定；法律没有规定的，按照充分发挥物的效用以及保护无过错当事人的原则确定。因一方当事人的过错或者确定物的归属造成另一方当事人损害的，应当给予赔偿或者补偿。

《房屋租赁司法解释》第 9 条　承租人经出租人同意装饰装修，租赁合同无效时，未形成附合的装饰装修物，出租人同意利用的，可折价归出租人所有；不同意利用的，可由承租人拆除。因拆除造成房屋毁损的，承租人应当恢复原状。

已形成附合的装饰装修物，出租人同意利用的，可折价归出租人所有；不同意利用的，由双方各自按照导致合同无效的过错分担现值损失。

第 10 条　承租人经出租人同意装饰装修，租赁期间届满或者合同解除时，除当事人另有约定外，未形成附合的装饰装修物，可由承租人拆除。因拆除造成房屋毁损的，承租人应当恢复原状。

第 11 条　承租人经出租人同意装饰装修，合同解除时，双方对已形成附合的装饰装修物的处理没有约定的，人民法院按照下列情形分别处理：

（一）因出租人违约导致合同解除，承租人请求出租人赔偿剩余租赁期内装饰装修残值损失的，应予支持；

（二）因承租人违约导致合同解除，承租人请求出租人赔偿剩余租赁期内装饰装修残值损失的，不予支持。但出租人同意利用的，应在利用价值范围内予以适当补偿；

（三）因双方违约导致合同解除，剩余租赁期内的装饰装修残值损失，由双方根据各自的过错承担相应的责任；

（四）因不可归责于双方的事由导致合同解除的，剩余租赁期内的装饰装修残值损失，由双方按照公平原则分担。法律另有规定的，适用其规定。

第12条　承租人经出租人同意装饰装修，租赁期间届满时，承租人请求出租人补偿附合装饰装修费用的，不予支持。但当事人另有约定的除外。

第13条　承租人未经出租人同意装饰装修或者扩建发生的费用，由承租人负担。出租人请求承租人恢复原状或者赔偿损失的，人民法院应予支持。

第14条　承租人经出租人同意扩建，但双方对扩建费用的处理没有约定的，人民法院按照下列情形分别处理：

（一）办理合法建设手续的，扩建造价费用由出租人负担；

（二）未办理合法建设手续的，扩建造价费用由双方按照过错分担。

理解与适用

一、租赁物上的添附物的权属确定准则

在不少租赁合同中（特别是在长期房屋租赁合同中，无论出租人交付的是毛坯房还是装修房），承租人都可能基于自身的租用用途需要，对租赁物进行改善或者增设他物。从对租赁物的改变方式来看，“对租赁物进行改善”与“在租赁物上增设他物”是两种不同的活动。

对租赁物进行改善，一般并不改变租赁物的内部结构和外观形状，而是对租赁物的组成部分或者组织结构进行改良升级。例如，将租赁汽车的老式化油器更换为电喷化油器，提升燃油装置的动力性能和环保指数；将租赁汽车的轮胎更换为防滑性能更佳的高品质轮胎；将租赁汽车的挡风玻璃更换为防紫外线能力更强的玻璃；将计算机设备的内存条更换为储存和运行性能更高的规格或者品牌；将租赁房屋内部的壁暖更换为散热性能更优的材质；等等。而在租赁物上增设他物，在学理上一般也被称作“添附”，即在租赁物的原有组成部分或者组织结构

上增添额外部分或者组织结构的活动。① 例如，在租赁汽车内加装防雾霾空气过滤装置、桌椅皮套等，在房间内安装空调管道、照明设施等家电装置，对房屋进行装饰装修或者改建扩建等。

在一个宽泛的意义上，笔者将在本条的释评中将前述两类改变方式统称为"添附"；"添附性能"在广义上也可以理解为一种"添附物"，在效果上都是对租赁物的增值性改变。如此处理，不仅仅是为了行文便利，而且是因为两类改变租赁物的活动具有共通性。特别是，当租赁关系终止时，如果当事人之间无法达成协议，租赁物上的添附部分（或者说升级的性能部分）的归属如何确定？以及，按照特定规则分割添附物（或者升级的性能），给租赁物造成损失的，如何在当事人之间分配？

这既是学理上长期讨论的学术问题，也是实践中常见的疑难问题。关于这一问题，我们可以从确定添附物权属所需重点考虑的因素出发，来进一步认识相关的具体规则。我国《民法典》第 322 条首次在法律层面比较系统地规定了添附物的权属确定规则。该条规定的是关于添附物归属的一般规则，包括但不限于添附于租赁物的场景。这一规定明确了"充分发挥物的效用"和"依过错确定归属和分配损失"这两大基本原则。而《民法典》第 715 条是关于租赁场景中的添附物归属的具体规定，其将"添附行为是否经出租人同意"规定为一项新的权属确定标准。而《房屋租赁司法解释》的第 9～14 条则进一步规定了"租赁合同是否有效""添附物是否可以拆除""附合物对出租人的经济价值""当事人对租赁合同终止的过错"等多重因素，作为确定添附物之归属和因为分割添附物致使租赁物损失的重要因素。

综合考虑这些法律规范确立的因素，确定租赁物之上的添附物的归属或者分配因分割添附物所造成的损失，需要着重考虑如下因素，包括两项一般因素和五项具体因素。

1. 一般因素之一：是否有助于充分发挥物的效用？只要添附物本身不危害人身财产安全，也不违反公序良俗，添附物就是有经济价值的存在财产，法律规则的设计应当充分考虑如何确定和分配该财产的权属才能够充分发挥添附物的经济效用。这也是民法之效率观念的基本要求。② 这具体表现为：添附物在经济上是否具有物理分割的可能性？如果分割添附物将造成不必要的经济损失，则原则

---

① 参见黄薇主编：《中华人民共和国民法典合同编解读（下册）》，北京，中国法制出版社 2020 年版，第 817－818 页。

② 关于民法中的经济效率观念的一般性论述，参见熊丙万：《中国民法学的效率意识》，载《中国法学》2018 年第 5 期；贺剑：《绿色原则与法经济学》，载《中国法学》2019 年第 2 期。

上不宜进行物理分割。

2. 一般因素之二：是否有助于公平分配添附增益或者损失？或者说，当事人对添付行为以及添附物分割所致损失是否存在过错？无论添附物是否具有物理分割的可行性，都存在公平分配问题。在不能物理分割的情形，需要重点考虑“添附物的残值对出租人是否具有经济价值”和“对出租人有经济价值时是否需要补偿承租人”这两个问题；在能够进行物理分割的情形，需要重点考虑因为物理分割行为给租赁物造成的损失应当如何分配。在回答这些公平分配问题时，一方面，需要考虑特定的归属确定方式是否给一方或双方当事人带来实实在在的好处或者损失；另一方面，需要考虑当事人对增益部分的贡献和对损失部分的过错。

下面将围绕若干具体考量因素来说明租赁物之上的添附物的归属或者分配因分割添附物所造成的损失分配规则。

二、租赁物上的添附物的可分割性

添附物的可分割性，对于确定添附物的归属至关重要。无论租赁合同的效力如何，也无论添附行为是否经过了出租人同意，更无须考虑租赁合同的终止原因，只要添附物在物理上和经济上具有分割的可行性，那么，将添附的部分从租赁物上予以分离拆除即可。在当事人没有特别约定的情况下，分割出来的添附物原则上应当归属于实施添附行为的承租人所有。

1. 分割可行性

至于如何判断添附物的分割可行性，需要着重从物理和经济两个层面考虑：在物理层面，重点是分割行为是否会毁损添附物或者改变添附物的性质。例如，在承租房屋内安装的地砖、吊顶天花板、墙壁粉刷或者贴纸，在租赁商场内安装的空调管道、电路管线等，在车窗上加贴的防晒膜，在机械设备上焊接的加固层或者保护层，等等，进行物理分割毁损添附物或者改变添附物的性质的，则不具有可分割性。相反，在地面上铺设的地毯、房顶上增设的吊灯、墙壁上安装的画框、车内的座套等，则可以轻易拆除。在经济层面，如果对添附物进行分割需要花费巨大的成本，以至于超出了分割出来的物的经济价值的，则也应当认为不具有可分割性。例如，承租人在楼面上铺设的昂贵的大理石地砖，要想在不毁损地砖的前提下拆除，则需要支付高昂的成本。

概括来说，添附物与租赁物之间的黏合与固定化程度越高，予以分割的物理和经济可行性越低；反之，则越高。而在“性能添附”的情形，无论是物理上还是经济上，一般都不具备分割的可行性。[1] 因为，性能添附通常是通过更换租赁物的零部件或者在租赁物的组织结构中融入新的材料来实现的。

2. 可分割添附物的归属

对于具有分割可行性的添附物，由承租人拆除和所有，租赁物归还给出租人。对此，《房屋租赁司法解释》第 9 条和第 10 条做了明确规定。不过，在不少情形，添附物的分割可能会给租赁物造成一定程度的毁损，那么，承租人在拆除添附物时，有义务将租赁物恢复原状。承租人不能或者不能完全恢复原状，或者拒绝恢复原状的，出租人可以请求承租人赔偿损失。虽然《民法典》第 715 条仅仅规定了“承租人未经出租人同意”，对租赁物进行改善或者增设他物的，出租人可以请求承租人恢复原状或者赔偿损失，但是，在“承租人经出租人同意”进行添附的情形，承租人对可分割的添附物进行分割时造成租赁物毁损的，也负有前述恢复原状的义务，并应在不能完全恢复原状时或者拒绝恢复原状时赔偿出租人的损失。这一规则的正当性在于，出租人同意承租人从事添附行为，主要是为了满足承租人的增值需求，但自己并没有收到拆除致损的交易对价。这也符合出租人在租赁关系结束时圆满回收租赁物的一般交易预期。

不过，有一种例外情形，即如果出租人同意的添附行为是违法的行为，那么，当分割添附物造成租赁物毁损的，出租人与承租人需要根据双方的过错程度来分担恢复原状的成本。例如，承租人经出租人同意对机动车进行违法改装或者拼装的，拆除改装或者拼装设备时给机动车造成的损失，需要由双方当事人分担。关于这一点，现行法律和司法解释并无直接的明确规定，但可以从《房屋租赁司法解释》第 14 条的规定理解如此处理因违法添附致损的一般分配原理。根据该条规定，“承租人经出租人同意扩建……未办理合法建设手续的，扩建造价费用由双方按照过错分担。”

3. 不可分割添附物的归属

如果添附物不具有物理或者经济上的可分割性，或者说附合于租赁物之上，那么，只要添附于租赁物的部分不违法，原则上就应当维持租赁物的添附现状。在承租人向出租人归还租赁物时，添附物因为丧失独立性，而成为被添附的租赁物的一部分，归出租人所有。毕竟，租赁情形的添附物一般来说价值不会超过租赁物本身，几乎没有归添附人所有的可能性。

进一步的问题在于，出租人取得添附物的，是否需要向承租人支付对价？支

---

[1] 参见最高人民法院民事审判第一庭编著：《最高人民法院关于审理城镇房屋租赁合同纠纷案件司法解释的理解与适用》，北京，人民法院出版社 2009 年版，第 115 - 116 页。

付多少？这需要综合下述多重因素予以进一步评价。首先需要考虑的是添附物对出租人是否具有经济价值。

三、添附行为是否经过出租人同意

1. 出租人“同意”的判断

出租人依据本条请求承租人恢复租赁物的原状或者赔偿损失的一个前提是“未经其同意”。此处的“同意”除了明示的口头或者书面同意，是否还应当包括默示同意呢？笔者认为是可以的，但承租人需要为此提供充足的证据。例如，出租人在注意到承租人的装修行为之后，不仅没有提出相反意见，而且还继续收取房租，那么，应当认定构成对装修行为的默示同意。①

2. 添附行为未经出租人同意的处理规则

如果承租人的添附行为并未取得出租人的同意，那么，即便添附物已经附合于租赁物，原则上也应当尊重出租人自主决策，赋予出租人请求承租人恢复原状或者赔偿损失的权利。这也是为什么本条规定“承租人未经出租人同意，对租赁物进行改善或者增设他物的，出租人可以请求承租人恢复原状或者赔偿损失。”而且，《房屋租赁司法解释》第13条也进一步明确，“承租人未经出租人同意装饰装修或者扩建”的，“出租人请求承租人恢复原状或者赔偿损失的，人民法院应予支持。”

这主要是因为，附合于租赁物的添附物对出租人是否有经济价值，是一个较为主观的问题。特别是，“在房屋租赁合同中，出租人取得附合于房屋的装饰装修物所有权却并不一定都能获取利益。因为对租赁的房屋进行装饰装修，具有很强的主观性……当承租人的审美情趣、爱好及对房屋的用途与出租人不一致时，出租人不会因取得该装饰装修物而获取利益，有时反而可能成为一种损害”②。在出租人希望恢复租赁物原状的情况下，如果法律不尊重出租人的此种请求，那么，就存在“强加偏好”的问题。法律更不得将已形成附合的装饰装修物折价归出租人所有，要求出租人返还不当得利，因为这实际上就构成了“强迫得利”③。

即便是性能改善型添附行为，承租人的添附选择也有可能不符合出租人的利用偏好和利益取向。出租人有足够理由说明租赁物的性能改善不符合其偏好和利益的，法院也应当支持其恢复原状或者赔偿损失的请求。不过，在此情形，如果

① 参见“赵文刚与汪建国房屋租赁合同纠纷案”，江苏省连云港市海州区人民法院（2019）苏0706民初434号民事判决书。

②③ 最高人民法院民事审判第一庭编著：《最高人民法院关于审理城镇房屋租赁合同纠纷案件司法解释的理解与适用》，北京，人民法院出版社2009年版，第120页。

出租人请求恢复原状或者赔偿损失的主张严重背离生活常理，是比较明显的“敲竹杠”行为的，人民法院可以灵活处理。

可能有一种担忧会认为，出租人可能出于恶意要求承租人拆除原本对出租人有价值的添附物，不符合发挥物的效用的原则。笔者认为，这种担忧没有必要，因为，一方面，恶意要求承租人拆除对其本身并无好处，少有出租人会如此选择。另一方面，对租赁物进行改造，要尊重出租人的意见，这可以说是一种社会交往常识。承租人可以通过征得出租人同意来判断此种添附是否会违背出租人的偏好和利益。

进一步的问题是，如果出租人同意承租人在租赁物上添附不具有可分割性的物的，应当如何处理？为此，我们转入下一题，重点考虑添附物对出租人的经济价值。

四、添附物对（同意添附的）出租人的经济价值

出租人同意承租人的添附行为，且添附物已经附合于租赁物的，则出租人在租赁关系终止时不得请求承租人恢复原状或者赔偿损失，除非当事人之间有明确的约定。这是因为，出租人同意添附的，推定添附物符合出租人的利用偏好和利益，甚至会增进租赁物对出租人的经济价值。

但反过来的问题是：承租人可否请求出租人就添附物的残值予以补偿？对此，有必要结合以下因素来判断。

1. 租赁合同是否因为期限届满而自然终止？租赁合同因为租赁期限届满而自然终止的，承租人原则上不享有请求出租人补偿附合物残值的权利。因为，承租人在从事不可拆分的添附行为时，通常会根据其在租赁期限内的租用用途来选择添附物的成本投入。添附物的投入和利用，一般与租赁期限的长短相当。也就是说，租赁期限正常届满的，推定承租人已经从添附物中取得了对等的租用利益，因此不能再向出租人主张。当然，如果当事人之间有特别合同约定的，依照约定处理。《房屋租赁司法解释》第12条确立的规则，也遵循了这样的原理。

值得注意的是，在不定期租赁情形，出租人可以随时要求解除合同。出租人解除合同的，也符合《房屋租赁司法解释》第12条规定的“租赁期间届满时，承租人请求出租人补偿附合装饰装修费用的，不予支持”。此时，承租人无权请求出租人补偿装饰装修费用等添附物的残值。①

① 参见“马艳芬与白云平房屋租赁合同纠纷上诉案”，云南省昆明市中级人民法院（2017）云01民终7817号民事判决书。

2. 出租人是否同意继续利用添附物？如果租赁合同无效或者在租期届满前被解除的，由于租期尚未完全经过，添附物尚有残余经济价值。承租人请求出租人补偿添附物的残余价值的，首先需要考虑添附物对出租人是否具有可以利用的经济价值。如果出租人同意继续利用的，无论是这里讨论的附合物，还是之前讨论的可分割添附物；也无论是因为出租人过错，还是因为承租人过错导致合同被解除的①，均可折价归出租人所有。值得注意的是，对于未形成附合的消防设施，虽然出租人不同意利用，同意承租人拆除，但是承租人并未拆除；如果出租人对此未做进一步处理并另行租赁给他人，并从中取得收益，那么，此时虽然不能简单地说出租人默示同意继续利用，但可以认为出租人构成了不当得利，应作折价补偿承租人。②

如果出租人不同意利用的，可分割添附物可以按照之前讨论的分割规则来处理。但问题在于，对于出租人不同意利用的附合物，应当如何处理添附物的残余价值？

租赁合同无效或者在租期届满前被解除的，出租人表示不同意利用已经附合于租赁物上的添附物的，有三种可能性：一是附合于租赁物的添附物对出租人真的缺乏经济利用价值；二是出租人暂时无法准确评估附合于租赁物的添附物对其是否有经济价值；三是对其有经济价值，但对外诈称没有经济价值，不同意利用。而从法官或者其他人的视角，不太容易去准确识别这三种可能的情形。特别是，如前所述，在房屋装饰装修等添附情形，由于个人偏好的特殊性，因而从外部人视角去识别这三种可能性更加困难。在此情形，法官除非有特别充分的证据③，一般只能推定出租人关于“不愿意利用租赁物”的宣称是真实的，即添附物对出租人没有经济价值。

---

① 《房屋租赁司法解释》第 11 条第 2 项规定：“因承租人违约导致合同解除，承租人请求出租人赔偿剩余租赁期内装饰装修残值损失的……出租人同意利用的，应在利用价值范围内予以适当补偿。”

② 参见“邓修德与何松均等房屋租赁合同纠纷上诉案”，广东省广州市中级人民法院（2017）粤 01 民终 19091 号民事判决书。

③ 例如，《房屋租赁司法解释》第 14 条规定的情形，即“承租人经出租人同意扩建，但双方对扩建费用的处理没有约定的，人民法院按照下列情形分别处理：（一）办理合法建设手续的，扩建造价费用由出租人负担……”该条规定并未提及出租人是否同意利用的问题，因为，在出租人同意扩建且已经办理合法建设手续的情况下，可以推定扩建之添附对出租人是具有经济价值的。因此，要求出租人负担扩建造价费，是合理的。也可以换一个视角来理解，即承租人代替出租人对房屋做了合法扩建；只不过，扩建后出租给了自己而已。例如，在一起房屋租赁案件中，承租人对租赁房屋的改建行为不仅取得了出租人的同意，而且，扩建房屋的面积已计入合法办理的房屋所有权证中。因此，扩建造价费用由出租人负担。参见“王越与锦州市评剧院财产损害赔偿纠纷案”，辽宁省锦州市凌河区人民法院（2018）辽 0703 民初 1753 号民事判决书。

因此，问题转化为：出租人同意添附行为的，（1）租赁合同无效或者（2）在租期届满前被解除的，以及（3）改建扩建无法取得合法建设手续的，已经附合于租赁物的添附物对出租人没有经济价值，那么，添附物的残值损失[①]应当在当事人之间如何分担？为了回答这一问题，我们有必要进一步重点考察：当事人对租赁合同的终止是否存在过错？为此，我们转入下一题。

五、当事人对租赁合同的无效或解除是否存在过错？

针对前述问题，添附物既不能拆除，也不能对保留添附物的出租人产生经济价值，那么，就需要根据当事人之间的过错来分担承租人的添附投入。概括来说，出租人与承租人之间存在四种可能情形：一是出租人对租赁合同无效或者在租期届满前被解除存有过错；二是承租人有过错；三是双方皆有过错；四是双方均无过错。

1. 出租人有过错

如果是因为出租人的过错导致合同被解除的，出租人应当向承租人赔偿剩余租赁期限内的添附物的残值。简单的道理在于，如果没有出租人的过错，承租人可以在剩余租期内持续利用添附物，从而实现其实施添附时设定未来的经济利用预期。在房屋租赁领域，典型的如《房屋租赁司法解释》第 11 条第 1 项规定的情形，即“因出租人违约导致合同解除，承租人请求出租人赔偿剩余租赁期内装饰装修残值损失的，应予支持”。

例如，在一起房屋租赁合同案件中，承租人在进行装修前已经就装修方案获得了出租人同意。但在承租人装修过程中，出租人以租赁房屋需要经过消防验收为理由，告知承租人无限期停止装修活动。承租人主张出租人构成违约，解除租赁合同，并得到了法院的支持。关于装修损失问题，涉案合同系因出租人违约而解除，所以，出租人应当根据承租人实际投入的装修物的实际价值赔偿承租人的装修损失。而关于尚未进场的木门、玻璃、木质地板等装修材料，法院根据物品的性质酌定由承租人寻求处置途径更能发挥其使用价值。但笔者认为，法院酌情判令出租人赔偿承租人另行处置的损失，是妥当的做法。[②]

---

① 在租赁合同无效的情形，准确地说，诉争的标的是添附物的“现值”，而不是“残值”。不过，由于承租人通常也对在添附之后的租赁物有过一段时间的利用活动，也不妨统一称之为“残值”。

② 参见“徐州心德清文化艺术发展有限公司与徐州山水汇邻湾商业管理有限公司、徐州颐和汇邻湾商业管理有限公司房屋租赁合同纠纷上诉案”，江苏省徐州市中级人民法院（2018）苏 03 民终 7066 号民事判决书。

2. 承租人有过错

无论是租赁合同无效，还是租赁合同被解除，抑或改建扩建没有取得合法手续的，如果是因为承租人过错导致的，那么，承租人应当自行对添附物的投入损失负责。在房屋租赁领域，例如，《房屋租赁司法解释》第11条第2项规定的情形，即“因承租人违约导致合同解除，承租人请求出租人赔偿剩余租赁期内装饰装修残值损失的，不予支持”。例如，在一起商铺租赁合同纠纷中，出租人因为承租人未能依照约定缴纳电费的违约行为而解除合同；但是，承租人在租赁期间对商场内承租的商铺所做的固定装修，已经附合于商铺，不能拆除。承租人请求出租人支付剩余租赁期内装饰装修残值的损失，但出租人并未同意利用，因此法院对于承租人的残值返还请求不予支持。① 再如，在一起房屋租赁合同纠纷案件中，承租人对房屋进行扩建，既未经出租人同意，也未就涉扩建部分的建筑取得合法建设手续，出租人对扩建费用的发生并无过错，因此，扩建费用应当由承租人负担。或者说，承租人不得请求出租人返还不当得利。②

3. 双方均有过错

根据前述逻辑，在双方对租赁合同无效或者被解除均有过错的情形，各方当事人需要分担与其过错程度相应的残值损失。在房屋租赁领域，关于租赁合同无效的情形，《房屋租赁司法解释》第9条做了规定，即“承租人经出租人同意装饰装修，租赁合同无效时……已形成附合的装饰装修物，出租人……不同意利用的，由双方各自按照导致合同无效的过错分担现值损失。”关于租赁合同被解除的情形，《房屋租赁司法解释》第11条第3项规定，“因双方违约导致合同解除，剩余租赁期内的装饰装修残值损失，由双方根据各自的过错承担相应的责任。”关于出租人同意的扩建行为未办理合法建设手续的，《房屋租赁司法解释》第14条第2项规定，“扩建造价费用由双方按照过错分担”。

例如，在一起案件中，承租人在签订租赁合同之后对租赁房屋进行装修。其中一部分装修物已经形成房屋的附合物，无法拆除。但承租人在签订租赁合同时，明知涉案房屋未取得“建设工程规划许可证”，明知其无权属证明和合法的报建手续，仍然与出租方签订并履行租赁合同，因此，双方当事人对于租赁合同被认定为无效以及因此发生的损失均存在过错。对于已形成附合的装修部分，出租人不同意利用，由双方各自按照导致合同无效的过错分担现值损失，如各自承

① 参见“厦门美美家商业管理有限公司与卢祥桦租赁合同纠纷上诉案”，福建省漳州市中级人民法院（2018）闽06民终72号民事判决书。

② 参见“常州布朗多纺织有限公司与常州利云环保服务有限公司房屋租赁合同纠纷上诉案”，江苏省常州市中级人民法院（2019）苏04民终3072号民事判决书。

担因合同无效造成损失的50%的民事责任。①

值得注意的是，在一些案件中，承租人的添附行为包括了前述多种不同的类型，需要区分处理。例如，出租人将一宗含有房屋建筑面积311m^2、庭院面积840m^2、外围场地面积约7.5亩的不动产全部租赁给承租人经营。承租人和出租人默许的次承租人对租赁房屋进行了装饰装修，在院内挖掘了一口深水井，并投资PVC管和电线接通了水管和照明，且在院内外栽植了树木和花卉，硬化了地面，并于院外建设厕所一处。租期届满后，承租人交付了租赁物，但要求出租人支付各项添附的成本。本案中，人民法院依据《房屋租赁司法解释》第14条第2项判定："租赁期间承租人修建扩建和栽植树木，出租人并未反对，被法院认定为许可和默认，其产生的损失，应根据各自过错或财产性质承担"，即判令出租人向承租人补偿"建筑物和构筑物损失28 447.56元、树木和苗木损失11 896元、台阶大门修缮和水管电线铺设费用1 905.04元"②。

但是，这一判决并未将前述诸多添附物区分为"需要办理合法建设手续的扩建""无需办理建设手续的扩建"和"普通种植和装修行为"。对于需要办理合法建设手续但并未办理的扩建建筑物和构筑物，的确应当按照《房屋租赁司法解释》第14条第2项的规定，由双方根据过错分担。但对于"无需办理建设手续的扩建"和"普通种植和装修行为"，因为租期届满才终止合同，则推定承租人在租期内已经在添附物上实现了其租用利益，应当适用《房屋租赁司法解释》第12条的规定，即承租人不得请求出租人补偿添附物的残值损失。不过，其中涉及的树木和苗木，如果出租人不要求承租人挖走的，应当推定对其具有经济价值，应当补偿承租人。

4. 双方均无过错

《房屋租赁司法解释》第11条第4项规定，承租人经出租人同意装饰装修，合同解除时，因不可归责于双方的事由导致合同解除的，剩余租赁期内的装饰装修残值损失，由双方按照公平原则分担。例如，承租房屋合同因为政府的征收拆迁活动而被当事人解除的，关于承租人的装饰装修残值，因双方均无过错，人民法院根据公平原则判令出租人承担50%的残值损失是合理的做法。③

① 参见"邓修德与何松均等房屋租赁合同纠纷上诉案"，广东省广州市中级人民法院（2017）粤01民终19091号民事判决书。类似案例，参见"北京建固建筑有限责任公司与常金成房屋租赁合同纠纷上诉案"，北京市第一中级人民法院（2020）京01民终2317号民事判决书。

② "东阿县东阿阿胶旅游养生有限公司、张学书房屋租赁合同纠纷上诉案"，山东省聊城市中级人民法院（2019）鲁15民终1772号民事判决书。

③ 参见"赵文刚与汪建国房屋租赁合同纠纷案"，江苏省连云港市海州区人民法院（2019）苏0706民初434号民事判决书。

第七百一十六条

承租人经出租人同意，可以将租赁物转租给第三人。承租人转租的，承租人与出租人之间的租赁合同继续有效；第三人造成租赁物损失的，承租人应当赔偿损失。

承租人未经出租人同意转租的，出租人可以解除合同。

本条主旨

本条是关于承租人对租赁物予以转租的规定。

相关条文

《商品房屋租赁管理办法》第 11 条　承租人转租房屋的，应当经出租人书面同意。

承租人未经出租人书面同意转租的，出租人可以解除租赁合同，收回房屋并要求承租人赔偿损失。

理解与适用

如同商品本身需要在市场流通中产生更大的经济价值一样，承租人对租赁物的租用机会也可以被理解为一种广义上的商品。在不少场景下，承租人有将其流通到第三人处的经济需求，如承租人因租用用途发生变化而不再需要租赁物、因找到更好的替代品而希望转租、因第三人愿意支付更高的租金而转租牟利，等等。但由于承租人享有的关于租赁物的使用权能不仅有期限限制，而且还涉及出租人的利益保护问题，因而，大量法域对转租行为都有限制，特别是要求取得出租人的同意。① 我们下面以“如何理解‘转租’”“经出租人同意的转租”和“未经出租人同意的转租”三个问题，分别讨论涉及的合同关系和法律效果。

一、如何理解“转租”

所谓转租，是指出租人与第三人订立租赁合同，将租赁物全部或者部分提供

① 当然，也有不少例外法域，出租人的转租行为无须征得承租人同意，但转租不得损害出租人的利益。例如，《奥地利普通民法典》第 1098 条规定：“如果转租不会给所有人带来不利，且合同中没有明示地禁止，承租人还有权转租该租赁财产。”关于更多立法例的介绍，See Kåre Lilleholt, *Lease of Goods* (*Principles of European Law*), Sellier, European Law Publishers, 2008, pp. 282 - 283。

给第三人使用，以从第三人处取得租金的合同交易形式。[①] 此处的第三人即为“次承租人”。

1. 转租中的合同关系。在转租之后，承租人并不会脱离与出租人之间的既有租赁关系，且出租人也不会与第三人之间建立一个新的租赁关系。但是，承租人因为将租赁物部分或者全部出租给次承租人，而与次承租人之间形成一个新的租赁合同关系。也就是说，转租发生之后，次承租人从承租人处取得对租赁物的占有和利用的权利。三方当事人之间形成了两个相互关联的合同关系，即原租赁合同关系和转租合同关系。虽然转租不会使新的当事人进入出租人与承租人之间的合同关系，但其却会受到原租赁合同关系的影响。[②] 典型的，例如，出租人是否同意转租，对次承租人之租赁权的行使有着至关重要的影响。

2. 转租与租赁权之转让、租赁让与之区别。[③] 如果承租人依据《民法典》第545条规定的债权让与规则，只是把租赁合同中享有的对出租人的租赁债权（占有、使用租赁物，请求维修租赁物，优先购买权等）转让给第三人，则承租人并未退出出租人与第三人之租赁关系，只是将租赁债权转让给了第三人而已。不过，由于租赁关系的建立常常蕴含着出租人对承租人的品质信赖问题（即承租人是否会合理使用和保管租赁物），所以，租赁债权在性质上很可能构成《民法典》第545条第1款规定的例外情形，即“根据债权性质不得转让”的债权。当然，当事人之间另有约定的除外。

在另外的情形，如果出租人、承租人与第三人达成合意，或由承租人与第三人达成合意后取得出租人同意或者追认，由第三人概括承受承租人的地位的，则承租人完全退出租赁关系，第三人与出租人之间继续履行原来的租赁合同关系。这也不构成转租。

3. 转租与将租赁物用于与第三人的合作经营。如果承租人将租赁物用于与第三人合作从事特定的经济活动，且不违反约定的租赁物使用方式的，是否构成转租呢？例如，2007年6月，出租人将位于海南省三亚市的一间商铺出租给承

---

① See Kåre Lilleholt, *Lease of Goods* (*Principles of European Law*), Sellier, European Law Publishers, 2008, p. 278.

② See Kåre Lilleholt, *Lease of Goods* (*Principles of European Law*), Sellier, European Law Publishers, 2008, p. 282；吴志正：《债编各论逐条释义》，台北，元照出版公司2019年版，第145页；黄薇主编：《中华人民共和国民法典合同编解读（下册）》，北京，中国法制出版社2020年版，第820页。

③ 关于这一区分的讨论，可参见吴志正：《债编各论逐条释义》，台北，元照出版公司2019年版，第146页。也可见王利明：《合同法研究（第三卷）》（第二版），北京，中国人民大学出版社2015年版，第320-321页。

租人经营西餐厅。租赁合同约定，如需转租，必须取得出租人的同意。2012 年上半年，出租人发现涉案房屋已经由第三人用于经营中餐厅。出租人认为承租人私自将房屋转租给第三人，违反了《合同法》第 224 条的规定和双方合同的约定，起诉请求法院判决解除双方签订的租赁合同。但承租人辩称其并未转租房屋，而是与第三人签订了《餐厅合作协议》，以承租的房屋作为合作条件与第三人合作，按合同约定承担风险与收益，不是转租。

对此，海南省高级人民法院判决认为，以承租的房屋作为合作条件与他人合作是否构成转租，取决于两个条件：一是在形式上，合同的权利义务相对人是否变更；二是在结果上，是否侵犯了出租人对租赁物的收益权与处分权，是否增加了出租人要求返还租赁物的困难并造成出租物的毁损。① 这一判决是有道理的，对于以承租的房屋作为合作条件与他人合作，不能一概而论。关键是要判断这一合作是否违背了租赁合同中约定的租赁物使用方式，以及是否因为此种合作损害出租人的租金收取和租赁物保护利益。

二、经出租人同意的转租

经出租人同意的转租有三种形态：一是在订立租赁合同时明确赋予承租人转租权；二是在租赁期限内同意承租人的转租请求或者行为；三是被法律推定同意转租，即《民法典》第 718 条规定的情形。前两种是约定同意转租，第三种是法律推定的同意转租，即“出租人知道或者应当知道承租人转租，但是在六个月内未提出异议的，视为出租人同意转租。”

另外，虽然《商品房屋租赁管理办法》第 11 条要求“承租人转租房屋的，应当经出租人书面同意”，但将这里的书面形式要求理解为倡导性规范更为合适。只要当事人能够提供关于“同意转租”的证据，没有必要强求书面形式。如前面的相关条文所释评的，这一要求主要是基于行政管理上的信息搜集需要，但不应作为判断合同效力的依据。

1. 原租赁合同关系维持

出租人同意转租的，虽然在原来的租赁关系基础之上新增了一个租赁合同关系，但原租赁合同关系并不因为转租而受到影响。也就是说，出租人仍然负有对租赁物的维修义务等瑕疵担保义务，承租人仍然负有向出租人支付租金的义务、对租赁物进行妥善保管的义务等。至于承租人与次承租人之间，由哪一方来实际

① 参见“罗某夫妇诉邬亮等房屋租赁合同纠纷案”，海南省高级人民法院（2015）琼民三终字第 29 号民事判决书。

实施保养活动，属于二者之间的内部约定，不影响承租人对出租人的义务。这也是为什么本条规定“承租人经出租人同意，可以将租赁物转租给第三人……第三人造成租赁物损失的，承租人应当赔偿损失”。承租人不得以已经转租给第三人为由，拒绝履行对出租人的约定和法定义务。承租人向出租人赔偿以后，可以基于转租合同向次承租人追偿。

即便转租后约定由次承租人向出租人支付租金，但“出租人与承租人之间的租赁合同继续有效，且处于履行状态，合同项下的租金给付之债仍然存续。转租后次承租人支付租金的行为应视为合同当事人以外的第三人向债权人履行债务的行为。”[①] 因此，当次承租人无法有效履行承租人对出租人的租金支付义务时，出租人仍然可以要求承租人支付租金。

2. 次承租人可以代替承租人向出租人履行

虽然次承租人与出租人之间没有直接的合同法律关系，但是，由于出租人同意转租，所以，次承租人对占有和使用租赁物有合理的利益预期。在承租人违约，无法按期向出租人支付租金时，次承租人可以依据《民法典》第 719 条的规定直接向出租人支付租金，且出租人不得拒绝受领。因为，承租人是否向出租人履行债务，对次承租人有直接的利害关联。[②] 下文中对《民法典》第 719 条的释评将进一步分析这一点。

3. 转租合同依存于出租合同

转租合同的存续，是以承租人享有租赁权为基础条件的。如果租赁合同在转租合同约定的转租期限届满之前终止的（如合同解除），则承租人就不再享有可以向次承租人转租的租用利益。那么，承租人与次承租人之间的租赁关系也随之终止。[③] 次承租人并不能以“出租人同意转租”为由拒绝归还租赁物。

三、未经出租人同意的转租

承租人未经出租人同意转租的，主要涉及以下问题。

1. 转租合同的效力

对此，学理上有观点认为，未经出租人同意的转租合同无效。因为，“出租

① “秦皇岛华侨大酒店与秦皇岛市海港区工商行政管理局租赁合同纠纷案”，最高人民法院（2011）民提字第 304 号民事判决书。

② 相反观点，可见王利明：《合同法研究（第三卷）》（第二版），北京，中国人民大学出版社 2015 年版，第 320 页。

③ 参见黄薇主编：《中华人民共和国民法典合同编解读（下册）》，北京，中国法制出版社 2020 年版，第 820 页。

人作为所有权人，有权决定租赁物的转租，如果转租未经其同意就可以生效，则属于对其所有权的侵犯”，且“如果允许擅自转租，也不利于社会管理。例如，次承租人违法擅自改装改建，或者利用房屋从事违法活动，允许承租人擅自转租，可能难以有效控制和管理此类活动。”① 实践中，也有不少类似的判决，认为此种转租合同无效。②

承租人的转租行为与无权处分人向他人出卖所有权人的财产的行为高度相似；买卖合同中关于无权处分人与相对人之间的合同效力的规则在这里同样适用。《买卖合同司法解释》第 3 条规定：“当事人一方以出卖人在缔约时对标的物没有所有权或者处分权为由主张合同无效的，人民法院不予支持。”

同样的道理，未经出租人同意的转租合同在承租人与次承租人之间应当是有效的，次承租人可以请求承租人履行合同或者在履行不能时承担违约责任。但是，次承租人对承租人的债权只是相对于承租人而言的，对出租人没有约束力。出租人没有同意转租，可以拒绝将租赁物交付给次承租人；在次承租人已经实际占有租赁物的场合，出租人可以解除其与承租人之间的合同关系，并要求返还租赁物。

类似的道理，《民法典》第 717 条规定的“转租期限超过承租人剩余租赁期限的”，超过部分的转租合同仍然有效，但对出租人不具有法律约束力。③

2. 出租人解除合同的条件

根据本条规定，“承租人未经出租人同意转租的，出租人可以解除合同。”但值得注意的是，只有承租人的转租行为严重到《民法典》第 563 条第 1 款第 4 项规定的“其他违约行为致使不能实现合同目的”的程度，出租人才可以行使解除权。如果承租人只是签订了转租合同但并未交付，或者转租被发现后及时改正且并未造成租赁物损害的，原则上不宜支持出租人的解除主张。

在类似的案例中，夫妻之间签订《夫妻婚前财产约定书》，约定属于夫妻一方婚前财产的住房一套，在其死亡后由另一方居住，但另一方只有居住的权利，不得转让、转借、租赁和出售。一方死亡后，另一方就该房屋与他人签订租赁合同。④ 对于此种情形，如果另一方及时改正，从承租人处收回房屋的，死者的继承人不得主张解除合同。除非，另一方屡教不改，多次出租，无法得到居住权设

---

① 王利明：《合同法研究（第三卷）》（第二版），北京，中国人民大学出版社 2015 年版，第 321－322 页。

② 参见“顾淑平、顾淑芳等确认合同无效纠纷案”，河北省邯郸市中级人民法院（2020）冀 04 民终 1038 号民事判决书。

③ 参见黄薇主编：《中华人民共和国民法典合同编解读（下册）》，北京，中国法制出版社 2020 年版，第 821 页。

④ 参见“顾淑平、顾淑芳等确认合同无效纠纷案”，河北省邯郸市中级人民法院（2020）冀 04 民终 1038 号民事判决书。

立人（及其继承人）的信任。当然，对于另一方享有的对承租人的租金请求权，可以借鉴《德国民法典》第 285 条规定的代偿请求权制度[①]，由继承人请求直接向其支付。我国《民法典》并未直接规定这样的制度，但是，如果法官在价值取向上认为应当防止另一方因违约出租获利，也可以考虑通过意思表示的解释来提供合同依据。

在意思表示解释层面，实际上，如果居住权设立人（一方）与居住权人（另一方）在设立居住权时就这一问题进行正式谈判，那么，根据一般的生活经验，谈判的结果很可能是：如果未经继承人同意对外出租的，需要将租金支付给继承人。道理很简单，居住权设立人之所以设立居住权，是希望给其提供一个生活上的帮助，而不是对外出租。如果居住权设立人知晓居住权人会对外出租牟利，居住权设立人很可能就不为其设立居住权。通过此种解释来填补《夫妻婚前财产约定书》的不完全性，或者说填补该合同的漏洞，从而更好地实现合同当事人的意愿。[②]

3. 转租获利的归属

与前面的问题类似，实践中，有承租人未经出租人同意对外转租，且通过租金的提高来获取利润的情况。在相关案例中，部分出租人仅要求解除合同，并未对承租人的额外收益提出诉求，法官只能在当事人诉讼请求的范围内进行审理。[③] 不过，一旦涉及转租获利是否需要返还的问题，不同法官的看法就容易发生分歧。例如，在一起案件中，一审法院认为，未经许可的转租属于违约行为，故其获利也应赔偿出租人；二审法院则认为，法律并未对转租获利分配作出规定，因此并不支持出租人对解除合同时点前转租获利的诉讼请求，仅要求承租人返还解除合同时点后的转租获利。[④]

与前文讨论的问题类似，即便法官在价值取向上认为应当防止承租人因违约转租获利，我国《民法典》也并未直接规定出租人可以要求承租人获得的不当得利或者剥夺承租人因为违约获得的利润。但同样的，也可以考虑通过意思表示的解释和对合同解除制度、不当得利制度的组合运用来提供实定法依据。关于意思表示的解释，前文的讨论同样适用于这里，即：如果出租人与承租人在缔约时有

---

① 代偿请求权，即违约方因为违约取得了对于他人的请求权，守约方可以请求将请求权直接让与给他。

② 关于不完全合同的解释方法，参见 Steven Shavell，*Foundations of Economic Analysis of Law*，Harvard University Press，2004，pp. 299－303。

③ 参见“许俊杰、谭大钦房屋租赁合同纠纷案”，广东省广州市中级人民法院（2020）粤 01 民终 8263 号民事判决书。

④ 参见“陈铁兵与周晓华房屋租赁合同纠纷案”，辽宁省沈阳市中级人民法院（2013）沈中民二终字第 1456 号民事判决书。不过，该二审裁判实质上推翻了一审裁判关于未经许可转租的事实认定，认为因“双方存在长期租赁合同关系”，推定出租人对转租行为知情，进而认为出租人对承租人的转租行为系“默认”。

机会就违约转租后的获利分配问题作出谈判，结果很可能是剥夺承租人转租的获利。不过，由于现实中双方当事人在交易中直接写明转租获利的剥夺条款的情形并不多见，因而，作出此种“默认”的意思表示的推断时，法官需要结合具体的交易场景，尽到充分的说理义务。①

由于合同解除的概念同时囊括了一时性合同的解除和继续性合同的终止②，所以确实存在可使承租人返还转租获利的实定法解释空间。具体而言，在合同解除制度和不当得利返还制度的组合使用层面，虽然学理上多有关于“继续性合同的解除主要是面向未来的解除”（即比较法上继续性合同的终止），但是，如果转租期间的合同履行情况严重违背当事人缔约时的预期和目的，此时《民法典》第716条第2款的“解除”概念，可以被解释为发生类似一时性合同解除的效果，租赁合同的权利义务溯及转租合同生效的时点终止。于是，承租人在此时点之后获取租赁物的占有利益就缺乏法律上的根据。出租人可以依据《民法典》第985条或者第460条的规定，向承租人主张占有利益之返还③，即返还因为转租获得的额外利润。

在未获出租人同意时的转租，如果次承租人尚未向承租人支付租金的，那么，出租人可否直接请求次承租人返还不当得利，是一个值得讨论的问题。毕竟，在出租人从次承租人处取回租赁物之前，承租人与次承租人之间不仅存在有效的转租合同，而且也有实际履行。那么，次承租人能否基于合同的相对性，只向承租人履行，而拒绝向出租人履行（即支付租金）？

实践中，有法院判决大致认为，在原租赁合同到期后，承租人和次承租人应就实际分别占有的房屋面积，承担按份的占有利益返还责任。这大致体现了不当得利人以所取得利益为限分别返还的思路，即在原租赁合同到期后，承租人与次承租人之间的转租合同超过该期限的部分无效，因而出租人可以向次承租人主张该时点之后占有利益的返还。④

但是，在此之前，次承租人和承租人获得房屋的占有利益，是基于不同的给

---

① 例如“何花诉万晓利物权保护纠纷再审案”，北京市高级人民法院（2012）高民申字第2667号民事裁定书。

② 参见韩世远：《合同法总论》（第四版），北京，法律出版社2018年版，第645页。

③ 第985条系不当得利之返还，第460条系依据所有人占有人关系返还。在传统民法理论上，所有人占有人关系和不当得利请求权之间的适用竞合关系一直存在争论，见王泽鉴：《不当得利》，北京，北京大学出版社2015年版，第42页。故于兹并不深究该问题。

④ 见“刘培峰、青岛红星化工厂房屋租赁合同纠纷上诉案”，山东省青岛市中级人民法院（2020）鲁02民终4694号民事判决书。法院以未能确定诸次承租人和承租人“各自使用房屋的面积”为理由，未支持出租人要求次承租人支付占用使用费的请求，而告知出租人“可另行主张”。若诸次承租人和承租人“各自使用房屋的面积”（即份额）系出租人请求成立的必要要件，则可以推知法院观点认为，诸次承租人和承租人对房屋占有利益的返还应承担按份责任。

付行为；前者系基于承租人向次承租人移转占有的给付行为；后者系基于出租人向承租人移转占有的给付行为。故即便此处可以成立给付型不当得利，也会因不同移转占有的给付关系而对出租人请求指向的对象范围有所限制[①]，出租人不得直接向次承租人主张，而至多只能根据对承租人的不当得利请求权，在符合代位权的要件的前提下，对次承租人行使承租人对次承租人的不当得利返还请求权。[②] 但是，我国当前的学说和制度安排一般认为，即便没有取得出租人同意，承租人与次承租人之间的转租合同仍然是有效的。因此，只有当承租人怠于向次承租人行使租金支付请求权时，才能代位承租人而行使对次承租人的租金支付请求权。

4. 转租致损的赔偿责任

《民法典》第 566 条第 2 款规定："合同因违约解除的，解除权人可以请求违约方承担违约责任，但是当事人另有约定的除外。"因此，在未经出租人同意的转租期间，如果导致租赁物损失的，出租人在解除租赁合同之后，可以请求承租人承担损害赔偿责任；当然，也可以选择不解除合同，仅要求承租人承担违约损害赔偿责任。本书对《民法典》第 711 条的释评中所讨论的凶宅价值贬损就是代表性问题。例如，在一起租赁合同中，出租人与承租人约定涉案房屋不得转租、改造，但出租人违反约定，对房屋进行改造后转租于第三人，后第三人在房屋内自杀。法院认为，即便第三人自杀的事实不可归因于承租人，承租人也须就租赁物的损失向出租人承担损害赔偿责任。[③]

不过，值得注意的是，法院同时认为损害赔偿的范围需要参酌"合同的履行情况、当事人的过错程度、案涉房屋的价值以及次承租人死亡原因"。这大致表明，如果承租人的转租、改造等行为得到了出租人的同意，则可能因并未出现违约行为（合同的履行情况）、承租人没有过错而减少转租人应承担的责任。所以，对《民法典》第 716 条第 1 款中，"第三人造成租赁物损失的"情形，还应当额外考虑承租人的转租行为是否尽到选择妥当次承租人的谨慎义务，以及承租人与第三人加害行为之间的因果关系，适当限制承租人的损害赔偿责任；而在第 716 条第 2 款未经同意转租的情形下，不仅可以举轻以明重，要求承租人承担损害赔偿责任，而且可能不再考虑前述限制。例如，案例中不再考虑承租人与第三人致

---

① 参见王泽鉴：《不当得利》，北京，北京大学出版社 2015 年版，第 55－67 页。给付型不当得利中以给付关系限制不当得利请求权的范围，旨在保留原有给付关系中双方当事人之间可能存在的抗辩及风险分配，这背后的原理正是合同的相对性。

② 参见王泽鉴：《不当得利》，北京，北京大学出版社 2015 年版，第 91－92 页。

③ 参见"吴春华与赵亲洪房屋租赁合同纠纷上诉案"，江苏省南京市中级人民法院（2019）苏 01 民终 10476 号民事判决书。

租赁物损失的行为之间的因果关系等，以体现对同意转租人的特殊考虑。

这一裁判思路的确有其应然合理性，但在实定法层面，不太符合本条第1款关于“第三人造成租赁物损失的，承租人应当赔偿损失”之规定的表面文义。不过，法官也可以通过对这一条进行限缩解释来实现前述价值目标。

第七百一十七条

承租人经出租人同意将租赁物转租给第三人，转租期限超过承租人剩余租赁期限的，超过部分的约定对出租人不具有法律约束力，但是出租人与承租人另有约定的除外。

本条主旨

本条是关于转租期限的规定。

相关条文

《房屋租赁司法解释》第15条　承租人经出租人同意将租赁房屋转租给第三人时，转租期限超过承租人剩余租赁期限的，人民法院应当认定超过部分的约定无效。但出租人与承租人另有约定的除外。

理解与适用

本条是关于出租人同意转租时的转租期限的规定。此前的确有判决依据《房屋租赁司法解释》第15条的规定，判决超过原来租赁合同期限的转租部分的合同无效。例如，在一起租赁案件中，出租人与承租人约定了不可转租条款。一年的租期届满后，双方仍继续按照合同约定按年缴纳租金、占有使用房屋。后承租人多次将房屋转租他人。2018年1月26日，承租人与次承租人签订转租合同，租赁期限为2018年1月26日至2019年1月25日；但自2018年8月起，承租人即未向出租人按时交纳房租，同年8月31日，出租人向承租人发出了解除租赁合同的通知，法院据此认为承租人与次承租人签订的转租合同，“超出上一手租赁合同期限的部分无效，即自2018年9月1日起至2019年1月25日止期间无效”①。

① “黄俊、王意玲租赁合同纠纷上诉案”，湖北省武汉市中级人民法院（2020）鄂01民终2592号民事判决书。值得注意的是，在裁判说理部分，合议庭已经意识到“同时依据合同相对性，承租人与次承租人之间的转租合同对转租双方具有约束力，是合法有效的”；但是在仅仅两句篇幅之后，却认定转租合同超出原租赁合同期限的部分无效。

虽然本条规定部分吸收了《房屋租赁司法解释》第15条的规则，但对于超过原来租赁合同期限的转租部分的合同效力问题，本条规定做了调整，即由原来的“超过部分的约定无效”调整为“超过部分的约定对出租人不具有法律约束力”。也就是说，承租人与次承租人关于“超过部分的约定”，在双方当事人之间仍然有效，但对转租合同以外的出租人不具有法律约束力。这也意味着，对于超过的部分，如果出租人不同意或者不追认的话，可以要求次承租人返还对租赁物的占有；但是，次承租人可以依法请求承租人承担违约责任。关于如此规定的合理性，本书第716条的释评已经做过较为充分的讨论，这里不再赘述。

第七百一十八条

出租人知道或者应当知道承租人转租，但是在六个月内未提出异议的，视为出租人同意转租。

本条主旨

本条是关于出租人的沉默构成同意转租的规定。

相关条文

《房屋租赁司法解释》第16条　出租人知道或者应当知道承租人转租，但在六个月内未提出异议，其以承租人未经同意为由请求解除合同或者认定转租合同无效的，人民法院不予支持。

理解与适用

本条吸收了《房屋租赁司法解释》第16条的规则，规定出租人在特定条件下的沉默构成对转租行为的同意，是关于出租人同意转租的意思表示的特殊例外规定。

《民法典》第140条规定：“行为人可以明示或者默示作出意思表示。沉默只有在有法律规定、当事人约定或者符合当事人之间的交易习惯时，才可以视为意思表示。”据此，出租人关于同意转租的意思表示原则上应当以“明示”或者“默示”的形式作出，“沉默”原则上不构成此种意思表示。承租人默示同意转租的方式有很多，如接受次承租人直接向其支付的租金、根据次承租人的请求履行租赁物的修缮义务等。

但如果出租人知道或者应当知道转租事实后，处于沉默状态，即既无言语表示，也无前述行为表示的纯粹的缄默状态，不宜简单推定出租人有同意转租的意思。出租人没有任何意思表示，主观上有几种可能的状况：一是明确反对，但暂时联系不上承租人，且不希望直接与次承租人交涉；二是明确反对，但暂时没想好如何处理与承租人之间的关系；三是尚无明确的态度，需要进一步思考和决策。如果简单将沉默推定为同意转租，则很可能违背出租人的真实意愿。

不过，如果出租人知道或者应当知道转租事实，但并未提出异议，承租人和次承租人很可能基于此种沉默状态而日益产生一种信赖，即推断出租人同意转租。此种沉默状态持续的时间越长，转租当事人的信赖程度就越高，相应的生产生活投入就越大。一旦出租人在此后表示异议，则将对次承租人明显不利；且出租人可能基于特定原因发生事后很长时间可提出异议的道德风险。在这个意义上，法律有必要介入，结束因为沉默行为引发的交易关系不稳定性问题。

本条遵循《房屋租赁司法解释》第 16 条的逻辑，为出租人设定了 6 个月的思考和决策时间。在明知或者应当知道之后 6 个月内仍然保持沉默状态的，法律视为其同意转租。这也属于《民法典》第 140 条规定的关于“沉默不构成意思表示”的法定例外情形。例如，承租人租赁了出租人大厦内的店铺，租赁合同明确约定不得转租，但事后承租人将该店铺转租于次承租人，次承租人在出租人的大厦内以自己的名称营业。法院认为，虽然次承租人“未能举证证明其合法承租或转租案涉房屋”，但其以自己名称在店铺内营业的事实应当为出租人明知，出租人在次承租人半年的营业时间内未提出异议，故“转租关系成立”①。

值得讨论的是，如何理解“未提出异议”或者说“沉默”？出租人在明知或者应知转租事实的情形下，仍然从次承租人处收取租金的，构成默示同意转租。但是，如果出租人仍然继续按期收取承租人支付的租金，是构成“未提出异议”或者说“沉默”，还是构成默示同意呢？笔者认为，至少在出租人从承租人处收取的租金对应的租期期限内，应当构成默示同意转租，否则，有违基本的一般社会生活常识和诚实信用原则。在此期限内，出租人不得以“未同意转租”为由主张解除合同。

至于超过所收取租金对应的期限的转租部分，是视为默示同意，还是沉默，可以结合更多案情进一步判断。例如，出租人委托其父亲与承租人签订租赁合同，后承租人将该房屋改造后转租，虽然承租人的转租行为没有得到出租人或其父亲的明确同意，但是法院以出租人父亲居住在案涉房屋的对面和出租人父亲直

① “大连侨乐物业服务有限公司、大连雅钰瑜伽健身文化发展有限公司财产损害赔偿纠纷二审案”，辽宁省大连市中级人民法院（2020）辽 02 民终 2120 号民事判决书。

接从次承租人处收取过租金的事实认为出租人对一年来转租的事实应当知情，进而未支持出租人解除合同的请求。[①] 虽然判决理由未直接明示出租人收取租金行为的含义，但两审法院均在裁判文书中对出租人受领承租人履行的事实予以详细描述：一审法院特别认定了承租人一年来每月向出租人父亲支付租金的事实，二审法院专辟段落，认定了出租人明知承租人一直缴纳水电费用的事实。这大致表明，在出租人对转租事实知情后，继续受领承租人的履行会更容易被法院认定为默示同意。总之，在对超过所收取租金对应的期限的转租部分，究竟应当是沉默还是默示同意的问题上，若出租人受领包括租金支付在内的履行行为，持续时间越长、次数越多、越频繁，就越不应当认为出租人仅仅只是单纯的沉默。

第七百一十九条

承租人拖欠租金的，次承租人可以代承租人支付其欠付的租金和违约金，但是转租合同对出租人不具有法律约束力的除外。

次承租人代为支付的租金和违约金，可以充抵次承租人应当向承租人支付的租金；超出其应付的租金数额的，可以向承租人追偿。

本条主旨

本条是关于次承租人的代为清偿请求权的规定。

相关条文

《房屋租赁司法解释》第 17 条　因承租人拖欠租金，出租人请求解除合同时，次承租人请求代承租人支付欠付的租金和违约金以抗辩出租人合同解除权的，人民法院应予支持。但转租合同无效的除外。

次承租人代为支付的租金和违约金超出其应付的租金数额，可以折抵租金或者向承租人追偿。

理解与适用

《民法典》第 524 条规定的第三人代为清偿制度是对我国既有民事法律制度的一次创新。本条规定的次承租人的代为清偿请求权是第三人代为清偿制度的一

---

① 参见“陈红娟与石榴红房屋租赁合同纠纷二审案”，江苏省苏州市中级人民法院（2019）苏 05 民终 9248 号民事判决书。

个代表性场景。在围绕我国民法典编纂展开的立法学术研讨中，关于是否要在合同编通则明确承认和规定一般性的第三人代为清偿制度，曾经产生过比较大的争议。反对的学者认为，赋予第三人代为清偿的权利，一方面，这常常意味着第三人在代为清偿后取得债权人对债务人的债权（见《民法典》第 524 条第 2 款）。但是，这有可能不符合债务人的利益，包括加重债务人的情感和物质负担。另一方面，第三人代偿的方式和内容也可能不符合债权人的利益，无法充分实现债权人的债权。

可以说，《民法典》第 524 条的规定比较好地处理了这些疑问，在承认第三人的代偿请求权的同时，做了两方面的条件限制：一是要求“第三人对履行该债务具有合法利益的”，才可以主张向债权人代为履行；二是排除“根据债务性质、按照当事人约定或者依照法律规定只能由债务人履行的”情形。

1. 次承租人的代偿请求权

在经出租人同意的转租场景，次承租人（第三人）是符合这两项条件的。一方面，次承租人的租用利益能否得到实现，在很大程度上取决于作为出租人的承租人是否享有可以转租的租用利益。如果因为承租人对出租人的违约，导致出租人解除出租合同，并要求次承租人返还租赁物，则次承租人的合同租用利益得不到保障。在承租人违约的情况下，允许次承租人代替承租人支付其欠付的租金和违约金，有助于避免前述不利状况的发生。另一方面，由于租金和违约金的支付，在性质上属于金钱债权，与当事人的主体身份、品质和能力无关，赋予次承租人以代偿请求权不会损害出租人与承租人的合同利益预期。特别是，这有助于防止实践中偶尔出现的道德风险①，即出租人与承租人恶意串通，可以制造违约事实，进而导致合同被出租人解除，损害次承租人的合同利益。

次承租人行使代偿请求权，不以“承租人的同意”为条件。无论承租人是否同意，承租人拖欠对出租人的租金的，都应当视为损及次承租人的利益。次承租人都有权代为清偿，承租人不得以“未同意代为清偿”为理由拒向次承租人偿还代付租金。例如，在一起房屋租赁合同纠纷中，承租人将房屋转租于次承租人后，并未及时向出租人支付租金。承租人与次承租人协商，仅请求后者先代承租人垫付 25 万元租金。之后出租人表示要求清偿全部租金，否则将解除合同；于是，次承租人又再次代承租人支付剩余租金 10 万元。承租人抗辩认为，次承租人后来垫付的金额超过其请求垫付金额的，无权请求返还；但该抗辩并未得到法

① 参见黄薇主编：《中华人民共和国民法典合同编解读（下册）》，北京，中国法制出版社 2020 年版，第 826 页。

院的支持。①

2. 次承租人代偿请求权的行使

次承租人行使代偿请求权，需要以转租合同对出租人具有法律约束力为条件。如果承租人的转租行为未经出租人同意，或者承租人转租的期限超过其自己对租赁物的租用期限，那么，转租合同对出租人完全或者在超过期限部分上不具有法律约束力。此时，如果次承租人仍然可以行使代偿请求权，无异于强迫出租人同意转租或者同意超期转租的部分。

从效果上看，次承租人行使代偿请求权之后，一方面，承租人的违约行为得到补正，租赁合同处于正常履行状态的效果。另一方面，次承租人基于代为履行的行为，可以充抵次承租人应当向承租人支付的租金。如果次承租人履行的部分超出其应向承租人支付的租金数额（如承租人低价转租的情形），其可以向承租人追偿。如果承租人未能及时偿还次承租人的超支数额，次承租人还可以请求承租人赔偿利息损失。②

第七百二十条

在租赁期限内因占有、使用租赁物获得的收益，归承租人所有，但是当事人另有约定的除外。

本条主旨

本条是关于租赁物的孳息归属的规定。

相关条文

无

理解与适用

对承租人而言，对租赁物的“租用利益”（the right to use）和“孳息收取利

---

① 参见“丁养善、彭希荣房屋租赁合同纠纷上诉案”，浙江省温州市中级人民法院（2020）浙03民终1782号民事判决书。值得注意的是，法院认为承租人与出租人“在租赁合同履行过程中产生的有无多付租金、装修残值是否需要结算等纠纷”，不能对抗次承租人的追偿权。在此种观点下，本条规定的追偿权可能并非源自《民法典》第524条第2款规定的债权法定移转的原理，而是一种可以超越原债之关系中抗辩和风险安排的“超级追偿权”。

② 关于次承租人请求承租人赔偿利息损失的案件，可参见“张慧茹、杨欣卓房屋租赁合同纠纷案”，浙江省衢州市中级人民法院（2019）浙08民终1100号民事判决书。

益”（the right to fruits）是两种不同的利益。前者是按照约定的方法或者根据租赁物的性质使用租赁物而获取的利益，例如，长期租用一头耕牛用于耕田；后者是在使用租赁物过程中，在一般性使用之外产生的收益，如耕牛在租用期间经配种而产下牛崽。

根据民法的一般原理，孳息可以分为天然孳息和法律孳息两类。在前者，除了牲口所产幼崽之外，典型的如果林的水果、鱼塘的水产等；在后者，如房屋转租的额外租金收益、租赁物被征收拆迁后的赔偿款等。

在当事人没有约定的情况下，虽然本条规定“在租赁期限内因占有、使用租赁物获得的收益，归承租人所有”，但是，这并不能简单地理解为“承租人对租赁物的使用是以支付租金为代价的，所以其就租赁物的占有、使用而获得的收益，应当享有所有权”[①]。有观点认为，“财产在承租人占有之下，新产生的孳息也在承租人的占有之下，在此情况下一定要求承租人转移孳息给出租人也是困难的”[②]。但这并不是一定将孳息归属于承租人的充分理由，因为，承租人可以以金钱等方式返还不当得利。特别值得注意的是，在一些场景下，“租用利益”和“孳息收取利益”的区分，并非一目了然，需要结合交易场景（特别是合同目的）来判断。[③] 例如，某影视传媒公司租用一块果林地，用于拍摄制作一部影视作品，那么，秋季产生的水果，归谁所有呢？对于这类问题的回答，需要系统考虑以下三层重要因素。

1. 对租赁物的使用方法的合理性

一般来说，承租人的孳息收取权，以承租人对租赁物的合理使用（按照约定或者无约定时根据租赁物的性质使用）为前提。承租人不合理使用租赁物产生的孳息，承租人不得主张取得。例如，承租人将家用租赁小汽车用于从事网约车经营活动并获取收益，擅自将仅仅用于耕种的耕牛配种产生牛崽，擅自将房屋转租获取额外租金收益，将居住用房用于从事经营性活动并获取收益，等等。

承租人采用不合理的方式使用租赁物的，不仅不能取得孳息，而且还面临合同被出租人解除并承担违约损害承担责任的法律后果。

2. 租用合同的目的

即便在承租人合理使用租赁物的前提下，承租人是否一定有权取得孳息，也

---

① 此种表述可见黄薇主编：《中华人民共和国民法典合同编解读（下册）》，北京，中国法制出版社2020年版，第827页。

② 王利明：《合同法研究（第三卷）》（第二版），北京，中国人民大学出版社2015年版，第317页。

③ See Kåre Lilleholt, *Lease of Goods* (*Principles of European Law*), Sellier, European Law Publishers, 2008, p. 108.

需要着重考察租赁合同的目的，即当事人订立租赁合同时，是否有让承租人取得孳息的合同目的。在一些国家，法律明确规定了以产生和取得孳息为目的的租赁合同。例如，《意大利民法典》第 1615 条规定：“当租赁是以动产或不动产产生孳息的物品的享用为标的时，承租人应当负责根据物的经济用途和生产利益进行经营、管理。租赁物的孳息和其他利益归承租人。”

我国没有这样的特别规定，但不妨结合具体的租赁场景，综合考虑租赁的时间、价格等因素来判断租用目的和租赁物孳息的归属。例如，在前述影视传媒公司租用果林案中，如果租赁合同的内容仅限于在果林取景，完成一年四季的拍摄活动，那么，参与拍摄人员出于拍摄需要摘拾水果，是合理的；但是，并不能主张水果归承租人所有。不过，租金的多少也是一个重要判断因素。如果租金足以甚至超过租赁期间水果的销售价格，那么，应当对当事人的意思表示做相反推定。再如，出租人将一块淡水湖出租给承租人用于从事水上娱乐活动，在没有特别约定的情况下，承租人不得主张获取湖中的水产。

3. 当事人的投入状况

租赁物之所以产生孳息，在一些情形下与承租人的投入有关系。例如，承租人租赁大片林地，自己投资栽种了大量林木，后来遇到政府征收拆迁，产生补偿款这类法律孳息。在各项征收拆迁补偿款中，对土地补偿费等专门关于租赁物的费用，承租人不得主张取得；但是，青苗补偿费，主要因为承租人的投入而产生，则应当归属承租人所有。[①] 类似的，承租人在租赁期间出资建造鹅舍及有关设施，后遇拆迁，则拆迁款应归属承租人。[②]

再如，在本书第 708 条的释评讨论过的案例中，承租人将商业用房用于从事生产经营活动，设立了企业的，拆迁补偿款包括了营业损失补偿费。那么，法院有必要结合租赁合同的剩余期限和双方的营业性质，在出租人和承租人之间酌情分配营业损失补偿费。[③]

---

① 实践中，有争议的问题是：承租人如果专门以获取青苗补偿款为目的，租用土地，并在政府作出征收拆迁决定之前大规模种植林木，是否应当获得青苗补偿款？当然，这一问题已经超出了本条释评的关注范围。笔者认为，对于这种“抢种”行为，政府征收拆迁部门应当通过设定合理的青苗费补偿时间点和对青苗补贴标准的差异化定价来解决，不宜简单以违反公共利益等理由拒绝赔偿，甚至以诈骗罪论处。毕竟，此种“抢种”不一定能够获得成果，因为征收决定书尚未作出；在未被征收的情况下，植树造林仍然是对环境保护有价值的行为。

② 参见“牙克石市大兴安岭乾森农业（集团）有限责任公司与牙克石市鑫泉养殖场、牙克石市国生亚麻有限责任公司租赁合同纠纷上诉案”，内蒙古自治区呼伦贝尔市中级人民法院（2019）内 07 民终 927 号民事判决书。

③ 参见“赵文刚与汪建国房屋租赁合同纠纷案”，江苏省连云港市海州区人民法院（2019）苏 0706 民初 434 号民事判决书。

第七百二十一条

承租人应当按照约定的期限支付租金。对支付租金的期限没有约定或者约定不明确，依据本法第五百一十条的规定仍不能确定，租赁期限不满一年的，应当在租赁期限届满时支付；租赁期限一年以上的，应当在每届满一年时支付，剩余期限不满一年的，应当在租赁期限届满时支付。

本条主旨

本条是关于租金支付期限的规定。

相关条文

无

理解与适用

承租人的租金支付义务是其对出租人的主要合同义务。当事人通常会在缔结租赁合同时就租金的支付方式和期限作出明确的约定，年付、季付、月付、日付甚至按小时支付的情形都有。娱乐场所的玩具车和室内时租车即为典型的按小时支付的情形。

1. 租金支付时间的基本规则

对于租金支付期限没有约定或者约定不明确的，可以依据《民法典》第510条的规定来确定，即先看当事人能否达成补充协议；然后在不能达成补充协议时按照合同相关条款或者交易习惯确定。

根据前述规则仍然不能确定租金支付期限时，根据本条的规定，区分租期的长短来确定租金支付的期限。

（1）如果租赁期限不满一年，承租人应当在租赁期限届满时支付。如无特别约定，在租赁期限届满之前，出租人无权利请求承租人支付租金。例如，约定的租期是3个月，则应当在3个月租期届满时支付租金。

（2）租赁期限一年以上的，承租人应当在每届满一年时支付，直到整年的租期届满或者剩余租期不足一年的时候。

（3）租赁期限一年以上的，剩余期限不满一年的，则实行第（1）项规则，即应当在租赁期限届满时支付。

2. 租金数额的确定规则

与支付期限相关联的一个问题是租金数额的确定问题。如果当事人没有特别约定租金，除了补充约定之外，还可以根据以下方式来确定：一是合同相关条款或者交易习惯，例如租赁站的参考价目表等。二是租金的市场变动信息。对于长期租赁合同而言，根据一般的商业交往惯例，出租人常常会随行就市，设定租金调整条款，如根据每年的租赁行情增加或者减少租金。因此，如果合同没有约定，则可以根据一方或各方要求根据相应租赁物的租赁市场价格来调整租金。①

第七百二十二条

承租人无正当理由未支付或者迟延支付租金的，出租人可以请求承租人在合理期限内支付；承租人逾期不支付的，出租人可以解除合同。

本条主旨

本条是关于承租人违反租金支付义务的法律后果的规定。

相关条文

《民法通则》第136条② 下列的诉讼时效期间为一年：

（一）身体受到伤害要求赔偿的；

（二）出售质量不合格的商品未声明的；

（三）延付或者拒付租金的；

（四）寄存财物被丢失或者损毁的。

最高人民法院研究室《关于对租赁合同债务人因欠付租金而出具“欠款结算单”不适用普通诉讼时效的复函》 租赁合同债务人因欠付租金而出具的“欠款结算单”只表明未付租金的数额，并未改变其与债权人之间的租赁关系。因此，租赁合同当事人之间就该欠款结算单所发生纠纷的诉讼时效期间适用《中华人民共和国民法通则》第一百三十六条的规定。

---

① See Kåre Lilleholt, *Lease of Goods* (*Principles of European Law*), Sellier, European Law Publishers, 2008, p. 225；王利明：《合同法研究（第三卷）》（第二版），北京，中国人民大学出版社2015年版，第314－315页。

② 注意，2017年《民法总则》颁布后，本条就已经失效。《最高人民法院关于适用〈中华人民共和国民法总则〉诉讼时效制度若干问题的解释》第1条规定：“民法总则施行后诉讼时效期间开始计算的，应当适用民法总则第一百八十八条关于三年诉讼时效期间的规定。当事人主张适用民法通则关于二年或者一年诉讼时效期间规定的，人民法院不予支持。”

理解与适用

对出租人来说，按期收取租金是其关键合同利益之所在。在承租人未能按照合同约定的期限支付租金时，出租人可以根据本条的规定来救济自己的权利：一是催告承租人在合理期限内或者宽限期内支付租金；二是承租人在宽限期内仍不履行租金支付义务的，可以解除租赁合同，并请求承租人承担违约责任。但值得注意的是，承租人未能依约履行租金支付义务，在一些情形下是情有可原的，或者说具有“正当理由”。在具备正当理由时，出租人不能依据本条获得有效救济。我们先讨论何为“正当理由”。

一、不依约支付租金的正当理由

承租人不按照约定支付租金的类型主要有四种：一是可以全部拒付；二是可以部分拒付；三是可以延迟支付；四是因承租人遭遇意外事件或面临情势变更而无力按照约定及时支付。下面根据可以将承租人不按约支付的正当理由予以分类介绍：

第一，租赁物因为不可抗力或者意外事件的发生而毁损灭失，以至于承租人无法占有和使用租赁物，也无法实现自己的租用利益。在部分毁损的情形，只要毁损部分实质性地影响租赁用途的实现，承租人都可以拒付全部租金（且可以依据《民法典》第 563 条之规定解除租赁合同）。这也符合《民法典》第 180 条关于“因不可抗力不能履行民事义务的，不承担民事责任”之规定。

第二，由于情势变更或者说租赁合同的基础条件发生了当事人在订立合同时无法预见的、不属于商业风险的重大变化，出租人继续履行合同将遭受明显不公平的，出租人可以依据《民法典》第 533 条之规定与出租人协商减少租金；协商不成的，可以请求人民法院或者仲裁机构减少租金（或者解除合同）。代表性的案例如，在新冠肺炎爆发期间，最初的疫情灾区武汉被全城封锁，当时居住在武汉的承租人无法离开武汉，也就无法使用其在武汉以外的地方承租的房屋；同样，当时居住在武汉以外的承租人无法进入武汉，也就无法使用其在武汉以内承租的房屋。如果这期间继续要求这两类承租人按照原来的约定支付房租，对承租人明显不公平。因此，承租人可以请求出租人减少租金，或者说可以拒付部分租金（如一半租金）。实际上，在疫情期间，“自如租房”等网上租房平台（对租客的出租人）主动减收了这些承租人的租金，且大量上游的出租人（对自如平台的出租人，房屋业主）通过捐赠的方式弥补了自如租房平台因对租客减免租金造成的亏损。[①] 这说明，在重大疫情面前，各方交易当事人在交易公平性上存在比较高的公示。

不过，如果承租人因为担心被传染而不愿意从一个城市旅行到承租房屋所在地居住，原则上不能援引《民法典》第533条的情势变更规则主张减少租金。

第三，由于出租人没有履行约定或者法定义务，例如对租赁物的合格交付义务、修缮义务和权利瑕疵担保义务，影响承租人使用部分或者全部租赁物的，那么，承租人可以在相应的范围内拒付租金。

第四，承租人自身遭遇意外事件，或者面临情势变更，无力按照约定及时支付租金。例如，承租人突然遭遇伤病住院，经济上出现重大困难、无法支付租金的，那么，承租人可以请求在合理期限内缓交租金。类似的，在新冠疫情期间，不少承租人因为失去工作无法及时支付租金，我国从最高人民法院到省高级人民法院的多份司法审判指导意见，都明确了承租人请求在合理期限内延期支付租金的权利。

例如，《最高人民法院关于依法妥善审理涉新冠肺炎疫情民事案件若干问题的指导意见（二）》第5条第1款规定："承租房屋用于经营，疫情或者疫情防控措施导致承租人资金周转困难或者营业收入明显减少，出租人以承租人没有按照约定的期限支付租金为由请求解除租赁合同，由承租人承担违约责任的，人民法院不予支持。"第6条第2款规定："承租非国有房屋用于经营，疫情或者疫情防控措施导致承租人没有营业收入或者营业收入明显减少，继续按照原租赁合同支付租金对其明显不公平，承租人请求减免租金、延长租期或者延期支付租金的，人民法院可以引导当事人参照有关租金减免的政策进行调解；调解不成的，应当结合案件的实际情况，根据公平原则变更合同。"

如果承租人不依据约定支付租金的行为不具备前述理由，那么，出租人就可以依据本条催告承租人支付，并在催告后仍不支付的情形，解除租赁合同。

二、出租人的合理催告义务

承租人未能支付或者迟延支付租金的原因比较复杂，一方面，可能是因恶

① 以上信息主要来自对自如租房平台的访谈。关于新冠疫情对包括房屋租赁市场在内的合同履行的影响的专题讨论，可参见王轶：《新冠肺炎疫情、不可抗力与情势变更》，载《法学》2020年第3期。Christian Twigg-Flesner，"A comparative Perspective on Commercial Contracts and the impact of Covid 19-Change of Circumstances，Force Majeure，or what?"，in Katharina Pistor (ed.)，*Law in the Time of COVID-19* (2020)．Books. 240，pp. 9－10，https：//scholarship. law. columbia. edu/books/240；Bingwan Xiong，Thomas Kadner Graziano，"COVID-19，Contractual Obligation and Risk Allocation：The loss lies where it falls or parties' duty to renegotiate and to share loss?"，*The Journal of Chinese Comparative Law* (2021，forthcoming)．

意违约而拒付租金，但实践中更可能是因为搞错支付时间、出现支付困难或主观上认为有拒付或者延迟支付的正当理由。另一方面，承租人未能依照约定及时支付租金，虽然影响到出租人权利的实现，但是通常并不会影响出租人合同目的的实现。鉴于这些可能性，在承租人无正当理由未支付或者迟延支付租金时，出租人应当先选择催告承租人支付租金，给承租人一个宽限期，以便承租人在合理期限内补正，以维持租赁合同的稳定性。承租人在催告后的合理期限内仍然不支付租金的，已经构成根本违约，符合《民法典》第563条规定的“当事人一方迟延履行主要债务，经催告后在合理期限内仍未履行”这一合同解除事由。出租人可以解除合同，并追究承租人的违约责任。至于如何判断“合理期限”，则需要结合租金支付障碍的发生原因等因素做语境化的考察。

例如，出租人与承租人签订建筑设备租赁合同，将设备交付承租人使用，但承租人未按照规定日期支付租金，也未向出租人返还租赁物，在出租人催告后合理期限内仍未履行，出租人诉至法院，要求解除租赁合同、承租人支付租金、返还租赁物。法院判决认为，承租方负有支付租金、返还租赁物的合同义务，“近五年的时间内，经原告催告在合理期限内仍未履行，案涉租赁合同依法应当解除”①。

值得注意的是，即便承租人在合理期限内支付欠付租金，仍然构成违约，出租人可以请求承租人承担相应的违约责任，如因延迟支付租金造成的利息损失等合理损失。

三、延期支付租金的惩罚性赔偿条款

在一些租房合同中，当事人针对承租方潜在的拒付行为、延迟支付行为或者延期退房行为约定了带有惩罚性的责任条款。例如，双方在租赁合同中约定：“在租期届满后乙方（吕海鹏）不按期交纳房租和续写合同，甲方（张爱生）有权另行租赁，乙方必须按期退房，如不退房，每间每月加倍有权处罚。”但在租赁期限届满后，承租人继续占有使用该房屋，出租人也未提出异议，后承租人并未足额交纳租金，出租人诉至法院，要求承租人按照约定的双倍罚则支付租金。该案法院认为，租赁期限届满，承租人继续占有使用该房屋，构成不定期租赁；合同约定的法则不适用于“合法的民事法律关系”，故并未支持出租人要求按照

① “刘胜华与姜小刚、王继红建筑设备租赁合同纠纷案”，山东省滨州市博兴县人民法院（2020）鲁1625民初1254号民事判决书。

双倍罚则计算的请求，仅判决要求承租人支付剩余的租金。①

关于我国是否承认惩罚性违约金的问题，无论是学理上还是实践中，还是各类司法解释或者类似文件，都存在不小争议。但共识度相对较高的是，对于普通的民事交易，如住宅用房或者更广义上的民用房，不宜承认惩罚性违约金。至于典型的商事合同中，司法实践和学理上日益形成这样一种共识：一方面，惩罚性违约金条款不能完全尊重意思自治原则，不能无原则地承认；另一方面，也不宜简单地否定，而是需要根据违约方的严重程度、主观过错等因素予以综合评判和把握。违约金以补偿性为主，以惩罚性为辅。② 这一点，对比较明显的商事租赁合同，也是适用的。

四、租金请求权的诉讼时效确定

关于租金请求权的诉讼时效，2017 年的《民法总则》删除了 1986 年《民法通则》第 136 条关于“延付或者拒付租金的”等情形适用一年的短期时效的规定。最高人民法院随后发布的关于诉讼时效的司法解释采取了前者废止后者的司法立场。《关于适用〈中华人民共和国民法总则〉诉讼时效制度若干问题的解释》第 1 条规定：“民法总则施行后诉讼时效期间开始计算的，应当适用民法总则第一百八十八条关于三年诉讼时效期间的规定。当事人主张适用民法通则关于二年或者一年诉讼时效期间规定的，人民法院不予支持。”因此，出租人的租金支付请求权，也适用三年的诉讼时效。

但是，仍然有两个特别的问题值得讨论：

1. 租金分期支付的诉讼时效

无论是分期付款买卖，还是分期支付租金的租赁合同，都涉及每一期的价款或者租金债权的诉讼时效问题。在最高人民法院于 2008 年发布《关于审理民事案件适用诉讼时效制度若干问题的规定》之前，各地法院判决并不统一。有的裁判针对每一期债权分别单独计算诉讼时效，也有从最后一期履行期限届满之日起计算诉讼时效的。2008 年的《关于审理民事案件适用诉讼时效制度若干问题的规定》第 5 条规定：“当事人约定同一债务分期履行的，诉讼时效期间从最后一期履行期限届满之日起计算。”最高人民法院曾在 2011 年的一个提审案件判决中

① 参见“张爱生与吕海鹏房屋租赁合同纠纷案”，甘肃省庆阳市中级人民法院（2014）庆中民终字第 372 号民事判决书。法院最终未支持约定双倍罚则的原因，还包括根据证人证言，出租人在承租人腾退房屋后索要房租时未主张过双倍房租，且出租人在一审庭审陈述时并未主张按照双倍罚则计算房租。

② 参见姚明斌：《〈合同法〉第 114 条（约定违约金）评注》，载《法学家》2017 年第 5 期；罗昆：《违约金的性质反思与类型重构》，载《法商研究》2015 年第 5 期。

重申了这一立场。

在该案中，出租人与承租人于1995年订立《工商综合楼租赁使用合同》，租赁期限为18年（从1995年6月15日开始到2013年6月15日止）。其中约定，每半年支付一次租金。之后，出租人未向承租人支付1998年至2000年的租金。2000年9月，承租人将该不动产转租于次承租人，并与出租人和次承租人一起签订了《工商综合楼转租协议》。租赁合同和转租合同正常履行至2008年；此时，出租人诉至法院，请求承租人支付1998年至2000年欠缴的租金。但承租人对此提出诉讼时效已经经过的抗辩。

一审法院认为租赁合同一直在履行状态中，《工商综合楼转租协议》等与原租赁合同约定债务为同一债务，呈连续状态。双方约定的租金支付方式为分期履行，根据《关于审理民事案件适用诉讼时效制度若干问题的规定》第5条的规定，应当以最后一期的履行期限届满之日起计算诉讼时效，并驳回了承租人的抗辩。二审法院维持了一审判决。后承租人以同样的理由申请再审。再审法院重申分期履行的租金债务虽然“具备一定的独立性，但该独立性不足以否认租金债务的整体性”，并指出本案租赁合同长达18年，长期债之关系中若要求从每一期租金债务履行期限届满之日分别计算诉讼时效，则相当于要求债权人必须频繁主张权利，这会“动摇双方之间的互信，不利于保护债权人，更将背离诉讼时效制度的价值目标”。法院认为，在合同履行顺利的过程中，出租人未向承租人及时主张债权，是基于“维护双方的友好合作关系”以及对承租人的“信任和谅解”，“符合社会经济交往的习惯，不应被认定为怠于行使权利”①。

笔者认为，这一判决是值得称赞的。特别是对于继续性合同，当事人的确可能基于合作关系维护的考虑，并不对其中部分款项的支付时间“斤斤计较”。如果债务人反过来以此为由提出时效抗辩的，法院不宜轻易支持。实际上，最高人民法院于2008年《关于审理民事案件适用诉讼时效制度若干问题的规定》第5条重申了上述规则，即“当事人约定同一债务分期履行的，诉讼时效期间从最后一期履行期限届满之日起计算。”

2. “租金结算单”的法律性质

在一些案件中，当承租人欠付租金时，可能与出租人共同确认一份“租金结算单”。问题在于，双方签署“租金结算单”的法律性质如何？是将原来的租金

① “秦皇岛华侨大酒店与秦皇岛市海港区工商行政管理局租赁合同纠纷再审案”，最高人民法院（2011）民提字第304号民事判决书。

债权变更为了普通债权，还是仅仅表明双方对租金数额的确认？对此，最高人民法院研究室《关于对租赁合同债务人因欠付租金而出具“欠款结算单”不适用普通诉讼时效的复函》回复认为：“租赁合同债务人因欠付租金而出具的‘欠款结算单’只表明未付租金的数额，并未改变其与债权人之间的租赁关系。因此，租赁合同当事人之间就该欠款结算单所发生纠纷的诉讼时效期间适用《中华人民共和国民法通则》第一百三十六条的规定。”这一复函当初主要是针对《民法通则》第136条规定的租金债权的特别短期时效，但在《民法总则》颁布之后，其在这个层面上就失去了意义。不过，本复函关于“‘欠款结算单’只表明未付租金的数额，并未改变其与债权人之间的租赁关系”的解释，在相关的司法审判实践中仍然具有意义。当事人之间的租金债权债务关系以及相应的时效计算并不会因为“租金结算单”的签署而改变。当然，签署确认行为本身很可能构成诉讼时效中断的事由。

第七百二十三条

因第三人主张权利，致使承租人不能对租赁物使用、收益的，承租人可以请求减少租金或者不支付租金。

第三人主张权利的，承租人应当及时通知出租人。

本条主旨

本条是关于出租人的权利瑕疵担保责任的规定。

相关条文

无

理解与适用

如本书第708条的释评所述，出租人在租赁期限内对承租人负有瑕疵担保义务，包括物理和权利上的瑕疵担保义。本条即关于权利瑕疵担保义务的规定，即出租人有义务确保承租期间无第三人对租赁物提出权利主张，以至于影响承租人的合理租用活动。本条就出现此类第三人权利主张时承租人的救济方式做了特别规定。

1. 权利瑕疵担保的构成要件

关于本条规定的“第三人主张权利”，有以下几个问题值得注意。

第一，第三人所主张的权利在租赁合同订立以前就已经存在。[①] 如果第三人所主张的权利系在租赁合同订立后产生的，则主要受《民法典》第725条规定的“买卖不破租赁规则”调整。[②] 本条与第725条组合在一起，构成处理第三人权利主张的规则体系。“不得侵犯在先权利”是合同交易中的基本准则。出租人的出租行为侵犯第三人财产权的，虽然承租人也值得保护，但是一般不得以损害第三人之在先权利为代价。相反，承租人的救济措施应当以出租有权利瑕疵的出租人为对象。类似的道理，第三人在租赁发生之后与出租人就租赁物进行交易的，很可能侵犯承租人的在先权利，在符合第725条规定的要件时，优先保护承租人的承租权。

第二，承租人在订立合同时对租赁物上的权利瑕疵原则上并不知情。如果第三人在订立合同时已经知道租赁物上可能存在第三人的权利主张，仍然与出租人订立租赁合同，对第三人的权利主张有明确的预期，出租人原则上不负有瑕疵担保责任。不过，如果出租人与承租人有明确约定，或者有其他证据表明，出租人应在租赁合同订立后的特定时限内消除此种权利瑕疵（包括取得第三人的权利或者征得第三人的同意），出租人仍然负有瑕疵担保责任。[③]

第三，第三人主张的“权利”对承租人的租用活动产生了实质性的负面影响，以至于影响到了承租人租赁目的之实现。第三人主张的“权利”具体包括哪些类型呢？第三人主张享有所有权的，是典型的权利瑕疵，包括第三人对租赁物主张完全所有权（例如，出租人谎称有所有权或者冒名出租）、共有权、建筑物区分所有权等类型。第三人主张用益物权的，特别是已经登记的用益物权的，同样构成权利瑕疵。但是，第三人主张抵押权或者保留所有权的，则需要特别考虑是否构成对租用活动的实质性干扰。[④] 只有当出租人无力偿债或债权人已采取行动，要求实现担保权利时，第三人的担保权利可能对承租人的使用构成威胁的，承租人才有要求出租人承担瑕疵担保责任的必要。这一点，对于“买卖不破租赁”规则同样适用。

---

① 参见黄薇主编：《中华人民共和国民法典合同编解读（下册）》，北京，中国法制出版社2020年版，第830页。

② 我国台湾地区的租赁合同学说也做类似理解。参见吴志正：《债编各论逐条释义》，台北，元照出版公司2019年版，第108页。

③ 有释评没有注意到此种例外情形，如黄薇主编：《中华人民共和国民法典合同编解读（下册）》，北京，中国法制出版社2020年版，第830页。

④ 参见吴志正：《债编各论逐条释义》，台北，元照出版公司2019年版，第108页；Kåre Lilleholt, *Lease of Goods*（*Principles of European Law*），Sellier，European Law Publishers，2008，p. 159。

还值得注意的是，第三人主张所有权的，不限于出租人谎称有所有权或者冒名出租的情形，还包括出租人未经出租人同意转租、经同意的转租期限过长和经同意的转租人（承租人）未能向出租人支付租金导致合同被解除等情形。在最后一种情形，虽然次承租人可以依据《民法典》第719条的规定，代替承租人向出租人支付租金，但次承租人也可以选择直接请求承租人承担瑕疵担保责任。①

2. 权利瑕疵担保责任的主张

承租人向出租人主张瑕疵担保责任的，与《民法典》第722条规定的出租人向承租人主张租金支付违约救济的规则类似，即当出现第三人主张权利时，承租人应当及时通知出租人，给出租人一个及时消除权利瑕疵的机会；如果出租人在收到通知以后的合理期限内未能消除权利瑕疵，承租人可以根据本条第一款，请求减少租金或者不支付租金，在瑕疵严重时也可以解除合同并追究出租人的违约责任。

反过来，如果承租人怠于通知致使出租人丧失本可消除的权利瑕疵之机会的，则出租人对承租人的损失不负赔偿责任。②

第七百二十四条

有下列情形之一，非因承租人原因致使租赁物无法使用的，承租人可以解除合同：

（一）租赁物被司法机关或者行政机关依法查封、扣押；

（二）租赁物权属有争议；

（三）租赁物具有违反法律、行政法规关于使用条件的强制性规定情形。

本条主旨

本条是关于承租人的合同解除权的规定。

相关条文

《房屋租赁司法解释》第8条　因下列情形之一，导致租赁房屋无法使用，

① 较为类似的案情，可参见“周世明、曾宪融合同纠纷上诉案”，贵州省黔西南布依族苗族自治州中级人民法院（2019）黔23民终2309号民事判决书。

② 参见黄薇主编：《中华人民共和国民法典合同编解读（下册）》，北京，中国法制出版社2020年版，第831页。

承租人请求解除合同的，人民法院应予支持：

（一）租赁房屋被司法机关或者行政机关依法查封的；

（二）租赁房屋权属有争议的；

（三）租赁房屋具有违反法律、行政法规关于房屋使用条件强制性规定情况的。

理解与适用

本条是关于承租人的合同解除事由的规定。除本条规定的解除事由之外，承租人还可以依据《民法典》第729条（租赁物毁损、灭失）和第731条（租赁物危及承租人的人身安全和健康）等规定，在出现其他解除事由时主张解除与出租人之间的租赁合同。

一、“非因承租人的原因”的理解

本条规定系对《房屋租赁司法解释》第8条的吸收，以适用于所有租赁物合同，并在此基础上限定了承租人行使解除权的条件。具体来说，本条规定的三类致使租赁物无法使用的情形，必须是“非因承租人的原因”所引发的。反过来说，如果租赁物被查封、扣押等是因为承租人自身的行为所导致的，属于承租人应当自我承担的法律后果和风险，承租人不能主张解除与出租人之间的合同。例如，承租人将登记为“非营运”的租赁车辆用于从事网约车客运服务活动①，被交通运输主管部门查封、扣押的，则承租人不享有解除租赁合同的权利。

但值得注意的是，“非因承租人的原因”并不等于“因出租人的原因”。除出租人的原因之外，还可能是双方当事人都无法合理掌控的情势变更或者不可抗力的发生，使得租赁物进入本条规定的三类无法使用状态。例如在一起车辆租赁纠纷中，出租人将车辆租赁给承租人，从事运营网络约租车，但半年后当地出台《网络预约出租汽车经营服务管理实施细则（暂行）》，其中规定了网约车必须符合的标准；租赁车辆不符合该网约车经营的车辆条件，致无法按照合同目的使用。后来，出租人诉至法院，要求解除合同。一审法院认为，涉案租赁合同的目的是从事网约车运营，但当地《网络预约出租汽车经营服务管理实施细则（暂

① 违反机动车登记注册性质从事客运服务活动，造成第三人损失的损害赔偿纠纷，可见“北京亿心宜行汽车技术开发服务有限公司与罗佳、罗文明等机动车交通事故责任纠纷案”，海南省三亚市中级人民法院（2020）琼02民终77号民事判决书。

行)》出台后，“王正飞（承租人）合同目的无法实现，情势变更”，故以情势变更为由支持了出租人的诉讼请求。①

二、三种租赁合同解除事由的分述

下面就本条规定的三类解除事由予以简要评述。

1. 租赁物被司法机关或者行政机关依法查封、扣押。租赁物被司法机关或者行政机关查封、扣押的原因比较多，既可能是因为出租人的外部债权人将租赁物作为出租人的责任财产申请强制执行被查封、扣押，也可能是因为租赁物是赃物（如系出租人违法所得）被查封、扣押，还可能是因为出租人将租赁物用于从事违法犯罪活动（如作为赌资）被查封、扣押的。

无论租赁物因为出租人的何种原因被查封、扣押，只要达到了“致使租赁物无法使用的”的状态，承租人就可以解除租赁合同。在这个意义上，司法实践区分“活查封”和“死查封”，前者是指“被执行人在财产被查封后不仅其处分权受到限制，而且丧失了使用、管理权，只有妥善保管的义务”。而后者则相反，“被执行人在财产被查封后，仍享有对该财产的使用、管理和收益权”②。例如，人民法院只是查封了不动产登记机构的权属登记材料，但并未对不动产本身采取任何措施。因此，在“活查封”的情形下，承租人原则上不能行使合同解除权。

不过，有一种例外情形值得讨论，即“活查封”发生在租赁合同订立之前的，承租人可否解除？在一起案件中，涉案房屋因出租人与案外人纠纷在 2016 年 7 月 4 日被查封，2017 年 10 月 31 日，出租人与承租人就该房屋签订了《租房协议》，后查封法院裁定拍卖该房屋，但并未售出，没有证据证明影响了承租人的使用。承租人以涉案房屋被司法机关依法查封为由诉至法院，要求解除租赁合同。法院认为，解除权必须以“租赁物无法使用”作为必要前提，租赁房屋虽然被司法机关依法查封且已进入拍卖程序，但是其权属并未变更，查封对该房屋的

---

① 参见“长沙鑫广合汽车销售服务有限公司、王正飞车辆租赁合同纠纷案”，湖南省长沙市中级人民法院（2020）湘 01 民终 5977 号民事判决书。虽然该案由出租人提出解除，而且二审时支持出租人解除的理由系符合合同约定的解除条件（承租人延期支付租车款），但是当时并无《民法典》的规则可供援引，二审裁判也再次确认《网络预约出租汽车经营服务管理实施细则（暂行）》对合同履行造成了影响，故从一审和二审裁判中关于租赁物无法用于合同目的的论述中，可以肯定裁判者会同意如下观点：对不可归责于双方的原因导致租赁物无法按照原本的目的使用的，可以支持当事人提出的解除诉请，而不用苛求此时的情形必须是由相对方导致的。

② 最高人民法院民事审判第一庭编著：《最高人民法院关于审理城镇房屋租赁合同纠纷案件司法解释的理解与适用》，北京，人民法院出版社 2009 年版，第 110 页。

正常使用也无妨害，故承租人主张解除合同的诉请未得到法院支持。①

但笔者认为，由于查封申请人很可能将财产拍卖变现，这就类似于，在租赁合同订立之前，有一个潜在的在先权利，在权利实现时会影响承租人的租用利益，此时，也应当允许承租人解除租赁合同。② 因为，对承租人来说，此类查封扣押就意味着比较大的不确定性，其面向未来的商业计划或者生活安排都将面临不确定性，不符合其租用目的。例如，在一起房屋租赁案件中，出租人与承租人签订《房屋租赁合同》，但是租赁的房屋早已被出租人的债权人申请强制执行并被查封，后双方产生纠纷诉至法院。裁判法院认为，租赁物被案外人申请强制执行，致使原合同无法履行，可以予以解除。③ 但有趣的是，虽然法院援引了《房屋租赁司法解释》第 8 条第 1 项作为依据，但是诉请解除的一方并非承租人，而是出租人。所以，推敲该裁判文书后，似乎可以得出如下裁判观点：当租赁物被司法机关或者行政机关依法查封而无法使用时，无论是承租人还是出租人均可要求解除合同；或者至少当租赁物系城镇房屋时，当事人双方均得诉请解除。

不过，该案案情的独特之处在于，房屋被查封的事实发生于租赁合同成立之前④，法院未支持原告以受欺诈为由要求撤销的主张，反而通过扩大合同解除权人的方式处理纠纷。所以，上述裁判观点是否可以普遍化，甚至推广到租赁物非系城镇房屋的情境中，仍然有待进一步考察。

2. 租赁物权属有争议。因为租赁物上存在权属争议，所以承租人无法使用房屋，不能实现合同目的的，承租人可以在权属争议得到解决之前就请求解除合同。因为，无论最终归属如何，该争议已经影响到承租人的租用用途的实现了。例如在一起集体建设用地租赁合同纠纷中，集体经济组织将土地租赁于承租人，并同意承租人将该土地转租于次承租人。但是，该集体建设用地上存在部分属于案外人所有的房屋，导致次承租人“未能顺利使用涉诉土地及房屋并实现合同目

① 参见“于富涛、王军租赁合同纠纷案”，辽宁省沈阳市中级人民法院（2019）辽 01 民终 8444 号二审民事判决书。与后述“邓学岭与深圳市浩京投资有限公司、张毅房屋租赁合同纠纷案”的不同之处在于，邓学岭案中查封法院公告显示，该房屋已在腾退过程之中，故已无法被承租人适法占有、使用。

② 参见最高人民法院民事审判第一庭编著：《最高人民法院关于审理城镇房屋租赁合同纠纷案件司法解释的理解与适用》，北京，人民法院出版社 2009 年版，第 110 页。

③ 参见“邓学岭与深圳市浩京投资有限公司、张毅房屋租赁合同纠纷案”，广东省深圳市罗湖区人民法院（2018）粤 0303 民初 24379 号民事判决书。

④ 2018 年 4 月 17 日，涉及强制执行和房屋腾退内容的法院公告被粘贴于房产处；而直至同年 4 月 26 日，双方当事人才签订《租赁合同》。原裁判认为该房屋“处于不适租状态”，即合同约定的出租人义务可能自始无法履行。

的”。次承租人诉请解除转租合同，法院援引《房屋租赁司法解释》第 8 条第 2 项支持了次承租人的诉讼请求。①

当然，在一些情形，权属争议本身并不会影响到租用活动②，例如，关于租赁物的继承权争议，通常不会影响到租赁物的使用。从被继承人处取得房屋的承租人，不得以继承人之间关于继承方面的权属争议主张解除合同。

3. 租赁物具有违反法律、行政法规关于使用条件的强制性规定情形。违反法律、行政法规关于使用条件的强制性规定的租赁物，通常涉及租赁物的安全性能问题，关系到承租人的人身和财产安全，也可能关系到公共安全。这一种类型包括但不限于《民法典》第 731 条规定的“租赁物危及承租人的安全或者健康的”这样特殊情形。在这一特殊情形，即便承租人订立合同时知道该瑕疵的存在，也可以直接解除合同。

但是，本条调整的违法事项范围更广泛，包括各种违反法律、行政法规关于使用条件的强制性规定的情形，如仓储建筑违反《建筑法》和《消防法》等关于消防通道和设施的要求，会存在财产安全风险。关于此类租赁合同的效力问题，曾经发生过争议，但如本章前文曾评论过的那样，目前司法审判实务和学理上倾向于合同有效说。③ 因此，承租人的救济方式就首先表现为本条规定的合同解除权。例如，出租人与承租人签订《商铺租赁合同》，涉案商铺在交付承租人后，因消防设施不符合标准被消防大队查封，导致无法按合同目的使用。承租人诉请解除，法院在裁判中明确指出，租赁标的物虽然违反消防法等关于房屋使用条件的强制性规定，但“不影响合同的效力”，在涉案房屋未通过消防验收无法实现合同目的时，承租人有权解除合同。④

不过，对于这类不涉及人身健康和安全的情形，如果承租人事前知情的，不得主张解除合同。但是，承租人可以请求出租人消除这些违法性瑕疵，以实现安全租用的目的；出租人不能在合理期限内消除此种违法性瑕疵的，则承租人可以解除合同。

---

① 参见“高立新等与范向阳合同纠纷案”，北京市第三中级人民法院（2018）京 03 民终 1008 号民事判决书。

② 参见最高人民法院民事审判第一庭编著：《最高人民法院关于审理城镇房屋租赁合同纠纷案件司法解释的理解与适用》，北京，人民法院出版社 2009 年版，第 113 页。

③ 参见最高人民法院民事审判第一庭编著：《最高人民法院关于审理城镇房屋租赁合同纠纷案件司法解释的理解与适用》，北京，人民法院出版社 2009 年版，第 106 页。

④ 参见“陈艳诉张建伟等房屋租赁合同纠纷案”，安徽省宿州市萧县人民法院（2016）皖 1322 民初 5241 号民事判决书。

第七百二十五条

租赁物在承租人按照租赁合同占有期限内发生所有权变动的，不影响租赁合同的效力。

本条主旨

本条是关于“买卖不破租赁”规则的具体规定。

相关条文

《民法典》第405条　抵押权设立前，抵押财产已经出租并转移占有的，原租赁关系不受该抵押权的影响。

《最高人民法院关于人民法院办理执行异议和复议案件若干问题的规定》第31条　承租人请求在租赁期内阻止向受让人移交占有被执行的不动产，在人民法院查封之前已签订合法有效的书面租赁合同并占有使用该不动产的，人民法院应予支持。

承租人与被执行人恶意串通，以明显不合理的低价承租被执行的不动产或者伪造交付租金证据的，对其提出的阻止移交占有的请求，人民法院不予支持。

《房屋租赁司法解释》第20条　租赁房屋在租赁期间发生所有权变动，承租人请求房屋受让人继续履行原租赁合同的，人民法院应予支持。但租赁房屋具有下列情形或者当事人另有约定的除外：

（一）房屋在出租前已设立抵押权，因抵押权人实现抵押权发生所有权变动的；

（二）房屋在出租前已被人民法院依法查封的。

《最高人民法院关于人民法院民事执行中拍卖、变卖财产的规定》第31条　拍卖财产上原有的担保物权及其他优先受偿权，因拍卖而消灭，拍卖所得价款，应当优先清偿担保物权人及其他优先受偿权人的债权，但当事人另有约定的除外。

拍卖财产上原有的租赁权及其他用益物权，不因拍卖而消灭，但该权利继续存在于拍卖财产上，对在先的担保物权或者其他优先受偿权的实现有影响的，人民法院应当依法将其除去后进行拍卖。

《担保法解释》第65条　抵押人将已出租的财产抵押的，抵押权实现后，租赁合同在有效期内对抵押物的受让人继续有效。

第66条　抵押人将已抵押的财产出租的，抵押权实现后，租赁合同对受让人不具有约束力。

抵押人将已抵押的财产出租时，如果抵押人未书面告知承租人该财产已抵押的，抵押人对出租抵押物造成承租人的损失承担赔偿责任；如果抵押人已书面告知承租人该财产已抵押的，抵押权实现造成承租人的损失，由承租人自己承担。

《商品房屋租赁管理办法》第 12 条　房屋租赁期间内，因赠与、析产、继承或者买卖转让房屋的，原房屋租赁合同继续有效。

承租人在房屋租赁期间死亡的，与其生前共同居住的人可以按照原租赁合同租赁该房屋。

理解与适用

本条规定的即为民法学说上通常所谓的“买卖不破租赁”规则，即对租赁债权提供“物权化”的保护水平，即“在承租人依据租赁合同占有租赁物期限内，承租人对租赁物的占有使用可以对抗第三人，即使是该租赁物所有权人或享有其他物权的人也不例外”①。《合同法》第 229 条规定：“租赁物在租赁期间发生所有权变动的，不影响租赁合同的效力。”本条规定对《合同法》第 229 条做了实质性修改，即对承租人对抗买受人的条件做了修改，将原来的“在租赁期间”修改为“在承租人按照租赁合同占有期限内”。也就是说，根据原来的规定，只要租赁物在租赁期间发生所有权变动的，都不影响租赁合同的效力，而无论承租人在租赁物所有权变动发生时是否占有租赁物；但根据修改后的规则，租赁物在租赁期间内发生所有权变动的，若承租人希望对抗买受人或者说保持对租赁物的继续占有和使用的，则需要证明其在租赁物所有权变动发生时正占有租赁物。

当然，本条设定的买卖不破租赁之规则，在性质上理解为任意性规范更合适。如果出租人与承租人之间有相反约定，则承租人知晓其租赁权未来受到影响的可能性，并会据此提出租金降低要求。法律应当尊重当事人之间的此种约定。

1. 关于“承租人占有租赁物”的新增要件

本条的“相关条文”的数量之多和类型之丰富，一方面说明“买卖不破租赁制度”这样一种将租赁债权物权化的制度安排的重要性；另一方面也说明了该规则在运行实践中的复杂性。该制度的重要意义，既有学说已经有非常丰富的讨论，即保障承租人之租用权，特别是房屋租用权之稳定性。但是，实践中，经常出现的问题是：在房屋买受人或者房屋所有人的外部债权人请求执行房屋时，突然跳出一位长期承租人（如 20 年租期），主张优先保护其承租权。而这类长期租

---

① 黄薇主编：《中华人民共和国民法典合同编解读（下册）》，北京，中国法制出版社 2020 年版，第 835 页。

赁关系常常是被执行人事后虚构的，且不容易被证明。① “司法实践中出现了大量的倒签租赁合同去损害房屋买受人（所有权人）的利益的情形。”② 显然，被执行人的此类道德风险大大减损了相对人的交易安全，激励相对人付出高额的成本来尽力防患。因此，不少民法同行建议将“租赁登记”规定为承租人主张对抗力的要件，未经登记的承租人一律不得主张对抗受让人。但另有不少同行认为，我国的房屋租赁登记尚未充分电子化和便捷化，实践中有大量短期承租人，一律要求登记将徒增他们的交易成本。③

作为这两种主张的折中方案，本条采取的规则将“占有”规定为承租人主张对抗力的要件。欧洲民法典研究小组起草的《欧洲法原则之商品租赁》（PELLG）第7：101条题为“所有权变动与出租人替换”。其中第1款明确规定：“租赁物在承租人占有期间发生所有权变动的，租赁物的新所有人将承受租赁合同的出租人地位。租赁物的前所有人仍然对租赁合同的履行不能负有担保责任，即对新所有人的履行不能承担补充责任。”④ 实际上，最高人民法院于2015年公布的《关于人民法院办理执行异议和复议案件若干问题的规定》第31条也特别强调了“承租人占有期限”这一要件。

这的确有助于在一定程度上缓解被执行人的道德风险，且不会过度增加买受人（第三人）的交易风险负担。因为，在承租人占有租赁物期间，出租人（出卖人）不具有占有的外观。根据一般的社会生活经验，这一般会引起买受人的警觉，并促使买受人去进一步询问和调查拟交易的物的权属状况。⑤ 所以，赋予占有租赁物的承租人对抗买受人的权利，并不会给买受人造成过高的交易成本。

不过，可以预想的是，如何证明“承租人实际占有了租赁物”这一事实问题，将是一个新的证明难题，同样面临（1）“伪造”的道德风险和（2）承租人因特殊原因无法占有而无法得到保护的风险（如在租赁期间将租赁房屋短暂地交由出租人代为看管）。与“占有”这一折中方案相比，从长远来看，很可能还有

① 参见卢正敏：《执行程序中的虚假租赁及其法律应对》，载《中国法学》2013年第4期，第176页。

② 黄薇主编：《中华人民共和国民法典合同编解读（下册）》，北京，中国法制出版社2020年版，第834页。

③ 而且，一旦一律要求租赁登记，就涉及税收征缴问题，对普通的居住性承租方，特别是短期租方，是一种不小的经济负担。

④ Kåre Lilleholt, *Lease of Goods* (*Principles of European Law*), Sellier, European Law Publishers, 2008, p. 271.

⑤ See Kåre Lilleholt, *Lease of Goods* (*Principles of European Law*), Sellier, European Law Publishers, 2008, p. 273.

一个更经济的改革方案[①]：对长期承租人（如三年以上）提出租赁登记要求，否则不能取得对抗效力；对短期承租人，无论是否登记，均可主张对抗效力。因为，一方面，长期租赁通常是商事交易，且一般都会经历比较长的谈判和缔约过程。与此相比，办理租赁登记的成本并不高[②]，且可以增加承租人的安全系数、大幅减少申请执行人面临的道德风险。当然，这里涉及关于房屋租赁登记的顶层制度设计要求问题，即《民法典》第 706 条规定的租赁备案登记系统需要与不动产权属登记系统之间实现信息共享或者二合一。另一方面，尽管短期承租人无须登记即可取得对抗力，但被执行人虚构租赁关系的动力并不大。毕竟，虚构短期租赁合同获得的利益有限，且还需要向申请执行人（特别是房屋买受人）承担赔偿责任。即便伪造了短期租赁关系，对申请执行人造成的损失也不大。

2. 关于“承租人占有租赁物”的理解

如何判断租赁物的所有权变动是否发生在“承租人占有租赁物”期限内？以下几个问题值得讨论。

第一，间接占有是否构成这里的“占有”？例如，承租人将租赁物转租给他人占有，或者委托他人临时帮助看管。如前所述，本条新规定的“买卖不破租赁”规则之所以强调“占有”外观，是主要是希望让买受人（第三人）在出租人（通常是所有人）不占有租赁物时谨慎交易，特别是要求买受人进一步了解拟买受物的真实权属或者负担状况。在这个意义上，承租人将租赁物交由他人占有或者说自己间接占有的，当然构成本条规定的“占有”[③]。

曾有法院在判决中将“占有”限缩解释为“为自身生产经营而占有使用租赁物”，将承租人为了对外开展出租业务而将租赁物交由他人（如次承租人）间接占有的排除在本条的保护范围之外。但这一解释被最高人民法院在一起抗诉案件中否定。例如，在一起由最高人民法院审理的民事抗诉案件中[④]，不动产原所有权人与一家物业管理公司（一审原告）签订《物业管理委托合同》，委托原告代收租金，并允许原告将涉案不动产出租给案外人。后来，涉案不动产因原所有权人为他人提供担保而被执行、拍卖，被告通过拍卖成为该不动产的新所有权人。

---

① 参见熊丙万：《中国民法学的效率意识》，载《中国法学》2018 年第 5 期。

② 关于这一点的类似观察，参见黄薇主编：《中华人民共和国民法典合同编解读（下册）》，北京，中国法制出版社 2020 年版，第 834 页。

③ 类似观点，参见王利明：《合同法研究（第三卷）》（第二版），北京，中国人民大学出版社 2015 年版，第 300 页；吴志正：《债编各论逐条释义》，台北，元照出版公司 2019 年版，第 110 页；相反观点，参见韩世远：《合同法学》，北京，高等教育出版社 2000 年版，第 457 页。

④ 参见“北京金悦物业管理有限责任公司诉北京长信汇金投资咨询有限公司、北京置地商贸有限责任公司租赁合同纠纷抗诉案”，最高人民法院（2014）民抗字第 23 号民事判决书。

之后，原告与原所有权人倒签租赁期为20年的《写字楼租赁合同》，并诉至法院，要求拍得该不动产的新所有权人（被告）继续履行租赁合同义务；而被告也提出反诉，要求确认该合同无效，并请求返还不动产之占有。一审、二审法院并未查明《写字楼租赁合同》的倒签事实。一审法院支持了原告（倒签承租人）的诉请请求。被告上诉后，二审法院则认为该《写字楼租赁合同》的承租人租赁该不动产的目的是“对外开展出租业务”，非系“为自身生产经营而占有使用租赁物”，不符合“买卖不破租赁”规则“保护承租人自身的生产或生活不因租赁物产权人变化而受影响”的目的。此外，二审法院认为，该合同名为“租赁”，实则为“一般商业承包合同”，故撤销一审判决，判决该《写字楼租赁合同》自被告拍得不动产时解除，原告应将不动产之占有返还给被告。最高人民检察院在向最高人民法院的抗诉中主张，二审对合同性质认定有误，将《合同法》第229条缩限解释为必须在满足自身生产、生活的情境，缺乏法律依据；二审判决解除合同，超过了当事人的诉讼请求，且与诚实信用原则有违，故由。再审法院查明了《写字楼租赁合同》倒签的事实，认为该合同成立于司法拍卖之后，虽然有效，但只能约束原所有权人与原告。至于原不动产所有权人在司法拍卖前就已与案外人签订的租赁合同，适用买卖不破租赁规则，被告（新的所有人）不得请求返还。

笔者认为，尽管“买卖不破租赁”规则在制度发生史上具有维护承租人的生产经营和生活的稳定性的考虑，但是，这并不等于以转租经营为业的承租人就不值得保护。因为，一旦此类承租人的承租权得不到保护，意味着与其建立租赁关系的广大次承租人的承租权也无法得到保护，最终实际上不符合维护（次）承租人的生产经营和生活的稳定性的目标。在此意义上，本案二审判决简单地将“占有”限缩解释为“为自身生产经营而占有使用租赁物”的做法是不合理的。

第二，承租人在占有租赁之后，又在租期内将租赁物交由出租人短期占有的，此期间是否构成“承租人占有租赁物”呢？基于前一问题中考虑的要点，在此情形，买受人有足够的理由相信拟交易对象上没有租赁权负担。法律也就不能要求买受人负担进一步的风险识别成本。相反，承租人应当理解和负担失去“占有”后面临的此种风险和不利后果。①

---

① 持相反的观点则认为，“买受人可以对出卖人主张因受欺诈而撤销合同或主张权利瑕疵担保等”，但具体的反对理由不详。如吴志正：《债编各论逐条释义》，台北，元照出版公司2019年版，第110页。

第三，出租人订立租赁合同后尚未向承租人交付，但买受人知晓拟交易物已经被出租的，那么，承租人还能否依据本条主张“租赁合同的效力”不受影响呢？这的确是一个比较疑难的问题。对此，我们不妨比较几种可能的方案：(1) 承租人可以对抗买受人。如果“租赁物”仅仅指代居住性房屋，那么，采取此种方案的确有助于更好地实现本条立法在发生史上的功能定位，即保护承租人稳定的居住环境，或者说保护经济上处于弱势地位之人。学理上不仅有观点认为应当将本条规定的租赁物限缩解释为“不动产”①，而且比较法上的确有不少法域的制度明确将“买卖不破租赁”规则限缩于“住房”②。但是，本条目前适用于所有租赁合同关系，一律采用此种对承租人之租赁债权的物权式保护措施，未免保护过度。(2) 居住性房屋的承租人可以对抗买受人。如果对本条的“租赁物”采取如此细微复杂的分类，不仅对各级法院的司法审判技术和能力产生挑战，而且在如何判断特定租赁房屋是否构成“居住性租赁”问题上也存在不小的困难。(3) 承租人不可以对抗买受人。采用此种方案的确不利于对居住性房屋的承租人的保护。不过，在出租人向承租人交付房屋之前，承租人虽有居住预期，但尚未形成一个稳定的居住状态。法律不赋予此种状况下的承租人强大的物权效力，对其居住利益的影响并没有那么大。再综合考虑 (1) 和 (2) 中的问题，采用 (3) 这一种方案的综合制度效应会更好。

3. 关于承租人支付的租金

承租人主张对抗新的所有权人，除了需要证明所有权变动发生在其对租赁物的占有期间之外，是否还需要证明其支付了合理的租金呢？对此，有的法院判决作出了肯定的回答。例如，在一起房屋租赁案中，房屋的出卖人向该案被告（买受人）“承诺该房屋在转让时，没有任何债权债务纠纷，没有任何权利限制”，并向买受人移转了房屋所有权；在移转房屋占有时，买受人同意由出卖人的父母暂时在房屋内居住；嗣后买受人在该房屋上为其债权人设立抵押权，并之后被其债权人诉至法院依法查封、拍卖；在执行过程中，该案原告以与房屋的原出卖人之间存在长达20年的租赁合同为理由，提出执行异议，在被裁定驳回后，诉至法院，要求确认租赁合同有效，并请求相对人继续履行。该案法院虽然确定该合同在房屋原出卖人和原告之间合法有效，但以租金价格明显过低作为主要理由之

① 王利明：《合同法研究（第三卷）》（第二版），北京，中国人民大学出版社2015年版，第302页；吴志正：《债编各论逐条释义》，台北，元照出版公司2019年版，第110页。

② 例如，《德国民法典》第566条规定：“所出租人的住房在交给承租人后，被出租人让与给第三人的，取得人代替出租人，加入出租人的所有权存续期间因使用租赁关系而发生的权利义务中。”

一，认为“该租赁合同明显不具有善意”，未支持原告要求继续履行的诉请。[1]笔者认为这一裁判立场是值得赞许的。因为，承租人没有支付合理租金的，不仅因为没有支付合理对价缺乏给与特别的强势保护的必要，而且如本判决所表达的那样，容易滋生恶意“承租人”。特别是，在一些情形，“占有”事实的证明本身就存在比较大的不确定性。

类似地，本条规定的“买卖不破租赁”规则，是否可以类推适用于“使用借贷”，即物品的免费借用人？我国台湾地区的“‘最高法院’为追求个案之公平性，少数判决似有将使用借贷物权化之倾向”[2]。笔者认为，在免费借用的场景，毕竟借用人没有支付借用对价，法律上也没有必要给其提供如此强大的保护措施。如果出于社会保障的考虑，通过其他社会保障措施来解决更合适。

4. 关于“所有权变动”的理解

本条规定的所有权变动，并不局限于“买卖租赁物”这一种类型。无论是赠与、遗赠、互易、强制执行、破产拍卖或者将租赁物作为合伙事业或者法人的投资的，无论是基于法律行为还是基于法律规定的物权变动，只要可能影响到承租人在租赁期限内稳定地占有和利用租赁物的，都构成这里的“所有权变动”[3]。

所有权变动之后，新的所有权人继承原出租人的地位，享有其对承租人的权利和义务。当然，根据债的主体变更的一般规则，新的租赁合同关系的建立和约束力，以出租人通知承租人为要件；否则，承租人在不知道租赁物所有权变动事实之前，仍然向出租人支付租金的，其效力及于新的所有人。反过来，一旦出租人通知承租人租赁物已经转让的，则承租人立即取得对抗出租人的效果，可以拒绝向出租人支付后续租金，即便租赁物的转让尚未完成；只有在通知中明确的买受人同意时，该通知才可以失去效力。[4]

---

① 参见“李式良、白书源等与容兰芳房屋租赁合同纠纷案”，广西壮族自治区钦州市钦南区人民法院（2017）桂0702民初755号民事判决书。该案审理法院认为，《合同法》第229条“买卖不破租赁”规则的立法意旨在于“保护承租人居住之基本需求”，其中的租赁合同必须是“善意合约”且具有权利外观（承租人实际占有房屋或者租赁合同已登记备案）。针对具体案情，裁判观点列举了4项理由，支持了被告（房屋买受人）的答辩意见，分别为：合同未备案、出卖人承诺无权利限制、无证据证明原告占有、租金过分低于正常价格。

② 吴志正：《债编各论逐条释义》，台北，元照出版公司2019年版，第115页。

③ 不过，有观点认为：“本条适用于第三人继受取得租赁物所有权之情形。但倘第三人系原始取得租赁物者，譬如，（1）B向A租赁之土地因公用征收或土地重新分配至新所有人C，B即不得向C主张本条之适用；（2）破产没收经拍卖，无本条之适用；（3）时效取得以占有为前提，无本条适用之可能；（4）善意受让则有争议。”吴志正：《债编各论逐条释义》，台北，元照出版公司2019年版，第111-112页。

④ 比较法上可参见《德国民法典》第566e条就此作出的明确规定。

关于抵押，《民法典》第405条就抵押权与抵押权设立前的租赁权之间的关系问题做了特别规定。根据该条，“抵押权设立前，抵押财产已经出租并转移占有的，原租赁关系不受该抵押权的影响”。据此，一方面，租赁物被抵押的，原来的租赁关系不受影响。另一方面，即便抵押权人要求实现抵押权，因实现抵押权而引发租赁物所有权变动的（可能折价后归抵押权人所有，也可能拍卖给第三人所有），承租人将与新的所有权人形成租赁关系，租用权利不受影响。

不过，在所有权变动之后，虽然出租人变更为新的所有权人，但并不等于出租人就与新的租赁合同毫无关系。相反，如《欧洲法原则之商品租赁》（PELLG）第7：101条第1款规定的那样，“租赁物在承租人占有期间发生所有权变动的……租赁物的前所有人仍然对租赁合同的履行不能负有担保责任”。如果新的所有人不能履行原租赁合同设定的出租人义务，承租人一方面享有拒绝搬出房屋、请求新出租人履行维修义务等权利；但另一方面，也可以请求原出租人承担保证责任，即承担根据原租赁合同应当承担的义务和责任。因为，在《民法典》第555条规定的债的概括移转规则中规定，“当事人……将自己在合同中的权利和义务一并转让给第三人”的，需要“经对方同意”。但是，本条规定的“买卖不破租赁”规则，是通过法律规定拟制了租赁之债的概括移转的部分效果，实际上并未取得承租人同意。

第七百二十六条

出租人出卖租赁房屋的，应当在出卖之前的合理期限内通知承租人，承租人享有以同等条件优先购买的权利；但是，房屋按份共有人行使优先购买权或者出租人将房屋出卖给近亲属的除外。

出租人履行通知义务后，承租人在十五日内未明确表示购买的，视为承租人放弃优先购买权。

本条主旨

本条是关于房屋承租人对租赁物的优先购买权的规定。

相关条文

《房屋租赁司法解释》第24条　具有下列情形之一，承租人主张优先购买房屋的，人民法院不予支持：

（一）房屋共有人行使优先购买权的；

（二）出租人将房屋出卖给近亲属，包括配偶、父母、子女、兄弟姐妹、祖父母、外祖父母、孙子女、外孙子女的；

（三）出租人履行通知义务后，承租人在十五日内未明确表示购买的；

（四）第三人善意购买租赁房屋并已经办理登记手续的。

理解与适用

1. *房屋承租人优先购买权的发展历史*

房屋承租人的法定优先购买权，在我国已经有比较长的历史。该制度可以追溯到 1950 年的《东北城市房产管理暂行条例》，是特定历史背景下的产物。[①] 这与解放初期房产资源紧张，房屋承租人的生产和生活稳定性容易因为房东行使房权而遭受重大影响有关，有碍于“繁荣经济，发展社会生产”的目标。因此，《东北城市房产管理暂行条例》有一条规定：“房屋出租出典出卖，原房户有继续承租承典或购买之优先权。”“维护承租人生产和生活的稳定性”这一精神至今仍是解释承租人优先购买权的主要理由。[②] 这大抵也是为什么《民法通则意见》第 118 条赋予优先购买权人强大的对抗第三人效力，并在“优先购买权”上延续至今。根据该条，出租人应提前三个月通知承租人，承租人在同等条件下享有优先购买权。否则，“承租人可以请求人民法院宣告该房屋买卖无效”[③]。

不过，“时至今日，租赁权的目的多样化，不动产资源极为丰富，承租人未必是经济上的弱者，其对承租的不动产的依赖性大为降低”，法律在通过“买卖不破租赁”制度赋予租赁权对抗买受人的物权性对抗效力的同时，是否还有必要进一步赋予其法定优先购买权，则学理上也不无争议。[④] 这大抵也是为什么房屋承租人的优先购买权的权利内容在不断弱化。这主要表现在：

（1）缩小承租人法定优先购买权的适用场景，即将“房屋按份共有人行使优先购买权或者出租人将房屋出卖给近亲属的”排除在外。

（2）限定承租人优先购买权的行使时间，即“出租人履行通知义务后，承租人在十五日内未明确表示购买的，视为承租人放弃优先购买权”。

（3）弱化承租人优先购买权的法律效力。例如，关于出租人与第三人之间签

---

① 参见最高人民法院于 1952 年 5 月 17 日发布的《解答关于处理房户行使优先购买权案件，发生疑义的问题的函》，法监字第 8012 号，http：//www. chinalawedu. com/falvfagui/fg22598/2952. shtml，最后访问时间：2017 年 8 月 3 日。

② 参见王利明：《合同法研究（第三卷）》（第二版），北京，中国人民大学出版社 2015 年版，第 325 页。

③ 1999 年《合同法》第 230 条重申了承租人的优先购买权，但并未进一步明确该权利的性质和效力。

④ 参见卢正敏：《执行程序中的虚假租赁及其法律应对》，载《中国法学》2013 年第 4 期，第 176 页。

订的买卖合同，《房屋租赁司法解释》第 21 条已经明确调整为有效。出租人侵害承租人优先购买权（并将房屋过户登记给买受人的），承租人只能请求出租人承担赔偿责任，但不能对抗买受人取得的物权。

2. 如何理解租赁房屋的“出卖”？

本条调整的出租人的房屋出卖行为，并不限于通常意义上的市场买卖行为，还应当包括出租人作为房屋抵押人时与抵押权人就房屋进行折价、变卖，以实现抵押权的行为。① 因为，此种折价或者变卖行为导致了房屋所有人的更迭。房屋抵押权与承租人的优先购买权并不冲突。因为，一方面，无论抵押权设定在租赁合同成立之前或之后，承租人都可以主张行使优先购买权；另一方面，承租人行使优先购买权是需要以与折价、变卖“同等”的条件为前提的，因此，抵押权人仍然可以通过优先购买的价款来获得优先受偿。

不过，如果租赁房屋发生物权变动的原因并非买卖，而是赠与、互易以及因公征用等非买卖法律行为的原因，则承租人并不能主张优先购买权，也不能以此种权利被妨害为由请求承租人赔偿损失。

另值得注意的是，如果承租人只承租了部分房屋，出租人将房屋整体出卖时，承租人是否还享有优先购买权？对此，最高人民法院于 2005 年 7 月 26 日发布的《关于承租部分房屋的承租人在出租人整体出卖房屋时是否享有优先购买权的复函》指出：“第一，从房屋使用功能上看，如果承租人承租的部分房屋与房屋的其他部分是可分的、使用功能可相对独立的，则承租人的优先购买权应仅及于其承租的部分房屋；如果承租人的部分房屋与房屋的其他部分是不可分的、使用功能整体性较明显的，则其对出租人所卖全部房屋享有优先购买权。第二，从承租人承租的部分房屋占全部房屋的比例看，承租人承租的部分房屋占出租人出卖的全部房屋一半以上的，则其对出租人出卖的全部房屋享有优先购买权；反之则不宜认定其对全部房屋享有优先购买权。”

这一意见从优先购买权的功能的角度对该问题做了回答，值得赞赏。因为，承租人的优先购买权的规范目的在于维护承租人在租赁房屋上的生产生活秩序的稳定性，以及保持交易后房屋的使用价值。如果承租人所租用房屋占总体的比例较小，其主张行使优先购买权，很可能有违诚实信用原则。② 如果承租人所租用的部分与出租人拟出卖的整体之间存在比较明显的不可分性和使用功能整体性，

---

① 《房屋租赁司法解释》第 22 条规定：“出租人与抵押权人协议折价、变卖租赁房屋偿还债务，应当在合理期限内通知承租人。承租人请求以同等条件优先购买房屋的，人民法院应予支持。”

② 参见王利明：《合同法研究（第三卷）》（第二版），北京，中国人民大学出版社 2015 年版，第 333 页。

支持承租人的优先购买权有助于更好地维系生产、生活秩序。承租人承租的部分房屋占出租人出卖的全部房屋一半以上的，则可以根据一般生活经验推定具备功能上的不可分性和整体性。再加上，承租人行使优先购买权是以同等条件购买为前提的，并不会损害整栋建筑的市场售价，不会损害出租人的利益。

3. 出租人的通知义务和承租人的行权期间

出租人在出卖房屋之前，有义务在合理的期限内通知承租人。否则，出租人没有通知，或者没有在合理期限内通知出租人的，给承租人优先购买权的行使造成障碍的，需要依据《民法典》第728条之规定承担赔偿责任。至于如何理解“合理的期限”，由于本条第2款赋予了承租人15日的决策时间，原则上只要出租人只要提前15日通知承租人就履行了其通知义务。[①] 当然，决策购买一套房屋并非小事儿，涉及对购买价值的评估、对购买资金的筹备等一系列重大决策事项，因此，15日的决策时间实际上是比较短的。[②] 这也意味着，如果出租人在国庆长假等特殊的节假日之前通知，留给承租人的决策时间就大打折扣，远不足15日。在这样的情形，应当对15日予以灵活解释，扣除明显减少的决策期日。

承租人在接到出租人通知之后，承租人有必要在15日内决定是否行使优先购买权。如果承租人保持沉默，则结合被通知的事实前提，可以推定承租人放弃了优先购买权。

4. 行使优先购买权的同等条件

权的主要规范目的是维系承租人的生产生活秩序的稳定性，以及对租赁物持续利用的价值，但并无给承租人以经济优待的考虑。因此，承租人需要以同等的购买条件行使优先购买权。概括来说，“同等条件指出让人与买受人双方谈妥之条件，非出卖人单方面开出之条件”[③]。当然，这主要是指交易价格的等同性，包括价格、支付期限和方式等等。“如果出租人基于某种特殊原因给予了其他买受人一种较优惠的价格，而此种优惠能以金钱计算，则应折合金钱加入价格中。如果不能以金钱计算，则应以市场价格来确定房价。”[④]

5. 数个承租人的优先购买权分配

一套房屋上有数个承租人的情况可以分为两种，一是数个人共同承租一套房

---

① 参见王利明：《合同法研究（第三卷）》（第二版），北京，中国人民大学出版社2015年版，第332页。

② 对比《民法通则意见》第118条的规定：“出租人出卖出租房屋，应提前三个月通知承租人，承租人在同等条件下，享有优先购买权……”

③ 吴志正：《债编各论逐条释义》，台北，元照出版公司2019年版，第124页。

④ 杨立新主编：《中华人民共和国民法典释义与案例评注》，北京，中国法制出版社2020年版，第726页。

子；二是承租人将房屋转租的。在数人共同承租的情形，只有部分承租人希望行使优先购买权的，应当予以支持，因为，无论是数人共同行使还是部分承租人行使，都有助于实现本制度的规范目的。而在转租的场景，应当由实际占有和租用房屋的（次）承租人来行使。因为这样才能有效地发挥本制度保护承租人之生产、生活稳定性的规范目的。①

另外，与承租人共同居住者，由于缺乏与出租人之间的合同关系，不是租赁合同当事人，也就不能主张行使优先购买权。例如，在一起房屋租赁案件中，承租人将房屋用于与妻子共同居住，后来与妻子离婚，由妻子实际租用房屋；再后来，出租人将房屋出售给第三人，实际居住的妻子起诉主张行使优先购买权。二审法院以其并非租赁合同相对人为由，驳回其诉讼请求，是妥当的做法。②

6. 优先购买权的排除适用情形

如前所述，法律对优先购买权的保护强度并不大，因此，承租人约定放弃优先购买权的，属于有效的弃权行为。③ 除约定排除之外，本条还规定了法定排除的情形：

一是按份共有人行使优先购买权的，承租人无权主张优先购买。共同共有人对共有物的处分有共同决策权，房屋出租人未经全体共有人同意不得出卖该共有房屋，因此无须在此予以特别保护。④ 值得注意的是，本条规定的按份共有人的优先购买权与《民法典》第 305 条规定的按份共有人的优先购买权之间并不矛盾，因为，前者是对整个物的优先购买权，后者只是对其他共有人对物的份额的优先购买权。⑤

二是出租人将房屋出卖给近亲属的。《房屋租赁司法解释》第 24 条对“近亲属”作了明确列举，包括配偶、父母、子女、兄弟姐妹、祖父母、外祖父母、孙子女、外孙子女。法律之所以就近亲属的购买行为作特别规定，主要考虑到对出租人之社会情感关系的维系和照顾。特别是，出租人在向近亲属出卖时，通常会因为特殊的情感联系而采取减价等方案，难以通过市场化的定价方案来估量。

---

① 参见黄薇主编：《中华人民共和国民法典合同编解读（下册）》，北京，中国法制出版社 2020 年版，第 838 页。

② 参见湖北省高级人民法院（2018）鄂 01 民终 10232 号民事判决书。

③ 关于弃权行为的法律效力的专题讨论，参见叶名怡：《论事前弃权的效力》，载《中外法学》2008 年第 1 期。

④ 参见吴志正：《债编各论逐条释义》，台北，元照出版公司 2019 年版，第 124 页。

⑤ 参见张鹏：《共有人优先购买权和房屋承租人优先购买权竞合之证伪——兼评〈房屋租赁司法解释〉第 24 条第 1 项的理解和适用》，载《法学》2014 年第 2 期。

此外，《房屋租赁司法解释》第 24 条还将“第三人善意购买租赁房屋并已经办理登记手续的”作为例外情形加以规定。但这一情形可以由《民法典物权编》中的善意取得制度所涵盖，无须在合同编的本条进一步规定。

第七百二十七条

出租人委托拍卖人拍卖租赁房屋的，应当在拍卖五日前通知承租人。承租人未参加拍卖的，视为放弃优先购买权。

本条主旨

本条是关于房屋拍卖程序中承租人的优先购买权的规定。

相关条文

《房屋租赁司法解释》第 23 条　出租人委托拍卖人拍卖租赁房屋，应当在拍卖 5 日前通知承租人。承租人未参加拍卖的，人民法院应当认定承租人放弃优先购买权。

理解与适用

拍卖是一种特殊的买卖形式，以竞拍者的集中竞价为特点，采取最终出价最高者得的规则。因此，如何协调拍卖的特殊缔约过程与承租人的优先购买权是一个比较疑难的技术性问题。一个比较好的方案就是让优先购买权人参与到竞拍程序中，通过程序安排让其享有知晓和决定是否愿意以“出价最高者”的同等条件优先购买竞拍物。

近些年来的司法审判实践大致积累了以下经验，即采用“通知”与“竞拍参与”相结合的规则。

1. 通知承租人

出租人在委托拍卖人拍卖租赁房屋时，首先应当在拍卖之前的一段合理时间内通知承租人，给其思考和决定是否要参与竞拍程序并依据竞拍中的最高出价决定是否优先购买。如果承租人在竞拍之前根本就没有得到通知，则其优先购买权被侵害。其可以请求出租人赔偿其损失。[①] 而接到竞拍通知的承租人未参加拍卖

① 关于这方面的案例，参见“贵阳市花溪机械塑料厂与魏东房屋租赁合同纠纷案”，贵州省贵阳市中级人民法院（2016）黔 01 民终 4740 号民事判决书。

活动的，则视为放弃了优先购买权。

至于出租人需要在多长时间内通知承租人，《房屋租赁司法解释》第23条以“5日”为标准；《民法典》第727条沿袭了该规则。但如前所述，承租人决定是否行使优先购买权的过程通常伴随着资金筹措的过程。如此短的通知时间，很可能让那些需要合理时间筹措资金的优先购买权人丧失竞拍的机会。特别是，如后面将谈到，竞拍过程短暂且价格具有不确定性，5天的准备时间的确显得紧张。

2. 竞拍参与

关于优先购买权人在竞拍活动中的参与程序问题，比较法上有不同的做法。[①]《最高人民法院关于人民法院民事执行中拍卖、变卖财产的规定》第16条规定：“拍卖过程中，有最高应价时，优先购买权人可以表示以该最高价买受，如无更高应价，则拍归优先购买权人；如有更高应价，而优先购买权人不作表示的，则拍归该应价最高的竞买人。顺序相同的多个优先购买权人同时表示买受的，以抽签方式决定买受人。”

这也就是所谓的“跟价法”，即优先购买权人需要先按照拍卖通知或者公告，与其他竞拍人一样进行竞买登记、缴纳竞买保证金，并如期到达拍卖现场参与竞拍活动。同时，拍卖行有义务将拍卖物上有优先购买权人参与竞拍的事实告诉其他竞买人，以便于他们决定是否要采取比承租人更高的价格购买拍卖物。

在拍卖活动过程中，承租人应当举牌应价。如果承租人在出现最高应价时未作出以该价格购买的意思表示，则拍卖房屋由最高应价人购买。反之，如果承租人在出现最高应价时作出以该价格购买的意思表示，则看是否有新的最高应价者；如果出现更高应价者，若承租人未作出以该价格优先购买的意思表示，则该拍卖房屋由更高应价人购买。

在司法实践中，曾发生过这样的案例：承租人以竞买人身份参加了拍卖活动，并在拍卖前告知了拍卖行其承租人和优先购买权人的身份。当某竞买人报出1102万元的价格后，无人竞价，拍卖师在征求承租人的意见之前直接落槌。此时，承租人高声叫道：“这个价格我要购买!”但拍卖行认为其主张没有道理，并与出价1102万元的竞买人签订了确认书。[②]这一拍卖过程的确没有保障承租人

① 参见最高人民法院民事审判第一庭编著：《最高人民法院关于审理城镇房屋租赁合同纠纷案件司法解释的理解与适用》，北京，人民法院出版社2009年版，第313－314页。

② 参见最高人民法院民事审判第一庭编著：《最高人民法院关于审理城镇房屋租赁合同纠纷案件司法解释的理解与适用》，北京，人民法院出版社2009年版，第316－317页。

优先购买权的行使，侵犯了承租人的优先购买权。拍卖行与出价 1102 万元的竞买人签订的确认书应当被认定为无效。

第七百二十八条

出租人未通知承租人或者有其他妨害承租人行使优先购买权情形的，承租人可以请求出租人承担赔偿责任。但是，出租人与第三人订立的房屋买卖合同的效力不受影响。

本条主旨

本条是关于出租人妨害承租人行使优先购买权的法律后果的规定。

相关条文

《房屋租赁司法解释》第 21 条　出租人出卖租赁房屋未在合理期限内通知承租人或者存在其他侵害承租人优先购买权情形，承租人请求出租人承担赔偿责任的，人民法院应予支持。但请求确认出租人与第三人签订的房屋买卖合同无效的，人民法院不予支持。

理解与适用

因为出租人的原因妨害承租人行使优先购买权的，如何救济承租人的优先购买权是一个疑难问题。这与公司法上的股东优先购买权之救济问题类似。现就其中的几个要点问题予以评述。

1. “妨害”的理解

出租人未按照《民法典》第 726 条、第 727 条通知承租人的，当然构成对承租人优先购买权的妨害。概括来说，由于出租人的原因导致承租人未能获得关于优先购买机会的信息、未能获得法律规定的决策和准备时间、未能准确了解优先购买的同等条件、未能及时有效表达优先购买意愿以及表达后仍然被剥夺优先购买机会的，都构成这里的“妨害”。例如，如果出租人并未如实告知承租人其与买受人达成的交易条件（如虚构交易价格），以至于误导出租人优先购买决策的，也构成妨害行为。再如，前述第 727 条释评最后讨论的案例中，在出租人委托拍卖的情形，拍卖程序错误致使承租人优先购买权被妨害的，承租人除了可以主张最终的成交确认书无效这种救济方式以外，还可以选择请求出租人（和拍卖行）

赔偿法定优先权被侵害的损失。①

承租人主张优先购买权被妨害的，必须要证明出租人从事出卖其租赁的特定房屋的事实。反之，如果承租人不能证明租赁物已被出卖的事实，则根本无本条的适用余地。例如，在一起承租人优先购买权纠纷中，在租赁合同履行期间，出租人的工作人员通知承租人，该租赁房产已出售，要求承租人与购房人协商租赁事宜。承租人于是将出租人诉至法院，认为出租人侵犯了承租人的优先购买权。但在起诉后，承租人继续向出租人交纳房租，出租人也向承租人出具房租收据。在诉讼中，承租人提供了租赁房产出售的通知和相关证人证言，希望证明租赁物所有权已被出售的事实，但出租人提供了相应的门面房出售协议，证明涉案房屋并未被出售。一审法院认为承租人只能证明该房屋有被出卖的意图，却未发生所有权变动的事实，因此未支持承租人的诉讼请求。在二审中，法院进一步查明涉案房产虽有出卖给他人的行为，但并未办理过户登记，且出租人将涉案房屋为银行办理了抵押登记，说明租赁物所有权人仍为出租人，因此维持了一审判决。②

这表明，承租人主张优先购买权被侵犯的，一方面需要证明被出租人出卖的房屋必须是承租人本人租赁的这一套房屋；另一方面，从裁判观点中可以看出，本条请求权得以成立的必要要件，不仅包括买卖双方的买卖合同，而且还需要租赁物所有权变动的结果已经发生。这一要件要求是否妥当，在很大程度上涉及我们对优先购买权法律性质的认识。为此，我们先转入下一题。

2. 优先购买权的法律性质

优先购买权的法律性质如何，是请求权还是形成权？这对双方当事人和买受人的影响巨大。如前所述，如果出租人与买受订立了买卖合同，甚至买受人支付了部分或者全部价款，但尚未办理过户登记的，承租人发现后及时主张要行使优先购买权，出租人与买受人协议解除房屋买卖合同的，是否构成对承租人优先购买权的“妨害”？这类案件在股东优先购买权领域也曾发生过，有的法院认定其为侵犯优先购买权，并依照股权转让合同中设定的价格条款作为优先购买权的“同等条件”，还办理了股权的强制过户登记。

对这一问题的回答，在很大程度上取决于我们对优先购买权的法律性质的看法：其是请求权还是形成权？如果是形成权，则即便出租人解除了买卖合同，承租人主张行使优先购买权时，就与出租人之间达成了购买协议。这在效果上类似

---

① 拍卖行的行为效果可以归属于作为委托拍卖方的出租人；出租人在赔偿损失之后，可以向拍卖行追偿。

② 参见“杨巧丽诉中州泵业公司优先购买权侵权纠纷上诉案”，载《最高人民法院公报》2004年第5期（总第91期）。

于强制缔约。在《民法典》第726条赋予承租人对抗买受人的强大物权效力的同时，再赋予承租人具有强制缔约性质的优先购买权，则将导致各方当事人之间的权力配置失衡。[①] 特别是，潜在的买受人需要为了防止此种突发因素而采取更高的成本去调查和防患此种交易风险。在此意义上，将优先购买权理解为请求权更为合适。

3. 优先购买权被侵害的救济措施

自1988年4月2日起实施的《民法通则意见》第118条规定："出租人出卖出租房屋，应提前三个月通知承租人，承租人在同等条件下，享有优先购买权；出租人未按此规定出卖房屋的，承租人可以请求人民法院宣告该房屋买卖无效。"但如第726条的释评一开始就评论的那样，随着房屋交易市场的市场化程度的不断提高，通过优先购买权来给承租人予以特别保护的需求就越弱。这也是为什么自2009年9月1日起实施的《房屋租赁司法解释》第21条规定："出租人出卖租赁房屋未在合理期限内通知承租人或者存在其他侵害承租人优先购买权情形，承租人……出租人与第三人签订的房屋买卖合同无效的，人民法院不予支持。"

这也就是说，优先购买权被侵害的，出租人与第三人订立的房屋买卖合同的效力不受影响。即便第三人知道所购房屋之上存在承租人的，只要其没有与出租人恶意串通（如共同虚构交易条件，误导承租人的购买决策）[②]，妨害承租人行使优先购买权，其合同效力就不应当受到影响。因为，第三人可以合理地预期，出租人作为卖方，应当确定好承租人是否要优先购买。

4. 优先购买权被侵害后的损失确定

本条尚未明确，承租人的优先购买权被侵害之后，可以请求出租人赔偿何种损失？笔者认为，应当以优先购买权得到尊重为参照系，来评估承租人因此遭受的损失。概括来说，其因此遭受的损失有两个方面：一是要获得类似房屋所需要多支出的房屋购买价款，以及为了购买新的房屋需要支出的其他费用（如中介费等）。不过，对于此类损失的判断，不能简单地推定每位承租人应当获得同样标准的赔偿。因为，有的承租人原本就没有优先购买的计划，只不过后来因为与出租人的其他纠纷而主张优先购买权被侵害的赔偿。也就是说，不同承租人的处境和优先购买权被妨害的此类损失是不一样的。法官需要结合具体案情来综合判断，特别是考虑承租人提出主张的时间、原因和强烈程度等多重因素综合判断。

---

① 参见黄薇主编：《中华人民共和国民法典合同编解读（下册）》，北京，中国法制出版社2020年版，第842页。

② 参见黄薇主编：《中华人民共和国民法典合同编解读（下册）》，北京，中国法制出版社2020年版，第843页。

例如，在一起门面房租用合同纠纷中，出租人将门面房租赁给承租人用于经营活动。在租赁期间，因出租人改制问题，对该租赁房屋进行拍卖，并在当地公共资源交易监管网上发布转让公告，但未通知出租人；在出租人未参加拍卖的情况下，第三人以 396.55 万元的价格拍得该门面房。出租人将承租人诉至法院，要求终止双方之间的房屋租赁合同，请求承租人返还房屋，并支付拖欠的房租；承租人反诉出租人，要求返还多缴纳的租金、赔偿其房屋装修费用和优先购买权被侵害导致的损失等。一审法院认为，该门面房拍卖在网上发布转让广告的“指向对象并不具有针对性、唯一性和专向性，不足以作为通知承租人魏东的依据”，故认定出租人侵害了承租人的优先购买权，承租人因此遭受的损失为其装修租赁门面的投入。对于装修费用虽未评估，但一审法院结合装修的实际情况、当地政府号召装修的要求、租赁门面的面积及装修费用收据等，酌情认定损失为 10 万元。二审法院进一步认为，当地政府开展活动，号召门面装修，故出租人应对承租人的装修事实知情；其未制止出租人，“实际是对装修行为进行了默认”；并以出租人同意承租人装修后，因不可归责于双方的事由导致合同解除的，装饰装修残值损失，由双方按照公平分担的规则（《最高人民法院关于审理城镇房屋租赁合同纠纷案件具体应用法律若干问题的解释》第 11 条第 4 项）作为支持一审裁判结果的理由。[①] 该案判决考虑到了妨害优先购买权的损失，但在裁判说理中并未将其与装修损失相区分。

二是因为无法购买所租用房屋而遭受的经营性损失。特别是，承租人在长期租用过程中可能建立了比较稳定的商业品牌，为周边的顾客所熟知。由于无法优先购买和继续经营，且难以在周边合理的位置购得类似房屋，其商业品牌价值必将受到损害。不过，对于此类损失的赔偿，司法上应当慎重，特别是要考虑在临近地段购买类似房屋并从事同样经营活动的可行性。

第七百二十九条

因不可归责于承租人的事由，致使租赁物部分或者全部毁损、灭失的，承租人可以请求减少租金或者不支付租金；因租赁物部分或者全部毁损、灭失，致使不能实现合同目的的，承租人可以解除合同。

---

① 关于这方面的案例，参见“贵阳市花溪机械塑料厂与魏东房屋租赁合同纠纷案”，贵州省贵阳市中级人民法院（2016）黔 01 民终 4740 号民事判决书。

本条主旨

本条是关于租赁物毁损、灭失时承租人的救济措施的规定。

理解与适用

一、租赁物毁损、灭失的风险分配原理

在买卖合同中，标的物的毁损、灭失直接涉及标的物交付前后的风险负担问题。而在租赁合同中，由于当事人交易的不是租赁物的所有权，而是租赁物之上的租用机会，因而，租赁物毁损、灭失的，将引发租用机会损失的风险负担问题。从《民法典》内部价值体系的一致性层面考虑，有必要结合租赁物毁损、灭失的原因，从两个层面来考虑租赁物毁损、灭失引发的租用机会损失的风险负担规则。

一方面，如果是因为当事人可以控制但未控制好的风险引发的损失，应当根据当事人的风险控制能力去分配。特别是，由于租赁物在租用期间处于承租人的占有和控制之下，如果是因为承租人的原因导致租赁物毁损、灭失的，则应当由承租人负担此种风险，赔偿出租人的损失。例如，承租人未按照约定的方法或者未根据租赁物的性质使用租赁物，致使租赁物受到损失的（《民法典》第711条）、承租人未尽妥善保管租赁物之义务造成租赁物毁损、灭失的（《民法典》第714条），都应当由承租人赔偿出租人的损失。

另一方面，对于不可归责于承租人的事由，则应当根据租赁物所有权的归属来分配风险。如果是因为可归责于出租人的事由（如出租人未及时履行对租赁物的修缮义务致损），风险由出租人负责自不待言。如果是因为不可抗力、意外事件等双方都不具备可归责性的事由造成的损失，则需要考虑民法上关于“谁所有、谁负责”的一般原理。《民法典》合同编买卖合同一章在标的物的风险负担规则上采用了以标的物之交付为标准的规则。在租赁合同场景，应当遵循同样的逻辑，即对于不可归责于承租人的事由造成的租赁物毁损、灭失，由作为所有人的出租人负担此种风险。因不可抗力造成的租赁物损害，如山洪暴发致使租赁房屋被大水灌洗，导致室内装修全部毁损；意外事件如承租车辆在正常行驶中被肇事车辆撞击毁损。

还有一些情形，甚至难以事后区分是“可归责于出租人的原因致损”还是“不可抗力或者意外事件”。例如，在一起机动车租赁纠纷中，车辆被出租人交付给承租人的次日，即在道路上起火燃烧，嗣后无法查明车辆起火的原因，出租人

诉至法院，要求承租人承担损害赔偿责任；在无法查清事故是否由承租人所致的前提下，法院未支持出租人的诉讼请求。① 在这些情形，都应当由出租人负担不利后果。当然，在此种意外事件情形中，出租人作为受害人可以请求肇事方承担侵权损害赔偿责任。

二、承租人的救济方式

对于不可归责于承租人的事由致使租赁物部分或者全部毁损、灭失的，承租人的租用利益将遭受相应的不利影响。对此，本条根据租赁物毁损、灭失的严重程度，为承租人提供了两种救济方式。

一是请求减少租金或者不支付租金。减少租金通常是指租赁物的毁损、灭失虽然影响租赁物的使用，但是尚未严重到无法使用的程度。例如，租赁房屋的附属设施坍塌，给承租人的储物带来不便的，承租人可以根据受影响的程度要求减少租金。不支付租金既可能是因为事前已经预付一段时间的租金，但在预付期限内租赁物的部分功能丧失，承租人可以相应地抵扣下一个支付期限内的租金；或者，因为租赁物完全毁损、灭失，导致履行不能的，无论双方是否协议解除合同，承租人都不用再支付租金。

二是解除合同。租赁物部分或者全部毁损、灭失，致使不能实现合同目的的，既包括《民法典》第563条第1款第1项合同解除事由，即“因不可抗力致使不能实现合同目的”；也包括该条第1款第4项规定的事由，即“当事人一方迟延履行债务或者有其他违约行为致使不能实现合同目的”（如出租人怠于维修造成的）。在这两种情形，由于合同目的不能实现，出租人可以解除合同。如果是因为后一事项解除合同的，承租人还可以请求出租人承担违约责任，赔偿其损失。例如，在一起案例中，出租人与承租人签订租赁合同，将土地及地上附属物租赁给承租人用于建设、经营孵化、宰杀加工厂。合同签订后，承租人投资建设了孵化机房、购买了宰杀机等相关设备；后在租赁期间内，出租人通知承租人，涉案土地要进行复耕，并拆除土地上的房屋、设施；承租人诉至法院，要求出租人继续履行合同并赔偿所受损失。法院认为，在涉案土地上大部分房屋已被拆除，且在村民已经复耕的情况下，重建房屋所需投入过大，不具经济可能性，已符合不适于强制履行或者履行费用过高的条件，故未支持承租人要求继续履行的

---

① 参见“永安旅游汽车租赁公司诉刘辉荣租赁合同案”，江苏省苏州市金阊区人民法院（2004）金民二初字第245号民事判决书。本案中法院将事故原因及归责、损失扩大归责的举证责任分配于原告（出租人），故可以认为法院将不可归责于承租人的租赁物风险完全分配于出租人。

诉求,仅判决由出租人承担损害赔偿责任。①

值得注意的是,实践中,因为不可抗力或者出租人原因导致租赁物部分或者全部毁损、灭失,以至于租赁用途无法实现的,如果承租人请求出租人重建租赁物以实现其租用用途,法院需要根据重建的技术和经济可能性综合判断。如果重建的技术难度过高或者经济成本过大,则应当构成《民法典》第 580 条规定的否定实际履行的请求。

第七百三十条

当事人对租赁期限没有约定或者约定不明确,依据本法第五百一十条的规定仍不能确定的,视为不定期租赁;当事人可以随时解除合同,但是应当在合理期限之前通知对方。

本条主旨

本条是关于租赁期限没有约定或者约定不明时的法律后果的规定。

理解与适用

本条就租赁期限没有约定或者约定不明时的租期确定和法律后果做了规定。关于租赁期限的确定方式,前文在第 703 条关于“定期租赁与不定期租赁之区分”与第 707 条中关于“书面形式与不定期租赁之确定”的释评中已经做过比较充分的讨论。对此,这里不再详述。简要来说,双方对租赁期限没有约定或者约定不明确的,如果无法通过达成补充协议确定,也无法根据相关合同条款和交易习惯确定,则视为不定期租赁。一般来说,承租人在约定租赁期限届满之后继续使用租赁物并支付租金,出租人接受租金的,也视为不定期租赁。不过,在预付租金的情形,租赁期限虽不确定,但至少不得短于预付租金对应的期限。

对于不定期租赁合同,学理上一般认为当事人可以随时以通知的方式单方解除合同,因为每一方当事人都有“合同可能被随时终止”的预期。② 例如,承租人原租赁的房屋被拆迁,房地产公司征用拆迁后,与其签订了《房屋拆迁安置协议》,安排其回迁入住涉案房屋,但双方没有约定租赁期限,后因该公司拖欠他人

① 参见“孙彦真与单县龙王庙镇人民政府租赁合同纠纷案”,山东省高级人民法院(2014)鲁商终字第 76 号民事判决书。

② See Kåre Lilleholt, *Lease of Goods* (*Principles of European Law*), Sellier, European Law Publishers, 2008, p. 137.

欠款，涉案房屋被依法拍卖，拍卖信息中包括房屋被承租人占有的事实；买受人通过拍卖取得房屋所有权后，诉至法院，要求承租人搬离，并支付相应期间的使用费。法院认为买受人作为新产权人，有权随时解除不定期租赁合同，但因其在拍卖中已明知房屋租赁的情况，所以应当为承租人搬离酌情预留一定的时间。①

不过，“随时”解除并不等于“即刻”解除。因为，无论对出租人，还是对承租人，从“收到解除通知”到“返还租赁物”可能还需要一定的准备时间。因此，当事人通知对方解除不定期租赁合同的，需要遵循诚实信用原则，在合理期限之前通知对方。②

出租人一方解除合同的，当然需要在合理期限之前通知承租人，需要为承租人寻找替代性租赁物或者结束租用活动等预留时间，需要综合考虑租赁活动的性质（如度假房、运输车、冷藏室）和承租人的前期合理投入（如房屋装修）等因素，确保给承租人预留的时间不会给其造成明显不公平的损失。出租人对前述因素越了解，需要预留给承租人做退租准备的时间越长。而承租人解除合同的，同样需要在合理期限之前通知出租人，需要为出租人准备收回租赁物预留必要的准备时间。例如，租赁物需要特殊的存放环境的、需要安排运输的、需要检疫检验的，等等。在这个意义上，1999 年《合同法》第 232 条仅要求出租人解除合同时需要履行提前通知义务，是不全面的。③ 本条修改后，双方当事人都有在合理期限之前通知对方的义务，更为妥当。

第七百三十一条

租赁物危及承租人的安全或者健康的，即使承租人订立合同时明知该租赁物

---

① 参见“何建屏与肖启明房屋搬迁纠纷案”，广东省广州市中级人民法院（2004）穗中法民四终字第 3819 号民事判决书。虽然二审法院未明示不定期租赁合同的随时解除，而且甚至还有“双方并没有签订租赁合同”的表达，但是考虑到该裁判作出的年代，文书说理普遍较为简略，所以应当从文书的逻辑演绎脉络中理解裁判的观点，而不能拘泥于文义表达。该裁判文书援引了《合同法》第 232 条作为依据，因为合同的解除以其成立生效为前提，所以这说明法院实际上认可了在承租人与房屋原所有权人房地产公司之间成立不定期的租赁合同，在房屋所有权移转后，该不定期租赁合同在承租人与原告（房屋新所有权人）之间继续成立，由此方有该条适用的可能。至于裁判中关于被告（承租人）“以‘买卖不破租赁’为由要求在讼争房屋继续居住依据不足，本院不予采纳”的说法，应当在前述语境下被理解为：承租人虽然与原告之间成立合同，但是该合同可以被原告随时解除，原告诉至法院要求承租人搬离的行为，可以被解释为发出解除的通知，因此该不定期租赁合同已被解除，从而被告“继续居住依据不足”。

② 参见吴志正：《债编各论逐条释义》，台北，元照出版公司 2019 年版，第 156 页。

③ 《合同法》第 232 条规定：“当事人对租赁期限没有约定或者约定不明确，依照本法第六十一条的规定仍不能确定的，视为不定期租赁。当事人可以随时解除合同，但出租人解除合同应当在合理期限之前通知承租人。”

质量不合格，承租人仍然可以随时解除合同。

本条主旨

本条是关于租赁物危及承租人的安全或健康时的承租人救济规则。

理解与适用

本条是关于出租人违反瑕疵担保义务后的承租人救济规则的规定。前文在释评《民法典》第708条时，就包括本条调整的“租赁物危及人身健康或者安全”和“第三人提出权利主张”（第723条）、“司法查封或者扣押”（第724条）等类型的出租人瑕疵担保义务做了较为系统的讨论。下面概述其中要点。

通常来说，如果承租人订立合同时不知道租赁物的物理性状或其在法律状况上不符合租赁用途，或者说租赁物存在隐藏瑕疵（hidden defects），那么，出租人仍然负有交付符合租用用途的租赁物的义务以及在租用期间保持租赁物处于适租状态的义务。[①] 但是，承租人在订立合同时明知租赁物质量不合格的，除了有证据表明当事人对关于出租人交付合格租赁物有约定的，一般认为，承租人对租赁物的瑕疵是接受的。或者说，双方交易的标的就是有瑕疵的租赁物，且这也常常反映在双方的交易对价当中，承租人事后不能以有瑕疵为由要求解除合同。

但是，本条将承租人缔约时明知的危及人身健康和安全的情形规定为例外。例如，租赁房屋空气质量有害健康、租赁车辆刹车失灵或者转向灯损坏。[②] 在此情形，出于对人身健康和安全这一重要私人利益的保护考虑，法律允许承租人随时解除租赁合同。

承租人在订立合同时明知瑕疵的，之所以仍然订立租赁合同，通常是因为对于租赁物瑕疵对人身健康或安全存在的危险性认识不足，或者存在侥幸心理。随着租用活动的展开，承租人将更理性地认识到此种危险性，并请求解除合同。但以下内容值得注意。

（1）承租人在解除合同的同时，能否要求减少甚至退还解除之前的租金？由于承租人明知此种瑕疵，因而对于租赁物瑕疵无法满足其租赁用途造成的租金损

---

① See Kåre Lilleholt, *Lease of Goods* (*Principles of European Law*), Sellier, European Law Publishers, 2008, p.168.

② 在比较法上，不少法域仅对房屋领域的承租人在缔约时明知人身安全瑕疵后的解除权作出规定。例如，《德国民法典》第544条规定：“住房或者其他房屋处于其使用显然有害于健康的状况时，即使承租人在订立合同时已知此种有害状况，或者已放弃行使因此种有害状况而相应的权利，仍可以不遵守预告解约通知期限而通知终止租赁关系。”我国台湾地区“民法”第424条也做了类似规定。

失，应当由其自己负担，除非出租人故意隐瞒租赁物的瑕疵（但承租人知道）。[①]

（2）在承租人请求解除合同之前，租赁物造成现实的人身健康或者安全损害的，承租人能否请求出租人承担一定的损害赔偿责任呢？笔者认为，这需要考虑出租人对此种损害的发生是否存有过错，特别是瑕疵的存在是否具有《民法典》第724条规定的“违反法律、行政法规关于使用条件的强制性规定情形”。如果存在，则出租人可能具有一定的过错。当然，承租人自身通常也对损害存有过错，在明知缺陷时仍然使用的，其过错程度通常比出租人的要大。

例如，在一起租赁期间财产损害赔偿纠纷案件中，出租人（本案被告之一）将两处不符合消防标准的厂房分别租赁给两名不同的承租人，其中一名承租人（本案原告）生产易燃物品，出租人对此知情；在租赁期间，另一名承租人的厂房（本案另一被告）失火，火灾波及原告厂房，致厂房顶部、厂内机器物件损毁；原告将出租人与另一名承租人诉至法院，要求赔偿损失。法院认为，出租人明知原告“生产易燃产品却将不符合消防安全要求的厂房出租给原告用于生产，且在与原告订立的租赁合同中未约定消防责任，在签订合同时以及承租人生产期间也未尽到提醒承租人注意防火的义务，对火灾发生及扩大存在一定过错，应承担相应的赔偿责任”，原告在与出租人“订立的租赁合同中未约定消防责任，在未进行必要的符合耐火等级改造的情况下即投入生产，自身对火灾扩大存在一定过错”，因此判决出租人承担10%的责任，另一承租人承担60%的责任，剩下30%的部分由原告自行承担。[②]

（3）如何处理“租赁物危及承租人的安全或者健康”的证明困难？实践中，如果危及承租人的安全或者健康的不是租赁物上表面可见的结构性物理缺陷，而是装修后的异味或者从邻居房屋排入的异味，承租人可能面临举证困难。特别是在短期旅行租房合同中，承租人很可能没有足够的时间和工具来固定证据。例如，承租人一家四口（夫妻和子女）到旅游目的地之前从网上预定了民宿酒店，夜间抵达时发现房屋是新装修的，且有明显的刺鼻味道，只好临时放弃该民宿转而到附近的酒店寻找替代方案。对于此种情形，承租人不仅没有足够时间和机会与出租人当面交涉，也没有工具去固定证据（如空气质量检测仪）。在国际差旅中，此种问题更为明显。例如，在一起房屋租赁合同纠纷中，承租人认为涉案房

---

① 参见吴志正：《债编各论逐条释义》，台北，元照出版公司2019年版，第115页。

② 参见“仪征市兴成塑业包装有限公司诉仪征市新城镇新华村村民委员会、郭玉年财产损害赔偿纠纷上诉案”，载《最高人民法院公报》2016年第3期（总第233期）。该案案情虽然不涉及人身健康安全，但是裁判根据具体情况认定租赁双方当事人的过错，并认定遭受损失的承租人应自行承担超过出租人份额的损失，对本条损害赔偿责任的认定与理解，具有借鉴意义。

屋气味过重，不符合正常居住条件，导致自己无法使用租赁房屋，被迫搬去宾馆和朋友家居住，故诉至法院，要求解除租赁合同，判令出租人返还剩余租金、保证金和其他费用，并支付违约金。承租人为证明前述事实，向法院提交了12份自己与出租人交涉的录音材料，以及租赁期间在附近宾馆的住房记录和朋友的证人证言。其中录音材料主要内容是出租人表示知道涉案房屋环境差，单元楼内其他房屋正在装修，整个单元楼有很多装修、砸墙、喷漆的，其间出租人到涉案房屋内查看后表示环境太差、太脏，确实不适合居住；证人证言的主要内容是承租人的朋友表示租赁的房屋“楼上楼下装修比较吵，还有气味”“2016年12月至2017年1月期间多次去我家住过”。法院认为，承租人未能提交充分有效证据证明涉案房屋存在“租赁物危及承租人的安全或者健康的”情形，故未支持承租人的诉讼请求。[①] 由此可见，特别是在租赁房屋面临不可量物之侵入时，承租人缺乏固定证据的手段，会存在证明存在“租赁物危及承租人的安全或者健康”情形的困难。

对于此种问题，法院原则上仍然要坚持谁主张、谁举证的基本原则，但同时也需要综合考虑出租人在订立合同时是否有披露“新装修”等信息。如果是新装修的房屋，但出租人并未事先披露的，则可以推定承租人的主张为真。毕竟，前述场景中的承租人并不会为了解除合同而自寻烦恼（临时寻找替代租房）。反之，如果出租人事前披露过新装修的信息，承租人需要提供充分的证据来证明租赁物存在危及人身健康或安全的问题，或者在决定租用之前作出谨慎选择。

当然，对于这类问题，我们不能把民事法律规则视为万能钥匙；我们需要换一个眼光看世界，从整个法律制度体系来寻求解决之道。对于此类情况，如果消费者向网络出租平台投诉或者向政府主管部门投诉，相关部门应当及时采取调查措施。在民事关系层面，如果网络出租平台怠于及时调查和确认事实，构成对承租人与网络平台之间的服务协议的违反，需要承担与该协议相应的违约责任。因为，在网络平台交易场景，消费者之所以愿意在平台上与陌生人交易，在很大程度上是基于对平台的信息获取能力和准确性的普遍性信任。由平台承担此种事后调查的服务义务，是合适的。[②]

---

① 参见“张秀芬与蔡立兴房屋租赁合同纠纷上诉案”，山东省济南市中级人民法院（2018）鲁01民终1950号民事判决书。在本案中，承租人因为并非短期租赁（自气味侵入起至双方交涉结束，时间长达两个月之久），而且系本地居民，故应当有其他更为直接的方式固定证据，所以本案裁判结论可以赞同。以本案为例，旨在说明如果上述情形发生在异地短期租赁中，或者侵入的不可量物是更加难以证明的噪声等，那么承租人因为没有更为直接的方式固定证据，故将几乎不可能完成举证。

② 关于电子商务平台经营者的运行机理的描述，可见熊丙万：《专车拼车管制新探》，载《清华法学》2016年第2期。

第七百三十二条

承租人在房屋租赁期限内死亡的，与其生前共同居住的人或者共同经营人可以按照原租赁合同租赁该房屋。

本条主旨

本条是关于房屋承租人死亡后的租赁合同承受规则的规定。

理解与适用

如前面多个条文的释评所指出，租赁合同这类涉及对租赁物持续利用的交易的合同与买卖合同有很大不同，承租人的租赁物利用方式方法和租金支付及时性等因素（特别是前者）是出租人的重大利益之所在。因此，承租人在租赁期限内死亡的，与承租人具有密切法律、生活和经营关系的人，是否可以继续租用该房屋，是一个比较有争议的问题。具有密切法律关系的人，典型的如法定继承人；具有密切生活关系的人，既可能是近亲属，也可能是与其长期共同居住和生活的非近亲属；具有密切经营关系的人，如利用其所租用的房屋共同从事经营活动的人。

一、可在承租人身后继续租用房屋的主体

有一种观点认为，“承租人死亡后，生前未与其共同生活的亲属或者法定继承人，如果确需继续租用房屋的，享有优先承租权，可以与出租人另行签订房屋租赁合同。但是，在租赁期限内，与承租人共同居住的人有在租赁的房屋内居住的权利，出租人不得干涉。”①

这一观点首先将“是否与承租人生前共同生活”作为一项重要考虑因素，以确定能否继续租用死者生前租用的房屋。这一点是有道理的。毕竟，允许与承租人生前共同居住的人在租赁期限内继续享有租用房屋的权利，突破合同的相对性原理，有助于保护他们生活秩序的稳定性。② 同样的道理，与承租人生前有共同经营关系的人，允许其在租赁期限内继续享有租用房屋的权利，有助于保护他们经营活动的稳定性。例如，承租人将租用房屋用于与他人合伙从事特定经营事业

---

① 黄薇主编：《中华人民共和国民法典合同编解读（下册）》，北京，中国法制出版社2020年版，第849页。

② 参见王利明：《合同法研究（第三卷）》（第二版），北京，中国人民大学出版社2015年版，第340页。

的，承租人在租用期间死亡的，如果不允许合作经营者继续租用房屋，则将导致已经开启的经营事业被迫中断，引发不合理的经济损失。在这个意义上，本条规定在《合同法》第234条规定的“生前与承租人共同居住的人”之外，增加规定了“生前与承租人共同经营的人”，是一次有重要意义的立法改革。

不过，生前未与承租人共同生活的亲属或者法定继承人，目前尚无实定法依据赋予他们以优先承租权。在应然层面，也没有赋予他们优先承租人的必要。因为，生前未与承租人共同生活的亲属或者法定继承人，一般谈不上“确需继续租用房屋的”情形，通常也没有这样的继续租用预期。

总之，在承租人死后，与其生前共同居住的人或者共同经营的人都可以按照原租赁合同租赁该房屋。至于共同居住的人或者共同经营的人与承租人之间是否具有亲属关系或者继承关系，在所不论。因为，该制度的规范目的在于保护那些在承租人租用的房屋之上建立了稳定的生活和经营活动的人，保护的是他们的生活和经营秩序的稳定性。

二、继续租用房屋者与出租人之间的合同关系

依据本条，与原承租人生前共同居住的人或者共同经营的人可以“按照原租赁合同租赁该房屋”。但是，继续租用房屋者与出租人之间的合同关系为何？笔者认为，将其理解为承租人的债权债务关系的法定概括转让更为妥当。[①] 与原承租人生前共同居住的人或者共同经营的人主张按照原租赁合同继续租用房屋的，那么，其应当通知出租人，并成为新的承租人。不过，一方面，新的租用关系自承租人死亡后即建立；另一方面，为了便于出租人确定概括受让租赁合同关系的当事人，确认新的租用当事人，继续租用房屋者“应与出租人办理续租手续，变更承租人”[②]。

三、如何判断“共同居住”？

实践中，如何判断“共同居住”也可能存在争议。例如，原承租人租赁公租房，原告与被告均为其儿子，其中，原告居住在楼下一层的自建房内，被告与承租人共同居住在楼上的公租房，但是原告与被告的户籍均登记在该公租房的地址

① 参见崔建远主编：《合同法》，北京，法律出版社2007年版，第417页；王利明：《合同法研究（第三卷）》（第二版），北京，中国人民大学出版社2015年版，第341－342页。

② 黄薇主编：《中华人民共和国民法典合同编解读（下册）》，北京，中国法制出版社2020年版，第849页。参见王利明：《合同法研究（第三卷）》（第二版），北京，中国人民大学出版社2015年版，第340页；胡康生：《中华人民共和国合同法释义》，北京，法律出版社1999年版，第345－346页。

上。在承租人去世后，原告主张自己系共同居住人，要求确认其对公租房的使用权；法院认为，共同居住人的认定不能仅凭户籍信息确定；因原告不能证明居住在公租房内，因此未支持原告的诉讼请求。[①]

对于共同居住人的判断，比较法上多围绕共同家务以及家业等因素来判断。例如，《德国民法典》第563条[②]、《魁北克民法典》第1936、1938条均有这方面的规定。虽然最高司法机关在相关司法解释的理解上强调"户"的概念[③]，但如类似上述案例所示，同一户籍地址信息上可能存在多套不同的房屋。该地址上居住的人是否具有"共同居住"关系，仍然需要结合具体案情来判断，特别是要考虑是否有家务分担、家业共管等基础事实，并结合社会一般观念予以综合判断。

第七百三十三条

租赁期限届满，承租人应当返还租赁物。返还的租赁物应当符合按照约定或者根据租赁物的性质使用后的状态。

本条主旨

本条是关于租赁期限届满后的承租人租赁物返还义务的规定。

理解与适用

在租赁合同关系中，承租人除了负有支付租金的义务、妥善保管租赁物的义务之外，还负有在租赁期限届满后返还租赁物的义务。在请求权性质上，出租人请求承租人返还租赁物，既可以基于合同关系请求承租人履行返还租赁物的合同义务，也可以基于承租人在租赁期限届满后缺乏占有租赁物的正当依据而行使返还不当得利请求权，还可以在租期结束后基于无负担的物权行使物权返还请求权（物权请求权限于出租人是物权人的情形）。[④]

---

① 参见"王×与王×一排除妨害纠纷案"，北京市第三中级人民法院（2014）三中民终字第13764号民事判决书。

② 参见陈卫佐译注：《德国民法典》，3版，北京，法律出版社2010年版，第200－201页；台湾大学法律学院编译：《德国民法典》，北京，北京大学出版社2017年版，第513页。

③ 参见奚晓明主编：《最高人民法院关于审理城镇房屋租赁合同纠纷案件司法解释的理解与适用》，北京，人民法院出版社2009年版，第256页。

④ 参见王利明：《合同法研究（第三卷）》（第二版），北京，中国人民大学出版社2015年版，第342－343页；黄薇主编：《中华人民共和国民法典合同编解读（下册）》，北京，中国法制出版社2020年版，第851页。

租赁物是耐用品，如果出租人和承租人在租用期限内分别履行了各自的及时维修义务和妥善保管义务，那么，在没有不可抗力、意外事件等因素致损的情况时，租赁物只会发生与合理租用活动相应的耗损。承租人返还的租赁物的状态应当与合理使用活动造成的耗损相当。

概括来讲，承租人的租赁物返还义务包括以下内容。

1. 及时向出租人返还租赁物

租赁期限届满后，租赁合同关系即告终止，承租人就没有继续使用租赁物的权利，应当立即停止使用并采取合理的方式及时返还给出租人。在租赁期限内，租赁物因承租人的合理使用行为而意外毁损、灭失的（如越野车的发动机在山路上发生重大故障），承租人不承担赔偿责任。但是，在租赁期限结束后，承租人未及时返还的，无论其是否继续使用，都需要向出租人赔偿因未能及时返还造成的损失。这些损失至少包括两个方面：（1）租金损失，即出租人因无法及时占有租赁物并对外出租的损失。（2）意外毁损、灭失的损失。在租赁期限结束后，承租人继续使用租赁物的（如继续驾驶越野车向山路上行驶），即构成可归责的原因。[①] 即便承租人在租期结束后的使用方法与结束前一致，但需要对租赁物的意外毁损、灭失承担赔偿责任（如汽车在山路上行驶时发动机发生的重大故障损失）。

还值得注意的是，承租人返还租赁物的方式，只要是合理地将对租赁物的占有移转给了出租人即可。例如，前文曾讨论过一个在线上短租房退租案件，承租人租期届满后清空房屋但并没有将开门磁卡退还出租人，出租人以承租人没有归还磁卡为由要求其承担后续房租损失。对于这类案件，承租人虽未归还开门磁卡，但涉案房屋系密码锁，且出租人有其他备用磁卡。因此，在承租人已经明确表示退租的情况下，出租人可以利用备用磁卡打开和重新利用房屋。也就是说，承租人明确告知出租人退租的行为，即可视为返还租赁物。出租人不积极采取此种措施收回租赁物的，需要为未能采取措施防止损失的进一步扩大负责。[②] 当然，承租人未能交还磁卡的行为构成返还不合格；出租人回收房屋之后，出于安全考虑需要更换锁孔装置的，承租人需要赔偿因此造成的损失。

在租赁合同解除的情形，承租人同样具有在解除后及时将租赁物返还给出租人的义务，否则同样需要承担未及时返还的责任。例如，房租承租人在租赁关系

① 参见吴志正：《債编各论逐条释义》，台北，元照出版公司 2019 年版，第 160 页。

② 参见“许殷与刘屈明房屋租赁合同纠纷案”，贵州省贵阳市花溪区人民法院（2018）黔 0111 民初 2199 号民事判决书。

解除后，有不少家具用品等仍然放置在系争房屋内，直至一段时间后双方办理完交接手续，才有机会处理家居用品。法院判决承租人承担双方交接之前的房屋使用费，是有道理的。[①]

2. 返还的租赁物的状态要求

如前所述，出租人与承租人在租赁合同中交易的核心内容是租赁物的合理使用机会（按照约定方法使用或者根据租赁物的性质使用）以及因合理使用造成的自然耗损（包括意外损失）。这也意味着，在租赁期限结束后，承租人返还的租赁物应具备与约定使用方法或者根据租赁物的性质的使用方法相符合的状态。否则，承租人的租赁物返还行为构成不合格的返还，需要对因不合理使用造成的耗损状态负责，即赔偿相应的损失。例如，出租人将房屋租赁给承租人，在租赁期间，承租人安装了电灯，并将租赁房屋与相邻房屋的部分隔墙拆除，在租赁期满后，承租人为恢复原状而将隔墙重砌，将房屋内电灯、电线拆除，后出租人诉至法院，要求赔偿因恢复照明设施而产生的费用。法院认为，返还的租赁物应当符合约定或者依租赁物的性质使用后的状态，承租人拆除的电灯系其在租赁过程中所添加，但是拆除的电线“不符合按照房屋的性质使用后的状态，应当予以恢复”[②]。

3. 出租人的租赁物受领义务

与承租人返还租赁物的义务相对应，出租人在租赁期届满后有及时受领租赁物的义务。例如，出租人有必要将归还租赁物的时间、地点和方式等信息告知承租人。如果出租人无正当理由拒绝受领租赁物的，构成受领迟延。只要租赁物遭受的损失不是因为承租人的继续使用或者保管不当造成的，出租人就无权请求承租人承担赔偿责任。[③]

实践中较为常见的问题是，由于承租人未尽到妥善保管的义务，拟返还的租赁物状态不符合出租人的预期或者本条规定的合理状态要求。此时，出租人虽然可以请求承租人赔偿不合理损害的损失，但是，出租人能否拒绝受领，并要求承租人修复之后再返还给出租人，以及赔偿因延期返还造成的租金损失？对这一问题，很难说有一个一般性的规则，需要依据《民法典》第580条规定的履行不能

① 参见“李涛与杨嵘房屋租赁合同纠纷上诉案”，上海市第一中级人民法院（2014）沪一中民二（民）终字第2779号民事判决书。

② “殷明良与秦贵春房屋租赁合同纠纷案”，江苏省镇江市中级人民法院（2019）苏11民终3249号民事判决书。

③ See Kåre Lilleholt, *Lease of Goods* (*Principles of European Law*), Sellier, European Law Publishers, 2008, p. 185.

规则，结合具体场景来判断。[①] 笔者认为，对于因可归责于承租人的原因造成的租赁物不合理状态，原则上应当保护无过错的出租人一方，允许出租人选择"受领有缺陷的租赁物并请求赔偿损失"或者"请求承租人维修之后返还"。这也符合《民法典》第 582 条之精神，即"受损害方根据标的的性质以及损失的大小，可以合理选择请求对方承担修理、重作、更换、退货、减少价款或者报酬等违约责任"。当然，如果要求承租人维修租赁物构成《民法典》第 580 条规定的无法实际履行的情形，则属于例外情形。

第七百三十四条

租赁期限届满，承租人继续使用租赁物，出租人没有提出异议的，原租赁合同继续有效，但是租赁期限为不定期。

租赁期限届满，房屋承租人享有以同等条件优先承租的权利。

本条主旨

本条是关于承租人在租赁期限届满后继续使用租赁物及其优先承租权之规定。

理解与适用

关于不定期租赁，前述第 703 条关于"定期租赁与不定期租赁之区分"的释评、第 707 条中关于"书面形式与不定期租赁之确定"的释评和第 730 条关于"租期约定不明时的不定期租赁"的释评已做过比较充分的讨论。与定期租赁的重大差别在于，任何一方当事人可以随时单方解除不定期租赁合同。本条规定了另一种不定期租赁合同的发生原因，即"租赁期限届满，承租人继续使用租赁物，出租人没有提出异议的"。

在"租期约定不明或者没有约定"的情形，"不定期租赁"是对既有合同租赁期限的一种解释；但在本条规定的情形，"不定期租赁"是对租赁合同期限的更新，是一种法定的更新方式。此种法定更新，也被称为租赁期限的默示更新，即双方当事人通过"继续使用租赁物"和"不提出异议"的行为默示对新的租赁合同的认同。[②] 与此种法定的租期更新相对应的是约定更新，即当事人在租赁期

---

① See Kåre Lilleholt, *Lease of Goods* (*Principles of European Law*), Sellier, European Law Publishers, 2008, p. 186.

② See Kåre Lilleholt, *Lease of Goods* (*Principles of European Law*), Sellier, European Law Publishers, 2008, pp. 146 - 149.

限届满之前或者之后另行订立一个租赁合同，约定新的租期。类似地，当事人之间也可以通过约定排除本条规定的“法定更新”，如载明“租赁期限届满后不续期”或者“续期须另行订立合同”等约定。①

默示更新租期的合同，除了租赁期限由原来的确定期限变更为不确定期限之外，原租赁合同的其他条款保持不变，构成新的租赁合同的内容。承租人对租赁物的使用方式不得超出原来约定的方法，或者在没有约定时需符合租赁的性质。不过，如果存在担保权利的，并不会随着更新后的期限而延长，除非获得担保提供人的明确同意。

本条第 2 款规定，租赁期限届满，房屋承租人享有以同等条件优先承租的权利。这是对《合同法》第 236 条的增补，体现了对房屋承租人的居住和经营活动稳定性的保护。在原理和规则上，这与承租人在出租人出卖房屋时的优先购买权颇为类似。这里不再赘述。

① 参见吴志正：《债编各论逐条释义》，台北，元照出版公司 2019 年版，第 157 页。参见“许殷与刘屈明房屋租赁合同纠纷案”，贵州省贵阳市花溪区人民法院（2018）黔民初 0111 号民事判决书。

第十五章

融资租赁合同①

第七百三十五条

融资租赁合同是出租人根据承租人对出卖人、租赁物的选择，向出卖人购买租赁物，提供给承租人使用，承租人支付租金的合同。

本条主旨

本条是关于融资租赁合同定义的规定。

相关条文

《合同法》第237条　融资租赁合同是出租人根据承租人对出卖人、租赁物的选择，向出卖人购买租赁物，提供给承租人使用，承租人支付租金的合同。

《国际融资租赁公约》② 第1条

1. 本公约调整本条第2款所述的融资租赁交易，其中，一方（出租人），(a) 按照另一方（承租人）的指定，与第三方（供货人）订立合同（供货合同）。根据该合同，出租人按承租人在其利益有关的范围内所认可的条件，取得成套设

① 本章的文献和案例整理得到了中国人民大学法学院曾紫钰、何金英、李淑娟、陈睿凝等同学的协助，特此致谢。

② 《国际融资租赁公约》全称为《国际统一私法协会国际融资租赁公约》，1988年5月28日签订于加拿大渥太华。Unidroit Convention on International Financial Leasing (Ottawa, 28 May 1988)。该公约没有官方作准的中文文本，由高圣平重译。翻译过程中参考了在翻译过程中参考了裘企阳、沈根荣、谢修如（张月姣校对）的译本，谨致谢忱。

备、生产资料或其他设备（以下统称“租赁物”），并且，(b) 与承租人订立合同（租赁合同），授权承租人使用租赁物，并要求承租人支付租金。

2. 前款所称融资租赁交易具有以下特点：

(a) 承租人指定租赁物和选择供货人，并不主要依赖于出租人的技能和判断；

(b) 出租人取得的租赁物与出租人和承租人之间已经签订或即将签订的租赁合同相关联，并且供货人知道这一情况，以及

(c) 特别是，该租赁合同项下应付租金的计算摊销了租赁物全部或绝大部分成本。

3. 无论承租人是否已经或随后取得选择权以购买租赁物或延展租期而继续占有租赁物，也无论是否支付名义上的价金或租金，本公约均予适用。

4. 本公约适用于涉及所有动产设备的融资租赁交易，但该设备主要供承租人个人、家人或家庭使用的，除外。

《民法典各分编（草案）》(2018 年 8 月) 第 526 条　融资租赁合同是出租人根据承租人对出卖人、租赁物的选择，向出卖人购买租赁物，提供给承租人使用，承租人支付租金的合同。

承租人将其自有物出卖给出租人，再通过融资租赁合同将租赁物从出租人处租回的，承租人和出卖人系同一人不影响融资租赁合同的成立。

《民法典合同编（草案）（二审稿）》(2018 年 12 月) 第 526 条　融资租赁合同是出租人根据承租人对出卖人、租赁物的选择，向出卖人购买租赁物，提供给承租人使用，承租人支付租金的合同。

承租人将其自有物出卖给出租人，再通过融资租赁合同将租赁物从出租人处租回的，承租人和出卖人系同一人不影响融资租赁合同的成立。

《民法典（草案）》(2019 年 12 月) 第 735 条　融资租赁合同是出租人根据承租人对出卖人、租赁物的选择，向出卖人购买租赁物，提供给承租人使用，承租人支付租金的合同。

承租人将其自有物出卖给出租人，再通过融资租赁合同将租赁物从出租人处租回的，承租人和出卖人系同一人不影响融资租赁合同的成立。

《民法典（草案）》(2020 年 5 月 22 日大会审议稿) 第 735 条　融资租赁合同是出租人根据承租人对出卖人、租赁物的选择，向出卖人购买租赁物，提供给承租人使用，承租人支付租金的合同。

理解与适用

本条旨在明确融资租赁合同的核心要素，以此与其他典型合同和非典型合同相区分。融资租赁，系译自英文“financial leasing”或“finance lease”，又译“金融租赁”[①]，因我国合同法已将“financial leasing”有名化，并定名为“融资租赁合同”，“融资租赁”即成约定俗成的译名。但本书作者注意到，《金融租赁公司管理办法》兼采两种译法，明定“本办法所称金融租赁公司，是指经银监会批准，以经营融资租赁业务为主的非银行金融机构”。（第2条第1款）“金融租赁公司名称中应当标明‘金融租赁’字样。”（第2条第2款）“本办法所称融资租赁，是指出租人根据承租人对租赁物和供货人的选择或认可，将其从供货人处取得的租赁物按合同约定出租给承租人占有、使用，向承租人收取租金的交易活动。”（第3条）笔者认为，融资租赁业在我国兴起与发展的历史因素造成对该行业的监管有金融监管与非金融监管的区分，如将“financial leasing”译为“金融租赁”，则无法涵盖融资租赁的所有情形，易生误解，因而，应称之为“融资租赁”。

融资租赁作为一种新兴的交易形态，以融物（租赁）的形式达到融资的目的[②]，既规避了银行信贷的严格监管，使得融资更为便捷，又具备会计上节税的优势，优化了企业财务报表，已然成为工商企业获得信用支持的又一大渠道。随着我国金融市场的进一步细分，在银行信贷之外的非正规金融中，融资租赁的作用已不可小觑，尤其对于获得银行信贷极为困难的中小企业而言，这一交易形态已经成为企业取得生产设备的重要融资工具。我国在借鉴《国际融资租赁公约》和其他国家对融资租赁的定义的基础上，结合我国融资租赁界比较一致的看法后，于《合同法》第237条对融资租赁合同作了界定，本条从之。

一、融资租赁合同的定义

第一，“出租人根据承租人对出卖人、租赁物的选择，向出卖人购买租赁物”。这是融资租赁合同不同于租赁合同的一个重要特点。出租人在依租赁合同交付租赁物之前已经取得了租赁物，而融资租赁合同是出租人按照承租人的指令出资购买租赁物，在融资租赁合同订立之时，出租人并未取得租赁物，甚至租赁

① 因“financial leasing”词中含有“financial”之故。

② 参见全国人大常委会法制工作委员会（胡康生主编）编著：《中华人民共和国合同法释义》（第三版），北京，法律出版社2013年版，第384页。

物尚未存在。融资租赁合同的本质在于出租人融通资金让承租人得以使用标的物，而非出租人在取得租赁物的所有权后，享有从租赁物获得收益的权利。① 在融资租赁交易中，出租人支付租赁物的全额价款，承租人虽选定出卖人、租赁物，但不必支付价金，即可利用租赁物，从而达到融资的效果。这就相当于出租人贷款给承租人，用以购买后者所需要的租赁物。② 正是从这一意义上，融资租赁合同才被冠以"融资"之名。

第二，出租人将购买的租赁物"提供给承租人使用"。融资租赁交易中，出租人向出卖人购买租赁物，非为自己使用，而是将之提供给承租人使用，因而又具有了"融物"的属性。与租赁合同的期限不能超过 20 年（第 705 条第 1 款）不同的是，融资租赁合同的期限并无最长 20 年的限制。实践中，融资租赁合同的期限一般较长，一般占租赁物预期使用年限的大部分（约占 70%以上）。③ 融资租赁合同虽具融资的性质，但是并不能据此认定融资租赁合同的法律性质而忽略其中仍具有标的物使用收益的作用。就承租人而言，融资租赁合同的达成主要仍是由于承租人欲取得标的物的使用，而碍于资金运用的考量，才进行融资租赁交易。况且，融资租赁合同还包括承租人尚须妥善保管、使用租赁物等内容④，均显示出融资租赁合同不仅具有融资性质，也具有传统租赁所具有的要素。

第三，承租人向出租人支付租金。融资租赁合同的承租人对出租人购买的租赁物为使用收益，并须支付租金。也正是在这种意义上，融资租赁合同才被冠以"租赁"之名。但与租赁合同不同的是，融资租赁合同的租金，除当事人另有约定外，应当根据购买租赁物的大部分或者全部成本以及出租人的合理利润确定。

值得注意的是，本条规定所呈现的许多特征比较宽泛，用一个定义来囊括所有建立在被称为"融资租赁"的混合机制之上的可能变体，不仅几乎不可能，而且限制了融资租赁交易的未来发展。首先，这个定义是融资租赁交易机制的描述；其次，是融资租赁交易构成要素的描述，这些构成要素建立了与那些邻近法律概念之间的区别。⑤

融资租赁合同是双方互负对待给付义务的合同，因为出租人要履行其按照承

---

① 参见高圣平、乐沸涛：《融资租赁登记与取回权》，北京，当代中国出版社 2007 年版，第 8 页。

② 参见王利明：《合同法研究（第三卷）》（第二版），北京，中国人民大学出版社 2015 年版，第 349 页。

③ 参见李鲁阳主编：《融资租赁若干问题研究和借鉴》，北京，当代中国出版社 2007 年版，第 22 页。

④ See Peter Breslaner, "Finance Lease, Hell or High Water Clause, and Third Party Beneficiary Theory in Article 2A of the Uniform Commercial Code", 77 *Cornell Law Review* 318 (1992).

⑤ See Unidroit Secretariat, *Explanatory Report on the Draft Convention on International Financial Leasing*, Study LIX-D. 48, October 1987, p. 45.

租人的要求购买标的物并交付承租人使用的义务。承租人要履行其支付租金等义务。融资租赁合同的成立和生效并不以标的物的实际交付为要件，属于诺成性的合同。换言之，只要双方意思表示一致，合同即成立。同时，《民法典》第 736 条第 2 款规定："融资租赁合同应当采用书面形式。"之所以要采用书面形式，是因为此类合同内容复杂，涉及多方当事人，并且合同的标的物一般价值较大。所以，采用书面形式有利于提醒当事人注意合同交易的细节和风险，并可以预防纠纷。即使当事人之间发生了纠纷，书面合同还可以起到固定证据的作用，有利于保护当事人的权利。融资租赁合同也是一种继续性合同，因为此类合同不是一次履行完毕的，而是长期、持续履行义务的合同。

在融资租赁合同中，出租人应当具有融资租赁业务的资质。① 考虑到融资租赁交易具有融资性，只有经有关部门批准许可经营的公司，才有从事融资租赁交易、订立融资租赁合同的资格。②

裁判实践中，即有观点认为，出租人未取得融资租赁的资质，不具有从事融资租赁行为的主体资格，其所签订的融资租赁合同应为无效。③ 但也有观点认为，"根据现有的法律、行政法规，融资租赁并不属于国家限制经营、特许经营以及法律、行政法规禁止经营的范围"④。

二、融资租赁合同的法律性质

探讨融资租赁合同的法律性质，除有其理论价值之外，在实务运作上亦有助益。如当事人对于融资租赁合同内容约定不够详尽，或其约定有悖于法律的禁止性规定，甚至有违融资租赁合同的本质时，则需根据融资租赁合同的法律性质，适用或类推适用相关规则，以作为合同的补充解释。

关于融资租赁合同的性质，学者间分别根据融资租赁合同的经济功能、法律手段或起源发展过程等因素加以考量，产生了多种学说，这些学说均有其立论基础，然而反对者则对其不完善之处也有评论。⑤

---

① 参见王轶：《租赁合同、融资租赁合同》，北京，法律出版社 1999 年版，第 134 页。

② 参见王利明：《合同法研究（第三卷）》（第二版），北京，中国人民大学出版社 2015 年版，第 349 页。

③ 参见"成都义武建筑机械租赁服务中心与彭四军、西继迅达（许昌）电梯有限公司融资租赁合同纠纷再审案"，湖南省衡阳市中级人民法院（2016）湘 04 民再 7 号民事判决书。

④ "谢亮新与福建小松工程机械有限公司融资租赁合同纠纷再审案"，福建省高级人民法院（2015）闽民申字第 864 号民事裁定书。

⑤ 以下学说参见吴启宾：《租赁之理论与实务》，我国台湾地区司法周刊杂志社 1992 年版，第 237－241 页。

1. 借款合同说[1]

此说系着重于融资租赁合同的经济功能，认为其具有借款的实质，即融资租赁合同的本质在于出租人融通资金让承租人得以使用标的物，而非出租人取得租赁物的所有权后，将该物交付予承租人为使用收益的过程。但是，融资租赁的利益在于“使用”功能及以租赁物为出租人债权担保的功能，此说未能对之加以说明，且融资租赁交易中出租人的金钱，是移转交付予租赁物的出卖人，而非承租人，出租人并保有租赁物的所有权，在承租人违约时出租人有权取回租赁物的特性，均非借款合同所能包含。

2. 借用合同说[2]

此说亦系着眼于融资租赁的融资形式，认为融资租赁是以物之授信代替金钱的授信，只要出租人提供的租赁物为代替物，即可成为消费借贷的标的物。不过，在物的消费借贷关系中，借贷标的物一经贷与人移转所有权与借用人，即成为借用人的财产，借用人并能终局地保有标的物，而只需于借用期限届满时返还同种类、品质、数量之物即可；然而融租赁交易中，出租人自始均保有租赁物的所有权，而未移转所有权与承租人，承租人所需返还的是原租赁物，而非其代替物，因此，其与借用合同性质殊有不同。

3. 分期付款买卖合同说

此说认为融资租赁交易中承租人享有在租赁期限届满后购买租赁物的选择权，与附所有权保留约款的分期付款买卖中的买受人，在清偿最后一期价款即取得买卖标的物的所有权相同，而且出租人保有租赁物所有权，仅为担保其价金债权，其于交付租赁物与承租人后，除负担承租人不为给付或不能给付之危险之外，不负其他风险，无异于交付买卖标的物后的出卖人。此外，租赁期限大多接近租赁物的使用期限，与传统租赁的承租人仅取得一时之使用权不同，因此，融资租赁的本质实为分期付款买卖。但是，融资租赁合同的出租人之所以不利用买卖的方式，即重在追求融资利益，而非销售利益，承租人虽享有购买租赁物的选择权，但承租人在租赁期限届满后未必行使，此与附所有权保留约款之分期付款买卖中的买受人，在付清价金后即取得标的物所有权者不同，况且并非所有融资租赁合同均赋予附承租人购买租赁物的选择权。此外，融资租赁交易当事人的目的重在租赁物的使用收益，而非取得所有权。因此，两者的法律结论不同，此说

[1] 我国台湾学者称之为“金融消费借贷说”。依我国台湾地区“民法”第474条第1项规定：“称消费借贷者，让当事人一方移转或其他代替物之所有权于他方，而约定他方以种类、品质、数量相同之物返还之契约。”

[2] 我国台湾学者称之为“物之消费借贷说”。

亦无法说明融资租赁的性质。

4. 特殊租赁合同说

此说重视融资租赁合同所采取的法律手段甚过其内在的经济本质，认为融资租赁交易中，出租人负有交付租赁物与承租人使用收益的义务，而承租人则负有给付租金予出租人的义务，正好与租赁合同的形式要件相符。至于出租人所负担的使租赁物适合于约定使用收益的状态、修缮、瑕疵担保、危险担保等义务，则依特约予以免除，故为特殊租赁合同。反对者则认为，合同形式仅为确定合同属性之标准之一，并非唯一标准，融资租赁中出租人重在取得融资利益，而非租赁利益，且出租人于交付租赁物后，已不负任何义务，已失去租赁为义务合同的性质。而且在传统租赁理论中，承租人所支付的租金被认为是在租赁期限内使用租赁物的对价。但是，在融资租赁交易中，承租人对出租人定期支付的租金，基本上是以出租人购买租赁物的价款加上相应利息、费用及预计利润，扣除预估租赁物在租赁期满时的残余价值及出租人可享有的租税优惠之后的数额，再除以租赁期限计算而得。因此，虽然就同一租赁物，如租赁期限较长，则承租人每期所应支付的租金即较低，如租赁期限较短，则每期所应支付的租金即需增加，因此，承租人所支付的租金并非对于租赁物使用收益的对价，这一点与传统租赁理论的租金概念并不相同。

5. 无名合同说（独立交易说）

此说置重于融资租赁的经济性质，认为其为具有金融本质的无名合同。因为融资租赁合同似乎排除了民法上关于租赁合同的任意规定的适用，尤其出租人的主要义务，例如修缮、瑕疵担保等作为租赁物所有人的义务，均已不复存在，至于承租人因使用收益租赁物所支付的租金，可以说是以分期付款的方式，无条件地偿还出租人购入租赁物所支出的价金、利息及利润。因此，与其认定融资租赁为特殊租赁，还不如解释为类似于租赁的无名合同为佳。此说虽可能注意融资租赁的特质及传统租赁规则无法适用的问题，但论者的主张稍嫌消极，不能积极解决问题。

6. 动产担保交易说

此说以为融资租赁发源于美国，依《美国统一商法典》的规定，融资租赁在法律性质上属于动产担保交易，已不成问题，且认定其为动产担保交易，不仅能兼容上述各种学说的优点，克服其缺点，并能说明融资租赁所具有的融资、担保、使用的功能。但是，在 1988 年《美国统一商法典》新增第二编之一

(Article 2A) 之后，融资租赁交易被重新界定[①]，被作为一种独立的动产交易形态予以固定化，无须登记，但构成动产担保交易的融资租赁交易，应在统一的动产担保登记系统中登记融资声明书[②]，才能对抗第三人。不过，虽然《美国统一商法典》上对融资租赁作了真实的融资租赁和构成动产担保交易的融资租赁之分，并分别适用第二编之一和第九编，但法典对两者区分标准的规定并不明晰，因此，那些关心交易产生的是融资租赁还是动产担保权的出租人，仍然会在登记系统中登记保护性融资声明书。[③]

我国《民法典》将融资租赁合同作专章规定，认为融资租赁是一种独立的交易形态，既不同于借款合同、借用合同，也不同于租赁合同，实值赞同。但《民法典》第388条又将出租人的所有权功能化为担保物权，由此增加了解释上的分歧。民事法律关系依其不同性质，分别定位于《民法典》的不同分编。《民法典》坚守物债两分的体系，将物权法律关系规定于物权编，将因合同所产生的债权法律关系规定于合同编。在物权变动的原因和结果相区分原则之下（第215条），物权变动的原因（民事法律行为）主要是合同，属于合同编的调整范围，而是否发生物权变动的结果以及物权的效力与保护，则受物权编的规制。《民法典》合同编融资租赁合同章一般仅涉及当事人之间的债权债务关系问题，且其中规则多具任意法属性，得由当事人依约定而排除适用。

融资租赁交易的功能化转向，并不涉及融资租赁合同中当事人之间的债权债务关系，仅仅只表明对出租人的物权保护，由所有权转向担保物权，其立法意旨

---

① 《美国统一商法典》第2A-103条（1）（g）规定："'融资租赁'指这样一种租赁，就该租赁而言：(i) 出租人不选择、制造或者提供（租赁）标的物；(ii) 承租人因租赁而取得标的物或者标的物的占有权和使用权；(iii) 以下情形之一出现：(A) 承租人在签署租赁合同之前收到出租人据此取得标的物或标的物的占有权和使用权的合同的副本；(B) 承租人批准出租人据此取得标的物或者标的物的占有权和使用权的合同系租赁合同生效之条件；(C) 承租人签署租赁合同之前收到一份指明由租赁物的供货人根据出租人据此获得租赁物或租赁物的占有权和使用权的合同或者作为合同之部分而向出租人提供的允诺和担保以及对担保的否认，对救济或违约金的限制或变更（包括第三人，如租赁物的制造人，所作之同类意思表示）的准确而完整的声明；或者 (D) 如果租赁非为消费租赁，则出租人在承租人签署租赁合同之前书面告知承租人 (a) 租赁物供应人的身份，但承租人选择此人并指示出租人取得租赁物或租赁物的占有权和使用权的除外，(b) 依据本编承租人有权享有由供货人根据出租人据此取得租赁物或者租赁物的占有权和使用权的合同或者作为合同之部分而向出租人提供的允诺和担保，包括第三人的允诺和担保，(c) 承租人可以与出租人的供货人联系，并且可以接收关于那些允诺和担保（包括对允诺和担保或救济的任何否认及限制）的准确而完整的声明。"

② "financial statement"，又译担保声明书。

③ See Coogan, "Leasing and the Uniform Commercial Code", in Ian Shrank & Arnold G. Gough, Jr (eds), *Equipment Leasing-Leveraged Leasing*, 2d, edn, New York: Practising Law Institute, 1980, pp. 744-746.

在于，规制“手段超过目的”，借由功能化转向，明确出租人取回租赁物和实行功能化的担保物权之时的清算义务，以实现出租人和承租人之间的利益平衡。就《民法典》上所确立的物权行使和保护的程序规则而言，如出租人自力实现不能，虽然在所有权构造之下，出租人在救济程序上，尚须于申请启动普通民事诉讼程序并取得胜诉裁判之后，依强制执行程序得以实现。与此不同的是，在担保权构造之下，出租人实现其功能化的担保物权，自可类推适用第 410 条第 2 款，选择申请启动实现担保物权案件特别程序，在取得许可裁定之后再申请强制执行。两者相较，以后者更为简速、迅捷。

融资租赁交易的规制重心，并不在于其为融资租赁合同，而是在于其担保权构造。[①] 虽然《民法典》将出租人对租赁物的所有权功能化为担保物权，但在承认购买价金担保权超优先顺位规则的情形之下，出租人的权利并未受到实质性的影响。相反，借助于担保物权规则，租赁物上竞存权利之间的优先顺位、承租人违约后救济的程序保障等等得以明晰地确立，增加了融资租赁交易的确定性。唯一不同的是，承租人破产之时，在所有权构造之下，出租人基于其所有权可得主张破产取回权；但在担保权构造之下，出租人仅得主张破产别除权。在我国《企业破产法》就破产别除权的行使与保护存在诸多限制的情形之下，破产取回权的地位明显优于破产别除权。不过，《企业破产法》的修订已经纳入立法规划，既有规则的失当之处即可经由修法加以解决。

三、融资租赁合同法律关系的具体认定

《融资租赁解释》第 1 条规定，人民法院应根据标的物的性质、价值、租金的构成等对是否构成融资租赁法律关系作出认定。值得注意的是，融资租赁作为一种特殊的租赁形式，兼具融资的经济功能，若仅以签约时是否有融资的动机判断合同性质，则融资租赁与借款殆无区别，法律上亦不再有必要并存融资租赁和借款两种不同性质的合同。由此足见，当事人之间合同的法律性质，并非由当事人签订该合同时在经济上的动机所决定，而应当由该合同所约定的主给付义务决定。[②]

（一）标的物的性质与融资租赁合同法律关系的认定

从国外的融资租赁实践看，租赁物多以工业设备、交通运输设备为主。但在

① 参见游进发：《附条件买卖之基本结构》，载《物权法之新思与新为——陈荣隆教授六秩华诞祝寿论文集》，台北，瑞兴图书股份有限公司 2016 年版，第 410 页。

② 参见“福建省第二公路工程有限公司诉平安国际融资租赁有限公司融资租赁合同纠纷上诉案”，上海市第一中级人民法院（2017）沪 01 民终 4134 号民事判决书。

我国，出现了不少以房地产、公路、城市地下管网等不动产，以及商标权、专利权、特许经营权等权利作为租赁物的“融资租赁合同”，对此类合同的性质认定问题，是司法实践争议的焦点。融资租赁交易的标的物主要有以下要件①：第一，标的物不属于禁止流通物。如标的物是国家禁止式限制流通之物，其买卖合同自属无效，其不能作为融资租赁合同的标的物。第二，标的物的所有权和使用权可以分离。标的物的所有权属于出租人所有，使用权属于承租人所有，若所有权和使用权无法分离，如货币，则不能成立融资租赁合同。第三，标的物为非消耗物。消耗物不能重复使用，一经使用即改变其原有形态、性质；非消耗物经反复使用也不会改变其形态、性质。如标的物为消耗物，则出租人的所有权无法得到保障，承租人持续使用租赁物的目的也无法达致。第四，标的物一般为有体物。《金融租赁公司管理办法》第 4 条规定，“适用于融资租赁交易的租赁物为固定资产”，这里的固定资产包括动产和不动产，排除了无形资产。同时，《外商投资租赁业管理办法》第 6 条第 1 款规定，各动产和交通工具附带的软件、技术等无形资产作为融资租赁的租赁物时，无形资产价值不得超过租赁物财产价值的 1/2，该条文在认同无形资产作为特殊的租赁物的同时，也否定了无形资产单独作为租赁物的合法性。第五，标的物应由承租人选择并由出租人出资购买。这是融资租赁交易的特殊之处。

在一起以“四块灵璧石”为租赁物的售后回租型融资租赁交易纠纷中，最高人民法院认为，“关于案涉四块灵璧石，中青旅公司主张案涉四块灵璧石不属于可租赁范围，理由是根据《融资租赁企业监督管理办法》第十九条、第二十条规定，租赁物应当为不可消耗物，国家允许流通的物。但中青旅公司所引规范依据与主张的理由内容不一致，且关于租赁物的范围系监管部门行使监管职责的内容，并非人民法院认定融资租赁合同关系的依据。”法院并主张，“售后回租交易当中，承租人向出租人让渡租赁物的价值，同时取得租赁物的使用收益，从而达到融资的效果，其内容是融资，表现形式是融物。参照中国人民银行同期贷款利率作为计算租金利率的方法，在一定期限内收回本金均是售后回租交易的特征，也是融资租赁业务具有融资功能的体现。但上述两个特征是众多融资业务的基本特征，中青旅公司以此认定案涉交易系金融借贷业务，本质上是以融资租赁业务的一般交易特征来否认细分领域的某一具体交易的法律性质，不符合法律论证的逻辑，未能合理解释案涉四块灵璧石所有权已经转移的事实。《金融租赁公司管理办法》第二十六条规定金融租赁公司可以经营融资租赁业务，即有权开展基于

① 参见李中华：《融资租赁运作实务与法律风险防范》，北京，法律出版社 2012 年版，第 122 页。

购买租赁物而发生的融资业务，锦银公司从事案涉交易行为无需规避上述行政监管要求。中青旅公司主张案涉交易系金融借贷业务，锦银公司有意规避监管要求，案涉交易合同因违反《中华人民共和国合同法》第五十二条第三款的规定应认定无效的理由，本院不予采信。一审法院认定案涉《买卖合同》《融资租赁合同》有效，认定事实、适用法律并无不当"①。"灵璧石"是否叙做融资租赁业务，值得研究。融资租赁交易中的"融物"属性决定了，承租人在交易中所追求的目标是利用租赁物并产生收益。"灵璧石"是否能达致这一目的，尚值怀疑。

最高人民法院对租赁物包括企业厂房、设备在内的融资租赁合同，倾向于认定构成融资租赁合同关系。理由是，此类租赁物符合银监会及商务部有关租赁物为固定资产的规定，体现出融资与融物相结合的融资租赁特征，也符合通过融资租赁支持实体经济的产业政策。从权利义务关系的设定上来看，将企业的厂房、设备的所有权转移给出租人，并在此基础上建立的融资租赁合同关系符合《民法典》第735条有关融资租赁合同的权利义务关系的规定。就商业地产而言，承租人为融资需要，以融资租赁合同的方式取得商业地产的使用权，并实际占有使用租赁物，出租人作为租赁物的所有权人，在其物权担保得到保障的前提下，提供融资便利，并不违反法律法规的强制性规定，也并非政府房地产调控政策的调整对象和目标，故也不应以其租赁物为不动产而否定融资租赁合同的性质和效力。②

（二）标的物的价值与融资租赁合同法律关系的认定

标的物的价值是否公允，也是认定融资租赁合同法律关系的关键。标的物的价值明显偏低、无法起到担保租赁债权实现的情形，此际，仅有融资之实，而无融物之实，难以认定为融资租赁合同法律关系。如将价值100万元的设备估价为1 000万元，并以此作为融资租赁合同的标的物。即使由出租人享有所有权，但该租赁物显然不足以作为出租人的物权保障。实务中，出租人对此大多知悉，且多以另外签订保证合同的方式，将其债权保障依附于保证合同之上。此际，虽然当事人将其交易结构设计为融资租赁合同，但实为在信贷管制严格的客观条件下，以融资租赁合同的方式进行变相贷款。在此类交易中，有关租赁物的估价、买卖、残值的约定、取回权的行使，均背离了融资租赁合同关系的一般法律规则，如简单按照合同的名称，将其纳入融资租赁合同法律关系中进行调整，不仅

---

① "中国青旅实业发展有限责任公司、锦银金融租赁有限责任公司融资租赁合同纠纷上诉案"，最高人民法院（2019）民终222号民事判决书。

② 参见最高人民法院编著：《司法解释理解与适用全集·合同卷2》，北京，人民法院出版社2018年版，第1092-1094页。

违背了双方当事人的真实意思，也可能造成事实上的权利义务不对等或不公平。如有裁判即认为，“融资租赁合同具有融资与融物相结合的特点，融资租赁关系中包括两个交易行为，一是供货人和出租人之间的买卖合同，二是承租人与出租人之间的租赁合同。两个合同相互结合才能构成融资租赁合同关系，缺一不可。如无实际租赁物或者租赁物所有权未从出卖人处转移至出租人或者租赁物的价值明显偏低，则应认定该类融资租赁合同没有融物属性，系以融资租赁之名行借贷之实，应属借款合同”①。

(三) 租金的构成与融资租赁合同法律关系的认定

租金因素不仅是融资租赁合同区别于普通租赁合同的重要特征，也是融资租赁合同中最重要的合同条款，是租赁公司确定营利标准的重要考量因素。《民法典》第746条规定，融资租赁合同的租金，除当事人另有约定的外，应当根据购买租赁物的大部分或者全部成本以及出租人的合理利润确定。由此可见，融资租赁交易中的租金，不仅仅是租赁物使用的对价，更是“融资”的对价。② 在融资租赁合同中，租金除了包括租赁物购买价款及其利息之外，一般还包括其他成本，如保险、正常维修和保养费用以及一定的税务成本。出租人的合理利润是租金的另外一个构成。据测算，融资租赁公司的利润来源主要包括：(1) 利差，约为2%，通常来说，向承租人收取的租金利率高于银行贷款利率2个百分点左右；(2) 手续费，约为合同金额的1%～1.5%；(3) 租前息，对在正式计算租金前占用出租人的资金（如开信用证所占资金）而计收的利息；(4) 出卖人的回扣，约6%，由出卖人实现租赁物销售时向出租人支付。根据以上计算，融资租赁公司的表面利润率（总资产收益率）一般为3%～4%。司法解释将租金的构成作为融资租赁合同关系的认定因素，主要是考虑到在正常的融资租赁合同中，租金由出租人的资金成本加上费用及利润构成，但有的融资租赁合同约定的租金显著高于前述计算方式的数倍甚至数十倍，实际上也是以融资租赁合同掩盖真实的借贷合同。对此，也不宜认定为融资租赁合同关系。

值得注意的是，租赁物的残值较大之时，租金的构成并不涵盖购买租赁物的大部分或者全部成本，不宜仅依此而否定融资租赁交易法律关系的构成。此时，租金应为购买租赁物的全部成本除去残值，应付租金与租赁物的经济摊销期限具

---

① “工银金融租赁有限公司、铜陵大江投资控股有限公司融资租赁合同再审案”，最高人民法院(2018) 民再373号民事判决书。

② 参见刘冬平、虞臣伟：《融资租赁合同中租金组成的法律分析》，载《中国市场》2012年第9期。

有对应关系。[1] 详见本书释评第 746 条。

四、“三方结构说”与“两方结构说”之争

本条对融资租赁合同作出了定义，据此，立法机关的学理解释认为典型的融资租赁涉及三方当事人（出租人、承租人、出卖人）和两个合同（融资租赁合同和买卖合同），其中出租人与出卖人之间签订买卖合同，出租人与承租人之间签订融资租赁合同；在形式上融资租赁合同还包括回租、转租、杠杆租赁等。[2] 此即所谓三方结构说（tripartite arrangements）。[3] 该说认为，本条明确提到了出卖人，表明出卖人在融资租赁合同中处于一方当事人地位，同时认为，规定出卖人作为融资租赁合同当事人有利于维护出卖人的权益，也有利于对出卖人形成有效的约束，有利于承租人向出卖人提出请求。[4] 不过，融资租赁合同在生效以后，其法律效力并不完全等同于买卖、租赁合同。仅就出租人对承租人所负担的义务而言，其并不同于一般租赁中出租人的义务，如其并不负担租赁物的维修义务，也不负担租赁物的瑕疵担保义务。就买卖合同而言，融资租赁合同的出卖人向承租人而非买受人（出租人）履行交付标的物和瑕疵担保义务，也不同于买卖合同。因此，融资租赁合同不是买卖合同和租赁合同的简单相加，而是一种相互交错在一起的关系。一般认为，融资租赁集借贷、租赁、买卖于一体，是将融资和融物结合在一起的交易方式。[5]

笔者认为，融资租赁合同本身即为一种独立的典型合同，并不由买卖合同和融资租赁合同构成。理由如下。[6]

第一，仅就《民法典》第 735 条之文义，尚无法得出融资租赁交易三方结构安排的结论。《民法典》第 735 条规定：“融资租赁合同是出租人根据承租人对出卖人、租赁物的选择，向出卖人购买租赁物，提供给承租人使用，承租人支付租金的合同。”在这里，“出租人……向出卖人购买租赁物”一语并不能说明出卖人

---

① See Unidroit Secretariat, *Explanatory Report on the Draft Convention on International Financial Leasing*, Study LIX-D. 48, October 1987, p. 46.

② 参见全国人大常委会法制工作委员会（胡康生主编）编著：《中华人民共和国合同法释义》（第三版），北京，法律出版社 2013 年版，第 384 页。

③ See Barkley Clark, Barbara Clark, *The Law of Secured Transactions Under the Uniform Commercial Code*, V1, Washington D. C.: A. S. Pratt, 2011, pp. 1 - 55.

④ 参见王利明：《合同法研究（第三卷）》（第二版），北京，中国人民大学出版社 2015 年版，第 346 - 348 页。

⑤ 参见何志：《合同法分则判解研究与适用》，北京，人民法院出版社 2002 年版，第 274 页。

⑥ 参见高圣平、王思源：《论融资租赁交易的法律构造》，载《法律科学（西北政法大学学报）》2013 年第 1 期。

即为融资租赁合同的当事人，而仅仅是表明融资租赁交易中租赁物的来源，体现了交易中的“融资”特色①，并以此与一般租赁交易相区别。融资租赁交易的核心在于“出租人……提供给承租人使用，承租人支付租金”。中国银监会在《合同法》之后颁布的《金融租赁公司管理办法》即较好地传达了《合同法》的本义，其在第3条规定：“本办法所称融资租赁，是指出租人根据承租人对租赁物和供货人的选择或认可，将其从供货人处取得的租赁物按合同约定出租给承租人占有、使用，向承租人收取租金的交易合同。”这里更加明晰地表明了融资租赁交易结构的核心：“出租人……将……租赁物……出租给承租人占有、使用，向承租人收取租金”，至于出卖人在融资租赁交易中的地位，本条明确指出仅仅只是“出租人……从供货人处取得……租赁物”，即仅表明租赁物的来源。

第二，从《民法典》合同编第十五章“融资租赁合同”的内容来看，也无法得出融资租赁交易三方结构安排的结论。该章第736条第1款规定：“融资租赁合同的内容一般包括租赁物的名称、数量、规格、技术性能、检验方法，租赁期限，租金构成及其支付期限和方式、币种，租赁期限届满租赁物的归属等条款。”虽然这一条文并非强制性规范，但就法律本身所倡导的内容来看，这里并不包括出租人与出卖人之间买卖交易的内容，而仅涉及出租人和承租人之间的租赁交易。该章中提到出租人与出卖人之间买卖交易的仅有第739条（租赁物的交付和受领）、第740条（出卖人违约交付标的物的救济）、第741条（出卖人违约的索赔权）、第742条（承租人行使索赔权对租金给付义务的影响）、第743条（因出租人的原因导致承租人索赔权失败的法律后果）、第744条（买卖合同变更的特别规定）。其中，第741条以承租人、出租人和出卖人三方约定为前提，可以暂不纳入讨论范围。第739条实际上是买卖合同的替代履行，由承租人替代出租人作为买卖合同中标的物的受领人。承租人“之所以能够向买卖合同中的出卖人主张标的物的交付，是因为在买卖合同中就有这样的条款，承租人就是基于买卖合同中的此项约定，享有从出卖人处受领标的物的权利的”②。这正好说明了买卖交易与融资租赁交易的分离，承租人与买卖交易无涉，只是因为买卖合同的约定才“加入”买卖合同之中，但这并不说明承租人本来就是买卖合同的当事人。第744条关于未经承租人同意，出租人不得变更买卖合同的规定，也说明了承租人不是买卖合同的当事人。由此可见，《民法典》合同编第十五章“融资租赁合同”

① 参见全国人大常委会法制工作委员会（胡康生主编）编著：《中华人民共和国合同法释义》（第三版），北京，法律出版社2013年版，第384页。

② 黄建中：《合同法分则重点疑点难点问题判解研究》，北京，人民法院出版社2006年版，第294页。

有关买卖的条文来看，都只是强调融资租赁交易中出租人取得标的物所有权的经济目的，并基于此，将买卖交易有关的受领和救济权利赋予承租人。仅此并不足以认定融资租赁交易包括买卖合同和融资租赁合同。本章并未规定出租人（买受人）与出卖人之间买卖交易的权利义务，也未规定融资租赁交易中买卖交易的援引性规定。如果本章采纳三方结构说，就应当有一个援引性规定来规定其中买卖交易的法律适用，例如，“除本章另有规定外，出租人（买受人）与出卖人之间的买卖合同，适用本法买卖合同一章的规定”。这里，仅有一种解释：融资租赁交易只有一个交易和两方当事人（出租人和承租人），亦即我国《民法典》上采取的是两方结构说。至于出租人作为买受人与出卖人之间的买卖交易关系，自应适用《民法典》合同编第九章“买卖合同”的规定。

第三，融资租赁交易三方结构说本身就陷入了逻辑上的怪圈。三方结构说下，融资租赁合同由买卖合同和融资租赁合同两个合同所构成，那么，前一个融资租赁合同和后一个融资租赁合同有何区别？有学者认识到这一点，就将后一个融资租赁合同改换称谓。如有观点认为：“融资租赁合同由买卖合同和租赁合同两个合同所组成。”[①] 但这里所使用的“租赁合同”中当事人的权利和义务又如何与《民法典》合同编第十四章“租赁合同”相区分？在体系解释之下，两者应作同一解释，但融资租赁合同中的“租赁合同”显然与《民法典》合同编第十四章“租赁合同”相去甚远。还有观点认为：“融资租赁合同由两个合同——买卖合同和融资性租赁合同构成。”[②] 这里，融资租赁合同与融资性租赁合同又作何区分？实际上，我国台湾地区普遍将美国法上的“financial leasing”译为“融资性租赁”[③]，而我国大陆通常译为“融资租赁”[④]，两者实为相同表述。

第四，以国际公约采取三方结构安排来论证我国融资租赁交易的三方结构说[⑤]，虽遵循了历史解释方法，但仍嫌不足。尽管《国际融资租赁公约》采取了三方结构安排，但为弥补该公约之不足，国际统一私法协会另外就特定的价值动产所起草的《移动设备国际利益公约》及三大议定书就融资租赁交易采取的是两

---

① 陈小君主编：《合同法学》，北京，高等教育出版社 2004 年版，第 329 页。

② 崔建远主编：《合同法》，北京，法律出版社 2008 年版，第 419 页。

③ 许忠信：《从国际金融法之观点论融资性租赁立法规范之必要性》，载《月旦法学杂志》2003 年第 4 期，第 84－95 页。

④ 美国法学会、美国统一法委员会编著：《美国统一商法典及其正式评述》（第一卷），孙新强译，北京，中国人民大学出版社 2004 年版，第 256 页。

⑤ 参见全国人大常委会法制工作委员会（胡康生主编）编著：《中华人民共和国合同法释义》（第三版），北京，法律出版社 2013 年版，第 384 页。

方结构安排，其仅涉及出租人和承租人。① 随后，国际统一私法协会起草的《租赁示范法》亦是采取两方结构。② 该示范法是最新的国际文件，反映了融资租赁比较法上的新发展，为转型国家的融资租赁立法提供了范本。该示范法虽然基本上采纳了《国际融资租赁公约》关于融资租赁的定义，但却改变了交易结构，仅将承租人作为买卖合同的受益人（beneficiary of supply agreement），并未将出卖人作为融资租赁交易的当事人。③ 由此可见，在比较法层面，三方结构和两方结构均有立法例支持，仅言及其中之一，未免失之偏颇。

裁判实践中，为厘清当事人之间的法律关系，有法院即认为，“融资租赁合同与买卖合同属于不同的法律关系，融资租赁合同关系下双方当事人为出租人和承租人，不包括出卖人”。“虽然本案所涉及的融资租赁合同关系与买卖合同关系之间在合同主体上有交叉，即出卖人也是出租人，但权利义务并不存在牵连，当事人之间不会基于租赁物的交付即是否符合质量标准等产生相互牵连的权利义务关系，因此，融资租赁合同案件的审理不会对买卖合同案件的当事人的利益关系产生影响。”④

其他问题

1. *融资租赁交易是否可以以未来财产为标的物而展开？*

《融资租赁公司监督管理暂行办法》第 7 条第 2 款规定：“融资租赁公司开展融资租赁业应当以权属清晰、真实存在且能够产生收益的租赁物为载体。融资租赁公司不得接受已设置抵押、权属存在争议、已被司法机关查封、扣押的财产或所有权存在瑕疵的财产作为租赁物。”由此引发了融资租赁交易是否可以以未来财产为标的物而展开的争议。在融资租赁交易中，出租人给付租赁物价金、出卖人交付标的物和承租人给付租金这三个时间点之间通常不一致。一般情况下，出租人给付价金的时间与承租人给付租金的时间是一致的，因为在解释上，出租人一旦给付价金，即发生成本和财务费用，承租人即应自此开始给付租金，而并不以其已经受领租赁物并开始使用租赁物为前提。在契约自由之下，这三者之间的关系完全由当事人自由约定，没有必要在法律上进行干预。例如，承租人拟采购

---

① 《移动设备国际利益公约》第 2 条第 2 款，另参见 Roy Goode，*Convention on International Interests in Mobile Equipment and Protocol There to on Matters Specific to Aircraft Equipment*：*Official Commentary*，Revised edition，Rome：UNIDROIT，2008，pp. 13，169。

②③ See Unidroit Model Law on Leasing（13 November 2008），Chapter 1，Art. 2，and Chapter 2.

④ “新疆昆仑路港工程公司等与吴娜等融资租赁合同纠纷上诉案”，北京市高级人民法院（2017）京民终 334 号民事判决书。

某生产厂商生产的成套设备（专用设备），但自有资金不足，寻求融资租赁公司的介入，在融资租赁公司根据承租人的指定与该生产厂商进行洽购时，该生产厂商提出应先预付80%的价款，才能投入生产，半年后才交付该成套设备。就此交易而言，融资租赁公司须先与生产厂商签订买卖合同，并先支付大部分设备价款，但生产厂商半年后才交付设备；同时，融资租赁公司须与承租人签订融资租赁合同，租赁物过半年后才交付，但自合同生效之日起，承租人即应按月支付租金。虽然此时承租人并未开始使用租赁物，但基于融资租赁交易融资和融物并存的属性，在融资租赁公司已经开始给付租赁物价金的情况下，承租人自应依约定开始给付租金，而不管其是否使用租赁物。由此可见，融资租赁交易可以以未来财产为标的物而展开。

与《融资租赁公司监督管理暂行办法》第7条第2款规定不同的是，《金融租赁公司管理办法》第34条规定："售后回租业务的租赁物必须由承租人真实拥有并有权处分。金融租赁公司不得接受已设置任何抵押、权属存在争议或已被司法机关查封、扣押的财产或所有权存在瑕疵的财产作为售后回租业务的租赁物。"这里，将租赁物真实存在的要求仅限于售后回租。就直接租赁而言，其第32条规定："金融租赁公司应当合法取得租赁物的所有权。"这里，并未作出相同的限定。

2. 不动产是否可以叙做融资租赁交易业务?

融资租赁作为一种新型交易形态，各国在法制发展过程中均对其作了一定程度的规制。就融资租赁交易是否可以以不动产作为标的物，一直存在争议。一种观点认为，融资租赁交易的标的物仅限于动产，不动产融资完全可以借助其他制度来达致[①]；另一种观点认为，融资租赁交易的标的物既可以是动产，也可以是不动产，融资租赁的交易结构不同于信贷担保等其他类似交易，不动产信贷担保制度并不能排除不动产融资租赁交易。[②] 本书作者赞成第二种观点，理由如下。

第一，在金融市场细分的态势之下，信贷等正规金融和融资租赁、信托、保险、典当等非正规金融各有其金融产品和服务对象。在"紧紧围绕使市场在资源配置中起决定性作用深化经济体制改革"[③]"鼓励金融创新，丰富金融市场层次

---

① 参见李鲁阳主编：《融资租赁若干问题研究与借鉴》，北京，当代中国出版社2007年版，第95页。

② 参见李鲁阳主编：《融资租赁若干问题研究与借鉴》，北京，当代中国出版社2007年版，第238页。

③ 《中共中央关于全面深化改革若干重大问题的决定》"一、全面深化改革的重大意义和指导思想"之（2）。

和产品”[①] 的大背景之下，不宜对标的物的范围作出限制性规定，这样才能满足实体经济多元化的金融服务需求。不动产融资的各种金融产品的交易模式和交易成本各有不同，完全可以由市场主体参酌具体情事自由选择。现如今，不动产融资的渠道主要是银行信贷，但不可忽视的是，典当交易和小额贷款交易等非正规金融已经在不动产融资中占据着一席之地，同样属于非正规金融的融资租赁交易自可在不动产融资中发挥相应作用。如此，才能增强市场机制在金融资源配置中的决定性作用。

融资租赁交易兼具“融资”和“融物”的双重特色，所“融”之“物”应当具备以下条件：其一，必须是具有交换价值和使用价值的财产，否则无法达到融资租赁交易的“融物”目的。其二，必须是可以转让的财产。在典型的融资租赁交易中，出租人应按承租人的指令购买财产，并将之出租给承租人，“不可转让的财产”将无法由出租人取得，亦就无法充当融资租赁物。其三，必须是使用寿命较长的财产。融资租赁交易是涉及数方的金融安排，其交易成本较之一般的买卖交易和租赁交易成本都要高，这就决定了租赁物的使用寿命必须较长才能实现交易的目的。从实践中的情况看，融资租赁交易的标的物均是高价值、使用寿命较长的财产。准此，不动产就是适于融资租赁的标的物。

有裁判认为，融资租赁合同要求“融资”与“融物”相结合，既要“融资”，又要“融物”。“融物”指的是合同中的标的物所有权应发生转移，出卖给出租人，否则就不是融资租赁合同。“双方在合同中虽约定了租赁房产所有权转移，但在实际履行合同中，长城国兴公司未提供任何证据证明其曾要求过帝景房地产公司履行房产过户的义务，且双方至今也未办理案涉房产产权变更登记。双方只是办理了房产抵押手续，由帝景房地产公司以抵押人名义将案涉房产抵押给长城国兴公司，该房产抵押只不过是对长城国兴公司资金安全的保障形式。换言之，即租赁期间，租赁房产的所有权仍属于帝景房地产公司所有，所有权未发生转移，长城国兴公司对租赁物不享有所有权，故双方在履行该合同时并无实际转让房产的意愿，双方只有‘融资’之实，无‘融物’之法律要件，即不动产所有权的转移。双方的真实意思表示不是融资租赁，而是不动产抵押借款。所以，案涉合同名为融资租赁合同，实为借款抵押合同。”[②]

第二，我国法律、行政法规并未禁止不动产作为融资租赁物。《民法典》

---

① 《中共中央关于全面深化改革若干重大问题的决定》“二、坚持和完善基本经济制度”之（12）“完善金融市场体系”。

② “惠州市帝景房地产开发有限公司、惠州市帝景集团有限公司合同纠纷上诉案”，最高人民法院（2018）民终467号民事裁定书。

第735条规定："融资租赁合同是出租人根据承租人对出卖人、租赁物的选择，向出卖人购买租赁物，提供给承租人使用，承租人支付租金的合同。"这里，并没有将不动产排除于"租赁物"之外。在同一部法律中，第703条规定："租赁合同是出租人将租赁物交付承租人使用、收益，承租人支付租金的合同。"依体系解释方法，这两条所称的"租赁物"应作同一理解。第703条位于《民法典》合同编第十四章"租赁合同"，同章第726条[①]和第732条[②]均以不动产租赁物为规制对象。很明显，第703条中"租赁物"既包括动产，又包括不动产。因此，第735条所规定的融资租赁物也包括动产和不动产。除《民法典》之外，其他法律、行政法规对不动产融资租赁并未作禁止性规定。在法律、行政法规未作禁止性规定的情况下，依私法上"法无禁止即为允许"的基本原理，自应允许不动产作为融资租赁交易的标的物。

第三，我国相关部门规章和规范性文件已经承认不动产融资租赁交易。《金融租赁公司管理办法》第4条规定："适用于融资租赁交易的租赁物为固定资产，银监会另有规定的除外。"《融资租赁公司监督管理暂行办法》第7条第1款规定："适用于融资租赁交易的租赁物为固定资产，另有规定的除外。"所谓固定资产，根据《企业会计准则第4号——固定资产》第3条的规定，是指"同时具有下列特征的有形资产：（一）为生产商品、提供劳务、出租或经营管理而持有的；（二）使用寿命超过一个会计年度。使用寿命，是指企业使用固定资产的预计期间，或者该固定资产所能生产产品或提供劳务的数量"。准此，《金融租赁公司管理办法》《融资租赁公司监督管理暂行办法》已经明确了不动产可以作为融资租赁物。而财政部、国家税务总局也已发布相应的不动产融资租赁交易征税规则。[③] 由此可见，不动产融资租赁已经取得有关政府部门的认可。对不动产是否

① 该条规定："出租人出卖租赁房屋的，应当在出卖之前的合理期限内通知承租人，承租人享有以同等条件优先购买的权利；但是，房屋按份共有人行使优先购买权或者出租人将房屋出卖给近亲属的除外。"

② 该条规定："承租人在房屋租赁期限内死亡的，与其生前共同居住的人或者共同经营人可以按照原租赁合同租赁该房屋。"

③ 《财政部、国家税务总局关于房产税城镇土地使用税有关问题的通知》（财税〔2009〕128号）在第3条"关于融资租赁房产的房产税问题"中指出："融资租赁的房产，由承租人自融资租赁合同约定开始日的次月起依照房产余值缴纳房产税。合同未约定开始日的，由承租人自合同签订的次月起依照房产余值缴纳房产税。"《国家税务总局关于从事房地产开发的外商投资企业售后回租业务所得税处理问题的批复（国税函〔2007〕603号）》（已废止）规定："从事房地产开发经营的外商投资企业以销售方式转让其生产、开发的房屋、建筑物等不动产，又通过租赁方式从买受人回租该资产，企业无论采取何种租赁方式，均应将售后回租业务分解为销售和租赁两项业务分别进行税务处理。企业销售或转让有关不动产所有权的收入与该被转让的不动产所有权相关的成本、费用的差额，应作为业务发生当期的损益，计入当期应纳税所得额。"

能作为融资租赁物作出不同规定的是《外商投资租赁业管理办法》①，但该办法亦并未对不动产融资租赁作出禁止性规定。

第四，在比较法上，仅就融资租赁物的范围而言，通常仅将消耗物排除在租赁物之外，并不明确禁止不动产作为融资租赁物。德国、西班牙、日本等国虽对融资租赁物的范围没有作出具体规定，但不动产作为租赁物在法律上并没有障碍。② 俄罗斯、哈萨克斯坦、乌兹别克斯坦、韩国等国甚至明确规定不动产可以作为融资租赁物。③ 相关的示范法也就融资租赁物的范围作了明确。如《中亚国家融资租赁示范法》第4条规定："租赁物可以是用于商业活动的任何非消耗物。"在解释上，非消耗物当然包括不动产。《国际统一私法协会租赁示范法》一体调整租赁和融资租赁④，在其第2条"定义"中明确将"租赁物"界定为："承租人用于生产、贸易及经营活动的所有财产，包括不动产、固定资产、动产设备、未来资产、特制资产、植物和活的以及未出生的动物。"⑤ 由此可见，就不动产是否作为融资租赁物，各国之间均存差异，并无统一的否定意见。

总之，融资租赁业虽是我国金融业的朝阳产业，但目前适格的租赁物并不多见，需要不动产作租赁物以培育市场。⑥ 根据监管部门确定的调控范围和行业价值取向，目前不宜将不动产排除在融资租赁标的物之外。由于《金融租赁公司管理办法》《融资租赁公司监督管理暂行办法》已经将租赁物确定为固定资产，金

---

① 其第6条规定："本办法所称租赁财产包括：（一）生产设备、通信设备、医疗设备、科研设备、检验检测设备、工程机械设备、办公设备等各类动产；（二）飞机、汽车、船舶等各类交通工具；（三）本条（一）、（二）项所述动产和交通工具附带的软件、技术等无形资产，但附带的无形资产价值不得超过租赁财产价值的二分之一。"

② 参见李鲁阳主编：《融资租赁若干问题研究与借鉴》，北京，当代中国出版社2007年版，第231-351页。

③ 《俄罗斯联邦融资租赁法》第3条第1款规定："任何可以用于经营活动的非消耗物，包括公司和其他资产、建筑物、在建物、设备、交通工具和其他不动产和动产，都可以作为租赁物"。第2款规定："土地和其他自然遗产以及根据联邦法律禁止自由流通或限制流通的物不得作为租赁物。"《哈萨克斯坦共和国融资租赁法》第4条规定："租赁对象可以是房屋、建筑物、机器、设备、用具、土地和其他未损物品。"《乌兹别克斯坦共和国租赁法》第3条规定："租赁资产可以是任何的非消耗物，包括企业、不动产、建筑、构件、设备、交通设施和其他用于经营活动的动产和不动产。"《韩国租赁业务条例》第7条之2规定："租赁物件等的范围……c. 不动产与a、b物件直接相关的财产"。参见李鲁阳主编：《融资租赁若干问题研究与借鉴》，北京，当代中国出版社2007年版，第231-351页。

④ Unidroit Secretariat，*UNIDROIT Model Law on Leasing Official Commentary*，Unidroit 2010 Study LIXA-Doc. 24. p. 5.

⑤ 原文是："Asset means all property used in the craft，trade or business of the lessee，including immovables，capital assets，equipment，future assets，specially manufactured assets，plants and living and unborn animals."

⑥ 参见王利明：《合同法研究（第三卷）》（第二版），北京，中国人民大学出版社2015年版，第350页。

融租赁公司全行业都普遍开展了不动产融资租赁业务，且这些业务投入资金量大、租赁期限又长，是目前一些金融租赁公司的支柱性业务，贸然否定不动产融资租赁交易，极易导致融资租赁公司的租赁债权被悬空，巨额经营资产流失，从而引发融资租赁经营危机，使刚起步的金融租赁业受到重创而陷入绝境。①

3. 售后回租的体系定位

售后回租，是指承租人将其所有物出卖予出租人，同时与出租人签订融资租赁合同，再将该物租回使用的一种租赁形式。在售后回租情况下，出卖人同时也是承租人，买受人同时也是出租人。《融资租赁解释》第 2 条规定："承租人将其自有物出卖给出租人，再通过融资租赁合同将租赁物从出租人处租回的，人民法院不应仅以承租人和出卖人系同一人为由认定不构成融资租赁法律关系。"《民法典（草案）》第 735 条第 2 款也曾规定："承租人将其自有物出卖给出租人，再通过融资租赁合同将租赁物从出租人处租回的，承租人和出卖人系同一人不影响融资租赁合同的成立。"本条删去第 2 款，并不表明《民法典》上不承认这种融资租赁交易形态。

就售后回租是否属于融资租赁合同，学说上尚存争议。否定论者认为，售后回租交易与抵押借款交易难以进行区分，如承认其为融资租赁合同，易为变相高利贷打开方便之门；租赁期限届满后租赁物的归属问题难以确定；售后回租并不符合《民法典》第 735 条的文义，在合同的结构上，买卖合同的出卖人与租赁合同的承租人系同一人。② 肯定论者则主张，尽管售后回租在合同结构上与传统意义上的融资租赁合同有所区别，但这并不能说明其不符合《民法典》第 735 条的规定。《民法典》第 735 条仅反映融资租赁交易的基本结构，并未排除售后回租中合同主体高度重合的情形；金融监管机关以及相应的税务部门已经认可了售后回租为融资租赁合同的定性。《金融租赁公司管理办法》第 5 条规定："本办法所称售后回租业务，是指承租人将自有物件出卖给出租人，同时与出租人签订融资租赁合同，再将该物件从出租人处租回的融资租赁形式。售后回租业务是承租人和供货人为同一人的融资租赁方式。"《关于融资性售后回租业务中承租方出售资产行为有关税收问题的公告》也同样规定："融资性售后回租业务是指承租方以融资为目的将资产出售给经批准从事融资租赁业务的企业后，又将该项资产从该融资租赁企业租回的行为。"

《融资租赁解释》认为，尽管售后回租合同与一般意义上的融资租赁合同有

① 参见高圣平：《基础设施融资租赁交易：现实与法律困境》，载《中外法学》2014 年第 3 期。

② 参见肖学治：《融资租赁合同》，北京，中国民主法制出版社 2003 年版，第 77 页。

所区别，但这并不影响认定其作为融资租赁合同的定性。主要理由在于：其一，售后回租合同具备融资租赁合同的本质特征。售后回租合同具备了融资与融物的双重特征，区别于借款合同；售后回租合同具备了融资租赁合同所包含的买卖合同和租赁合同，这又区别于租赁合同；售后回租合同中出租人享有租赁物的所有权，这又区别于抵押合同。① 其二，依据《民法典》第735条（《合同法》第237条）关于融资租赁合同的定义，出租人依照承租人对于租赁物、出卖人的要求，向出卖人购买租赁物，再出租给承租人，承租人定期向出租人支付租金。在这两个合同中，出卖人、出租人、承租人的法律关系是相互对称的，《民法典》也并没有禁止两个合同中的主体相重合。其三，金融监管机关以及相应的税务部门已经认可了售后回租合同作为融资租赁合同的效力。其四，从推动金融市场发展的角度分析，售后回租行为实质是推动企业资金融通的行为，其本身并不存在危险性和违法性。其五，售后回租合同与抵押借款合同虽在形式上存在共通之处，区别难度较大，但这并不意味着两者不可以进行区分，从标的物的性质、物权担保的属性等方面还是能够进行甄别的。不能因两者区分不易，而因噎废食，对售后回租合同望而却步、止步不前。②

经典的融资租赁交易模式（通称直接融资租赁交易模式）中，承租人通过出租人购置新的固定资产，扩大了资产规模。与之相比，售后回租型融资租赁交易通过对于承租人已经享有所有权的设备进行购买和租赁，实现了承租人自身的存量资产变现，即盘活了承租人固定资产③；承租人对于租赁标的物的占有使用收益权并不会发生改变，承租人生产经营状态保持连续不会受融资干扰④；融资期保持在3至5年，相较银行贷款等短期的融资方式，售后回租型融资租赁交易模式有效减缓了承租人的还款压力；承租人可通过融资款扩大产能、增加产量、提升经济效益、增加现金流，减少企业负债率，提升资金的利用率，且可以享受承租人税收优惠，即按照计提折旧方式增大当期成本，承租人可享受延缓缴税等税收优惠。此外，在会计处理上属于表外融资、而非负债，有助于承租人优化财务报表、实现资产重组、降低资产负债率。⑤

售后回租型融资租赁交易中，物的所有权原本属于承租人，出卖人与承租人

① 参见李鲁阳主编：《融资租赁若干问题研究和借鉴》，北京，当代中国出版社2007年版，第400页。

② 参见《最高人民法院专家法官阐释疑难问题与案例指导》编写组编著：《最高人民法院专家法官阐释疑难问题与案例指导·融资租赁合同卷》，北京，人民法制出版社2016年版，第17页。

③ 参见梁慧星：《融资租赁若干法律问题》，载《法学研究》1993年第1期。

④ 参见秦国勇：《融资租赁法律实务》，北京，法律出版社2017年版，第164-174页。

⑤ 参见王家福、梁慧星主编：《民法债权》，北京，法律出版社2008年版，第110-115页。

归于一体，与传统融资租赁交易的三方当事人存在一定区别，但与抵押借款存在不同：一是当事人之间存在的合同法律关系不同。抵押借款一般存在抵押合同与借款合同两个合同，当事人之间是借款担保关系；售后回租则包括租赁物买卖合同与融资租赁合同两个合同，当事人之间是融资租赁法律关系。二是标的物在租赁期间的权利属性不同。在抵押贷款合同中，债权人是抵押权人，标的物是抵押物，所有权归抵押人；而在售后回租合同中，出租人是标的物的所有权人。三是债权金额构成不同。抵押借款合同由本金加利息构成；而售后回租合同中，租金一般由租赁物的购买价款、费用及出租人的合理利润摊提而成。四是偿还方式不同。抵押借款多为整借整还，售后回租多为按月或按年分期偿还。①

售后回租型融资租赁交易与直接融资租赁交易模式存在共同之处：都存在两个合同——买卖合同与融资租赁合同，且融资租赁合同中的出租人与买卖合同中的买受人系同一人。但两者之间的差别也很明显：在直接融资租赁交易模式中，买卖合同的出卖人与融资租赁合同中的承租人系两个合同中不同的当事人，两者之间不存在相对性的合同关系，但在售后回租型融资租赁交易中，买卖合同的出卖人与融资租赁合同的承租人系同一人。此外，就租赁物的来源，两者亦存在不同之处：在直接融资租赁交易模式中，租赁物的来源为出租人从出卖人处购入，而在售后回租型融资租赁交易中，租赁物为承租人的自有物。

虽然《融资租赁解释》认可了售后回租作为融资租赁合同的属性，但对于实务中假借售后回租合同之名，行借款合同之实的行为仍需加以甄别。在实务中，主要应区分以下两种情况：其一，无租赁物的“售后回租”，即双方约定了售后回租的合同性质，但实际上并不存在现实的租赁物。显然此类合同并不具备融资租赁合同的特征，属于典型的以融资融物之名，行借款之实，并且依据《金融租赁公司管理办法》第 34 条“售后回租业务的租赁物必须由承租人真实拥有并有权处分”的规定，此种情形亦不为金融监管部门所认定，宜以借款合同进行处理。售后回租业务中，少数承租人通过伪造标的物建造或者购买的原始凭证来夸大租赁物的价值，以价值明显低于融资金额的标的物来获取融资租赁公司的资金。融资租赁公司虽然可以通过要求承租人签署所有权转移证明、租赁物接收函等法律文件，并有各类查验、巡视记录，以减轻自身的法律风险和责任，但仍会因融资租赁合同无效而构成事实上的借款合同关系。② 其二，以特殊的标的物作

① 参见“德州市陵城区人民政府、德州市陵城区国土资源局融资租赁合同上诉案”，最高人民法院（2016）民终 480 号民事判决书。

② 参见吴智永、徐劲草：《融资租赁案件中名实不符的表现形态及法律分析》，载《人民司法（应用）》2017 年第 17 期。

为租赁物的售后回租合同。这里的特殊标的物主要指房产、交通道路或者房地产项目内的机电设备、管线，考虑到这些合同标的物可能无法转让，宜结合《融资租赁解释》第 1 条的认定对该合同进行区分：对于实务中以交通道路等基础设施作为租赁物的，由于在实践中承租人并不实际享有该不动产的所有权或所有权依赖于政府信用或第三人保证，因此在实际出租使用过程中，融物的目的微乎其微，甚至可以忽略不计，仅存有融资之实。且《金融租赁公司管理办法》第 32、34 条要求承租人对租赁物真实拥有并有权进行处分，即对于不动产能够进行登记公示转移所有权。而依据《民法典》第 254 条第 2 款的规定，“铁路、公路、电力设施、电信设施和油气管道等基础设施，依照法律规定为国家所有的，属于国家所有”，显然，承租人非国家，不可能拥有交通道路的所有权。因此，无论是从法律的角度，还是依据金融监管部门的行政规定，此类合同均不能成立融资租赁合同。以房产、房地产项目内的机电设备、管线为租赁物的售后回租合同，由于其所有权可为私人获得，并且金融监管部门对此又没有作出禁止性的规定，此种行为在实践中的操作系为融通房地产业的资金，使得房地产的效用得到最大化的利用，促进社会主义市场经济的发展，符合融资租赁合同融资与融物相结合的特征，因此宜认定为售后回租合同。①

《金融租赁公司管理办法》将售后回租作为融资租赁交易的一种形式加以界定，其第 5 条规定：“本办法所称售后回租业务，是指承租人将自有物件出卖给出租人，同时与出租人签订融资租赁合同，再将该物件从出租人处租回的融资租赁形式。售后回租业务是承租人和供货人为同一人的融资租赁方式。”《金融租赁公司管理办法》第 34 条规定：“售后回租业务的租赁物必须由承租人真实拥有并有权处分。金融租赁公司不得接受已设置任何抵押、权属存在争议或已被司法机关查封、扣押的财产或所有权存在瑕疵的财产作为售后回租业务的租赁物。”《融资租赁公司监督管理暂行办法》第 17 条第 2 款亦规定：“售后回租业务中，融资租赁公司对租赁物的买入价格应当有合理的、不违反会计准则的定价依据作为参考，不得低值高买。”由此可见，《金融租赁公司管理办法》和《融资租赁公司监督管理暂行办法》大抵是认为：售后回租交易的标的物应是承租人现实拥有且有权处分的物。

第一，在“三方当事人、两份合同”的融资租赁交易结构②之下，一个典型

① 参见《最高人民法院专家法官阐释疑难问题与案例指导》编写组编著：《最高人民法院专家法官阐释疑难问题与案例指导·融资租赁合同卷》，北京，人民法制出版社 2016 年版，第 17 页。

② 本章作者曾对此提出质疑，参见高圣平、王思源：《论融资租赁交易的法律构造》，载《法律科学》2013 年第 1 期。不过，这一交易结构模式仍是目前分析相关问题时的起点，以下也由此而展开。

的融资租赁交易包括融资租赁合同（当事人为出租人和承租人）和买卖合同（当事人为出卖人和买受人——出租人）。[①] 售后回租交易的当事人只有出租人和承租人两个当事人，但在解释上，承租人在买卖合同中充任出卖人的角色，在融资租赁合同中充当承租人的角色；出租人在买卖合同中充任买受人的角色，在融资租赁合同中充当出租人的角色。准此，售后回租交易实际上也是两份合同——买卖合同和融资租赁合同，也各有两个当事人，而买卖合同的出卖人是承租人，恰好符合出卖人由承租人指定或认可这一要件。正是基于这一原因，《金融租赁公司管理办法》才将售后回租作为一种融资租赁交易加以规定，融资租赁交易一般规则自应适用于售后回租交易。

第二，售后回租交易与一般融资租赁交易的区别，仅在于承租人同时又是出卖人。此际，同样可能存在出卖人依约定在合同订立后一段期间内交付标的物的问题。准此以解，售后回租业务也可以以未来财产为标的物而叙做。《金融租赁公司管理办法》第 34 条所规定的“售后回租业务的租赁物必须由承租人真实拥有并有权处分”，是以融资租赁标的物必须是现实存在的物为前提，至为可议。承租人向出租人出售租赁物，该租赁物自应是具体明确的物（特定物），这是物权客体的特定性使然[②]，但特定物仅须为一般社会或经济观念上的特定物即可，非必须为物理上之特定物。[③] 例如，正在建造中的船舶，有相应图纸设计为支撑，在观念上已具有特定化的要求，符合上述标的物的“明确”“权利人真实拥有并有权处分”等条件，自可作为特定物进行交易，当然也可以叙做融资租赁交易。正在建设中的公路、轨道交通等基础设施亦应作相同解释。准此，即使是未来取得的财产，只要符合特定化的要求，均可作为融资租赁交易的标的物。

《金融租赁公司管理办法》第 32 条规定：“金融租赁公司应当合法取得租赁物的所有权。”第 33 条规定：“租赁物属于国家法律法规规定所有权转移必须到登记部门进行登记的财产类别，金融租赁公司应当进行相关登记。租赁物不属于需要登记的财产类别，金融租赁公司应当采取有效措施保障对租赁物的合法权益。”这里依循上述售后回租交易的标的物必须是现实存在的物的路径，就某些物权变动以登记为公示方法的情形，强调应当办理转移登记手续。这一规定借物权登记公示来保障融资租赁公司对租赁物的所有权，并以此管控融资租赁公司的

① 参见王轶：《租赁合同、融资租赁合同》，北京，法律出版社 1999 年版，第 129 页；高圣平、王思源：《论融资租赁交易的法律构造》，载《法律科学》2013 年第 1 期。

② 参见谢在全：《民法物权论》（修订五版），北京，中国政法大学出版社 2011 年版，第 11 页；王泽鉴：《民法物权》，北京，北京大学出版社 2010 年版，第 41 页。

③ 参见谢在全：《民法物权论》（修订五版），北京，中国政法大学出版社 2011 年版，第 12 页。

交易风险和资产安全。但是，我国《民法典》物权编区分物权变动是否基于法律行为而引起，作了不同的规定，其中第二章第一节、第二节分别规定基于法律行为的物权变动方法——登记和交付，第三节规定非基于法律行为引起的物权变动。就后者而言，物权变动并不以登记或交付为前提，只需相应法律事实的发生即可发生物权变动。[①] 如《民法典》第 231 条规定："因合法建造、拆除房屋等事实行为设立或者消灭物权的，自事实行为成就时发生效力。"也就是说，基于合法建造行为即可取得物权，而无须登记。准此，如融资租赁公司以售后回租方式叙做某段铁路，合同生效后，融资租赁公司即为该铁路的所有权人，基于投资而合法建筑该铁路，自铁路修建完毕，即取得所有权，并不以登记为要件。虽然融资租赁公司此后处分该物权应办理登记，或者说登记是融资租赁公司保全其权利的最适当的方法，但登记却不是融资租赁公司取得所有权的方法。

综上，即使是售后回租交易，标的物也不应仅限于承租人现实拥有的物，只要是特定物，即使是未来财产，也可作为融资租赁的标的物。同时，在售后回租交易中，如果标的物是应登记才取得物权的，应分别不同的情形不同处理：若承租人对标的物已办理了所有权登记的，融资租赁公司应办理转移登记；若标的物尚不具备登记条件，承租人并未办理登记手续的，融资租赁公司可以不办理转移登记，但在标的物具备登记条件时，融资租赁公司应当办理所有权登记。在售后回租交易中，如果标的物是依交付而取得物权的，融资租赁公司自无必要办理所谓转移登记手续。

对当事人约定的售后回租交易是否构成融资租赁交易，同样要结合融资租赁合同的构成要素加以判断。有裁判即认为，售后回租型融资租赁是承租人将自有物件出卖给出租人，同时与出租人签订融资租赁合同，再将该物件从出租人处租回的融资租赁形式，是承租人和供货人为同一人的融资租赁方式。因售后回租式融资租赁在承租人与出租人之间发生物的所有权的变动，所以必须有明确的、能够进行处分的标的物。本案涉案标的物并不符合融资租赁标的物的要求。本案所谓融资租赁的标的物记载于《设备清单》中。《设备清单》中 1－621 项一般都是通用名称，且计量单位多为"批"。《设备清单》作为评估报告的附件，其中出现如：38 综合布线（163200 元）、84 停车库改造（33800 元）、116－143 项多次出现"购"，等等。上述诸如综合布线、停车库改造、电脑配件等已经难谓物权法

---

① 参见王利明：《物权法研究（上卷）》（第四版），北京，中国人民大学出版社 2018 年版，第 282 页；梁慧星、陈华彬：《物权法》，北京，法律出版社 2007 年版，第 85 页；崔建远：《物权法》，北京，中国人民大学出版社 2011 年版，第 62－63 页。

上“独立的物”，不能够单独转让。而且诸如家具、厨房设备、酒店用品等均系通用名称，并不明确。此外，从第 622 - 626 项等五项来看，均系装修设施，外贸租赁公司和经发公司均无法说出具体指何项动产。从发票上来看，主要是工程款、监理费、装修费等，实际是添附物的价值。上述五项装修设施的价值占了融资租赁标的价值的近三分之二。从标的物本身来看，综合上述两点，本案《设备清单》标的物不符合物权法关于转让标的物的规定，同样不符合售后回租型融资租赁标的物的要求，外贸租赁公司根本无法取得租赁标的物的所有权，无法做到售后回租型融资租赁既“融资”又“融物”的要求，故本案法律关系上，并不能认定为回租式融资租赁。①

第七百三十六条

融资租赁合同的内容一般包括租赁物的名称、数量、规格、技术性能、检验方法，租赁期限，租金构成及其支付期限和方式、币种，租赁期限届满租赁物的归属等条款。

融资租赁合同应当采用书面形式。

本条主旨

本条是关于融资租赁合同的内容和形式的规定。

相关条文

《合同法》第 238 条　融资租赁合同的内容包括租赁物名称、数量、规格、技术性能、检验方法、租赁期限、租金构成及其支付期限和方式、币种、租赁期间届满租赁物的归属等条款。

融资租赁合同应当采用书面形式。

《民法典各分编（草案）》（2018 年 8 月）第 528 条　融资租赁合同的内容包括租赁物名称、数量、规格、技术性能、检验方法、租赁期限、租金构成及其支付期限和方式、币种、租赁期间届满租赁物的归属等条款。

融资租赁合同应当采用书面形式。

《民法典合同编（草案）（二审稿）》（2018 年 12 月）第 528 条　融资租赁合

① 参见“中国外贸金融租赁有限公司与浙江经发实业集团有限公司等融资租赁合同纠纷案”，北京市第一中级人民法院（2013）一中民初字第 5657 号民事判决书。

同的内容包括租赁物名称、数量、规格、技术性能、检验方法、租赁期限、租金构成及其支付期限和方式、币种、租赁期间届满租赁物的归属等条款。

融资租赁合同应当采用书面形式。

《民法典（草案）》（2019年12月）第737条　融资租赁合同的内容一般包括租赁物名称、数量、规格、技术性能、检验方法、租赁期限、租金构成及其支付期限和方式、币种、租赁期间届满租赁物的归属等条款。

融资租赁合同应当采用书面形式。

《民法典（草案）》（2020年5月22日大会审议稿）第736条　融资租赁合同的内容一般包括租赁物的名称、数量、规格、技术性能、检验方法，租赁期限，租金构成及其支付期限和方式、币种，租赁期限届满租赁物的归属等条款。

融资租赁合同应当采用书面形式。

理解与适用

合同的内容，可以从两方面理解：一是从民事法律关系而言，合同的内容是指合同当事人享有的权利即债权和承担的义务即债务；换言之，合同的内容是指合同当事人依据法律规定和合同的约定所产生的权利义务关系，简称为合同权利和合同义务，或债权债务关系。[①] 二是从内在结构而言，合同的内容是指合同的各项条款。合同的条款是合同内容的外在的具体表现，依据《民法典》第470条规定，“合同的内容由当事人约定，一般包括下列条款……”由此表明，合同的条款是合同内容的固定化和表现，是确定合同当事人权利义务的根据；合同的条款必须明确、肯定、完整，并且不能够自相矛盾，否则，将构成合同的缺陷。本条第1款将融资租赁合同的内容界定为“一般包括”，明确该款的倡导性规范属性。

一、融资租赁合同的内容

根据本条第1款的规定，融资租赁合同一般包括以下条款。[②]

1. 租赁物的名称、数量、规格、技术性能、检验方法

融资租赁合同中有关租赁物的条款包括租赁物名称、数量、规格、技术性能、检验方法。租赁物是承租人指令出租人购买的标的物，是合同当事人双方权利和义务指向的对象，是融资租赁合同的必备条款。通常来说，租赁物都是价格

---

① 参见崔建远主编：《合同法》（第五版），北京，法律出版社2010年版，第20页。

② 参见谢怀栻等：《合同法原理》，北京，法律出版社2000年版，第422－423页。

较高、使用寿命较长的动产和不动产。大型机器设备、航空器、船舶等都是常见的融资租赁物。[①] 由于租赁物大多涉及专业技术内容，一般只在合同正文中简要提及，另附表详细说明，该附表为合同不可缺少的附件。值得注意的是，融资租赁合同成立之时并不要求租赁物已经现实存在，因此，融资租赁合同中有关租赁物的条款只要达到可得特定（合理识别）的标准即可，对租赁物名称、数量、规格、技术性能、检验方法应作灵活处理。

2. 租赁期限

租赁期限对于明确当事人权利义务的存续期间具有重要的法律意义。租赁期限一般根据租赁物的使用年限、利用租赁物所产生的效益，由双方当事人协商确定。但租赁期限并不一定同于租赁物的使用年限，在租赁物残余价值较高之时，尤为如此。租赁期限条款应当明确租赁期限的起止日期。基于融资租赁合同的融资属性，合同不可中途解约，因此，租赁期限条款应当明确约定。在租赁期限内，当事人双方无正当、充分的理由，不得单方要求解约或退租。

3. 租金构成及其支付期限和方式、币种

租金条款是合同的主要内容之一。本条例示的有关租金的条款，包括租金的构成及其支付期限和方式、币种。融资租赁交易实践中，有关租金的条款包括租金总额、租金构成、租金支付方式、支付地点和次数、租金支付期限、每期租金额、租金计算方法、租金币种等。其中，租金的构成一般包括购买租赁物的大部分或者全部成本以及出租人的合理利润；租金的支付期限，主要是针对融资租赁合同这种期限较长的继续性合同所作的分期支付安排；租金的支付方式包括以现金、支票等；币种包括人民币和外国货币，约定外国货币主要是针对在国外购买的标的物情形，既涉及外汇额度的监管，也涉及汇兑损失的分担。

4. 租赁期限届满租赁物的归属

租赁期限届满，承租人一般有三种选择权，即留购、续租或退租。在留购情况下，承租人取得租赁物的所有权。在续租和退租情况下，租赁物仍归出租人所有。在融资租赁交易中，虽然在租赁期限内租赁物仍然归属于出租人所有，但是出租人的所有权实际上只是承租人租金的担保，租赁物是为了承租人特别定作或者选择的，其对于承租人以外的人而言，可能没有直接的利用价值，且由于租赁期限很长，在届满后，返还对出租人而言也没有太大的意义。[②] 根据本法的规

① 参见魏耀荣等：《中华人民共和国合同法释论（分则）》，北京，中国法制出版社 2000 年版，第 245 页。

② 参见王利明：《合同法研究（第三卷）》（第二版），北京，中国人民大学出版社 2015 年版，第 369 页。

定，出租人和承租人可以约定租赁期限届满租赁物的归属；对租赁物的归属没有约定或者约定不明确，依据本法第510条的规定仍不能确定的，租赁物的所有权归出租人。当事人约定租赁期限届满租赁物归承租人所有，承租人已经支付大部分租金，但是无力支付剩余租金，出租人因此解除合同收回租赁物，收回的租赁物的价值超过承租人欠付的租金以及其他费用的，承租人可以请求相应返还。当事人约定租赁期限届满租赁物归出租人所有，因租赁物毁损、灭失或者附合、混合于他物致使承租人不能返还的，出租人有权请求承租人给予合理补偿。当事人约定租赁期限届满，承租人仅需向出租人支付象征性价款的，视为约定的租金义务履行完毕后租赁物的所有权归承租人。

除上述条款外，融资租赁合同一般还应包括租赁物的交付、使用、保养、维修和保险、担保、违约责任、合同发生争议时的解决方法、合同签订日期和地点等条款。

二、融资租赁合同的形式

本条第2款规定，融资租赁合同应当采用书面形式。融资租赁合同采用书面形式的原因在于：第一，当事人人数较多。在融资租赁合同中，一般会涉及三方当事人。第二，法律关系较为复杂。融资租赁合同是两个合同的结合，既有买卖又有租赁，法律关系较为复杂，因此需要以书面形式订立的合同来明确界定各方的权利义务关系。第三，租赁期限较长。在租赁期限届满后还涉及租赁物的归属问题，对当事人的权利义务影响重大，因此应当以书面形式加以确定。第四，可能具有涉外因素。有些融资租赁合同可能涉及外国产品，有些可能涉及外方当事人，因此，融资租赁合同经常具有涉外因素，如果不采用书面形式，将无法明确各方的权利义务关系。①

就立法原则而言，《民法典》废弃了形式主义原则，而改采同意主义原则，仅在个别情形基于立法政策的需要而实行形式强制。《民法典》第135条规定："民事法律行为可以采用书面形式、口头形式或者其他形式；法律、行政法规规定或者当事人约定采用特定形式的，应当采用特定形式。"第469条规定："当事人订立合同，可以采用书面形式、口头形式或者其他形式。""书面形式是合同书、信件、电报、电传、传真等可以有形地表现所载内容的形式。""以电子数据交换、电子邮件等方式能够有形地表现所载内容，并可以随时调取查用的数据电

① 参见王利明：《合同法研究（第三卷）》（第二版），北京，中国人民大学出版社2015年版，第364页。

文，视为书面形式。”第490条规定：“当事人采用合同书形式订立合同的，自当事人均签名、盖章或者按指印时合同成立。在签名、盖章或者按指印之前，当事人一方已经履行主要义务，对方接受时，该合同成立。”“法律、行政法规规定或者当事人约定合同应当采用书面形式订立，当事人未采用书面形式但是一方已经履行主要义务，对方接受时，该合同成立。”虽然《民法典》第135条使用了“应当”一词，但是《民法典》并没有就要式欠缺的法律后果作出明确的一般性规定，而相关法律、行政法规就个别类型合同的法定方式的效力又作出了各种不同的规定，由此造成理论与实务对于合同法定形式的效力问题一直争论不休，呈现出混乱、矛盾的评价状态。

在解释上，通说认为《民法典》第735条第2款这类书面形式并非合同的特别成立要件或者特别生效要件，仅具有证据的效力，而不影响合同的成立或者生效。① 亦有不少学者认为，根据对《民法典》第135条的反对解释，法律、行政法规规定或者当事人约定采取书面形式订立合同的，如果当事人未采用书面形式，除一方已经履行主要义务且对方接受的外，合同不成立。② 有学者认为，由于反对解释方法的特殊技术性③，并非任何法律规定均可为反对解释。《民法典》第490条是就履行治愈法定书面形式之欠缺所作的规定，其逻辑前提是法律、行政法规规定或者当事人约定采取书面形式订立合同，该书面形式构成合同成立要件时，可基于事后一方已经履行主要义务且对方接受之事实而治愈其成立方式的欠缺。由于我国法律大都未规定书面形式是合同的成立要件，因此，就该类合同的构成要件与其法律效果间之“行文”，即其相互间之逻辑关系观察，书面形式与法律效果之间仅为外延的包含关系，不得为反对解释。可见，成立要件说之解释并不足采。④

---

① 参见王利明主编：《合同法评论》（第2辑），北京，人民法院出版社2004年版，第108页。

② 参见李开国：《民法总则研究》，北京，法律出版社2003年版，第242页；韩世远：《合同法总论》，北京，法律出版社2004年版，第134页；江平主编：《中华人民共和国合同法精解》，北京，中国政法大学出版社1999年版，第28页。

③ 德国学者库鲁格（Klug）指出，某一法律规定可否作反对解释，应视其构成要件与其法律效果间之“行文”，即其相互间之逻辑关系加以决定。设将法律要件称为M，法律效果称为P，条文结构即为M—P。此条文结构在逻辑上分有如下三种：一为外延的包含，即有M就有P，M仅为P的充分条件，故有P未必有M。此种情形不得为反对解释。二为内涵的包含，即无M即无P，M为P的必要条件，故有P必有M。三为相互的包含，即有M即有P，无M即无P，M、P两相重叠。在后两种情形，均得为反对解释。参见杨仁寿：《法学方法论》，北京，中国政法大学出版社1999年版，第114-120页。

④ 参见王洪：《合同形式欠缺与履行治愈论》，载《现代法学》2005年第3期。

其他问题

融资租赁合同的生效，涉及融资租赁合同和买卖合同之间的关系问题。关于融资租赁合同的生效时间，存在不同的看法。[①]

1. 独立生效说

此观点认为，买卖合同与融资租赁合同相互独立、互不影响，一个合同的成立、生效并不影响另一个合同的成立、生效。出租人与承租人所订立的融资租赁合同一般应自成立起生效。从融资租赁合同的内容来看，它一般只是约定租赁物的名称、数量、规格、技术性能、检验方法，租赁期限，租金构成及其支付期限和方式、币种，租赁期限届满租赁物的归属等条款，不必约定须待出租人交付租赁物后才生效。如出卖人到期不交付租赁物，则为违约，应承担违约责任。因此，融资租赁合同的成立与生效不以买卖合同的成立、生效为前提。[②]

2. 非独立生效说

该理论认为，融资租赁合同由两个有着有机联系的合同构成，因此，买卖合同与租赁合同不能独立生效。该理论又分为两种不同的观点：一种观点认为，租赁合同签订之后，出租人和出卖人之间还应当签订一个买卖合同，应当以买卖合同的生效时间为融资租赁合同的生效时间。另一种观点认为，融资租赁合同必须以买卖合同的订立为前提。该观点认为，虽然有时先签订租赁合同，有时先签订买卖合同，但租赁合同的生效依一般合同的生效规则，而买卖合同则应在租赁合同订立后方可生效。[③]

3. 租赁合同交付生效说

此种观点认为，融资租赁合同是要物合同，即租赁合同自出卖人交付标的物并经承租人验收和向出租人出具接受标的物的收据后才生效。就租赁与买卖的关系而言，租赁合同自当事人双方签订合同之日起成立，但合同自承租人收到出卖人交付的标的物时生效。[④] 因为出租人与承租人订立租赁合同，合同已成立，但并未生效，须待承租人验收租赁物后且承租人受领交付且支付第一期租金，租赁

---

① 参见王利明：《合同法研究（第三卷）》（第二版），北京，中国人民大学出版社 2015 年版，第 364 页。

② 参见李克武：《关于融资租赁合同几个问题的探讨》，载《华中师范大学学报（哲社版）》1995 年第 3 期。

③ 参见徐维熔、王忆华、王成芝：《租赁会计与实务》，北京，中信出版社 1990 年版，第 150 页。

④ 参见全国人大常委会法制工作委员会（胡康生主编）编著：《中华人民共和国合同法释义》（第三版），北京，法律出版社 2013 年版，第 386 页。

合同才为有效，即租赁期限开始计算，用户负租金交付义务。[①]

笔者认为，当事人之间如无相反约定，应采第一种观点。

第七百三十七条

当事人以虚构租赁物方式订立的融资租赁合同无效。

本条主旨

本条是关于虚构租赁物的融资租赁合同的效力的规定。

相关条文

本条为新增。

《民法典各分编（草案）》（2018年8月）第527条　当事人以虚构租赁物等方式订立融资租赁合同掩盖非法目的的，融资租赁合同无效。

《民法典合同编（草案）（二审稿）》（2018年12月）第527条　当事人以虚构租赁物等方式订立融资租赁合同掩盖非法目的的，融资租赁合同无效。

《民法典（草案）》（2019年12月）第736条　当事人以虚构租赁物等方式订立融资租赁合同掩盖非法目的的，融资租赁合同无效。

《民法典（草案）》（2020年5月22日大会审议稿）第737条　当事人以虚构租赁物方式订立的融资租赁合同无效。

理解与适用

融资租赁交易中的租赁物，是经由承租人选择，再由出租人购买后出租给承租人使用的标的物，是融资租赁关系中的核心内容，直接影响到当事人之间的权利义务关系。如交易中根本没有租赁物，仅是融资及资金空转，就不能构成融资租赁法律关系。在融资租赁交易实践中，虚构租赁物表现为，通过伪造租赁物增值税发票虚构租赁物，合同中并没有提及租赁物，或虽提及但是不明确，或仅提到了租赁物的产地、规格等原则性条款等。[②]

《民法典（草案）》第736条曾经规定："当事人以虚构租赁物等方式订立融资租赁合同掩盖非法目的的，融资租赁合同无效。"合法形式掩盖非法目的的行

① 参见梁慧星：《融资性租赁若干法律问题》，载《法学研究》1993年第2期。

② 参见俞宏雷、王立新：《融资租赁与借款合同之比较研究》，载《中外法学》1996年第2期。

为，是指行为人利用一个合法的民事行为掩盖一个非法的民事行为。这种民事行为实际上包括两种：一是用来掩盖另一种民事行为的伪装行为；二是被掩盖的真实行为。[①] 也有学者认为，所谓合法形式掩盖非法目的的行为，是通过使用不直接违反禁止性规定的手段，在实质上实现法律所禁止内容的行为，在民法理论上称为脱法行为或规避行为。[②] 掩盖非法目的的行为与规避法律的行为并不完全等同。掩盖非法目的的行为是以一种行为掩盖另一种当事人所希望实施的行为；规避法律行为只是通过实施某种规避行为，达到违法的目的，而并没有实施掩盖的行为。如果行为人的法效意思或目的意思损害社会公共利益或违反法律、行政法规的强制性规定，则其应为“非法目的”[③]。《民法典》确认了通谋虚伪表示制度，与此同时继续规定了恶意串通，但不再单独规制掩盖非法目的的行为。因此，通谋虚伪表示与恶意串通、掩盖非法目的、规避行为之间彼此相互区分，各有其构成要件。

应当指出，如果当事人所掩盖的目的并不是违法的，而是合法的，则应按照行为的真实意图处理，使被掩盖的行为生效。[④] 但以虚构租赁物等方式订立融资租赁合同掩盖的目的，并不一定是非法的，为了避免解释上的冲突，本条删去了“掩盖非法目的”的表述。

一、以虚构租赁物方式订立的融资租赁合同的效力

本条是总则编通谋虚伪表示规定的具体化。[⑤] 本条规定尚须结合《民法典》第 146 条一起加以理解。该条第 1 款规定：“行为人与相对人以虚假的意思表示实施的民事法律行为无效。”本条与该款意义相当。这里确立了通谋虚伪表示无效的基本判断。通谋虚伪表示中欠缺与表示相应的效果意思。通谋虚伪表示应具备的要件有三：须有意思表示的存在；须表示与真意不符；须其非真意的表示与相对人通谋。[⑥] 在通谋虚伪表示中，表意人与相对人虽有共同实施法律行为的外观，但均不欲使表示出来的内容产生法律效力，即当事人的表示行为与效果意思

---

① 参见马强：《合同法总则》，北京，法律出版社 2007 年版，第 58 页。

② 参见梁慧星主编：《中国民法典草案建议稿附理由・总则编》，北京，法律出版社 2004 年版，第 148 页。

③ 梅夏英、邹启钊：《法律规避行为：以合法形式掩盖非法目的——解释与平息》，载《中国社会科学院研究生院学报》2013 年第 4 期。

④ 参见王利明、房绍坤、王轶：《合同法》，北京，中国人民大学出版社 2007 年版，第 170 页。

⑤ 参见黄薇（全国人大常委会法制工作委员会民法室主任）主编：《中华人民共和国民法典合同编解读（下册）》，北京，中国法制出版社 2020 年版，第 858 页。

⑥ 参见王泽鉴：《民法总则》，北京，北京大学出版社 2009 年版，第 285 页。

不一致。虽然我国确立了善意取得、表见代理、表见代表以及表见合伙等制度，对合理信赖交易外观的第三人进行特殊保护，但在法律行为领域尚有必要规定通谋虚伪表示的无效不得对抗善意第三人，即此种无效仅及于当事人之间，不可及于第三人，是一种相对的无效而非绝对的无效。①

“以虚构租赁物方式”，是指相关业务中的当事人为了在形式上满足融资租赁业务的相关条件，而实施的将“租赁物”从“无”到“有”的行为、活动。就“以虚构租赁物方式”的认定，有学者建议根据以下几个标准，结合主、客观两个方面的实施情况，进行综合判断：“（一）租赁物是否真实存在。具体包括以下事项：1. 租赁物在融资租赁合同签订时，是否能够使用；2. 租赁物在融资租赁合同签订时，是否仍具有使用价值；3. 租赁物的发票、合同是否存在，是否真实、合法、有效；4. 租赁物在融资租赁合同签订时的所有权归属；5. 其他关于租赁物是否存在的事项（影像资料等）。”“（二）相关当事人之间是否存在就设立融资租赁法律关系的合意：1. 融资租赁业务开展过程中或融资租赁合同签订前，出租人是否对租赁物进行了实地核验；2. 融资租赁业务开展过程中或融资租赁合同签订前，相关当事人是否共同实施了旨在虚构租赁物的通谋行为，以及相关当事人在主观上是否知道或者应当知道的相关情形，包括但不限于：（1）是否存在单独或者共同制作、编制内容无法反映真实财务情况的财务报告、审计报告、会计记账凭证等财务资料；（2）是否存在单独或者共同制作、编制内容无法反映‘租赁物’真实价值的资产评估报告或（和）其他用以证明‘租赁物’价值的文件、材料、信息等；（3）是否存在单独或者共同伪造、变造有关‘租赁物’的虚假权属证明文件、材料（如：发票、运单、提单、合同、航空器登记号码、船舶登记号码、地下管网分布图或规划图等）；（4）租赁物的价值与出租人向承租人所实际提供、投放之融资款总额之间的差额、空间；（5）是否存在其他旨在虚构租赁物的串通、共谋行为。”在此基础上，进一步总结了“以虚构租赁物方式”的常见情形：“（一）‘租赁物’并不存在，相关证据（包括但不限于：发票、运单、提单、合同、航空器登记号码、船舶登记号码、地下管网分布图或规划图）系当事人伪造、编造所形成；（二）‘租赁物’确实真实存在，但是其并非相关‘融资租赁业务’合同项下的‘租赁物’。主要表现为以下两种情形：（1）相关‘融资租赁业务’合同项下的‘租赁物’的所有权，在‘融资租赁业务’合同签订或生效时，已经转让给其他融资租赁公司并与之形成融资租赁法律关系的；（2）相关‘融资租赁业务’合同项下的‘租赁物’的所有权，在‘融资租赁业

① 参见曾大鹏：《〈民法总则〉“通谋虚伪表示”第一案的法理研判》，载《法学》2018年第9期。

务’合同签订或生效时，并不属于‘承租人’或原属于‘承租人’但已经转让给了其他主体（实务中，相关‘租赁物’的所有权实际属于‘承租人’的控股股东、实际控制人或关联方的这类情形，较为常见)，但是相关当事人仍然以该等‘租赁物’开展‘融资租赁业务’、签订‘融资租赁合同’的。”①

值得注意的是，虽然《融资租赁公司监督管理暂行办法》第 7 条第 2 款规定“融资租赁公司开展融资租赁业应当以权属清晰、真实存在且能够产生收益的租赁物为载体”，但就虚构租赁物的判断，并不以租赁物在融资租赁合同订立之时真实存在为前提。应承租人的指令，出租人向特定出卖人订购特定设备之时，该设备在融资租赁合同订立之时并不存在。在解释上，只要该设备此后交付承租人使用，并不构成“虚构租赁物”。

二、名为融资租赁合同，实为其他法律关系的合同的效力

《民法典》第 146 条第 2 款规定：“以虚假的意思表示隐藏的民事法律行为的效力，依照有关法律规定处理。”通谋虚伪表示应区分为表面行为和隐藏行为。表面行为亦称虚假行为、虚构行为、虚伪行为或伪装行为。② 其无效的原因在于相对人明知表意人意思表示的虚伪性，而且当事人均不欲使其发生法律效力，故法律殊无使之生效的必要。而隐藏行为体现了当事人的真实意愿，若其符合法律行为的有效要件，则应认定为有效。③

《融资租赁解释》第 1 条第 2 款规定：“对名为融资租赁合同，但实际不构成融资租赁法律关系的，人民法院应按照其实际构成的法律关系处理。”这并不意味着隐藏行为一定有效，而应按照该种法律关系去认定合同的效力，同样存在不成立、不生效、有效、无效、被撤销等多种可能。

在实践中，较为常见的是名为融资租赁实为借款的合同。对于此种情形就要按照借款合同法律关系进行处理，但如果存在合同无效的情形，比如存在诈骗或

---

① 黄恩霖、马泽鑫：《论〈民法典〉第七百三十七条的理解与适用——〈民法典〉对融资租赁业务的影响系列文章（之一)》，载微信公众号陆家嘴金租局，最后访问时间：2020 年 6 月 18 日。

② 有学者认为，通谋虚伪表示仅指虚伪行为，其中并未隐藏真实的民事法律行为，而隐藏民事法律行为则是在虚伪行为之中所隐藏的民事法律行为。参见杨立新：《〈民法总则〉规定的虚假民事法律行为的法律适用》，载《法律科学》2018 年第 1 期。但虚与实、假与真之间相互依存、不可或缺，故通说认为通谋虚伪表示也包含了隐藏行为。参见李适时主编：《中华人民共和国民法总则释义》，北京，法律出版社 2017 年版，第 455 页；沈德咏主编：《〈中华人民共和国民法总则〉条文理解与适用》下册，北京，人民法院出版社 2017 年版，第 976 页；陈甦主编：《民法总则评注》下册，北京，法律出版社 2017 年版，第 1047 页。

③ 参见王利明主编：《中华人民共和国民法总则详解》下册，北京，中国法制出版社 2017 年版，第 628－629 页。

非法集资等情况，应当认定合同无效。融资租赁公司签订的借款合同在性质上属于民间借贷。《民间借贷司法解释》第 11 条规定："法人之间、其他组织之间以及它们相互之间为生产、经营需要订立的民间借贷合同，除存在《中华人民共和国合同法》第五十二条、本规定第十四条规定的情形外，当事人主张民间借贷合同有效的，人民法院应予支持。"如在"工银金融租赁有限公司与华纳国际（铜陵）电子材料有限公司、铜陵大江投资控股有限公司和中国建设银行股份有限公司铜陵开发区支行融资租赁合同纠纷再审案"[1] 中，最高人民法院再审认为："即使通谋虚伪意思表示认定为无效，对于其隐藏的民事法律行为的效力，仍应根据相关法律规定作出判断。本案中，即使工银公司与华纳公司在签订合同之时，融资租赁行为系其通谋虚伪的意思表示，但其隐藏的民间借贷法律行为，并不当然无效。""案涉合同系企业间的借款合同关系，应当按照该性质认定合同的效力……工银公司如果违反监管规定，其应承担相应的行政责任，并不当然影响案涉民事合同的效力。华纳公司、大江公司无证据证明案涉合同具有民间借贷司法解释第十四条规定的合同无效情形。因此，华纳公司、大江公司、建行开发区支行关于合同无效的理由不成立，案涉 4 号《融资租赁合同》有效。"

值得注意的是，金融审判中出现尊重金融监管规章的趋势。《全国法院民商事审判工作会议纪要》第 31 条指出："违反规章一般情况下不影响合同效力，但该规章的内容涉及金融安全、市场秩序、国家宏观政策等公序良俗的，应当认定合同无效。人民法院在认定规章是否涉及公序良俗时，要在考察规范对象基础上，兼顾监管强度、交易安全保护以及社会影响等方面进行慎重考量，并在裁判文书中进行充分说理。"而《融资租赁公司监督管理暂行办法》第 8 条规定："融资租赁公司不得有下列业务或活动：……（二）发放或受托发放贷款；……"违反这一规章的借款合同的效力如何认定，值得研究。

根据《全国法院民商事审判工作会议纪要》的规定，民间借贷中，出借人的资金必须是自有资金。出借人套取金融机构信贷资金又高利转贷给借款人的民间借贷行为，既增加了融资成本，又扰乱了信贷秩序，根据《民间借贷司法解释》第 14 条第 1 项的规定，应当认定此类民间借贷行为无效。人民法院在适用该条规定时，应当注意把握以下几点：一是要审查出借人的资金来源。借款人能够举证证明在签订借款合同时出借人尚欠银行贷款未还的，一般可以推定为出借人套取信贷资金，但出借人能够举反证予以推翻的除外。二是从宽认定"高利"转贷行为的标准，只要出借人通过转贷行为牟利的，就可以认定为是"高利"转贷行

① 最高人民法院（2018）民再 373 号民事判决书。

为。三是对该条规定的“借款人事先知道或者应当知道”要件，不宜把握过苛。实践中，只要出借人在签订借款合同时存在尚欠银行贷款未还事实的，一般可以认为满足了该条规定的“借款人事先知道或者应当知道”这一要件。这一司法态度在一定程度上会影响到融资租赁公司签订的借款合同的效力。

根据《全国法院民商事审判工作会议纪要》的规定，未依法取得放贷资格的以民间借贷为业的法人，以及以民间借贷为业的非法人组织或者自然人从事的民间借贷行为，应当依法认定无效。同一出借人在一定期间内多次反复从事有偿民间借贷行为的，一般可以认定为是职业放贷人。如融资租赁公司在一定期间内并不从事融资租赁业务，专注于放贷，是否可能被认定为职业放贷人，从而认定虚假的融资租赁合同所隐藏的借款合同的效力，即值研究。

第七百三十八条

依照法律、行政法规的规定，对于租赁物的经营使用应当取得行政许可的，出租人未取得行政许可不影响融资租赁合同的效力。

本条主旨

本条是关于行政许可对融资租赁合同效力的影响的规定。

相关条文

《融资租赁解释》第 3 条　根据法律、行政法规规定，承租人对于租赁物的经营使用应当取得行政许可的，人民法院不应仅以出租人未取得行政许可为由认定融资租赁合同无效。

《民法典各分编（草案）》(2018 年 8 月）第 529 条　依照法律、行政法规的规定，承租人对于租赁物的经营使用应当取得行政许可的，出租人未取得行政许可不影响融资租赁合同的效力。

《民法典合同编（草案）（二审稿）》（2018 年 12 月）第 529 条　依照法律、行政法规的规定，承租人对于租赁物的经营使用应当取得行政许可的，出租人未取得行政许可不影响融资租赁合同的效力。

《民法典（草案）》(2019 年 12 月）第 738 条　依照法律、行政法规的规定，承租人对于租赁物的经营使用应当取得行政许可的，出租人未取得行政许可不影响融资租赁合同的效力。

《民法典（草案）》(2020 年 5 月 22 日大会审议稿）第 738 条　依照法律、行政法规的规定，对于租赁物的经营使用应当取得行政许可的，出租人未取得行政许可不影响融资租赁合同的效力。

理解与适用

融资租赁合同具有融资的属性和功能，融资租赁交易实际上相当于出租人贷款给承租人，用于购买后者所需要的租赁物，出租人所享有的租赁物所有权事实上只是担保贷款的清偿。① 出租人的缔约目的在于取得其所支出的资金的收益，并不在于租赁物的占有与使用。由此可见，法律、行政法规对于租赁物的经营使用应当取得行政许可的，也仅仅只是约束承租人，对于出租人而言自无拘束力。

一、未取得行政许可对合同效力的影响

行政许可是行政主体赋予行政相对人某种法律资格或法律权利的具体行政行为，是典型的公法行为。行政许可对平等民事主体之间订立合同效力的影响，不仅涉及公法与私法之间的协调问题，更是处理好维护公共利益与让市场在资源配置中起决定性作用两者关系的重大法律问题。对行政许可和合同效力之间采取不同的立场，意味着平衡私人自治的价值观与国家管制的国家意识之间的冲突，并且对于国家实现良性社会秩序循环基础上当事人利益的合理保障具有深远影响。

市场经济的发展依赖于成熟的市场机制，而良好的市场机制是由众多的交易行为所组成的。至于这些交易行为如何能够实现，则需要良好的市场资源配置，于是，这就强调合同自由原则的重要性，依此来实现鼓励交易、多种交易共同繁荣市场的良性循环。在此种情形下，如果过分地强调行政许可是合同效力的来源，则会大大限制合同行为，即交易行为的产生，从而不利于市场经济的健康发展。相反，只有使行政许可在最小范围的限度内发挥限制合同效力的作用，才能在最大限度内使市场发挥资源配置的效用。概言之，只有公法所规制的利益具有较高层次的价值，才能对私法进行有效的制约。由此关键所在，便是如何将公法对私法的有效限制控制在适度的范围内。一方面，这就需要国家将审批许可的项目进行整合，明确哪些项目应当进行审批，哪些项目应当裁撤审批环节；另一方面，则需要从更高层面去思考如何在管制私法范围的同时，保持诸如合同自由在内的私法自治的活力。②

---

① 参见黄薇（全国人大常委会法制工作委员会民法室主任）主编：《中华人民共和国民法典合同编解读（下册）》，北京，中国法制出版社 2020 年版，第 860 页。

② 参见肖学治：《融资租赁合同》，北京，中国民主法制出版社 2003 年版，第 78 页。

就未取得行政许可的合同效力，学说上一直存在争议，主要有以下几种观点。

第一，无效说。行政审批设置的目的是审查合同是否合法，避免合同出现违反法律、行政法规及公序良俗的情况，从而据此认定合同无效。① 《合同法解释（一）》出台，首次明确了“合同未生效”提法，“合同无效说”一定程度上逐渐被抛弃。

第二，未生效说。在没有经过行政审批之前，其效力处于有效无效之间，为“未生效”。依据《民法典》第502条第1款的规定，多数合同在成立的同时发生效力，而需经批准的合同在其依法成立后未经审批前是不生效的，即成立与生效不同时发生。合同的生效是双方由意思磋商发展到发生法律拘束力的动态过程，以“生效”为界，生效后自然应当发生合同有效的结果。② 在其成立后至生效前的阶段，当前合同的效力体系无法囊括此种情形，于是有学者提出，其成立后至生效前的阶段便是未生效的适用空间，“未生效”应作为独立的效力类型。③ 同时，《合同法解释（一）》第9条“合同未生效”的提法便成为这一学说的支撑。目前这一学说已成为主流，在《民法总则》起草过程中也有学者提出我国法律中现有效力类型无法将法律行为效力的所有形态都囊括在内，无法适应社会发展过程中的新要求，因此有必要承认未生效的法律行为作为一种独立的效力类型。④

第三，有效说。此说分为两种观点。一是借鉴区分原则提出未审批合同有效的观点，即区分合同效力与合同履行。区分原则认为，物权变动的原因是一个独立的法律事实，其结果也是独立的法律事实，这二者之间互相独立，其成立与生效应当区分，根据不同的法律进行判断。⑤ 审批作为一种行政手段，对合同效力并不产生影响，如果合同不存在效力瑕疵，此时合同就应当是有效的，当事人在合同成立后依据有效合同负有报批义务，进行报批是合同履行的体现，违反这一义务应当按照有效合同分配其责任。行政审批仅控制权利变动，未经审批则权利不能发生变动。⑥ 二是从契约自由和意思自治的角度出发，合同是当事人意思自

---

① 参见刘俊臣：《合同成立基本问题研究》，北京，中国工商出版社2003年版，第159页。

② 参见王利明：《合同法研究（第一卷）》（第三版），北京，中国人民大学出版社2018年版，第537页。

③ 参见许中缘：《未生效合同应作为一种独立的合同效力类型》，载《苏州大学学报（法学版）》2015年第1期。

④ 参见王轶：《民法总则法律行为效力制度立法建议》，载《比较法研究》2016年第2期。

⑤ 参见孙宪忠：《中国物权法总论》，北京，法律出版社2009年版，第248页。

⑥ 参见蔡立东：《行政审批与权利转让合同的效力》，载《中国法学》2013年第1期。

治的场域[①]，当事人的意思表示应被充分尊重，合同的成立是双方意思表示达成一致的结果，双方当事人都应受其约束。未审批合同符合一般生效要件，从尊重私法自治的角度，在其获批前合同效力应当认定为有效。[②] 同时，《合同法解释（一）》虽然出现了“合同未生效”的提法，但并没有在相关法律中进行具体规定，仅以司法解释作依据，无法表明其已经被认可成为独立的合同类型。

《全国法院民商事审判工作会议纪要》指出，法律、行政法规规定某类合同应当办理批准手续生效的，如《商业银行法》《证券法》《保险法》等法律规定购买商业银行、证券公司、保险公司5%以上股权须经相关主管部门批准，批准是合同的法定生效条件，未经批准的合同因欠缺法律规定的特别生效条件而未生效。实践中的一个突出问题是，把未生效合同认定为无效合同，或者虽认定为未生效，却按无效合同处理。无效合同从本质上来说是欠缺合同的有效要件，或者具有合同无效的法定事由，自始不发生法律效力。而未生效合同已具备合同的有效要件，对双方具有一定的拘束力，任何一方不得擅自撤回、解除、变更，但因欠缺法律、行政法规规定或当事人约定的特别生效条件，在该生效条件成就前，不能产生请求对方履行合同主要权利义务的法律效力。须经行政机关批准生效的合同，对报批义务及未履行报批义务的违约责任等相关内容作出专门约定的，该约定独立生效。一方因另一方不履行报批义务，请求解除合同并请求其承担合同约定的相应违约责任的，人民法院依法予以支持。须经行政机关批准生效的合同，一方请求另一方履行合同主要权利义务的，人民法院应当向其释明，将诉讼请求变更为请求履行报批义务。一方变更诉讼请求的，人民法院依法予以支持；经释明后当事人拒绝变更的，应当驳回其诉讼请求，但不影响其另行提起诉讼。人民法院判决一方履行报批义务后，该当事人拒绝履行，经人民法院强制执行仍未履行，对方请求其承担合同违约责任的，人民法院依法予以支持。一方依据判决履行报批义务，行政机关予以批准，合同发生完全的法律效力，其请求对方履行合同的，人民法院依法予以支持；行政机关没有批准，合同不具有法律上的可履行性，一方请求解除合同的，人民法院依法予以支持。

《民法典》第502条第2款规定：“依照法律、行政法规的规定，合同应当办理批准等手续的，依照其规定。未办理批准等手续影响合同生效的，不影响合同中履行报批等义务条款以及相关条款的效力。应当办理申请批准等手续的当事人

① 参见孙学致、郑倩：《特别要件及其成就前合同效力的新诠释》，载《国家检察官学院学报》2012年第5期。

② 参见孙学致、韩蕊：《特约生效要件成就前合同的效力——未生效合同概念批判之一》，载《当代法学》2011年第6期。

未履行义务的，对方可以请求其承担违反该义务的责任。”这一规定吸收了《全国法院民商事审判工作会议纪要》的司法态度。

二、租赁物经营使用未取得行政许可对融资租赁合同效力的影响

对于租赁物经营使用应取得而未取得行政许可对合同效力的影响问题，主要有以下三种观点。①

第一种观点认为，应将合同效力与行政许可脱钩，不论是承租人还是出租人有无获得行政许可，都不影响融资租赁合同效力。出租人与承租人之间主要是债权债务关系，承租人是否取得行政许可不应作为影响融资租赁合同效力的因素；融资租赁的本质属性在于其融资性，是一种金融业务，出租人提供的是资金产品，而非经营租赁物，出租人是否取得行政许可也不应影响融资租赁合同的效力。

第二种观点认为，出租人不需要具有租赁物经营许可，但要求承租人必须具有租赁物的经营许可。如出租人明知承租人应取得而未取得该项行政许可，则应认定融资租赁合同无效。租赁物的实际使用人是承租人，取得相应行政许可是承租人而非出租人的义务，只要承租人取得相应的资质即可。对于因承租人未取得该项行政许可，对融资租赁合同效力的影响也应作出明确。如果承租人和出租人都没有租赁物经营许可而继续认定合同有效，将架空法律、行政法规设立行政许可的立法目的。

第三种观点认为，对承租人未取得相应行政许可的融资租赁合同应认定无效，但应将承租人取得租赁物经营使用行政许可的时间限制在一审诉讼前。主要理由是，在最高人民法院已经出台的相关解释中，对合同效力的补正均采取限制补正时限的做法，以避免法律关系长期处于不稳定的状态。对此，有关司法解释一般将合同效力的补正限制在一审诉讼前（如买卖未取得预售许可的商品房的买卖合同的效力补正、转让划拨土地使用权的合同效力补正），有利于避免法律关系在进入法院诉讼后仍处于不稳定状态。

《融资租赁解释》第3条规定：“根据法律、行政法规规定，承租人对于租赁物的经营使用应当取得行政许可的，人民法院不应仅以出租人未取得行政许可为由认定融资租赁合同无效。”最高人民法院认为，对于租赁物上设定行政许可的限制仅仅是围绕承租人占有、使用租赁物的范围展开，从而排除了出租人与承租

① 参见最高人民法院编著：《司法解释理解与适用全集·合同卷2》，北京，人民法院出版社2018年版，第1116－1117页。

人之间的合同关系、出租人参与该关系的问题。[1] 本条采纳了这一观点。

融资租赁是以融物为形式，以融资为目的的交易模式。通常情况下出租人会按照承租人的要求，包括对租赁物的选择以及出卖人的认定进行购买，以取得租赁物的所有权，之后交由承租人经营使用。在这一过程中，出租人对租赁物的管领义务主要体现在两个阶段：第一，在与出卖人缔结买卖合同中，就租赁物的生产、规格、型号、价格、交付、安装、人员培训等进行确定、协商；第二，交付给承租人经营使用后，出租人仅就租赁物享有形式上的所有权，也就是出租人并不参与租赁物的经营使用，仅就所有权担保租金债权的清偿。因此，行政机关所针对的租赁物施以行政许可的限制，所指向的对象为出卖人、承租人，而非出租人。在排除其他影响合同效力的因素之外，仅以出租人没有取得行政许可而认定融资租赁合同无效，有欠妥当。[2]

自《融资租赁解释》实施以来，司法态度趋于统一。如在“北京大学第一医院、北京润通房地产开发有限责任公司合同纠纷上诉案”[3] 中，二审法院认为，“医疗器械的租赁使用并不以出租方是否取得行政许可作为合同的生效要件，本案中，《租赁合同》虽未被认定为融资租赁合同，但按照约定，设备是由润通公司出租给北大医院使用，而北大医院是一家三级甲等医院，当然具有合法使用涉案设备的资质。因此，北大医院以润通公司未取得医疗器械特许经营资格为由要求认定合同无效，没有法律依据，其该项上诉主张不能成立。”

其他问题

本条是适用于对使用融资租赁设备的整体项目需要取得行政许可的情形，还是仅适用于经营使用租赁物行为本身需要取得行政许可的情形？例如，承租人为建设电厂，以融资租赁方式购买发电设备，但发电项目的审批可能要数年的时间，并且有可能最终未获得审批，如因此而导致融资租赁合同无效，将大大增加租赁公司的经营风险。而且，在售后回租模式下，承租人将审批过的已经建成的项目出售给出租人取得资金，然后从出租人处租回使用该项目。但是承租人拿着出售资产的资金投入其他在建的、与租赁项目无关的，未经国家有关部门审批的项目中，完全可以规避项目报批义务。对此，最高人民法院认为，本条仅适用于经营使用租赁物行为本身需要取得许可的情形，而使用租赁物从事的工程或项目

① 参见江必新主编：《融资租赁合同纠纷》，北京，法律出版社2014年版，第39页。
② 参见江必新主编：《融资租赁合同纠纷》，北京，法律出版社2014年版，第39-40页。
③ 北京市第二中级人民法院（2017）京02民终5631号民事判决书。

是否需要取得许可不影响融资租赁合同的效力。因此，对于使用融资租赁设备的整体项目需要取得行政许可的情形，不适用本条的规定。[①]

第七百三十九条

出租人根据承租人对出卖人、租赁物的选择订立的买卖合同，出卖人应当按照约定向承租人交付标的物，承租人享有与受领标的物有关的买受人的权利。

本条主旨

本条是关于买受人与受领标的物有关的权利的规定。

相关条文

《合同法》第 239 条　出租人根据承租人对出卖人、租赁物的选择订立的买卖合同，出卖人应当按照约定向承租人交付标的物，承租人享有与受领标的物有关的买受人的权利。

《国际融资租赁公约》第 10 条　供货人依供货合同的义务亦可向承租人履行，就如同承租人是该供货合同的当事人，该租赁物是直接提供给承租人一样。但是，供货人就同一损害不应既向出租人又向承租人承担责任。

《民法典各分编（草案）》（2018 年 8 月）第 530 条　出租人根据承租人对出卖人、租赁物的选择订立的买卖合同，出卖人应当按照约定向承租人交付标的物，承租人享有与受领标的物有关的买受人的权利。

《民法典合同编（草案）（二审稿）》（2018 年 12 月）第 530 条　出租人根据承租人对出卖人、租赁物的选择订立的买卖合同，出卖人应当按照约定向承租人交付标的物，承租人享有与受领标的物有关的买受人的权利。

《民法典（草案）》（2019 年 12 月）第 739 条　出租人根据承租人对出卖人、租赁物的选择订立的买卖合同，出卖人应当按照约定向承租人交付标的物，承租人享有与受领标的物有关的买受人的权利。

《民法典（草案）》（2020 年 5 月 22 日大会审议稿）第 739 条　出租人根据承租人对出卖人、租赁物的选择订立的买卖合同，出卖人应当按照约定向承租人交付标的物，承租人享有与受领标的物有关的买受人的权利。

---

① 参见江必新主编：《融资租赁合同纠纷》，北京，法律出版社 2014 年版，第 41 页。

理解与适用

融资租赁合同兼具融资性和融物性的要素。基于融物性，在《民法典》关于租赁合同的规定之下，出租人应当按照约定将租赁物交付承租人，并在租赁期限内保持租赁物符合约定的用途（第708条）。但基于融资性，出租人根据承租人对出卖人、租赁物的选择订立买卖合同，并无意受领标的物之后再将标的物交付承租人，而由出卖人直接向承租人交付租赁物。[①] 之所以法律规定租赁物由出卖人依约定交付给承租人，主要是基于以下原因[②]：首先，租赁物以及出卖人均由承租人选定，有关租赁物的规格及技术性能均由承租人把握，而出租人只是按照承租人的选择进行购买，对承租人所选定的租赁物的规格及技术性能不可能也没有必要完全了解，因此，出卖人是否按照约定交付合格的租赁物，出租人并不易判断。相反，承租人对于租赁物的规格及技术性能最为熟悉，由其直接受领效率更高，在发生纠纷时也更容易解决。其次，这种交付方式和融资租赁合同各当事人所追求的目的有关。出租人出资购买租赁物，仅出于融资的目的，将标的物出租并获取利润。出租人本身并不具有对租赁物占有、使用、处分、收益的意图，其只是取得租赁物的形式意义上的所有权，并将其作为租金清偿的保障。因此，对于出租人而言，其接受租赁物已无实际意义；对于出卖人而言，其仅欲完成履行义务，至于向谁给付，差别不大；对于承租人而言，这种方式可以让其更早地接收标的物，投入生产，更具有效率。由此可见，基于效率和各当事人合同目的的要求，由出卖人直接交付给承租人这种方式更具有实际意义。

本条前句规定："出租人根据承租人对出卖人、租赁物的选择订立的买卖合同，出卖人应当按照约定向承租人交付标的物"。承租人并不是买卖合同的买受人，但这里规定出卖人向承租人交付标的物。本条所称的交付，仅指现实交付，亦即出卖人将标的物移转予承租人，使承租人实际占有和控制该标的物。融资租赁交易中的租赁物是按照承租人的要求购买的，作为出租人的买受人实际上只是资金提供者，其本身并不关注租赁物的情况，一般也没有相应的知识和能力去了解租赁物，因此，出租人自然不宜承担对租赁物太多的义务，这也是融资租赁区别于传统租赁的显著特点之一。出卖人的主要义务是按照约定交付标的物。一是按照约定的质量、数量等交付标的物。有关标的物的质量、数量等，通常是按照承租人的要求而确定的。由出卖人直接将标的物交付给承租人，但即便由出卖人

---

① 参见李永军、易军：《合同法》，北京，中国法制出版社2009年版，第527页。

② 参见张懋主编：《合同法条文案例释解》，北京，人民出版社1999年版，第423-424页。

交付，也应当符合承租人的要求。如标的物与融资租赁合同的标的物不符合，则承租人有权拒绝履行自己的义务。二是按照约定的期限交付标的物。标的物的交付期限对于承租人的利益影响也较大，因而，如果当事人有约定的，应当按照约定的期限交付。三是按照约定的地点进行交付。当事人通常都约定了标的物的交付地点，如以航空器为租赁物的，可能以承租人的公司住所地为交付地点。如果当事人没有约定的，应当适用《民法典》第 510 条、第 511 条的规定确定交付地点。如果出卖人交付的标的物不合格，或者未按照约定的期限、地点等交付，则承租人有权拒绝受领。①

本条后句规定："承租人享有与受领标的物有关的买受人的权利"。承租人并不是买卖合同的买受人，但依本条的规定，承租人享有买受人的受领权利。出卖人直接向承租人交付租赁物，承租人受领租赁物，与受领租赁物相关的权利自然也随之转让给承租人。无论买卖合同中是否约定承租人享有受领权，承租人都可以依据《民法典》关于买卖合同的规定，享有买受人的部分权利。"与受领标的物有关的买受人的权利"通常包含两方面的内容，一是对租赁物的检验权利，二是拒绝接受不符合要求的租赁物的权利。② 此种权利是依据法律的规定由承租人享有的，因为此项权利体现了融资租赁合同的特殊性，所以，法律上需要对其作出特别规定。既然承租人享有受领的权利，其也负有相应的义务，即在规定的时间、地点受领标的物，并且应当按照合同的约定支付运输费用等。从买卖合同的角度来看，其具有利益第三人合同的特点。这是因为出租人和出卖人之间订立了买卖合同，使承租人享有了与受领标的物有关的买受人的权利。③

值得注意的是，承租人依法享有与受领租赁物有关的买受人的权利，但并不能据此认定出租人将买卖合同项下权利义务全部转让给承租人。案涉《融资租赁合同》及《买卖合同》中虽然约定由承租人自主选择出卖人和租赁物，并直接接收租赁物等事宜，以及办理因买卖合同发生的争议，承担由此发生的一切法律责任，但并未明确约定出租人不再享有买受人权利。因此，不能认定出租人已通过法律规定及合同约定的方式将其与受领标的物有关的买受人权利包括解除合同的权利转移给了承租人。④

---

① 参见王利明：《合同法研究（第三卷）》（第二版），北京，中国人民大学出版社 2015 年版，第 371-372 页。

② 参见肖学治：《融资租赁合同》，北京，中国民主法制出版社 2003 年版，第 91 页。

③ 参见王利明：《合同法研究（第三卷）》（第二版），北京，中国人民大学出版社 2015 年版，第 372 页。

④ 参见"沈阳恒信租赁有限公司与佛山市南海区明晟机械制造有限公司买卖合同纠纷再审案"，最高人民法院（2018）民申 145 号民事裁定书。

第七百四十条

出卖人违反向承租人交付标的物的义务，有下列情形之一的，承租人可以拒绝受领出卖人向其交付的标的物：

（一）标的物严重不符合约定；

（二）未按照约定交付标的物，经承租人或者出租人催告后在合理期限内仍未交付。

承租人拒绝受领标的物的，应当及时通知出租人。

本条主旨

本条是关于出卖人违约交付标的物的救济的规定。

相关条文

《融资租赁解释》第5条　出卖人违反合同约定的向承租人交付标的物的义务，承租人因下列情形之一拒绝受领租赁物的，人民法院应予支持：

（一）租赁物严重不符合约定的；

（二）出卖人未在约定的交付期间或者合理期间内交付租赁物，经承租人或者出租人催告，在催告期满后仍未交付的。

承租人拒绝受领租赁物，未及时通知出租人，或者无正当理由拒绝受领租赁物，造成出租人损失，出租人向承租人主张损害赔偿的，人民法院应予支持。

《国际融资租赁公约》第12条

1. 租赁物未交付、迟延交付，或不符合供货合同约定的：

（a）对出租人，承租人有权拒收租赁物或解除租赁合同；以及

（b）出租人有权提供符合供货合同约定的租赁物对违约做出补救，如同承租人已经同意按照与供货合同相同的条款向出租人购买租赁物一样。

2. 前款规定的权利，应当按照与承租人同意根据与供货合同相同的条款向出租人购买租赁物时相同的方式行使，且在同样的情况上丧失。

3. 承租人有权拒付租赁合同项下的应付租金，直至出租人对其违约做出补救，提供了符合供货合同约定的租赁物，或者承租人丧失了拒收租赁物的权利。

4. 承租人行使其解除租赁合同的权利的，承租人有权请求返还其预先支付的任何租金及其他款项，但应减去承租人已从该租赁物取得的收益相当的合理金额。

5. 承租人不因租赁物未交付、交付迟延或不符合约定而对出租人享有其他

的请求权，但这些结果是由于出租人的作为或不作为所造成的，除外。

6. 本条规定并不影响承租人依本公约第10条的规定对供货人享有的的权利。

《民法典各分编（草案）》（2018年8月）第531条　出卖人违反向承租人交付标的物的义务，有下列情形之一的，承租人可以拒绝受领出卖人向其交付的租赁物：

（一）租赁物严重不符合约定；

（二）出卖人未在约定期间或者合理期间内交付租赁物，经承租人或者出租人催告，在催告期满后仍未交付。

承租人拒绝受领租赁物的，应当及时通知出租人。

《民法典合同编（草案）（二审稿）》（2018年12月）第531条　出卖人违反向承租人交付标的物的义务，有下列情形之一的，承租人可以拒绝受领出卖人向其交付的租赁物：

（一）租赁物严重不符合约定；

（二）出卖人未在约定期间或者合理期间内交付租赁物，经承租人或者出租人催告，在催告期满后仍未交付。

承租人拒绝受领租赁物的，应当及时通知出租人。

《民法典（草案）》（2019年12月）第740条　出卖人违反向承租人交付标的物的义务，有下列情形之一的，承租人可以拒绝受领出卖人向其交付的租赁物：

（一）租赁物严重不符合约定；

（二）未按照约定交付租赁物，经承租人或者出租人催告后在合理期限内仍未交付。

承租人拒绝受领租赁物的，应当及时通知出租人。

《民法典（草案）》（2020年5月22日大会审议稿）第740条　出卖人违反向承租人交付标的物的义务，有下列情形之一的，承租人可以拒绝受领出卖人向其交付的租赁物：

（一）租赁物严重不符合约定；

（二）未按照约定交付租赁物，经承租人或者出租人催告后在合理期限内仍未交付。

承租人拒绝受领租赁物的，应当及时通知出租人。

理解与适用

承租人享有受领和拒绝受领租赁物的权利，源自承租人取得了买卖合同项下与出租人同样的买受人地位，相当于成为买卖合同的当事人之一。这种权利和地位的取得，需要突破合同相对性的原则。出卖人按照约定向承租人交付租赁物，承租人享有与受领租赁物有关的买受人的权利，是依据《民法典》第739条“出租人根据承租人对出卖人、租赁物的选择订立的买卖合同，出卖人应当按照约定向承租人交付标的物，承租人享有与受领标的物有关的买受人的权利”之规定。本条赋予承租人直接向出卖人拒绝受领瑕疵给付或迟延给付的权利，使出卖人与承租人建立法律上的关系。这两条既是突破买卖合同相对性原则的重要体现，属于《民法典》第465条第2款所述法律另有规定的情形①，也是融资租赁合同与租赁合同的一个重要区别。②

一、承租人对于标的物的受领

受领租赁物，既是承租人的权利，也是承租人的义务。从权利的角度，承租人有权受领租赁物，且出卖人不得拒绝将租赁物交付给承租人；从义务的角度，承租人应严格依照合同的适当履行原则，在约定的时间、地点，以约定的方式受领租赁物。承租人违反受领租赁物的义务，则须承担因其拒绝受领而导致的延迟履行责任或者违约责任。③ 其义务主要有：第一，接收租赁物。承租人应当按照合同约定的时间、地点、验收方法接收标的物，这是承租人协助出卖人履行给付义务的体现，既是承租人的权利，也是承租人的义务。如果其无正当理由不接收租赁物，则承租人将要承担相应的迟延履行责任。第二，对租赁物的检验。相较于出租人而言，对于承租人对租赁物的特征及规格更了解，也更专业。因为对于租赁物和出卖人，都是在承租人的选择下进行的，所以，对租赁物的检验，也应当由承租人来进行。承租人在接收租赁物之时，有权利对租赁物进行检验，出卖人不得拒绝承租人的检验要求。如果检验不合格，承租人可以拒绝接收。如果承租人怠于对租赁物进行检验，并因此而没有发现租赁物的瑕疵，由此而导致租赁物的价值减损，则承租人应自己承担此种瑕疵损失。第三，在检验租赁物之后，应当及时通知出租人。承租人对租赁物进行检验之后，应及时通知出租人检验的结果，如果符合买卖合同约定，则承租人即应按照约定向出租人支付租金；如果不符合买卖合同约定，则应按照融资租赁合同约定，行使索赔权。承租人的通知义务应当慎重行使，因为一旦通知发出，既构成了出卖人交付租赁物的证据，也

① 参见黄薇（全国人大常委会法制工作委员会民法室主任）主编：《中华人民共和国民法典合同编解读（下册）》，北京，中国法制出版社2020年版，第863页。

② 参见江必新主编：《融资租赁合同纠纷》，北京，法律出版社2014年版，第47页。

③ 参见肖学治：《融资租赁合同》，北京，中国民主法制出版社2003年版，第35页。

构成了出租人取得租赁物所有权的证据。[①]

二、承租人对于标的物的拒绝受领

本条第1款规定："出卖人违反向承租人交付标的物的义务，有下列情形之一的，承租人可以拒绝受领出卖人向其交付的标的物：（一）标的物严重不符合约定；（二）未按照约定交付标的物，经承租人或者出租人催告后在合理期限内仍未交付。"之所以设立如此高的拒绝受领权行使门槛，出发点是保护出租人的利益。[②] 融资租赁是一项以融物为依托的融资行为，具有较强的融资性特征，且一般资金量较大，租期也较长，通常都是几年甚至十几年，涉及的租赁物通常也都是用于生产经营的大型机器设备，其中很多都是专门按承租人的要求定制的特种设备，这与一般买卖行为中的普通标的物有很大不同，与传统出租在资金量、租赁期限和租赁物特性等方面也有较大差异。出租人按照承租人的要求，与承租人选定的出卖人签订了租赁物的买卖合同，并支付了购买租赁物的价款，应当视为已经履行了融资租赁合同项下的主要义务。从尽可能维护交易稳定性的角度出发，应尽量努力促使合同能够继续履行，对承租人拒绝受领租赁物的条件不宜放得过宽。同时，也应给予出租人或出卖人合理的补救机会，允许其在合理期限内对不符合约定的租赁物进行维修、调试、更换或重新生产等，以达到合同要求，符合承租人的使用标准。从实际出发，在承租人拒绝受领租赁物的判定条件上，应以是否能够实现承租人的使用目的为标准。

"标的物严重不符合约定"的，承租人可以拒绝受领出卖人向其交付的标的物。若承租人仅以租赁物上存在微小的瑕疵，该瑕疵并不会导致租赁物的使用价值严重降低，那么在影响生产经营时拒绝受领，则受损害的就不仅仅是出卖人的利益，其会影响到整个融资租赁合同中所有主体的利益。因此，关于承租人拒绝受领租赁物的条件必须加以严格限制。只有当租赁物的瑕疵足以影响到正常的生产经营，承租人无法使用该租赁物实现合同目的时，才允许承租人行使拒绝受领的权利，并有权向出卖人或者出租人进一步主张合同救济。[③]

"未按照约定交付标的物，经承租人或者出租人催告后在合理期限内仍未交付"的，承租人可以拒绝受领出卖人向其交付的标的物。就出卖人未按合同约定时间交付的情况而言，主要包括迟延交付和未交付两种情况。对于迟延交付的情

---

① 参见江必新主编：《融资租赁合同纠纷》，北京，法律出版社2014年版，第46－47页。

② 参见雷继平、原爽、李志刚：《交易实践与司法回应：融资租赁合同若干法律问题——〈最高人民法院关于审理融资租赁合同纠纷案件适用法律问题的解释〉解读》，载《法律适用》2014年第4期。

③ 参见秦国勇：《融资租赁法律实务》，北京，法律出版社2011年版，第50页。

况，有必要进行限制，这是因为，作为融资租赁合同的标的物，租赁物多为大型机械设备或者交通运输工具，其运输、安装、检验乃至进口报关手续等相对更为复杂，故出卖人逾期交付的情形比较常见。如仅因非出卖人的过错导致租赁物交付的短暂迟延，又未影响承租人正常使用的，即允许承租人拒绝受领租赁物，对出卖人的要求显然过于苛刻，也不利于整个融资租赁交易的正常履行。因此，有必要对逾期交付的情形作出适当限制。结合《民法典》第 563 条第 3 项来看，本条第 1 款第 2 项允许拒绝受领租赁物的情形，可以理解为出卖人迟延履行主要债务，且经催告后在合理期限内仍未履行的情形，应该满足解除买卖合同的法定条件。①

本条第 2 款规定："承租人拒绝受领标的物的，应当及时通知出租人。"出租人作为买卖合同中的一方当事人，对于合同的履行享有绝对的知情权；尽管出租人在买卖合同中仅有为支付标的物价款的义务，但这并不排除出租人作为合同的主体，对合同的权利行使享有知情的权利。虽然承租人是实际意义上的买受人，但其行使拒绝履行义务后势必会对出租人支付标的物价款的义务产生重大影响；如果承租人没有通知出租人拒绝受领了租赁物，则出租人支付标的物价款义务将会受到影响，出租人就会因此行为付出相应的成本代价。依据诚实信用原则以及全面履行原则，承租人亦得将拒绝受领标的物的事实及时通知出租人。本条仅仅只是将这一义务予以明确，并非为承租人设定额外的义务。承租人履行通知义务，并不需要额外付出成本；相反，承租人履行通知义务，一方面确保自己的利益，为以后进行抗辩提供了证据，另一方面也确保了出租人的利益，于己于人均有利。基于上述理由，承租人行使拒绝受领权利后，应当履行通知的义务。② 值得注意的是，本条第 2 款删去了《融资租赁解释》第 5 条第 2 款的"造成出租人损失，出租人向承租人主张损害赔偿"。这一修改并不表明，在承租人未及时通知出租人，或者无正当理由拒绝受领租赁物，造成出租人损失之时，出租人就没有损害赔偿请求权。在将通知义务定为明文的情形下，违之自当承担违约责任，但请求权基础不在本条，而在第 577 条、第 582 条、第 584 条等相关法条。

第七百四十一条

出租人、出卖人、承租人可以约定，出卖人不履行买卖合同义务的，由承租

① 需要指出的是，解除买卖合同的标准与解除融资租赁合同的标准不同。参见《融资租赁解释》第 11 条。

② 参见江必新主编：《融资租赁合同纠纷》，北京，法律出版社 2014 年版，第 49 页。

人行使索赔的权利。承租人行使索赔权利的，出租人应当协助。

本条主旨

本条是关于出卖人违约的索赔权的规定。

相关条文

《合同法》第 240 条 出租人、出卖人、承租人可以约定，出卖人不履行买卖合同义务的，由承租人行使索赔的权利。承租人行使索赔权利的，出租人应当协助。

《民法典各分编（草案）》（2018 年 8 月）第 532 条 出租人、出卖人、承租人可以约定，出卖人不履行买卖合同义务的，由承租人行使索赔的权利。承租人行使索赔权利的，出租人应当协助。

《民法典合同编（草案）（二审稿）》（2018 年 12 月）第 532 条 出租人、出卖人、承租人可以约定，出卖人不履行买卖合同义务的，由承租人行使索赔的权利。承租人行使索赔权利的，出租人应当协助。

《民法典（草案）》（2019 年 12 月）第 741 条 出租人、出卖人、承租人可以约定，出卖人不履行买卖合同义务的，由承租人行使索赔的权利。承租人行使索赔权利的，出租人应当协助。

《民法典（草案）》（2020 年 5 月 22 日大会审议稿）第 741 条 出租人、出卖人、承租人可以约定，出卖人不履行买卖合同义务的，由承租人行使索赔的权利。承租人行使索赔权利的，出租人应当协助。

理解与适用

在出卖人不履行买卖合同义务时，如交付的标的物不合格或迟延，承租人有权直接请求其承担责任，出卖人也负有修理、替换以及损害赔偿的义务。法律作出此种规定的主要原因在于：第一，因承租人受领标的物，并对标的物进行验收，所以，承租人对于标的物是否符合合同约定的情况最为了解，应当由承租人行使索赔的权利。第二，因承租人对标的物进行实际使用，如果标的物存在瑕疵或功能上的缺陷，承租人持有第一手资料，只有其才能够提出不合格的证据，而出租人一般是融资租赁公司，对于标的物具体的性能、使用方法、操作规范等情况并不了解，因此出租人应当协助承租人行使索赔的权利。第三，有利于简化索赔权的行使的程序。因为按照合同相对性规则，此种索赔的权利应当由出租人行使。如果不移转索赔权，则需要形成两个诉讼，即首先由承租人向出租人主张权利，然后再由出租人起诉出卖人。而如果法律直接允许承租人诉出卖人，则极大地简化了索赔权的行使程序，节约了权利行使的成本。[①]

一、承租人的索赔权

索赔权仅仅是指提起赔偿的权利，还是泛指出卖人不履行买卖合同的情况下买受人所享有的请求权？有学者认为，根据出卖人不履行合同义务的情况不同，承租人所享有的索赔权利内容不同。首先，若出卖人未按约定向承租人交付租赁物的，为违约行为，应负违约责任。承租人可以要求出卖人继续履行交付义务，也可以解除合同，并要求赔偿损失。其次，如出卖人交付的标的物虽不符合约定的条件但不影响使用，承租人愿意继续使用的，可以要求减少价金。再者，若出卖人交付的标的物不能利用，则承租人可以根据情况要求出卖人予以修理或者更换。最后，如出卖人交付的租赁物无法实现合同的目的，承租人可以要求解除合同并赔偿损失。[②] 有学者认为，从本条第 1 句的规定中可知，索赔权是因出卖人不履行买卖合同之义务而产生的。不履行买卖合同之义务的范围很宽泛，可能是没有按期交付标的物，或交付标的物在数量或质量上不符合约定等。同时，《融资租赁解释》第 5 条就出卖人可能违反合同的行为进行了列举，如出卖人延迟交货、交付的租赁物质量或数量存在问题，以及其他违反买卖合同约定的行为。由此可见，本条第 1 句所指的索赔权是泛指因出卖人不履行买卖合同，买受人由此而享有的债权。[③]

承租人直接向出卖人行使索赔权的情况主要包括：

1. 出卖人交付的租赁物本身不符合合同约定时，承租人可以要求：（1）减少价金。如果出卖人交付的标的物虽不符合合同约定，但不影响使用，而承租人也愿意继续使用的，可以按质论价，要求出卖人减少价金。（2）修理、调换。当出卖人交付的租赁物不能正常使用时，根据租赁物的具体情况，承租人可以请求出卖人负责修理或者另行交付无瑕疵的租赁物，并承担因修理、调换而支付的实际费用。（3）折价补偿。如果出卖人交付的租赁物虽不符合合同约定，但不影响使用，而承租人也愿意继续使用的，可以要求出卖人折价用以抵偿部分租金。（4）支付违约金。在出卖人交付的租赁物不符合合同约定时，承租人可以请求出卖人支付约定的或者法定违约金。在违约金不足以抵偿损失时，承租人还可以要

① 参见王利明：《合同法研究（第三卷）》（第二版），北京，中国人民大学出版社 2015 年版，第 382 页。

② 参见郭明瑞主编：《合同法学》，上海，复旦大学出版社 2007 年版，第 327 页。

③ 参见胡晓媛：《融资租赁出租人风险承担及其控制》，载《法学》2011 年第 1 期。

求出卖人支付损害赔偿金。（5）解除合同并赔偿损失。当出卖人交付的租赁物由于质量问题无法使用时，承租人可以要求解除其与出租人之间的融资租赁合同，进而导致买卖合同的解除。

2. 出卖人未交付或者迟延交付租赁物的，承租人可以请求出卖人继续履行交付义务，并请求支付违约金，或者同时要求赔偿损失。[①]

裁判实践中，承租人直接索赔权由出租人、出卖人、承租人等三方共同约定的，裁判结果均予认可[②]；承租人直接索赔权由承租人与出租人双方约定的，裁判结果均予认可[③]；承租人直接索赔权由承租人与出卖人双方约定的，裁判结果均予认可。[④] 也有观点认为，即使相关交易合同中对承租人直接索赔权没有约定，亦应认可承租人享有直接索赔权。如在“段敏与中国电建集团租赁有限公司融资租赁合同纠纷上诉案”[⑤] 中，法院即认为，“《中华人民共和国合同法》第二百四十条关于出租人、出卖人、承租人可以约定出卖人不履行买卖合同义务的由承租人行使索赔的权利的规定，是指出租人可以将其索赔权转让给承租人，但并不能得出承租人只有在出租人明确转让索赔权时才能向出卖人索赔的结论，《融资租赁解释》亦未明确规定承租人对出卖人的索赔权必须来源于出租人的转让”。

二、出租人的协助

本条后句规定，承租人行使索赔权利的，出租人应当协助。这是因为，出租人作为租赁物买卖合同的当事人，虽然可以将对出卖人的索赔权让与承租人，但这并不能改变其在租赁物买卖合同中的法律地位。所以承租人在行使索赔权时，仍需要得到出租人的协助，譬如为承租人提供一些相关的单据票证等，以便于承租人与出卖人进行协商。同时，出租人协助承租人行使索赔权，在一定意义上也

① 参见最高人民法院编著：《司法解释理解与适用全集·合同卷2》，北京，人民法院出版社2018年版，第1141页；全国人大常委会法制工作委员会（胡康生主编）编著：《中华人民共和国合同法释义》（第三版），北京，法律出版社2013年版，第389页。

② 如“贵州詹阳动力重工有限公司、杨成买卖合同纠纷上诉案”，贵州省贵阳市中级人民法院（2019）黔01民终518号民事判决书；“拉赫兰顿融资租赁（中国）有限公司与中国人民解放军第二二四医院融资租赁合同纠纷案”，上海市浦东新区人民法院（2015）浦民六（商）初字第6285号民事判决书；等等。

③ 如“江苏金融租赁股份有限公司与成都市西区医院、四川三友集团股份有限公司、苏美达国际技术贸易有限公司融资租赁合同纠纷上诉案”，江苏省南京市中级人民法院（2018）苏01民终424号民事判决书；“魏县中医医院与中恒国际租赁有限公司融资租赁合同纠纷上诉案”，北京市第二中级人民法院（2018）京02民终8295号民事判决书；等等。

④ 如“陈玉民与北京市三一重机有限公司融资租赁合同纠纷案”，北京市昌平区人民法院（2014）昌民（商）初字第13021号民事判决书。

⑤ 四川省成都市中级人民法院（2017）川01民终2995号民事裁定书。

是在维护自己的利益，因为租赁物买卖合同履行得如何，直接关系到融资租赁合同的履行，如果租赁物买卖合同中出卖人不交付或者交付的标的物不符合合同约定，承租人无法使用租赁物，也就无法实现租赁合同的目的，同时也会影响承租人向出租人支付租金。所以，出租人为避免自己利益受到损害，应积极履行协助承租人行使索赔权这一义务。①

本条所称的“协助”主要包括如下几个方面的内容：一是帮助寻找出卖人。在一些融资租赁中，出卖人是承租人指定的，承租人很容易找到；而在另一些融资租赁中，承租人只是确定了租赁物，而没有确定出卖人，由出租人具体确定出卖人，在发生争议后，出租人就应当帮助承租人寻找出卖人。二是帮助提供证据。在买卖合同的签约过程中，主要是出租人和出卖人之间磋商谈判，所以，出租人应当提供合同文本、订约资料等证据材料。三是诉讼过程中的协助义务。例如，出租人要出庭作证等。依据本条，即便当事人没有约定，出租人也应当负有协助的义务。因为只有在充分履行协助义务后，承租人才能实现其索赔权。依据《融资租赁解释》第 18 条的规定，承租人行使索赔权时，出租人未及时提供必要的协助，导致承租人损失的，承租人有权请求出租人承担相应的责任。②

其他问题

本条赋予了承租人对出卖人的索赔权，但对此条文的理解与适用存在不同观点。关于承租人索赔权的约定，是必须要三方共同约定，还是承租人与出卖人约定、出租人与出卖人约定，抑或是承租人与出租人约定即可？根据索赔权的转让是否需要三方共同约定，可分为“肯定说”与“否定说”。

“肯定说”认为，根据本条的规定，只有出租人、出卖人、承租人三方共同约定，索赔权的转让才能生效。也就是说，索赔权的转让必须经出卖人的同意。③ 如果出租人、出卖人、承租人没有约定由承租人行使出租人对出卖人的索赔权利的，则出租人于出卖人不履行买卖合同义务时，有权向出卖人索赔。④ 另有解释认为，就索赔权的性质而言，有派生权利和从权利两种学说。持派生权利观点的学者认为，索赔权系因原权利之损害而发生，表现为原状恢复和损害赔偿

① 参见姬新江、李利：《论融资租赁合同中承租人的索赔权》，载《当代法学》2005 年第 6 期。

② 参见王利明：《合同法研究（第三卷）》（第二版），北京，中国人民大学出版社 2015 年版，第 374 页。

③ 参见王轶：《租赁合同、融资租赁合同》，北京，法律出版社 1999 年版，第 149 页。

④ 参见郭明瑞主编：《合同法学》，上海，复旦大学出版社 2007 年版，第 325 页。

请求权等形式。[①] 持从权利说的学者认为，损害赔偿请求权（即索赔权）与抵押权、利息债权、定金债权及违约金债权一并归于合同主债权的从权利。[②] 如果将索赔权的性质界定为从权利，不能单独转让；如果将其界定为派生权利，一般认为也不能脱离原权利单独转让。因此，无论将索赔权作何界定，索赔权在通常情况下均不能脱离主权利或原权利单独转让。出租人将受领权保留于己方，而将索赔权转让于承租人时，承租人此时不能单独受让索赔权。既然索赔权在性质上不同于作为原权利的一般债权的转让，在法律适用上不应适用“债权人、受让人同意加通知债务人”的债权转让规则。[③]

“否定说”认为，索赔权的转让无须出卖人同意，只要通知出卖人即可。从本条文义来看，由承租人行使索赔的权利须有三方的约定。索赔权的转让，实质上是债权的转让，出租人与承租人达成债权转让的协议后，通知出卖人即可生效。[④] 出租人在融资租赁交易中的地位决定了其对租赁物的了解非常有限，也不能够准确地检验和判断由出卖人提供的租赁物的质量问题。如果由出租人对出卖人主张权利，必须有承租人协助证明租赁物瑕疵的存在。这就是说，若发生纠纷，出租人、承租人和出卖人必须共同参加。这样，不仅使解决纠纷的程序复杂化，而且加大了解决问题的成本。另一方面，出租人也承担了因权利主张不当而产生的风险，比如诉讼中败诉的风险。因此，索赔权转让须经出卖人同意这一要件，不仅不符合我国法律中确定的债权转让原则，制约了出租人对其享有的合同权利的处分权，而且完全不符合当事人的真实意愿和实际利益。因此，索赔权的转让应无须经出卖人的同意，仅通知供货商即可生效。[⑤] 承租人若想取得对出卖人不履行或者拒绝履行合同的索赔权，应当与出租人订立契约。需要说明的是，承租人的索赔权在性质上属于“债权转让”或“债权让与”，因此，出租人与承租人订立在出卖人不履行或者拒绝履行合同时，由承租人来行使对出卖人的索赔权的协议时，应当通知出卖人。在出卖人知道存在一个租赁协议或买卖协议是为即将订立的融资租赁合同而订立的情况下，其应该知道标的物是承租人所需要且

① 参见史尚宽：《民法总论》，北京，中国政法大学出版社2000年版，第29页。

② 参见吴勇奇：《索赔权意定转让之否定》，载《海大法律评论》2008年年刊，第429页。相同观点参见王利明：《论合同权利的转让》，载《民商法研究》（第4辑），北京，法律出版社2001年版，第557、546页；江平主编：《中华人民共和国合同法精解》，北京，中国政法大学出版社1999年版，第67-68页；崔建远主编：《合同法》，北京，法律出版社2003年版，第170、173页。

③ 参见最高人民法院编著：《司法解释理解与适用全集·合同卷2》，北京，人民法院出版社2018年版，第1258页。

④ 参见隋彭生：《合同法要义》（第四版），北京，中国人民大学出版社2015年版，第361页。

⑤ 参见胡晓媛：《中德融资租赁法律制度比较研究》，北京，中国法制出版社2011年版，第119页。

将为承租人占有和使用的，其应该预见到由于其不履行或者拒绝履行合同可能会给承租人带来的损失及此种损失可能与出租人所受的损失不完全一致的情况，因此其应承担此种损失的责任。还有学者认为，承租人对出卖人的索赔权无须三方约定，但是，该项索赔权的基础不在于约定的债权转让，而在于法定的债权转让。[①] 由承租人直接受领和由承租人直接索赔实乃融资租赁之特征使然，因为出租人大多为金融性租赁公司，通常不具备承租人所涉行业的专业知识和经验，而租赁物和交易对象的选择、租赁物的受领和检验以及受领后质量瑕疵的发现，均需要具备一定程度的专业知识和经验。由承租人直接索赔既简化了法律关系，同时又降低了索赔成本。部分国家立法和示范性公约明确规定了承租人的直接受领和直接索赔权利，并不需要当事人的额外约定。[②]

第七百四十二条

承租人对出卖人行使索赔权利，不影响其履行支付租金的义务。但是，承租人依赖出租人的技能确定租赁物或者出租人干预选择租赁物的，承租人可以请求减免相应租金。

本条主旨

本条是关于承租人行使索赔权对租金给付义务的影响的规定。

相关条文

《融资租赁解释》第 6 条　承租人对出卖人行使索赔权，不影响其履行融资租赁合同项下支付租金的义务，但承租人以依赖出租人的技能确定租赁物或者出租人干预选择租赁物为由，主张减轻或者免除相应租金支付义务的除外。

《民法典各分编（草案）》（2018 年 8 月）第 533 条　承租人对出卖人行使索赔权利，不影响其履行支付租金的义务，但是承租人依赖出租人的技能确定租赁物或者出租人干预选择租赁物的，承租人可以要求减轻或者免除相应租金的支付义务。

《民法典合同编（草案）（二审稿）》（2018 年 12 月）第 533 条　承租人对出

① 参见曾大鹏：《融资租赁法制创新的体系化思考》，载《法学》2014 年第 9 期。

② 参见最高人民法院编著：《司法解释理解与适用全集·合同卷 2》，北京，人民法院出版社 2018 年版，第 1157－1158 页。

卖人行使索赔权利，不影响其履行支付租金的义务，但是承租人依赖出租人的技能确定租赁物或者出租人干预选择租赁物的，承租人可以要求减轻或者免除相应租金的支付义务。

《民法典（草案）》（2019 年 12 月）第 742 条 承租人对出卖人行使索赔权利，不影响其履行支付租金的义务。但是，承租人依赖出租人的技能确定租赁物或者出租人干预选择租赁物的，承租人可以请求减免相应租金。

《民法典（草案）》（2020 年 5 月 22 日大会审议稿）第 742 条 承租人对出卖人行使索赔权利，不影响其履行支付租金的义务。但是，承租人依赖出租人的技能确定租赁物或者出租人干预选择租赁物的，承租人可以请求减免相应租金。

理解与适用

融资租赁交易最核心的要素即是承租人选择租赁物及出卖人，出租人是根据承租人对租赁物和出卖人的选择或认可，与出卖人签订租赁物买卖合同，从出卖人处购买租赁物并出租给承租人使用，出租人在融资租赁交易中承担的最主要的义务就是支付价款以购得租赁物，而与租赁物本身有关的一切风险与收益全部转归承租人承担和享有。在融资租赁交易中，出租人不承担包括租赁物的瑕疵担保责任在内的与租赁物有关的一切责任，这也是融资租赁交易区别于其他租赁形式的典型特征之一。依据《民法典》第 741 条的规定，出租人、出卖人、承租人可以约定，出卖人不履行买卖合同义务的，由承租人行使索赔的权利。依据《民法典》第 742 条规定，承租人对出卖人行使索赔权利，也不影响其履行支付租金的义务。本条规定中所称的“承租人对出卖人行使索赔权利”，包括出卖人未交付或迟延交付租赁物时，承租人要求出卖人履行交付义务、赔偿损失等的权利。简言之，在出租人已经履行其融资义务，而出卖人未交付货物，承租人直接向出卖人行使索赔权的情况下，除非出租人对租赁物的选择施加了影响，否则承租人不得以未交付货物为由拒付租金。①

一、承租人索赔不影响租金给付义务的原则

支付租金是承租人所负担的最主要义务（《民法典》第 735、752 条）。融资租赁合同中出租人所收取的租金，既不同于一般租赁合同的租金，又不同于买卖合同中的价金。由于租金并非融物的对价而为融资的对价，承租人支付租金的义

---

① 参见“合库金国际租赁有限公司与上海甬佳模具厂融资租赁合同纠纷上诉案”，上海市第一中级人民法院（2016）沪 01 民终 6312 号民事判决书。

务具有不可解约性和独立性，不受其他违约救济措施的影响。融资租赁的特征决定了出租人的本质义务是为承租人提供融资，在承租人选定出卖人、租赁物的前提下，履行买卖合同的风险也应由承租人承担。只要出租人履行了支付价款购买租赁物的义务并且不存在其严重违约行为（包括平静占有担保责任等），承租人就应当完全履行融资租赁合同项下的租金支付等义务。从合同相对性出发，买卖合同的履行存在瑕疵，如租赁物未交付、延迟交付、存在瑕疵等，承租人可以向出卖人直接行使索赔权，但索赔的结果，并不影响承租人在融资租赁合同项下租金支付等义务的履行，承租人不能仅以此为由主张减轻或免除租金支付义务，由此造成承租人的损失应由出卖人负责。①

因出卖人违约，导致承租人未能及时受领符合合同约定的租赁物，承租人固然可以通过向出卖人行使索赔权的方式，得到相应的救济，但如出卖人根本违约，提供的租赁物无法使用，或者无法提供符合合同约定的租赁物，可能导致承租人取得租赁物，并占用、使用租赁物的合同目的落空，在此情形下，可能出现承租人与出租人利益保护失衡的情况：一方面承租人未取得租赁物，另一方面，承租人仍然要承担融资租赁合同项下的租金给付义务。此时，承租人可以依据《民法典》第754条的规定解除融资租赁合同，不再承受持续给付租金的负担。②

二、承租人索赔不影响租金给付义务的例外

本条后段规定了承租人索赔不影响租金给付义务原则的例外情形，即“承租人依赖出租人的技能确定租赁物或者出租人干预选择租赁物的，承租人可以请求减免相应租金。”有学者主张，本条的适用至少同时具备如下要素：承租人有承租租赁物的商业需求，但承租人对租赁物缺少应有的专业知识和理解；出租人在具体推介租赁物时存在故意或重大过失；出租人推介并促使承租人承租的租赁物不符合约定或者不符合使用目的；承租人已经遭受损失，或继续承租租赁物将会遭受损失。由此可见，只有在出租人利用其专业优势，误导或诱使或以其他方式不当干预承租人选择租赁物且承租人因此而遭受损失时，承租人方可在其遭受的

① 参见李艳科：《租赁物未交付或交付瑕疵时出租人权利的救济》，http://www.filong.com/newsitem/277633516，最后访问时间：2020年1月25日；最高人民法院编著：《司法解释理解与适用全集·合同卷2》，北京，人民法院出版社2018年版，第1145－1146页。

② 参见宋晓明、刘竹梅、原爽：《〈关于审理融资租赁合同纠纷案件适用法律问题的解释〉的理解与适用》，载《人民司法》2014年第7期；最高人民法院编著：《司法解释理解与适用全集·合同卷2》，北京，人民法院出版社2018年版，第1147页。

损失范围内主张减轻或者免除相应租金支付义务。[①]

承租人依赖出租人的技能确定租赁物或者出租人干预选择租赁物，主要是指以下情形：（1）出租人在承租人选择出卖人、租赁物时，对租赁物的选定起决定作用的；（2）出租人干预或者要求承租人按照出租人意愿选择出卖人或者租赁物的；（3）出租人擅自变更承租人已经选定的出卖人或者租赁物的。人民法院在审理此类案件中，要注意区分出租人的行为是否对承租人的选择造成了实质性影响。所谓构成实质性影响，通常可包括以下情形：（1）出租人指定租赁物或出卖人；（2）出租人给出一定的选择范围，指定几家制造商或几种产品供承租人选择；（3）出租人将承租人的选择与租金等合同条款挂钩，如承租人只有在出租人推荐的范围内选择才可获得相应的优惠条件。若承租人能够举证证明出租人存在这些行为，则可以认为出租人对承租人的选择构成了实质性影响，即干预了承租人的选择。[②] 裁判实践中，出卖人与出租人“人格混同”也构成例外情形之一。[③]

第七百四十三条

出租人有下列情形之一，致使承租人对出卖人行使索赔权利失败的，承租人有权请求出租人承担相应的责任：

（一）明知租赁物有质量瑕疵而不告知承租人；

（二）承租人行使索赔权利时，未及时提供必要协助。

出租人怠于行使只能由其对出卖人行使的索赔权利，造成承租人损失的，承租人有权请求出租人承担赔偿责任。

本条主旨

本条是关于承租人索赔失败时出租人的责任的规定。

相关条文

《融资租赁解释》第 18 条　出租人有下列情形之一，导致承租人对出卖人索

---

① 参见王明朗、李立：《深度解读最高人民法院关于审理融资租赁合同纠纷案件适用法律问题的解释》，威科先行专业文章，最后访问时间：2020 年 1 月 25 日。

② 参见最高人民法院编著：《司法解释理解与适用全集·合同卷 2》，北京，人民法院出版社 2018 年版，第 1146 - 1147 页。

③ 参见“云南山重工程机械有限公司融资租赁合同纠纷申请再审案”，云南省高级人民法院（2014）云高民申字第 788 号民事裁定书。

赔逾期或者索赔失败，承租人要求出租人承担相应责任的，人民法院应予支持：

（一）明知租赁物有质量瑕疵而不告知承租人的；

（二）承租人行使索赔权时，未及时提供必要协助的；

（三）怠于行使融资租赁合同中约定的只能由出租人行使对出卖人的索赔权的；

（四）怠于行使买卖合同中约定的只能由出租人行使对出卖人的索赔权的。

《民法典各分编（草案）》（2018 年 8 月）第 534 条　出租人有下列情形之一，致使承租人对出卖人索赔逾期或者索赔失败的，承租人有权要求出租人承担相应责任：

（一）明知租赁物有质量瑕疵而不告知承租人；

（二）承租人行使索赔权利时，未及时提供必要协助。

出租人怠于行使融资租赁合同或者买卖合同中约定的只能由出租人对出卖人行使的索赔权利，承租人有权要求出租人承担相应责任。

《民法典合同编（草案）（二审稿）》（2018 年 12 月）第 534 条　出租人有下列情形之一，致使承租人对出卖人索赔逾期或者索赔失败的，承租人有权要求出租人承担相应责任：

（一）明知租赁物有质量瑕疵而不告知承租人；

（二）承租人行使索赔权利时，未及时提供必要协助。

出租人怠于行使融资租赁合同或者买卖合同中约定的只能由出租人对出卖人行使的索赔权利，承租人有权要求出租人承担相应责任。

《民法典（草案）》（2019 年 12 月）第 743 条　出租人有下列情形之一，致使承租人对出卖人行使索赔权利失败的，承租人有权请求出租人承担相应的责任：

（一）明知租赁物有质量瑕疵而不告知承租人；

（二）承租人行使索赔权利时，未及时提供必要协助。

出租人怠于行使只能由其对出卖人行使的索赔权利，造成承租人损失的，承租人有权请求出租人承担赔偿责任。

《民法典（草案）》（2020 年 5 月 22 日大会审议稿）第 742 条　出租人有下列情形之一，致使承租人对出卖人行使索赔权利失败的，承租人有权请求出租人承担相应的责任：

（一）明知租赁物有质量瑕疵而不告知承租人；

（二）承租人行使索赔权利时，未及时提供必要协助。

出租人怠于行使只能由其对出卖人行使的索赔权利，造成承租人损失的，承租人有权请求出租人承担赔偿责任。

理解与适用

在融资租赁合同中，双方都负有依诚信原则所产生的附随义务。就出租人而言，其应当负有必要的告知、说明、协助等附随义务。① 索赔权转让之后，出租人同样对承租人负担一定的义务。这些义务在性质上多属于附随义务。附随义务并非基于法律的规定或者当事人的约定，而是依诚实信用原则，由社会一般交易观念产生。《民法典》第509条第2款对附随义务作出了一般性规定："当事人应当遵循诚信原则，根据合同的性质、目的和交易习惯履行通知、协助、保密等义务。"从附随义务的功能来看，附随义务或为促进主给付义务，或为维护对方当事人的利益。在索赔权转让之后，出租人在承租人索赔过程中，应当依据诚实信用原则负担告知、协助等义务。《民法典》第741条明确规定在承租人享有索赔权的情况下，出租人负担协助的附随义务。本条进一步将明知租赁物有质量瑕疵时的告知义务纳入出租人的附随义务范围。②

一、出租人的附随义务

《民法典》第509条第2款中的通知义务涵盖了瑕疵告知义务，即出卖或赠与瑕疵物品时，应将标的物的瑕疵，特别是隐蔽的瑕疵告知买受人或受赠人。③融资租赁交易中的通知义务，一般是指出租人应将其所知悉的对合同履行以及承租人利益可能产生重大影响的情况及时、恰当地通知承租人。本条基于承租人索赔失败，将出租人的通知义务限定在明知租赁物有质量瑕疵的情形，但并不表明在一般意义上排除其他基于诚信原则的通知义务。出租人在明知租赁物有质量瑕疵的情况下而不及时通知承租人，明显违背了出租人依据诚实信用原则所应负担的通知义务。此处出租人所负担的通知义务并不考虑租赁物是由承租人直接受领还是由出租人受领后又转移给承租人。只要出租人明知租赁物存在质量瑕疵，即使其未受领租赁物，也应当将其知悉的情况及时通知承租人。明知的概念中并不包含应当知道，否则实际上增加了出租人的默示担保义务，而融资租赁中出租人通常并不负担此项义务。④

---

① 参见王利明：《合同法研究（第三卷）》（第二版），北京，中国人民大学出版社2015年版，第376页。

② 参见最高人民法院编著：《司法解释理解与适用全集·合同卷2》，北京，人民法院出版社2018年版，第1259页。

③ 参见道文：《试析合同法上的附随义务》，载《法学》1999年第10期。

④ 参见最高人民法院编著：《司法解释理解与适用全集·合同卷2》，北京，人民法院出版社2018年版，第1260页。

《民法典》第741条明确规定："出租人、出卖人、承租人可以约定，出卖人不履行买卖合同义务的，由承租人行使索赔的权利。承租人行使索赔权利的，出租人应当协助。"由此可见，伴随着索赔权的移转，出租人有协助出租人索赔的附随义务。出租人协助索赔的义务须以索赔权的移转为前提，即便当事人没有约定，出租人也应当负有协助的义务。① 协助义务的内容包括为协助承租人而需要采取的一切商业上的合理措施。这些合理措施通常应当包括但不限于以下措施："一是帮助寻找出卖人；二是帮助寻找证据；三是诉讼过程中的协助义务。"② 协助义务的内容应当根据案件所涉融资租赁的特点，依诚实信用原则和交易习惯予以确定。③

二、出租人违反附随义务的法律效果

出租人违反附随义务，致使承租人对出卖人行使索赔权利失败的，承租人有权请求出租人承担相应的责任。所谓索赔失败，是指由于出租人的原因导致承租人无法行使索赔权利或者由于出租人怠于通知承租人租赁物的瑕疵致使承租人所享有的索赔权已经超过诉讼时效，或者因出租人的不协助导致承租人举证不能而被驳回诉讼请求。承租人索赔失败应当与出租人违反附随义务之间存在因果关系。如出租人违反附随义务的行为与承租人索赔失败的后果不存在因果关系，则出租人无须向承租人承担责任。④ 如在出租人明知租赁物存在质量瑕疵而未告知承租人的情况下，如承租人自身也知晓此种状况，但承租人却因自身原因怠于行使对出卖人的索赔权致使其请求超过诉讼时效进而索赔失败时，出租人违反附随义务的行为与索赔失败的后果之间并不存在因果关系，因而出租人并不需要承担相应的责任。又如，在承租人因举证不能而导致索赔失败时，同样应当区分出租人因素在索赔失败结果中的作用力。如果承租人因为出租人未履行协助义务而导致部分诉讼请求被驳回，出租人仅应对这部分索赔失败后果承担责任。⑤

---

① 参见王利明：《合同法研究（第三卷）》（第二版），北京，中国人民大学出版社2015年版，第374页。

② 全国人大常委会法制工作委员会（胡康生主编）编著：《中华人民共和国合同法释义》（第三版），北京，法律出版社2013年版，第389页。

③④ 参见最高人民法院编著：《司法解释理解与适用全集·合同卷2》，北京，人民法院出版社2018年版，第1260页。

⑤ 参见最高人民法院编著：《司法解释理解与适用全集·合同卷2》，北京，人民法院出版社2018年版，第1263页。

三、出租人怠于行使只能由其行使的索赔权的法律效果

本条第2款规定："出租人怠于行使只能由其对出卖人行使的索赔权利，造成承租人损失的，承租人有权请求出租人承担赔偿责任。"这里，"只能由其对出卖人行使的索赔权利"包括两种情形："融资租赁合同中约定的只能由出租人行使对出卖人的索赔权"和"买卖合同中约定的只能由出租人行使对出卖人的索赔权"。在两种情形下，承租人并不享有索赔权，因而自无妨碍承租人索赔的可能。出租人在此种情况下向承租人承担责任的基础，实际上并非基于出租人违反附随义务，而是基于承租人在此种情形下不享有索赔权，基于合同相对性原则，无法直接向出卖人索赔，只能依据融资租赁合同，请求出租人承担违约责任。①

第七百四十四条

出租人根据承租人对出卖人、租赁物的选择订立的买卖合同，未经承租人同意，出租人不得变更与承租人有关的合同内容。

本条主旨

本条是关于买卖合同的变更的规定。

相关条文

《合同法》第241条　出租人根据承租人对出卖人、租赁物的选择订立的买卖合同，未经承租人同意，出租人不得变更与承租人有关的合同内容。

《民法典各分编（草案）》（2018年8月）第535条　出租人根据承租人对出卖人、租赁物的选择订立的买卖合同，未经承租人同意，出租人不得变更与承租人有关的合同内容。

《民法典合同编（草案）（二审稿）》（2018年12月）第535条　出租人根据承租人对出卖人、租赁物的选择订立的买卖合同，未经承租人同意，出租人不得变更与承租人有关的合同内容。

《民法典（草案）》（2019年12月）第744条　出租人根据承租人对出卖人、租赁物的选择订立的买卖合同，未经承租人同意，出租人不得变更与承租人有关

① 参见最高人民法院编著：《司法解释理解与适用全集·合同卷2》，北京，人民法院出版社2018年版，第1259页。

的合同内容。

《民法典（草案）》（2020 年 5 月 22 日大会审议稿）第 744 条 出租人根据承租人对出卖人、租赁物的选择订立的买卖合同，未经承租人同意，出租人不得变更与承租人有关的合同内容。

理解与适用

融资租赁交易中，承租人所承租的标的物虽由出租人出资购买，却是由承租人选择决定的。承租人不仅有权选定租赁标的物及供货的出卖人，而且有权直接与出卖人商定标的物的条件。因此，选择租赁物的出卖人和决定租赁物的规格和技术性能，是承租人的一项权利。这也是融资租赁中的承租人与租赁中的承租人地位不同的区别之一。① 为充分实现合同目的，通常情况下，由承租人根据自身对标的物的规格和技术性能等的要求，凭借自身所掌握的信息、实践经验来确定买卖合同标的物及出卖人。只有在少数情况下，承租人才会依赖于出租人的专业知识和市场信息来确定标的物及出卖人。②

由此可见，虽然买卖合同是在出租人与出卖人之间签订的，承租人并不是买卖合同的当事人，但在租赁物是依据承租人对出卖人、租赁物的选择而购买之时，订立买卖合同最终是为了履行融资租赁合同。因此，未经承租人同意，出租人不得变更与承租人有关的合同内容。③ 若允许出租人随意变更合同内容，则出租人依承租人的要求购买租赁物这一融资租赁的特殊性就不复存在。由本条文义来看，出租人虽然不能擅自变更与承租人相关的内容，但就买卖合同中与承租人不相关的内容，出租人仍有权变更，所以，该条文还是给出租人保留了买卖合同中最基本的变更权利，只不过该变更不能影响到承租人而已。

与承租人有关的买卖合同内容的变更主要涉及以下几个方面：其一，出卖人的变更。买卖合同的主体是出租人（买受人）与出卖人。其中，出卖人是由承租人预先选择的，是承租人在融资租赁合同中指定的。因此，未经承租人同意，出租人不得擅自变更买卖合同的出卖人。其二，标的物的变更。由于买卖合同的标的物是融资租赁合同的租赁物，两者是一致的，它也是由承租人预先选择并在融资租赁合同中约定的，它必须合于承租人指定的条件。因此，未经承租人同意，出租人不得擅自变更买卖合同的标的物。其三，标的物的交付时间、地点和方式

① 参见朱伯玉、管洪彦：《合同法分则研究》，北京，人民出版社 2014 年版，第 117 页。

② 参见张雄庆：《融资租赁承租人权利及其救济探析》，载《公民与法（法学版）》2013 年第 1 期。

③ 参见王利明：《合同法研究（第三卷）》（第二版），北京，中国人民大学出版社 2015 年版，第 375 页。

的变更。由于买卖合同的标的物由出卖人直接交付于承租人，如出租人与出卖人协商变更标的物的交付时间、地点和方式，应当征得承租人的同意。如因此而增加承租人的费用的，应由出租人和出卖人协商分担。①

出租人擅自变更承租人已经选定的租赁物，构成租赁物严重不符合约定的，承租人有权拒绝受领，并通知出租人解除合同。如因此给承租人造成损失的，承租人还有权请求出租人赔偿损失。② 承租人已经受领的，由于出租人实际上剥夺了承租人的选择权，因此，应当对租赁物承担瑕疵担保责任。③

第七百四十五条

出租人对租赁物享有的所有权，未经登记，不得对抗善意第三人。

本条主旨

本条是关于租赁物所有权的登记对抗的规定。

相关条文

《合同法》第 242 条　出租人享有租赁物的所有权。承租人破产的，租赁物不属于破产财产。

《融资租赁解释》第 9 条　承租人或者租赁物的实际使用人，未经出租人同意转让租赁物或者在租赁物上设立其他物权，第三人依据物权法第一百零六条的规定取得租赁物的所有权或者其他物权，出租人主张第三人物权权利不成立的，人民法院不予支持，但有下列情形之一的除外：

（一）出租人已在租赁物的显著位置作出标识，第三人在与承租人交易时知道或者应当知道该物为租赁物的；

（二）出租人授权承租人将租赁物抵押给出租人并在登记机关依法办理抵押权登记的；

（三）第三人与承租人交易时，未按照法律、行政法规、行业或者地区主管部门的规定在相应机构进行融资租赁交易查询的；

（四）出租人有证据证明第三人知道或者应当知道交易标的物为租赁物的其

①② 参见全国人大常委会法制工作委员会（胡康生主编）编著：《中华人民共和国合同法释义》（第三版），北京，法律出版社 2013 年版，第 416 页。

③ 参见最高人民法院编著：《司法解释理解与适用全集·合同卷 2》，北京，人民法院出版社 2018 年版，第 1272 页。

他情形。

《国际融资租赁公约》第7条

1.（a）出租人对租赁物的所有权可以对抗承租人的破产受托人和债权人，包括已经取得扣押令状或执行令状的债权人。

（b）在本款中，“破产受托人”包括为全体债权人的利益被指定管理承租人财产的清算人、管理人或其他人。

2. 依准据法，出租人对租赁物的所有权只有经公示才能对抗前款所称的人的，只有遵守公示规则时，此种权利才能发生对抗效力。

3. 在前款中，准据法是指本条第1款所称的人有权援引前款所称公示规则时，下列国家的法律：

（a）就已登记船舶而言，是以船东名义登记的所在国（在本款中，光船承租人不是船东）；

（b）就依1944年12月7日在芝加哥缔结的《国际民用航空公约》登记的航空器而言，是据此办理登记的所在国；

（c）就通常从一国移至另一国的那类其他租赁物（包括航空器发动机）而言，是承租人主要营业地的所在国；

（d）就其他租赁物而言，是租赁物的所在国。

4. 本条第2款并不影响其他条约中关于确认出租人对租赁物的所有权的规定。

5. 本条并不影响享有以下权利的任何债权人的优先顺位：

（a）非因扣押令状或执行令状而引起的，约定的或法定的对租赁物的担保物权，或

（b）根据国际私法规则确定的准据法对船舶或航空器所特别享有的扣留、扣押或处分的权利。

《民法典各分编（草案）》（2018年8月）第536条　出租人对租赁物享有的所有权，未经登记，不得对抗善意第三人。

《民法典合同编（草案）（二审稿）》（2018年12月）第536条　出租人对租赁物享有的所有权，未经登记，不得对抗善意第三人。

《民法典（草案）》（2019年12月）第745条　出租人对租赁物享有的所有权，未经登记，不得对抗善意第三人。

《民法典（草案）》（2020年5月22日大会审议稿）第745条　出租人对租赁物享有的所有权，未经登记，不得对抗善意第三人。

理解与适用

融资租赁交易中，经由“融物”达致“融资”的目的，出租人所置重的是确保承租人及时清偿租金，以收回投放的资金；在法律结构设计上，出租人保有租赁物的所有权，其经济目的在于担保租金的清偿。但实践中广泛存在着承租人未经出租人同意随意处分租赁物的情形，第三人依善意取得规则原始取得租赁物上的权益，出租人所保有的所有权旋即丧失殆尽（承租人转让租赁物之时），或效力贬损（承租人就租赁物设定抵押之时）。出租人必须采取相应措施保全自己的权利，或者提高租金水平以弥补个别交易中的例外损失，或者增加监管措施以防止承租人不当处分租赁物。这些都增加了融资租赁交易的总体成本，一则增加了承租人“融资”的利率水平，二则影响了租赁公司从事融资租赁业务的积极性。针对这种现状，“研究建立规范的融资租赁物登记制度，发挥租赁物登记的风险防范作用”就成了“建设法治化营商环境”的重要内容。[①] 在融资租赁交易关系中，虽然租赁物的所有权由出租人享有，但由于租赁物由承租人占有，出租人无法依传统动产物权的公示方法——占有来公示自己的权利，出租人的权利处于秘密状态时，就产生了所谓“表面所有权”的问题，而融资租赁登记制度彻底解决了“表面所有权”的困境，它一方面保证了承租人对物的占有，另一方面又使第三人有可能了解融资租赁交易的内容，因而成为较占有制度成本更低、更有效的公示制度。

《移动设备国际利益公约》一体调整动产担保交易、融资租赁交易和保留所有权交易等三类交易形态，不强求内国法将融资租赁交易作为担保交易，充分尊重内国法就具有担保功能的交易的类型化方法，但基于这三类交易的经济实质和功能，统一要求权利人的国际利益只有在登记簿上登记才能确立和保全其与竞存权利之间的优先顺位。在这里，“国际利益”是公约为了规避各国就权利称谓上的差异而生造的一个新词汇，被界定为一种（担保）物权，在满足协议采取书面形式订立、权利人有权处分该标的物、该标的物已经特定化等三项条件之时即为设定[②]，不仅在当事人之间发生效力，而且及于当事人之外的第三人。在公约之下，国际利益的登记实质上就是担保权的登记。

---

① 参见《国务院办公厅关于加快融资租赁业发展的指导意见》（国办发〔2015〕68号，2015年8月31日）“三、政策措施”之“（八）建设法治化营商环境”。

② See Martin Stanford, “From Ottawa to Cape Town: Unidroit’s Role in the Modernisation of the Law Governing Leasing and the Taking of Security”, in Iwan Davies ed., *Security Interests in Mobile Equipment*, Hants, Dartmouth Publishing Company, 2002, p. 436.

融资租赁登记制度的建立对于市场交易的主要影响在于：拟就租赁物从事交易的相对人，仅依租赁物占有的权利外观，与承租人进行交易，其信赖利益无法依善意取得制度得到保护。准此，是否查询融资租赁登记系统就成了交易相对人主观上是否构成善意的判断因素。这实际上强制性地要求交易相对人去查询融资租赁登记公示系统，无疑增加了交易相对人的负担和整个社会的交易成本。[①] 如此看来，融资租赁登记制度的建立还涉及法政策的选择。我国目前的政策导向是："逐步完善金融租赁行业法律法规，研究建立具有法律效力的租赁物登记制度，发挥租赁物的风险保障作用，维护金融租赁公司的合法权益。"[②] 在占有（交付）在融资租赁交易中无法起到公示作用的情况下，本条明定以登记作为融资租赁交易的公示方法。基于我国融资租赁实践中并未将租赁物局限于动产的现实，融资租赁合同章就融资租赁公示的效力未作区分，就不动产融资租赁而言，登记是出租人取得所有权的生效要件，相关登记系统无须重建，直接在统一的不动产登记簿上登记即可；就动产融资租赁而言，登记是出租人所有权的对抗要件，在欠缺统一的动产融资登记系统的情形之下，尚需另行构建融资租赁登记公示系统或统一动产融资登记公示系统。

一、融资租赁交易中出租人所有权的功能化

近代以来，随着经济的高速发展，科技的惊人进步，动产的价值日益攀升，其中部分已非不动产所能比拟。[③] 传统动产质权模式已经不能满足融资的需求，非移转占有型动产担保模式逐渐进入融资交易领域。囿于法制传统的不同，各国动产担保制度存在巨大的差异，呈现出形式主义和功能主义的两种立法模式。[④] 其中，形式主义置重于当事人就交易安排的表象，依交易的形式归属不同的法域予以调整。例如，当事人之间依合同在债务人或第三人之物上设立的担保主债务清偿的，在形式上属于担保物权，适用动产担保交易法；所有权保留交易和融资租赁交易中出卖人、出租人的所有权，适用所有权法。功能主义则强调特定交易在经济上的作用，只要在功能上具有担保作用的交易均应纳入动产担保交易法的规制范畴，例如，所有权保留交易和融资租赁交易中出卖人、出租人的所有权，

① 参见高圣平、王思源：《论融资租赁交易的法律构造》，载《法律科学（西北政法大学学报）》2013 年第 1 期。

② 《国务院办公厅关于促进金融租赁行业健康发展的指导意见》（国办发〔2015〕69 号，2015 年 9 月 8 日）之"五、加强基础设施建设，夯实行业发展基础"。

③ 参见谢在全：《担保物权制度的成长与蜕变》，载《法学家》2019 年第 1 期。

④ 各国动产担保法制演进的介绍，参见高圣平：《动产担保交易制度比较研究》，北京，中国人民大学出版社 2008 年版，第 17－68 页。

虽然在名称上不是担保物权，但其在功能上发挥着担保作用——担保买卖价金或租金的清偿，即应定位为担保物权，适用动产担保交易法。

世界银行集团《全球营商环境报告》迎合国际动产担保制度改革的总体趋势，在其指标体系中将各国是否采行基于功能主义的一元化动产担保交易制度作为评估指标之一。《民法典》的编纂正值我国提出要持续优化营商环境之际，故而，“民法典物权编对担保物权部分的修改，总的立法精神是要进一步优化营商环境，进一步增强我国在吸引投资方面的优势”[①]。在此背景之下，功能主义的立法潮流必然影响到《民法典》担保物权分编的体系重构和规则设计。我国物权法体系以大陆法系的形式主义为传统，且以物权法定为基本原则，如全然接受功能主义的立法模式，将带来不可估量的制度变迁成本。《民法典》因而转向功能主义与形式主义相结合的路径。“与其重构为动产担保交易，还不如引入登记制度，因为前者不可避免地会损害债权人对标的物的所有权。”[②] 由此看来，动产担保交易的形式与体系定位都不重要，重要的是各类动产担保交易规则的统一，而规则的统一绝不仅仅只是设立、公示规则的统一，更为重要的应是竞存动产担保权之间优先顺位规则的统一。

在《民法典》将所有权保留交易中出卖人对标的物的所有权、融资租赁交易中出租人对租赁物的所有权“功能化”之后，所有权的权利内涵已经更接近于动产抵押权这一限制物权。与此同时，《民法典》第388条中规定：“担保合同包括抵押合同、质押合同和其他具有担保功能的合同。”这就为非典型担保交易准用典型担保交易的相关规则提供了解释前提。

动产担保交易制度改革的核心问题并不在于如何宽泛地界定动产担保权的范围，而在于所有在功能上起着担保作用的交易工具如何统一地适用设立、公示、优先顺位和实行规则。亦即，采行功能主义立法方法并不意味着所有的担保交易规则均适用于所有非典型担保交易类型，只须统一这些权利的设立、公示、优先顺位和实行规则即可。[③] 在我国，基于物债两分的体系是法典形式理性的基本要素，由自物权和他物权构建的物权体系也已成为《民法典》物权编的基本架构。如此，在植入现代动产担保交易制度的合理元素之时，我国《民法典》自无须采行功能主义的立法方法，而将在功能上起着担保作用的所有交易工具均构造为动

---

① 黄薇：《〈民法典物权编草案〉（二审稿）对若干重点问题的回应》，载《中州学刊》2019年第7期。

② Duncan Sheehan，“Registration，Re-Characterisation of Quasi-Security and the Nemo Dat Rules”，7 *Journal of Business Law* 584 (2018)，p. 585.

③ 参见高圣平：《统一动产融资登记公示制度的建构》，载《环球法律评论》2017年第6期。

产担保交易。

《民法典》虽然未将所有权保留交易、融资租赁交易、保理交易等非典型动产担保交易在形式上重构为动产担保交易，但基于这些交易与典型动产担保交易在经济功能上的等同性，采取了与动产抵押权一样的登记对抗主义模式，以实现平等保护信用提供者的政策目标。“减少信贷成本的有效方式是让所有潜在的信用提供者展开公开竞争。为此，有必要设计一个对以下各种信用提供者同等适用的有效的动产担保交易制度：金融机构和其他贷款人、制造商和供应商以及国内外信用提供者。”[①] 由此，平等对待不同来源的信用授受行为和各种形式的动产担保交易，就成了制度设计和规范解释的基本出发点。例如，出卖人为买受人提供信用支持，既可以采取所有权保留交易形式，在买受人支付价款之前保留标的物的所有权，也可以采取动产抵押交易形式，移转标的物所有权予买受人，同时在该标的物上设立动产抵押权，还可以采取附回赎权买卖交易形式，移转标的物所有权予买受人但保留回赎权，并以买受人支付价款为解除条件。这些交易形式实际上均起着担保购买价金清偿的作用，权利人应受平等对待。这一法政策选择为这些非典型动产担保交易准用典型动产担保交易的其他规则提供了解释前提。就这三类非典型动产担保权而言，《民法典》第768条特别规定了保理交易的优先顺位规则[②]，但未就前两类作出特别规定。如出卖人或买受人、出租人或承租人处分标的物，在其上为他人设立动产抵押权，数项权利之间即发生竞存，如此就出现了出卖人、出租人的所有权与第三人的抵押权之间的竞存，如何确定权利人之间的优先顺位，即存在解释空间。

二、融资租赁交易中所有权的登记对抗效力

本条规定不适用于不动产融资租赁交易。出租人对租赁物的所有权，虽未登记，但亦属物权，只不过效力没有那么完备而已。采行债权意思主义的物权变动模式，未登记所有权的物权效力自不应完全同于基于债权形式主义物权变动模式。与债权形式主义不同的是，债权意思主义下的物权不再限于能有效对抗所有第三人的权利，未经登记的所有权是能有效对抗当事人及“某些”第三人的物

---

① United Nations Commission on International Trade Law, *UNCITRAL Legislative Guide on Secured Transactions*, United Nations, 2010, p. 20.

② 但这一特别规定不无检讨的余地。应收账款保理和应收账款质押本属应收账款融资的两种模式，但《民法典》上采取了不同的立法主义。我国《民法典》上囿于动产质权采公示生效主义的体系强制，包括应收账款质权在内的权利质权，只不过是动产质权的一种特殊形式，同样采取公示生效主义。就竞存的应收账款质权之间，也就准用第414条第1款第1项的规定，即应收账款质权之间按照登记的时间先后确定其优先顺位。在解释上，应收账款质权如未登记即未设立，不与已登记者发生竞存关系。

权，与有效对抗“所有”第三人的物权存在着区别。[①] 有学者即主张，“物权具有优先于债权的效力，在公示对抗主义模式下成了一个值得怀疑的命题。在构建我国的公示对抗主义制度时，我们不能简单地以物权、债权的二元划分作为分析工具，而应该具体分析每一组权利间的优先顺位关系。”[②] 物债两分体系仍然是我国《民法典》的架构基础，在解释论上亦为重要的分析工具。承租人的无担保债权人仅得请求给付，并不能支配作为担保财产的租赁物，与出租人的所有权（变价权和优先受偿权）所体现的支配性不在同一层次，在进入强制执行程序和破产清算程序之前，尚无法及于该财产，也不会与出租人就该财产发生争夺关系。[③] 此时，出租人对租赁物的所有权，虽未登记，但亦可对抗无担保债权人，无担保债权人也就不属于法律保护的“善意第三人”之列。[④]

（一）“对抗”的广义与狭义

“对抗”一语有广狭两义。从广义上讲，物权的对抗效力，是指物权人可以对世界上任何人主张其物权，任何人都不能予以剥夺。[⑤] 从这个意义上讲，出租人对租赁物的所有权和无担保债权之间的关系，亦可在登记对抗效力中予以讨论，无担保债权人亦属“第三人”。从狭义上讲，“对抗”是“以权利依其性质有竞存抗争关系为前提”[⑥]，所谓“第三人”，是指对标的物有物权关系的相对人。[⑦] 出租人对租赁物的所有权系属物权，与无担保债权人之间不发生对抗关系，所谓出租人对租赁物的所有权可以对抗无担保债权人，只是一种便宜说法。

不管采取哪种意义，“第三人”的范围是理解“对抗”含义的必由之路。就“未经登记，不得对抗善意第三人”的文义而言，如采广义的“对抗”观念，解释论上的作业也就转向对“第三人”的范围进行限缩，将部分无担保债权人排除于外；如采狭义的“对抗”概念，无担保债权人自不属于“第三人”，但解释论上仍应将部分无担保债权人包括在内，以避免危及交易安全和社会秩序。

---

① See Ulrich Drobnig and Ole Böger（eds），*Proprietary Security in Movable Assets*，Oxford：Oxford University Press，2015，p. 276.

② 龙俊：《公示对抗下“一般债权”在比较法中的重大误读》，载《甘肃政法学院学报》2014 年第 4 期。

③ 参见庄加园：《动产抵押的登记对抗原理》，载《法学研究》2018 年第 5 期。

④ 参见王轶：《物权变动论》，北京，中国人民大学出版社 2001 年版，第 132 页。

⑤ 参见梁慧星：《〈物权法司法解释（一）〉解读》，载《法治研究》2017 年第 1 期。

⑥ 王泽鉴：《民法学说与判例研究：重排合订本》，北京，北京大学出版社 2015 年版，第 1481 页。同旨参见最高人民法院民事审判第一庭：《最高人民法院物权法解释（一）理解与适用》，北京，人民法院出版社 2016 年版，第 189 页。

⑦ 参见全国人大常委会法制工作委员会（胡康生主编）编著：《中华人民共和国物权法释义》，北京，法律出版社 2007 年版，第 412 页。

由此，《民法典》第114条第2款的规定应作限缩解释，未登记的出租人所有权仅具相对性的物权地位[①]，其排他性和对世效力仅得向具有相对效力的债权人主张，而不能扩及至全部第三人。如此，在债权、未登记的出租人所有权、已登记的出租人所有权之间形成逐渐递进的效力层次，在物债两分的体系之下，也就有了传统物权与债权之外的效力中间形态。我国民事权利体系中也就存在着一种只能对抗某些第三人、不能对抗其他人的物权。[②] 这种情形不仅出现在《民法典》的动产抵押制度，还体现在所有权保留交易和融资租赁交易之中。

我国《民法典》于坚持形式主义的立法方法的同时，试图将在功能上起担保作用的交易与动产抵押交易在设立规则上实现统一，不仅都规定采行登记对抗主义，而且在第388条中明确指出，“担保合同包括抵押合同、质押合同和其他具有担保功能的合同”。与动产抵押权依动产抵押合同生效而设立不同的是，在所有权保留交易和融资租赁交易中，出卖人、出租人对标的物的所有权已依物权变动规则而取得，并不依赖于所有权保留买卖合同或融资租赁合同的生效。但所有权保留交易中出卖人所保留的所有权、融资租赁交易中出租人所享有的所有权，与动产抵押权一样，也是“未经登记，不得对抗善意第三人”。如此，第641条第2款和第745条中所规定的“所有权”，也就不再具有《民法典》物权编所规定的所有权的完整内容，而具有动产担保权的属性，所有权保留买卖合同和融资租赁合同也就具有了担保合同的性质。如此一来，担保合同也就不仅限于设立动产担保权的合同，也包括规定动产担保权的合同。[③] 在实行统一的动产和权利担保登记制度[④]之下，所有权保留买卖交易和融资租赁交易中出卖人、出租人对标的物的所有权，亦和动产抵押权一样，均在同一系统中登记，只不过，出卖人、出租人登记的是形式意义上的标的物所有权。出卖人、出租人的法律地位类似于动产抵押权人，买受人、承租人的法律地位类

① 参见张双根：《论股权让与的意思主义构成》，载《中外法学》2019年第6期。

② 参见庄加园：《登记对抗主义的反思与改造：〈物权法〉第24条解析》，载《中国法学》2018年第1期。

③ See United Nations Commission on International Trade Law, *UNCITRAL Legislative Guide on Secured Transactions*, United Nations, 2010, pp. 339－340.

④ 《民法典》删除了有关动产抵押和权利质押具体登记机构的内容，为建立统一的动产抵押和权利质押登记制度留下空间。参见沈春耀（全国人大宪法和法律委员会副主任委员）：《关于〈民法典各分编（草案）〉的说明——2018年8月27日在第十三届全国人民代表大会常务委员会第五次会议上》。国务院《优化营商环境条例》第47条第2款规定：“国家推动建立统一的动产和权利担保登记公示系统，逐步实现市场主体在一个平台上办理动产和权利担保登记。纳入统一登记公示系统的动产和权利范围另行规定。”由此可见，统一的动产和权利担保登记制度指日可待。

似于动产抵押人。出卖人、出租人所有权的登记对抗效力亦应与动产抵押权作同一解释。

（二）未登记所有权可得对抗的第三人的客观范围

本条中所规定的“第三人”，除了“善意”之外未加其他任何限制。仅从文义上看，所谓“第三人”，自是当事人及其承受人之外的人。但如此理解，可能造成不合理、不妥当的结果。

1. 未登记所有权不得对抗租赁物的物权人

在《民法典》所确立的优先顺位规则体系中，一般规则是以取得对抗效力的时间先后作为判断竞存动产担保权之间优先顺位的客观标准。[①] 如此，登记对抗规则也就成了优先顺位规则的基础。依据《民法典》第414条和第415条的规定，未登记的所有权劣后于已登记的所有权和动产抵押权、已设立的动产质权。因此可以认为，未经登记的所有权，不得对抗已登记的所有权和动产抵押权、已设立的动产质权。

在承租人转让租赁物的情形之下，我国学说上均认为受让人属于出租人所有权未登记而不得对抗的“第三人”之列。[②] 在解释上，这里的受让人，应以已依物权变动规则取得所有权者为限；已经签订买卖合同但未受领交付的受让人，在法律地位上仍属债权人，自不属于不得对抗的“第三人”。未登记的出租人所有权不得对抗受让人，虽然“不得对抗”并不意味着出租人所有权的消灭，未经登记的出租人所有权在对第三人的关系上也非绝对无效，仅该当事人不得对第三人主张有所有权的效力而已，但在受让人取得标的物的所有权之后，该当事人不得对其主张所有权，此时出租人所有权仅具形式上的意义。因此可以认为，此时，出租人所有权亦消灭，出租人也就无法行使所有权。

2. 未登记所有权不得对抗承租人的特定债权人

未登记出租人所有权这一隐蔽性的权利，基于其物权地位可以对抗无担保债权。有学者主张，这一解释论“可能导致交易信赖基础的丧失和正常预期的破坏，直接损害社会整体的交易安全”[③]，但无担保债权人是否享有主张登记

---

① 详细分析，参见高圣平：《民法典动产担保权优先顺位规则的解释论》，载《清华法学》2020年第3期。

② 参见龙俊：《动产抵押对抗规则研究》，载《法学家》2016年第3期；郭志京：《也论中国物权法上的登记对抗主义》，载《比较法研究》2014年第3期；庄加园：《动产抵押的登记对抗原理》，载《法学研究》2018年第5期。

③ 李文涛、龙翼飞：《“不登记不得对抗第三人”规则中“第三人”范围的界定——以对传统民法形式逻辑的检讨为思路》，载《法学杂志》2012年第8期。

欠缺的正当利益，尚存疑问。无担保债权人以债务人（承租人）的全部责任财产作为求偿基础，一则债务人责任财产变动不居，无担保债权人求偿不能的风险本属其在债权债务关系形成之初即可得预见①，二则在债务人以财产为自身债务提供物上担保的情形之下，债务人已取得相应的财产，并不影响其责任财产的总量和偿债能力。② 尽管如此，在法政策上，对无担保债权人的范围进行限缩，降低未登记动产担保权的隐蔽性可能对交易安全所致损害，应属妥适的方案。

无担保债权人基于执行名义已经申请启动强制执行程序，且执行法院已就租赁物采取查封、扣押措施之时，未登记的所有权是否可得对抗之，我国实定法上并无明文规定。就强制执行程序中查封、扣押在私法上的效力，除了限制债务人处分标的物之外，我国法上并未明确查封、扣押债权人是否就标的物取得优先受偿权。在比较法上，德国《民事诉讼法》和法国《民事执行程序法》均规定查封、扣押债权人依照法律的直接规定取得对标的物的扣押质权与保全抵押权、裁判抵押权，并依查封、扣押的时点取得相应的优先顺位。③ 在美国法上，未登记的动产担保权（包括出租人所有权）劣后于法定担保权人（lien creditor）。这里的"法定担保权人"之中即包括通过查封、扣押或者其他类似程序，对相应财产取得法定担保权（lien）的债权人。④

我国法上虽无类似的明确规定，在解释论上可以认为，无担保债权人已经通过强制执行程序查封、扣押租赁物的情形之下，其对该租赁物已经取得了对物的支配权，与出租人形成了对物的争夺关系。⑤ 同时可以认为，无担保债权人此时已取得对该财产的（间接）占有，债权人的胜诉债权就该财产也就取得了担保权（动产质权）。在利益衡量上，无担保债权人在交易时是基于标的物上不存在担保

① 参见王泽鉴：《民法学说与判例研究：重排合订本》，北京，北京大学出版社 2015 年版，第 1481 页。

② 参见王稳：《登记对抗模式下的信赖保护问题研究》，载《江西社会科学》2018 年第 4 期；最高人民法院民事审判第一庭编著：《最高人民法院物权法解释（一）理解与适用》，北京，人民法院出版社 2016 年版，第 189 页。

③ 参见于海涌：《法国保全性裁判抵押权制度研究——兼论我国不动产查封制度的完善》，载《清华大学学报（哲学社会科学版）》2006 年第 3 期；刘哲玮：《论民事司法查封的效力》，载《国家检察官学院学报》2019 年第 4 期。

④ 值得注意的是，美国法上明确指出，无担保债权人基于查封、扣押等取得法定担保权的时间，由各州具体规定。See Barkley Clark and Barbara Clark，*The Law of Secured Transactions Under the Uniform Commercial Code*，3rd ed.，New York：LexisNexis，2017，pp. 3－26.

⑤ 参见李文涛、龙翼飞：《"不登记不得对抗第三人"规则中"第三人"范围的界定——以对传统民法形式逻辑的检讨为思路》，载《法学杂志》2012 年第 8 期；赵忠丽：《论登记对抗规则下第三人范围的确定》，载《研究生法学》2015 年第 2 期。

负担的责任财产状态，在承租人的财产被查封、扣押时，债权人即与未登记出租人的利益发生实质性冲突，此际，对于未登记出租人和无担保债权人应实行平等保护。①

上述查封、扣押债权人自当包括在强制执行程序中申请参与分配的债权人。破产清算程序在性质上属于对破产债务人的概括执行程序，破产债权人、破产管理人的法律地位亦应与查封、扣押债权人作相同理解。准此，未经登记的出租人所有权，不得对抗查封或扣押债权人、参与分配债权人、破产债权人或破产管理人。值得注意的是，《民法典》就融资租赁交易改行登记对抗主义，第745条中未经登记的所有权不得对抗的第三人客观范围，亦应与《民法典》第403条中未经登记的动产抵押权作同一理解。《合同法》第242条原规定："出租人享有租赁物的所有权。承租人破产的，租赁物不属于破产财产。"《民法典》第745条将其修改为："出租人对租赁物享有的所有权，未经登记，不得对抗善意第三人。"两者相较，《民法典》删去了"承租人破产的，租赁物不属于破产财产"的规定。在承租人破产之时，出租人自不得依其所有权主张破产取回权，而仅得在其所有权已行登记的情形之下向破产管理人主张优先受偿权；如未登记，即不具有对抗善意第三人的效力，也不得对抗破产管理人。

3. 未登记所有权可得对抗的第三人的主观范围

未经登记不得对抗的"第三人"应属"善意"，但是否全部"第三人"均受主观上"善意"之限制，不无疑问。

标的物的受让人作为出租人所有权未登记而不得对抗的"第三人"时，尚须以受让人的主观"善意"为前提。② 这里所谓"善意"，是指不知道标的物上存在出租人所有权，且无重大过失。受让人不知情且存在轻过失者，不在此限，否则无异于强制性地要求所有动产交易的相对人均须注意交易标的物上是否存在动产担保权，害及大量动产交易的效率和安全。③ 出租人所有权既未登记，第三人亦难以注意到标的物上存在出租人所有权，为贯彻登记对抗制度的规范意旨，应将"善意"限定在重大过失，不强求第三人在登记簿之外再作详尽的调查，以降

---

① 参见龙俊：《中国物权法上的登记对抗主义》，载《法学研究》2012年第5期。

② 参见龙俊：《动产抵押对抗规则研究》，载《法学家》2016年第3期；郭志京：《也论中国物权法上的登记对抗主义》，载《比较法研究》2014年第3期；庄加园：《动产抵押的登记对抗原理》，载《法学研究》2018年第5期。

③ 参见刘春堂：《动产担保交易登记之对抗力》，载《物权法之新思与新为——陈荣隆教授六秩华诞祝寿论文集》，台北，瑞兴图书股份有限公司2016年版，第404页。

低交易成本、促进交易效率。这一解释方案也与我国实践中关于善意认定的一般标准相合。[①] 值得注意的是，登记对抗规则与善意取得制度之间，分别适用不同的场景，各有其不同的制度功能和体系分工。[②] 未经登记不得对抗的是善意第三人，并不是要求第三人善意取得标的物的所有权，第三人取得标的物上无负担的所有权也无须在善意取得制度之下寻求解释基础。在将未登记所有权不得对抗的第三人的客观范围界定为物权人和特殊债权人的前提之下，受让人是否取得标的物所有权意义重大，但受让人是否取得标的物所有权不是登记对抗规则的任务，自应适用《民法典》上动产物权变动的一般规则。由此可进一步认为，登记对抗规则所涉及的仅仅只是未登记出租人与第三人之间的关系，并不解决第三人是否取得物权问题。[③]

在将标的物的受让人纳入“第三人”的客观范围之后，其主观上的善意、恶意分别产生不同的法律后果。以普通动产（租赁物）的买卖为例，买受人为善意之时，如该买受人已依《民法典》上一般物权变动规则，受领标的物的交付取得标的物所有权，未登记的出租人所有权不得与之对抗，此时，并不以买受人给付合理对价为前提。此际的“不得对抗”宜解释为出租人所有权消灭。虽然对抗问题仅仅涉及与第三人的关系，但此时出租人因没有对抗力而失去对标的物的追及力，出租人所有权自当消灭。如认为未登记出租人所有权不消灭，买受人取得的标的物所有权上仍然存在出租人所有权，只是后者的顺位劣后，一则没有实际意义，二则可能危及标的物的进一步流转。买受人为善意之时，如该买受人并未取得标的物所有权，未登记出租人所有权自可对抗之，已如前述。买受人为恶意之时，该买受人亦可依《民法典》上一般物权变动规则，受领标的物的交付而取得标的物所有权。只不过，未登记的出租人所有权可以对抗该买受人，自可参照《民法典》第 406 条第 1 款关于“抵押财产转让的，抵押权不受影响”的规定，追及至标的物之所在，向买受人主张出租人所有权，就标的物变价并优先受偿。

“未经登记，不得对抗善意第三人”，是否可依反对解释方法理解为“虽未经登记，但可以对抗恶意第三人”，不无疑问。在自由竞争的市场秩序之下，竞存的担保权人之间依具有确定性的规则争夺就同一标的物的清偿顺位，在法律后果

---

① 《物权法解释（一）》第 15 条第 1 款即规定：“受让人受让不动产或者动产时，不知道转让人无处分权，且无重大过失的，应当认定受让人为善意。”

② 参见郭志京：《也论中国物权法上的登记对抗主义》，载《比较法研究》2014 年第 3 期；尹田：《论物权对抗效力规则的立法完善与法律适用》，载《清华法学》2017 年第 2 期。

③ 参见郭志京：《也论中国物权法上的登记对抗主义》，载《比较法研究》2014 年第 3 期。

上并不导致某一担保权的消灭。即使后设立担保权的权利人知道在先担保权的存在，亦未超过社会生活上正当的自由竞争范围，主观上也不具有可归责性，而怠于登记的担保权人自应承担相应的不利后果。[①] 正是基于此，美国法、加拿大法、新西兰法和澳大利亚法在确立竞存动产担保权之间的优先顺位之时，均不考虑后顺位动产担保权人是否知悉在先未公示担保权的存在。[②] 我国已经加入的《开普敦公约》也采取了这一态度。[③]

在解释上，可以认为《民法典》第 414 条与第 403 条、第 641 条第 2 款、第 745 条两个规范群之间是特殊规定和一般规定的关系，自应优先适用。[④] 如此，《民法典》第 745 条应作限缩解释，善意要件只适用于第三人为非为担保权人的情形。在确定竞存动产担保权之间的优先顺位之时，不考虑动产担保权人的主观心理态度，直接以登记先后作为判断标准，有其正当性。其一，贯彻经由登记制度形成的透明度，与动产担保登记制度之间相协调。作为替代动产质权中交付公

---

① 参见李文涛、龙翼飞：《“不登记不得对抗第三人”规则中“第三人”范围的界定——以对传统民法形式逻辑的检讨为思路》，载《法学杂志》2012 年第 8 期；庄加园：《动产抵押的登记对抗原理》，载《法学研究》2018 年第 5 期。

② 美国法上的规定，参见 William H. Lawrence，William H. Henning and R. Wilson Freyermuth，*Understanding Secured Transactions*，5th ed.，New Providence，NJ：Matthew Bender & Company，Inc.，2012，pp. 229 - 233。英国法上的态度，参见 Hugh Beale，Michael Bridge，Louise Gullifer and Eva Lomnicka，*The Law of Security and Title-Based Financing*，3rd ed.，Oxford：Oxford University Press，2018，pp. 495 - 496。加拿大法上的观点，参见 Ronald C. C. Cuming，Catherine Walsh and Roderick J. Wood，*Personal Property Security Law*，2nd ed.，Toronto，ON：Irwin Law Inc.，2012，p. 422。新西兰法上的介绍，参见 Linda Widdup，*Personal Property Securities Act：A Conceptual Approach*，3rd ed.，Wellington：LexisNexis NZ Limited，2013，pp. 167 - 170。澳大利亚法上的规定，参见 Jason Harris and Nicholas Mirzai，*AnnotedPersonal Property Securities Act*，Sydney：CCH Australia Limited，2011，pp. 224 - 226。《联合国动产担保立法指南》的观点，参见 United Nations Commission on International Trade Law，*UNCITRAL Legislative Guide on Secured Transactions*，United Nations，2010，p. 192。《欧洲示范民法典草案》的意见，参见 Study Group on a European Civil Code and Research Group on EC Private Law (Acquis Group)，*Principles，Definitions and Model Rules of European Private Law：Draft Common Frame of Reference*，*Volume* 6. Munich：Sellier，European Law Publishers GmbH，pp. 5553 - 5554。

③ 《开普敦公约》第 29 条（对抗利益间的优先权）中规定：“1. 已登记的利益优先于在其后登记的任何其他利益和未登记的利益。”“2. 前款最先提及的利益的优先权在下列情况下亦得适用：(a) 即使最先提及的利益是在实际知道存在其他利益的情况下取得或登记的；和 (b) 即使是涉及最先提及利益的知情持有人所给付的价金的。”“3. 标的物的买方取得的对标的物的利益：(a) 不能对抗取得该利益时已登记的利益；和 (b) 不受未登记利益的影响，即使实际知道存在此种利益。”“4. 附条件买方或承租人取得的对标的物的利益或权利：(a) 不能对抗在附条件卖方或出租人持有的国际利益登记之前已登记的利益；和 (b) 不受当时未登记利益的影响，即使实际知道存在该项利益。”本处所引是公约的官方作准中文文本。本条中的“优先权”，实为“优先顺位”。参见［英］罗伊·古德：《国际航空器融资法律实务——移动设备国际利益公约及航空器设备特定问题议定书正式评述》，高圣平译，北京，法律出版社 2014 年版，第 359 页。

④ 参见龙俊：《动产抵押对抗规则研究》，载《法学家》2016 年第 3 期。

示的工具，登记充任着公示非移转占有型动产担保权的功能，以警示其后拟再次提供信用支持的查询者。动产担保登记的制度功能也就在于使后续债权人免受欺诈，并使其免受在先未登记动产担保权的约束。① 其二，增加法律上的确定性和可预见性。不考虑权利人的主观心理态度，以当事人不易篡改的客观标准——登记的时间作为判断竞存权利之间优先顺位的一般标准，清晰而简明，债权人可得据以预估其法律地位，进而作出理性的商事判断。② 主观善意标准的介入，将带来事实认定上的困难，徒增诉讼成本和风险。③ 其三，降低动产担保交易的成本，提高动产担保交易的效率。不考虑权利人的主观心理态度，降低了债权人的征信成本，债权人无须在登记簿之外就潜在债务人的资信现状进行调查。④ 而在电子化的统一动产担保登记制之下，债权人自可在线自助查询登记系统，成本低廉。法经济学视角的分析表明，这将有利于降低信贷交易成本，促进融资交易的发展，提高交易效率。⑤ 其四，有利于预防和减少风险。不考虑权利人的主观心理态度，将交易风险在当事人之间进行确定性的分配，在一定程度上降低了融资交易的风险。即使后设立动产担保权的权利人知悉同一标的物上存在在先的未登记动产担保权，其动产担保权亦依登记而优先。这一规则极大地激励了债权人在法律框架内展开其交易活动，及时办理登记，以保全其优先顺位⑥，同时也赋予

① See Eva-Maria Kieninger and Harry C. Sigman，Introduction，in Eva-Maria Kieninger and Harry C. Sigman（eds.），Cross-Border Security over Tangibles，2007，Munich：Sellier，European Law Publishers GmbH，p. 40；Jolyn Ang Yi Qin，Rationalizing the Cape Town Convention and Aircraft Protocol's First-to-Register Rule and Its Exceptions in the Context of Aviation Finance，79 *Journal of Air Law and Commerce* 747（2014），p. 757.

② See Harry C. Sigman，Security in Movables in the United States-Uniform Commercial Code Article 9：A Basis for Comparison，in Eva-Maria Kieninger（ed），*Security Rights in Movable Property in European Private Law*，New York：Cambridge University Press，2004，p. 59.

③ See Jeffrey Wool，The Next Generation of International Aviation Finance Law：An Overview of the Proposed UNIDROIT Convention on International Interests in Mobile Equipment as Applied to Aircraft Equipment，20 *University of Pennsylvania Journal of International Law* 499（1999），p. 535.

④ See Jeffrey Wool，The Next Generation of International Aviation Finance Law：An Overview of the Proposed UNIDROIT Convention on International Interests in Mobile Equipment as Applied to Aircraft Equipment，20 *University of Pennsylvania Journal of International Law* 499（1999），p. 535.

⑤ See Mark Arundell and F. Scott Wilson，The Need for International Secured Transactions and Leasing Rules for Aircraft Engines through the Proposed UNIDROIT Convention，23 *Air & Space Law* 283（1998），pp. 285 - 286.

⑥ See Jeffrey Wool，The Next Generation of International Aviation Finance Law：An Overview of the Proposed UNIDROIT Convention on International Interests in Mobile Equipment as Applied to Aircraft Equipment，20 *University of Pennsylvania Journal of International Law* 499（1999），p. 535.

债权人以谨慎的注意义务，对标的物上是否存在已登记动产担保权进行尽职调查。①

三、融资租赁交易中所有权的登记制度

为满足融资租赁登记公示的需求，中国人民银行征信中心率先建立了融资租赁登记公示系统，通过互联网为全国范围内的机构提供租赁物权利登记公示与查询服务。在《融资租赁解释》通过之后，中国人民银行发布《关于使用融资租赁登记公示系统进行融资租赁交易查询的通知》，明确融资租赁公司等租赁物权利人开展融资租赁业务时，可以在融资租赁登记公示系统办理融资租赁登记，并通过明定“银行等机构”的查询义务，经由《融资租赁解释》第9条第3项倒逼融资租赁公司办理融资租赁登记。中国人民银行征信中心并及时修订登记规则，出台《中征动产融资统一登记平台操作规则》，构建了统一的中征动产融资统一登记平台（http：//www. zhongdengwang. org. cn/），一体登记“应收账款质押登记、应收账款转让登记、租赁登记、所有权保留登记、租购登记、留置权登记、存货/仓单质押登记、保证金质押登记、动产信托登记等业务类型”。

《融资租赁解释》通过之前，商务部发布《融资租赁企业监督管理办法》，明确规定“若租赁物不属于需要登记的财产类别，鼓励融资租赁企业在商务主管部门指定的系统进行登记，明示租赁物所有权”，并明确指出：“商务部建立、完善‘全国融资租赁企业管理信息系统’”。《融资租赁解释》通过之后，商务部将其全国融资租赁企业管理信息系统（http：//leasing. mofcom. gov. cn）作为租赁物登记公示和查询平台，“为内资融资租赁试点企业、外商投资融资租赁企业及相关企业、组织和个人提供公共信息、租赁物登记公示查询、交流合作等服务”。与全国企业信用信息公示平台登记动产抵押信息的弊端一样，全国融资租赁企业管理信息系统的建立旨在“对融资租赁企业的业务活动、内部控制和风险状况等情况进行了解和监督管理”，因此，系统中所记载的信息大大超越了融资租赁登记所需信息。

两大融资租赁登记公示系统构建以来，确实起到了明晰租赁物权利状况，维

---

① See Eva-Maria Kieninger and Harry C. Sigman，Introduction，in Eva-Maria Kieninger and Harry C. Sigman eds.，Cross-Border Security over Tangibles，2007），Munich：Sellier，European Law Publishers GmbH，p. 42；Jolyn Ang Yi Qin，Rationalizing the Cape Town Convention and Aircraft Protocol's First-to-Register Rule and Its Exceptions in the Context of Aviation Finance，79 *Journal of Air Law and Commerce* 747 (2014)，p. 757.

护交易安全的作用，这一实践中的做法也得到了《融资租赁解释》的间接承认，但相关方法论值得检讨。

其一，相关监管机关的规范性文件无权改变物权法上普通动产物权变动的规则。融资租赁登记的作用在于公示租赁物之上的物权权属和变动状况，亦即租赁物虽然由承租人占有，但其物权归属应依登记簿的记载而定，占有不能成为租赁物上物权变动的公示方法。物权公示的效力及于世人，这一物权制度属于"民事基本制度"，依我国《立法法》第 8 条之规定，属于全国人民代表大会及其常务委员会的立法权限。[①] 我国《物权法》上就普通动产物权变动的规定见于第 23 条，其中指出："动产物权的设立和转让，自交付时发生效力，但法律另有规定的除外。"就动产租赁物的物权变动而言，仅有《物权法》《海商法》《民用航空法》就船舶、民用航空器、机动车做了登记对抗的例外规定，法律上就普通动产并未做其他例外安排（非基于法律行为所引起的物权变动除外）。虽然上述规范性文件使用了"可以""可""鼓励""支持"办理融资租赁登记，但在缺乏上位法支撑的情况下，前述融资租赁登记公示系统究竟能否起到公示的作用，尚值怀疑。

其二，相关监管机关的规范性文件无权为交易相对人设定查询登记簿的法定义务。各监管机关囿于行政权限，将融资租赁登记簿的查询义务人限定于"银行等机构"或"融资租赁企业"，但在租赁物的交易相对人（如普通的工商企业）并不限于"银行等机构"或"融资租赁企业"的情况下，这一制度设计能在多大程度上保护出租人的利益，尚值研究。

《融资租赁解释》第 9 条第 3 项规定，"第三人与承租人交易时，未按照法律、行政法规、行业或者地区主管部门的规定在相应机构进行融资租赁交易查询的"，第三人不得依据《物权法》第 106 条的规定取得租赁物的所有权或者其他物权。这里的"第三人"仅限于法律、行政法规、行业或者地区主管部门的规定要求应对交易物的融资租赁交易信息进行查询的交易相对人，此类交易相对人未按照要求查询融资租赁登记簿的，应认定其未尽注意义务，不构成善意。[②] 其他交易相对人并无查询融资租赁登记簿的法定义务，不能以其未查询融资租赁登记簿即认定其未尽注意义务。当然，基于《物权法》上动产抵押登记效力的规定，所有交易相对人均须查询动产抵押登记簿，此为法定义务。交易相对人未查询动

① 参见高圣平、王思源：《论融资租赁交易的法律构造》，载《法律科学（西北政法大学学报）》2013 年第 1 期。

② 参见最高人民法院民事审判第二庭编著：《最高人民法院关于融资租赁合同司法解释的理解与适用》，北京，人民法院出版社 2014 年版，第 155 页。

产抵押登记簿即从事租赁物相关交易，抵押权人可以其抵押权对抗租赁物所有权人或他物权人，交易相对人不能主张善意取得租赁物上的权利。如此看来，《融资租赁解释》第9条第3项的作用范围仍然有限，即使出租人已经办理融资租赁登记，仍然只能对抗法律、行政法规、行业或者地区主管部门规定的查询义务人，不得对抗其他交易相对人。

其三，就普通动产融资租赁，基于监管的需要而分别设置登记系统，其正当性值得质疑。为防范风险，融资租赁企业就同一笔融资租赁交易在两个登记系统同时办理登记的已经不在少数。如此，既增加了融资租赁企业的负担，也加重了交易相对人的查询成本。在基于《民法典》重构动产和权利担保登记系统之时，自应统一动产融资登记公示系统。

在动产融资登记制度设计方面所面临的一个困难就是，如何统合“大动产”的概念。“大动产”不仅包括有体动产，还包括权利等无体动产。目前，我国就有体动产的抵押，采取登记对抗主义，登记制度的设计采行声明登记制；但就无体动产的质权，我国采取登记生效主义，登记制度的设计是不是也可以采行声明登记制，值得在统一动产融资登记制度时进一步研究。仅就有体动产而言，我国目前已经构建针对特殊动产的登记系统，登记机构即为行使相应管理职能的行政机关。从现实的角度出发，这些特殊动产登记系统与统一的动产融资登记公示系统在功能上存在差异，不仅具有公示特殊动产之上的权利现状的目的，还负载着部分行政管理的职能。基于此，可以维系目前的分散登记现状。接下来，我们要统一的是普通动产的融资登记公示系统。

第一个问题涉及登记申请人。《动产抵押登记办法》采取双方申请主义，主要目的在于防止虚假登记；但前述两个融资租赁登记系统均采取单方申请主义。单方申请主义确实有利于登记程序的展开，为防止权利人恶意在他人财产之上登记权利负担，在程序设计上可以吸收比较法上的一些成熟经验，如单方提出申请后，登记机构发出确认通知书，一则可以由权利人斟酌情事，具体确定是否予以登记；二则双方当事人可以发现登记系统的错误，及时纠正，以维持融资登记系统的公示效力。①

第二个问题是登记申请文件。各登记机构就登记申请文件规定了宽严不同的要求，如《动产抵押登记办法》要求提交《动产抵押登记书》和当事人主体资格证明或者自然人身份证明文件，但有的登记机构还要提交主合同、抵押合同以及

① 参见高圣平、秦鑫：《应收账款出质登记制度研究》，载《烟台大学学报（社会科学版）》2009年第2期。

其他证明文件，体现了纸面登记之下的实质审查观念，值得检讨。在电子化的登记系统中，当事人无须提交登记申请文件，相关登记事项直接由登记申请人在线填写。前述两个融资租赁登记公示系统即采行这种做法，值得在统一动产融资登记系统重构时参照。

第三个问题涉及登记事项。动产融资登记奉行声明登记制，登记系统并不保证其中所记载内容的真实性、合法性和准确性，只是提醒查询者相应标的物之上的可能权利现状。因此，登记事项应较为简单，主要包括当事人身份信息、标的物描述［既可以具体描述，也可以概括描述］，涉及担保交易时还包括担保债权数额。在《动产抵押登记办法》中，登记事项还包括担保范围、主债务清偿期限等。登记这些要素的价值和作用并无实益，没有实现当事人商业秘密和登记公示之间的平衡。

第四个问题是电子化登记系统的构建。我国《动产抵押登记办法》构建的是一个纸质化的登记系统，从而与《物权法》公布后同期构建的应收账款质押电子化登记系统迥异，在一定程度上迁就了《担保法》实施以来的动产抵押登记实践，这一登记系统在运行过程中也出现了一系列的问题，如登记和查询不便捷等等。前述两个融资租赁登记公示系统采行电子化的自主登记模式，申请人可以通过计算机终端即时办理动产融资登记，且不受登记机构工作时间的限制，极大地增强了登记的便利性；同时，申请人通过电子方式直接进行登记，无须登记机构的人工介入，大大降低了登记机构运营的人力成本及其他日常开支，减少了登记机构工作人员从事欺诈或腐败行为的机会，并相应减轻了登记机构对用户的潜在赔偿责任。①

第七百四十六条

融资租赁合同的租金，除当事人另有约定外，应当根据购买租赁物的大部分或者全部成本以及出租人的合理利润确定。

本条主旨

本条是关于租金构成的规定。

---

① 参见高圣平：《动产抵押登记的法理——以〈动产抵押登记办法〉的修改为中心》，载《法学》2016年第2期。

相关条文

《合同法》第 243 条　融资租赁合同的租金，除当事人另有约定的以外，应当根据购买租赁物的大部分或者全部成本以及出租人的合理利润确定。

《国际融资租赁公约》第 1 条第 2 款　前款所称融资租赁交易具有以下特点：

（a）承租人指定租赁物和选择供货人，并不主要依赖于出租人的技能和判断；

（b）出租人取得的租赁物与出租人和承租人之间已经签订或即将签订的租赁合同相关联，并且供货人知道这一情况，以及

（c）特别是，该租赁合同项下应付租金的计算摊销了租赁物全部或绝大部分成本。

《民法典各分编（草案）》（2018 年 8 月）第 537 条　融资租赁合同的租金，除当事人另有约定的以外，应当根据购买租赁物的大部分或者全部成本以及出租人的合理利润确定。

《民法典合同编（草案）（二审稿）》（2018 年 12 月）第 537 条　融资租赁合同的租金，除当事人另有约定外，应当根据购买租赁物的大部分或者全部成本以及出租人的合理利润确定。

《民法典（草案）》（2019 年 12 月）第 746 条　融资租赁合同的租金，除当事人另有约定外，应当根据购买租赁物的大部分或者全部成本以及出租人的合理利润确定。

《民法典（草案）》（2020 年 5 月 22 日大会审议稿）第 746 条　融资租赁合同的租金，除当事人另有约定外，应当根据购买租赁物的大部分或者全部成本以及出租人的合理利润确定。

理解与适用

与租赁合同不同，融资租赁合同具有融资功能，即出租人购买租赁物的最主要目的就是将其出租，一方面缓解承租人资金的短缺状况，使其无须购进租赁物即可维持或扩大其生产能力；另一方面借租金的形式回收资金并获取营业利润。[①] 由此决定，承租人支付的租金，并非使用租赁物的对价，而是融资的对

① 参见王轶：《租赁合同、融资租赁合同》，北京，法律出版社 1999 年版，第 144 页。

价。因此，融资租赁合同中租金标准的确定与租赁合同存在差异，前者要高于后者。①

一、融资租赁交易中租金的构成

融资租赁合同中的租金，是根据出租人取得租赁物的大部分或者全部成本以及出租人的合理利润确定的，其中包含了出租人的合理利润预期。根据本条的规定，融资租赁合同中的租金应当考虑如下因素确定：第一，购买租赁物的大部分或者全部成本，实际上是出租人的“融资成本”。全部成本是指标的物在租赁期限，其使用价值全部耗尽，无法再租赁给他人使用，此时承租人就需要支付相当于租赁物全部的成本作为租金。大部分成本是指如果在租赁期限届满后，标的物仍有一定的使用价值，出租人还可将之出租给他人继续使用，此时，就只需要收回标的物大部分的成本。购买租赁物的成本主要是其价款，也包括相关费用。例如，出租人支付的运输费、保险费、律师费、谈判费用等。出租人为购买租赁物向银行贷款而支付的利息，是租金构成的又一重要因素。此外，营业费用也属于租金构成的要素之一。营业费用是指出租人经营租赁过程中所开支的费用，包括业务人员工资、办公费、差旅费和必要的盈利。② 第二，合理利润。在融资租赁合同中，出租人是融资租赁企业，其从事融资租赁交易的目的就是要获得利润。对于利润是否合理，判断标准一般是行业的平均利润水平。③

二、“当事人另有约定”的理解

“当事人另有约定”，指的是融资租赁合同的租金不是根据购买租赁物的大部分或者全部成本以及出租人的合理利润而确定的情形。融资租赁实践中，租赁期限并未涵盖租赁物的全部使用年限的情形，并不少见。此际，租赁物的残余价值较大，融资租赁合同的租金也就并不涵盖购买租赁物的大部分或者全部成本。如当事人在融资租赁合同中约定，在租赁期限届满时，出租人有权收回租赁物或约定承租人在租赁期限届满时再支付一部分价金就可以取得租赁物的所有权时，融资租赁合同的租金构成就只应包括购买租赁物的部分成本。当然，如当事人约

① 参见黄薇（全国人大常委会法制工作委员会民法室主任）主编：《中华人民共和国民法典合同编解读（下册）》，北京，中国法制出版社 2020 年版，第 874 页。

② 参见全国人大常委会法制工作委员会（胡康生主编）编著：《中华人民共和国合同法释义》（第三版），北京，法律出版社 2013 年版，第 393－394 页。

③ 参见王利明：《合同法研究（第三卷）》（第二版），北京，中国人民大学出版社 2015 年版，第 368 页。

定，租赁期限届满时，租赁物的所有权即转归承租人所有，融资租赁合同的租金构成则应包括购买租赁物的全部成本。[①]

裁判实践中认可的“当事人另有约定”还包括以下情形：第一，可以不包括利息。“当事人可自行约定融资租赁合同的租金，故深圳润泽公司以本案约定的租金不含利息为由否认融资租赁合同关系的成立，缺乏依据。”[②] 第二，可以包括服务费。“法律对融资租赁合同的租金是否应包括服务费未作明确规定，并允许签约双方可以‘另有约定’，因此原告和被告制药厂在《融资租赁合同》附表三中将该服务费约定为设备价款的一部分并以此作为租金的组成部分，并不违反法律规定，被告制药厂该辩称意见无法律依据，本院不予采信。”[③]

其他问题

租赁物的起租日即租金的起算日，直接决定和影响着出租人的收益和承租人的成本。实践中，有如下做法和主张。

第一，支付租赁物价款之日。目前，融资租赁实务中，通常以出租人支付租赁物价款之日作为售后回租式融资租赁的起租日，以该种方法确定起租日，最有利于出租人收益的最大化。[④]

第二，租赁物交付之日。实务中有观点指出，在直接租赁式融资租赁中，以出卖人交付或承租人受领租赁物之日为起租日，有利于满足生产或建造周期较长的租赁物分期支付购买款的需要。此时，出租人在租赁物交付之前向出卖人支付的各期款项均按约定的利率计息（租前息），并且最终都由承租人承担。[⑤]

第三，承租人通知出租人收到标的物之日。承租人支付租金的义务以承租人通知出租人收到标的物的通知为生效条件，而不以实际使用租赁物为条件。[⑥] 在租赁期限，承租人应按照约定向出租人支付租金，这是承租人的基本义务。但融资租赁的承租人交付的租金，其性质不同于传统租赁合同中承租人交付的租金。它不是承租人使用租赁物的对价，而是出租人向承租人提供金融的对价。出租人通过收取租金而收回其向出卖人购买租赁物所支付的价款。因此，承租人支付价

---

① 参见崔建远：《合同法学》，北京，法律出版社2015年版，第389页。

② “深圳市润泽工程机械有限公司、江苏公信资产经营管理有限公司融资租赁合同纠纷再审案”，最高人民法院（2017）民申1065号民事裁定书。

③ “惠普租赁有限公司与山东省泰安市四维制药厂民事纠纷案”，上海市第一中级人民法院（2002）沪一中民四（商）初字第45号民事判决书。

④⑤ 参见李中华：《融资租赁运作实务与法律风险防范》，北京，法律出版社2012年版，第115页。

⑥ 参见崔建远：《合同法学》，北京，法律出版社2015年版，第389页；王轶：《租赁合同、融资租赁合同》，北京，法律出版社1999年版，第157页。

款的义务，以承租人通知出租人收到标的物的通知为生效条件，而不以承租人实际使用租赁物为条件。①

第四，融资租赁合同约定之日。如从出租人向承租人承诺转让租赁物的占有权等的时点考虑，则该时点是该合同生效之日；如从出租人得以履行上述承诺的时点考虑，则该时点是出卖人向出租人提交提单或发票之日。但是，相关的买卖合同项下的标的物多半不是一次交付，因此，相应的提单或发票将不止一件，提交日也将不止一个；如从承租人得以实际行使其合同权利的时点考虑，则又可以分别是承租人受领标的物之日，标的物运抵承租人现场之日，标的物安装、调试完毕之日，标的物验收之日，承租人正式开始使用标的物之日（投产日）等等。其中，受领和运抵现场的时点又多半不止一个。从另一个角度看，融资租赁交易的经济实质是承租人利用出租人的以租赁方式进行的融资，即，承租人以在约定的期限内和以分期支付租金的方式清偿为条件，来占用出租人的资金。因此，从资金占用及偿还期限的角度，来约定租赁期限的起始时点（起租日）和时间长度，反而比较合理，这也是我国融资租赁业界较为通行的做法。②

第七百四十七条

租赁物不符合约定或者不符合使用目的的，出租人不承担责任。但是，承租人依赖出租人的技能确定租赁物或者出租人干预选择租赁物的除外。

本条主旨

本条是关于出租人质量瑕疵担保责任的免除及例外的规定。

相关条文

《合同法》第 244 条　租赁物不符合约定或者不符合使用目的的，出租人不承担责任，但承租人依赖出租人的技能确定租赁物或者出租人干预选择租赁物的除外。

《国际融资租赁公约》第 8 条第 1 款

（a）除非本公约另有规定或租赁合同另有约定，出租人不应就租赁物对承租人承担任何责任，但承租人因依赖出租人的技能和判断以及出租人干预选择供货

① 参见朱伯玉、管洪彦：《合同法分则研究》，北京，人民出版社 2014 年版，第 119 页。

② 参见裘企阳：《融资租赁理论探讨与实务操作》，北京，中国财政经济出版社 2002 年版，第 19 页。

人或指定租赁物而受到损失的，除外。

（c）项本款的上述规定不适用于出租人以其他身份，例如所有权人的身份，所应承担的责任。

《民法典各分编（草案）》（2018年8月）第538条　租赁物不符合约定或者不符合使用目的的，出租人不承担责任，但是承租人依赖出租人的技能确定租赁物或者出租人干预选择租赁物的除外。

《民法典合同编（草案）（二审稿）》（2018年12月）第538条　租赁物不符合约定或者不符合使用目的的，出租人不承担责任，但是承租人依赖出租人的技能确定租赁物或者出租人干预选择租赁物的除外。

《民法典（草案）》（2019年12月）第747条　租赁物不符合约定或者不符合使用目的的，出租人不承担责任。但是，承租人依赖出租人的技能确定租赁物或者出租人干预选择租赁物的除外。

《民法典（草案）》（2020年5月22日大会审议稿）第747条　租赁物不符合约定或者不符合使用目的的，出租人不承担责任。但是，承租人依赖出租人的技能确定租赁物或者出租人干预选择租赁物的除外。

理解与适用

租赁物瑕疵分为物的瑕疵（也称质量瑕疵）和权利瑕疵两种。对于租赁物质量瑕疵，确定其担保责任的承担主体至关重要，因为它直接关系到融资租赁交易本质特征能否体现，关系到融资租赁与传统租赁能否明确区分。《民法典》第708条规定："出租人应当按照约定将租赁物交付承租人，并在租赁期限内保持租赁物符合约定的用途。"由此可见，出租人应对租赁物承担瑕疵担保责任，以使租赁物在交付时及在租赁期限内处在适于使用及收益状态。

本条规定与此不同。"租赁物不符合约定或者不符合使用目的的，出租人不承担责任。"这一规定的正当性在于：其一，融资租赁的经济意义在于出租人以融物的方式向承租人提供融资，具有金融的性质。出租人的主要义务就是支付购买租赁物的价款，其权利是收取租金从而收回投资，并取得利润。出租人对租赁物没有真正的需求，购买租赁物的目的主要是满足承租人的需要。出租人与租赁物也没有形成真正的占有和控制关系。与此相反，承租人在租赁期限内一直控制租赁物，与租赁物有着密切的关系，对租赁物瑕疵更能够直接发现和处理，相对于出租人而言，承租人在租赁物占有和使用方面的利益远远大于出租人的。因此，从融资租赁合同的本质来看，出租人应当主要提供融资，而由承租人支付租金、合理占有使用租赁物并承担租赁物的瑕疵风险更为合理，也更符合合同各方当事人的意愿。[①] 其二，融资租赁合同签订时，往往是由承租人基于其知识和经验选定租赁物的制造商、租赁物的种类、数量、规格等，出租人仅仅根据承租人的指示向出卖人购买标的物出租给承租人。因此，因选择错误所产生的结果，应由用户承租人负责。相反，出租人并不必然具备商品知识、信息、经验和处置能力，因而不应承担瑕疵担保责任。[②] 如由出租人承担瑕疵担保责任，必然导致出租人聘请专家检验，这就意味着增加费用。而所增加的费用最后必然通过租金的形式由承租人负担。[③] 其三，出租人、出卖人、承租人可以约定，出卖人不履行买卖合同义务的，由承租人行使索赔的权利。在规定出租人瑕疵担保免责的同时，通过索赔权转让条款，承租人可以向出卖人提出赔偿请求。这就保证了出租人和承租人之间权利义务的平衡。[④]

由于融资租赁交易中租赁物是由承租人选择的，出租人在融资租赁交易中仅承担融资的功能，因此，出租人对租赁物的瑕疵担保免责是融资租赁合同一个重要特征。但也有例外，根据本条的规定，如承租人依赖出租人的技能确定租赁物或者出租人干预选择租赁物，出租人则应当对租赁物的瑕疵承担担保责任。司法实践中，对如何认定承租人依赖出租人的技能及出租人干预选择争议较大。《融资租赁解释》第 19 条就此具体列举了三种情形。

其一，出租人在承租人选择出卖人、租赁物时，对租赁物的选定起决定作用。单纯的提供设备名录、出卖人名录，并不构成决定作用。出租人以其技能为承租人确定租赁物，包含了出租人愿意为承租人就租赁物质量进行控制的意愿和承租人对出租人技能的依赖，从而事实上由双方合意形成了出租人应尽谨慎选择租赁物的义务，若出租人因疏忽而未能尽到自己义务，应承担相应的责任。[⑤] 在融资租赁实务中，租赁公司利用自身对特定行业的精通，以更低的报价为承租人购买特定的设备，对出租人与承租人来讲是双赢的结果。如果因租赁公司提供选购信息就认定属于承租人依赖出租人技能、出租人干预租赁物的选择，并因此要

---

① 参见最高人民法院编著：《司法解释理解与适用全集·合同卷 2》，北京，人民法院出版社 2018 年版，第 1268 - 1269 页。

② 参见王轶：《租赁合同、融资租赁合同》，北京，法律出版社 1999 年版，第 152 页。

③ 参见全国人大常委会法制工作委员会（胡康生主编）编著：《中华人民共和国合同法释义》（第三版），北京，法律出版社 2013 年版，第 394 - 395 页。

④ 参见王轶：《租赁合同、融资租赁合同》，北京，法律出版社 1999 年版，第 152 页；全国人大常委会法制工作委员会（胡康生主编）编著：《中华人民共和国合同法释义》（第三版），北京，法律出版社 2013 年版，第 394 - 395 页。

⑤ 参见胡晓媛：《中德融资租赁法律制度比较研究》，北京，中国法制出版社 2011 年版，第 124 - 125 页。

求租赁公司承担瑕疵担保责任，往往导致租赁公司不愿提供更专业的服务，进而影响到承租人认购专业设备的成本和能力，最终将影响融资租赁行业的发展。因此，出租人承担瑕疵担保责任应当严格限定在出租人对租赁物的选定起决定作用的情形。①

其二，出租人干预或者要求承租人按照出租人意愿选择出卖人或者租赁物。此种情况下，出租人主动对租赁物的选择进行干预，不再属于不作为的情形。所谓干预应当没有强迫的含义，只是表明出租人有强烈为承租人选择租赁物的意愿，而承租人也愿意接受出租人的选择，从而，在事实上形成了承租人在租赁物选择上对出租人的依赖和信任关系，出租人对此应当尽谨慎的表达意见和选择租赁物的义务。② 这两种情形在选定的内容上有所差异，前者只限定为租赁物，后者既包括选定租赁物，也包括选定出卖人，主要原因在于，在出租人为厂商租赁型的租赁公司时，出卖人往往是单一的，但出租人如未对租赁物的选择起决定性作用，要求其必然地承担瑕疵担保责任，有违公平原则，也将在相当程度上制约了厂商租赁的发展，故第一种情形未将选定出卖人列入。③

其三，出租人擅自变更承租人已经选定的出卖人或者租赁物。《民法典》第744条规定："出租人根据承租人对出卖人、租赁物的选择订立的买卖合同，未经承租人同意，出租人不得变更与承租人有关的合同内容。"第740条规定，出卖人违反向承租人交付标的物的义务，标的物严重不符合约定，承租人可以拒绝受领出卖人向其交付的标的物。出租人擅自变更承租人已经选定的租赁物，构成租赁物严重不符合约定的，承租人有权拒绝受领。承租人已经受领的，由于出租人实际上剥夺了承租人的选择权，因此，应当对租赁物承担瑕疵担保责任。④

《融资租赁解释》第19条第2款规定："承租人主张其系依赖出租人的技能确定租赁物或者出租人干预选择租赁物的，对上述事实承担举证责任。"在融资租赁合同中，出租人瑕疵担保免责是原则，承担瑕疵担保责任是例外。因此，在无证据证明出租人存在上述行为的情况下，出租人应当免责；只有在承租人有证据证明上述事实存在的情况下，才能要求出租人承担瑕疵担保责任。如果要求出

---

① 参见最高人民法院编著：《司法解释理解与适用全集·合同卷2》，北京，人民法院出版社2018年版，第1268-1269页。

② 参见胡晓媛：《中德融资租赁法律制度比较研究》，北京，中国法制出版社2011年版，第124-125页。

③ 参见宋晓明、刘竹梅、原爽：《〈关于审理融资租赁合同纠纷案件适用法律问题的解释〉的理解与适用》，载《人民司法》2014年第7期。

④ 参见最高人民法院编著：《司法解释理解与适用全集·合同卷2》，北京，人民法院出版社2018年版，第1271-1272页。

租人承担举证责任，则出租人应当证明自身未干预承租人选择或承租人未依赖出租人选择，此二项事实均为消极事实，出租人无法证明，故有关除外事项是否存在的证明责任由承租人承担。[1]

其他问题

租赁物权利瑕疵担保责任不适用本条规定。本条是针对物的瑕疵担保责任的规定，其基本规则是租赁物不符合融资租赁合同约定的，出租人原则上不承担责任，只在法律规定的特殊情形下承担责任。而融资租赁物存在权利瑕疵，发生纠纷时，应当依据《民法典》第 748 条进行处理，其基本规则是承租人如果受到对租赁物享有合法权利的人的干扰，出租人应承担违约责任。

第七百四十八条

出租人应当保证承租人对租赁物的占有和使用。

出租人有下列情形之一的，承租人有权请求其赔偿损失：

（一）无正当理由收回租赁物；

（二）无正当理由妨碍、干扰承租人对租赁物的占有和使用；

（三）因出租人的原因致使第三人对租赁物主张权利；

（四）不当影响承租人对租赁物占有和使用的其他情形。

本条主旨

本条是关于租赁物的平静占有的规定。

相关条文

《合同法》第 245 条　出租人应当保证承租人对租赁物的占有和使用。

《融资租赁解释》第 17 条　出租人有下列情形之一，影响承租人对租赁物的占有和使用，承租人依照合同法第二百四十五条的规定，要求出租人赔偿相应损失的，人民法院应予支持：

（一）无正当理由收回租赁物；

---

① 参见最高人民法院编著：《司法解释理解与适用全集·合同卷 2》，北京，人民法院出版社 2018 年版，第 1278 页。

（二）无正当理由妨碍、干扰承租人对租赁物的占有和使用；

（三）因出租人的原因导致第三人对租赁物主张权利；

（四）不当影响承租人对租赁物占有、使用的其他情形。

《民法典各分编（草案）》（2018年8月）第539条　出租人应当保证承租人对租赁物的占有和使用。

第540条　出租人有下列情形之一，影响承租人对租赁物的占有和使用的，承租人有权要求出租人赔偿损失：

（一）无正当理由收回租赁物；

（二）无正当理由妨碍、干扰承租人对租赁物的占有和使用；

（三）因出租人的原因致使第三人对租赁物主张权利；

（四）不当影响承租人对租赁物占有和使用的其他情形。

《民法典合同编（草案）（二审稿）》（2018年12月）第539条　出租人应当保证承租人对租赁物的占有和使用。

第540条　出租人有下列情形之一，影响承租人对租赁物的占有和使用的，承租人有权要求出租人赔偿损失：

（一）无正当理由收回租赁物；

（二）无正当理由妨碍、干扰承租人对租赁物的占有和使用；

（三）因出租人的原因致使第三人对租赁物主张权利；

（四）不当影响承租人对租赁物占有和使用的其他情形。

《民法典（草案）》（2019年12月）第748条　出租人应当保证承租人对租赁物的占有和使用。

出租人有下列情形之一的，承租人有权请求其赔偿损失：

（一）无正当理由收回租赁物；

（二）无正当理由妨碍、干扰承租人对租赁物的占有和使用；

（三）因出租人的原因致使第三人对租赁物主张权利；

（四）不当影响承租人对租赁物占有和使用的其他情形。

《民法典（草案）》（2020年5月22日大会审议稿）第748条　出租人应当保证承租人对租赁物的占有和使用。

出租人有下列情形之一的，承租人有权请求其赔偿损失：

（一）无正当理由收回租赁物；

（二）无正当理由妨碍、干扰承租人对租赁物的占有和使用；

（三）因出租人的原因致使第三人对租赁物主张权利；

（四）不当影响承租人对租赁物占有和使用的其他情形。

理解与适用

租赁期限内，出租人应保证承租人对租赁物的占有和使用，这既是出租人的一项基本义务，也是承租人的一项基本权利。在融资租赁合同中，虽然承租人是通过出租人进行资金融通的，但承租人订立融资租赁合同的根本目的是要取得租赁物的使用权。所以，承租人接受出卖人交付的标的物后，在租赁期限内对租赁物享有独占的使用权，对使用租赁物所取得的收益有权独立处分。此为承租人基于融资租赁合同享有的基本权利。正是因为出租人对出卖人交付的租赁标的物享有所有权、承租人在租赁期限内对租赁物得为使用、收益，而出租人不能为使用、收益，所以，融资租赁合同才被称为“租赁”合同。①

一、平静占有担保义务的内容与形式

平静占有担保义务的内容主要有两点：一是排除出租人自己对租赁物占有、使用的影响，此为其自身所负的消极义务；二是排除他人对租赁物占有、使用的影响，即确保租赁物上没有权利瑕疵。② 本条第2款规定了出租人违反平静占有担保义务的几种典型形式。

第一，出租人无正当理由收回租赁物。出租人基于正当理由可以收回租赁物。例如，《民法典》第752条规定：“承租人应当按照约定支付租金。承租人经催告后在合理期限内仍不支付租金的，出租人可以请求支付全部租金；也可以解除合同，收回租赁物。”第758条第1款规定：“当事人约定租赁期限届满租赁物归承租人所有，承租人已经支付大部分租金，但是无力支付剩余租金，出租人因此解除合同收回租赁物，收回的租赁物的价值超过承租人欠付的租金以及其他费用的，承租人可以请求相应返还。”出租人无正当理由收回租赁物，构成出租人违反平静占有担保义务的典型形式。

第二，出租人无正当理由妨碍、干扰承租人对租赁物的占有和使用。妨碍，就是指因出租人的行为导致承租人不能正常地使用标的物。从实践来看，出租人为了保障自己租金债权的实现，可能与承租人约定，其享有监督租赁物使用的权

① 参见房绍坤、郭明瑞主编：《合同法要义与案例析解（分则）》，北京，中国人民大学出版社2001年版，第255页。

② 参见《最高人民法院专家法官阐释疑难问题与案件指导》编写组编著：《最高人民法院专家法官阐释疑难问题与案件指导·融资租赁合同卷》，北京，中国法制出版社2016年版，第96、250页。

利。[1] 实际上对租赁物的使用及维护等情况进行检查是租后管理工作的一项重要内容，而租后管理工作对融资租赁公司来说至关重要，良好的租后管理可以有效预警风险，提高租赁资产质量，提高租赁资产安全。[2] 对于出租人按约定定期检查或查看租赁物的权利或义务，与其保证承租人对租赁物的占有和使用义务之间的关系，若出租人在履行或行使该项义务或权利时，严格按照合同中所规定的进行履行或者行使，则应当认定不构成对上述担保义务的违反，但如果出租人未按照合同的约定行使或者履行该项权利或者义务，对承租人占有、使用该租赁物产生影响的，则应当认定出租人违反了平静占有担保义务。[3]

第三，因出租人的原因致使第三人对租赁物主张权利。在融资租赁合同中，由于出租人仅是按照承租人的选择购买租赁物，并不对租赁物实际占有、使用、收益，同时也缺乏关于租赁物是否存在瑕疵的知识和能力，因此，《民法典》第747条规定："租赁物不符合约定或者不符合使用目的的，出租人不承担责任。但是，承租人依赖出租人的技能确定租赁物或者出租人干预选择租赁物的除外。"[4] 但出租人的瑕疵担保免责仅指出租人对物的瑕疵担保免责，而不包括权利瑕疵担保，即出租人仍须保证第三人不得就该租赁物向承租人主张权利。因出租人的原因致使第三人对租赁物主张权利，也是出租人违反平静占有担保义务的典型形式。例如，出租人转让租赁物之时，融资租赁合同对新所有权人仍然有效；租赁物上为他人设定抵押权，抵押权实现不得影响承租人对租赁物的利用。[5]

此外，本条第2款第4项还规定了兜底条款：出租人不当影响承租人对租赁物占有和使用的其他情形。

二、违反平静占有担保义务的责任

根据本条第2款的规定，出租人违反平静占有担保义务的，承租人有权请求其赔偿损失。至于损失赔偿的范围，自应依《民法典》关于违约责任的相关规定

---

① 参见王利明：《合同法研究（第三卷）》（第二版），北京，中国人民大学出版社2015年版，第373页。

② 参见陈稳：《融资租赁实务操作指引：案例解析与风险防控》，北京，中国法制出版社2017年版，第128页。

③ 参见《最高人民法院专家法官阐释疑难问题与案件指导》编写组编著：《最高人民法院专家法官阐释疑难问题与案件指导・融资租赁合同卷》，北京，中国法制出版社2016年版，第97页。

④ 郭明瑞、房绍坤主编：《合同法学》，上海，复旦大学出版社2005年版，第324页。

⑤ 参见黄薇（全国人大常委会法制工作委员会民法室主任）主编：《中华人民共和国民法典合同编解读（下册）》，北京，中国法制出版社2020年版，第879页。

予以认定。《民法典》第 584 条规定：“当事人一方不履行合同义务或者履行合同义务不符合约定，造成对方损失的，损失赔偿额应当相当于因违约所造成的损失，包括合同履行后可以获得的利益；但是，不得超过违约一方订立合同时预见到或者应当预见到的因违约可能造成的损失。”

就出租人违反平静占有担保义务的救济，除了承担赔偿责任之外，如违约已经达到承租人无法占有、使用租赁物的程度，则将导致融资租赁合同目的不能实现，此时应认定出租人构成根本违约，承租人可以依据《民法典》第 563 条的规定行使法定合同解除权。[①]《融资租赁解释》第 13 条规定：“因出租人的原因致使承租人无法占有、使用租赁物，承租人请求解除融资租赁合同的，人民法院应予支持。”适用这一规定，应当注意以下两点：其一，正确理解和把握“因出租人原因”。在融资租赁合同履行过程中，造成承租人无法占有、使用租赁物的因素，不仅仅只有出租人原因，要注意区分出租人原因、承租人自身原因和出卖人原因，只有在因出租人的原因致使承租人无法占有、使用租赁物的情况下，承租人才享有解除权。其二，正确理解和把握“承租人无法占有、使用租赁物”。穷尽一切补救措施承租人仍然无法实现对租赁物的占有、使用权，如尚有其他补救措施，则不宜解除合同。[②]

其他问题

实践中，在融资租赁合同履行过程中，由于承租人拒付租金或者其他原因，出租人会借助技术手段，自行或请求出卖人将租赁物锁死，使得实际占有租赁物的承租人无法正常使用租赁物，从而迫使承租人履行合同义务。锁机手段可用于大型机械设备租赁、车辆租赁、计算机软件租赁等融资租赁交易中。承租人违反了融资租赁合同义务，为了维护自身的合法权益，出租人依约定通过锁机的方式进行自力救济，并不违反法律法规，承租人不得因此拒付租金。理由如下：其一，锁机的前提是承租人违约。此时，出租人通过锁机进行自力救济，本身没有过错，对承租人在锁机期间的损失，应由过错方即承租人自己承担，而不应由无过错方承担。其二，融资租赁合同的出租人收取的租金是融资的对价，即出租人向承租人所融通资金的本金加上本金的时间成本，而不是承租人对租赁物经营使用的对价。故租金只取决于承租人占用资金的时间长短，与其经营使用租赁物所

---

① 参见《最高人民法院专家法官阐释疑难问题与案件指导》编写组编著：《最高人民法院专家法官阐释疑难问题与案件指导·融资租赁合同卷》，北京，中国法制出版社 2016 年版，第 305 页。

② 参见王林清、杨心忠：《金融纠纷裁判思路与裁判规则》，北京，法律出版社 2015 年版，第 211－212 页。

获收入无关。虽然锁机期间承租人无法使用租赁物，但如果据此免除其锁机期间的租金，则出租人向承租人融通资金的时间成本无法补偿，对出租人不公平。① 锁机本身并不直接导致融资租赁合同解除或终止，但往往会触发约定的解除条款，或者因锁机，融资租赁合同的出租人的主义务无法全面履行而致法定解除。锁机后承租人继续履行合同缴纳租金的，双方往往会达成和解，继续履行合同。而解除合同的情形一般有以下两类：其一，锁机后，承租人仍然拒不履行合同的，往往会触发融资租赁合同约定的解除合同条款，从而形成合同解除权，出租人则据之解除合同。其二，锁机后，承租人有正当理由抗辩，出租人拒绝开机继续履行合同的，会导致根本违约，承租人可据此行使法定解除权。②

第七百四十九条

承租人占有租赁物期间，租赁物造成第三人人身损害或者财产损失的，出租人不承担责任。

本条主旨

本条是关于租赁物造成第三人损害时的免责的规定。

相关条文

《合同法》第 246 条　承租人占有租赁物期间，租赁物造成第三人的人身伤害或者财产损害的，出租人不承担责任。

《国际融资租赁公约》第 8 条第 1 款

（b）出租人不应以其出租人身份而对第三人承担因租赁物所造成的死亡、人身伤害和财产损害的责任。

（c）本款的上述规定不适用于出租人以其他身份，例如所有权人的身份，所应承担的责任。

本条将《合同法》第 246 条中“人身伤害或者财产损害”修改为“人身损害或者财产损失”。

《民法典各分编（草案）》（2018 年 8 月）第 541 条　承租人占有租赁物期间，

① 参见郭丁铭、罗时贵：《融资租赁实务精解与百案评析》，北京，中国法制出版社 2017 年版，第 258 页。

② 参见白福东、张雅璠：《“锁机”能否成为承租人拒绝支付租金的理由？》，威科先行专业文章，最后访问时间：2020 年 3 月 10 日。

租赁物造成第三人的人身损害或者财产损失的，出租人不承担责任。

《民法典合同编（草案）（二审稿）》（2018 年 12 月）第 541 条　承租人占有租赁物期间，租赁物造成第三人的人身损害或者财产损失的，出租人不承担责任。

《民法典（草案）》（2019 年 12 月）第 749 条　承租人占有租赁物期间，租赁物造成第三人的人身损害或者财产损失的，出租人不承担责任。

《民法典（草案）》（2020 年 5 月 22 日大会审议稿）第 749 条　承租人占有租赁物期间，租赁物造成第三人人身损害或者财产损失的，出租人不承担责任。

理解与适用

租赁物造成第三人损害，是指因租赁物本身及其设置、使用、保管等造成第三人人身损害或者财产损失。[①] 本条规定，出租人不承担租赁物造成第三人损害的侵权责任。主要理由在于：其一，融资租赁合同中的出租人虽然是租赁物的所有人，但并不是租赁物的使用人和管理者，其无法支配租赁物。其二，出租人获得的租金是融资的对价，即出租人向承租人融通资金的本金和时间成本，并不是使用租赁物的对价，即出租人自己使用租赁物的机会成本，更不是从承租人使用租赁物所获收入的对价。[②]

租赁物造成第三人损害，可分为两种情况：一是由于使用、保管租赁物不当而造成第三人人身损害或者财产损失；二是由于租赁物本身存在内在缺陷而造成第三人人身损害或者财产损失。[③] 在第一种情况下，第三人损害的发生原因在于承租人对租赁物保管、使用不当，出租人不承担责任，而由承租人向第三人承担损害赔偿责任更具有说服力。在第二种情况下，租赁物不符合约定或者不符合使用目的的，出租人不承担责任。但是，承租人依赖出租人的技能确定租赁物或者出租人干预选择租赁物的除外。由此可见，出租人在一般情况下不负有物之瑕疵担保责任，其对租赁物之瑕疵造成的第三人损害享有免责权。[④]

本条虽然规定出租人不承担责任，但并没有明确承租人是否负责。有学者认为，在融资租赁合同中规定租赁物造成第三人损害时由承租人承担赔偿责任的规

① 参见全国人大常委会法制工作委员会（胡康生主编）编著：《中华人民共和国合同法释义》（第三版），北京，法律出版社 2013 年版，第 397 页。

② 参见郭丁铭、罗时贵：《融资租赁实务精解与百案评析》，北京，中国法制出版社 2017 年版，第 214－215 页。

③ 参见张桂龙、刘向东：《融资租赁合同》，北京，人民法院出版社 2001 年版，第 200 页。

④ 参见《最高人民法院专家法官阐释疑难问题与案件指导》编写组编著：《最高人民法院专家法官阐释疑难问题与案件指导·融资租赁合同卷》，北京，中国法制出版社 2016 年版，第 186 页。

定尚有商榷余地。[①] 通说认为，出租人最大的义务是提供融资，而承租人直接占有和控制租赁物，对租赁物的实际状况能够及时准确地掌握，由其承担租赁物的该类风险符合当事人的客观实际和共同愿望，并由此引申出承租人负有按照出租人的要求，承担为租赁物投财产保险及第三人责任险的保险费用的义务。[②] 赋予承租人一项承担风险的责任，实际上是赋予其一项控制风险的义务，使其能够更好地维护社会的相对公平，减少损害的发生。[③] 只有在融资租赁的承租人占有期间发生的租赁物造成他人的损害，才可以适用本条的规定。如果在合同签订后，租赁物尚未交付之前，或因某种原因租赁物处于出租人的占有之下，此时租赁物造成的损害应当由实际管理该物的人承担损害赔偿责任。这是基于风险规则而产生的一般原理，即谁最有能力控制风险，就由谁来承担风险发生后的责任。因此，只有在承租人控制该物时，其最有能力控制风险，也才能由承租人承担风险责任。

承租人只承担租赁物造成第三人人身损害或者财产损失的赔偿责任。至于其他方面的损害，并非由此条文进行规制。例如，租赁物自身损害的赔偿问题，应区分情况进行处理：其一，如在出卖人给付租赁物时即存在瑕疵，根据《民法典》买卖合同章的规定，向出卖人主张瑕疵担保的违约责任；其二，如瑕疵并不是给付时就已存在的，而是在事后使用中由于承租人正常的操作造成的，这种损耗也属于风险，也应由承租人承担。[④] 承租人应当承担租赁物造成第三人损害的赔偿责任，其构成要件是：第一，租赁物造成了第三人的损害。此种损害既包括人身伤害，也包括财产损害。严格地说，租赁物造成的损害包括两类情况：一是租赁物在正常使用过程中对第三人造成了人身或财产的损害，例如，承租人租赁汽车，因为交通事故导致他人损害，在此情况下应当由承租人承担责任。二是租赁物自身固有的缺陷造成了第三人的损害，在此情况下，如果租赁物的缺陷是制造者造成的，那么承租人在承担责任后还可以向制造者追偿。第二，租赁物造成损害发生于承租人占有租赁物期间。一般是指租赁物自交付承租人之日起至租赁期限届满租赁物被返还给出租人之日止。承租人的占有既包括直接占有，也包括间接占有。第三，租赁物造成第三人损害，满足了侵权责任的构成要件。例如，

① 参见梁慧星：《融资性租赁若干法律问题》，载《法学研究》1993 年第 2 期。

② 参见胡晓媛：《中德融资租赁法律制度比较研究》，北京，中国法制出版社 2011 年版，第 102 页。

③ 参见《最高人民法院专家法官阐释疑难问题与案件指导》编写组编著：《最高人民法院专家法官阐释疑难问题与案件指导·融资租赁合同卷》，北京，中国法制出版社 2016 年版，第 97－98 页。

④ 参见《最高人民法院专家法官阐释疑难问题与案件指导》编写组编著：《最高人民法院专家法官阐释疑难问题与案件指导·融资租赁合同卷》，北京，中国法制出版社 2016 年版，第 98 页。

如果租赁物是因为第三人原因造成损害（如有人擅自将承租人的汽车开走撞伤他人），则应当由第三人负责。①

租赁物造成第三人损害的侵权责任通常有三种情形：产品责任、高度危险作业责任以及建筑物责任。有学者指出除了上述三种情形外，还应包括环境污染责任。② 相应责任的构成自应适用《民法典》侵权责任编的相关规定。

其他问题

融资租赁交易中，法人作为承租人时，租赁物造成第三人人身损害或者财产损失往往是使用租赁物的劳动者。劳动者受到人身损害时，往往并不能依据本条规定进行赔偿。虽然劳动者受到人身损害的伤害，同样也是第三人受到人身损害，但由于《工伤保险条例》的限制，该条例往往优先于《民法典》侵权责任编而适用。因此，在劳动者受到人身损害时，往往不能依据《民法典》侵权责任编的规定，而应当优先适用《工伤保险条例》的规定。当然，如果事故的发生是因为租赁物本身瑕疵或缺陷造成的，那么承租人在承担损害赔偿责任后，可以依据买卖合同向出卖人追偿。如是劳动者操作不当造成的，则属于内部关系，可通过《工伤保险条例》的规定减轻责任。③ 在实践中，承租人也可能选择购买人身意外伤害保险以解决其劳动者在使用租赁物过程中所发生的人员死亡或残疾的风险。④

第七百五十条

承租人应当妥善保管、使用租赁物。

承租人应当履行占有租赁物期间的维修义务。

本条主旨

本条是关于租赁物的保管、使用和维修的规定。

---

① 参见王利明：《合同法研究（第三卷）》（第二版），北京，中国人民大学出版社 2015 年版，第 381-382 页。

② 参见郑玉敏、韩自强主编：《合同法学》，厦门，厦门大学出版社 2012 年版，第 254 页。

③ 参见《最高人民法院专家法官阐释疑难问题与案件指导》编写组编著：《最高人民法院专家法官阐释疑难问题与案件指导·融资租赁合同卷》，北京，中国法制出版社 2016 年版，第 98-99 页。

④ 参见李政明、贾泽：《我国融资租赁中保险模式的选择与法律风险初探》，威科先行专业文章，最后访问时间：2019 年 8 月 28 日。

相关条文

《合同法》第 247 条　承租人应当妥善保管、使用租赁物。承租人应当履行占有租赁物期间的维修义务。

《国际融资租赁公约》第 9 条第 1 款　承租人应当妥善保管租赁物、以合理的方式使用租赁物，并使之保持在交付时的状态，但合理的损耗及当事人同意的租赁物改良除外。

《民法典各分编（草案）》（2018 年 8 月）第 542 条　承租人应当妥善保管、使用租赁物。

承租人应当履行占有租赁物期间的维修义务。

《民法典合同编（草案）（二审稿）》（2018 年 12 月）第 542 条　承租人应当妥善保管、使用租赁物。

承租人应当履行占有租赁物期间的维修义务。

《民法典（草案）》（2019 年 12 月）第 750 条　承租人应当妥善保管、使用租赁物。

承租人应当履行占有租赁物期间的维修义务。

《民法典（草案）》（2020 年 5 月 22 日大会审议稿）第 750 条　承租人应当妥善保管、使用租赁物。

承租人应当履行占有租赁物期间的维修义务。

理解与适用

融资租赁交易中，承租人对租赁物并不享有形式意义上的所有权，但享有占有和使用租赁物的权利，因此，承租人应当妥善保管和合理使用标的物，避免因保管不善而损害出租人的权益。所谓妥善保管，是指应当根据善良管理人的标准来进行保管，它要求比处理自己的事务更为谨慎。所谓合理使用，是指承租人应当按照租赁物的性质和通常使用方法进行使用。承租人享有实质意义上的所有人权益，与此相适应，其也应当负有维修租赁物的义务。

一、妥善保管、使用租赁物的义务

在融资租赁合同中，承租人的一项重要的义务就是妥善保管和合理使用标的物。所谓妥善保管，是指应当根据善良管理人的标准来进行保管，它要求比处理自己的事务更为谨慎。所谓合理使用，是指承租人应当按照租赁物的性质和通常方法进行使用。[①] 作出此种规定的原因是：一方面承租人得对租赁物为使用收益，出租人须容忍承租人为使用收益，另一方面租赁物虽为承租人选定，但为出租人所有，因此承租人为自己使用收益的需要，为保护出租人利益的需要，应负妥善保管和使用义务。[②]

对于如何判断妥善保管，《民法典》以及相关司法解释均未作出规定。在比较法上，《国际融资租赁公约》第 9 条规定："1. 承租人应适当地保管设备，以合理的方式使用设备并且使之处于其交付的状态。但是合理的损耗及当事人所同意的对设备的改变除外。2. 当租赁协议终止时，承租人应将处于前款规定状态的设备退还给出租人，除非承租人行使权力购买设备或继续为租赁而持有设备。"由此可见，妥善保管就是让租赁物处于其交付时的状态。借鉴租赁合同中承租人妥善保管义务的相关规定，承租人妥善保管应尽到善良管理人的义务。对于认定承租人是否尽到善良管理人的义务，应当包括以下方面：首先，承租人应当按照租赁物的性能要求保管租赁物，例如根据精密仪器性能需要放在特定房间内，承租人就不能够露天存放；其次，承租人应当对租赁物进行定期检查，因为在融资租赁中，承租人对于租赁物的性能更为熟悉，由承租人来检查更为合适；再次，承租人应当遵循租赁物的性能妥善使用，因为如果使用方式不符合租赁物的性能，则有可能对租赁物造成一定程度的损害。[③]

二、维修租赁物的义务

在租赁合同中，出租人负有维修的义务，应当负有保证承租人对租赁物使用的义务。但是，在融资租赁合同之中，出租人并不负有维修义务，而应由承租人承担该义务。法律上作出此种规定的原因在于：一方面，融资租赁中承租人享有实质意义上的所有人权益，与此相适应，其也应当负有维修租赁物的义务。另一方面，承租人对标的物和出卖人进行了选择，而且具有专业技术，因此承租人最有能力对标的物进行维修。此外，由承租人负担此种义务，有利于促使其妥善保管和使用标的物，从而更能够达到融资租赁合同的缔约目的。

依据本条第 2 款规定，承租人的维修义务限于占有租赁物期间，这就意味

---

① 参见王利明：《合同法研究（第三卷）》（第二版），北京，中国人民大学出版社 2015 年版，第 379 页。

② 参见全国人大常委会法制工作委员会（胡康生主编）编著：《中华人民共和国合同法释义》（第三版），北京，法律出版社 2013 年版，第 399 页。

③ 参见《最高人民法院专家法官阐释疑难问题与案件指导》编写组编著：《最高人民法院专家法官阐释疑难问题与案件指导·融资租赁合同卷》，北京，中国法制出版社 2016 年版，第 190－191 页。

着，只有在占有租赁物期间，承租人才负有此种义务。而且，如果在租赁期限内，租赁物被出租人取回或因其他原因而丧失占有，承租人也不再负有维修义务。[①]

虽然融资租赁合同和租赁合同在维修义务上的规定有所不同，但是在维修义务的发生要件和发生范围上有类似性，可作统一考量。参照传统租赁合同，在融资租赁合同中维修义务的发生条件有以下两点[②]：第一，租赁物应当依合同目的或社会一般观念具有维修的必要性。此条件主要是考量租赁物损坏的程度是否已经达到无法实现用益的程度。如果租赁物的损坏并没有达到该程度，并不影响承租人的用益，则承租人并不负有维修义务。认定维修的"必要性"不仅要依据合同目的以及一般的交易观念，也要依据当事人的约定。如果当事人对维修进行了相关的特殊约定，则在符合该特约条件之时也应认定维修义务的存在。第二，租赁物依合同目的或社会一般观念具有维修的可能性。若维修已无可能，则自然没有维修义务的存在。维修不存在可能性，除了租赁物事实上以及不能够被维修之外，还有维修费用过高导致维修费用超过租赁物自身价值的情形。在后者的情况下，比起维修，当事人重新购买租赁物更为经济，此时也不产生维修义务。对于维修义务的发生范围，原则上应仅限于租赁物之上，对于租赁物外相关当事人增设的物件，则按照其他法律关系来分辨，而不是用此处的维修义务规定。[③]

其他问题

在实务中，出卖人的瑕疵担保责任与承租人的维修义务的界限往往无法分清，因此有必要进行区分。瑕疵担保责任和承租人维修义务的发生，均是由于租赁物发生损耗而无法正常地使用及产生额外费用的支出的问题。不同的是，二者的法律效果并不相同。对于瑕疵担保责任，由出卖人承担维修义务，而在承租人承担维修义务的情况下，则是由承租人自行修缮。实际上，两者之间在法律适用上最大的区分，就是需要明确维修的瑕疵或缺陷究竟是在何时发生的。如在合同订立之前即已存在，应认定出卖人承担瑕疵担保责任，由出卖人进行维修。反之，如是由于承租人的使用不当或事后的合理损耗造成需要维修的情况，则应由承租人自行承担由此造成的维修义务。然而，在有些情况下，租赁物本身就已经

---

① 参见王利明：《合同法研究（第三卷）》（第二版），北京，中国人民大学出版社 2015 年版，第 380－381 页。

② 参见李永军、易军：《合同法》，北京，中国法制出版社 2009 年版，第 489 页。

③ 参见《最高人民法院专家法官阐释疑难问题与案件指导》编写组编著：《最高人民法院专家法官阐释疑难问题与案件指导·融资租赁合同卷》，北京，中国法制出版社 2016 年版，第 196－197 页。

存在瑕疵，又由于承租人的不正常使用造成了损害，则应区分两者在损害中的作用大小。实际上，二者在造成损害上均有责任，只是二者的责任程度和作用的方式不同而已。虽然出卖人在出卖租赁物时并没有完全遵守合同义务，给付有瑕疵的货物，但是也是由于承租人的不正常使用造成了损失的进一步扩大，就扩大了的那一部分损失，出卖人并不用承担任何责任，而应当由承租人来承担。因此，应当根据在损失中所起的作用大小来承担损失。①

第七百五十一条

承租人占有租赁物期间，租赁物毁损、灭失的，出租人有权请求承租人继续支付租金，但是法律另有规定或者当事人另有约定的除外。

本条主旨

本条是关于租赁物毁损、灭失的风险负担的规定。

相关条文

《融资租赁解释》第7条　承租人占有租赁物期间，租赁物毁损、灭失的风险由承租人承担，出租人要求承租人继续支付租金的，人民法院应予支持。但当事人另有约定或者法律另有规定的除外。

《民法典各分编（草案）》（2018年8月）第543条　承租人占有租赁物期间，租赁物毁损、灭失的，出租人有权要求承租人继续支付租金，但是法律另有规定或者当事人另有约定的除外。

《民法典合同编（草案）（二审稿）》（2018年12月）第543条　承租人占有租赁物期间，租赁物毁损、灭失的，出租人有权要求承租人继续支付租金，但是法律另有规定或者当事人另有约定的除外。

《民法典（草案）》（2019年12月）第751条　承租人占有租赁物期间，租赁物毁损、灭失的，出租人有权请求承租人继续支付租金，但是法律另有规定或者当事人另有约定的除外。

《民法典（草案）》（2020年5月22日大会审议稿）第751条　承租人占有租赁物期间，租赁物毁损、灭失的，出租人有权请求承租人继续支付租金，但是法

① 参见《最高人民法院专家法官阐释疑难问题与案件指导》编写组编著：《最高人民法院专家法官阐释疑难问题与案件指导·融资租赁合同卷》，北京，中国法制出版社2016年版，第100-101页。

律另有规定或者当事人另有约定的除外。

理解与适用

融资租赁合同作为一种双务合同，租赁物因不可归责于双方当事人之事由毁损、灭失时，风险应该由谁承担，出租人能否要求承租人继续支付租金，《合同法》对此并未作出明确规定，在学理上也存在较大的疑问。本条在《融资租赁解释》第7条的基础上对此作了明确。

在租赁合同中，租赁物的毁损、灭失的风险均由出租人承担。出租人作为租赁物的所有权人，理应承担所有物毁损、灭失的不利后果。但基于融资租赁合同的特征，承租人占有租赁物期间，租赁物毁损、灭失的风险由承租人承担，将出租人排除于租赁物的毁损、灭失风险承担之外。出租人在融资租赁合同中所起到的作用为融资，而非简单地提供租赁物。出租人在融资租赁合同中购买租赁物，与其说是购买，不如称之为一种融资，当出租人完成这一义务之后，有关租赁物的一切风险均与出租人无关。出租人对租赁物所享有的所有权实质是一种担保功能。

一、融资租赁交易中的风险负担规则

《民法典》第735条规定："融资租赁合同是出租人根据承租人对出卖人、租赁物的选择，向出卖人购买租赁物，提供给承租人使用，承租人支付租金的合同。"由此可见，出租人履行买卖合同中买受人的义务主要是基于承租人对于租赁物、出卖人的选择，出租人本人对于租赁物只享有名义上的所有权，即只享有所有权的担保功能，对于占有、使用以及收益的权能均由承租人来行使，这就导致了承租人对于租赁物的各项功能、属性的控制程度远远超过出租人。因此，承租人较之出租人更有资格承担租赁物毁损、灭失的风险，这也符合收益与风险相适应的原则。由承租人负担标的物毁损、灭失的风险，也有利于避免和防范承租人的道德风险。如果承租人占有、使用标的物，却又不必负担标的物毁损、灭失的风险，则极容易引发承租人恶意导致租赁物毁损、灭失的道德风险。①

二、风险负担规则与合同解除制度的竞合

根据本条规定，租赁物毁损、灭失的风险由承租人承担，即承租人应当继续

---

① 参见王利明：《合同法研究（第三卷）》（第二版），北京，中国人民大学出版社2015年版，第377页。

向出租人支付相应的租金。《民法典》同时规定，租赁物因不可归责于当事人的原因毁损、灭失，且不能修复或者确定替代物的，出租人或者承租人可以解除融资租赁合同（第754条）；融资租赁合同因租赁物交付承租人后意外毁损、灭失等不可归责于当事人的原因解除的，出租人可以请求承租人按照租赁物折旧情况给予补偿（第756条）。由此出现了风险负担制度与合同解除制度两者并存的制度体系。学说上有观点认为，两者分属于不同的制度，各自均具有存在的价值，一方不可能完全替代另一方。风险负担规则的目的在于租赁物意外毁损、灭失后，如何分配双方当事人之间该损失的问题，对于合同是否消灭以及消灭后的效果均不在其考虑的范围内。而合同解除制度的目的在于终止合同关系，确保当事人不会因为合同关系的无法实现而陷入其中，保证交易秩序。其侧重于合同关系的解除，而非对利益损失进行分配。①

风险负担规则与合同解除制度竞合时的疑难问题在于：因不可归责于当事人的原因导致租赁物毁损、灭失，若一方主张合同解除，一方主张适用风险负担规则时，其法律效果并不完全相同。若支持解除合同，承租人按照租赁物折旧情况给予补偿；若适用风险负担规则，则承租人应继续支付租金。两者的效力存在如下差异：一是承租人继续支付租金时，其仍享有期限利益，而租赁物的价值补偿，原则上应当一次性支付；二是租金和价值补偿的数量往往不同，前者通常会高于后者。②

对两种制度竞合时解决方案的选择，学者们也提出了不同的见解。有学者认为，融资租赁合同中风险负担规则不具有特殊性，应遵循合同法风险负担的一般规则。赋予承租人在租赁物毁损、灭失时以合同解除权，实际上给予了承租人以解除合同逃避风险负担的机会，因此该规定看似公平，实质上违背了融资租赁合同的本质，应予以摒弃。③ 也有学者主张应以合同解除制度为一般规则，以风险负担规则为特殊规则，从根本上避免两者竞合。但也应承认当事人的选择权，同时予以必要限制。④

周江洪教授对此提出了一个具有参考意义的解决思路：首先，融资租赁合同当事人已就租赁物的毁损、灭失的风险负担作出了特别约定时，若与法定解除的

---

① 参见《最高人民法院专家法官阐释疑难问题与案件指导》编写组编著：《最高人民法院专家法官阐释疑难问题与案件指导·融资租赁合同卷》，北京，中国法制出版社2016年版，第262页。

② 参见于韫珩：《论合同法风险分配制度的体系建构——以风险负担规则为中心》，载《政治与法律》2016年第4期。

③ 参见唐郢、汤杨程：《论融资租赁合同中的风险负担》，载《昆明学院学报》2016年第5期。

④ 参见邓志伟、张平：《风险负担规则与合同解除制度的竞合》，载《上海政法学院学报》2012年第4期。

效果相冲突，除非该特别约定存有无效之情形，应视为解除权人的解除受到了当事人合意的限制。如融资租赁合同中约定“租赁物意外毁损、灭失，承租人不得解除融资租赁合同”，根据“约定优先于法定”的原则，该约定有效，可以排除法定解除权的适用。其次，若当事人双方均选择解除合同，即使原融资租赁合同对于风险负担存有特别约定，亦可认为当事人就风险的分配作出了变更，采合同解除的方式予以处理即可。再次，若承租人起诉，其通常会选择解除合同，因为若选择适用风险负担规则，无须争讼即可保持原合同的存续。若出租人起诉，出租人应在解除合同和适用风险负担规则之间作出“二者择其一”的选择。当出现一方要求适用风险负担规则，而另一方要求解除合同时，为顺应《民法典》所采取的二元结构的立法导向，可以采取以剩余租金为标准计算剩余租赁期限返还额度的做法，以尽量弥合两者效果之间的差别。对于到期后的租赁物残值问题，则根据约定的归属不同作出清算。对于合同解除时，承租人面临期限利益丧失的问题，也可以采取对《民法典》第756条规定的折旧补偿进行进一步解释的做法，即该条并未规定补偿是否为一次性支付，承租人仍可按照原合同规定进行分期支付。如此一来，无论是采取风险负担规则处理，还是按照合同解除制度处理，其结果并无太大不同。①

主流观点认为，如适用风险分担规则，对承租人过于严苛；如适用合同解除制度，承租人承担返还租赁物的义务，因返还不能而代之以折价补偿，利润损失则由出租人合理分担，兼顾平衡了双方的利益。但在租赁物意外毁损、灭失，融资租赁合同可得解除之时，《民法典》赋予当事人选择权，既可按风险分担规则，亦可行使解除权。②

其他问题

融资租赁交易中租赁物风险转移的时间节点，是理论和实务中的一大难点。最高人民法院采取的立场是否定对融资租赁合同的定性绝对化。在具体情况下均存在以下两种情形，且都存在一定的合理性：其一，租赁物为一般通用设备，在出租人按照承租人的选定进行购买后即可快速组装、测试后进行交付，在此种情况下宜采用实践性合同的观点，既可以保障出租人的利益不受损害，又能体现融资租赁合同中两个合同效力的先后顺序关系。其二，租赁物为特殊设备，即需要

---

① 参见周江洪：《融资租赁合同解除与风险负担规则并存模式之评析》，载《晋阳学刊》2015年第1期。

② 参见黄薇（全国人大常委会法制工作委员会民法室主任）主编：《中华人民共和国民法典合同编解读（下册）》，北京，中国法制出版社2020年版，第894－895页。

出租人根据承租人的要求进行专门定制，生产周期长且价值大的设备。如采实践性合同说，不利于保护出租人的利益；而认定为诺成性合同，是基于该设备的特殊工艺，通常为根据承租人的要求定制，不具备通用性，并且实务中，通常也不是一次性交付所有款项，而是由出租人支付部分款项或者订金，出卖人才会下单生产该租赁物，加之此种设备的生产周期通常在 1 年以上，在此期间若承租人不履行支付租金的义务，对于出租人而言后果是不堪设想的。因此不宜单纯认定融资租赁合同的性质，而是根据租赁物的具体情形进行认定，紧扣住租赁物为通用设备还是特殊定制的设备，综合分析融资租赁合同的性质。①

由于对融资租赁合同的定性发生变化，对于风险转移的时点确定也应当具体情况具体分析：依照诺成性合同的认定，则租赁物的风险自合同签订之日起发生移转；依照实践性合同的认定，则租赁物的风险自租赁物交付之日起发生移转。全国人大财经委主持起草的《中华人民共和国融资租赁法（草案）》（第三次征求意见稿）也作出了相应规定："根据买卖合同，租赁物毁损或者灭失的风险转移给出租人时，该风险即转移给承租人，出卖人将租赁物直接交付给出租人的除外。"由此可见，该草案在充分尊重当事人意思自治的基础上，兼顾了融资租赁合同"诺成性合同"与"实践性合同"的双重属性，符合法律适用的同时也强调了实务中的可操作性。虽然该草案并未生效，但其所提供的思路值得借鉴。需要说明的是，无论租赁物风险何时发生转移，均不应移转给出租人承担。以承租人受领租赁物为时间节点，此前应由出卖人承担风险，在承租人受领占有租赁物期间风险则应由承租人承担。②

第七百五十二条

承租人应当按照约定支付租金。承租人经催告后在合理期限内仍不支付租金的，出租人可以请求支付全部租金；也可以解除合同，收回租赁物。

本条主旨

本条是关于租金未付的救济的规定。

---

① 参见《最高人民法院专家法官阐释疑难问题与案件指导》编写组编著：《最高人民法院专家法官阐释疑难问题与案件指导·融资租赁合同卷》，北京，中国法制出版社 2016 年版，第 115 页。

② 参见《最高人民法院专家法官阐释疑难问题与案件指导》编写组编著：《最高人民法院专家法官阐释疑难问题与案件指导·融资租赁合同卷》，北京，中国法制出版社 2016 年版，第 115－116 页。

相关条文

《合同法》第 248 条 承租人应当按照约定支付租金。承租人经催告后在合理期限内仍不支付租金的，出租人可以要求支付全部租金；也可以解除合同，收回租赁物。

《国际融资租赁公约》第 13 条

1. 承租人违约时，出租人可以请求支付到期未付租金、利息和损害赔偿金。

2. 承租人根本违约时，受本条第 5 款的约束，出租人还可以根据租赁合同的约定，请求支付全部未到期租金，也可以解除租赁合同，该租赁合同解除后，出租人可以

（a）取回租赁物；以及

（b）请求损害赔偿，使出租人处于承租人按租赁合同的约定履行合同时出租人所应处的状态。

3. （a）租赁合同可以约定本条第 2 款第（b）项所定损害赔偿金的计算方法。

（b）租赁合同中的此种约定在当事人之间具有强制执行效力，但约定的损害赔偿极大地超过本条第 2 款第（b）项所规定的损害赔偿的除外。当事人不得减损或变更本项规定的效力。

4. 出租人解除租赁合同的，出租人无权请求执行租赁合同关于支付全部未到期租金的条款，但在按照本条第 2 款第（b）项和第 3 款计算损害赔偿金时，可以把未到期租金的金额考虑在内。当事人不得减损或变更本款规定的效力。

5. 除非出租人已经以通知的形式给予承租人合理的机会，使其在可补救的范围内对违约进行补救，否则出租人不得行使本条第 2 款所规定的支付全部未到期租金的请求权或解除权。

6. 出租人未采取一切合理措施减轻其损失的，就该部分损失，出租人不得主张损害赔偿。

《民法典各分编（草案）》（2018 年 8 月）第 544 条 承租人应当按照约定支付租金。承租人经催告后在合理期限内仍不支付租金的，出租人可以要求支付全部租金；也可以解除合同，收回租赁物。

《民法典合同编（草案）（二审稿）》（2018 年 12 月）第 544 条 承租人应当按照约定支付租金。承租人经催告后在合理期限内仍不支付租金的，出租人可以要求支付全部租金；也可以解除合同，收回租赁物。

《民法典（草案）》（2019 年 12 月）第 752 条 承租人应当按照约定支付租

金。承租人经催告后在合理期限内仍不支付租金的，出租人可以请求支付全部租金；也可以解除合同，收回租赁物。

理解与适用

融资租赁交易中，收取租金是出租人订立合同的主要目的，支付租金是承租人的主要义务。所谓"按照约定支付租金"，就是指承租人应当按照约定的时间、地点、方式、币种等支付租金。如果承租人没有按照约定支付租金，经催告后在合理期限内仍不支付租金的，出租人可以要求其支付全部租金。这实际上是指出租人可以要求承租人支付所有尚未到期的租金，从而加速债务到期，其目的在于保障出租人的租金债权。与此同时，出租人也可以解除合同，收回租赁物。在融资租赁合同中，出租人常常按照合同约定交付了租赁物，其主给付义务已经履行完毕，而承租人的租金是分期支付的，只有督促其按时、足额支付租金，才能保障出租人的租金债权。①

一、承租人支付租金的义务

在融资租赁合同中，承租人应当按照合同约定向出租人支付租金，这是承租人的基本义务。承租人支付的租金并非租赁物的对价，而是融资的对价。基于此，融资租赁合同中承租人支付租金的义务也有如下特点。②

第一，如融资租赁合同对于承租人支付租金的起算日没有相反约定，承租人只要通知出租人其已受领租赁物，即负有支付租金的义务。融资租赁交易的特殊之处体现在，租赁物一般是由出卖人直接交付予承租人，出租人无须接收交付，承租人在成功接收租赁物时即应发出通知，通知出租人向出卖人付款。租金的起算一般是在承租人发出通知，出租人付款之际，而不管承租人是否已经开始使用租赁物。

第二，在租赁期限内，即使租赁物存在瑕疵，承租人也不得以此为由拒付租金。《民法典》第 747 条规定："租赁物不符合约定或者不符合使用目的的，出租人不承担责任。但是，承租人依赖出租人的技能确定租赁物或者出租人干预选择租赁物的除外。"由此可见，出租人对租赁物不承担物之瑕疵担保责任，在租赁物存在瑕疵之时，承租人可以向出卖人追究其瑕疵担保责任，但仍应向出租人支

① 参见王利明：《合同法研究（第三卷）》（第二版），北京，中国人民大学出版社 2015 年版，第 376－377 页。

② 参见张懋主编：《合同法条文案例释解》，北京，人民出版社 1999 年版，第 434 页。

付租金。

第三，租赁期限内租赁物毁损、灭失的风险由承租人负担，即便租赁物因不可归责于双方当事人的事由而发生毁损、灭失，承租人仍然要履行支付租金的义务，但融资租赁合同因解除权的行使而终止的除外。

第四，承租人违约而被出租人收回租赁物时，承租人不能因此拒付之前的租金。在租赁物被收回以后，承租人可以不继续支付租金，但对其在租赁物收回前应付的租金，仍应继续履行支付义务。

二、承租人不履行支付租金义务时，出租人的救济途径

本条规定了承租人在逾期支付租金的情况下，出租人的救济途径："承租人应当按照约定支付租金。承租人经催告后在合理期限内仍不支付租金的，出租人可以请求支付全部租金；也可以解除合同，收回租赁物。"依据此规定，出租人享有违约救济方式的选择权：可以要求承租人一次性支付全部租金；也可以选择解除合同，收回租赁物。值得注意的是，这两种救济方式的适用条件不仅是承租人逾期支付租金，还包括经出租人催告后在合理期限内仍不支付租金，即承租人以行动表明其不再履行融资租赁合同的义务。在此种情况下，出租人才可以选择前述两种不同的救济方式。

（一）支付全部租金的救济方式

承租人逾期支付租金，且经催告后仍不履行该义务的，出租人可以选择请求承租人立即支付全部租金。此处的全部租金，既包括融资租赁合同中所规定的全部已到期而承租人未支付的租金，还包括其他依约定尚未到期的租金，亦即包含了租赁期届满所有的租金。在融资租赁合同规定的每期租金支付期限到期之前，承租人享有期限利益，出租人无权请求承租人支付。但在承租人不支付租金或者有其他违约行为时，出租人有权要求承租人一次性支付全部租金，此即所谓期限利益丧失约款。所谓期限利益，是从平衡出租人与承租人的利益角度出发，将未到期的租金贴现值考虑进实际损失的范围内，并且根据一定的利率计算标准折算出现值。[①] 在融资租赁合同中，租赁物是为了承租人的特殊需要，专用性较强，在承租人不支付租金时，出租人即使收回租赁物，也难以通过重新转让或出租收回所投资金。同时，在融资租赁交易中，出租人与承租人互负的义务具有先后顺序，出租人支付租赁物价款的义务在先，承租人支付租金的义务在后，出租人的

---

① 参见《最高人民法院专家法官阐释疑难问题与案件指导》编写组编著：《最高人民法院专家法官阐释疑难问题与案件指导·融资租赁合同卷》，北京，中国法制出版社 2016 年版，第 353 页。

利益缺乏一种相互制衡或者保障。一般情况下，承租人在迟延支付一期租金时，很有可能也无力支付剩余未到期的租金。此时，如出租人不能一次性主张全部租金或者不能收回租赁物，将使自己处于默示损失扩大却无能为力的被动局面。因此，在承租人违约不支付租金时，出租人有权要求承租人支付全部租金，这有利于保护出租人的利益。同时，承租人丧失了期限利益，也是对承租人违约行为的一种惩罚，有利于促使承租人更好地履行自己的义务。①

出租人请求承租人支付全部租金，实际上是选择了在承租人违约时继续履行合同。因此，承租人在支付了全部租金之后，仍然可以保有租赁物，出租人仍须继续履行自己保证承租人对租赁物的占有、使用之义务。

（二）解除合同、收回租赁物的救济方式

《融资租赁解释》对承租人违约行为导致出租人解除合同的要件进行了细致区分，其第 12 条规定："有下列情形之一，出租人请求解除融资租赁合同的，人民法院应予支持：……（二）承租人未按照合同约定的期限和数额支付租金，符合合同约定的解除条件，经出租人催告后在合理期限内仍不支付的；（三）合同对于欠付租金解除合同的情形没有明确约定，但承租人欠付租金达到两期以上，或者数额达到全部租金百分之十五以上，经出租人催告后在合理期限内仍不支付的……"依照该规定，如当事人约定了承租人拒付租金解除合同的要件，则按照该约定进行，但仍需加上"经出租人催告后在合理期限内仍不支付"的要件；如当事人没有对相关合同解除要件进行约定，则在"合理期限"要件之外，还应满足"承租人欠付租金两期以上"或者"数额达到全部租金百分之五十以上"两个要件。该规定增加了欠付租金的数额要件，加大了出租人主张解除合同的难度，提高了解除融资租赁合同的门槛。这一规则符合融资租赁合同不可中途解约的基本属性，在《民法典》实施之后，仍有适用价值。

（三）出租人违约救济权利竞合的处理

《融资租赁解释》第 21 条第 1 款中规定："出租人既请求承租人支付合同约定的全部未付租金又请求解除融资租赁合同的，人民法院应告知其依照合同法第二百四十八条的规定作出选择。"由此可见，在出租人既要求支付租金，又要求解除合同返还租赁物时，法院具有释明权，向出租人释明其选择权，从而也从侧面证实了这两项请求权不能够同时行使，只能择一请求。

之所以规定出租人的两项违约救济权利只能择一行使，主要包括以下几方面

① 参见全国人大常委会法制工作委员会（胡康生主编）编著：《中华人民共和国合同法释义》（第三版），北京，法律出版社 2013 年版，第 400－401 页。

原因：其一，无论出租人采用何种救济途径，均能实现出租人参与融资租赁合同的目的，即享有承租人支付租金的权利，依此收回租赁物的成本、费用以及获得相应的利润。如采用第一种救济途径的，承租人支付全部租金，出租人即直接实现了其合同目的，再适用第二种途径不仅没有必要，同时也会给承租人造成过重的负担，不利于承租人利益的平衡。而在第二种途径中，出租人已经将合同解除，虽然出租人可以要求承租人履行已经到期的租金义务，但因为融资租赁合同为持续性合同，其不具有溯及既往的效力，因此出租人不得要求承租人承担未到期部分的租金，亦即出租人不得要求承租人负担全部租金的义务。① 其二，出租人要求承租人给付全部租金，实际上是要求承租人继续履行合同，仅是要求租金加速到期。而出租人要求解除合同，收回租赁物，则实际上是终止了融资租赁合同的履行。出租人又要求继续履行，又要终止履行，两个请求权相互排斥，根本无法同时得到满足。其三，出租人可以要求承租人支付全部租金，而不是全部租金的贴现值，其实质是因承租人的违约行为而导致承租人丧失未到期租金的期限利益，以此体现出对承租人的违约行为的一定惩罚性。因此，出租人如果要求承租人支付全部租金后，就不能再行使合同解除权，收回租赁物，否则对于承租人无疑是极其不公平的。②

《融资租赁解释》第 21 条第 2 款规定了出租人请求承租人支付全部租金未能实现时，出租人应当如何救济的问题。通常承租人在人民法院判决应当履行全部租金时仍未履行的，出租人可以要求法院进行强制执行。但在实务中，强制执行的周期时间较长，而且可能会导致救济成本增加，而实际承租人的偿债能力会因时间的延长而减小，这样亦不利于出租人权利的实现。所以，在实务中出租人往往还会提起解除合同，收回租赁物的诉讼。针对此种情形，司法解释明确规定人民法院应当依法受理。理由在于：虽然表面看来两个诉讼的目的均在于实现出租人的合同权利，但两个诉讼的请求内容，即诉讼标的是不同的，并且基于前一个判决已对本案的事实产生了新的变化，因此出租人提起两个诉讼并未违反一事不再理的原则，人民法院也应当受理。③

---

① 参见《最高人民法院专家法官阐释疑难问题与案件指导》编写组编著：《最高人民法院专家法官阐释疑难问题与案件指导·融资租赁合同卷》，北京，中国法制出版社 2016 年版，第 355 页。

② 参见《最高人民法院专家法官阐释疑难问题与案件指导》编写组编著：《最高人民法院专家法官阐释疑难问题与案件指导·融资租赁合同卷》，北京，中国法制出版社 2016 年版，第 355、445 页。

③ 参见《最高人民法院专家法官阐释疑难问题与案件指导》编写组编著：《最高人民法院专家法官阐释疑难问题与案件指导·融资租赁合同卷》，北京，中国法制出版社 2016 年版，第 355 页。

第七百五十三条

承租人未经出租人同意，将租赁物转让、抵押、质押、投资入股或者以其他方式处分的，出租人可以解除融资租赁合同。

本条主旨

本条是关于承租人不当处分租赁物的法律后果的规定。

相关条文

《融资租赁解释》第12条　有下列情形之一，出租人请求解除融资租赁合同的，人民法院应予支持：

（一）承租人未经出租人同意，将租赁物转让、转租、抵押、质押、投资入股或者以其他方式处分租赁物的；

（二）承租人未按照合同约定的期限和数额支付租金，符合合同约定的解除条件，经出租人催告后在合理期限内仍不支付的；

（三）合同对于欠付租金解除合同的情形没有明确约定，但承租人欠付租金达到两期以上，或者数额达到全部租金百分之十五以上，经出租人催告后在合理期限内仍不支付的；

（四）承租人违反合同约定，致使合同目的不能实现的其他情形。

《民法典各分编（草案）》（2018年8月）第545条　承租人未经出租人同意，将租赁物转让、转租、抵押、质押、投资入股或者以其他方式处分的，出租人可以解除融资租赁合同。

《民法典合同编（草案）（二审稿）》（2018年12月）第545条　承租人未经出租人同意，将租赁物转让、转租、抵押、质押、投资入股或者以其他方式处分的，出租人可以解除融资租赁合同。

《民法典（草案）》（2019年12月）第753条　承租人未经出租人同意，将租赁物转让、抵押、质押、投资入股或者以其他方式处分的，出租人可以解除融资租赁合同。

《民法典（草案）》（2020年5月22日大会审议稿）第753条　承租人未经出租人同意，将租赁物转让、抵押、质押、投资入股或者以其他方式处分的，出租人可以解除融资租赁合同。

理解与适用

在融资租赁交易中，租赁物的所有权仍归属于出租人，而且此种所有权还有担保租金债权实现的功能。在租金全部支付完毕之前，承租人未经出租人同意，擅自将租赁物转让、抵押、质押、投资入股或者以其他方式处分的，不仅严重违反了合同约定，而且侵害了出租人的所有权。鉴于承租人擅自处分租赁物已经使得合同目的落空，此时应当允许出租人解除合同。[①] 本条在《融资租赁解释》第12条第1项规定的基础上，规定了出租人的法定解除权。在解释上，出租人选择解除融资租赁合同的，自可收回租赁物并请求赔偿损失。根据《融资租赁解释》第22条的规定，出租人可主张赔偿的损失范围是承租人全部未付租金及其他费用与收回租赁物价值的差额。合同约定租赁期限届满后租赁物归出租人所有的，损失赔偿范围还应包括融资租赁合同到期后租赁物的残值。

融资租赁合同租赁期限届满前租赁物由承租人占有、使用，并且实践中为了便于承租人账务处理或获得一定的税收优惠，出租人购买租赁物时往往让出卖人出具以承租人为购买人的税务发票，或将一些融资租赁资产登记在承租人名下。在此情况下，承租人可能凭借其对租赁物的实际控制和相关证明材料，在未经出租人同意的情况下，将租赁物转让、抵押、质押、投资入股或者以其他方式处分。由于融资租赁合同租赁期限届满前，租赁物归出租人所有，承租人的上述行为显然构成无权处分。[②]

值得注意的是，因《民法典》第745条就出租人的所有权改采登记对抗主义，出租人解除融资租赁合同、收回租赁物应有适当限制。在出租人已经登记其所有权的情形之下，承租人转让租赁物或者以租赁物投资入股，受让人无法依善意取得规则取得标的物所有权，出租人在解除融资租赁合同的前提下，可以直接向第三人（受让人）主张返还原物而收回租赁物；承租人抵押、质押租赁物，出租人的所有权处于第一顺位，就租赁物的变价款优先受偿。

在出租人未登记其所有权的情形之下，承租人转让租赁物或者以租赁物投资入股，如受让人依善意取得规则取得标的物所有权，出租人在解除融资租赁合同的前提下，无法收回租赁物，仅得主张损害赔偿，如无善意取得规则的适用，受让人未取得标的物所有权，出租人在解除融资租赁合同的前提下，可以直接向第三人（受让人）主张返还原物而收回租赁物；承租人抵押租赁物，如抵押权已行登记，则抵押权优先于出租人的所有权，即使出租人收回租赁物，也受其上抵押权的约束，如抵押权也未登记，出租人的所有权与抵押权人的抵押权处于同一顺位，就租赁物的变价款按比例受偿；承租人质押租赁物，质权人的质权因标的物

① 参见王利明：《民法总则研究》（第三版），北京，中国人民大学出版社2018年版，第386页。
② 参见奚晓明主编：《合同案件审判指导》，北京，中国法制出版社2014年版，第723页。

的交付而设立，其就标的物的变价款优先于出租人的所有权受偿。

第七百五十四条

有下列情形之一的，出租人或者承租人可以解除融资租赁合同：

（一）出租人与出卖人订立的买卖合同解除、被确认无效或者被撤销，且未能重新订立买卖合同；

（二）租赁物因不可归责于当事人的原因毁损、灭失，且不能修复或者确定替代物；

（三）因出卖人的原因致使融资租赁合同的目的不能实现。

本条主旨

本条是关于融资租赁合同的解除的规定。

相关条文

《融资租赁解释》第 11 条　有下列情形之一，出租人或者承租人请求解除融资租赁合同的，人民法院应予支持：

（一）出租人与出卖人订立的买卖合同解除、被确认无效或者被撤销，且双方未能重新订立买卖合同的；

（二）租赁物因不可归责于双方的原因意外毁损、灭失，且不能修复或者确定替代物的；

（三）因出卖人的原因致使融资租赁合同的目的不能实现的。

《民法典各分编（草案）》（2018 年 8 月）第 546 条　有下列情形之一的，出租人或者承租人可以解除融资租赁合同：

（一）出租人与出卖人订立的买卖合同解除、被确认无效或者被撤销，且未能重新订立买卖合同；

（二）租赁物因不可归责于当事人的原因毁损、灭失，且不能修复或者确定替代物；

（三）因出卖人的原因致使融资租赁合同的目的不能实现。

《民法典合同编（草案）（二审稿）》（2018 年 12 月）第 546 条　有下列情形之一的，出租人或者承租人可以解除融资租赁合同：

（一）出租人与出卖人订立的买卖合同解除、被确认无效或者被撤销，且未能重新订立买卖合同；

（二）租赁物因不可归责于当事人的原因毁损、灭失，且不能修复或者确定替代物；

（三）因出卖人的原因致使融资租赁合同的目的不能实现。

《民法典（草案）》（2019 年 12 月）第 754 条　有下列情形之一的，出租人或者承租人可以解除融资租赁合同：

（一）出租人与出卖人订立的买卖合同解除、被确认无效或者被撤销，且未能重新订立买卖合同；

（二）租赁物因不可归责于当事人的原因毁损、灭失，且不能修复或者确定替代物；

（三）因出卖人的原因致使融资租赁合同的目的不能实现。

《民法典（草案）》（2020 年 5 月 22 日大会审议稿）第 754 条　有下列情形之一的，出租人或者承租人可以解除融资租赁合同：

（一）出租人与出卖人订立的买卖合同解除、被确认无效或者被撤销，且未能重新订立买卖合同；

（二）租赁物因不可归责于当事人的原因毁损、灭失，且不能修复或者确定替代物；

（三）因出卖人的原因致使融资租赁合同的目的不能实现。

理解与适用

融资租赁合同是为了承租人对租赁物的长期使用而订立的合同，为了实现融资租赁合同的缔约目的，就应当保持租赁物的利用关系的稳定性。由此而决定，对于此类合同的解除应当有比较严格的限制。但这并非意味着禁止当事人解除合同。违约解除是对违约行为的救济，虽然融资租赁合同具有特殊性，但如完全不允许解除，就可能导致当事人无法得到充分的救济，甚至因使非违约方严格受到合同的拘束，反而使非违约方的利益受损。[①]

一、融资租赁合同是否具有不可解约性

从融资租赁合同的法律性质和经济目的来看，禁止中途解约有其合理性。[②]所谓禁止中途解约条款，是指出租人和承租人约定，在融资租赁合同存续期间，

---

① 参见王利明：《民法总则研究》（第三版），北京，中国人民大学出版社 2018 年版，第 384－386 页。

② 参见梁慧星：《融资性租赁契约法律性质论》，载《法学研究》1992 年第 4 期。

双方都不得任意解除合同。融资租赁合同的缔约目的需要保持租赁物利用关系的稳定性，从比较法的角度来分析，各国法律对融资租赁合同的解除都有比较严格的限制，我国《合同法》中虽然未直接规定，但总结司法实践中的案例以及融资租赁合同的特点，理应支持合同当事人积极订立禁止中途解约条款，来保护各自的权利。①

基于融资租赁合同的特性，虽然应对当事人的解除权有一定的限制，但这并非意味着要禁止当事人解除合同。一方面，违约解除是对违约行为的救济。虽然融资租赁合同具有其特殊性，但是如完全不允许解除，就可能导致当事人无法得到充分的救济，甚至因非违约方严格受到合同的拘束，反而使其利益受损。另一方面，《民法典》上关于解除权的一般规定也应当可以适用于融资租赁合同。即在当事人没有特别约定禁止解约的情形下，仍然应当允许当事人享有法定解除权。②

二、融资租赁合同因履行不能而解除的具体情形③

（一）出租人与出卖人订立的买卖合同解除、被确认无效或者被撤销，且未能重新订立买卖合同

《民法典》第 157 条规定："民事法律行为无效、被撤销或者确定不发生效力后，行为人因该行为取得的财产，应当予以返还；不能返还或者没有必要返还的，应当折价补偿。有过错的一方应当赔偿对方由此所受到的损失；各方都有过错的，应当各自承担相应的责任。法律另有规定的，依照其规定。"第 566 条第 1 款规定："合同解除后，尚未履行的，终止履行；已经履行的，根据履行情况和合同性质，当事人可以请求恢复原状或者采取其他补救措施，并有权请求赔偿损失。"由此可见，无论是买卖合同解除，还是买卖合同被确认无效或者被撤销，均发生返还标的物的法律效果。因此，在融资租赁交易中，因买卖合同解除、被认定无效以及被撤销而导致的标的物返还，势必影响出租人与承租人之间融资租赁合同的履行。如出租人与出卖人在买卖合同解除、被确认无效或者被撤销之后未能重新订立买卖合同，融资租赁合同中的租赁物即无法交付，融资租赁合同的缔约目的无法实现。

---

① 参见王利明、房绍坤、王轶：《合同法》，北京，中国人民大学出版社 2013 年版，第 428 页。

② 参见王利明：《合同法研究（第三卷）》（第二版），北京，中国人民大学出版社 2015 年版，第 386 页。

③ 参见《最高人民法院专家法官阐释疑难问题与案例指导》编写组编著：《最高人民法院专家法官阐释疑难问题与案例指导·融资租赁合同卷》，北京，中国法制出版社 2016 年版，第 239－242 页。

（二）租赁物因不可归责于当事人的原因毁损、灭失，且不能修复或者确定替代物

融资租赁交易中，出租人仅对租赁物享有名义上的所有权，租赁物的实际占有、使用以及收益均掌握在承租人的手中，出租人不承担租赁物的风险负担责任。承租人占有租赁物期间，租赁物毁损、灭失的，出租人有权请求承租人继续支付租金，但是法律另有规定或者当事人另有约定的除外。租赁物因不可归责于当事人的原因毁损、灭失，且不能修复或者确定替代物的，融资租赁合同已无法履行。承租人和出租人均可以解除融资租赁合同。

（三）因出卖人的原因致使融资租赁合同的目的不能实现

虽然出卖人不属于融资租赁合同中的当事人，但买卖合同的标的物对于融资租赁合同的履行至关重要。而作为买卖合同的一方主体，出卖人掌握着买卖标的物的所有权，如出卖人基于自己的原因而使标的物的交付归于不可能，导致买卖合同履行不能，抑或出卖人无正当理由拒绝履行买卖合同的，都将直接影响到融资租赁合同的履行，导致合同履行不能。

其他问题

如果当事人约定了中途解约禁止条款，是否实际上排除了本条关于法定解除权的适用？对此，多数观点认为，本条规定属于任意性规定，如果当事人有特别约定就不能适用本条的规定。如当事人约定了禁止中途解约条款，就排除了本条的适用。也就是说，如当事人约定了该条款，即便发生了本条所规定的三种情形，当事人也不得随意解除合同。①

也有观点反对约定排除法定解除权，其认为预先排除基于履行不能或合同目的落空时的法定解除权，其实是将当事人强行且无限期地束缚在一个根本没有任何前途和未来的合同关系中，显然构成对缔约方经济自由的不合理的束缚。正因为如此，在比较法上，几乎没有哪个国家会认同这种解除权的预先排除：德国法上因违约之外的原因而导致的合同解除权或终止权不得预先放弃，该条款被理解为一种典型的法定风险负担规则。在合同目的落空时，解除权的行使十分有意义，当整个合同已失去交易标的或当持续性债务关系中已出现明显的法律情势改变，仍要求继续行使合同权利，有可能构成不被允许的权利滥用。即预先放弃嗣后履行不能之法定解除权，或放弃继续性合同解除权的，或者弃权涉及消费者保

① 参见王利明：《合同法研究（第三卷）》（第二版），北京，中国人民大学出版社2015年版，第370页。

护等其他公共利益时，应属无效。①

第七百五十五条

融资租赁合同因买卖合同解除、被确认无效或者被撤销而解除，出卖人、租赁物系由承租人选择的，出租人有权请求承租人赔偿相应损失；但是，因出租人原因致使买卖合同解除、被确认无效或者被撤销的除外。

出租人的损失已经在买卖合同解除、被确认无效或者被撤销时获得赔偿的，承租人不再承担相应的赔偿责任。

本条主旨

本条是关于融资租赁合同因买卖合同而解除的法律后果的规定。

相关条文

《融资租赁解释》第 16 条　融资租赁合同因买卖合同被解除、被确认无效或者被撤销而解除，出租人根据融资租赁合同约定，或者以融资租赁合同虽未约定或约定不明，但出卖人及租赁物系由承租人选择为由，主张承租人赔偿相应损失的，人民法院应予支持。

出租人的损失已经在买卖合同被解除、被确认无效或者被撤销时获得赔偿的，应当免除承租人相应的赔偿责任。

《民法典各分编（草案）》（2018 年 8 月）第 548 条　融资租赁合同因买卖合同解除、被确认无效或者被撤销而解除，但是出卖人及租赁物系由承租人选择的，出租人有权要求承租人赔偿相应损失。

出租人的损失已经在买卖合同解除、被确认无效或者被撤销时获得赔偿的，应当免除承租人相应的赔偿责任。

《民法典合同编（草案）（二审稿）》（2018 年 12 月）第 546 条之一　融资租赁合同因买卖合同解除、被确认无效或者被撤销而解除，但是出卖人及租赁物系由承租人选择的，出租人有权要求承租人赔偿相应损失。

出租人的损失已经在买卖合同解除、被确认无效或者被撤销时获得赔偿的，应当免除承租人相应的赔偿责任。

《民法典（草案）》（2019 年 12 月）第 755 条　融资租赁合同因买卖合同解

① 参见叶名怡：《论事前弃权的效力》，载《中外法学》2018 年第 2 期。

除、被确认无效或者被撤销而解除，出卖人及租赁物系由承租人选择的，出租人有权请求承租人赔偿相应损失。

出租人的损失已经在买卖合同解除、被确认无效或者被撤销时获得赔偿的，承租人不再承担相应的赔偿责任。

《民法典（草案）》（2020 年 5 月 22 日大会审议稿）第 755 条　融资租赁合同因买卖合同解除、被确认无效或者被撤销而解除，出卖人以及租赁物系由承租人选择的，出租人有权请求承租人赔偿相应损失；但是，因出租人原因致使买卖合同解除、被确认无效或者被撤销的除外。

出租人的损失已经在买卖合同解除、被确认无效或者被撤销时获得赔偿的，承租人不再承担相应的赔偿责任。

理解与适用

融资租赁合同虽与买卖合同分属于不同的有名合同，但是基于融资租赁交易的关系两者具有一定的联系。在融资租赁合同中，出租人的主要义务就是获得租赁物的所有权，并将租赁物交付给承租人占有、使用，所以在买卖合同被解除、认定无效或者被撤销的情形下，出租人受其影响不大，承租人则会面临基于买卖合同效力丧失导致其占有、使用受到影响，可能会导致融资租赁合同的目的不得实现，面临解除的境地。《民法典》第 754 条因此规定，出租人与出卖人订立的买卖合同解除、被确认无效或者被撤销，且未能重新订立买卖合同的，出租人或者承租人可以解除融资租赁合同。融资租赁合同因买卖合同解除、被确认无效或者被撤销而解除，属于因融资租赁合同当事人之外的原因导致合同解除。此际，承租人虽无违约行为，但如出卖人、租赁物系由承租人选择，承租人亦应对其选择的后果负责，即对因此给出租人造成的损失承担赔偿责任。①

依据意思自治的原则，若当事人在融资租赁合同中对融资租赁合同因买卖合同而被解除后的损害赔偿进行约定的，应当遵从此项约定；若融资租赁合同中就此未作约定，由承租人承担该损失，负赔偿责任。这一规则的正当性在于：其一，符合出租人的合理期待。出租人之所以参与融资租赁交易，其目的就在于享有融资租赁合同中请求承租人支付租金的权利，在出租人支付租赁物价款后，其主要的合同义务业已履行完毕，因此法律应当保障其在合同中的权利。其二，符合权责一致的基本原则。虽然在买卖合同中，承租人并不是合同的当事人，但是

① 参见黄薇（全国人大常委会法制工作委员会民法室主任）主编：《中华人民共和国民法典合同编解读（下册）》，北京，中国法制出版社 2020 年版，第 891 页。

若出租人是基于承租人对于租赁物以及出卖人的选择才与出卖人订立买卖合同，承租人实质上是买卖合同的参与人，对于买卖合同的策划、实施起到了重要的作用，承租人因此也要承担相应的责任。同时，相关条款赋予承租人以索赔权，即承租人因买卖合同所承担的损失赔偿责任，可以通过索赔权的途径向出卖人进行追偿。在此情况下，对于出租人与承租人的利益均未造成太大的损失，也符合公平原则的要求。

融资租赁合同因买卖合同解除、被确认无效或者被撤销而解除之时，出租人享有两项请求权：一是基于其买受人地位向出卖人行使买卖合同中的损害赔偿请求权；二是基于其出租人地位向承租人行使融资租赁合同中的损害赔偿请求权。其中，出卖人与承租人此时构成不真正连带关系，出租人可以同时或者分别向两者主张权利，若出租人向其中一方求偿并且得到了相应的赔偿，另一方可以就此减免相应的赔偿责任。同时，出租人求偿的前提是买卖合同被解除、被撤销或者认定无效非基于其本身的原因，如果买卖合同存在瑕疵系因出租人的原因①所造成，且由此导致了融资租赁合同解除的，出租人此时无权享有求偿权。

第七百五十六条

融资租赁合同因租赁物交付承租人后意外毁损、灭失等不可归责于当事人的原因解除的，出租人可以请求承租人按照租赁物折旧情况给予补偿。

本条主旨

本条是关于融资租赁合同因租赁物毁损、灭失而解除的法律后果的规定。

相关条文

《融资租赁解释》第 15 条　融资租赁合同因租赁物交付承租人后意外毁损、灭失等不可归责于当事人的原因而解除，出租人要求承租人按照租赁物折旧情况给予补偿的，人民法院应予支持。

《民法典各分编（草案）》（2018 年 8 月）第 547 条　融资租赁合同因租赁物交付承租人后意外毁损、灭失等不可归责于当事人的原因解除的，出租人可以要求承租人按照租赁物折旧情况给予补偿。

---

① 由于出租人的原因致使买卖合同存在效力瑕疵的情形主要包括：出租人不履行支付价款义务，干预、违背承租人对于租赁物、出卖人的选择等。

《民法典合同编（草案）（二审稿）》（2018 年 12 月）第 547 条　融资租赁合同因租赁物交付承租人后意外毁损、灭失等不可归责于当事人的原因解除的，出租人可以要求承租人按照租赁物折旧情况给予补偿。

《民法典（草案）》（2019 年 12 月）第 756 条　融资租赁合同因租赁物交付承租人后意外毁损、灭失等不可归责于当事人的原因解除的，出租人可以请求承租人按照租赁物折旧情况给予补偿。

《民法典（草案）》（2020 年 5 月 22 日大会审议稿）第 756 条　融资租赁合同因租赁物交付承租人后意外毁损、灭失等不可归责于当事人的原因解除的，出租人可以请求承租人按照租赁物折旧情况给予补偿。

理解与适用

对于租赁物因意外毁损、灭失致使承租人不能占有、使用租赁物，从而融资租赁合同目的不能实现，出租人或者承租人均可解除融资租赁合同。就此，《民法典》第 754 条第 2 项定有明文。《民法典》第 751 条规定了租赁物毁损、灭失时的风险负担规则，即“承租人占有租赁物期间，租赁物毁损、灭失的，出租人有权请求承租人继续支付租金，但是法律另有规定或者当事人另有约定的除外”。但同时第 754 条第 2 项又规定了租赁物毁损、灭失时的合同解除权，即“有下列情形之一的，出租人或者承租人可以解除融资租赁合同：……（二）租赁物因不可归责于当事人的原因毁损、灭失，且不能修复或者确定替代物……”。在当事人行使解除权的情形之下，承租人负有返还租赁物的义务，因返还不能而代之以折价补偿，折价补偿要考虑租赁物的折旧情况。

在解释上，租赁物意外毁损、灭失，当事人均不具有可归责性，不存在违约损害赔偿问题。如当事人选择解除合同，《民法典》第 566 条第 1 款规定：“合同解除后，尚未履行的，终止履行；已经履行的，根据履行情况和合同性质，当事人可以请求恢复原状或者采取其他补救措施，并有权请求赔偿损失。”融资租赁合同为持续性合同，合同解除不具有溯及力，当事人已经履行的部分不发生双方返还和恢复原状问题，但尚未履行的部分，终止履行。因此，承租人尚未支付的租金不再支付，相应地，承租人也无权继续占有、使用租赁物，应返还予承租人。但租赁物已经毁损、灭失，客观上返还不能。因此，此时，承租人应承担代物返还义务，将租赁物折价后的价值余额返还给出租人，即此时出租人能够获得的仅为租赁物自身的价值。

合同解除时，承租人补偿出租人的租赁物价值中包含了剩余租赁期限租赁物的价值和租赁期满后租赁物的残值两部分，如果融资租赁合同事先约定租赁期满后租赁物属于承租人所有，则承租人可以在支付的补偿金额中扣除应属于自己的残值部分。[①] 此种法律后果，既然使用“补偿”一语，在性质上就不属于损害赔偿责任，也不要求过错作为其成立要件。[②]

第七百五十七条

出租人和承租人可以约定租赁期限届满租赁物的归属；对租赁物的归属没有约定或者约定不明确，依据本法第五百一十条的规定仍不能确定的，租赁物的所有权归出租人。

本条主旨

本条是关于租赁期限届满时租赁物的归属的规定。

相关条文

《合同法》第 250 条　出租人和承租人可以约定租赁期间届满租赁物的归属。对租赁物的归属没有约定或者约定不明确，依照本法第六十一条的规定仍不能确定的，租赁物的所有权归出租人。

《民法典各分编（草案）》（2018 年 8 月）第 550 条　出租人和承租人可以约定租赁期间届满租赁物的归属。对租赁物的归属没有约定或者约定不明确，依照本法第三百零一条的规定仍不能确定的，租赁物的所有权归出租人。

《民法典合同编（草案）（二审稿）》（2018 年 12 月）第 550 条　出租人和承租人可以约定租赁期间届满租赁物的归属。对租赁物的归属没有约定或者约定不明确，依照本法第三百零一条的规定仍不能确定的，租赁物的所有权归出租人。

《民法典（草案）》（2019 年 12 月）第 757 条　出租人和承租人可以约定租赁期间届满租赁物的归属。对租赁物的归属没有约定或者约定不明确，依据本法第五百一十条的规定仍不能确定的，租赁物的所有权归出租人。

《民法典（草案）》（2020 年 5 月 22 日大会审议稿）第 757 条　出租人和承租人可以约定租赁期限届满租赁物的归属；对租赁物的归属没有约定或者约定不明确，依据本法第五百一十条的规定仍不能确定的，租赁物的所有权归出租人。

---

① 参见最高人民法院民事审判第二庭编著：《最高人民法院关于融资租赁合同司法解释理解与适用》，北京，人民法院出版社 2014 年版，第 233－235 页。

② 参见韩世远：《合同法总论》（第四版），北京，法律出版社 2018 年版，第 322 页。

理解与适用

民法典合同编遵循“约定优先于法定”的原则。在典型合同分编中，大量的规范都属于任意性规范，均可经由当事人的约定而排除适用。根据本条的规定，出租人和承租人可以约定租赁期限届满后租赁物的归属；当事人没有约定或者约定不明确的情况下，可以协议补充，不能达成补充协议的，按照合同相关条款或者交易习惯确定；据此仍不能确定的，租赁物的所有权归出租人。融资租赁合同属于规定较为细致的商业合同，这一推定规则并无多大的适用余地。

一、约定优先于法定

由于融资租赁合同的专业性，交易双方之间大都有交易惯例或习惯。例如，出租人甲和承租人乙经常签订融资租赁合同，且没有约定租赁期限届满后租赁物所有权的归属。但在交易实践中，承租人乙在租赁期限届满后均取得租赁物的所有权，由此可以认定当事人之间已经形成交易习惯。根据此交易习惯，应当判定在发生争议的合同中，除非有相反约定，也应当遵循这一惯例，将租赁物确定归承租人所有。

应当注意的是，在融资租赁合同被解除的情形之下，融资租赁合同已经不存在，并非“届满”，而是终止，其中，有关所有权归属的约定条款也随着合同效力的终止而不发生效力。①

针对融资租赁合同中约定承租人有权选择以一定对价（名义对价除外）留购租赁物的情形，裁判实践中大多解释为，“该项约定系将取得租赁物所有权的选择权赋予承租人，且行使选择权利的时间点为租赁期间届满之时，即融资租赁合同订立以及合同履行期间均无法确定租赁期间届满后租赁物的归属，应属于对租赁物归属约定不明确的情形。”②

① 参见《最高人民法院专家法官阐释疑难问题与案例指导》编写组编著：《最高人民法院专家法官阐释疑难问题与案例指导·融资租赁合同卷》，北京，中国法制出版社 2016 年版，第 101 - 102 页。

② “信达金融租赁有限公司与温州市长江能源海运有限公司、浙江长江能源发展有限公司、杨选建船舶融资租赁合同纠纷上诉案”，天津市高级人民法院（2015）津高民四终字第 13 号民事判决书。同旨参见“梁自龙、青岛金街购物广场投资发展有限公司与华亮建设集团股份有限公司案外人执行异议案”，山东省青岛市中级人民法院（2013）青民一初字第 51 号民事判决书；“广州银达融资租赁有限公司与福建海容疏浚工程有限公司、王振贺船舶融资租赁合同纠纷案”，广州海事法院（2015）广海法初字第 48 号民事判决书。

二、推定规则的正当性

虽然《民法典》第746条规定，融资租赁合同的租金，应当根据购买租赁物的大部分或者全部成本以及出租人的合理利润确定，但该条同时允许当事人另有约定。这一规则使得当事人在融资租赁交易之中有了更多的选择，例如，当事人关于租赁期限的约定并不涵盖租赁物的正常使用年限，租赁物在租赁期限届满后的残值仍然较高。此际，租赁期限届满，承租人就租赁物有三种选择：留购、续租或退租。其中，留购是在租赁期限届满后，承租人将相当于租赁物残值的价款给付予出租人，由承租人取得租赁物的所有权；续租是在租赁期限届满后，承租人与出租人更新合同，继续承租租赁物，承租人按新的融资租赁合同支付租金；退租是在租赁期限届满后，承租人将处于良好状态的租赁物返还予出租人。在融资租赁交易实践中，出租人所置重的是及时收回融资投入并取得相应的商业利润，并不关注租赁物的使用价值，也无意取得租赁物的所有权，因此，大多数融资租赁交易均以承租人留购租赁物作为交易的必要条件，以实现双方利益的最大化。① 鼓励承租人购买标的物是由融资租赁合同的特点所决定的，即在融资租赁合同中，出租人购买租赁物，是基于承租人融资的需要而选择的，是针对承租人的特定需求而购买的，因而在租赁期限届满后，租赁物返还给出租人并不能发挥其效用，因此，在一般情形之下，应将租赁物折价或无偿转让给承租人，以实现物尽其用的效果。②

在体系解释上，尽管本法第745条规定，出租人对租赁物享有的所有权，未经登记，不得对抗善意第三人，但在出租人与承租人之间，并没有发生租赁物所有权的移转，承租人在租赁期限占有并使用租赁物的事实，亦无法改变这一结论。出租人在租赁期限内享有租赁物的所有权，在租赁期限届满时，除非双方另有约定，租赁物的所有权仍然归属于出租人。租赁物的所有权并不因租赁期限届满而发生移转。③ 值得注意的是，本法第759条规定："当事人约定租赁期限届满，承租人仅需向出租人支付象征性价款的，视为约定的租金义务履行完毕后租赁物的所有权归承租人。"此际，推定租赁物所有权归属于承租人，并非基于租

---

① 参见《最高人民法院专家法官阐释疑难问题与案例指导》编写组编著：《最高人民法院专家法官阐释疑难问题与案例指导·融资租赁合同卷》，北京，中国法制出版社2016年版，第199-200页。

② 参见王利明：《合同法研究（第三卷）》（第二版），北京，中国人民大学出版社2015年版，第355页。

③ 参见韩强、孙瑜主编：《融资租赁法律原理与实务》，杭州，浙江大学出版社2017年版，第103-104页。

赁期限届满，而是“约定的租金义务履行完毕”，且双方约定“承租人仅需向出租人支付象征性价款”。

其他问题

关于无约定时承租人是否必然享有租赁物回购权的问题，有学者认为，出于效率的考虑，在当事人无约定的情况下应当赋予承租人以租赁物选择权，甚至是优先购买权。即使融资租赁合同没有约定租赁物归承租人所有，在出租人出卖租赁物时，在同等条件下只能出卖给承租人。① 但也有学者认为，这种认定没有法律依据，唯一和该认定有关的部分也只是在《民法典》第510条中规定的交易习惯中。在当事人事先没有约定的情况下，赋予承租人一个租赁物选择权，甚至赋予其优先购买权，是否属于交易习惯，存有争议，需要在具体情形中进行认定。②

出租人和承租人是否可以通过合同约定由出租人向承租人在租赁期限届满之前转让所有权？两大法系的规定不同。一是肯定说。在许多大陆法系国家（如法国），允许当事人在合同中设立提前转让所有权的协议。③ 二是否定说。在英美法系国家，大多禁止当事人作出此种规定。例如，《美国统一商法典》规定，凡出现承租人有权不支付额外对价，或者仅支付名义对价续租，或者购买租赁物件的条款的，任何合同都不属于租赁合同，而应视为有担保利益的其他合同，如买卖合同或借款合同。有学者认为，如果当事人事先约定出租人转移所有权给承租人，并非导致合同无效，但是，该合同在性质上已经发生了改变，不再属于融资租赁合同，而属于分期付款买卖合同。因为融资租赁合同的根本特点在于其属于租赁，即出租人保留所有权，而承租人仅仅只是享有对标的物的占有和使用权。如果标的物的所有权在合同订立时就已经转移给了承租人，则在性质上转化为买卖。即便当事人在合同中约定的是“租金”，但实际上，其属于价金而非租金。因此，当事人提前约定转移所有权，就使得该合同转化为分期付款买卖合同。④

第七百五十八条

当事人约定租赁期限届满租赁物归承租人所有，承租人已经支付大部分租

① 参见张懋主编：《合同法条文案例释解》，北京，人民出版社1999年版，第436页。

② 参见《最高人民法院专家法官阐释疑难问题与案例指导》编写组编著：《最高人民法院专家法官阐释疑难问题与案例指导·融资租赁合同卷》，北京，中国法制出版社2016年版，第199-200页。

③ 参见李鲁阳主编：《融资租赁若干问题研究和借鉴》，北京，当代中国出版社2007年版，第49页。

④ 参见王利明：《合同法研究（第三卷）》（第二版），北京，中国人民大学出版社2015年版，第395-396页。

金，但是无力支付剩余租金，出租人因此解除合同收回租赁物，收回的租赁物的价值超过承租人欠付的租金以及其他费用的，承租人可以请求相应返还。

当事人约定租赁期限届满租赁物归出租人所有，因租赁物毁损、灭失或者附合、混合于他物致使承租人不能返还的，出租人有权请求承租人给予合理补偿。

本条主旨

本条是关于租赁物价值的部分返还和合理补偿的规定。

相关条文

《合同法》第 249 条　当事人约定租赁期间届满租赁物归承租人所有，承租人已经支付大部分租金，但无力支付剩余租金，出租人因此解除合同收回租赁物的，收回的租赁物的价值超过承租人欠付的租金以及其他费用的，承租人可以要求部分返还。

《融资租赁解释》第 10 条　当事人约定租赁期间届满租赁物归出租人的，因租赁物毁损、灭失或者附合、混同于他物导致承租人不能返还，出租人要求其给予合理补偿的，人民法院应予支持。

《民法典各分编（草案）》（2018 年 8 月）第 549 条　当事人约定租赁期间届满租赁物归承租人所有，承租人已经支付大部分租金，但是无力支付剩余租金，出租人因此解除合同收回租赁物的，收回的租赁物的价值超过承租人欠付的租金以及其他费用的，承租人可以要求部分返还。

当事人约定租赁期间届满租赁物归出租人所有，因租赁物毁损、灭失或者附合、混同于他物致使承租人不能返还的，出租人有权要求承租人给予合理补偿。

《民法典合同编（草案）（二审稿）》（2018 年 12 月）第 549 条　当事人约定租赁期间届满租赁物归承租人所有，承租人已经支付大部分租金，但是无力支付剩余租金，出租人因此解除合同收回租赁物的，收回的租赁物的价值超过承租人欠付的租金以及其他费用的，承租人可以要求部分返还。

当事人约定租赁期间届满租赁物归出租人所有，因租赁物毁损、灭失或者附合、混合于他物致使承租人不能返还的，出租人有权要求承租人给予合理补偿。

《民法典（草案）》（2019 年 12 月）第 758 条　当事人约定租赁期间届满租赁物归承租人所有，承租人已经支付大部分租金，但是无力支付剩余租金，出租人因此解除合同收回租赁物的，收回的租赁物的价值超过承租人欠付的租金以及其他费用的，承租人可以请求部分返还。

当事人约定租赁期间届满租赁物归出租人所有，因租赁物毁损、灭失或者附合、混合于他物致使承租人不能返还的，出租人有权请求承租人给予合理补偿。

《民法典（草案）》（2020年5月22日大会审议稿）第758条　当事人约定租赁期限届满租赁物归承租人所有，承租人已经支付大部分租金，但是无力支付剩余租金，出租人因此解除合同收回租赁物，收回的租赁物的价值超过承租人欠付的租金以及其他费用的，承租人可以请求相应返还。

当事人约定租赁期限届满租赁物归出租人所有，因租赁物毁损、灭失或者附合、混合于他物致使承租人不能返还的，出租人有权请求承租人给予合理补偿。

理解与适用

租赁物价值的部分返还，是指在当事人约定了租赁期限届满租赁物归承租人所有之下，承租人已经支付大部分租金，但是无力支付剩余租金，出租人因此解除合同收回租赁物，收回的租赁物的价值超过承租人欠付的租金以及其他费用的，承租人可以请求相应返还。出租人因合同的解除而获得了超出其合同约定的利益，此种利益称为“中途解约而取得的利益”。如此种利益完全归出租人，将使得出租人和承租人之间利益失衡。因为如果合同约定租期届满后租赁物归承租人的，租金通常高于平均水平，在分期支付的过程中，其可能因一时资金周转困难或经营不善而无力继续支付。但是，毕竟承租人已经支付了大部分租金，如果仅仅因一时不能支付，而使其无法最终获得租赁物，对承租人损失较大。出租人收回租赁物后，其取得了租赁物的所有权同时，出租人取得了大部分租金，而承租人交付租金，又不能获得租赁物，出租人就取得了其不应获得的利益。①

一、租赁物价值的部分返还

本条实际上赋予承租人以清算义务。根据本条第1款的规定，租赁物价值的部分返还应满足以下条件。

第一，当事人约定租赁期限届满租赁物归承租人所有。当事人已经作出了特别约定，租赁期限届满后排除了出租人的所有权。此时，考虑到期满后要将所有权移转给承租人，租金通常较高，才有可能发生租赁物的残值如何处理的问题。如租赁物归出租人所有，则没有设立这一规则的必要。值得注意的是，即使当事人约定租赁期限届满租赁物归出租人所有，如租金构成在排除租赁物残余价值之后仍然符合《民法典》第746条的规定的，只要满足其他要件，出租人仍然负有清算义务。此际，应对本条进行扩张解释。

---

① 参见王利明：《合同法研究（第三卷）》（第二版），北京，中国人民大学出版社2015年版，第397页。

第二，承租人已经支付了大部分租金。本条所指的“大部分租金”，是超过全部租金的50%，只有超过50%，才可能出现严重的不公平的现象。如果仅仅支付了很少一部分的租金，从租赁物的整体价值上来看影响非常小，没有必要适用该条文的规定，可以直接适用第752条之规定，要求承租人承担违约责任。

第三，承租人必须是无力支付租金，出租人因此解除合同。如承租人并非无力支付租金，而仅为不愿意支付租金，则无保护之必要，也没有必要填补他们的损失，可以直接根据第752条的规定，承担违约责任。

第四，收回的租赁物的价值超过承租人所负的债务。这一要件是本条的核心。因为只有在租赁物价值超过承租人所欠租金的情况下，承租人的付出大于其所获得，这与民法中权利义务对等的原则不相符合，有必要对这样无辜的承租人进行保护。这实际上是不当得利返还制度的具体化。①

二、租赁物价值的合理补偿

本条第2款规定：“当事人约定租赁期限届满租赁物归出租人所有，因租赁物毁损、灭失或者附合、混合于他物致使承租人不能返还的，出租人有权请求承租人给予合理补偿。”当事人约定租赁期限届满租赁物归出租人所有的，租赁期限届满后，承租人应将租赁物返还予出租人，但如发生租赁物毁损、灭失或者附合、混合于他物致使承租人不能返还的情形，出租人可以请求承租人对租赁物的残值给予合理补偿。此种法律后果，既然使用“补偿”一语，在性质上就不属于损害赔偿责任，也不要求过错作为其成立要件。② 对于可归责于承租人的原因导致租赁物无法返还的情形，出租人自可向承租人主张违约损害赔偿，不适用本条第2款。

第七百五十九条

当事人约定租赁期限届满，承租人仅需向出租人支付象征性价款的，视为约定的租金义务履行完毕后租赁物的所有权归承租人。

本条主旨

本条是关于约定名义对价留购时租赁物的归属的规定。

---

① 参见江必新主编：《融资租赁合同纠纷》，北京，法律出版社2014年版，第25-26页。

② 参见韩世远：《合同法总论》（第四版），北京，法律出版社2018年版，第322页。

相关条文

本条为新增。

《民法典各分编（草案）》（2018年8月）第551条　当事人约定租赁期间届满，承租人仅需向出租人支付象征性价款的，视为约定的租金义务履行完毕后租赁物归承租人所有。

《民法典合同编（草案）（二审稿）》（2018年12月）第551条　当事人约定租赁期间届满，承租人仅需向出租人支付象征性价款的，视为约定的租金义务履行完毕后租赁物的所有权归承租人。

《民法典（草案）》（2019年12月）第759条　当事人约定租赁期间届满，承租人仅需向出租人支付象征性价款的，视为约定的租金义务履行完毕后租赁物的所有权归承租人。

《民法典（草案）》（2020年5月22日大会审议稿）第759条　当事人约定租赁期限届满，承租人仅需向出租人支付象征性价款的，视为约定的租金义务履行完毕后租赁物的所有权归承租人。

理解与适用

融资租赁合同期限届满后，当事人一般采用“退租、续租、留购”等方法来确定所有权的归属。其中，退租是指在融资租赁合同期限届满后，承租人将租赁物返还给出租人；续租是指在租赁期限届满以后，承租人可以与出租人协商，以确定是否延长租赁期限；留购是指承租人与出租人协商通过支付一定价款的方式以取得租赁物的所有权。从实践来看，承租人往往支付名义性的价款，就可以获得租赁物的所有权。[①] 融资租赁合同约定承租人可以在租赁期间届满后支付象征性价款留购租赁物，是为了确保合同约定内容有效成立，而非赋予承租人选择权。在约定象征性留购价款的融资租赁合同中，双方订立合同时事实上已对租赁期间届满后租赁物的归属达成了共识，即这种情形下应确认双方明确约定了租赁期间届满后租赁物归属于承租人。[②]

融资租赁合同中就租赁期限届满后租赁物的归属作出明确约定，如约定归出租人或承租人所有。实践中还有一种特殊约定，即租赁期限届满后承租人可以支

① 参见王利明：《合同法研究（第三卷）》（第二版），北京，中国人民大学出版社2015年版，第396页。

② “左军、胡莲与台新融资租赁（中国）有限公司融资租赁合同纠纷上诉案”，重庆市第一中级人民法院（2016）渝01民终8688号民事判决书。

付一定的价款留购租赁物，也可以选择不支付价款而放弃租赁物。

此类约定情形将是否取得租赁物所有权的选择权赋予了承租人，且行使选择权的时间点为租赁期限届满之时，即融资租赁合同订立时以及合同履行期间均无法确定租赁期限届满后租赁物的归属。在解释上，这种情形应当属于当事人对租赁物归属约定不明确。依据《民法典》第757条之规定，“出租人和承租人可以约定租赁期限届满租赁物的归属；对租赁物的归属没有约定或者约定不明确，依据本法第五百一十条的规定仍不能确定的，租赁物的所有权归出租人。”此际，如承租人未行使选择权，则租赁物的所有权归出租人。

例外情形是，如融资租赁合同约定租赁期限届满后承租人可以支付象征性价款留购租赁物，例如1元钱。这类约定在融资租赁合同中十分常见，“承租人支付象征性价款亦是承租人与出租人对租赁物归属的一种通常安排”①，其根源在于英美法系的对价制度，即约定象征性对价是为了确保合同条款得以有效成立，而非赋予承租人选择权。可以认为，在约定象征性留购价款的融资租赁合同中，双方订立合同时对租赁期限届满后租赁物的归属已经达成了一致意见。遵从当事人真实意思，应确认这种情形下双方明确约定了租赁期限届满后租赁物归属于承租人。一旦约定的租金义务履行完毕，即可确认租赁物的所有权归属于承租人。

裁判中即有观点认为，“融资租赁合同，约定租赁期间届满后承租人可以支付一定的价款留购租赁物，即是将租赁物所有权的选择权利留给了承租人，而且行使选择权利的时间点应为租赁期间届满之时，该约定应当属于当事人对租赁物归属约定不明的情形，当事人对租赁物归属约定不明确的，租赁物的所有权归出租人。但上述情形，存在例外，即合同中约定有租赁期间届满后承租人可以支付象征性价款留购租赁物的条款的，实际上，出租方在计算租金时即已将期满后租赁物的残值计入，租金相对较高，可以视为双方订立合同时对租赁期间届满后租赁物的归属已经达成共识，应确认这种情形下双方明确约定了租赁期间届满后租赁物归承租人所有，本案双方约定的1 000元留购价，相对于原价值300多万元的租赁物租赁三年期满后的残值，即是象征性留购价，因此，原告提出的租赁物的所有权应归原告所有，相应的残值也应归原告所有的主张，本院不予支持。”②

---

① “兴业金融租赁有限责任公司与山西楼俊集团泰业煤业有限公司、山西联盛能源投资有限公司等融资租赁合同纠纷上诉案”，最高人民法院（2014）民二终字第203号、（2014）民二终字第204号民事判决书。

② “一银国际租赁有限公司与镭铭纳光电（合肥）有限公司、赵晴等融资租赁合同纠纷案”，江苏省苏州工业园区人民法院（2018）苏0591民初2683号民事判决书。

第七百六十条

融资租赁合同无效，当事人就该情形下租赁物的归属有约定的，按照其约定；没有约定或者约定不明确的，租赁物应当返还出租人。但是，因承租人原因致使合同无效，出租人不请求返还或者返还后会显著降低租赁物效用的，租赁物的所有权归承租人，由承租人给予出租人合理补偿。

本条主旨

本条是关于融资租赁合同无效时租赁物的归属的规定。

相关条文

《融资租赁解释》第 4 条　融资租赁合同被认定无效，当事人就合同无效情形下租赁物归属有约定的，从其约定；未约定或者约定不明，且当事人协商不成的，租赁物应当返还出租人。但因承租人原因导致合同无效，出租人不要求返还租赁物，或者租赁物正在使用，返还出租人后会显著降低租赁物价值和效用的，人民法院可以判决租赁物所有权归承租人，并根据合同履行情况和租金支付情况，由承租人就租赁物进行折价补偿。

《民法典各分编（草案）》（2018 年 8 月）第 552 条　融资租赁合同无效，当事人就合同无效情形下租赁物的归属有约定的，依照其约定；没有约定或者约定不明确的，租赁物应当返还出租人。但是因承租人原因致使合同无效，出租人不要求返还租赁物或者返还出租人后会显著降低租赁物效用的，租赁物归承租人所有，并由承租人给予出租人合理补偿。

《民法典合同编（草案）（二审稿）》（2018 年 12 月）第 552 条　融资租赁合同无效，当事人就合同无效情形下租赁物的归属有约定的，按照其约定；没有约定或者约定不明确的，租赁物应当返还出租人。但是因承租人原因致使合同无效，出租人不要求返还租赁物或者返还出租人后会显著降低租赁物效用的，租赁物的所有权归承租人，并由承租人给予出租人合理补偿。

《民法典（草案）》（2019 年 12 月）第 760 条　融资租赁合同无效，当事人就该情形下租赁物的归属有约定的，按照其约定；没有约定或者约定不明确的，租赁物应当返还出租人。但是，因承租人原因致使合同无效，出租人不请求返还或者返还后会显著降低租赁物效用的，租赁物的所有权归承租人，由承租人给予出租人合理补偿。

《民法典（草案）》（2020 年 5 月 22 日大会审议稿）第 760 条　融资租赁合同

无效，当事人就该情形下租赁物的归属有约定的，按照其约定；没有约定或者约定不明确的，租赁物应当返还出租人。但是，因承租人原因致使合同无效，出租人不请求返还或者返还后会显著降低租赁物效用的，租赁物的所有权归承租人，由承租人给予出租人合理补偿。

理解与适用

通常情况下，合同被认定无效之后，依据《民法典》第157条的规定，租赁物应返还予出租人。但由于融资租赁合同具有特殊性，合同无效时租赁物的归属问题，尚须综合考量合同无效的原因以及租赁物价值与使用价值的发挥。[①] 融资租赁合同无效，当事人就该情形下租赁物的归属有约定的，按照其约定；没有约定或者约定不明确的，租赁物应当返还出租人。但是，因承租人原因致使合同无效，出租人不请求返还或者返还后会显著降低租赁物效用的，租赁物的所有权归承租人，由承租人给予出租人合理补偿。

本章对于融资租赁合同的无效事由并未作出特别规定。有关融资租赁合同的效力判断，主要适用《民法典》总则编民事法律行为章的规定，如第153条关于“违反法律、行政法规的强制性规定的民事法律行为无效。但是，该强制性规定不导致该民事法律行为无效的除外。违背公序良俗的民事法律行为无效”的规定；第154条关于“行为人与相对人恶意串通，损害他人合法权益的民事法律行为无效”的规定。

根据本条的规定，在融资租赁合同无效之时，租赁物的最终归属有以下几种情形。

第一，当事人就合同无效情形下租赁物归属有约定的，从其约定。对当事人在事前事后对合同无效后租赁物的归属问题的合意不进行干涉，积极鼓励当事人自行决定租赁物的归属。融资租赁实践中，当事人多就租赁期限届满后租赁物的归属作了约定，而鲜有就融资租赁合同无效时租赁物的归属作出约定的。有观点认为，合同无效及其后果系法定的，将其归属于当事人的约定有所不妥。依据《民法典》第507条规定的精神，合同中关于争议解决方法的条款具有相对的独立性，不因合同不生效、无效、被撤销以及终止而导致效力上的变化。在实务中，租赁物对于承租人的经营使用的影响往往要大于对出租人的，仅仅依照《民法典》第157条的规定判定租赁物的归属过于死板，也不利于保障意思自治、交

① 参见最高人民法院民事审判第二庭：《最高人民法院关于融资租赁合同司法解释理解与适用》，北京，人民法院出版社2014年版，第87页。

易迅捷安全。据此，即使当事人双方约定的归属结果不符合《民法典》第157条所规定的租赁物归属于出租人的规定，也不应当认定为是对第157条的违反；相反，第157条还规定标的物不能返还或没有必要返还的，应当折价补偿。当事人就租赁物归属问题达成一致意见后，如将租赁物归属于承租人后，则承租人应当向出租人进行折价补偿，同样也符合第157条的规定。

第二，当事人就合同无效情形下租赁物归属没有约定或者约定不明确的，租赁物应当返还出租人。这一规定与《民法典》第157条相一致。该条规定："民事法律行为无效、被撤销或者确定不发生效力后，行为人因该行为取得的财产，应当予以返还；不能返还或者没有必要返还的，应当折价补偿。有过错的一方应当赔偿对方由此所受到的损失；各方都有过错的，应当各自承担相应的责任。法律另有规定的，依照其规定。"

第三，因承租人原因致使合同无效，出租人不请求返还或者返还后会显著降低租赁物效用的，租赁物的所有权归承租人，由承租人给予出租人合理补偿。在融资租赁合同中，出租人根据承租人对出卖人、租赁物的选择而购买租赁物，获得租赁物的所有权，将该租赁物出租给承租人，而承租人则定期向出租人以支付租金的形式获得租赁物的使用权，同时也获得了融资。通常情况下，仅仅依靠承租人本身是不可能获得该租赁物的使用权的。因此，从上述关系中可以看出，出租人需要的是租赁物的担保功能，倚仗其对于租赁物的所有权向承租人受领租金，对于租赁物的实质使用权能则并不关注；相反，承租人需要的是租赁物的使用权能。因此，当融资租赁合同无效的原因可归责于承租人时，承租人将租赁物返还给出租人，出租人认为其租赁物的担保功能丧失，也就是认为租赁物对其意义不大，不愿意接受租赁物时，可以按照照顾无过错方的原则，将租赁物归属于承租人，使其继续进行经营生产活动，并对出租人进行折价补偿。此外，从充分利用租赁物效能的角度出发，租赁物在承租人手中能够发挥最大的效能，进行经营生产，促进经济的发展，此时将租赁物归其所有也符合市场规律的发展。[①]

在解释上，本条规定也类推适用于融资租赁合同被撤销的情形。

---

① 参见《最高人民法院专家法官阐释疑难问题与案例指导》编写组编著：《最高人民法院专家法官阐释疑难问题与案例指导·融资租赁合同卷》，北京，中国法制出版社2016年版，第29－30页。

图书在版编目（CIP）数据

中国民法典释评：十卷本．合同编．典型合同．上卷/王轶等著．-- 北京：中国人民大学出版社，2020.8

ISBN 978-7-300-28382-1

Ⅰ.①中… Ⅱ.①王… Ⅲ.①民法—法典—法律解释—中国 ②合同法—法律解释—中国 Ⅳ.①D923.05

中国版本图书馆 CIP 数据核字（2020）第 123697 号

中国民法典释评·合同编·典型合同（上卷）

王 轶 高圣平 石佳友 朱 虎 熊丙万 王叶刚 著

Zhongguo Minfadian Shiping • Hetong Bian • Dianxing Hetong

出版发行	中国人民大学出版社		
社　　址	北京中关村大街 31 号	**邮政编码**	100080
电　　话	010－62511242（总编室）		010－62511770（质管部）
	010－82501766（邮购部）		010－62514148（门市部）
	010－62515195（发行公司）		010－62515275（盗版举报）
网　　址	http://www.crup.com.cn		
经　　销	新华书店		
印　　刷	涿州市星河印刷有限公司		
规　　格	170 mm×240 mm　16 开本	**版　　次**	2020 年 8 月第 1 版
印　　张	40.5 插页 3	**印　　次**	2020 年 12 月第 2 次印刷
字　　数	736 000	**定　　价**	1 860.00 元（全十卷）